Kristian Stange

Zwangsausschluss von Minderheitsaktionären (Squeeze-out)

Eine empirische und dogmatische Analyse

Empirische Studien
zum deutschen und europäischen Unternehmensrecht

Band 9

Herausgegeben von Prof. Dr. Walter Bayer

Zwangsausschluss von Minderheitsaktionären (Squeeze-out)

Eine empirische und dogmatische Analyse

von

Kristian Stange

JWV
Jenaer Wissenschaftliche Verlagsgesellschaft 2010

Bibliographische Information der Deutschen Nationalbibliothek

Die Deutsche Nationalbibliothek verzeichnet diese Publikation in der deutschen Nationalbibliographie; detaillierte bibliographische Daten sind im Internet über <http://dnb.ddb.de> abrufbar.

Druck: Bookstation GmbH, Sipplingen
Satz: Rene Wieser (www.lynx-typografie.de)
Printed in Germany
ISBN (print) 978-3-86653-146-8
ISBN (eBook) 978-3-86653-893-1
Gedruckt auf alterungsbeständigem (säurefreiem)
Papier entsprechend ISO 9706
Internet: www.jwv.de

Meinen Eltern Uwe Stange und Anke Hertneck-Stange

Vorwort

Die vorliegende Arbeit ist während meiner Tätigkeit am Institut für Rechtstatsachenforschung zum Deutschen und Europäischen Unternehmensrecht Jena entstanden und wurde im Sommersemester 2009 von der Rechtswissenschaftlichen Fakultät der Friedrich-Schiller-Universität Jena als Dissertation angenommen. Literatur und Rechtsprechung wurden bis November 2008 berücksichtigt.

Besonderen Dank schulde ich meinem Doktorvater Prof. Dr. Walter Bayer, der meine Arbeit stets aufmerksam betreut hat, sowie Prof. Dr. Jochem Reichert für die gründliche und zeitnahe Erstellung des Zweitgutachtens.

Ich danke den Mitarbeitern und Hilfskräften des Lehrstuhls für Bürgerliches Recht, Handels- und Gesellschaftsrecht, Privatversicherungsrecht und Internationales Privatrecht für die stehts gute Zusammenarbeit und die schöne und kollegiale Atmosphäre. Dr. Daniel Renner danke ich für die Diskussionsbereitschaft, die das Veranbringen der Dissertation sehr gefördert hat.

Schließlich gilt mein Dank all jenen, die mich beim Verfassen der Arbeit begleitet und unterstützt haben, zuvorderst Frau Mag. Romy Prinzler für ihre Geduld, ihre motivierenden Worte und ihr Verständnis über die Jahre hinweg. Gedankt sei schließlich dem Bundesamt für Finanzdienstleistungsaufsicht für die freundliche Überlassung von Kursdaten sowie dem Bundesjustizministerium für die Unterstützung der rechtstatsächlichen Erhebungen am Institut.

Gera, im Juni 2009 *Kristian Stange*

Inhaltsübersicht

Inhaltsverzeichnis

A. Einführung

Beim Squeeze-out tritt der das Gesellschaftsrecht durchziehende Grundkonflikt zwischen Mehrheit und Minderheit offen zu Tage. Trotz bestehender Mehrheitsmacht darf die Minderheit doch nicht zum Spielball werden; sie muss ihr Mitgliedschaftsrecht gegen nicht durch übergeordnete Interessen gerechtfertigte Eingriffe verteidigen dürfen.[1] Unter einem Squeeze-out versteht man das vom Mehrheitsaktionär erzwungene Ausscheiden der Minderheitsaktionäre gegen angemessene Abfindung. Im britischen wie im US-amerikanischen Recht gehört der Squeeze-out seit Jahrzehnten zum Standard-Repertoire der Unternehmenspraxis. Seit 2002 existiert nun mit den §§ 327a ff. AktG eine derartige Regelung auch im deutschen Recht und hat inzwischen erhebliche Bedeutung erlangt. Dabei lässt sich der Squeeze-out keineswegs als ein dem bisherigen Verbandsrecht grundlegend fremdes und damit völlig neuartiges Rechtsinstrument einordnen.[2] Dies zeigt ein Blick auf die dem Umwandlungsrecht bis 1994 bekannte Möglichkeit der sog. Mehrheitsumwandlung.[3]

Aktienrecht ist die rechtliche Rahmensetzung einer Möglichkeit zur Kapitalsammlung für Unternehmungen bei gleichzeitiger Handelbarkeit der Anteile und Begrenzung des Risikos auf die Einlage. Gesetzlich geregelt ist grundsätzlich das going public einer Unternehmung. Das Gegenteil – das going private – harrte dagegen lange rechtlicher Gestaltung. Mit der Möglichkeit zum Zwangsausschluss sollte nun eine Effizienzsteigerung bei der Unternehmensführung in Deutschland erreicht werden. Eine Grenze muss dieses Anliegen im Minderheitenschutz finden, des-

[1] Vgl. *Goette*, ZGR 2008, 436, 438.

[2] So aber etwa *E. Vetter*, AG 2002, 176, 176 f.; *Engelhardt*, Convertible Bonds, S. 20.

[3] Vgl. zur sog. Mehrheitsumwandlung unter C. II.

sen Qualität wiederum von entscheidender Relevanz für die Akzeptanz und damit Finanzierungskraft eines Kapitalmarktes ist.

Traditionell war der deutsche Kapitalmarkt und damit auch das deutsche Kapitalmarktrecht im Vergleich zum Ausland stark unterentwickelt.[4] Nach den beiden Weltkriegen fanden sich kaum Anleger, die zur Anlage in Aktien bereit oder fähig waren.[5] Mit Entstehen der New Economy ist der Kapitalmarkt seit Mitte der 1990er Jahre jedoch zunehmend erstarkt, was sich in einer ansteigenden Zahl von Börsengängen mit höheren Emissionsvolumina äußerte.[6] Parallel kam es zu einer vorwiegend auf europäische Wurzeln zurückgehenden zunehmenden gesetzlichen Regulierung des Kapitalmarkts und Schaffung eines das Aktienrecht ergänzenden oder verdrängenden Börsengesellschaftsrechts.[7] Damit einher ging auch ein Wandel in der Anschauung des Aktionärs in seiner Doppelrolle zum einen als unternehmerisch engagiertem Verbandsmitglied und zum anderen als allein kapitalistisch interessiertem Investor.[8] Insbesondere gestattete das BVerfG den zwangsweisen Ausschluss aus der Gesellschaft, so der Aktionär vermögensmäßig voll entschädigt wird.[9] Zuvor hatte es im Feldmühle-Fall aus dem Jahre 1962 bereits den zwangsweisen Ausschluss der Minderheitsaktionäre im Rahmen einer Umwandlung nach dem damaligen UmwG für verfassungsgemäß erachtet; Minderheitsaktionäre seien zwangsläufig weitgehend auf das Interesse an Rendite und Kurs beschränkt, weshalb für sie die Aktie typischerweise mehr reine Kapitalanlage als unternehmerische Beteiligung sei.[10] Der Anleger-Aktionär hat in aller Regel ein rein finanzielles Interesse an einer bestmöglichen Kapitalanlage und veräußert bei Unzufriedenheit mit der Unternehmensleitung seine Beteiligung, während der Unternehmer-Aktionär seinen verbandsrechtlichen Einfluss geltend machen wird.[11] Diese Entwicklung kulminierte in der Einführung des Squeeze-out im Jahre 2002, nach der die Mitgliedschaft gegen finanzielle Entschädigung austauschbar ist.

---

[4]Vgl. *Bayer*, Gutachten, 67. DJT, E12.

[5]*Kübler/Assmann*, Gesellschaftsrecht, S. 19.

[6]*Bayer*, Gutachten, 67. DJT, E12.

[7]So *Bayer*, Gutachten, 67. DJT, E58.

[8]*Mülbert*, Aktiengesellschaft, S. 97 ff.; *ders.*, in: FS Ulmer, 433, 450; *Fleischer*, ZGR 2002, 757, 766; *Bayer*, Gutachten, 67. DJT, E58; *Schön*, in: FS Ulmer, S. 1359, 1359; vgl. auch bereits *Wiethölter*, Interessen, S. 137 f.

[9]Für die übertragende Auflösung BVerfG, ZIP 2000, 1670, 1672 (Motometer).

[10]BVerfGE 14, 263, 283.

[11]Vgl. *Mülbert*, Aktiengesellschaft, S. 136 ff.; *Bayer*, Gutachten, 67. DJT, E101 f.

Nach Platzen der Dotcom-Blase waren Primäremissionen von Aktien überwiegend mangels Nachfrage der Anleger erfolglos.[12] Die Zahl der Aktienanleger insgesamt, die also in Aktien oder Aktienfondsanteilen anlegen, ist seit dem Höchsstand im Jahre 2001 um fast ein Viertel zurückgegangen.[13] Nach neusten Studien ist auch die Zahl der Aktiendirektanleger rückläufig.[14] Sie ist inzwischen unter das Niveau von 1992 gesunken.[15] Internationale Studien zeigen, dass Deutschland beim Anlegerschutz und guter Corporate Governance im internationalen Vergleich unterentwickelt ist.[16]

Konkret beim Zwangsausschluss: Müssen Anleger fürchten, von einer günstigen Unternehmensentwicklung durch den Hauptaktionär abgeschnitten zu werden, so werden sie die Anlage von vornherein nicht tätigen. Um also nicht Kleinanleger von einer Beteiligung am Kapitalmarkt abzuschrecken und dennoch Beinahe-Alleinaktionären die Unternehmensführung zu erleichtern, war das System des anlassunabhängigen Zwangsausschlusses angemessen auszutarieren. Ob dies dem Gesetzgeber gelungen ist, soll in der vorliegenden Arbeit theoretisch, aber – wo möglich und sinnvoll – auch empirisch ausgewertet werden.

Das Recht des Squeeze-out ist vielfach monographisch bearbeitet worden. Diese weitere Abhandlung rechtfertigt sich dadurch, weil sie nicht allein Lösungen für die vielfältigen rechtlichen Probleme zu finden versucht, sondern sich eng an der Rechtswirklichkeit orientiert und ggf. hieraus Argumente entwickeln will. Einzelne empirische Arbeiten insbesondere wirtschaftswissenschaftlicher Provinienz existieren und erleichterten den Zugang; im übrigen wurden eigene empirische Erhebungen unternommen.

---

[12] Vgl. DAI-Factbook 2004, 03-7; *Grüger*, BKR 2007, 437, 438.

[13] *Kuhn*, AG-Report 2008, R403 ff.

[14] *Leven*, AG-Report 2008, R59 ff.

[15] *Kuhn*, AG-Report 2008, R403, R403 f.

[16] *Djankov/La Porta/Lopez de Silanes/Shleifer*, Self-Dealing, Table V und passim; so auch *Merkt,* Gutachten, 64. DJT, G37; dazu aus österreichischer Perspektive *Winner*, JBl 2007, 434, 444.

B. Aufbau der Untersuchung und Eingrenzung des Untersuchungsgegenstandes

Gegenstand der Arbeit sind die zwei gesetzlichen Squeeze-out-Regelungen in Deutschland. Bevor auf diese im Einzelnen eingegangen wird, sollen jedoch einige historische, rechtsvergleichende und insbesondere rechtspolitische Hintergründe Darstellung finden. Insbesondere soll die Squeeze-out-Regelung rechtlich eingeordnet werden in das deutsche Gesellschafts- und Kapitalmarktrecht. Des Weiteren soll ein kurzer Überblick über alternative Ausschlusstechniken gewährt und einige Betrachungen aus der Perspektive des Hauptaktionärs angestellt werden. Die sodann im Hauptteil der Arbeit folgende Darstellung zunächst der aktienrechtlichen und anschließend der übernahmerechtlichen Squeeze-out-Regelung soll dem zeitlichen Ablauf eines Zwangsausschlusses einschließlich nachfolgender gerichtlicher Verfahren entsprechen, wodurch sich eine rasche Auffindbarkeit einzelner Problemkreise verspricht.

Grundlage der Arbeit soll eine Vollerhebung sämtlicher öffentlich zugänglicher Squeeze-out-Daten in Deutschland sein. Einzelerhebungen werden dort vorgestellt, wo sie sich von ihrer Einbettung Antworten auf rechtliche oder rechtspolitische Fragestellungen versprechen. Die Methodik der Datenerhebung sowie die Quellen werden im jeweiligen Zusammenhang vorgestellt, da sie bei den Einzelerhebungen stark variieren. Rechtstatsächliche Angaben – etwa zu Häufigkeit der Squeeze-outs oder Typik der betroffenen Gesellschaften – finden sich am Anfang der jeweiligen Abschnitte. Eingegangen werden soll aber zugleich auf die in Rechtsprechung und Schrifttum diskutierten rechtlichen Problemfelder seit Einführung des Squeeze-outs im Jahre 2002, um diese sodann insbesondere vor ihrem rechtstatsächlichen Hintergrund einer

Bewertung zuzuführen. Schließlich soll die Frage beantwortet werden, ob die Regelungsziele des Gesetzgebers erreicht worden sind. Verzichtet wird auf eine nähere Auseinandersetzung mit Problemen bezüglich der Anfechtungsklagen, Freigabeverfahren und Spruchverfahren, da es sich nicht um spezifische Probleme des Squeeze-out handelt, sondern diese auch im Anschluss an andere Hauptversammlungsbeschlüsse auftauchen. Abgesehen wurde insbesondere von einer Erhebung der an den gerichtlichen Verfahren beteiligten sog. räuberischen Aktionären, da sich hier eine rechtsinstitutübergreifende Betrachtung empfiehlt und empirische Ergebnisse bereits vorliegen.[1]

Kapitel F beschließt die Arbeit mit einigen rechtspolitischen Verbesserungsvorschlägen und einer thesenförmigen Zusammenfassung der wichtigsten rechtstatsächlichen Ergebnisse.

[1] Vgl. etwa *Baums/Keinath/Gajek*, ZIP 2007, 1629, 1634 ff.; *Fischer/Herold*, Going Public 2007, 50, 53; *Theisen/Raßhofer*, Der Aufsichtsrat 2007, 107 ff.

C. Vorbetrachtungen

I. Rechtliche Einordnung des Squeeze-out

1. Machtverhältnis zwischen Mehrheit und Minderheit

Während normale Hauptversammlungsbeschlüsse je nach ihrem Inhalt eine entsprechende Mehrheit finden müssen, d.h. eine entsprechende Zahl von Aktionären mit insgesamt ausreichendem Kapitalanteil gemeinsam diesen Beschluss tragen muss, ist für den Squeeze-out kennzeichnend, dass sich für ihn im Prinzip nicht eine gewisse Mehrheit finden muss[1], sie vielmehr bereits besteht, andernfalls der Ausschluss ja gar nicht möglich ist. Bei Existenz eines derartigen Mehrheitsaktionärs sind auch die für Beschlussfassungen erforderlichen Zustimmungshöhen aus einem anderen Blickwinkel zu betrachten: Das Squeeze-out-Recht reiht sich dann ein in eine Reihe von privilegierenden Rechten für den dominierenden Mehrheitsaktionär einer Aktiengesellschaft. Mit zunehmender Beteiligungshöhe wachsen neben den lediglich proportional steigenden Vermögensinteressen des Aktionärs überproportional die ihm gesetzlich zugewiesenen *unternehmerischen* Einflussmöglichkeiten, aber auch Pflichten. Mit 95 % steht ihm nunmehr mit dem Squeeze-out-Recht also gar die Möglichkeit der Einflussnahme auf den Aktionärskreis selbst zu. Nach Ansicht von *Klein* ist dem Machtproblem, das mit der Existenz eines die AG beherrschenden Großaktionärs entsteht, letztlich nicht beizukommen.[2] In der Einführung des Squeeze-out-Rechts lässt sich nun die Kapitulation des Gesellschaftsrechts vor diesem Problem sehen, da damit letztlich eingestanden wird, dass kein gesamtwirtschaftliches Interesse an der Beibehaltung einer Gesellschaft

[1] Die nach h.M. ausreichende 50 % Mehrheit bei Beschlussfassung wird angesichts der Beteiligung des Hauptaktionärs immer erreicht sein.

[2] Vgl. *Nörr*, ZHR 2008, 133, 136 f.

mit einem derartigem Eignerkreis besteht, dass hier vielmehr eine „Gesellschaft“ de facto gar nicht mehr besteht und dem dominierenden Gesellschafter im Gemeinwohlinteresse an einer effizienten Wirtschaft vollständig überantwortet werden sollte. Die Gerechtigkeit und das Interesse an einem weiterhin auch für Kleinanleger attraktiven Kapitalmarkt gebieten freilich die angemessene Abfindung der ausscheidenden Aktionäre.

2. Abgesenktes Schutzniveau für „anlageorientierte“ Aktionäre

Unter Bezugnahme insbesondere auf die Feldmühle-Entscheidung des BVerfG wird verbreitet die Mitgliedschaft nicht mehr aus einer rein verbandsrechtlichen Perspektive betrachtet, sondern von einer hybriden, sowohl verbands- als auch anlegerbezogene Elemente aufweisenden Rechtsstellung des Aktionärs ausgegangen.[3] In der Tat ist der Kleinaktionär jedenfalls großer Publikumsgesellschaften vorrangig als Anlageaktionär zu begreifen und vom Unternehmeraktionär abzugrenzen.[4] Ein Anlageaktionär nimmt regelmäßig nicht nur Aktien eines Unternehmens in sein Portfolio auf, sondern streut das Risiko breiter und identifiziert sich „eher mit dem Gesamtrisikoprofil seines Portfolios als mit der einzelnen Gesellschaft“.[5]

Ausgangspunkt der Einordnung eines Aktionärs ist danach grundsätzlich das Verbandsrecht; soweit es sich bei dem Aktionär jedoch nicht um einen unternehmerisch tätigen, sondern um einen lediglich am Ertrag des Investments interessierten Aktionär handelt, modifiziert sich seine Rechtsstellung entsprechend. Dies ist bei Publikumsgesellschaften weitgehend der Fall[6] und hat zur Folge, dass das grundsätzliche verbandsrechtliche Prinzip des Bestandsschutzes der Mitgliedschaft, d.h. der Grundsatz, dass ein Mitglied, abgesehen von dem Verfahren der Einziehung, nicht ohne Grund gegen seinen Willen aus der Gesellschaft

---

[3] Vgl. BVerfGE 14, 263, 283; kritisch *Zöllner*, AG 2002, 589, 591; zuletzt auch *Habersack/Schürnbrand*, in: Bayer/Habersack, Aktienrecht im Wandel, Band I, S. 926, 942 f.; dies jedenfalls mit der lex lata für unvereinbar haltend *Bayer*, NJW 2000, 2609, 2615.

[4] So *Mülbert*, Aktiengesellschaft, S. 97 ff.; *ders.*, in: FS Ulmer, 433, 434; *ders.*, in: GroßKommAktG, Vor § 118-147 Rn. 199 ff.; *Bayer*, Gutachten 67. DJT, E101 ff.; *Schiessl*, AG 1999, 442, 445 f.; *E. Vetter*, AG 2002, 176, 177.

[5] *Poelzig/Meixner*, AG 2008, 196, 200.

[6] So *Luttermann*, NZG 2007, 611, 617.

ausgeschlossen werden darf, für anlageorientierte Aktionäre nicht gilt. Ab einer Marginalitätsschwelle von 5 % oder weniger lässt sich typischerweise davon auszugehen, dass es sich nicht mehr um Gesellschafter im klassisch-korporativen Sinne, sondern um ertragsorientierte Anleger handelt.[7]

II. Mehrheitsumwandlung nach UmwG a.F.

Es lohnt sich zunächst ein Blick auf eine früher im deutschen Umwandlungsrecht bestehende Möglichkeit zum Zwangsausschluss von Minderheitsaktionären. Bis ins Jahr 1965 bestand für einen Hauptaktionär die vom BVerfG für mit der Verfassung vereinbar erklärte[8] Möglichkeit, sich einer Minderheit von bis zu 25 % des Kapitals per sog. Mehrheitsumwandlung nach den §§ 9, 15 UmwG a.F. zu entledigen.[9] Entwickelt hat sich diese Regelung aus dem Gesetz über die Umwandlung von Kapitalgesellschaften vom 5. Juli 1934.[10] Sie erlaubte die Übertragung des Vermögens einer Kapitalgesellschaft auf eine Personengesellschaft oder einen einzelnen Gesellschafter durch Hauptversammlungsbeschluss ohne Liquidation mittels Gesamtrechtsnachfolge. Nach den amtlichen Erläuterungen bezweckte der Gesetzgeber, „in geeigneten Fällen die Abkehr von anonymen Kapitalformen zu erleichtern und ihre Ersetzung durch Unternehmungen mit Eigenverantwortung des Inhabers zu fördern".[11] Es sollten des Weiteren übermäßige Verschachtelungen von Gesellschaften rückgängig gemacht werden können sowie kleinen Aktiengesellschaften die Möglichkeit eröffnet werden, drückenden Offenlegungspflichten des Aktienrechts zu entgehen.[12] Ein Ausscheiden von Aktionären war zunächst nicht vorgesehen, sie sollten zu Personengesellschaftern werden. Damit einem Aktionär nicht eine unbeschränkte Haftung aufgezwängt werden konnte, war ursprünglich eine einstimmige Beschlussfassung vorgesehen.[13] Nach einer gesetzesergänzenden Durchführungsverordnung des Reichsministers der Justiz vom

[7] *Land/Hasselbach*, DB 2000, 557, 562; *Schiessl*, AG 1999, 442, 451; vgl. auch *Kossmann*, NZG 1999, 1198, 1200 Fn. 17.

[8] BVerfGE 14, 263 ff. (Feldmühle).

[9] Überblick bei *Henze*, in: FS Wiedemann, 935 f.

[10] RGBl. I S. 569.

[11] Abgedruckt in: DJ 1934, S. 883 f.

[12] Vgl. DJ 1934, S. 883, 884; siehe auch BVerfGE 14, 263, 265 f.

[13] Vgl. DJ 1934, S. 883, 884.

14. Dezember 1934[14] wurde aber der anlassunabhängige zwangsweise Ausschluss eines Gesellschafters erstmals zugelassen: Die Übertragung des Gesellschaftsvermögens auf einen Hauptgesellschafter sollte möglich sein, so er über neun Zehntel des Grundkapitals verfügte.[15] Nach der Dritten Durchführungsverordnung vom 2. Dezember 1936[16] sollte eine Beteiligung von drei Viertel am Grundkapital ausreichen. Die Minderheitsaktionäre hatten Anspruch auf angemessene Abfindung. Begründet wurde dies damit, dass von einem echten Gesellschaftsverhältnis kaum mehr die Rede sein könne, wenn der Einfluss eines Gesellschafters so übermächtig sei. Eine Beseitigung solcher Gebilde sei besser für alle Beteiligten, da sie erfahrungsgemäß häufig Schauplatz unfruchtbarer Kämpfe der Minderheit gegen den Großaktionär seien. Die Rechte der Minderheitsaktionäre seien durch den Anspruch auf angemessene Abfindung voll gewahrt. Im Übrigen fördere diese Umwandlungsmöglichkeit durch Mehrheitsbeschluss die Durchführung von Entschachtelungsmaßnahmen.[17] Gedacht war das Umwandlungsgesetz 1934 als vorübergehende Maßnahme und wurde daher zunächst auf zwei Jahre befristet.[18] Auslaufende Fristen wurden jedoch wiederholt und schließlich auf unbestimmte Zeit verlängert.

§ 7 des Handelsrechtlichen Bereinigungsgesetzes vom 18. April 1950[19] befristete die Umwandlungsmöglichkeit erneut bis zum 31. Dezember 1956. Mit der Begründung, das bisherige Recht habe sich durchweg bewährt und zu keinen wesentlichen Zweifeln Anlass gegeben, wurde die Regelung sodann im neuen Umwandlungsgesetz vom 12. November 1956 zur ständigen Einrichtung.[20] Zwar sei ursprüngliches Ziel des Umwandlungsgesetzes die Förderung der Abkehr von anonymen Gesellschaftsformen gewesen, beruhte also auf nationalsozialistischen Auffassungen. Unabhängig davon bestehe aber das praktische Bedürfnis, eine Kapitalgesellschaft oder bergrechtliche Gewerkschaft in eine Personen-

---

[14]RGBl. I S. 1262.

[15]Vgl. auch die zweite Durchführungsverordnung vom 17. Mai 1935, RGBl. I S. 721, in der klargestellt wurde, dass eine fehlende Zustimmung bzw. ein Widerspruch an der Zulässigkeit nichts ändert.

[16]RGBl. I S. 1003.

[17]Anm. 1 zu § 8 der Dritten Durchführungsverordnung, abgedruckt bei: *Kossmann*, NZG 1999, 1198, 1200 Fn. 17.

[18]Vgl. Lehmann/*Dietz*, Gesellschaftsrecht, 3.Aufl., S. 471, nach dem die Befristung dem rechtspolitischen Ziel diente, möglichst schnell die Umwandlung vieler Kapitalgesellschaften in Personengesellschaften zu erreichen.

[19]BGBl. I S. 90.

[20]Begr. RegE, BT II / 1953 Drucks. 2402, S. 11 f.

gesellschaft oder Einzelfirma umzuwandeln, sei es aus wirtschaftlichen, steuerlichen oder persönlichen Gründen der Gesellschafter. Die Beteiligten müssten nicht zur Beschreitung des immer möglichen Weges der übertragenden Auflösung gezwungen werden; die Eröffnung des einfacheren Weges über die Gesamtrechtsnachfolge sei angebracht.[21] Sollte allerdings ein Interesse daran bestehen, die Minderheit besser vor einem Ausschluss gegen ihren Willen zu schützen, sollte im Gegensatz zur alten Rechtslage eine entsprechend höhere Schwelle in die Satzung aufgenommen werden können, § 9 Abs. 1 S. 2 UmwG 1956.[22] Interessanterweise war gem. § 32 UmwG 1956 zwar ein Spruchverfahren zur Überprüfung der Angemessenheit der Abfindung vorgesehen; antragsberechtigt war allerdings grundsätzlich nur der Hauptgesellschafter. Sofern Gesellschafter aus der Gesellschaft ausschieden, konnten diese das Verfahren nur einleiten, sofern die Aktiengesellschaft börsennotiert war und sie den zwanzigsten Teil des Grundkapitals erreichten, § 32 Abs. 2 S. 2 UmwG 1956. Begründet wurde diese elementar vom heutigen Verständnis des Spruchverfahrens abweichende Regelung damit, dass das Verfahren ausschließlich dem Interesse des Übernehmenden an einer einheitlichen Feststellung der Abfindung diene.[23] Das Mehrheitserfordernis ist durch § 39 Einführungsgesetz zum Aktiengesetz vom 06.09.1965 von 75 % auf 90 % erhöht worden.[24]

Im Zuge der Umwandlung konnte die Aktiengesellschaft ihr Vermögen auf eine Personenhandelsgesellschaft (§§ 9, 20 UmwG a.F.) oder einen Aktionär übertragen (§ 15 UmwG a.F.), der entweder natürliche Person oder juristische Person, nicht aber Aktiengesellschaft, Kommanditgesellschaft auf Aktien oder GmbH, sein konnte, § 1 Abs. 1, 2 UmwG a.F. Es war zu unterscheiden zwischen der verschmelzenden Umwandlung gem. §§ 3 – 14 UmwG a.F. und der errichtenden Umwandlung, §§ 16 – 19 UmwG a.F. Nur bei der verschmelzenden Umwandlung war der zwangsweise Ausschluss der Minderheitsaktionäre möglich. Bei der errichtenden Umwandlung gründeten die Aktionäre etwa eine Kommanditgesellschaft und beschlossen die Umwandlung der AG auf diese. Gem. §§ 16, 19 UmwG a.F. war der Ausschluss von Minderheitsaktionären hierbei nicht möglich, weil alle Aktionäre Gesellschafter der Personengesellschaft wurden, sofern sie nicht freiwillig gegen Abfin-

---

[21] Begr. RegE, BT II / 1953 Drucks. 2402, S. 11.
[22] Begr. RegE, BT II / 1953 Drucks. 2402, S. 14.
[23] Begr. RegE, BT II / 1953 Drucks. 2402, S. 15.
[24] Vgl. Lehmann/*Dietz*, Gesellschaftsrecht, 3.Aufl., S. 478.

dung ausscheiden wollten.[25] Zwar konnte eine Minderheit von 10 % die Umwandlung nicht verhindern, ausgeschlossen werden gegen ihren Willen konnte sie aber nicht. Bei der verschmelzenden Umwandlung musste eine Personengesellschaft gem. § 9 Abs. 1 Satz 1 UmwG a.F. 90 % des Grundkapitals halten, sodann die Vermögensübertragung auf sich auf der Hauptversammlung beschließen, nach damals herrschender Meinung nicht einmal mit einfacher Stimmenmehrheit.[26] Die Minderheitsgesellschafter waren damit ausgeschlossen und gem. § 12 UmwG a.F. angemessen abzufinden. Im Wesentlichen entstanden bei diesem Institut der Mehrheitsumwandlung ähnliche Problemlagen wie heute beim Squeeze-out-Verfahren nach den §§ 327a ff. AktG. Wenn im Folgenden auf einzelne Probleme des heutigen Squeeze-out eingegangen wird, so kann teilweise also auf die bereits zur Mehrheitsumwandlung in der Literatur[27] vor 1994 geführte Diskussion zurückgegriffen werden. So wurden etwa Argumente zur Verfassungsmäßigkeit der Mehrheitsumwandlung bereits im Feldmühle-Urteil des BVerfG aktuell, mit denen auch heute die Verfassungsgemäßheit des Squeeze-out begründet wird. Festzustellen ist zunächst, dass grundsätzlich mit der Mehrheitsumwandlung die Umwandlung einer Kapitalgesellschaft in eine Personengesellschaft ermöglicht werden sollte. Die persönliche Haftung einer natürlichen Person konnte nach Rspr. und herrschender Meinung zwar mithilfe einer doppelstöckigen GmbH & Co. KG oder durch Einschaltung eines Treuhänders[28] umgangen werden. Nicht möglich war jedoch der Zwangsausschluss der Minderheit und die Beibehaltung einer kapitalgesellschaftlichen Struktur. Die für den Zwangsausschluss angeführten Argumente in den einschlägigen Gesetzesbegründungen machten eine solche Beschränkung an sich gar nicht erforderlich. Sie rührte wohl letztlich noch von der ursprünglichen Absicht der Nationalsozialisten, eine Abkehr vom anonymen Kapital zu ermöglichen. Der heutige Squeeze-out ermöglicht den Zwangsausschluss, ohne eine Umwandlung in eine Personengesellschaft vorauszusetzen.

Die Rechtslage änderte sich sodann grundlegend mit dem Gesetz zur Bereinigung des Umwandlungsrechts vom 28.10.1994[29], durch welches mit der lapidaren Begründung, der zwangsweise Ausschluss ei-

[25] *Widmann/Mayer*, UmwG, 2. Auflage Grundwerk, § 19 Rn. 477.1.

[26] *Widmann/Mayer*, UmwG, 25. Lieferung, § 9 Rn. 266 m.w.N.

[27] Etwa *Ulmer*, BB 1964, 665 ff.; *Hueck*, DB 1960, 375 ff.; *Busse von Colbe*, AG 1964, 263 ff.

[28] *Kühn*, BB 1992, 291, 294.

[29] BGBl. I S. 3210.

ner solchen Aktionärsminderheit gegen Gewährung einer Barabfindung entspreche nicht den Grundsätzen des Minderheiten- und Anlegerschutzes[30], ebendiese Bestimmung abgeschafft wurde. Ob gerade dies zu stärkerem Interesse am Aktienmarkt seitens der Kleinanleger führte[31], erscheint zweifelhaft; Jedenfalls revidierte der Gesetzgeber im Jahre 2002 mit der expliziten Einführung des Zwangsausschlusses seine Meinung.

III. Entstehungsgeschichte der Ausschlussmöglichkeiten

1. Die Entwicklung auf nationaler Ebene

Die Einführung des Squeeze-out geht zurück auf eine rechtspolitische Initiative aus der Praxis.[32] Entsprechende Vorschläge wurden am 06.01.1997 vom Bundesverband der Deutschen Industrie und am 12.11.1997 und Februar 1999 von der Börsensachverständigenkommission beim BMF[33] gemacht. Diskutiert wurde die Ausschlussmöglichkeit zunächst im Zusammenhang mit der übertragenden Auflösung aufgrund der Unüberprüfbarkeit der Abfindung für die Minderheitsaktionäre[34] bzw. im übernahmerechtlichen Zusammenhang als einem Gegenstück zum Pflichtangebot.[35] Erste Erwägungen zur Einführung eines allgemeinen Squeeze-out-Rechts, d.h. unabhängig von einem vorhergehenden erfolgreichen Pflichtangebot, erfolgten im Jahre 1998.[36] Nach Auffassung des *Forum Europaeum Konzernrecht* sollte eine Richtlinie den Rahmen einer Ausschlussmöglichkeit setzen: Möglich ab einer Schwelle zwischen 90% und 95% sollte der Zwangsausschluss abgesichert sein durch ein faires Verfahren, einen angemessenen Preis und

---

[30]Begr. RegE, BT-Drucks. 12/6699, S. 114, 144.

[31]So *Posegga*, Squeeze-out, S. 1.

[32]Vgl. Begr. RegE, BT-Drucks. 14/7034, S. 31.

[33]Die Initiativen von 1997 sind wohl unveröffentlicht, vgl. hierzu die Angaben bei *Handelsrechtsausschuss des DAV*, NZG 1999, 850, 850; Zum Positionspapier der Börsensachverständigenkommission vom Februar 1999 vgl. Börsenzeitung vom 3.2.1999, S. 1 und 3, dazu eingehend *Kossmann*, NZG 1999, 1198 ff.

[34]*Lutter/Drygala*, in: FS Kropff, 191, 223.

[35]*Hopt*, in: Liber amicorum Volhard, S. 74, 78; *ders.*, ZHR 161 (1997), 368, 390; *Than*, in: FS Claussen, 405, 421 f.; *Schiessl*, AG 1999, 442, 451.

[36]*Forum Europaeum Konzernrecht*, ZGR 1998, 672, 732 ff.; so später auch *Land/Hasselbach*, DB 2000, 557, 562; *Schiessl*, AG 1999, 442, 451; *Baums*, in: Gutachten, 63. DJT, 116 f.

wirksame Überwachung.[37] Auf dieser Grundlage formulierte der Handelsrechtsausschuss des Deutschen Anwaltsvereins unter Orientierung an der Übernahmerichtlinie das Gesetz erstmals ausführlich aus.[38] Eine Expertenkommission der Bundesregierung plädierte sodann für die Einführung[39], dem sich das Bundesministerium der Finanzen in einem Diskussionsentwurf anschloss.[40] Die Expertenkommission empfahl die zügige Schaffung des Übernahmegesetzes und hielt demnach ein Abwarten der Übernahmerichtlinie für unangebracht[41], zumal deren Verabschiedung zum damaligen Zeitpunkt keineswegs gewiss und deren Umsetzung jedenfalls nicht alsbald zu erwarten war.[42] Am 12.03.2001 folgte der Referentenentwurf[43], zu dem der DAV noch einmal Stellung nahm[44], und am 11.07.2001 der nur in Details vom Referentenentwurf abweichende[45] Regierungsentwurf.[46]

Durch Art. 7 Nr. 2 des Gesetzes zur Regelung von öffentlichen Angeboten zum Erwerb von Wertpapieren und von Unternehmensübernahmen (WpÜG) vom 20.12.2001[47] wurde das Dritte Buch des AktG durch eine Regelung betreffend den Ausschluss von Minderheitsaktionären in einem neuen vierten Teil ergänzt. In Kraft getreten ist die Regelung am 01.01.2002. Die Materialien bezeichnen diesen Ausschluss als Squeeze-out, wodurch dieser Begriff quasi offiziell Bestandteil der deutschen Rechtssprache geworden ist.[48]

Durch Art. 2 Nr. 2 des Gesetzes zur Neuordnung des gesellschaftsrechtlichen Spruchverfahrens (SpruchG) vom 12. Juni 2003[49] kam es

---

[37] *Forum Europaeum Konzernrecht*, ZGR 1998, 672, 737 f.

[38] NZG 1999, 850 ff.

[39] Vgl. *Pötsch/Möller*, WM 2000, Sonderbeilage Nr. 2, S. 37 f.

[40] NZG 2000, 844 ff.; abgedruckt auch bei *Fleischer/Kalss*, WpÜG, S. 264 ff, 366 ff.

[41] Vgl Begr. RefE, abgedruckt bei *Fleischer/Kalss*, WpÜG, S. 413.

[42] So *P. Baums*, Ausschluss, S. 115.

[43] Abgedruckt bei *Fleischer/Kalss*, WpÜG, S. 401 ff., 511 ff.

[44] NZG 2001, 420 ff.

[45] Vgl. dazu *Möller/Pötsch*, ZIP 2001, 1256, 1261 f.

[46] RegE mit Begründung und Stellungnahme des Bundesrats, BR-Drucks. 574/01; Beschlussempfehlung und Bericht des Finanzausschusses, BT-Drucks. 14/7477; vgl. auch hierzu wieder die Stellungnahme des *Handelsrechtsausschusses des DAV*, NZG 2001, 1003 ff.

[47] BGBl. I S. 3822.

[48] *Koppensteiner*, in: KK, AktG, Vorb. § 327a Rn. 1 Fn. 1; zum anderen Verständnis des Begriffs „Squeeze-out“ in den USA siehe *Fleischer*, in: GroßkommAktG, Vor §§ 327a-f Rn. 4; *Greulich*, Schutz des Minderheitsaktionärs, S. 4.

[49] BGBl. I, S. 838.

zu einer ersten Änderung: § 327f Abs. 2 AktG wurde gestrichen und durch eine entsprechende Regelung in den §§ 3, 4 SpruchG ersetzt, sowie § 327f Abs. 1 AktG entsprechend angepasst. Zu einer weiteren Änderung sollte es ursprünglich durch das Gesetz zur Unternehmensintegrität und Modernisierung des Anfechtungsrechts (UMAG) vom 22. September 2005[50] kommen. Nach dem Referentenentwurf sollte § 327f S. 3 AktG gestrichen werden und damit selbst bei vollständigem Fehlen eines Barabfindungsangebots eine Beschlussanfechtung ausgeschlossen sein.[51] Diese Regelung ist jedoch sodann gestrichen worden und war im Regierungsentwurf nicht mehr enthalten.[52]

2. Die Entwicklung auf europäischer Ebene bis zum übernahmerechtlichen Squeeze-out

Auf europäischer Ebene finden sich bereits seit dem Jahre 1974 Bestrebungen, im Zuge der Schaffung einer Übernahmerichtlinie auch einen Zwangsausschluss von Minderheitsaktionären zu etablieren.[53] Es fand sich damals allerdings keine Kommissionsmehrheit für den Vorentwurf einer 9. Konzernrechtsrichtlinie[54], so dass ein formeller Richtlinienvorschlag unterblieb.[55] Einem weiteren Vorentwurf aus dem Jahre 1984 blieb die Zustimmung ebenfalls versagt.[56] Nach damaligen Vorstellungen sollte es einem herrschenden Konzernunternehmen ab einer Beteiligung von 90 % unabhängig von einem vorangegangenen Übernahmeangebot möglich sein, Minderheitsaktionäre gegen Abfindung in bar oder Umtausch in Aktien der Mutter auszuschließen, Art. 44 Vorentwurf

[50] BGBl. I, S. 2802.

[51] Abgedruckt in NZG 2004, Beilage zu Heft Nr. 4, S. 8, 18 f.; vgl. *Buchta/Ott*, DB 2005, 990, 991; *Wilsing*, DB 2005, 35, 36.

[52] Vgl. *Wilsing*, DB 2005, 35, 36.

[53] Art. 44 des Entwurfs, EG-Kommmissions-Dokument XI/56/74 („Pennington-Entwurf"); abgedruckt auch bei *Lutter*, Europäisches Gesellschaftsrecht, 2. Aufl., S. 187, 217; hierzu *Bess*, AG 1976, 169 ff., 206 ff.; Darstellung der Entwicklung vom Pennington-Entwurf bis zum In-Kraft-Treten der Übernahmerichtlinie 2004 bei *Wiesner*, ZIP 2004, 343 ff.; *Pötsch*, in: Assmann/Pötzsch/Schneider, WpÜG, Einl. Rn. 60 ff.; *Schüppen*, in: FK, WpÜG, Einl. Rn. 14 ff.; *Zinser*, WM 2002, 15, 15; Vgl. auch *Lehne*, in: Hirte, WpÜG, S. 33 ff.

[54] 1. Teil 1974, 2. Teil 1975; abgedruckt bei *Lutter*, Europäisches Gesellschaftsrecht, 2. Aufl., 1984, S. 187 ff.

[55] vgl. *Than*, in: FS Claussen, 405, 416 ff.; *Greulich*, Schutz des Minderheitsaktionärs, S. 5 f.

[56] Vgl. *Lutter*, Europäisches Unternehmensrecht, 4. Aufl., S. 239 ff. = ZGR 1985, 446 ff. mit Einführung *Lutter*.

1974/1975 bzw. Art. 36 Vorentwurf 1984. Weitere Anläufe zur Schaffung einer Übernahmerichtlinie in den Jahren 1989[57], 1990[58], 1996[59] und 1997[60] führten ebenfalls nicht zum Erfolg.[61] In diesen Entwürfen war allerdings ein Squeeze-out nicht mehr vorgesehen, ebenso wenig wie zunächst in dem Entwurf der 13. Richtlinie.[62] In diesen gelangte die Ausschlussregelung erst aufgrund eines Änderungsvorschlags des Ausschusses für Recht und Binnenmarkt vom 29.11.2000[63]; der Squeeze-out sollte diesmal allerdings erst im Anschluss an ein erfolgreiches Übernahmeangebot möglich sein.[64] Auch diesem Entwurf sollte allerdings kein Erfolg beschieden sein; am 04.07.2001 lehnte das Parlament den Entwurf mit 273 gegen 273 Stimmen ab.[65]

Die Kommission setzte daraufhin eine Hochrangige Gruppe von Experten auf dem Gebiet des Gesellschaftsrechts ein, die in ihrem Bericht vom 10.01.2002 unter anderem erneut die Einführung der Ausschlussmöglichkeit empfahl.[66] Der Vorschlag zur Übernahmerichtlinie vom 02.10.2002[67] sah dann auch den Minderheitenausschluss in einem Art. 14 wieder vor und fand so Eingang in EU-Übernahmerichtlinie

[57]Richtlinienvorschlag der Kommission, ABl. C 64 v. 14.03.1989, S. 8 ff.

[58]Richtlinienvorschlag der Kommission, ABl. C 240 v. 26.09.1990, S. 7 ff.

[59]Richtlinienvorschlag der Kommission, ABl. C 162 v. 06.06.1996, S. 5 ff.

[60]Richtlinienvorschlag der Kommission, ABl. C 378 v. 13.12.1997, S. 10 ff.

[61]Vgl. *Maul/Muffat-Jeandet*, AG 2004, 221, 223; *Kindler/Horstmann*, DStR 2004, 866, 866.

[62]Vgl. den Gemeinsamen Standpunkt des Parlaments und des Rates vom 19.06.2000, ABl. C 23 vom 24.01.2001, S. 1.

[63]Vgl. Abänderung 12 des Gemeinsamen Standpunktes des Parlaments und des Rates vom 13.12.2000, ABl. C 232 v. 18.08.2001, S. 168.

[64]Vgl. Gemeinsamer Entwurf einer Richtlinie des Europäischen Parlaments und des Rates auf dem Gebiet des Gesellschaftsrechts betreffend Übernahmeangebote in der vom Vermittlungsausschuss am 06.06.2002 gebilligten Fassung, ZIP 2001, 1123 ff. mit Einführung *Neye*. Vgl. auch *Altmeppen*, ZIP 2001, 1073, 1083 sowie *Hasselbach*, ZGR 2005, 387, 388 ff.

[65]Vgl. Vorschlag für eine Richtlinie des Europäischen Parlamentes und des Rates betreffend Übernahmeangebote, ABl. C 45 E v. 25.02.2003, S. 1 = ZIP 2002, 1863 ff.; zur Ablehnung vgl. *Pluskat*, WM 2001, 1937, 1938 f.; *Maul/Muffat-Jeandet*, AG 2004, 221, 223; *Wiesner*, ZIP 2004, 343 ff.

[66]Bericht vom 10.01.2002, S. 63 ff.; Am 29.02.2008 abgerufen unter `http://ec.europa.eu/internal_market/company/docs/takeoverbids/2002-01-hlg-report_de.pdf`.

[67]Vorschlag für eine Richtlinie des Europäischen Parlamentes und des Rates betreffend Übernahmeangebote ABl. C 45 E v. 25.02.2003, S. 1, ZIP 2002, 1863 ff.; dazu *Becker*, GmbHR 2003, R185 ff.; *Krause*, BB 2002, 2341 ff.; *Seibt/Heiser*, ZIP 2002, 2193 ff.; *Wiesner*, ZIP 2002, 208 ff.

vom 21.04.2004[68], die am 20.05.2004 in Kraft trat und von den Mitgliedstaaten innerhalb von zwei Jahren in nationales Recht umzusetzen war. Am 24.02.2006 legte die Bundesregierung einen Gesetzesentwurf vor.[69]

In Umsetzung[70] des Art. 15 der EU-Übernahmerichtlinie wurde mit § 39a WpÜG ein übernahmerechtliches Squeeze-out-Recht eingeführt. Dieser lässt den aktienrechtlichen Squeeze-out grundsätzlich unberührt und gilt parallel; der Bieter soll zwischen den Verfahren frei wählen können. Ausgeschlossen ist einzig die gleichzeitige Durchführung der Verfahren.[71]

IV. Rechtsvergleichender Blick in ausländische Rechtsordnungen

Die Einführung der aktienrechtlichen Ausschlussmöglichkeit wurde unter anderem auch darauf gestützt, dass in anderen Ländern entsprechende Regelungen existierten und der deutsche Kapitalmarkt entsprechend angepasst werden sollte.[72] Angesichts der umfassenden rechtsvergleichenden Aufarbeitung in zahlreichen anderen Arbeiten[73] etwa zum geltenden Recht in Belgien[74], Großbritannien[75], Frankreich[76], Italien[77],

[68] Richtlinie 2004/25/EG des Europäischen Parlaments und des Rates vom 21.04.2004 betreffend Übernahmeangebote, ABl. EG Nr. L 142, S. 12 vom 30.04.2004; dazu *Bayer*, BB 2004, 1, 10 f.; *Kindler/Horstmann*, DStR 2004, 866 ff.; *Krause*, BB 2004, 113 ff.; *Maul/Muffat-Jeandet*, AG 2004, 306, 315 ff.; *Maul*, NZG 2005, 151, 156 f.

[69] BR-Drucks. 154/06; Dazu *Seibt/Heiser*, AG 2006, 301 ff.

[70] Durch das Übernahmerichtlinie-Umsetzungsgesetz vom 08. Juli 2006, BGBl. I, S. 1426.

[71] Begr. RegE, BT-Drucks. 16/1003, S. 14.

[72] Vgl. Begr. RegE, BT-Drucks. 14/7034, S. 32.

[73] Übergreifende Darstellung bei *Grzimek*, in: Geibel/Süßmann, WpÜG, Art. 7, § 327a Rn. 17 ff.; *Forum Europaeum Konzernrecht*, ZGR 1998, 672, 734 ff.; *Gampenrieder*, Squeeze-out, S. 57 ff.; *Hamann*, Minderheitenschutz, S. 35 ff.; *Jakobs*, Squeeze-out, S. 54 ff.; *Moritz*, Squeeze Out, S. 50 ff.; *Posegga*, Squeeze-out, S. 40 ff.; *Rühland*, Squeeze-out, S. 151 ff.; *Sieger/Hasselbach*, NZG 2001, 926 ff.

[74] *Herring*, RIW 1996, 644 ff.; *Rühland*, Squeeze-out, S. 157 f.

[75] *Fleischer*, in: GroßKommAktG, Vor §§ 327a-f, Rn. 61 ff.; *Herkenroth*, Konzernierungsprozesse, S. 247 ff.; Quandt, Squeeze-out, S. 81 ff.; *Than*, in: FS Claussen, S. 405, 408 ff.

[76] *Sieger/Hasselbach*, NZG 2001, 926, 927.

[77] *Diemer/Hasselbach*, NZG 2000, 824, 830; *Posegga*, Squeeze-out, S. 46.; *Sieger/Hasselbach*, NZG 2001, 926, 928.

Niederlande[78], Norwegen[79], Österreich[80], Polen[81], Schweiz[82], Skandinavien[83] und den USA[84] sollen hier nur einige Einzelheiten Darstellung finden. Einzig das spanische Recht kannte wie das deutsche Recht ursprünglich keine gesetzliche Ausschlussregelung.[85] Das englische Recht diente als Vorbild zunächst bei der Gestaltung der Übernahmerichtlinie, welche wiederum Einfluss nahm auf die nationale Konstruktion.

1. Großbritannien

Bereits seit 1929 besteht im britischen Recht die Möglichkeit des zwangsweisen Ausschlusses im Anschluss an ein öffentliches Übernahmeangebot.[86] Übernimmt der Bieter nicht weniger als 90 % der außenstehenden Aktien (gemessen an ihrem Wert), so ist ihm die Übernahme der übrigen Aktien auch gegen den Willen der Minderheitsaktionäre möglich.[87] Eine gerichtliche Überprüfung des Ausschlusses – zu der es trotz der Vielzahl von Übernahmen relativ selten kommt[88] – kann sodann zur Unterbindung des zwangsweisen Erwerbs führen oder andere als im Angebot benannte Bedingungen anordnen.[89] Hierbei liegt allerdings nach gefestigter Spruchpraxis in der Tatsache, dass 90 % der Aktionäre das Angebot angenommen haben, ein prima-facie-Beweis für die Fairness des Angebots.[90] Interessant ist, dass auch ein Börsenkurs

[78] *Forum Europaeum Konzernrecht*, ZGR 1998, 672, 734 Fn. 285; *Gampenrieder*, Squeeze-out, S. 57; *Grablowitz*, RIW 2003, 272, 276 f.; *Posegga*, Squeeze-out, S. 40 f.; *Rühland*, Squeeze-out, S. 158 f.

[79] *Krohn*, EBLR 2004, 159, 161 f.

[80] *Fleischer*, in: GroßKommAktG, Vor §§ 327a-f, Rn. 65 ff.; *Kaindl/Rieder*, GesRZ 2006, 247, 259 ff.

[81] *Wowerka*, RIW 2004, 89 ff.

[82] *Böckli*, Schweizer Aktienrecht, § 7 Rn. 236 ff.; *Köpfli*, SJZ 1998, 53 ff.; *Posegga*, Squeeze-out, S. 46 f.

[83] *Rühland*, Squeeze-out, S. 160 f.

[84] *Herkenroth*, Konzernierungsprozesse, S. 229 ff.; *P. Baums*, Ausschluss, S. 175 ff.; *Moritz*, Squeeze Out, S. 61 ff. OCE 63:44; *Schwichtenberg*, Going Private, S. 53 ff.; ausführlich *Schöpper*, Ausschluss, S. 150 ff.; vgl. auch *Wiedemann*, ZGR 1999, 857, 862 f.

[85] *Posegga*, Squeeze-out, S. 40.

[86] Sec. 979 ff. Companies Act 2006 bzw. Sec. 429, 430 Companies Act 1985; Ebenso in Italien und der Schweiz; vgl. *Forum Europaeum Konzernrecht*, ZGR 1998, 672, 735.

[87] Vgl. *Fleischer*, in: GroßKommAktG, Vor §§ 327a-f, Rn. 61; *Rühland*, WM 2000, 1884, 1886.

[88] So *Than*, in: FS Claussen, S. 405, 416.

[89] Vgl. *Than*, in: FS Claussen, S. 405, 414 ff.

[90] Vgl. *Fleischer*, in: GroßKommAktG, Vor §§ 327a-f, Rn. 63.

nach britischer Rechtsprechung einen solchen Beweis begründet.[91] Erfolgreich unterbunden werden konnte der Ausschluss zum einen, wenn den Aktionären aufgrund einer mangelhaften Informationslage die Beurteilung des Angebots nicht hinlänglich möglich war und zum anderen, wenn die zustimmende 90 %ige Minderheit nicht unabhängig entschieden hatte. Korrespondierend mit dem Zwangsausschlussrecht wird dem Minderheitsaktionär ein Andienungsrecht zu den Bedingungen des Übernahmeangebots zugestanden.[92] Es entsteht, sobald der Hauptaktionär im Zuge des Übernahmeangebots insgesamt, also nicht lediglich hinsichtlich des vom Angebot betroffenen Kapitals, über 90 % des Kapitals verfügt.

Dieses System wurde bereits vor Einführung der §§ 327a ff. AktG als der deutschen Lösung überlegen angesehen.[93] Dies insbesondere auch im Vergleich mit der ursprünglich auch bei den §§ 327a ff. AktG vorgesehenen Angemessenheitsvermutung.[94]

2. Österreich

In Österreich existierte bis zur Einführung des heute geltenden Gesellschafterausschlussgesetzes (GesAusG) vom 24.5.2006 die Möglichkeit, mittels einer noch auf das reichsdeutsche UmwG 1934 zurückgehenden und vom UmwG 1954 übernommenen verschmelzenden Übertragung eine Minderheit zwangsweise auszuschließen.[95] Seit 1996 existierte auch die die Praxis dominierende[96] Möglichkeit einer sog. nicht verhältniswahrenden Spaltung nach §§ 8 Abs. 3, 9 SpaltG a.F.

Interessant ist der Blick auf eine österreichische Entscheidung des VfGH aus dem Jahre 2005. Der OGH hatte vorgelegt zur Frage, ob die nicht verhältniswahrende Spaltung mit dem damals gültigen Rechtsschutzkonzept gegen die Verfassung verstößt. Bei der nicht verhältniswahrenden Spaltung wird eine Nachfolgegesellschaft geschaffen, an der die Anteilsinhaber der übertragenden Gesellschaft nicht im gleichen Ausmaß beteiligt werden, § 8 Abs. 3 öSpaltG. Demnach können die auszuschließenden Gesellschafter in eine Nachfolgegesellschaft abgespalten

---

[91] Vgl. *Than*, in: FS Claussen, S. 405, 415.

[92] Sec. 983 ff. CA 2006 bzw. Sec. 430 A CA 1985; Vgl. hierzu *Than*, in: FS Claussen, S. 405, 413 f.

[93] *Rühland*, WM 2000, 1884, 1888.

[94] Vgl. *Rühland*, NZG 2001, 448, 450 f.

[95] Vgl. *Fleischer*, in: GroßKommAktG, Vor §§ 327a-f, Rn. 65

[96] So *Fleischer*, in: GroßKommAktG, Vor §§ 327a-f, Rn. 65.

werden, deren einziger Vermögensgegenstand etwa Bargeld ist und die alsbald liquidiert wird.[97] Ursprünglich sah § 225c Abs. 3 und 4 öAktG a.F. i.V.m. § 9 Abs. 2 SpaltG a.F. vor, dass für die Einleitung des Überprüfungsverfahrens bei der Spaltung ein Antrag einer Minderheit von mindestens 1 % des Grundkapitals oder von Aktien mit einem anteiligen Betrag von mindestens € 70.000,- erforderlich ist.[98]

Diese Regelung wurde vom VfGH als verfassungswidrig erachtet und aufgehoben.[99] Zwar sei allein das „Hinausdrängen" von Minderheitsgesellschaftern noch nicht verfassungswidrig, da dies im öffentlichen Interesse liegen könne, etwa zur Bereinigung von Unternehmensstrukturen. Neben diesem öffentlichen Interesse bestünde aber das private Interesse des Mehrheitsgesellschafters an einer möglichst kostengünstigen Hinausdrängung der Minderheit. Dem Gesetzgeber obliege daher die Schaffung eines interessenausgleichenden Verfahrens zur Findung einer angemessenen Abfindung. Auch sorge nicht allein die Prüfung durch einen unabhängigen Wirtschaftsprüfer zuverlässig für die Angemessenheit der Barabfindung. Dies zeige sich daran, dass der Gesetzgeber selbst die gerichtliche Nachprüfung bei Erreichen eines bestimmten Quorums ermöglicht habe und damit durch den Prüfer die Angemessenheit der Abfindung nicht für garantiert halte, zumal der Prüfer vom vom Mehrheitsgesellschafter dominierten Aufsichtsrat der übertragenden Gesellschaft bestellt würde.

Dem Minderheitsgesellschafter müsse der Wege zu einem Gericht offen stehen, das über die Angemessenheit abschließend zu entscheiden habe. Der Rechtsschutz dürfe nicht davon abhängen, ob andere Aktionäre zu einer Verfahrensbeteiligung gewillt sind.

Die Missbrauchsmöglichkeit des Kleinaktionärs, zu deren Vermeidung der Gesetzgeber das Quorum überhaupt geschaffen hat, vermag nach Ansicht des VfGH nicht die Vorenthaltung jeglichen Rechtsschutzes zu rechtfertigen, steht doch dieser Gefahr die Missbrauchsmöglichkeit des Mehrheitsgesellschafters gegenüber, Umstrukturierungen gerade vorzunehmen, um Minderheitsgesellschafter möglichst günstig abfinden zu können. Die Regelung sei auch nicht durch den im Vergleich zum möglichen Mehrwert für den Minderheitsgesellschafter unverhältnismäßigen Verfahrensaufwand zu rechtfertigen, da Rechtsschutz nicht von der Höhe des möglichen Erfolgs abhängen könne, zumal § 225c

[97] Vgl. *Gall/Potyka/Winner*, Squeeze-out, S. 206.
[98] Vgl. *Gall/Potyka/Winner*, Squeeze-out, S. 23.
[99] VfGH 16.06.2005, G 129/04-17 etc.

öAktG nicht auf die Höhe des Streitwerts, sondern die Beteiligungsziffer abstelle. Das zulässige Anknüpfen anderer Minderheitenrechte an bestimmte Quoren könne für den Rechtsschutz nicht entsprechend gelten, da es sich systematisch hier nicht um Kontrollrechte, sondern um individuelle aus der Beteiligung resultierende vermögensrechtliche Ansprüche des Gesellschafters handele.

Der VfGH hob die entsprechenden Regelungen auf und auch geringer beteiligten Gesellschaftern stand in der Folge die gerichtliche Überprüfungsmöglichkeit offen. Erforderlich war hierfür allerdings ein Widerspruch und damit Anwesenheit in der Hauptversammlung; auch waren nur die aktiven Gesellschafter von den Wirkungen des Überprüfungsverfahrens erfasst.

Die Rechtslage änderte sich sodann im Jahre 2006 mit der Einführung des auf die europäische Übernahmerichtlinie[100] zurückgehenden Gesellschafter-Ausschlussgesetz vom 24.05.2006[101], einer jedenfalls in den Grundzügen mit dem deutschen Squeeze-out-Recht vergleichbaren[102] gesetzlichen Möglichkeit des zwangsweisen Ausschlusses aus der Gesellschaft. Nach Vorstellung des Gesetzgebers sollte die an sich nach wie vor gegebene Möglichkeit der nicht verhältniswahrenden Spaltung zum Ausschluss von Minderheitsgesellschaftern nicht weiter gegeben sein (bzw. nur noch bei einstimmiger Beschlussfassung).[103] Die Spaltung solle nur noch der Trennung von Vermögensmassen oder Unternehmensteilen dienen. Um einerseits die nicht verhältniswahrende Spaltung zu diesen Zwecken weiter möglich zu machen und andererseits kein Einstimmigkeitserfordernis mit entsprechenden Blockademöglichkeiten einer Minderheit wie in Deutschland zu statuieren (§ 128 UmwG), versucht das Gesetz zu differenzieren zwischen solchen Spaltungen, die letztlich den Minderheitsausschluss herbeiführen sollen (Einstimmigkeit erforderlich), und den übrigen (90% des Nennkapitals zur Beschlussfassung erforderlich).

Gem. § 1 Abs. 1 GesAusG beschließt die Hauptversammlung einer AG bzw. die Gesellschafterversammlung einer GmbH auf Verlangen des Hauptgesellschafters den Zwangsausschluss. Die Schwelle liegt bei 90 % des Nennkapitals.[104] Ebenso wie im deutschen Recht sind Ak-

[100] Zur Übernahmerichtlininie siehe bereits oben unter C III 2.

[101] öBGBl. I 2006, S. 75.

[102] So *Fleischer*, in: GroßKommAktG, Vor §§ 327a-f, Rn. 68.

[103] Nachweis bei *Gall/Potyka/Winner*, Squeeze-out, S. 207.

[104] § 1 Abs. 2 GesAusG; vgl. hierzu und zum folgenden *Gall/Potyka/Winner*, Squeeze-out, Rn. 35 f.; *Kaindl/Rieder*, GesRZ 2006, 247, 259 ff.

tien verbundener Unternehmen dem Hauptgesellschafter zurechenbar; gem. § 1 Abs. 3 GesAusG aber nur, wenn die Verbindung im Jahr vor der Beschlussfassung durchgehend bestanden hat.[105] Nach umstrittener Auffassung soll diese Jahresfrist zudem auf umgehungsgeeignete Fälle analog anzuwenden sein.[106]

Die rechtliche Gestaltung ist dispositiv, d.h. der Zwangsausschluss kann durch die Statuten erschwert oder gänzlich ausgeschlossen werden.[107] Gem. § 2 Abs. 1 Satz 1 GesAusG sind die Ausgeschlossenen vom Hauptgesellschafter angemessen abzufinden.[108] Der gewährte Rechtschutz ähnelt wieder dem deutschen Recht; in einem sog. Gremialverfahren nach § 225c öAktG kann die Angemessenheit der Abfindung überprüft werden. Die Anfechtungsklage steht hierfür nicht offen. Auch existieren Sonderregeln für den Ausschluss nach einem erfolgreichen Übernahmeangebot.[109] Des Weiteren ist die Abfindung ab dem auf die Beschlussfassung folgenden Tag zu verzinsen, und nicht wie im deutschen Recht ab der Eintragung.[110] Neben weiteren Abweichungen im Verfahren[111] ist im Gegensatz zur deutschen Rechtslage die Behandlung von Bezugsrechten kodifiziert: Von der Gesellschaft begebene Rechte zum Bezug von Anteilen gewähren ab Eintragung des Beschlusses einen Anspruch auf angemessene Barabfindung gegen den Hauptgesellschafter, § 5 Abs. 5 GesAusG.[112]

Neben dem aktienrechtlichen existieren auch in Österreich Sonderregelungen für den Ausschluss nach einem Übernahmeangebot, § 7 GesAusG.[113] Danach ist einem Bieter, dem nach einem Übernahmeangebot 90 % des stimmberechtigten Kapitals gehört, der zwangsweise Ausschluss der verbleibenden übrigen Aktionäre möglich. Anders als in Deutschland bedarf es eines Hauptversammlungsbeschlusses innerhalb der ersten drei Monate nach Ablauf der Angebotsfrist. Es existiert wie in Deutschland eine Angemessenheitsvermutung bezüglich der Abfindungshöhe ab einer 90 %igen Annahmequote des Übernahmeangebots.

---

[105] Vgl. hierzu *Althuber/Krüger*, AG 2007, 194, 197.

[106] So *Gall/Potyka/Winner*, Squeeze-out, Rn. 38, 158 ff. mit Nachweisen zur Gegenmeinung; offengelassen bei *Althuber/Krüger*, AG 2007, 194, 198.

[107] § 1 Abs. 4 GesAusG; Vgl. *Fleischer*, in: GroßKommAktG, Vor §§ 327a-f, Rn. 70; *Gall/Potyka/Winner*, Squeeze-out, Rn. 21.

[108] Dazu ausführlich *Winner*, JBl 2007, 434 ff.

[109] Vgl. *Gall/Potyka/Winner*, Squeeze-out, Rn. 21.

[110] § 2 Abs. 2 GesAusG; Vgl *Gall/Potyka/Winner*, Squeeze-out, Rn. 245.

[111] Zu ihnen *Fleischer*, in: GroßKommAktG, Vor §§ 327a-f, Rn. 72.

[112] Vgl. *Gall/Potyka/Winner*, Squeeze-out, Rn. 190.

[113] Hierzu ausführlich *Gall/Potyka/Winner*, Squeeze-out, Rn. 375 ff.

Die Vermutung wird im österreichischen Schrifttum als widerleglich erachtet.[114]

3. Schlussfolgerung

Festzuhalten ist, dass es so viele gesetzliche Gestaltungen des Zwangsausschlusses gibt wie Länder. Gemeinsam ist den Regelungen neben ihrem Gegenstand, dem zwangsweisen Ausschluss von Minderheitsgesellschaftern, der Umstand, dass der Mehrheitsgesellschafter kein besonderes Interesse am Erwerb dartun muss; es findet keine Interessenabwägung statt.[115] Ansonsten wird teilweise das Ausschlussrecht gesellschaftsrechtlich, teilweise kapitalmarktrechtlich geregelt; zum Teil ist er nur bei börsennotierten Gesellschaften, zum Teil bei allen Kapitalgesellschaften möglich. Von einem wie auch immer gearteten „Standard" lässt sich daher nicht reden.[116] Dennoch stellt die Einführung der §§ 327a ff. AktG eine Anpassung an internationale Gegebenheiten dar, da trotz der Unterschiede ein Squeeze-out-Verfahren in der weit überwiegenden Zahl der Länder vorgesehen ist. Es stellt sich aber die Frage, warum eigentlich nicht eine engere Orientierung am erwiesenermaßen erfolgreichen englischen Recht stattgefunden hat, der deutsche Gesetzgeber vielmehr eigene Wege beschritten hat.[117]

V. Rechtspolitische Aspekte

Die Regierungsbegründung verweist auf einen ganzen Katalog von Gründen, die die Ausschlussmöglichkeit von Minderheitsaktionären rechtfertigen sollen. Auch in der Literatur wurde etwa auf das Problem verschollener Aktien, den erhöhten Aufwand durch die Beachtung zwingender minderheitsschützender Normen sowie das bestehende Schädigungspotential durch Minderheitsaktionäre verwiesen, etwa durch die Erhebung von Anfechtungsklagen und die damit einhergehende Blockade der Durchführung von Strukturmaßnahmen.[118] Auf diese Gründe soll im Folgenden jeweils eingegangen werden. Rechtspolitisch stellen

[114] *Gall/Potyka/Winner*, Squeeze out, Rn. 427.

[115] Vgl *Forum Europaeum Konzernrecht*, ZGR 1998, 672, 736.

[116] So *Posegga*, Squeeze-out, S. 48.

[117] So auch *Posegga*, Squeeze-out, S. 48; vgl. auch *Hamann*, Minderheitenschutz, S. 51 f.

[118] Vgl. *Baums*, in: Rosen/Seifert, Übernahme, 165, 181 f.

sich sodann Folgefragen, ob etwa die Beschränkung auf Aktiengesellschaften systematisch stimmig ist oder die Ausschlussmöglichkeit nicht besser auf alle Kapitalgesellschaften erstreckt hätte werden sollen. Auf der anderen Seite könnte man auch meinen, die Ausschlussmöglichkeit sei als rein kapitalmarktrechtliche Maßnahme einzustufen und finde ihre Berechtigung allein bei börsennotierten Aktiengesellschaften. Da es im Aktienrecht und speziell im Falle des Zwangsausschlusses nicht allein um den Ausgleich von Minderheits- und Mehrheitsinteressen geht und gehen kann, sondern auch die Förderung der Unternehmenskultur im wirtschaftlichen Gesamtzusammenhang eine Rolle spielen muss, ist nach einem angemessenen Interessenausgleich zu forschen. Hier vorgestellte Argumente spielen letztlich auch eine Rolle bei der Frage zur Verfassungsmäßigkeit des Squeeze-out-Verfahrens. Auf diese soll an späterer Stelle eingegangen werden, worauf an dieser Stelle bereits verwiesen sein soll.[119]

1. Gründe für eine Squeeze-out-Möglichkeit

a) Einsparung des Formalaufwandes

Die Regierungsbegründung beruft sich zunächst auf die von Seiten der Wirtschaft vorgebrachte Argumentation, dass es ökonomisch keinen Sinn mache, sehr kleine Minderheiten in der Aktiengesellschaft zu belassen.[120] Obwohl weder deren Beitrag zur Unternehmensfinanzierung noch ihre unternehmerische Mitgestaltung nennenswert ist, entsteht den Aktiengesellschaften aufgrund der Einhaltung zwingender minderheitsschützender Normen ein kostspieliger und unverhältnismäßiger Formalaufwand[121], der mit abnehmender Minderheitsgröße nicht proportional sinkt, sondern einen gewissen Sockelbetrag nicht unterschreitet. Je geringer also der Streubesitz ist, desto höher sind die Kosten je außenstehendem Aktionär. Dass bereits ein Mehrheitsaktionär mit ei-

[119] Siehe hierzu unter D II. 1. a.

[120] Begr. RegE, BT-Drucks. 14/7034, S. 31; kritisch in Bezug auf kleine, personalistisch geprägte Aktiengesellschaften *Bolte*, DB 2001, 2587, 2588.

[121] *P. Baums*, Ausschluss, S. 26 ff.; *Hasselbach*, in: KK, WpÜG, § 327a Rn. 6 f.; *Steinmeyer/Häger*, WpÜG, § 327a Rn. 4; *Drygala*, AG 2001, 291, 298; *Handelsrechtsausschuss des DAV*, NZG 1999, 850, 850; *Kossmann*, NZG 1999, 1198, 1199; *Küting*, DStR 2003, 838, 839; *Krieger*, BB 2002, 53, 53; *Moser/Prüher*, FB 2002, 361, 361; *Sieger/Hasselbach*, ZGR 2002, 120, 123 f.; *Vetter*, AG 2002, 176, 182; für kleine Minderheiten in Konzerntöchtern *Forum Europaeum Konzernrecht*, ZGR 1998, 672, 732 f.; a.A. einzig *Hanau*, NZG 2002, 1040, 1044 f.

ner Beteiligung weit jenseits der 75 % existiert, findet bei Grundlagen- und Strukturentscheidungen keine angemessene Berücksichtigung, denn die Minderheit kann ihre Individualrechte dennoch in der Hauptversammlung geltend machen und damit die Leitung des Unternehmens behindern.[122] Kosten entstehen insbesondere durch die Vorbereitung, Organisation und Durchführung der Hauptversammlung.[123] Hauptversammlungen müssen unter Umständen für sehr wenige Aktionäre[124] über Jahre hinweg durchgeführt werden, obwohl sie ihren eigentlichen Zweck als Informations- und Entscheidungsversammlung der Anteilseigner längst verloren haben.[125] Zwar entfallen die Pflichten des Vorstands mit erfolgtem Squeeze-out nicht[126], der Formalaufwand wird aber bei einer Einpersonen-Gesellschaft i.S.d. § 42 AktG wesentlich entlastet etwa durch den Umstand, dass die Hauptversammlung zugleich Vollversammlung sein wird, § 121 Abs. 6 AktG.[127] Eine solche kann beispielsweise jederzeit und überall, insbesondere auch im Ausland stattfinden.[128]

Eingespart werden können auch die mit der Börsennotierung verbundenen Kosten, da jedenfalls mittelfristig ein Börsenhandel mit den Aktien, die sich nunmehr in einer Hand befinden, nicht mehr stattfindet und es demnach zwangsläufig zu einem Delisting kommen muss.[129] Es handelt sich etwa um die von den Börsen für die Notiz erhobenen Gebühren[130] (§ 17 BörsG i.V.m. der entsprechenden Gebührenordnung) sowie Publizitätskosten[131] allgemein, wie etwa die Kosten aus der Ein-

[122] *Vetter*, DB 2001, 743, 743; *ders.*, AG 2002, 176, 177 f.

[123] Vgl. *Gampenrieder*, WPg 2003, 481, 486 ff. sowie *Rathausky*, FB 2004, 107, 108 ff. mit statistischen Angaben zur Kostenhöhe aus Unternehmensbefragungen.

[124] Beispielsweise fand die Hauptversammlung bei den Rheinisch Westfälischen Kalkwerken für lediglich fünf Aktionäre statt, während 99 % der Anteile beim Hauptaktionär lagen, vgl. FAZ vom 19.04.2001, S. 32; vgl. auch das Zahlenmaterial bei *Gampenrieder*, WPg 2003, 481, 485.

[125] *Quandt*, Squeeze-out, S. 25.

[126] Deswegen das Einsparungspotential verneinend *Hanau*, NZG 2002, 1040, 1044.

[127] *Hüffer*, AktG, § 327a Rn. 1; *Angerer*, BKR 2002, 260, 261; *Posegga*, Squeeze-out, S. 49; Vgl. zu den formellen Erleichterungen bei einer Vollversammlung *Hüffer*, AktG, § 121 Rn. 19 ff.; *Bachmann*, NZG 2001, 961, 966 ff.

[128] *Bachmann*, NZG 2001, 961, 967; *Posegga*, Squeeze-out, S. 49.

[129] Vgl. *Angerer*, BKR 2002, 260, 261; zu den Auswirkungen des Squeeze-outs für die Börsennotierung unten D III. 9.

[130] *Moser/Prüher*, FB 2002, 361, 361; *Schwichtenberg*, DStR 2001, 2075, 2075; *Gampenrieder*, WPg 2003, 481, 483.

[131] Vgl. hierzu die statistischen Angaben aus einer Unternehmensbefragung bei *Rathausky*, FB 2004, 107, 110 f.

haltung von zwingenden Transparenzanforderungen wie der Pflicht zur Veröffentlichung von Zwischenberichten im Prime Standard gem. § 48 FWBO oder der Pflicht zur ad-hoc-Bekanntgabe kursrelevanter Informationen gem. § 15 WpHG.[132] Hierauf stellten bereits die amtlichen Erläuterungen zum Umwandlungsgesetz 1934 ab, nach dessen § 15 der Ausschluss der Minderheitsaktionäre ermöglicht war, um den drückenden Offenbarungspflichten des Aktienrechts zu entgehen.[133] Es entfallen auch Kosten aus freiwilligen Informationsdienstleistungen für Anleger und Fremdkapitalgeber[134] sowie generell aus der Einsparung von Belastungen in personeller Hinsicht.[135] Auch müssen Hauptversammlungsbeschlüsse gem. § 130 Abs. 1 S. 3 AktG notariell nur noch beurkundet werden, sofern zur Beschlussfassung eine Dreiviertelmehrheit erforderlich ist.[136]

Teilweise werden sodann jedoch die einmaligen Kosten des Squeeze-out-Verfahrens den periodisch wiederkehrenden Minderheitskosten gegenübergestellt und das Einsparpotential entsprechend relativiert.[137] Die Entscheidung des Hauptaktionärs über das Ob der Durchführung eines Squeeze-out wird von einer Abwägung dieser beiden Kostenpunkte abhängen, so er nicht bereit ist, allein für das Mehr an Flexibilität einen Aufpreis zu zahlen. Nur in diesem Zusammenhang wird diese Abwägung also eine Rolle spielen. Die rechtspolitische Wertung bei Einführung des Squeeze-out-Rechts – Unangemessenheit der von der Minderheit ausgelösten Kosten – wird dadurch indes nicht in Frage gestellt. Die Unangemessenheit des periodisch wiederkehrenden Formalaufwands kann nicht durch die einmaligen Ausschlusskosten – in welcher Höhe auch immer – relativiert werden.

b) Vermeidung von Anfechtungsklagen

Auch soll der Squeeze-out das für AG bestehende Risiko, von einzelnen Minderheitsaktionären durch die Erhebung von Anfechtungsklagen in

[132] Vgl. *Gampenrieder*, WPg 2003, 481, 483, 486 ff. mit statistischen Angaben zur Kostenhöhe aus einer Unternehmensbefragung; *ders.*, Squeeze-out, S. 118 f.

[133] Vgl. hierzu oben unter C II.

[134] *Kruse*, Delisting, S. 21; *Schwichtenberg*, DStR 2001, 2075, 2075; *Gampenrieder*, WPg 2003, 481, 483.

[135] Vgl. *Kruse*, Delisting, S. 21.

[136] *Hüffer*, AktG, § 42 Rn. 2.

[137] So *Posegga*, Squeeze-out, S. 50 f.; *Gampenrieder*, WPg 2003, 481, 487 f.; *ders.*, Squeeze-out, S. 111 ff.; *Moser/Prüher*, FB 2002, 361, 362 f.; vgl. auch *Rathausky*, FB 2004, 107, 112 ff.

der Unternehmensleitung behindert zu werden, reduzieren helfen.[138] Die Zahl der Anfechtungs- und Nichtigkeitsklagen gegen Hauptversammlungsbeschlüsse hat in den vergangenen zwei Jahrzehnten sprunghaft zugenommen[139] und ist auch in den letzten Jahren stetig gestiegen.[140] Bundesweit bekannte Anfechtungskläger leiten eine Vielzahl von Anfechtungsklagen gegen Hauptversammlungsbeschlüsse ein und kooperierten zum Teil mit Anwälten.[141] Der Chef der deutschen Bank, *Josef Ackermann*, führt ins Feld, dass die Vielzahl von Anfechtungsklagen Umstrukturierungen von Unternehmen mit erheblichen Risiken belasteten und damit die Attraktivität des Unternehmensstandortes Deutschland schmälere.[142]

Wiederholt wollen Minderheitsaktionäre – teilweise mit einer Beteiligung von nur einer Aktie – dem Mehrheitsaktionär durch Erhebung einer Anfechtungsklage die Umsetzung von Strukturmaßnahmen oder Grundlagenbeschlüssen unmöglich machen oder erschweren, um sich den „Lästigkeitswert“ dieser Klage abkaufen zu lassen.[143] Denn eine erhobene Anfechtungsklage verhindert bei eintragungsbedürftigen Hauptversammlungsbeschlüssen zunächst einmal die Eintragung im Handelsregister, sei es aufgrund der gesetzlichen Registersperre gem. § 16 Abs. 2 S. 2 UmwG oder einer faktischen aufgrund des § 127 FGG.[144] Trotz des möglichen Freigabeverfahrens kann es zu kostspieligen Verzögerungen bei der Umsetzung der beschlossenen Maßnahme kommen. In der Vergangenheit kam es deshalb etwa bei bedeutenden Verschmelzungsfällen zu Zahlungen an Anfechtungskläger, um möglichst zeitnah eine Rücknahme der Anfechtungsklage zu erreichen und den zur Eintragung erforderlichen Negativattest abgeben zu können.[145] Auch bei nichteintragungsbedürftigen Beschlüssen verursachen Anfech-

---

[138] Begr. RegE, BT-Drucks. 14/7034, S. 31 f.

[139] Vgl. die Zahlen bei *Baums*, in: Gutachten, 63. DJT, F51 ff.; *ders./Vogel/Tacheva*, ZIP 2000, 1649, 1650.

[140] Vgl. die Angaben bei *Baums/Keinath/Gajek*, ZIP 2007, 1629, 1633.

[141] Vgl. die Erhebungen bei *Baums/Keinath/Gajek*, ZIP 2007, 1629, 1634 ff.; *Fischer/Herold*, Going Public 2007, 50, 53; *Theisen/Raßhofer*, Der Aufsichtsrat 2007, 107 ff.

[142] Vgl. FAZ v. 20.11.2007, S. 23; vgl. auch *Assmann*, AG 2008, 208, 210.

[143] Vgl. BGHZ 107, 296 ff., 308 f. (Kochs Adler); BGH NJW 1992, 569 ff., 570 (Deutsche Bank); *Baumann*, WM 1999, 1968; *Henze*, ZIP 2002, 97, 100 f.; *Kühn*, BB 1992, 291, 291; *Kümpel*, Bank- und Kapitalmarktrecht, Rn. 8367; a.A. *Bokelmann*, BB 1972, 733, 737.

[144] Vgl. hierzu ausführlich *Quandt*, Squeeze-out, S. 25 ff.

[145] *Baums*, in: Gutachten, 63. DJT, F 158.

tungen Schwierigkeiten: Die Anfechtung einer Aufsichtsratswahl wegen der drohenden Rückabwicklung und Beeinträchtigung der Legitimation des Aufsichtsratsmitglieds, die Anfechtung der Feststellung des Jahresabschlusses wegen der möglichen Auswirkungen auch auf die Abschlüsse der Folgejahre. In letzter Zeit zielen Anfechtungskläger besonders darauf ab, die Gesellschaft zu einem teuren Vergleich (beim Squeeze-out für den Hauptaktionär) zu nötigen.[146] Auch bot sich eine weitere gewinnträchtige zivilprozessuale Möglichkeit: Mittels der Nebenintervention konnten Minderheitsaktionäre auf Klägerseite am Prozess partizipieren und entsprechende Gebühren gemeinsam mit dem Prozessvertreter einstreichen.[147]

Jedenfalls bei Aktiengesellschaften mit einem Minderheiten-Aktienbesitz von 5 % oder weniger sollte der Hauptaktionär diese Behinderungen bei der Leitung der AG nunmehr also nicht mehr hinnehmen müssen und sich zusammen mit der Minderheit insbesondere unliebsamer Berufsopponenten entledigen dürfen.[148] Ganz stimmig ist dieses pragmatische Argument freilich nicht[149]; auch Mehrheitsaktionäre mit weniger als 95 % Beteiligung bedürfen des Schutzes vor missbräuchlichen Klagen. Ihnen ist mit dem Squeeze-out-Recht nicht geholfen.[150] Systematisch stimmiger wäre eine allgemeine, nicht nur für den mit 95 % beteiligten Hauptaktionär geltende, Verbesserung der Ausgestaltung der Klagerechte. Aktuell diskutiert wird etwa die Einführung eines allgemeinen Anfechtungsquorums[151], eine Umgestaltung des Freigabeverfahrens[152] oder Maßnahmen zur Beschleunigung

---

[146] Vgl. *Baums/Keinath/Gajek*, ZIP 2007, 1629, 1643 ff.; *Goette*, DStR 2007, 1266; sowie die statistische Angaben bei *Bieder*, DAI-Kurzstudie 3/2007, passim.

[147] Hierzu *Althammer*, JZ 2008, 255 ff. m.w.N.

[148] Begr. RegE, BT-Drucks. 14/7034, S. 31 f.; *Handelsrechtsausschuss des DAV*, NZG 1999, 850, 850.

[149] Vgl. *Hanau*, NZG 2002, 1040, 1045; *Wenger/Kaserer/Hecker*, ZBB 2001, 317, 322.

[150] *Krieger*, BB 2002, 53, 53.

[151] Dafür *Handelsrechtsausschuss des DAV*, NZG 2008, 534; 542 f.; *Poelzig/Meixner*, AG 2008, 196, 201 ff.; *J. Vetter*, AG 2008, 177, 185 ff.; *Waclawik*, ZIP 2008, 1141, 1146 f.; zweifelnd BR-Drucks. 901/07(B), S. 20; dagegen *Baums*, BB 2007, 2525; *Bayer*, Status:Recht 2007, 252, 253; *ders.*, NJW 2000, 2609, 2617; *Heidel*, BB 2007, 2526, 2526 f.; *Niemeier*, ZIP 2008, 1148, 1149 f.; *Schwintowski*, DB 2007, 2695, 2695 f.; vgl. hierzu auch *Baums/Drinhausen*, ZIP 2008, 145, 148 ff.

[152] Vgl. im Einzelnen *Baums/Drinhausen*, ZIP 2008, 145, 150 ff.; *Baums*, BB 2007, 2525; insbesondere zu den Änderungen im Rahmen des RefE eines Gesetzes zur Umsetzung der Aktionärsrechterichtlinie (ARUG, abrufbar unter www.bmj.bund.de) auch *Niemeier*, ZIP 2008, 1148 ff; *Paschos/Goslar*, AG 2008, 605, 615 ff.; *Seibert*,

der gerichtlichen Verfahren, wie die vor Kurzem von den Ländern Baden-Württemberg und Sachsen initiierte gesetzliche Einführung einer Eingangszuständigkeit der Oberlandesgerichte für aktienrechtliche Verfahren.[153] Jedenfalls im übergeordneten Kontext ist der Gedanke aber nicht falsch. Konzernen ist es nun möglich, nach Aufstockung des eigenen Anteils die Eigentümerstruktur in Untergesellschaften zu bereinigen.

c) Erleichterung der Unternehmensführung

Im Übrigen sollte durch die Squeeze-out-Möglichkeit ganz allgemein die unternehmerische Flexibilität erhöht werden und sich der Zwangsausschluss auch vor diesem Hintergrund rechtfertigen.[154] In einer Aktiengesellschaft mit monolithischer Aktionärsstruktur fallen Umstrukturierungen leichter.[155] Es können Synergien und Effizienzsteigerungen erreicht werden. Auch wird es in geringerem Maße zu agency-Problemen kommen.[156] Auf Minderheitsaktionäre muss bei der Unternehmensplanung keine Rücksicht mehr genommen werden, so dass die Flexibilität der Unternehmensleitung erhöht wird.[157]

So müsste bei der Verschmelzung einer 100%igen Tochter auf die Mutter mangels Anteilstauschs i.S.d. § 29 Abs. 1 UmwG keine Unternehmensbewertung zur Bestimmung der Abfindungshöhe mehr bestimmt werden. Eine Erleichterung derartiger Verschmelzungen wird zudem im europäischen Kontext diskutiert.[158] Entsprechendes gilt beim

---

ZIP 2008, 906, 910, *Waclawik*, ZIP 2008, 1141 ff.; für die Aufgabe der Registersperre generell *Assmann*, AG 2008, 208, 212; für ein Quorum im Freigabeverfahren *Schwintowski*, DB 2007, 2695, 2698; dagegen *Baums*, BB 2007, 2525; für eine Begrenzung des Mehrwerts von Vergleichen *Mutter*, AG-Report 2008, R3; dagegen wiederum *Baums*, BB 2007, 2525.

[153] BR-Drucks. 901/07; So bereits *Baums/Drinhausen*, ZIP 2008, 145, 153 f.; *Baums*, BB 2007, 2525, 2525; *Handelsrechtsausschuss des DAV*, NZG 2008, 534, 543; *Schiessl*, in: VGR, Gesellschaftsrecht in der Diskussion 1999, 57, 74; *J. Vetter*, AG 2008, 177, 192; *Waclawik*, ZIP 2006, 1428, 1432 f.; *ders.*, ZIP 2008, 1141, 1147 f.; dagegen *Niemeier*, ZIP 2008, 1148, 1149; Katalog der Verbesserungsvorschläge bei *Seibert*, NZG 2007, 841, 845 f.; vgl. zum Ganzen auch *Goette*, ZGR 2008, 436, 440.

[154] BT-Drucks. 14/7034, S. 31 f.

[155] Vgl. BT-Drucks. 14/7034, S. 32; *Krieger*, BB 2002, 53, 53; aus diesem Grund eine Zwangsausschlussmöglichkeit befürwortend bereits *Kühn*, BB 1992, 291, 299.

[156] *Fleischer*, ZGR 2002, 757, 761.

[157] *Krieger*, BB 2002, 53, 53; *Moser/Prüher*, FB 2002, 361, 361 f.

[158] Befürwortend *Group of German Experts on Corporate Law*, ZIP 2002, 1310, 1322.

Formwechsel, vgl. § 194 Abs. 1 Nr. 6 UmwG. Es müssen keine Informationen i.S.d. § 5 Abs. 2 UmwG gewährt werden und es kann auf einen Verschmelzungsbericht verzichtet werden, § 8 Abs. 3 S. 1 UmwG. Es lassen sich auch etwa Kapitalerhöhungen sehr viel schneller beschließen, um etwa kurzfristig bestehende günstige Emissionsbedingungen auszunutzen oder sich kurzfristig ergebende vorteilhafte Investitionen zu tätigen.[159] Denn bei einem Bezugsrechtsausschluss sind Minderheitenbelange in der sachliche Begründung nicht zu berücksichtigen.

Ein erhöhter Handlungsbedarf erschien im Jahre 2002 auch aufgrund der zum Jahresbeginn 2001 in Kraft getretene Unternehmenssteuerreform gegeben. Die Veräußerung von Kapitalgesellschaftsanteilen an andere Kapitalgesellschaften war fortan steuerfrei möglich und ließ eine Umstrukturierungswelle erwarten, die eine wirtschaftspolitisch unerwünschtes Ansteigen der Zahl der Unternehmen mit geringer Minderheit erwarten ließ.[160]

Des Weiteren bestehen bei monolithischer Aktionärsstruktur reduzierte Publizitätsanforderungen, was insbesondere die Wahrung von Geschäftsgeheimnissen erleichtern kann. Es werden Veröffentlichungspflichten etwa bezüglich wichtiger Transaktionen wie die ad-hoc-Pflicht gem. § 15 WpHG vermieden.[161]

d) Stärkung des Kapitalmarkts – Gegenstück zu Pflichtangebot

Rechtspolitisch wurde bei Einführung des obligatorischen Pflichtangebotes umgekehrt ein Ausschlussrecht der Gesellschaft gefordert, wenn die Minderheit unter eine bestimmte Schwelle sinkt.[162] Dieses Argument hat sich auch der Gesetzgeber bei Schaffung des Squeeze-out zu eigen gemacht.[163] In der Rechtsprechung und in weiten Teilen des Schrifttums wird das ebenso gesehen.[164] Wer bei Überschreitung einer

---

[159] Vgl. *Moser/Prüher*, FB 2002, 361, 362.

[160] Vgl. *Thierack*, Squeeze-Out, S. 49.

[161] Vgl. *Kossmann*, NZG 1999, 1198, 1199.

[162] Aus konzernrechtlicher Perspektive: *Baumann*, WM 1999, 1968; *Forum Europaeum Konzernrecht*, ZGR 1998, 672, 733; *Kallmeyer*, AG 2000, 59, 59 f.; *Kossmann*, NZG 1999, 1198, 1199; *Land/Hasselbach*, DB 2000, 557, 562.

[163] Begr. RegE BT-Drucks. 14/7034, S. 32.

[164] OLG Düsseldorf, AG 2004, 207, 208; *Fleischer*, ZGR 2002, 757, 760 f.; *Land/Hasselbach*, DB 2000, 557, 562; *Quandt*, Squeeze-out, S. 36; *E. Vetter*, ZIP 2000, 1817, 1818; kritisch *Steinmeyer/Häger*, WpÜG, § 327a Rn. 7; *Altmeppen*, ZIP 2001, 1073, 1082 f.; zweifelnd zunächst auch *Hopt*, ZHR 161 (1997), 368, 390, später

bestimmten Schwelle zur Abgabe eines Pflichtangebots für die Übernahme aller übrigen Aktien verpflichtet sei, dem sei wenigstens die Möglichkeit einzuräumen, die verbleibende Restminderheit auszuschließen. Die Praxis habe gezeigt, dass sowohl freiwillige als auch Pflichtangebote nur ausnahmsweise zu einer völligen Übernahme aller Aktien geführt haben.[165] Auch könnten sich durchaus Vorteile im Rahmen des Übernahmeverfahrens auch für die Minderheit ergeben, denn der Bieter wird in der Regel ein attraktives Angebot unterbreiten, um die zum Squeeze-out erforderliche Quote zu erreichen.[166]

Diese Argument lässt sich heute aber in dieser Form nicht mehr führen; seit Einführung der §§ 39a, b WpÜG existiert ein übernahmerechtliche Squeeze-out-Möglichkeit, so dass die §§ 327a ff. AktG als Gegenstück zum übernahmerechtlichen Squeeze-out nicht mehr notwendig sind.[167]

e) Wettbewerbsfähigkeit des Standortes Deutschland

Der Gesetzgeber hielt die Einführung auch aus rechtsvergleichender Sicht für geboten; andere europäische Staaten verfügten über ähnliche Regelungen.[168] Deutsche Konzerne seien einer scharfen internationalen Konkurrenzsituation ausgesetzt.[169] Ungeachtet der Unterschiede innerhalb der verschiedenen ausländischen Ausschlusstechniken vermag diese Begründung zu überzeugen.[170] Die Einführung des Squeeze-out macht den deutschen Markt für ausländische Investoren attraktiver[171] und befreit inländische Konzerne von der wirtschaftlich sinnlosen Einhaltung minderheitsschützender Normen bei einigen wenigen Minderheitsaktio-

---

aber den funktionalen Zusammenhang anerkennend, *Hopt*, ZHR 166 (2002), 383, 392.

[165] Dokumentation über Kaufangebote nach dem Übernahmekodex, WM 1997, 1409 ff.

[166] *Fleischer*, ZGR 2002, 757, 760 f.

[167] Vgl. *Fleischer*, in: GroßKommAktG, Vor §§ 327a-f Rn. 56.

[168] Begr. RegE, BT-Drucks. 14/7034, S. 32; so bereits *Handelsrechtsausschuss des DAV*, NZG 1999, 850, 850; *Herkenroth*, Konzernierungsprozesse, S. 25 f.; Vgl. hierzu den rechtsvergleichenden Überblick unter C IV.

[169] *E. Vetter*, AG 2002, 176, 182; so bereits BVerfGE 14, 263, 280 (Feldmühle).

[170] *Wolf*, ZIP 2002, 153, 153; a.A *Hanau*, NZG 2002, 1040, 1045.

[171] *E. Vetter*, ZIP 2000, 1817, 1818; *Helmis/Kemper*, DBW 62 (2002), 512, 518; Nach *Schautes*, BB 2004, 2774, 2776 insbesondere aufgrund der zwischenzeitlich gewonnen Rechtssicherheit.

nären, was einen Wettbewerbsnachteil darstellt.[172] Ausländischen Investoren, denen die Möglichkeit der Mehrheitseingliederung nicht offen steht[173], können selbst bei Beteiligungshöhen jenseits der 75 % nunmehr die Minderheitsaktionäre zwangsausschließen und sich auf diese Art der Rücksichtnahme minderheitsschützender Normen bei künftigen Maßnahmen entledigen.[174]

f) verschollene Aktien

Es besteht auch durchaus die Notwendigkeit, einem Hauptaktionär die Möglichkeit zum Einsammeln von Aktien zu geben, dessen Besitzer sich nicht aufspüren lassen.[175] Freilich wären hier auch andere Lösungen denkbar. Im britischen Recht existiert eine Regelung, nach der mittels gerichtlicher Entscheidung die dort geltende Schwelle von 90% noch weiter abgesenkt werden kann, falls mehr als 10% der Aktien aufgrund von Vererbung oder auf sonstige Weise nicht ausfindig zu machen sind.[176] Die Einführung einer entsprechenden Regelung wurde zur Umsetzung des übernahmerechtlichen Squeeze-outs vorgeschlagen.[177] Zur Absicherung sei die Abfindung für die verschollenen Aktien für eine gewisse Zeit bei Gericht zu hinterlegen.[178]

g) Würdigung

Neben diesen bereits in der Gesetzesbegründung angeführten Argumenten, die allesamt auf eine Stärkung der Position des Hauptaktionärs im Interesse des Gemeinwohls abzielen, könnten Unternehmen aus nicht beabsichtigten Gründen einen Squeeze-out durchführen. In Betracht kommt zunächst der Ausschluss ganz bestimmter, unliebsamer Kleinaktionäre durch die Schaffung eines Hauptaktionärs durch die übrigen Aktionäre; weiter könnte der Hauptaktionär die Ausbootung von Kleinaktionären zur Maximierung eigener Gewinne aus künftigen – noch nicht allgemein bekannten – Gewinnchancen betreiben. In Betracht kommt

[172] *E. Vetter*, ZIP 2000, 1817, 1818; *ders.*, AG 2002, 176, 178; vgl. auch *Sieger/Hasselbach*, ZGR 2002, 120, 121.

[173] § 320 Abs. 1 S. 1 AktG.

[174] *E. Vetter*, AG 2002, 176, 178.

[175] Vgl. Begr. RegE, BT-Drucks. 14/7034, S. 32; *Pötsch/Möller*, WM 2000, Sonderbeilage 2, S. 29; *Fleischer*, ZGR 2002, 757, 761; *Quandt*, Squeeze-out, S. 36.

[176] Vgl. hierzu *Rühland*, Ausschluss, S. 139 f.

[177] *Hopt/Mülbert/Kumpan*, AG 2005, 109, 116.

[178] Vgl. *Rühland*, Ausschluss, S. 140.

auch das Ausnutzen einer bestehenden Unterbewertung an der Börse zum Ausbau der eigenen Position und Nachteil der Minderheit, sofern der Hauptaktionär dies einschätzen kann.

Trotz dieser Risiken: Eine Minderheit von weniger als 5% leistet wenig zur Eigenkapitalausstattung der Gesellschaft und hat damit in der Regel seine wirtschaftliche Bedeutung als Kapitalgeber verloren.[179] Dennoch verursacht sie der Gesellschaft einige Kosten. Darüber hinaus steht der Minderheit trotz ihres schmalen eigenen Beitrags zum Unternehmenserfolg mit dem Anfechtungsrecht ein Instrument zur Seite, mit dessen Hilfe die Umsetzung von Strukturbeschlüssen erheblich erschwert bzw. verzögert werden kann mit schädlichen Auswirkungen für alle übrigen stakeholder. Dem wollte der Gesetzgeber mit Einführung des Squeeze-out abhelfen und also den Mehrheitsgesellschafter dahingehend privilegieren, dass er nunmehr die Minderheit entfernen kann. Dies widerspricht dem gesellschaftsrechtlichen Grundkonzept, nach dem eine Gesellschaft von – relativ zum Anteil – grundsätzlich gleichberechtigten Mitgliedern kontrolliert werden soll. Zwar entscheidet die Mehrheit, sie ist allerdings der Minderheit dahingehend zur Treue verpflichtet, dass sie sich keine Sondervorteile verschaffen darf und der Minderheit bei der gemeinsamen Zweckverfolgung entsprechend ihrer Beteiligung Herrschaftsrechte und quotale Erfolgsbeteiligung überlässt. Nun kann allerdings die Situation entstehen, dass die Minderheit gar nicht mehr zur Zweckerreichung beiträgt, sie nur behindert und lediglich Kosten verursacht. Dies ist verbandsrechtlich zunächst hinzunehmen; allenfalls wäre im Wege der Verhandlung der Gesellschafter untereinander ein Ausweg – etwa der Ausstieg der Minderheitsgesellschafter aus der Gesellschaft – zu suchen, so jedenfalls die Rechtslage bei der GmbH. Doch diese Erwägungen führen nicht weiter, da eine solche Verhandlung zwischen Mehrheits- und Minderheitsgesellschafter zum einen hohe, unter Umständen das Einsparpotential übersteigende, Verhandlungskosten verursachen würde[180] sowie in Einzelfällen überhaupt nicht umsetzbar ist aufgrund des sog. Hold-out-Problems[181]: Je weniger Aktien der Minderheit noch gehören, desto höher wäre der Wert dieser letzten Aktien für den Hauptaktionär, da mit ihnen der gesamte Minderheitenaufwand steht und fällt. Minderheitsaktionäre würden also nicht verkaufen, um ihre Verhandlungsposition zu verbessern. Es würde zu keiner Einigung

---

[179] Vgl. *Drygala*, AG 2001, 291, 298; *Schwichtenberg*, DStR 2001, 2075.

[180] Vgl. *Wenger/Kaserer/Hecker*, ZBB 2001, 317, 322.

[181] Vgl. hierzu *Fleischer*, in: GroßKommAktG, Vor §§ 327a-f Rn. 14.

kommen können. Es bleibt einzig der Weg des Zwangsausschlusses ohne Verhandlung, den der Gesetzgeber auch gewählt hat. Volkswirtschaftlich ist es Unsinn, denn die wirtschaftliche Funktion der Aktiengesellschaft als Kapitalsammelbecken für viele (Klein-)Anleger wird nicht mehr gebraucht und ist nicht mehr gewollt. Wird das Kapital hauptsächlich von einem einzigen Gesellschafter zur Verfügung gestellt, so verursacht die Minderheit relativ zu ihrem Beitrag unverhältnismäßige Kosten.

Es stellt sich nun aber das bei einer Verhandlung nicht auftauchende Problem, welche Abfindung denn nun eigentlich angemessen ist. Bei einem tatsächlich stattfinden Verhandlungsprozess indiziert die Annahme des Angebots durch die Minderheit die Angemessenheit, die Verhandlung führt zu einer Art Richtigkeitsgewähr.[182] Daran fehlt es bei einem Zwangsausschluss. Dass angemessen abzufinden ist, versteht sich von selbst, sei es aus rechtsethischen Gründen[183], sei es, um einen funktionierenden Kapitalmarkt durch effektiven Minderheitenschutz zu gewährleisten. Es geht hier allerdings nicht um eine der gestörten Vertragsparität vergleichbaren Situation, in der zugunsten des Minderheitsaktionärs als dem Mehrheitsgesellschafter strukturell unterlegenen Vertragspartner irgendwie eingegriffen werden müsste. Die Herrschaft der Mehrheit ist verbandsrechtliches Prinzip, dem Minderheitsaktionär von Anfang an bekannt und von ihm mit seinem Eintritt in die Gesellschaft akzeptiert. Anders liegen die Dinge im Vertragsrecht: Hier geht die Privatautonomie grundsätzlich von einem ausgeglichenen Kräfteverhältnis aus, so dass nach der Rechtsprechung bei Ungleichgewichten im Einzelfall Vertragsschlüsse zu korrigieren sind. Derartiges kommt hier mangels vergleichbarer Lage nicht in Betracht.

2. Rechtspolitische Kritik und Gegenvorschläge

Die Einführung des Zwangsausschlusses ist in der Literatur größtenteils auf Zustimmung gestoßen.[184] Auf rechtspolitische Kritik an einzelnen Bestimmungen soll erst nachfolgend im jeweiligen Zusammen-

---

[182]Vgl. *Wiedemann*, Gesellschaftsrecht I, S. 406.

[183]*Wiedemann*, ZGR 1980, 147, 155 ff.

[184]*Hasselbach*, in: KK, WpÜG, § 327a Rn. 2; *Handelsrechtsausschuss des DAV*, NZG 2001, 420, 430; *Halm*, NZG 2000, 1162, 1164 f.; *Krieger*, BB 2002, 53, 55; *Riehmer/Schröder*, NZG 2000, 820, 824; *E. Vetter*, ZIP 2000, 1817, 1817 f.; *Wolf*, ZIP 2002, 153, 153.

hang bei der Erläuterung der Regelung eingegangen werden.[185] Zwei konzeptionelle Grundentscheidungen des Gesetzgebers, die sowohl für den übernahmerechtlichen als auch für den aktienrechtlichen Squeeze-out von Bedeutung sind, sind jedoch verstärkt in den Fokus der Kritik geraten, so dass hier kurz auf sie eingegangen werden soll: Das Fehlen einer Sell-out-Regelung sowie die Erforderlichkeit eines Hauptversammlungsbeschlusses beim aktienrechtlichen Squeeze-out und die davon abweichenden Gestaltung des Gesetzgebers für den übernahmerechtlichen Squeeze-out.

a) Austrittsrecht der Restminderheit

In der Literatur wird vielfach die Einführung eines Austrittsrechts der Minderheit spiegelbildlich zum Squeeze-out gefordert.[186] An einer beim übernahmerechtlichen Squeeze-out vorgesehenen Regelung (§ 39c WpÜG) fehlt es beim aktienrechtlichen Squeeze-out. Ein Austritts- und Andienungsrecht der Restminderheit würde bei marktengen Papieren, bei denen eine Veräußerung über die Börse zu einem angemessenen Preis unter Umständen nicht möglich ist, den Minderheitenschutz und damit die Anlagebereitschaft von Kleinaktionären, letztlich also den Finanzplatz Deutschland, fördern.[187] Deshalb sei ein solches in Nachbarstaaten vorgesehen für den Fall des Erreichens der 95%-Schwelle durch den Mehrheitsaktionär. Viele Aktionäre würden von einem Verkauf über die Börse aufgrund des ihrer Meinung nach zu geringen erzielbaren Preises absehen.[188]

Einwenden ließe sich, dass in der Praxis kaum Bedarf an einem Austrittsrecht bestehen dürfte, da der Mehrheitsaktionär grundsätzlich ohnehin am Aufkauf der Restaktien interessiert sei.[189] Um aber insbesondere für eine auch gerichtlich überprüfbare angemessene Gegenleistung zu sorgen, ist in der Tat die Einführung eines allgemeinen, von einem vorhergehenden Übernahmeangebot unabhängigen und in einem Spruchverfahren überprüfbaren Andienungsrecht zu befürworten.

---

[185] Etwa zur Erstreckung des Anwendungsbereichs der §§ 327a ff. AktG auch auf nicht börsennotierte AG unten unter D II c).

[186] *Fleischer*, in: GroßKommAktG, Vor §§ 327a-f Rn. 13; Emmerich/*Habersack*, Aktien- und GmbH-Konzernrecht, § 327a Rn. 5; *Koppensteiner*, in: KK, AktG, Vor § 327a Rn. 8; *Hanau*, NZG 2002, 1040, 1047; *Schöpper*, Ausschluss, S. 241 f.

[187] *Fleischer*, ZGR 2002, 757, 773; dafür im Rahmen eines Richtlinienvorschlags bereits *Forum Europaeum Konzernrecht*, ZGR 1998, 672, 739.

[188] *Vetter*, AG 2002, 176, 184 f.

[189] Vgl. *Körber*, ZGR 2002, 790, 791.

b) Erforderlichkeit eines Hauptversammlungsbeschlusses

Kritik entzündet sich auch an der Ausgestaltung des Squeeze-out-Verfahrens, insbesondere an der Erforderlichkeit eines Hauptversammlungsbeschlusses. Vorgebracht wird, dass der Hauptversammlungsbeschluss lediglich unnötige Formalität sei[190], da der Hauptaktionär ohnehin über 95% des Kapitals verfüge und quasi allein beschließen könne. Durch das Erfordernis eines Hauptversamlungsbeschlusses werde einzig dem Minderheitsaktionär Raum für Obstruktion geboten. Auch werde dem Vorstand der Aktiengesellschaft die Besorgung eines Geschäfts des Hauptaktionärs auferlegt; denn er hat innerhalb der Hauptversammlung Auskünfte zu erteilen, Unterlagen zur Verfügung zu stellen und ggf. das Unbedenklichkeitsverfahren nach § 327e Abs. 2 AktG zu betreiben.[191] Die Rollenverteilung zwischen Hauptaktionär und Vorstand sei in den §§ 327a ff. AktG konzeptionell deshalb wenig überzeugend.[192] Auch andere Rechtsordnungen verzichteten vollständig auf eine Befassung der Hauptversammlung.[193] Beim Squeeze-out-Beschluss handele es sich ohnehin nicht um einen körperschaftlichen Akt, sondern um eine Art einseitiges Gestaltungsrecht, denn es gehe nicht um Struktur und Organisation der Gesellschaft, sondern um das Verhältnis der Aktionäre zueinander.[194] Aus diesen Gründen sei das Erfordernis einer Beschlussfassung der Hauptversammlung abzulehnen.[195] Denkbare alternative Gestaltungsmöglichkeiten wären (aa) ein Squeeze-out qua übertragendem Verwaltungsakt der BAFin oder (bb) durch einen gerichtlichen Beschluss.

aa) Verwaltungsakt

So wurde etwa für den übernahmerechtlichen Squeeze-out vorgeschlagen, den Squeeze-out mittels übertragenden Verwaltungsaktes der BAFin zu ermöglichen.[196] Für sinnvoll wurde etwa auch erachtet, die Ein-

---

[190] *Schiessl*, AG 1999, 442, 451; *E. Vetter*, ZIP 2000, 1817, 1820 f.; *ders.*, DB 2001, 743, 744 f.

[191] *Habersack*, ZIP 2001, 1230, 1237.

[192] *Habersack*, ZIP 2001, 1230, 1237; kritisch auch *Grunewald*, ZIP 2002, 18, 19; *Vetter*, AG 2002, 176, 185 f.

[193] *Habersack*, ZIP 2001, 1230, 1237.

[194] *Vetter*, AG 2002, 176, 185; *ders.*, DB 2001, 743 f.

[195] *Vetter*, AG 2002, 176, 185; *ders.*, DB 2001, 743, 744; a.A. *Ehricke/Roth*, DStR 2001, 1120, 1125; *Land/Hasselbach*, DB 2000, 557, 562; *Krieger*, BB 2002, 53, 58.

[196] *Austmann/Mennicke*, NZG 2004, 846, 853 f.; *Hopt/Mülbert/Kumpan*, AG 2005, 109, 115; *Seibt/Heiser*, ZGR 2005, 200, 248.

haltung der Squeeze-out-Voraussetzungen vom damaligen Bundesaufsichtsamt für den Wertpapierhandel überprüfen zu lassen.[197] Für eine Zuständigkeit der BAFin spreche deren Sachnähe sowie beim übernahmerechtlichen Squeeze-out der Umstand, dass sie bereits die Angebotsunterlage und die darin enthaltene Abfindung überprüft hatte.[198] Gegen eine solche administrative Entscheidung spricht jedoch zum einen die mangelnde Transparenz, zum anderen die sich ergebenden Probleme beim Rechtsschutz der verbliebenen Aktionäre. Ihnen stünde nicht mehr die Anfechtungsklage gegen einen Hauptversammlungsbeschluss und damit eine gesellschaftsrechtliche Klagemöglichkeit offen, vielmehr müsste ihnen der Verwaltungsrechtsweg eröffnet sein. Jedenfalls kann auf Rechtsschutz nicht verzichtet werden, weshalb sich eine derartige Gestaltung in zeitlicher Hinsicht dem gewählten Verfahren via Hauptversammlungsbeschluss bzw. gerichtlicher Entscheidung nicht als überlegen erweisen würde.[199]

bb) Gerichtlicher Beschluss

Nach einem Vorschlag noch zum aktienrechtlichen Squeeze-out sollte das Landgericht am Sitz der Gesellschaft auf Antrag des Hauptaktionärs entscheiden, ob es zum Eigentumsübergang auf den Hauptaktionär kommt. Es hätte festzustellen, ob die Voraussetzungen vorliegen, der Hauptaktionär über 95% der Aktien verfügt und der erforderliche schriftliche Bericht vorgelegt wurde. Der gerichtliche Beschluss wäre ins Handelsregister einzutragen und im Bundesanzeiger zu veröffentlichen.[200] Mit dem übernahmerechtlichen Squeeze-out hat der Gesetzgeber weitestgehend eine solche Regelung geschaffen; allerdings mit der Besonderheit einer alleinigen Zuweisung an das Landgericht Frankfurt am Main. Für dieses Konzept spricht die Kosten- und Zeiteffizienz, wenn die Übertragungsentscheidung unmittelbar einem Gericht zugewiesen ist.[201] Dagegen wird vorgebracht, dass dem Hauptaktionär keine Möglichkeit offenstünde, gegen ein hiergegen eingelegtes Rechtsmittel vorzugehen. Es fehlt eine dem Freigabeverfahren vergleichbare Mög-

[197] *Schiessl*, AG 1999, 442, 452.
[198] Vgl. *Seibt/Heiser*, AG 2006, 301, 317.
[199] So auch *Handelsrechtsausschuss des DAV*, NZG 2006, 177, 180; *Rößler*, Squeeze Out, S. 144.
[200] So bereits *E. Vetter*, ZIP 2000, 1817, 1821; *ders.*, DB 2001, 743, 744.
[201] Mit diesem Argument nunmehr für dieses Konzept *Seibt/Heiser*, AG 2006, 301, 317; so auch *Handelsrechtsausschuss des DAV*, NZG 2006, 177, 180.

lichkeit, die Registersperre zu überwinden.[202] Nachteilhaft sei auch die fehlende erga omnes-Wirkung des Beschlusses im Streitverfahren über die Wirksamkeit des Ausschlusses.[203]

cc) Stellungnahme

Zu konstatieren ist zunächst, dass die Hauptversammlung in grundlegenden Fragen Ort der gesellschaftsinternen Willensbildung ist. Auch das Vorhandensein eines Mehrheitsaktionärs, dem ohnehin letztlich jede Entscheidung obliegt, ändert daran nichts. Weiter eignen sich die der Mehrheitseingliederung entlehnten Verfahrensregeln in praxi hervorragend, um Rechtssicherheit im Rahmen des Squeeze-out-Verfahrens sicherzustellen.[204] Gerade die Abhaltung einer Hauptversammlung sorgt für die ausreichende Information der Aktionäre und damit für ihren angemessenen Schutz.[205]

Allerdings ließe sich eine entsprechende Unterrichtung auch anders sicherstellen. Allein aus diesem Grund eine Beschlussfassung der Hauptversammlung zu verlangen, die nur zu einem Ergebnis kommen kann, ist widersinnig. Auch der durch die Anfechtungsklage gewährte Schutz ließe sich im Rahmen eines vom Hauptaktionär zu initiierenden gerichtlichen Übertragunsverfahren entsprechend einrichten[206], was sich im Übrigen am neuen übernahmenrechtlichen Squeeze-out (§§ 39a ff. WpÜG) zeigt. Wie noch zu zeigen sein wird, kommt es ohnehin regelmäßig zur gerichtlichen Nachprüfung des Squeeze-out[207], so dass nichts gegen eine direkte Zuweisung spricht. Damit es aber nicht zu den gleichen Missständen wie bei der Anfechtungsklage kommt, sollte ein Freigabeverfahren vorgesehen und die Bewertungsfrage in ein Spruchverfahren ausgegliedert werden. Dies scheint insbesondere mit Blick auf die räuberischen Aktionäre geraten, da ansonsten das Erpressungspotential aufgrund der Möglichkeiten zur zeitlichen Verzögerungen des gerichtlichen Verfahrens ansteigt.

---

[202] *Ehricke/Roth*, DStR 2001, 1120, 1125.

[203] *Ehricke/Roth*, DStR 2001, 1120, 1125.

[204] *Sieger/Hasselbach*, ZGR 2002, 120, 132.

[205] *Kiem*, in: RWS-Forum, 329, 340

[206] *Habersack*, ZIP 2001, 1230, 1237; dagegen *Ehricke/Roth*, DStR 2001, 1120, 1125.

[207] Vgl. zur Häufigkeit von Anfechtungsklagen und Spruchverfahren unten D IV. und V.

VI. Alternative Ausschlusstechniken

Auch die alternativen und bereits vor Einführung des Squeeze-out möglichen Techniken zum zwangsweisen Ausschluss von Aktionären wie etwa die übertragende Auflösung[208] oder die Mehrheitseingliederung sind in der Literatur bereits vielfach vorgestellt und erörtert worden.[209] Aus diesem Grund soll hier– abgesehen vom übernahmerechtlichen Squeeze-out[210] – nur kurz auf einige Punkte eingegangen werden. Insbesondere soll das jetzige Verhältnis der Techniken zueinander erläutert werden. Denn mit dem Argument, hinter den mit dem aktienrechtlichen Squeeze-out verbundenen Schutz der Minderheitsaktionäre könne nicht zurückgegangen werden, wird teilweise von einer Spezialität des aktienrechtlichen Squeeze-out-Regelung ausgegangen mit der Folge, dass die Beseitigung von Minderheitsbeteiligungen mittels übertragender Auflösung einer AG zugunsten des Mehrheitsaktionärs nicht mehr beschreitbar wäre.[211]

Überwiegend wird demgegenüber zu Recht weiterhin von der Zulässigkeit der übertragenden Auflösung auch nach Einführung der §§ 327a ff. AktG ausgegangen.[212] Dies folgt zum einen daraus, dass sämtliche Rechtsnormen im Grundsatz zu allen mit ihnen erzielbaren wirtschaftlichen Zwecken eingesetzt werden können.[213] Zum anderen wurde bei Einführung der §§ 327a ff. AktG an der Mehrheitseingliederung nichts verändert, was dafür spricht, dass der Gesetzgeber keineswegs die Anwendbarkeit anderer Ausschlusstechniken beschränken wollte.[214] Auch dem nunmehr eingeführten weiteren Verfahren des übernahmerechtlichen Squeeze-out kann keine Verdrängungswirkung zugemessen werden.[215] Die übertragende Auflösung wird freilich ihren Reiz ver-

---

[208] Die Bezeichnung stammt von *Lutter/Drygala*, in: FS Kropff, 1997, 191, 193.

[209] Vgl. *Halm*, NZG 2000, 1162, 1163 f.; *Jakobi*, Squeeze-out, passim; *Küting*, DStR 2003, 838, 839 ff.; *Land/Hasselbach*, DB 2000, 557 ff.; *Seuffert*, Schutz des Aktieneigentums, S. 143 ff.

[210] Dazu ausführlich unter E.

[211] So *Wilhelm/Dreier*, ZIP 2003, 1369, 1375; *Hanau*, NZG 2002, 1040, 1047.

[212] MüKoAktG/*Stein*, § 179a Rn. 74; *Steinmeyer/Häger*, WpÜG, § 327a Rn. 13; *Grzimek*, in: Geibel/Süßmann, WpÜG, § 327a Rn. 7; *Even/Vera*, DStR 2002, 1315, 1321; *Henze*, in: FS Wiedemann, 935, 949; *v. Morgen*, WM 2003, 1553, 1555; *Neye*, EWiR 2000, 913, 914; *Roth*, NZG 2003, 998, 999; *Rühland*, WM 2002, 1957, 1958; *Schwichtenberg*, DStR 2001, 2075, 2078; *Thierack*, Squeeze-Out, S. 35 ff.; *Wolf*, ZIP 2002, 153, 154; a.A. *Wilhelm/Dreier*, ZIP 2003, 1369, 1375.

[213] *Rühland*, WM 2002, 1957, 1958.

[214] *Rühland*, WM 2002, 1957, 1958; *Wolf*, ZIP 2002, 153, 154.

[215] So auch *Jakobi*, Squeeze-out, S. 34.

lieren[216] und nur noch relevant werden, sofern der Mehrheitsaktionär keine 95 % erreicht.[217] Denn beim Squeeze-out entfällt die aufwendige Einzelvermögensübertragung mit anschließender Auflösung. Auch wird die Aufdeckung stiller Reserven und die damit verbundene steuerlichen Belastung vermieden.[218] Zu beachten ist aber, dass hinter den im Squeeze-out-Verfahren gewährten Rechtsschutz nicht zurückgegangen werden kann. Da die analoge Heranziehung der Regeln zum Spruchverfahren, wie von einem Großteil des Schrifttums bei der übertragenden Auflösung befürwortet[219], von der Rechtsprechung bislang nicht anerkannt ist, spricht gegen die übertragende Auflösung zusätzlich die Statthaftigkeit der Anfechtungsklage auch in Bewertungsfragen, denn sie ist aus diesem Grund in zeitlicher Hinsicht kaum kalkulierbar.[220]

Nach teilweise vertretener Meinung soll ein Ausschluss von mehr als 5% und bis zu 25% allerdings nicht mehr möglich sein.[221] Dies soll eine systematische und verfassungsrechtliche Auslegung ergeben.[222] In den Urteilen des BVerfG der letzten Jahre waren regelmäßig Minderheiten von weniger als 5% betroffen. Im Felmühle-Verfahren jedoch ging es um den Ausschluss einer Minderheit von insgesamt 21%, und das BVerfG hielt den Ausschluss mit der Erwägung für gerechtfertigt, dass der Gesetzgeber aus gewichten Interessen des gemeinen Wohls den Eigentumsschutz hinter das Allgemeininteresse an einer freien Entfaltung der unternehmerischen Initiative im Konzern zurücktreten lassen kann.[223] Vor diesem Hintergrund muss die übertragende Auflösung auch bei einer

[216]So *Fleischer*, DNotZ 2000, 868, 879; *Neye*, EWiR 2000, 913, 914.

[217]*Even/Vera*, DStR 2002, 1315, 1321; *Schwichtenberg*, DStR 2001, 2075, 2078, 2082; wohl auch *Küting*, DStR 2003, 838, 843.

[218]Vgl. *Küting*, DStR 2003, 838, 843; *Schwichtenberg*, DStR 2001, 2075, 2078; *Wenger/Kaserer/Hecker*, ZBB 2001, 317, 330.

[219]*Bayer*, in: VGR, Gesellschaftsrecht in der Diskussion 1999, 35, 53 Fn. 71; MüKoAktG/*Stein*, § 179a Rn. 85 f.; *Wolf*, ZIP 2002, 153, 157 ff.

[220]So *Krieger*, BB 2002, 53, 54.

[221]*Greulich*, Schutz des Minderheitsaktionärs, S. 47 ff., siehe dort auch Fn. 295; *v. Morgen*, WM 2003, 1553, 1555 f.; *Rühland*, WM 2002, 1957, 1961 ff; *Wilhelm/Dreier*, ZIP 2003, 1369, 1373.

[222]*Rühland*, WM 2002, 1957, 1963; a.A *Wolf*, ZIP 2002, 153, 160; dies wurde auch schon vor Einführung der §§ 327a ff. AktG vertreten, vgl. *Lutter/Leinekugel*, ZIP 1999, 261, 263; *Lutter/Drygala*, in: FS Kropff, 191, 220 f.; wohl auch *Bauer*, NZG 2000, 1214, 1215.

[223]Vgl. BVerfGE 14, 263, 280 ff.

größeren Minderheit als 5% möglich sein.[224] Es ist dann jedoch eine besondere Rechtfertigung zu verlangen.[225] Dies folgt daraus, dass bei Nichterreichen der 95%-Schwelle die Minderheitsaktionäre nicht typisierend als reine Anlageaktionäre betrachtet werden können. Auch kann bei einer so großen Minderheit nicht mehr von einem nur unwesentlichen Beitrag zur Kapitalausstattung der Gesellschaft ausgegangen werden.

Die bereits bislang nur vereinzelt genutzte[226] Mehrheitseingliederung[227] wird wohl bedeutungslos[228], da immer auch ein Squeeze-out möglich sein wird und dieser diverse Vorteile bietet: Zunächst ist auch ein ausländischer Hauptaktionär zum Squeeze-out in der Lage.[229] Des Weiteren besteht keine Pflicht zur Abfindung der ausscheidenden Aktionäre in eigenen Aktien, so dass auch nur eine Gesellschaft bewertet werden muss.[230] Zudem trifft den Hauptaktionär keine gesamtschuldnerische Haftung und Verlustausgleichspflicht.[231] Im Übrigen scheidet eine Eingliederung gem. § 319 AktG dann aus, wenn sich Aktien in der Hand der abhängigen AG befinden, weil der Hauptaktionär dann nicht Alleingesellschafter ist.[232] Ein Squeeze-out mit anschließender Eingliederung würde sich anbieten.[233]

Eine Zwangseinziehung gem. § 237 AktG setzt zunächst eine entsprechende Regelung in der Satzung vor Zeichnung oder Übernahme der von der Einziehung betroffenen Aktien voraus und ist ansonsten nur möglich bei Zustimmung der betroffenen Aktionäre. Sie ist also zum Zwangsausschluss ungeeignet. Auch ist eine Begründung nötig im Gegensatz zur voraussetzungslosen Squeeze-out-Möglichkeit des Hauptaktionärs bei einer Anteilsquote von 95 %.[234] Ein Zwangsausschluss von Minderheitsaktionären im Zuge eines sog. Reverse Stock Split ist in Deutschland nach einer Entscheidung des BGH, wonach die gesell-

---

[224] *Fleischer*, in: GroßKommAktG, Vor §§ 327a-f Rn. 47; *ders.*, ZGR 2002, 757, 788 f.; *Henze*, in: FS Wiedemann, S. 935, 952 f.; *Schwichtenberg*, DStR 2001, 2075, 2078; *Wolf*, ZIP 2002, 153, 160.

[225] MüKoAktG/*Grunewald*, Vor § 327a Rn. 12.

[226] Vgl. MüKoAktG/*Altmeppen*, Einl. §§ 291 ff., Rn. 8.

[227] Vgl. dazu *Henze*, in: FS Wiedemann, S. 935, 936 f.

[228] *Schwichtenberg*, DStR 2001, 2075, 2082; *Thaeter/Barth*, NZG 2001, 545, 549; *E. Vetter*, ZIP 2000, 1817, 1824; ähnlich *Even/Vera*, DStR 2002, 1315, 1321.

[229] Vgl. *Drukarczyk*, in: FS Scherrer, 626, 633; *Schwichtenberg*, DStR 2001, 2075, 2082; *E. Vetter*, ZIP 2000, 1817, 1824.

[230] *Schwichtenberg*, DStR 2001, 2075, 2082; *E. Vetter*, ZIP 2000, 1817, 1824.

[231] Vgl. *Schwichtenberg*, DStR 2001, 2075, 2082.

[232] *Hüffer*, AktG, § 319 Rn. 4.

[233] *Henze*, in: FS Wiedemann, S. 935, 946.

[234] Vgl. *Drukarczyk*, in: FS Scherrer, 626, 633.

schaftsrechtliche Treuepflicht dem Mehrheitsaktionär gebietet, das Umtauschverhältnis so zu wählen, dass bei einer Grundkapitalerhöhung im Zuge einer Herabsetzung auf Null möglichst viele Minderheitsaktionäre in der Gesellschaft verbleiben können, nicht mehr möglich.[235]

VII. Ökonomische Betrachtungen

Das knappe Kapital soll im Interesse gesamtwirtschaftlicher Wohlfahrt an den Ort seines höchsten Nutzens fließen. Dies ermöglicht der Finanzmarkt, auf dem Investoren unter Abwägung von Risiko und Rendite Kapital in die rentabelsten Unternehmen lenken. Das Ausschlussrecht beschränkt auf der einen Seite Investoren, die nämlich für den Fall eines existierenden Großaktionärs den Verlust ihrer Anlage und Anlagemöglichkeit hinnehmen müssen. Jeder Börsenplatz ist auf Anleger, nicht zuletzt Kleinanleger angewiesen. Durch die Squeeze-out-Möglichkeit wird zunächst einmal die mitgliedschaftliche Herrschaftsmacht der Kleinanleger potentiell eingeschränkt, was sich negativ auf die Anlagebereitschaft von Privatinvestoren auswirken kann.[236] So kann die avisierte Förderung des Kapitalmarkts durchaus auch negative Auswirkungen zeitigen.

Gesellschaften, die sich zur Kapitalbeschaffung am Markt entschieden hatten, sind freilich nunmehr in der Lage, diese Entscheidung unter erleichterten Bedingungen rückgängig zu machen. So denn für einen angemessenen Vermögensausgleich bei den Kleinaktionären gesorgt ist und diese also keinen Vermögensverlust fürchten müssen, sollte die Regelung positiv wirken. Hier steht freilich zu befürchten, dass der Hauptaktionär einer börsennotierten AG aufgrund seiner besseren Information den Squeeze-out bei einer aus seiner Sicht bestehenden Unterbewertung des Unternehmens am Markt vornehmen wird. Es würden also unterbewertete AG vom Markt genommen, während überbewertete unverändert fortbestünden.[237] Auch könnte der Hauptaktionär bestimmte Maßnahmen vornehmen bzw. unterlassen, um Einfluss auf den Unternehmenswert zu nehmen.[238] Ob etwa notwendige und werterhöhende Umstrukturierungen bewusst aufgeschoben werden, lässt sich freilich

---

[235] BGH, ZIP 1999, 1444, 1444 f.; vgl. auch *Küting*, DStR 2003, 838, 838 f.

[236] Vgl. *Wenger/Kaserer/Hecker*, ZBB 2001, 317, 331; *Ritzer-Angerer*, FB 2004, 285, 286.

[237] Vgl. *Fleischer*, in: GroßKommAktG, Vor §§ 327a-f Rn. 16; *ders.*, ZGR 2002, 757, 779.

[238] *Fleischer*, in: GroßKommAktG, Vor §§ 327a-f Rn. 16.

nicht ermitteln. Dies wäre auch kaum missbräuchlich, weil der Squeeze-out gerade auch zur Erleichterung von Umstrukturierungen dienen soll.

D. Der aktienrechtliche Squeeze-out

Die hier gewählte Reihenfolge der Darstellung orientiert sich am Ablauf des Squeeze-out-Verfahrens einschließlich der unter Umständen nachfolgenden gerichtlichen Überprüfung. Zunächst sollen einige grundsätzliche statistische Angaben einen Überblick über die bisherige Praxis herstellen (I.). Sodann finden die Vorbereitung der Beschlussfassung bis zur Hauptversammlung Darstellung (II.). Hierbei soll auch jeweils dazu Stellung genommen werden, ob Mängel und Verstöße gegen gesetzliche Vorschriften zur Anfechtbarkeit/Nichtigkeit des Beschlusses führen. Unter III. sollen sodann die rechtlichen wie wirtschaftlichen Folgen der Eintragung des Squeeze-out-Beschlusses erläutert werden. Es folgt das „gerichtliche Nachspiel“ mit Anfechtungsklage einschließlich Freigabeverfahren (IV. – hier allerdings kein erneutes Eingehen auf Anfechtungsgründe) sowie schlussendlich das Spruchverfahren (V.). Die Ergebnisse der vorgenommenen rechtstatsächlichen Erhebung werden an der jeweils einschlägigen Stelle vorgestellt.

I. Typik der bisherigen Squeeze-outs

1. Gesamtzahl der Beschlüsse

Vor Einführung des Squeeze-outs war von 23 möglichen Kandidaten[1], an anderer Stelle von mindestens 50[2] die Rede; In einer Anhörung des Bundestagsfinanzausschusses im Rahmen des Gesetzgebungsverfahrens wurde bereits von über 100 betroffenen Gesellschaften ausgegangen.[3]

[1] Vgl. die Liste im Handelsblatt vom 10.9.2001, S. 11.
[2] Vgl. Börsen-Zeitung vom 7.7.2001, S. 1.
[3] Vgl. *Neye*, in: Hirte, WpÜG, S. 25, 32.

Diese Erwartungen wurden bei weitem übertroffen. Bis Ende 2007 sind – soweit ersichtlich – insgesamt 317 Squeeze-outs eingeleitet worden.[4]

Primäre Quelle zur Erhebung der Squeeze-out-Verfahren war der Bundesanzeiger, in welchen gem. § 25 S. 1 AktG Bekanntmachungen der Gesellschaft einzurücken sind, soweit das Gesetz oder die Satzung eine Bekanntmachung durch die Gesellschaftsblätter vorsieht.[5] Im vorliegenden Zusammenhang konnte auf die Einberufungen zur Hauptversammlung zurückgegriffen werden, welche gem. § 121 Abs. 3 S. 1 AktG in den Gesellschaftsblättern bekannt zu machen sind und sich folglich gem. § 25 S. 1 AktG auch im Bundesanzeiger finden. In dieser ist gem. § 327c Abs. 1 AktG auch ein beabsichtigter Squeeze-out-Beschluss als Tagesordnungspunkt anzukündigen. Aus dieser Veröffentlichung ergeben sich als hier interessierende Daten Firma (§ 17 HGB) bzw. Name und Adresse des Hauptaktionärs sowie Abfindungshöhe und vielfach die genaue Beteiligungshöhe des Hauptaktionärs, obwohl so nach dem Gesetz gar nicht angabepflichtig. Als ergänzende Quellen konnten die Bekanntmachungen des Handelsregisters über die Eintragung des Squeeze-out gem. § 10 HGB ins Handelsregister[6] sowie der Hoppenstedt-Aktienführer der Jahre 2002 bis 2007 genutzt werden. Anschließend boten in der Literatur bereits veröffentlichte Listen bislang durchgeführter Squeeze-outs Gelegenheit zu Ergänzungen und zur Kontrolle.[7] Zu beachten ist, dass regelmäßig der Termin der ersten Beschlussfassung über den Squeeze-out berücksichtigt wurde. Kam es zu einem Bestätigungsbeschluss oder einer erneuten Beschlussfassung bei derselben Gesellschaft, so wurde dies als ein einzelnes Squeeze-out-Verfahren gewertet und zeitlich der ersten Beschlussfassung zugeordnet. Hierdurch bleibt gewährleistet, dass die Dauer des Ausschlussverfahrens insgesamt ersichtlich bleibt. Die Untersuchung führte zu folgenden Ergebnissen:

---

[4] Vgl. die Einzelauflistung der Gesellschaften in Anhang I; *Raiser/Veil*, § 12 Rn. 85 gehen ohne Quellenangabe von 250 Squeeze-outs bis Ende 2003 aus. Bei *Rathausky*, AG 2004, R24 ist für diesen Zeitraum von nur 117 Squeeze-outs die Rede, nach der hier vorgenommenen Erhebung waren es 187.

[5] Für das Jahr 2002 war noch auf die Druckausgabe zurückzugreifen; für Veröffentlichungen ab dem 01.01.2003 stand der elektronische Bundesanzeiger zur Verfügung.

[6] Recherchiert über den Informationsdienstleister WISO.

[7] Vgl. *Hecker/Kaserer*, BFuP 2003, 137, 162; *Helmis*, ZBB 2003, 161, 168 f.; *ders./Kemper*, DBW 62 (2002), 512, 519; *Huber*, Squeeze-out, S. 106 ff.; *Püttmann*, Squeeze Out, S. 181 ff.; *DAI*, Squeeze-out, S. 104 ff.; Sämtliche dieser Einzelauflistungen konnten – auch im Hinblick auf das jeweils zeitlich und sachlich avisierte Datenfenster – durch die vorgenommene eigene Erhebung ergänzt werden.

Abbildung 1: Quelle: eigene Erhebungen (vgl. bereits *Bayer/Stange*, AG 2007, R320, R322. Für die Folgejahre konnten die Angaben durch weitere Recherchen komplettiert werden.)

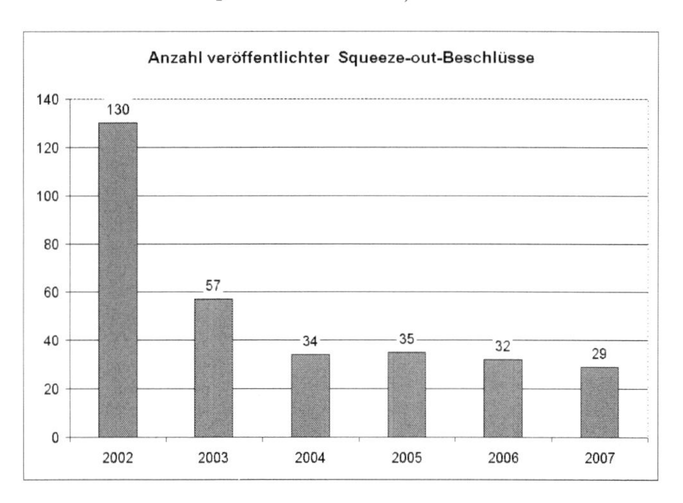

Seit der Einführung der Squeeze-out-Möglichkeit im Jahre 2002 kam es bis Ende 2007 bei 317 Aktiengesellschaften und Kommanditgesellschaften auf Aktien zu Hauptversammlungsbeschlüssen mit entsprechendem Inhalt.[8] Nach der hohen Zahl von Beschlüssen im Jahr der Einführung des Rechtsinstituts pendelt sich die Zahl der Zwangsausschlüsse nunmehr auf einem relativ konstanten Niveau ein. Der teilweise konstatierte abnehmende Trend[9] ist also allenfalls in sehr geringem Maße ersichtlich.

Es scheint allerdings durchaus Situationen zu geben, in denen sich der Hauptaktionär trotz einer Beteiligung jenseits der 95 % gegen einen Squeeze-out entscheidet. So konnten 27 börsennotierte Gesellschaften ermittelt werden, denen teilweise bereits über Jahre der Ausschluss der Minderheit möglich gewesen wäre, dieser jedoch (bislang) unterblieben ist.[10] Gem. § 21 Abs. 1 WpHG sind börsennotierte Gesellschaften

[8] Kam es zu einem zweiten Anlauf oder zu einem Bestätigungsbeschluss, wurde dies nicht als erneutes Verfahren gewertet; vgl. auch DAI-Studie, „Squeeze Out – Recht und Praxis", S. 31; sowie bereits *Bayer/Stange*, AG-Report 2007, R320 ff.

[9] So *Bozicevic*, AG-Report 2005, R246, R248 auf der Grundlage einer unzureichenden Datenbasis.

[10] Vgl. die Auflistung der einzelnen Gesellschaften in Anhang II.

dazu verpflichtet, ihre Beteiligungshöhe bei Überschreiten bestimmter Schwellen in einem Börsenpflichtblatt zu veröffentlichen. Diese wiederum lassen sich über die Datenbank der BAFin[11] recherchieren. Bei einem Großteil dieser Squeeze-out-Kandidaten bestand die Ausschlussmöglichkeit schon seit Jahren. Tatsächlich könnte der Kreis dieser Gesellschaften noch größer sein; so könnte etwa eine Beteiligungshöhe von knapp über 75 % veröffentlicht und erst anschließend die Position auf 95 % ausgebaut worden sein. Eine erneute Veröffentlichung ist dann mangels Überschreiten einer gesetzlichen Meldeschwelle de lege lata nicht mehr erforderlich.[12] Aus welchen Gründen der Squeeze-out nicht unternommen wurde, bleibt der Spekulation überlassen. Unter Umständen liegen hier besondere Gründe für ein Unterlassen vor, möglicherweise handelt es sich um Belegschaftsaktien oder Aktien von Gesellschaftern mit besonderem Affektionsinteresse, deren zwangsweiser Ausschluss nicht opportun ist. Möglicherweise führte aber auch eine Abwägung der einsparungsfähigen Minderheitskosten mit den Durchführungskosten des Squeeze-out zu einem Absehen von dieser Maßnahme.

2. Gesamtzahl der eingetragenen Beschlüsse und Dauer der Squeeze-out-Verfahren

Weiter sollte geklärt werden, wie viele dieser Squeeze-out-Beschlüsse zu einem erfolgreichen Abschluss gelangten. Die Aktien der Minderheitsaktionäre gehen gem. § 327e Abs. 3 S. 1 AktG mit Eintragung des Beschlusses in das Handelsregister auf den Hauptaktionär über. Der Hauptaktionär veröffentlicht sodann in vielen Fällen im Bundesanzeiger diese Tatsache sowie die weiteren Abwicklungsmodalitäten. Weitere Quelle der hier vorgenommenen Untersuchung war die vom Registergericht gem. § 10 HGB im Bundesanzeiger bekanntgemachte Handelsregisterveränderung.[13] Die Erhebung führte zu folgenden Ergebnissen[14]:

[11] www.bafin.de.

[12] Vgl. hierzu und zur teilweise angenommenen Treuepflicht zur Veröffentlichung der Überschreitung von 95% unten D II. 2. a) gg).

[13] Vorliegend recherchiert über den Informationsdienstleister WISO.

[14] Einzelauflistung der Gesellschaften jeweils mit Hauptversammlungsdatum und Datum der Handelsregistereintragung sowie Datum der Bekanntmachung der Eintragung in Anhang XI.

Tabelle 1: Zahl der erfolgreichen Squeeze-outs; Quelle: eigene Erhebungen

Jahr	Anzahl Squeeze-out-Beschlüsse	Eintragung ins Handelsregister	Quote
2002	130	128	98%
2003	57	56	98%
2004	34	33	97%
2005	35	33	94%
2006	32	25	78%
2007	29	10	34%
Gesamt	317	285	90%

Von den insgesamt 317 Squeeze-out-Beschlüssen wurden mittlerweile 285 in das Handelsregister eingetragen (90%). Deutlich zeigt sich, dass jedenfalls die Beschlüsse der Jahre 2002 bis 2005 im ganz überwiegenden Maße schlussendlich zum gewünschten Ergebnis führten, dass folglich auch größtenteils die eingeleiteten Anfechtungsklagen erfolglos waren bzw. keinen Erfolg versprachen, so dass Freigabe erteilt wurde. Die abnehmende Eintragungsquote bei den Squeeze-out-Beschlüssen der Jahre 2006 und 2007 erklärt sich durch die dort noch anhängigen Anfechtungsklagen. Bekanntermaßen abschließend gescheitert ist der Squeeze-out allein im Falle der AlliedSignal Chemical Holding AG, bei der eine Anfechtungsklage erfolgreich war.[15] Es kam in diesem Fall auch bislang nicht zu einem erneuten Anlauf. Im Fall der Lindner Holding KGaA hat der BGH kürzlich einen Missbrauch abgelehnt und den Zwangsausschluss mittels Wertpapierdarlehen zugelassen.[16] Unbekannt sind die Gründe für das Ausbleiben der Handelsregistereintragung bei den übrigen vier Gesellschaften der Jahre 2002 bis 2005. Es handelt sich bei ihnen ausschließlich um kapitalmarktferne AG.[17] Teilweise war

[15] Der Zwangsausschluss verstieß gegen eine Zusage des Hauptaktionärs, vgl. OLG Celle, AG 2004, 206 f.; hierzu ausführlich unten unter (4).

[16] BGH, ZIP 2009, 908 ff.; vgl. *Pluskat*, NZG 2007, 725, 729 Fn. 65; Die Vorinstanzen haben der Anfechtungsklage wegen Rechtsmissbrauchs stattgegeben, vgl. hierzu zuvor ausführlich *Lieder/Stange*, Der Konzern 2008, 617, 619 ff.; hierzu unten D II. 2. a) dd) (2).

[17] Namentlich die Trierer Bürgerverein 1864 AG, die Hacker-Pschorr Beteiligungs-AG, die Wickrather Bauelemente AG sowie die PSB Aktiengesellschaft für Programmierung und Systemberatung.

dem Zwangsausschluss erst nach einem Bestätigungsbeschluss[18], teilweise nach einem komplett neu durchlaufenen Verfahren[19], etwa nach einer erfolgreichen Anfechtung eines ersten Squeeze-out-Beschlusses[20], Erfolg beschieden.[21]

Von Interesse ist weiter, welcher Zeitraum in der Praxis zwischen Initiierung des Verfahrens durch den Hauptaktionär und Eintragung des Beschlusses ins Handelsregister liegt. Welcher Zeitraum ist für einen Squeeze-out einzukalkulieren? Geschätzt wird, dass das gesamte Verfahren ab Einladung bis zur Hauptversammlung nicht zuletzt aufgrund der oftmals erhobenen Anfechtungsklagen mehrere Monate, wenn nicht mehr als ein Jahr dauert.[22] In einer großen Zahl der Hauptversammlungseinladungen fand sich eine Angabe, wann genau der Hauptaktionär das Verlangen zum Squeeze-out gem. § 327a Abs. 1 S. 1 AktG gestellt hat. Da das genaue Datum allerdings nicht für alle Squeeze-out-Verfahren ermittelt werden konnte, soll hier auf den Tag der Hauptversammlung abgestellt werden. Von den insgesamt 285 Squeeze-outs, die inzwischen eingetragen worden sind, konnten nur 260 Gesellschaften bei der zeitlichen Berechnung berücksichtigt werden, da für die übrigen 25 Gesellschaften zwar das Datum der Bekanntmachung der Registereintragung durch das Gericht bekannt ist, in diesem jedoch ein Hinweis auf das Datum der Eintragung selber unterblieben ist und dieses deshalb nicht bekannt ist.

[18]Etwa bei der Volksfürsorge Holding AG, der Friatec AG, der Gauss Interprise AG, der Wella AG sowie der DIS Deutscher Industrie Service AG.

[19]So – soweit ersichtlich – bei der Softlution AG, der PKV Vermögensverwaltung AG, der Bayerische Immobilien AG und der Bürgerverein 1864 AG.

[20]So bei der PKV Vermögensverwaltung AG.

[21]Vgl. hierzu auch *Huber*, Squeeze-out, S. 57.

[22]*Diekmann*, NJW 2007, 17, 19.

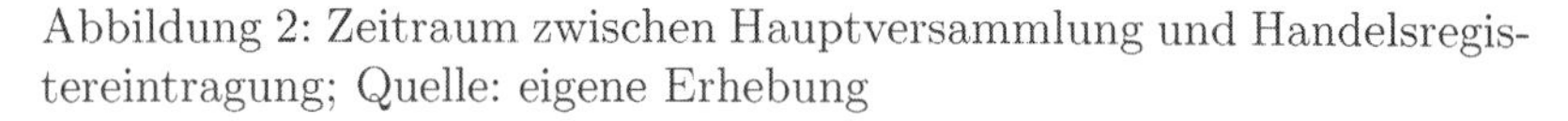

Abbildung 2: Zeitraum zwischen Hauptversammlung und Handelsregistereintragung; Quelle: eigene Erhebung

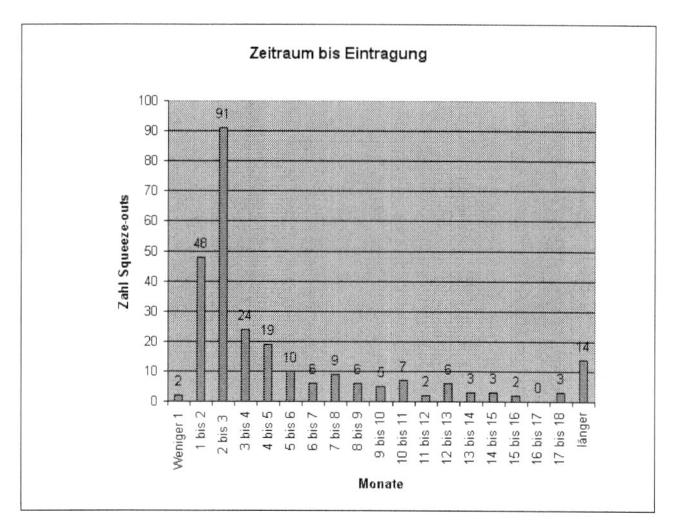

Anhand des Schaubilds wird deutlich, dass ein großer Teil der Beschlüsse bereits drei Monate nach dem Squeeze-out im Handelsregister eingetragen wurde (141 Fälle). Dennoch kommt es in einer signifikanten Zahl von Squeeze-out-Verfahren zu längeren Zeiträumen. Durchschnittlich lag zwischen Beschlussfassung und Eintragung des Squeeze-out ein Zeitraum von 149 Tagen, was ca. 5 Monaten entspricht. Spitzenreiter ist die Softlution AG mit 61 Monaten.[23] Der Median liegt bei 70 Tagen. Eine genauere zeitliche Betrachtung hinsichtlich der eingetretenen Verzögerung durch die Einleitung gerichtlicher Verfahren soll in einem späteren Zusammenhang erfolgen.[24] Freilich ist zu beachten, dass gerade die bislang nicht eingetragenen Verfahren diejenigen seien werden, bei denen es zu Verzögerungen aufgrund gerichtlicher Verfahren kommen wird. Obiges Schaubild erlaubt also nur einen ersten Überblick über die Verfahrensdauer eines Squeeze-out-Verfahrens in der Praxis; eine genaue Einschätzung wird erst dann möglich sein, wenn sämtliche Verfahren des hier betrachteten Zeitraums einen Abschluss gefun-

[23]Gerechnet ab einer ersten Beschlussfassung am 15.11.2002, erneute Beschlussfassung sodann am 25.11.2005.

[24]Vgl. hierzu unten D IV 2. sowie D V 2.

den haben. Unter Berücksichtigung also des Umstandes, dass 57 der Squeeze-out-Beschlüsse noch gar nicht eingetragen sind, ist davon auszugehen, dass eine zeitnahe Eintragung in das Handelsregister nur in ca. der Hälfte der Fälle erreicht werden kann.

Interessanterweise wurde in zwei Fällen, namentlich bei der Bayerische BrauHolding AG sowie der primion Technology AG, der Beschluss vor Ablauf der einmonatigen Anfechtungsfrist eingetragen. Dies erscheint deshalb ungewöhnlich, weil der Vorstand bei Anmeldung der Eintragung gem. §§ 327e Abs. 2 i.V.m. 319 Abs. 5 S. 1 AktG in einem sog. Negativattest versichern muss, dass gegen den Beschluss keine Anfechtungsklage erhoben wurde, was ihm vor Ablauf der Anfechtungsfrist unmöglich ist.[25] Möglicherweise haben die klageberechtigten Aktionäre gem. § 319 Abs. 5 S. 2 AktG auf eine Klageerhebung verzichtet.

3. Typik der Zielgesellschaften

a) Branche

Die Zielgesellschaften weisen keine besondere und wiederkehrende Typik auf. Insbesondere eine Analyse der Branchenzugehörigkeit weist keine besonderen Häufungen bestimmter Branchen auf.[26] Eine Häufung von Squeeze-outs in der Energiebranche oder bei Banken und Versicherungen sowie im Immobiliensektor insbesondere im Jahre 2002 lässt sich nicht erkennen.[27] Ein Verweis auf Einzelbeispiele beweist keine Häufung. Beschränkt man die Einstufung auf ein Raster von 13 Grundtypen und ordnet man jedes Unternehmen einem Haupttypus zu[28], so ergibt sich nach einer Auswertung insbesondere des Hoppenstedt-Aktienführers sowie Hoppenstedt-Firmenprofile folgendes – unumgänglich grobes – Bild:

[25] Vgl. *Hüffer*, AktG, § 319 Rn. 14.

[26] Ebenso, wenn auch nur unter Auswertung von 20 bzw. 28 AG, *Gampenrieder*, Squeeze-out, S. 116; *ders.*, WPg 2003, 481, 485; Vgl. auch die Untersuchung von *Rathausky*, Squeeze-out, S. 53 ff.

[27] So aber *Huber*, Squeeze-out, S. 55.

[28] Was freilich aufgrund von Gesellschaften mit verschiedenen Tätigkeitsfeldern sowie Mischkonzernen naturgemäß zu Ergebnissen führt, die nur einen groben Überblick erlauben.

Abbildung 3: Quelle: eigene Erhebung

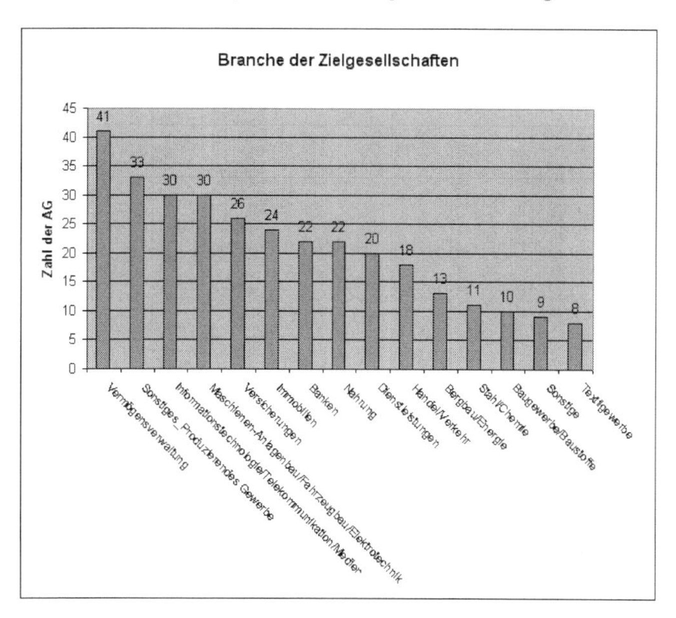

Die hohe Häufigkeit von Squeeze-outs in der Branche Vermögensverwaltung erklärt sich dadurch, dass die eigentliche Geschäftstätigkeit dieser Unternehmen infolge einer Krise aufgegeben worden ist und sich die Tätigkeit nunmehr auf die Verwaltung des verbliebenen Gesellschaftsvermögens beschränkt.[29] In dieser Situation kommt es offensichtlich auch verstärkt zu derartigen Änderungen in der Beteiligungsstruktur, dass ein Squeeze-out möglich und sinnvoll wird. Unter den Bereich „Sonstige" fallen etwa drei Gesellschaften, die sich in Liquidation befinden[30], sowie ein Recycling-Unternehmen[31] und eine Forschungsgesellschaft aus dem medizinischen Bereich.[32] Alles in allem lassen sich keine Konzentrationen des Squeeze-out in bestimmten Branchen feststellen.

---

[29] Vgl. hierzu *Rathausky*, Squeeze-out, S. 55.

[30] Namentlich die Wupper AG, die DUEWAG AG sowie die DSL Holding AG.

[31] Der Grüne Punkt – Duales System Deutschland.

[32] Ingenium Pharmaceuticals AG.

b) Alter der Zielgesellschaften

Eine Analyse der Altersstruktur von 150 börsennotierten Gesellschaften, bei denen zwischen 2002 und Ende 2004 ein Squeeze-out durchgeführt wurde, ergab unter anderem, dass 82 dieser Unternehmen und damit über die Hälfte vor dem Jahr 1900 gegründet worden sind und überwiegend bereits vor 1949 börsennotiert waren, während lediglich 27 Gesellschaften nach dem Jahr 1975 entstanden.[33]

c) Größe der Zielgesellschaften

Weiter sollte die Größe der Aktiengesellschaften, bei denen ein Squeeze-out durchgeführt wurde, ermittelt werden. In Orientierung an der Studie von *Rathausky* wurde als Größenkriterium die Kapitalisierung der Gesellschaften genutzt, die sich aus der Multiplikation von Aktienzahl und vom Hauptaktionär angebotener Barabfindung ergibt.[34] Die Gesamtzahl der Aktien jedenfalls der börsennotierten Gesellschaften konnte den Hoppenstedt-Aktienführern der Jahre 2002 bis 2007 entnommen werden. Da nicht auf den Börsenkurs abgestellt wurde, konnten neben den notierten Gesellschaften[35] zusätzlich 36 börsenferne Gesellschaften Berücksichtigung finden.[36] Die angebotenen Abfindungshöhen konnten den im Bundesanzeiger veröffentlichten Einladungen zur Hauptversammlung entnommen werden. Unterschiedliche Abfindungshöhen existierten bei einzelnen Gesellschaften aufgrund der Ausgabe mehrerer Aktiengattungen. Dies wurde bei Berechnung der Kapitalisierung entsprechend berücksichtigt. Teilweise wurde in der Squeeze-out-Hauptversammlung auch über die Gewinnverwendung beschlossen. Insbesondere für nicht börsennotierte Gesellschaften ergab sich hierdurch die Möglichkeit, die Gesamtzahl der Aktien zu ermitteln, sofern

---

[33] Vgl. *Rathausky*, Squeeze-out, S. 57.

[34] Vgl. *Rathausky*, Squeeze-out, S. 60 ff.; Die 14.553.600 Vorzugsaktien bei der Bayerischen Hypo- und Vereinsbank AG konnten bei der Berechnung außer Betracht bleiben, da sie sich vollständig im Eigentum des Hauptaktionärs befanden und für sie keine Abfindung angeboten wurde. Dies ändert aber nichts an der Einordnung der AG in die höchste Kategorie in der nachfolgenden Abbildung. Aus dem gleichen Grund konnten die 396 Vorzugsaktien bei der Fränkisches Überlandwerk AG, die 168 Vorzugsaktien der Joseph Vögele AG sowie die 1664 Vorzugsaktien der Hamburger Hochbahn AG unberücksichtigt bleiben.

[35] Die jeweilige Zerlegung des Grundkapitals konnte für 205 börsennotierte AG mithilfe der Hoppenstedt-Aktienführer 2002 bis 2007 ermittelt werden.

[36] Angaben zur Gesamtaktienzahl und Aktienstückelung fanden sich bei ihnen in der Einladung zur den Squeeze-out beschließenden Hauptversammlung.

sie nicht ohnehin angegeben war. Der Quotient aus ausgeschüttetem Bilanzgewinn und Dividende je Stückaktie ergab die Aktienzahl.

Die Untersuchung führte zu folgenden Ergebnissen: Es ergab sich bei der Kapitalisierung eine Spannweite von über 110 Mrd. Euro bei der Vodafone AG und 5.000 Euro bei der Ingenium Pharmaceuticals AG. Das arithmetische Mittel liegt bei 1.699.863.245,94 Euro, der Median bei 197.910.000 Euro.

Abbildung 4: Abb. 4: Kapitalisierung der Zielgesellschaften; Quelle: eigene Erhebungen (vgl. die Auflistung der insgesamt 241 Gesellschaften samt Angaben zur Aktienzahl und Gesamtkapitalisierung in Anhang IV.)

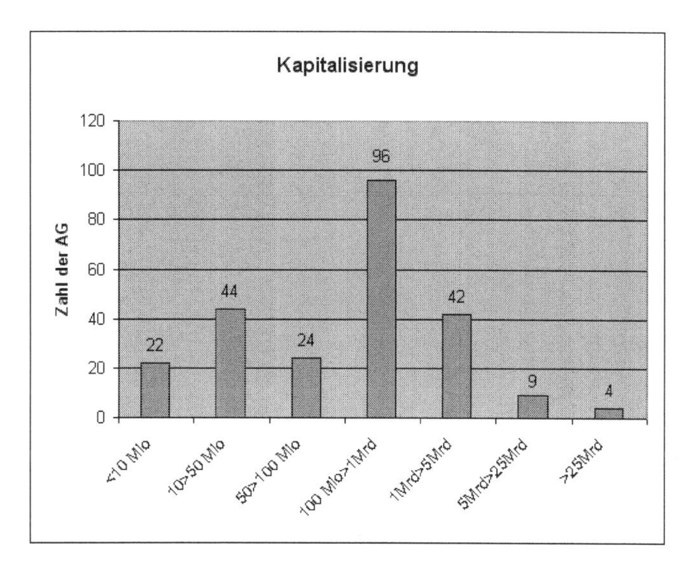

Es zeigt sich, dass völlig unabhängig von der Größe einer AG das Bedürfnis nach einem Squeeze-out bestehen kann. Selbst Blue Chips mit einer Kapitalisierung von über 25 Mrd. Euro wie Vodafone, Hoechst, Dresdner Bank und Bayerische Hypo- und Vereinsbank wiesen eine Eigentümerstruktur auf, die einen Zwangsausschluss von Minderheitsaktionären zuließ. Die 36 börsenfernen AG verstärken dabei hauptsächlich die geringeren Kapitalisierungsklassen, erreichen aber durchaus auch eine Kapitalisierung von über einer Mrd. Euro.[37] Der Mittelwert liegt bei ihnen bei 285.153.271,00 Euro und der Median bei 42.885.161,00 Euro.

4. Volumen des Squeeze-out

Mit Ausnahme der Feststellung des Volumens des Squeeze-out hinsichtlich der Gesamtabfindungshöhe, die die Hauptaktionäre für den Squeeze-out zum Ausschluss der Minderheitsaktionäre aufzubringen hatten, sind im Folgenden keine eigenständigen Erhebungen angestellt worden. Allerdings sollen einige diesbezüglich von Wirtschaftswissenschaftlern erstellte Studien, welche insbesondere auf die Beantwortung der Vorteilhaftigkeit der Durchführung eines Squeeze-out abzielen, vorgestellt werden.

a) Anzahl der ausgeschlossenen Minderheitsaktionäre

Nach einer im Jahre 2002 durchgeführten Befragung von 20 potentiellen Squeeze-out-Kandidaten schwankt die Zahl der Streubesitzaktionäre zwischen 30 und 6000, wobei mehr als die Hälfte der Gesellschaften weniger als 500 Streubesitzaktionäre aufwiesen.[38] Während 14 Gesellschaften maximal 999 Aktionäre zählen, existiert eine zweite Gruppe mit mindestens 2500 Aktionären, bei denen es sich um Publikumsgesellschaften mit ehemals hohem Streubesitz handelt, die aber durch Übernahmeangebote einen die 95 %-Schwelle erreichenden Hauptaktionär erhielten.[39]

Eine umfassendere Untersuchung kommt zu ähnlichen Ergebnissen: Unter Auswertung von 60 Squeeze-outs bei börsennotierten AG zwischen 2002 und Ende 2004 kommt sie zu einer Spannweite zwischen zehn und 25.000 Minderheitsaktionären.[40] Bei 68,3% der Gesellschaften existierte eine Minderheit von maximal 500 Köpfen (41 AG) und insgesamt acht AG wiesen eine Minderheit von mehr als 2249 Köpfen auf. Berücksichtigt man die Tatsache, dass es sich bei börsenfernen AG regelmäßig um einen noch kleineren Aktionärskreis handeln dürfte, so

[37] Namentlich die Zürich Agrippina Versicherung AG, die Wüstenrot Bausparkasse AG sowie die Kölnische Rückversicherungs-Gesellschaft AG.

[38] *Gampenrieder*, WPg 2003, 481, 485; *Gampenrieder*, Squeeze-out, S. 117 f.

[39] Vgl. *Gampenrieder*, WPg 2003, 481, 486.

[40] Vgl. *Rathausky*, Squeeze-out, S. 58 f.; vgl. auch zunächst *ders.*, FB 2004, 107, 108.

kommt es weit überwiegend bei Gesellschaften mit weniger als 500 außenstehenden Aktionären zum Squeeze-out. Eine eigene Erhebung wurde diesbezüglich nicht angestellt, da die hier herangezogenen Quellen diesbezüglich keine Auskunft geben und eine Befragung von Hauptaktionären nicht unternommen wurde. Die genannten empirischen Studien geben einen repräsentativen Überblick über die Situation bei den Squeeze-outs.

b) Gesamtabfindungshöhe

Es sollte aber ermittelt werden, welches Volumen der Squeeze-out hatte, d.h. welchen Betrag der Hauptaktionär insgesamt aufbringen musste, um die ausscheidenden Minderheitsaktionäre abzufinden.[41] Eine gewisse Ungenauigkeit der hier vorgestellten Daten ergibt sich insbesondere daraus, dass bei einzelnen AG möglicherweise bestehende Bezugsrechte ebenfalls dem Werte nach beziffert und abgefunden worden sind[42] und hier mangels Quellen nicht berücksichtigt werden konnten.

Zur Errechnung des Squeeze-out-Volumens musste die Zahl der abzufinden Aktien sowie die vom Hauptaktionär angebotene Abfindungshöhe[43] ermittelt werden. Hierbei konnte auf die Einladungen zur Squeeze-out-Hauptversammlung zurückgegriffen werden. Gem. § 327c Abs. 1 Nr. 2 AktG ist hierin die vom Hauptaktionär festgelegte Barabfindung anzugeben. In einer ganzen Reihe von Fällen enthielt die Einladung zusätzlich Angaben darüber, über wie viele Aktien der Hauptaktionär verfügt. Es konnte vermutet werden, dass die Differenz zur Gesamtzahl der Aktien[44] die Zahl der abzufindenden Aktien darstellt. Dies würde freilich auch eventuell vorhandene und nach richtiger Ansicht eben nicht abzufindende[45] eigene Aktien der AG erfassen. In Einzelfällen enthielt die Hauptversammlungseinladung in der Tat Angaben zur Zahl der eigenen Aktien.[46] Weit überwiegend enthielten die

---

[41]Vgl. hierzu die Studie von *Helmis*, ZBB 2003, 161, 167 ff.

[42]Vgl. zum Schicksal von Bezugsrechten ausführlich unten D III. 1.

[43]Diese konnte für 301 der 317 Squeeze-outs ermittelt werden.

[44]Die Gesamtzahl der Aktien konnte in einigen Fällen ebenfalls der Einladung, in den übrigen Fällen jedenfalls für börsennotierte AG den Hoppenstedt-Aktienführern der Jahre 2002 bis 2007 entnommen werden, vgl. bereits oben die Ermittlungen zur Größe der Zielgesellschaften unter D I 3 c).

[45]Vgl. hierzu *Lieder/Stange*, Der Konzern 2008, 617, 623 ff., sowie unten D III. 1. b).

[46]So etwa bei der Sappi Alfeld AG, der Tradition Wertpapierhandelsbank AG und der Walter AG; vgl. die Einladungen zur Hauptversammlung im elektroni-

Einladungen jedenfalls prozentuale Angaben zur Beteiligungshöhe des Hauptaktionärs[47], bei denen die eigenen Aktien entsprechend berücksichtigt sind. Denn eigene Aktien sind gem. § 327a Abs. 2 i.V.m. § 16 Abs. 2 S. 2 AktG bei der Berechnung der Hauptaktionärsstellung vorab vom Grundkapital abzusetzen.[48] Vor diesem Hintergrund konnte vorliegend davon abgesehen werden, die Zahl eigener Aktien der AG im Zeitpunkt des Squeeze-out zu ermitteln und abzuziehen.

Mithilfe der Differenz von dem Hauptaktionär „gehörenden“[49] Aktien und der Gesamtzahl der Aktien der betroffenen AG konnte für 139 Gesellschaften und damit für über ein Drittel der Squeeze-out-Verfahren die vom Hauptaktionär aufzubringende Gesamtabfindung ermittelt werden. Um die Zahl der erfassten Zwangsausschlüsse weiter zu erhöhen, konnte auf die in den Hauptversammlungseinladungen zumeist genannte Beteiligungshöhe des Hauptaktionärs zurückgegriffen werden. Zusammen mit den ermittelten Gesamtstückzahlen der Aktien ließ sich auch hier die Zahl der außenstehenden Aktien berechnen. Außer Betracht bleiben mussten hierbei Gesellschaften, die Aktien verschiedener Gattung herausgegeben haben, da sich hier von der Beteiligungshöhe des Hauptaktionärs nicht zuverlässig auf die von ihm gehaltene Aktienzahl rückschließen ließ.[50] Zu beachten ist weiter, dass in den Hauptversammlungseinladungen in unterschiedlichem Maße gerundet wurde[51], so dass sich bei der Berechnung gewisse, vorliegend aber für erträglich gehaltene Abweichungen von der tatsächlichen Zahl der abgefundenen Aktien ergaben. Dergestalt ließ sich die Stichprobe auf 219 Gesellschaften ausweiten.[52] Bei unterschiedlicher Abfindungshöhe für Stamm- und Vorzugsaktie ist dies entsprechend berücksichtigt worden. In einigen

---

scher Bundesanzeiger vom 27.03.2003, 15.07.2004 und 02.05.2005 , abrufbar unter www.ebanz.de.

[47]In 272 von insgesamt 317 Einladungen zum Squeeze-out fand sich eine diesbezügliche Angabe, obwohl gesetzlich nicht erforderlich.

[48]*Hüffer*, AktG, § 327a Rn. 14.

[49]i.S.d. § 327a Abs. 1 S. 1 AktG.

[50]Eingang in die Stichprobe fanden aber solche Gesellschaften, bei denen in der Einladung bereits Stamm- und Vorzugsaktien zusammengefasst und in identischer Höhe abgefunden wurden (so geschehen bei der AXA Versicherung AG und der Radeberger Gruppe AG).

[51]Auf zwischen einer und vier Ziffern hinter dem Komma.

[52]Vgl. die Auflistung der Gesellschaften samt Gesamtaktienzahl, Beteiligungsquote des Hauptaktionärs, Zahl der abzufindenen Aktien und Squeeze-out-Volumen im Anhang V. Die Stichprobe konnte im Vergleich zur Studie von *Helmis*, ZBB 2003, 161, 167 ff. deutlich ausgeweitet werden, die teilweise auch zu abweichenden Ergebnissen gelangte.

Fällen „gehörten“[53] sämtliche Stamm- oder Vorzugsaktien bzw. Aktien anderer Gattung dem Hauptaktionär, so dass diese im vorliegenden Zusammenhang nicht berücksichtigt werden mussten.[54]

Abbildung 5: Quelle: eigene Erhebungen

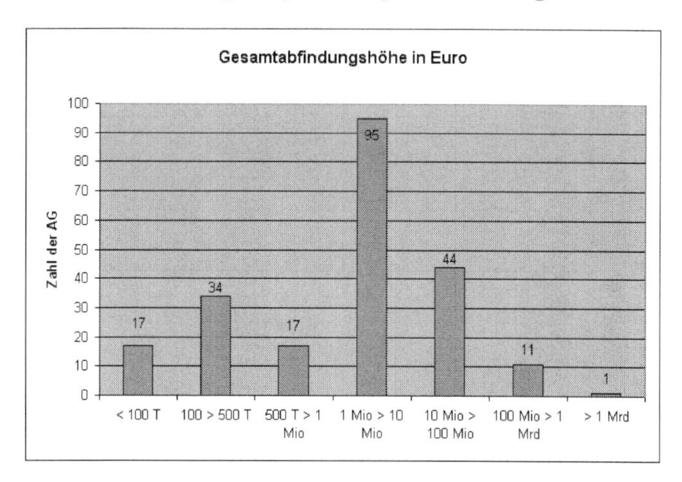

Es zeigt sich, dass die vom Hauptaktionär aufzubringenden Gesamtabfindungen eine ganz erhebliche Spannweite aufweisen. Während bei Blue Chips wie den Spitzenreitern Vodafone AG und Dresdner Bank 1,4 Mrd. bzw. 800 Mio. Euro aufzubringen waren, belief sich die Gesamtabfindung bei börsenfernen AG wie der primion Technology AG, der Frankfurter Sparkasse AG oder der Ingenium Pharmaceuticals AG gerade auf ein paar hundert Euro oder weniger.[55] Das arithmetische Mittel liegt bei 7.135.073.754,60 Euro und der Median bei 2.591.568 Euro. Bei knapp zwei Drittel der Squeeze-outs geht es um ein Volumen zwischen einer und 100 Mio. Euro (63,47 %).

[53] i.S.d. § 327a Abs. 1 S. 1 AktG.

[54] Dies war der Fall bei der Fränkisches Überlandwerk AG, der Joseph Vögele AG, der Deutscher Eisenhandel AG und der Quante AG.

[55] Entgegen *Bozicevic*, AG-Report 2005, R246, R248 f. handelte es sich nach der hier vor genommenen Berechnung beim Squeeze-out bei der Hoechst AG zum damaligen Zeitpunkt nicht um den größten, sondern lediglich den drittgrößten.

c) Einsparungsfähige wiederkehrende Kosten

Der Squeeze-out rechtfertigt sich gerade vor dem Hintergrund der unangemessen hohen Kosten, die der Gesellschaft aus der Beachtung minderheitsschützender Normen resultieren.[56] Aufgliedern lassen sie sich in Beschlussfassungskosten und Publizitätskosten, resultierend etwa aus Geschäfts-, Zwischen- und Quartalsberichten, Aktionärsbriefen und Ad-hoc-Mitteilungen. Eine von *Rathausky* durchgeführte Befragung der den Squeeze-out initiierenden Hauptaktionäre konnte für 84 börsennotierte Aktiengesellschaften diese Kosten ihrer Gesamthöhe nach ermitteln.[57] Danach beträgt das Minimum der wiederkehrenden Kosten 7 TEUR, das Maximum 2.520 TEUR; das arithmetische Mittel liegt bei 302 TEUR.[58] Bei knapp über einem Drittel der AG (35,2 %) liegen die Kosten bei weniger als 100 TEUR, bei 27,3 % der Fälle übersteigen sie die 300 TEUR. In immerhin fünf AG belaufen sie sich auf mehr als 1.000 TEUR. Eine weitere Studie gelangt unter Auswertung von allerdings nur 28 Gesellschaften zu ähnlichen Ergebnissen.[59]

Zu berücksichtigen ist bei börsenfernen AG freilich der verminderte Aufwand gerade im Hinblick auf die Publizität. Festzuhalten ist, dass angesichts des geringen Beitrags der Minderheitsaktionäre zur Kapitalausstattung die durch sie ausgelösten wiederkehrenden Kosten doch erheblich erhebliche Ausmaße erreichen können.

d) Einmalige Ausschlusskosten

Diesen wiederkehrenden und durch den Squeeze-out einsparungsfähigen Kosten wird der Hauptaktionär bei der Entscheidung über das Ob eines Squeeze-out die einmaligen, durch die Squeeze-out-Beschlussfassung ausgelösten Kosten gegenüberstellen, welche zum einen aus rechtlichen und abfindungsbezogenen externen Beratungsleistungen, zum anderen aus intern aufzubringenden Personalaufwand resultieren. Die von *Rathausky* durchgeführte Befragung von 136 Hauptaktionären, die 150 Squeeze-outs initiiert haben, ergab bei einem Rücklauf von 85 Fragebögen eine Spannweite zwischen 1 TEUR und 4.525 TEUR.[60] Mit 56

[56] Hierzu oben unter C V. 1. a).

[57] Vgl. *Rathausky*, Squeeze-out, S. 83 ff.; vgl. bereits die zuvor durchgeführte Berechnung für 52 Gesellschaften bei *dems.*, FB 2004, 107, 108 ff.

[58] Vgl. *Rathausky*, Squeeze-out, S. 89 ff.

[59] *Gampenrieder*, WPg 2003, 481, 486.

[60] Vgl. *Rathausky*, Squeeze-out, S. 91 ff.; vgl. auch bereits die vorhergehende Studie von *dems.*, FB 2004, 107, 112 f. mit einer kleineren Datenbasis.

AG bewegen sich die Kosten überwiegend in einem Bereich unter 400 TEUR, bei 17 davon unter 100 TEUR. Immerhin sechs Hauptaktionäre beziffern die Ausschlusskosten auf über 1 Mio. EUR. Man wird angesichts der Höhe der einsparungsfähigen Kosten und angesichts ihrer regelmäßigen Wiederkehr davon ausgehen können, dass sich nur im Ausnahmefall ein Squeeze-out nicht rentieren wird.[61] Dennoch existieren seit längerem eine nicht unerhebliche Zahl von AG, bei denen ein Squeeze-out nicht eingeleitet wurde.[62] Unter Umständen liegen hier besondere Gründe für ein Unterlassen vor, möglicherweise handelt es sich um Belegschaftsaktien oder Aktien von Gesellschaftern mit besonderem Affektionsinteresse, deren zwangsweiser Ausschluss nicht opportun ist. Möglicherweise sprach aber gerade eine Abwägung von Squeeze-out-Kosten und Einsparungspotential gegen den Squeeze-out.

II. Vorbereitung und Beschlussfassung

Vor Durchführung eines Squeeze-out stellten sich (zumindest kurz nach seiner Kodifikation) einige grundsätzliche Fragen, ob der Squeeze-out im Allgemeinen oder im speziellen Fall gangbar ist. Dem soll hier zunächst nachgegangen werden, bevor 2. auf die Voraussetzungen im Einzelnen eingegangen und 3. der Ablauf der Hauptversammlung dargestellt wird.

1. Rechtliche Vorfragen

a) Vereinbarkeit mit Verfassungsrecht

In den ersten Jahren nach Inkrafttreten der Regelung wurde in praktisch jeder Anfechtungsklage gegen einen Squeeze-out-Beschluss die Verfassungswidrigkeit der Regelung behauptet.[63] Entgegen vereinzelt gebliebener Stimmen[64] betrachtete die ganz überwiegende Rechtspre-

[61] Vgl. ausführlich *Rathausky*, Squeeze-out, S. 106 ff.

[62] Vgl. oben unter D I. 1.

[63] So etwa *Weber*, NJW 2006, 3685, 3693.

[64] LG Wuppertal, AG 2004, 161, 162; *Hanau*, NZG 2002, 1040 ff.; *Schmallowsky*, Squeeze out, S. 45.; vgl. auch LG Hamburg, ZIP 2003, 951, 952; *Rottnauer*, EWiR 2003, 739, 740 hält die Fokussierung allein auf bloße Vermögensinteressen unter Berufung auf *Zöllner*, AG 2002, 585, 591 für fragwürdig.

chung[65] und Literatur[66] jedoch von Anfang an unter Hinweis auf das Feldmühle-Urteil[67] und den Moto-Meter-Beschluss[68] die §§ 327 a ff. AktG als verfassungsgemäß. Inzwischen hat das Bundesverfassungsgericht dies endgültig klargestellt.[69] Nur kurz sollen deshalb der die herrschende Meinung tragende Gedankengang sowie die Kritik daran skizziert werden:

Das in der Aktie verkörperte Anteilseigentum unterfällt nach ganz herrschender Meinung dem Schutzbereich des Art. 14 GG.[70] Geschützt sind sowohl die mitgliedschaftliche Stellung des Aktieninhabers als auch

[65]BGH, ZIP 2006, 2080, 2081; BGH, AG 2005, 921 mit zust. Anm. *Bungert*, BB 2005, 2651, 2652 f.; *Gayk*, DB 2005, 2568 und *Linnerz*, EWiR 2005, 845 f.; OLG Frankfurt, AG 2008, 167, 169; OLG Stuttgart, AG 2005, 662, 663 f.; OLG Düsseldorf, AG 2004, 207, 208 f. mit zust. Anm. *Sustmann*, EWiR 2004, 467, 468 und *Schautes*, DB 2004, 590, 592; KG, AG 2005, 478, 478 f. mit zust. Anm. *Schautes*, BB 2004, 2776; erstmals LG Osnabrück, AG 2002, 527 mit zust. Anm. *Leuering*, EWiR 2002, 981 f.

[66]*Fleischer*, in: GroßKommAktG, Vor §§ 327a-f Rn. 56; MüKoAktG/*Grunewald*, Vor §327a Rn. 8; *Grzimek*, in: Geibel/Süßmann, WpÜG, § 327a Rn. 28 ff.; Emmerich/*Habersack*, Aktien- und GmbH-Konzernrecht, § 327a Rn. 7; *Hasselbach*, in: KK, WpÜG, § 327a Rn. 11; *Heidel/Lochner*, in: AnwKommAktG, Vor § 327a Rn. 7; *Hüffer*, AktG, § 327a Rn. 4; *Koppensteiner*, in: KK, AktG, Vor § 327a Rn. 6 f.; *Steinmeyer/Häger*, WpÜG, § 327a Rn. 8 f.; *Aha*, BB 2003, 2310, 2310; *Arnold*, AG-Report 2007, R353, R354; *Bauer*, NZG 2000, 1214, 1215; *Buchta/Ott*, DB 2005, 990, 991; *Bungert*, BB 2006, 2761, 2761; *Ehricke/Roth*, DStR 2001, 1120, 1120 f.; *Fleischer*, ZGR 2002, 757, 763 ff.; *Gesmann-Nuissl*, WM 2002, 1205, 1205; *dies.*, WuB II A. § 327a AktG 1.04; *Halm*, NZG 2000, 1162, 1165; *Hamann*, Minderheitenschutz, S. 27; *Handelsrechtsausschuss des DAV*, NZG 2001, 420, 430; *Hasselbach*, WuB II A. § 327a AktG 2.06; *Henze*, FS Peltzer, 181, 190; *Krieger*, BB 2002, 53, 54; *Land/Hasselbach*, DB 2000, 557, 562; *v. Morgen*, WM 2003, 1553, 1554; *Neye*, in: Hirte, WpÜG, S. 25, 27 f.; *Pötsch/Möller*, WM 2000, Sonderbeilage Nr. 2, S. 30; *Rühland*, Squeeze-out, S. 129 f.; *Schmidt-Aßmann*, in: FS Badura, 1009, 1021 ff.; *Schnurbein*, AG 2005, 725, 730; *Schön*, in: FS Ulmer, 2003, 1359, 1383 ff., insbesondere 1389 f.; *Sellmann*, WM 2003, 1545 ff.; *Sieger/Hasselbach*, ZGR 2002, 120, 126 f.; *Stumpf*, NJW 2003, 9, 15; *E. Vetter*, AG 2002, 176, 180 ff.; *Wirth/Arnold*, AG 2002, 503, 504 ff.; wohl auch *Weber*, NJW 2000, 3461, 3471; jedenfalls im Grundsatz *Lenz/Leinekugel*, Squeeze out, S. 81 f.; *Schüppen/Tretter*, in: FK, WpÜG, Vor § 327a Rn. 5 ff.

[67]BVerfGE 14, 263 ff.

[68]BVerfG, ZIP 2000, 1670 ff.

[69]BVerfG, AG 2007, 544, 545 ff. = NJW 2007, 3268, 3269 ff. mit Anmerkungen *Linden/Ogorek*, EWiR 2007, 449 f.

[70]BVerfGE 14, 263, 276 f.; BVerfGE 25, 371, 407; BVerfGE 50, 290, 342; BVerfG, ZIP 2000, 1670, 1671; a.A. *Mülbert/Leuschner*, ZHR 170 (2006), 615 ff; *Leuschner*, NJW 2007, 3248, 3249 f: Richtiger Anknüpfungspunkt sei nicht Art. 14 Abs. 1 GG, sondern Art. 2 Abs. 1 GG; gegen diese zutreffend auch *Hüffer*, AktG, § 327a Rdn. 4 a.E.

die vermögensrechtlichen Ansprüche, die das Aktieneigentum vermittelt. Das BVerfG spricht dem Aktieneigentum folglich zu, dass es tatsächliches Eigentum sachlich vermittelt und reduziert es nicht auf eine reine geldwerte und damit nicht von Art. 14 GG geschützte Position (capitalized stream of income).[71]

Durch die Squeeze-out-Regelung wird die Aktionärsmehrheit ermächtigt, die privatrechtlichen Beziehungen zwischen den Aktionären gegen den Willen der Minderheit zu verändern. Eine Enteignung im Sinne des Art. 14 Abs. 3 GG liegt darin aber nicht, weil eine solche nach dem formalen Enteignungsbegriff stets vom Staat oder einem mit staatlichen Zwangsrechten beliehenen Unternehmen ausgehen müsste. Vielmehr handelt es sich bei der Squeeze-out-Regelung um eine Inhalts- und Schrankenbestimmung gem. Art. 14 Abs. 1 S. 2 GG für das in der Aktie verkörperte Eigentum. Es handelt sich um eine Beschränkung des gesellschaftsrechtlichen Grundsatzes der dauerhaften Mitgliedschaft, die nicht ohne weiteres zwangsweise entzogen werden kann.[72]

Eine solche Inhalts- und Schrankenbestimmung ist zulässig, wenn der Gesetzgeber bei Abwägung der widerstreitenden Interessen die ihm gesetzten Schranken eingehalten hat. Dem Gesetzgeber ist gestattet, aus gewichtigen Gründen des Gemeinwohls den Schutz des Eigentums der Minderheitsaktionäre hinter die Interessen der Allgemeinheit an einer freien Entfaltung der unternehmerischen Initiative im Konzern zurücktreten zu lassen.[73] Das Anliegen, den mit Kleinstbeteiligungen einhergehenden erheblichen Formalaufwand zu beseitigen, rechtfertigt ohne weiteres die Einführung der §§ 327a ff. AktG.[74] Dies kann freilich nur gelten, wenn die Interessen der ausscheidenden Minderheit gewahrt bleiben. Ohne ausreichende Rechtsschutzmöglichkeiten gegen einen Missbrauch wirtschaftlicher Macht läge demnach ein Verfassungsverstoß vor. Zusätzlich muss ausreichend für eine volle und angemessene Entschädigung gesorgt sein.[75] Eine Begrenzung der Schutzvorkehrungen auf die Vermögenskomponente der Beteiligung ist zulässig, weil die Kleinaktionäre auf die Unternehmenspolitik ohnehin keinen relevanten Einfluss nehmen können.[76] Hinzu kommt, dass sich Aktien für Klein-

---

[71] Vgl. *Hopt*, in: Hommelhoff/Hopt/Lutter, Konzernrecht, 279, 291.
[72] Vgl. *Steinmeyer/Häger*, WpÜG, § 327a Rn. 8.
[73] Vgl. BVerfGE 14, 263, 282.
[74] Vgl. *Fleischer*, in: GroßKommAktG, Vor §§ 327a-f Rn. 56.
[75] Vgl. BVerfGE 14, 263, 283; BVerfGE 100, 289, 303.
[76] So zur übertragenden Auflösung BVerfG, NJW 2001, 279, 280.

anleger vornehmlich als Kapitalanlage darstellen.[77] Die Zahlung einer tatsächlich angemessenen Abfindung wird gesetzlich durch eine Reihe von Schutzmechanismen ausreichend gesichert.[78] Erstens ist die vom Hauptaktionär festgesetzte Barabfindung von einem gerichtlich ausgewählten und bestellten Prüfer zu begutachten, wenn auch dieses Instrument in der Praxis nicht – wie vom Reformgesetzgeber erhofft[79] – zu einer höheren Akzeptanz der ursprünglich festgesetzten Abfindungshöhe von Seiten der ausgeschlossenen Aktionäre geführt hat.[80] Sodann ist vom Hauptaktionär eine sog. Bankgarantie beizubringen, die die Ausgeschlossenen vor einer zwischenzeitlichen Insolvenz des Hauptaktionärs schützen soll. Weiter stehen den ausgeschlossenen Aktionären mit der Anfechtung sowie dem Spruchverfahren gerichtliche Überprüfungsmöglichkeiten offen. Die in der Vergangenheit zu beobachtende regelmäßig überlange Verfahrensdauer vor den Spruchgerichten ändert nichts an der Verfassungsmäßigkeit der gesetzlichen Regelung.[81]

Ein milderes Mittel kann auch nicht in einer Beschränkung des Anwendungsbereichs der §§ 327a ff. AktG auf ab Anfang 2002 geschaffene Aktien gesehen werden, da die verfolgten Zwecke dann insbesondere im Hinblick auf Gesellschaften, bei denen schon seit langer Zeit nur vereinzelter Streubesitz vorliegt, kaum zu erreichen gewesen wären.[82]

b) Vereinbarkeit mit der EMRK

Auch im Hinblick auf die Europäische Menschenrechtskonvention bestehen keine Bedenken gegen die §§ 327a ff. AktG.[83] Das Aktieneigentum fällt unter den konventionsrechtlichen Eigentumsbegriff des Art. 1 Zusatzprotokoll 1 EMRK.[84] Es handelt sich weder um eine Eigentumsentziehung noch um eine Nutzungsregelung, sondern um eine sog.

---

[77] So *Pötsch/Möller*, WM 2000, Sonderbeilage Nr. 2, S. 30.

[78] Im Einzelnen *Wirth/Arnold*, AG 2002, 503, 504 ff.

[79] Vgl. BT-Drucks. 147/7477, S. 54.

[80] Vgl. hierzu bereits *Bayer/Stange*, AG-Report 2008, R303, R304 sowie unten D II. 2. e) dd).

[81] So *Schüppen/Tretter*, in: FK, WpÜG, Vor § 327a Rn. 6; *Wirth/Arnold*, AG 2002, 503, 506.

[82] *Leuschner*, NJW 2007, 3248, 3250.

[83] *Fleischer*, in: GroßKommAktG, Vor §§ 327a-f Rn. 57 ff.; *ders./Schoppe*, Der Konzern 2006, 329, 337 f.; vgl. auch *Fleischer*, ZGR 2002, 757, 765 f.; *Heidel/Lochner*, in: AnwKommAktG, Vor § 327a Rn. 9.

[84] Deutsche Übersetzung bei *Fleischer*, in: GroßKommAktG, Vor §§ 327a-f Rn. 57 Fn. 211.

sonstige Beeinträchtigung, welche nur gerechtfertigt ist, wenn eine gesetzliche Grundlage und ein öffentliches Interesse bestehen sowie für einen gerechten Ausgleich der widerstreitenden Interessen etwa durch eine finanzielle Abfindung gesorgt ist.[85] Dem Gesetzesvorbehalt wird genügt und die Regelung zielt auf eine Erleichterung der Unternehmensführbarkeit im Interesse der Gesamtwirtschaft. Wie oben bereits dargestellt wird den Minderheitsaktionären auch eine Reihe von Schutzmechanismen zur Verfügung gestellt, um eine angemessene finanzielle Abfindung zu gewährleisten.

c) Anwendungsbereich des Squeeze-out

aa) Allgemeines

Der Zwangsausschluss ist bei der AG und auf Anregung aus der Praxis auch bei der KGaA[86] möglich. Dem Zwangsausschluss wurde bei der KGaA angesichts des spärlichen Aufkommens dieser Rechtsform keine große praktische Bedeutung prognostiziert.[87] Tatsächlich kam es gerade einmal zu fünf Zwangsausschlüssen bei Kommanditgesellschaften auf Aktien bei insgesamt 317 bis Ende 2007 durchgeführten Squeeze-outs.[88]

Die Abweichung vom Regelungsvorbild der Mehrheitseingliederung – die Eingliederung einer KGaA in eine AG ist nicht möglich – erklärt sich damit, dass bei einer solchen Mehrheitseingliederung die Leitungsmacht des Hauptaktionärs mit dem Weisungsrecht des Komplementärs in Konflikt geriete. Ein Squeeze-out gewährt nun aber dem Hauptaktionär kein Weisungsrecht, so dass ein derartiger Konflikt ausbleibt.[89] § 327a Abs. 1 S. 2 AktG stellt im Übrigen klar, dass es einer Zustimmung des persönlich haftenden Gesellschafters zum Squeeze-out-Beschluss nicht bedarf.[90]

Bei der Vorgesellschaft wiederum kann der Zwangsausschluss nicht möglich sein: Das Verlangen nach der Beschlussfassung und die Stimm-

[85] Vgl. *Fleischer/Schoppe*, Der Konzern 2006, 329, 332 ff.

[86] Vgl. Begr. RegE, BT-Drucks. 14/7034, S. 72; *Neye*, in: Hirte, WpÜG, S. 25, 29.

[87] So *Neye*, in: Hirte, WpÜG, S. 25, 29.

[88] Ein Squeeze-out war in den Hauptversammlungseinladungen der Bristol-Myers Squibb GmbH & Co. KGaA, Lindner Holding KgaA, eff-eff Fritz Fuss GmbH & Co. KgaA, Dr. Neuhaus Computer KGaA und der Christian Adalbert Kupferberg & Cie. KGaA vorgesehen.

[89] Vgl. *Fleischer*, in: GroßKommAktG, § 327a Rn. 7; *Hüffer*, AktG, § 327a Rn. 6; vgl. hierzu auch *Handelsrechtsausschuss des DAV*, NZG 2001, 420, 431.

[90] Vgl. *Markwardt*, BB 2004, 277, 278.

abgabe in der Hauptversammlung würden sich hier als widersprüchliches Verhalten des Hauptaktionärs darstellen angesichts der Tatsache, dass die Gründer sich zur Gründung soeben erst zusammengefunden haben.[91] Soweit ersichtlich ist es zu einem derartigen Fall in der Praxis jedoch noch nicht gekommen.

Nach einer Literaturauffassung soll bei der GmbH der Zwangsausschluss analog möglich sein.[92] Dem wird aber zu Recht widersprochen[93], weil es sich prinzipiell beim Squeeze-out um ein kapitalmarktrechtliches Instrument handelt; Es ist bei GmbH-Gesellschaftern nicht wie bei Kleinaktionären möglich, sie auf ihre Rolle als Kapitalanleger zu reduzieren. Folglich ist ihr zwangsweiser Ausschluss nicht zu rechtfertigen. Im Übrigen ist im Gesetzgebungsverfahren das Petitum einer GmbH, den Anwendungsbereich der Ausschlussmöglichkeit auch auf GmbHs auszudehnen, nicht aufgegriffen worden. Weder Sinn und Zweck noch die aktienrechtlich geprägte Ausgestaltung des Verfahrens würden passen.[94] Damit fehlt es an einer unbewussten Regelungslücke. Zur Frage, ob sich rechtspolitisch eine Erstreckung empfehlen würde und gerechtfertigt sein könnte, sogleich unter cc).

Die §§ 327a ff. AktG gelten im Übrigen auch für die SE.[95] Nach Art. 9 Abs. 1 c) ii) SE-VO gilt für die SE mit Sitz in Deutschland subsidiär das für Aktiengesellschaften geltende Recht.[96]

bb) Squeeze-out im Stadium der Auflösung

Fraglich ist, ob auch bei einer Aktiengesellschaft in Auflösung (§ 262 AktG) ein Squeeze-out durchgeführt werden kann oder eine hierauf

[91] So auch *Fleischer*, in: GroßKommAktG, § 327a Rn. 3; i.E. auch MüKo-AktG/*Grunewald*, § 327a Rn. 4; *Heidel/Lochner*, in: AnwKommAktG, § 327a Rn. 1; *Hüffer*, AktG, § 327a Rn. 6; Emmerich/*Habersack*, Aktien- und GmbH-Konzernrecht, § 327a Rn. 12.

[92] *v. Morgen*, WM 2003, 1553, 1558 ff.; tendenziell auch *Angerer*, BKR 2002, 260, 267; allgemein zur ergänzenden Anwendung von Aktienrecht auf die GmbH *Fleischer*, GmbHR 2008, 673 ff.

[93] *Fleischer*, in: GroßKommAktG, § 327a Rn. 8; *Heidel/Lochner*, in: AnwKomm-AktG, § 327a Rn. 1; i.E. auch *Fuhrmann/Simon*, WM 2002, 1211, 1213.

[94] So *Neye*, in: Hirte, WpÜG, S. 25, 28.

[95] *J. Schmidt*, SE, S. 644 f.; *Schnorbus*, in: Schmidt/Lutter, AktG, § 327a Rn. 1; Für Österreich *Althuber/Krüger*, AG 2007, 194, 196; *Gall/Potyka/Winner*, Squeeze-out, Rn. 79.

[96] Vgl. *Hommelhoff/Teichmann*, in: Lutter/Hommelhoff, SE, Art. 9 Rn. 54 f.

gestützte Anfechtung Erfolg verspricht.[97] Da die Auflösung nur eine Zweckänderung, nicht aber den Wegfall der Gesellschaft bewirke, soll nach überwiegender Ansicht die Auflösung das Ausschlussverfahren nicht hindern.[98] Auch im Liquidationsstadium seien unternehmerische Entscheidungen vonnöten, deren Durchsetzung von Minderheitsaktionären behindert werden könnten.[99] Ebenso wie bei einer werbenden AG greift folglich die vom Gesetzgeber getroffene Entscheidung Platz, die mitgliedschaftlichen Belange der Minderheitsaktionäre dem Leitungsinteresse des Hauptaktionärs unterzuordnen. Auch im Auflösungsstadium könne durch den Squeeze-out durchaus der Verwaltungsaufwand gemindert werden und der zu erwartende Liquidationserlös dementsprechend steigen. Der Squeeze-out verhindere also nicht treuwidrig die Erreichung des Gesellschaftszwecks, sondern beschleunige die Abwicklung vielmehr, was im Interesse von Gesellschaft, Gläubigern und Aktionären liege.[100]

Es könnte ohnehin gem. § 274 AktG vor der Vermögensverteilung noch durch erneute Zweckänderung die Fortsetzung der AG beschlossen werden[101]; ein Squeeze-out kann also nicht allein wegen der Zweckänderung bei Liquidationsbeginn ausgeschlossen sein. Auch Rechtsmissbrauch liege nicht vor, ein solcher kann insbesondere nicht aus dem allgemeinen Vorwurf folgen, der Hauptaktionär habe die Minderheit vor Beendigung des Auflösungsverfahrens herausdrängt, um die weitere Liquidation zu deren Nachteil allein abschließen zu können.[102] Konsequenterweise folgt hieraus, dass der für die Bemessung der Barabfindung relevante Unternehmenswert dem Liquidationswert entspricht.[103]

---

[97] Soweit ersichtlich kam es in der Praxis in drei Fällen in diesem Stadium zum Squeeze-out, namentlich bei der DSL Holding AG, der Wupper AG sowie der DUEWAG AG.

[98] BVerfG, ZIP 2007, 2121 f. mit Anm. *Zetzsche*, EWiR 2008, 163, 164; BGH, ZIP 2006, 2080, 2081 mit Anm. *Goslar*, EWiR 2006, 673 f. sowie zust. Anm. *Wilsing/Siebmann*, DB 2006, 2506, 2509; OLG Köln, NZG 2005, 931, 932; *Fleischer*, in: GroßKommAktG, § 327a Rn. 4; MüKoAktG/*Grunewald*, § 327a Rn. 4; *Hüffer*, AktG, § 327a Rn. 6; *Schnorbus*, in: Schmidt/Lutter, AktG, § 327a Rn. 1; *Buchta/Ott*, DB 2005, 990, 992; *Buchta/Sasse*, DStR 2004, 958, 960; *Bungert*, BB 2006, 2761, 2761; kritisch *Meilicke*, AG 2007, 261 ff.; a.A. *Koppensteiner* in: KK, AktG, § 327a Rn. 2

[99] BVerfG, ZIP 2007, 2121, 2122.

[100] *Buchta/Sasse*, DStR 2004, 958, 961.

[101] Unverständlich aber *Goslar*, EWiR 2006, 673, 674.

[102] BGH ZIP 2006, 2080, 2082; zustimmend *Bungert*, BB 2006, 2761, 2762.

[103] *Bungert*, BB 2006, 2761, 2761.

Dem wird entgegengehalten, dass ein Squeeze-out entgegen dem Zweck von Abwicklungsgesellschaften die Auskehrung des Liquidationserlöses an die Aktionäre verhindere.[104] Wesentlicher Beweggrund zum Squeeze-out in einer Abwicklungsgesellschaft sei das Bestreben, die weitere und endgültige Abwicklung der Gesellschaft der Kontrolle der Minderheitsaktionäre zu entziehen; dies verstoße gegen Sinn und Zweck des Ausschlussverfahrens, nach dem unternehmerische Initiativen des Hauptaktionärs gestärkt werden sollen. Nunmehriger Gesellschaftszweck sei die Abwicklung der Gesellschaft, der Squeeze-out aber bezwecke die Weiterführung der Gesellschaft ohne Restminderheit.[105]

Entscheidend kann nur sein, ob ein Squeeze-out tatsächlich in Konkurrenz zum Abwicklungsprocedere bzw. Insolvenzverfahren steht und deren Wertungen und möglicherweise dort wirkende Schutzmechanismen aushöhlt. Für den Regelfall der Liquidation ist von einem besonderen Schutzbedürfnis der Minderheitsaktionäre nicht auszugehen. Hier sind die Interessen von Mehrheit und Minderheit identisch, da beide anteilig an der Verteilung der Liquidationsmasse profitieren.[106] Anders bei einem zwangsweisen Ausschluss der Minderheit in der Liquidation: Der Hauptaktionär hat hier ein Interesse an einer möglichst niedrigen Barabfindung für die Minderheit, um anschließend von einer entsprechend höheren Liquidationsmasse zu profitieren. Dies entspricht zwar nicht der grundsätzlichen Interessenlage bei der Liquidation, wohl aber der beim Squeeze-out; für angemessenen Rechtsschutz der Minderheit ist in verfassungsgemäßer Weise gesorgt[107] und es kann entsprechend der gesetzgeberischen Intention ein Bedürfnis nach einem Zwangsausschluss auch in der Abwicklung bestehen. Es spricht folglich nichts dagegen, den Squeeze-out auch in der Liquidation zuzulassen.

Freilich fällt es schwer sich vorzustellen, dass die durch die Durchführung eines Squeeze-out entstehenden nicht unerheblichen Kosten[108] in der Zeit bis zur endgültigen Auflösung der Gesellschaft durch verminderten Verwaltungsaufwand wieder eingespart werden könnten. Dies bleibt aber eine dem Hauptaktionär überlassene wirtschaftliche Entscheidung.

---

[104] *Koppensteiner* in: KK, AktG, § 327a Rn. 2.

[105] So *Heidel/Lochner*, in: AnwKommAktG, § 327a Rn. 1.

[106] Vgl. *Lutter/Drygala*, in: FS Kropff, S. 191, 202 f. im Zusammenhang mit der übertragenden Auflösung; zweifelnd, ob für ausreichenden Minderheitenschutz gesorgt ist, *Kraft*, in: KK, AktG, Vorb. § 262 Rn. 31.

[107] Hierzu oben unter II. 1. a).

[108] Vgl. zu den entstehenden einmaligen Squeeze-out-Kosten oben unter I. 4. d).

cc) Rechtspolitische Bewertung

(1) Beschränkung auf Aktiengesellschaften

Nach einem ursprünglichen Vorschlag des *Forum Europaeum Konzernrecht* sollte das Ausschlussrecht für alle Kapitalgesellschaften gelten, um Verzerrungen zwischen den verschiedenen Rechtsformen zu vermeiden. Eine Einschränkung auf börsennotierte oder marktgängige Gesellschaften sei nicht zu empfehlen, könne aber diskutiert werden.[109] Die österreichische Squeeze-out-Regelung ist in der Tat auf sämtliche Kapitalgesellschaften anwendbar.[110] Der deutsche Gesetzgeber ist einen Mittelweg gegangen und hat den Anwendungsbereich zwar auf kapitalmarktferne Aktiengesellschaften, nicht aber auf die GmbH erstreckt.

Wie soeben bereits dargestellt wird teilweise zu Unrecht eine analoge Anwendung der Squeeze-out-Regeln auf die GmbH für möglich gehalten.[111] Geklärt werden soll an dieser Stelle, ob eine solche Erstreckung zumindest wünschenswert wäre. Jedenfalls müssten dann die den Ausschluss bei der Aktiengesellschaft rechtfertigenden Umstände bei den anderen Kapitalgesellschaften ebenfalls greifen. Fasst man zunächst den durch Splitterbesitz entstehenden kostenverursachenden Formalaufwand ins Auge, so kann ein solcher auch in einer GmbH entstehen, insbesondere etwa nach der Umwandlung einer vormaligen Aktiengesellschaft in eine GmbH. Es könnte damit ebenso wie in der AG ein ökonomisch unbefriedigendes Missverhältnis dahingehend bestehen, dass der Beitrag von Kleingesellschaftern zur Kapitalausstattung nicht angemessen mit dem der Gesellschaft entstehenden Minderheitenaufwand korreliert. Auch besteht ebenso wie bei der AG ein Blockaderisiko bei der Umsetzung insbesondere von eintragungsbedürftigen Strukturmaßnahmen durch Kleingesellschafter, da nach ständiger Rechtsprechung und herrschender Auffassung die aktienrechtlichen Vorschriften über Anfechtbarkeit und Nichtigkeit entsprechende Anwendung finden, soweit nicht Besonderheiten der GmbH eine Abweichung bewirken.[112]

---

[109] *Forum Europaeum Konzernrecht*, ZGR 1998, 672, 738.

[110] Vgl. *Althuber/Krüger*, AG 2007, 194, 196; zur österreichischen Rechtslage oben unter C IV. 2.

[111] So *v. Morgen*, WM 2003, 1553, 1558 ff.; tendenziell auch *Angerer*, BKR 2002, 260, 267; vgl. oben unter aa).

[112] BGH 51, 209, 210 f.; *Bayer*, in: Lutter/Hommelhoff, GmbHG, Anh § 47 Rn. 3; Scholz/*K. Schmidt*, GmbHG, § 45 Rn. 36; Rowedder/Schmidt-Leithoff/*Koppensteiner*, GmbHG, § 47 Rn. 86; a.A. *Zöllner*, in: Baumbach/Hueck, GmbHG, Anh § 47 Rn. 3 ff. m.w.N.

Freilich ist ein gewerbsmäßiger Missbrauch des Anfechtungsrechts anders als bei der AG hier nicht bekannt. Auch ist das Einsparpotential hinsichtlich des Formalaufwandes weit geringer als bei der AG; die Einhaltung der Formalia bei Abhaltung der aktienrechtlichen Hauptversammlung ist sehr viel konstenintensiver als bei einer Gesellschafterversammlung bei der GmbH. Zudem entstehen keine Kosten aus der Einhaltung von Transparenzanforderungen wegen einer Börsennotierung. Anonyme Gesellschafter existieren nicht. Alles in allem sind die Umstände, die ein Zurücktreten des Bestandsinteresses der Minderheitsgesellschafter zu rechtfertigen vermögen, bei Aktiengesellschaft und GmbH nur zum Teil deckungsgleich.

Entscheidend aber ist der von der Aktiengesellschaft abweichende Gehalt der Mitgliedschaft bei Abstellen auf den typischen Kleingesellschafter. Der Gesetzgeber hat bei Schaffung der §§ 327a ff. AktG den Kleinaktionär dahingehend typisiert, dass er primär an einer Kapitalanlage interessiert sei und ohnehin keinen relevanten Einfluss auf die Unternehmenslenkung nehmen könne, womit sich eine Reduzierung seiner Rechtsposition auf den bloßen Vermögenswert rechtfertigt und rechtfertigen kann.[113] Die (bewusst) unterbliebene Differenzierung zwischen börsennotierten und nicht notierten Aktiengesellschaften ist allerdings zu Recht auf Kritik gestoßen.[114] In Abweichung zu einer kapitalmarktfernen Aktiengesellschaft kann aber der typische GmbH-Kleingesellschafter nicht dahingehend typisiert werden, dass er allein an der Anlage interessiert sei. Vielmehr ist er noch deutlich enger an die Geschicke von Gesellschaft und Gesellschaftsführung gebunden als der Aktionär einer nicht notierten AG, wie allein die Ausfallhaftung der Gesellschafter gem. den §§ 24, 31 Abs. 3 GmbHG zeigt. Eine rationale Apathie kann er sich damit gar nicht leisten und eine Gleichsetzung mit einem Kleinaktionär muss ausscheiden. Ein Zwangsausschluss einzig gegen Wertausgleich erscheint hier unangemessen.

---

[113] Vgl. Begr. RegE, BT-Drucks. 17/7034, S. 32.
[114] Dazu sogleich unter (2).

(2) Beschränkung auf börsennotierte Aktiengesellschaften

(a) Rechtstatsachen

Tatsächlich kam es auch bei kapitalmarktfernen Aktiengesellschaften zu einer ganzen Reihe von Squeeze-out-Beschlüssen.[115] So waren 137 der insgesamt 317 Aktiengesellschaften, deren Hauptversammlungen zwischen 2002 und Ende 2007 einen Squeeze-out-Beschluss fassten, nicht börsennotiert i. S. d. § 3 Abs. 2 AktG, davon 27 im Freiverkehr. Nicht zu Unrecht ist der Gesetzgeber also auch hier von einem großen praktischen Bedürfnis an einer Squeeze-out-Möglichkeit ausgegangen.

Abbildung 6: Quelle: eigene Erhebungen (* amtlicher und geregelter sowie ehemaliger neuer Markt)

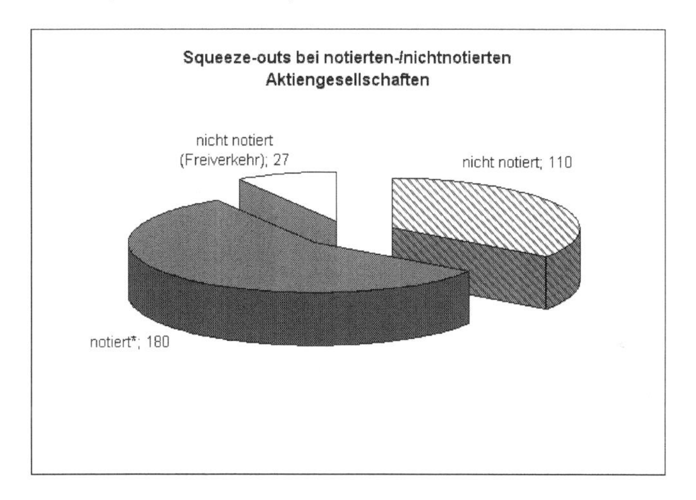

[115] Vgl. zum folgenden bereits *Bayer/Stange*, AG-Report 2007, R320, R322 f.; das Ob der Börsennotierung konnte unter Auswertung der Hoppenstedt Aktienführer der Jahre 2002 bis 2007 festgestellt werden.

Abbildung 7: Squeeze-out-Beschlüsse und Börsennotierung; Quelle: eigene Erhebungen

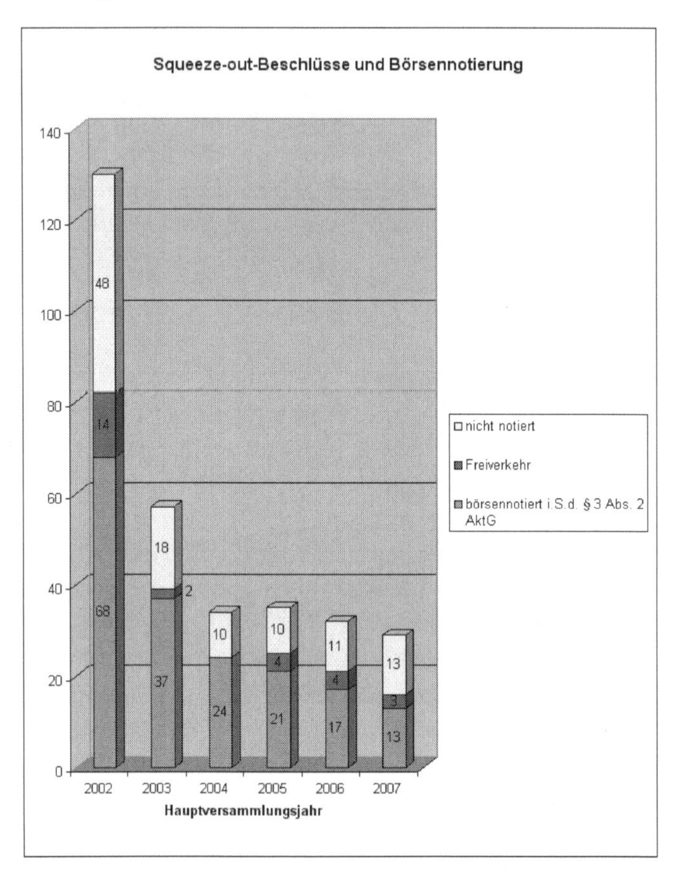

Die zweite Abbildung zeigt deutlich, dass es nicht lediglich in den Jahren nach der Einführung der Squeeze-out-Möglichkeit bei börsenfernen Aktiengesellschaften zu Squeeze-outs kam, sondern in keineswegs verminderter Zahl auch in den Folgejahren. Es wird sich folglich nicht allein um ehemals börsennotierte Gesellschaften handeln, die nach dem Delisting den Squeeze-out praktisch nachgeholt haben, sondern auch um private Aktiengesellschaften, die nie notiert waren. Denn ein Delisting vor einem Squeeze-out durchzuführen wäre ein unnötiger Umweg, da mit Eintragung des Squeeze-out-Beschlusses und Auszahlung der letzten Abfindungen ein Handel mit den Aktien nicht mehr stattfinden wird, der Handel also eingestellt würde.[116]

Zudem zeigen die Zahlen, dass eine Beschränkung des Anwendungsbereichs auf börsennotierte Gesellschaften erhebliche praktische Auswirkungen hätte. Wäre den nicht börsennotierten Gesellschaften und damit richtigerweise auch nicht den im Freiverkehr gehandelten Gesellschaften der Zwangsausschluss möglich gewesen, hätten mehr als die Hälfte der Squeeze-outs des Jahres 2007 nicht stattfinden können.

Stellt man diesen Zahlen die Gesamtzahl börsennotierter Aktiengesellschaften gegenüber, so wird die Bedeutung des Squeeze-out noch deutlicher: Zum Stichtag 31.12.2006 waren 656 der insgesamt 15.242 inländischen Aktiengesellschaften börsennotiert i.S.d. § 3 Abs. 2 AktG.[117] Bei 167 AG und damit bei rund einem Viertel der börsennotierten AG war bis zu diesem Zeitpunkt ein Squeeze-out durchgeführt worden. Man wird annehmen können, dass die Zahl der AG seit Erreichen des Höchststands von 749 börsennotierten AG im Jahre 2001, nicht zuletzt aufgrund der Einführung des Squeeze-out-Verfahrens im Jahre 2002 abgeschmolzen ist.

(b) Diskussion und Stellungnahme

Zunächst einmal ist zu konstatieren, dass nach der lex lata der Squeeze-out bei börsennotierten wie bei nicht notierten Aktiengesellschaften zulässig ist. Dies entspricht der allgemeinen Meinung und dem ausdrücklichen Willen des Gesetzgebers.[118] Statuarische Abweichungen hiervon sind aufgrund des zwingenden Charakters der §§ 327a ff. AktG unzulässig, § 23 Abs. 5 AktG.[119] Freilich steht es den Gesellschaftern frei, obligatorisch einen Squeeze-out auszuschließen bzw. für eine erhöhte Abfindung zu sorgen.[120]

Jedenfalls de lege ferenda wird aber verschiedentlich und zu Recht einer Beschränkung des Anwendungsbereichs auf börsennotierte Gesell-

[116] Hierzu ausführlich unten D III. 9.
[117] DAI-Factbook 2007, S. 02-3; *Bayer*, Gutachten, 67. DJT, E20.
[118] Vgl. *Neye*, in: Hirte, WpÜG, S. 25, 26.
[119] *Schüppen*, WPg 2001, 958, 974.
[120] *Gesmann-Nuissl*, WM 2002, 1205, 1206; MüKoAktG/*Grunewald*, § 327a Rn. 26.

schaften das Wort geredet.[121] Die Befürworter der lex lata[122] führen dagegen ins Feld, dass gerade bei ehemals börsennotierten Aktiengesellschaften, die sich inzwischen vom Markt zurückgezogen haben, ein Bedürfnis nach einer Bereinigung der Aktionärsstruktur bestehen könne.[123] Untypisch sei auch nicht, dass bei geringem Streubesitz die Notierung mangels ausreichender Liquidität eingestellt wird, weil ein ordnungsgemäßer Börsenhandel nicht gewährleistet ist.[124] Minderheitsaktionäre existieren in derartigen Gesellschaften zumeist nur, weil ein problemloser Ausschluss vor 2002 nicht möglich war.[125] Auch seien einzelne Aktionäre unter Umständen gar nicht mehr auffindbar.[126] Das Interesse des Großaktionärs an einem verminderten Minderheitenaufwand, dem der Gesetzgeber den Vorzug vor dem Bestandsinteresse der Minderheitsaktionäre gibt, sei bei notierten wie nicht notierten Gesellschaften ohnehin deckungsgleich.[127] Die kapitalmarktferne AG leide ebenso unter dem unverhältnismäßigen Formalaufwand und dem Anfechtungs- und Blockaderisiko von Strukturbeschlüssen wie die börsennotierte Gesellschaft. Diese seien auch nicht wirtschaftlich unbedeutend. Ist etwa für einen Großaktionär die Frage von Bedeutung, ob er das Un-

---

[121] *Bayer*, Gutachten, 67. DJT, E104 f.; *Drygala*, AG 2001, 291, 298; *Fleischer*, in: GroßKommAktG, Vor §§ 327a-f Rn. 13; *ders.*, ZGR 2002, 757, 770; Emmerich/*Habersack*, Aktien- und GmbH-Konzernrecht, § 327a Rn. 5; *ders./Schürnbrand*, Aktienrecht im Wandel, Band I, S. 925 f.; *Hüffer*, AktG, § 327a Rn. 4a; *Habersack*, ZIP 2001, 1230, 1235; *Merkt*, AG 2003, 126, 133; wohl auch *Siller*, Kapitalmarkrecht, S. 122; a.A. MüKoAktG/*Grunewald*, Vor § 327a Rn. 5; *Hasselbach*, in: KK, WpÜG, § 327a Rn. 20; *Angerer*, BKR 2002, 260, 263; *Handelsrechtsausschuss des DAV*, NZG 1999, 850, 852; *Engelhardt*, Convertibel Bonds, S. 30 f.; *Gesmann-Nuissl*, WM 2002, 1205, 1205; *Group of German Experts on Corporate Law*, ZIP 2002, 1310, 1323; *Hopt*, ZHR 2002, 383, 392; *Kiem*, in: RWS-Forum, 329, 340; *Krause*, BB 2002, 2341, 2344 f.; *Krieger*, BB 2002, 53, 55; *Merkt*, AG 2003, 126, 133; *Rühland*, Ausschluss von Minderheitsaktionären, S. 185; *Schiessl*, AG 1999, 442, 451; *Sieger/Hasselbach*, ZGR 2002, 120, 132; *Spindler*, AG 2008, 598, 603; *Thierack*, Squeeze-Out, S. 54 f.; *Vetter*, AG 2002, 176, 184.

[122] *Krause*, BB 2002, 2341, 2344 f.; *Schiessl*, AG 1999, 442, 451; *Seibt/Heiser*, ZIP 2002, 2193, 2202; *Wirth/Arnold*, AG 2002, 503, 506 Fn. 36.

[123] *Hasselbach*, in: KK, WpÜG, § 327a Rn. 20; *Gesmann-Nuissl*, WM 2002, 1205; Allein deswegen die Erstreckung des Squeeze-out auch auf kapitalmarktferne AGs befürwortend *Kiem*, in: RWS-Forum, 329, 340; zustimmend *Krieger*, BB 2002, 53, 55.

[124] *Schiessl*, AG 1999, 442, 451.

[125] *Marsch-Barner/Schäfer*, in: Marsch-Barner/Schäfer, Hdb börsennotierte AG, S. 9.

[126] *Gesmann-Nuissl*, WM 2002, 1205.

[127] KG, AG 2005, 478, 479; MüKoAktG/*Grunewald*, Vor § 327a Rn. 5; *Sieger/Hasselbach*, ZGR 2002, 120, 132; *Vetter*, AG 2002, 176, 184.

ternehmen komplett übernehmen kann, so gilt dies für notierte und nichtnotierte AG in gleichem Maße.[128] Wolle man das deutsche Gesellschaftsrecht international wettbewerbsfähig halten, müsse deshalb der Squeeze-out auch in der nicht notierten AG möglich sein.

Dennoch ist mit der Gegenauffassung de lege ferenda eine Einschränkung des Anwendungsbereichs der §§ 327a ff. AktG auf börsennotierte Gesellschaften zu befürworten. Es handelt sich beim Ausschlussverfahren um eine Radikallösung des Kapitalmarktrechts. Nur bei börsennotierten Gesellschaften besteht der vorausgesetzte Markt, insofern ist die Regelung nur hier zu rechtfertigen.[129] Zudem fehlt es bei börsenfernen Gesellschaften an der Symetrie von Ausschlussrecht und Pflichtangebot; letzteres privilegiert nur bei börsennotierten Gesellschaften die Minderheitsaktionäre.[130] Auch greift nicht das zur Rechtfertigung eines Zwangsausschlusses geführte Argument des BVerfG[131] der jederzeit möglichen alternativen Investitionsmöglichkeit des Aktionärs in eine vergleichbare, ebenso renditeträchtige Gesellschaft.[132] Eine Umschichtung gestaltet sich bei kapitalmarktfernen Gesellschaften keineswegs ebenso problemlos wie bei notierten Gesellschaften. Weiter leuchtet nicht ein, warum hier anderes gelten soll als im GmbH-Recht, wo eine Hinauskündigungsklausel nach Rspr. und h.L. seit jeher im Grundsatz als unwirksam betrachtet wird.[133] Zudem lässt sich rechtsvergleichend feststellen, dass die meisten Länder den Squeeze-out nur in börsennotierten Gesellschaften zulassen.[134] Weiterer Vorteil einer Begrenzung des Anwendungsbereichs auf börsennotierte Gesellschaften wäre, dass die Umwandlung einer GmbH einzig zum Zwecke des Zwangsausschlusses unliebsamer Kleingesellschafter praktisch unmöglich würde.[135] Hierin läge ein umständlicher und widersinniger Going public zum Zwecke des Going private.

---

[128] *Vetter*, AG 2002, 176, 184.

[129] *Hüffer*, AktG, § 327a Rn. 4a.

[130] Vgl. *Drukarczyk*, in: FS Scherrer, 626, 634.

[131] WM 2000, 1948, 1950.

[132] *Drygala*, AG 2001, 291, 298; *Fleischer*, ZGR 2002, 757, 771; *Hanau*, NZG 2002, 1040, 1043.

[133] *Fleischer*, ZGR 2002, 757, 771; vorsichtiger *Marsch-Barner/Schäfer*, in: Marsch-Barner/Schäfer, Hdb börsennotierte AG, S. 9.

[134] *Fleischer*, ZGR 2002, 757, 771; *Habersack*, ZIP 2001, 1230, 1238 f.

[135] Vgl. *Krause*, BB 2002, 2341, 2344 f., der allerdings die bestehenden umwandlungsrechtlichen Hürden als prohibitiv einschätzt; vgl. zur Frage, ob nach der lex lata darin ein Rechtsmissbrauch liegt, unten unter D II. 2. c) ee) (3).

Die §§ 327a ff. AktG sind jedenfalls nicht auf Familiengesellschaften oder andere Gesellschaften mit kleinem Gesellschafterkreis zugeschnitten.[136] Mit einer bis zu fünfprozentigen Beteiligung kann bei solchen Gesellschaften unter Umständen in relevanter Weise Einfluss auf die Unternehmenspolitik der AG genommen werden, so dass hier nicht allein die Vermögenskomponente im Vordergrund steht.[137] In kapitalmarktfernen Gesellschaften haben sich die Aktionäre ggf. auf eine langfristige Gesellschafterstellung eingestellt; ein Ausschluss träfe sie besonders hart. Dennoch ist bei Aktiengesellschaften allgemein Zurückhaltung bei der Berücksichtigung eines Affektionsinteresses geboten.[138] Dem Typus nach handelt es sich bei der AG um eine Publikumsgesellschaft, bei der neben den allgemeinen, allen Aktionären zustehenden Herrschafts- wie Vermögensrechten keine besonderen, statuarisch nicht ausdrücklich zugesicherten Rechte bestehen können, die speziellen Schutz verdienten.[139] Insbesondere gebietet das Verfassungsrecht keine Abweichung, da solche speziellen Affektionsinteressen von Art. 14 GG nicht geschützt sind.[140] Falsch wäre auch die Annahme, ein besonderes Bestandsinteresse eines Aktionärs könne im Rahmen der Beschlusskontrolle berücksichtigt werden, denn der Squeeze-out-Beschluss bedarf keiner sachlichen Rechtfertigung.[141] Allenfalls ein im Rahmen einer Missbrauchskontrolle festzustellender Treupflichtverstoß erscheint möglich, wenn aufgrund besonderer Umstände ein Ausschluss missbräuchlich ist.[142] Nach alledem erscheint die Gleichbehandlung von börsennotierter und privater AG, die für das AktG 1965 kennzeichnend war, nicht mehr angebracht.

Als Mittelweg wäre denkbar, den Squeeze-out bei Familiengesellschaften satzungsdisponibel auszugestalten.[143] Die grundsätzliche Möglichkeit des zum Squeeze-out fähigen Hauptaktionärs zur Änderung dieser Satzungsklausel ließe sich durch die Festlegung eines Einstimmig-

---

[136] *Hasselbach*, in: KK, WpÜG, § 327a Rn. 20; *Schüppen*, WPg 2001, 958, 974, der den zwingenden Charakter der Regelung bedauert. Die fehlende Möglichkeit, den Ausschluss zu erleichtern oder zu erschweren oder ganz auszuschließen, sei wenig überzeugend für nicht börsennotierte Gesellschaften.

[137] *Bolte*, DB 2001, 2587, 2588.

[138] *Großfeld*, EWiR 2004, 265, 266.

[139] Vgl. zu sog. wohlerworbenen Rechten *Wiedemann*, Gesellschaftsrecht I, S. 380 ff.

[140] Offen gelassen von BVerfG, AG 2007, 544, 546.

[141] Vgl. unten unter D 2. a) dd) (2) (a).

[142] *Kiem*, in: RWS-Forum, 329, 340; MüKoAktG/*Grunewald*, Vor § 327a Rn. 5.

[143] Vgl. *Körber*, ZGR 2002, 790, 791; vgl. auch *Bayer*, Gutachten, 67. DJT, E105.

keitserfordernisses vermeiden.[144] Insbesondere würde eine solche Klausel nicht zur faktischen Unmöglichkeit der Satzungsänderung und damit zu ihrer Unzulässigkeit[145] führen, da sie nur in Familien- und sonstigen geschlossenen Gesellschaften zur Anwendung käme.

(3) Vorangegangenes Übernahmeangebot

Es sollte aber nicht bei einer Beschränkung des Anwendungsbereichs auf börsennotierte Gesellschaften bleiben, zusätzlich sollte der Squeeze-out nur nach einem zeitnah vorangegangenen öffentlichen Übernahmeangebot möglich sein,[146] bzw. das Ausschlussrecht nur innerhalb eines bestimmten Zeitraums nach Erreichen der 95%-Schwelle bestehen.[147] Ersteres entspricht der bewährten britischen Rechtslage, die den Zwangsausschluss schon seit 1929 kennt.[148] Begründen lassen sich beide Gestaltungen damit, dass ansonsten den Minderheitsgesellschaftern permanent der Ausschluss drohen würde, was die mitgliedschaftliche Stellung eines betroffenen Minderheitsaktionärs bei jedem Konflikt zwischen Mehrheit und Minderheit empfindlich schwächen würde.[149]

Zwar besteht das praktische Bedürfnis nach dem Squeeze-out eben unabhängig davon, auf welche Art und zu welchem Zeitpunkt der Hauptaktionär seine Beteiligung erworben hat.[150] Auch wollte der Gesetzgeber den Squeeze-out bewusst nicht von einem Übernahmeangebot abhängig machen, damit auch die bestehenden „Altfälle“ erfasst werden.[151] Diese wird es zwischenzeitlich aber nicht mehr geben. Und allein

---

[144] Vgl. zur Zulässigkeit eines Einstimmigkeitserfordernisses *Hüffer*, AktG, § 179 Rn. 20; *Wiedemann*, in GroßkommAktG, § 179 Rn. 121; *Zöllner*, in: KK, AktG, § 179 Rn. 156.

[145] Vgl. *Hüffer*, AktG, § 179 Rn. 20; MüKoAktG/*Stein*, § 179 Rn. 98.

[146] Emmerich/*Habersack*, Aktien- und GmbH-KonzernR, § 327a Rn. 5; *ders.*, ZIP 2001, 1230, 1235; *ders./Schürnbrand*, Aktienrecht im Wandel, Band I, S. 925 f.; *Group of German Experts on Corporate Law*, ZIP 2002, 1310, 1323; für eine verfassungskonforme Reduktion des Anwendungsbereichs des Squeeze-out bereits de lege lata *Hanau*, NZG 2002, 1040, 1047; a.A. *Hopt*, ZHR 166 (2002), 383, 392; *Krieger*, BB 2002, 53, 55; *Pötzsch/Möller*, WM 2000, Sonderbeilage Nr. 2, S. 29 f.; *Schiessl*, AG 1999, 442, 451; *E. Vetter*, ZIP 2000, 1817, 1819.

[147] *Fleischer*, ZGR 2002, 757, 769; *ders.*, in: GroßKommAktG, Vor §§ 327a-f Rn. 13.

[148] Vgl. oben C IV. 1.

[149] *Fleischer*, in: GroßKommAktG, Vor §§ 327a-f Rn. 13; Vgl. auch BGHZ 81, 263, 266 f. .

[150] *Angerer*, BKR 2002, 260, 263; *Gesmann-Nuissl*, WM 2002, 1205, 1206; *Krieger*, BB 2002, 53, 55.

[151] Vgl. *Neye*, in: Hirte, WpÜG, S. 25, 26.

mit dem praktischen Bedürfnis ließe sich der Squeeze-out auch bei der GmbH rechtfertigen.[152]

Rechtsökonomisch betrachtet würden sich die Beteiligten in einer fiktiven Verhandlungssituation nicht ohne entsprechende Gegenleistung auf eine unbefristete Call-Option des Hauptaktionärs verständigen.[153] Der Squeeze-out rechtfertigt sich zusätzlich dadurch, dass nach einem Übernahmeangebot dem Bieter durch das Recht zum vollständigen Ausschluss der Minderheit die ihm im Rahmen des vorangegangenen (Pflicht-)Angebots entstandenen Sonderkosten kompensiert werden.[154] Auch fördert ein permanentes Risiko des Ausgeschlossenwerdens nicht gerade die Attraktivität der Aktie als Anlageform. Eine Kopplung an ein Übernahmeangebot könnte den Minderheitsaktionären einen höheren finanziellen Ausgleich für den Mitgliedschaftsverlust sichern, da dann im Regelfalle eine Übernahmeprämie gezahlt würde, wie die britische Rechtspraxis zeigt.[155] Zwar soll den Minderheitsaktionären nicht eine möglichst hohe, sondern eine angemessene Abfindung zukommen, was heute durch das Spruchverfahren abgesichert wird.[156] Angesichts der Unwägbarkeiten bei der Unternehmensbewertung[157] ließe sich bei dieser aber wenigstens eine dominierende Stellung des Hauptaktionärs bei der Preisbestimmung vermeiden.

Weiterer Vorteil einer Bindung des Squeeze-out-Rechts an ein vorhergehendes Übernahmeangebot wäre die zur Angemessenheit der Barabfindung dann immer heranziehbare Einschätzung des Unternehmenswertes durch den Markt. Wie im britischen Recht und nunmehr beim übernahmerechtlichen Squeeze-out könnte eine Angemessenheitsvermutung an eine bestimmte Annahmeschwelle anknüpfen. Um zu vermeiden, dass das Übernahmeangebot zu einer reinen Formalität würde, könnten wie im englischen Recht Aktien, die der Hauptaktionär bereits vor dem Angebot besaß, nicht mitgezählt werden bzw. kein Stimmrecht gewähren.[158]

Der Gesetzgeber hat mit dem übernahmerechtlichen Squeeze-out nun bekanntlich ein Squeeze-out-Verfahren kodifiziert, das sich in sei-

---

[152] Wenn auch der minderheitenbedingte Formalaufwand hier in der Regel geringer ausfällt und verschollene Anteile nicht existieren, vgl. oben c) aa) sowie cc) (1).

[153] So *Fleischer*, ZGR 2002, 757, 769 f.

[154] Vgl. *Fleischer*, ZGR 2002, 757, 760 f.; *Hanau*, NZG 2002, 1040, 1046.

[155] *Rühland*, WM 2000, 1884, 1886 ff.; *Sieger/Hasselbach*, ZGR 2002, 120, 131.

[156] *Sieger/Hasselbach*, ZGR 2002, 120, 132.

[157] Dazu ausführlich unten D II. 2. b) ee).

[158] Vgl. *Kossmann*, NZG 1999, 1198, 1201.

nen überwiegenden Teilen letztlich auf britisches Recht zurückgeht und alle soeben dargestellten Vorteile auf sich vereint. De lege ferenda ließe sich eine Beschränkung des Anwendungsbereichs auf börsennotierte Gesellschaften (ohne Freiverkehr) unter der Bedingung eines vorangegangenen Übernahmeangebots also ganz einfach durch die ersatzlose Streichung der §§ 327a ff. AktG erreichen. Voraussetzung wäre freilich, den Anwendungsbereich weiter zu fassen: Die § 39a f. WpÜG ermöglichen dem Bieter bislang bei reinen Aufstockungsangeboten, d.h. bei einem einfachen Erwerbsangebot aus einer bestehenden Herrschaftsposition heraus, keinen Squeeze-out.[159]

Dass sich durch eine solche Beschränkung des Anwendungsbereichs in vielen Fällen gar nicht viel ändern würde, zeigt ein Blick in die Praxis.[160] Schon jetzt geht bei börsennotierten Gesellschaften in einer nicht unbeträchtlichen Zahl von Fällen dem Squeeze-out ein Übernahmeangebot voraus, sei es ein freiwilliges oder ein Pflicht-Angebot. So kam es bei den insgesamt 180 Squeeze-outs bei börsennotierten Gesellschaften (ohne Freiverkehr) zwischen 2002 und Ende 2007 in 62 Fällen und damit in über einem Drittel der Fälle zu einem Übernahmeangebot in den Jahren vor dem Squeeze-out.[161] Durchschnittlich lag ein Zeitraum von 17,3 Monaten zwischen dem Übernahmeangebot und dem Squeeze-out.[162]

[159] Hierzu ausführlich unten E III. 2.

[160] Die Daten zu den Übernahmeangeboten konnten zum größten Teil dem Hoppenstedt Aktienführer der Jahre 2000 bis 2007 entnommen werden. Einzelne Ergänzungen ergaben sich aus einer Auswertung des elektronischen Bundesanzeigers. Länger zurückliegende Übernahmeangebote wurden nicht berücksichtigt.

[161] Vgl. Anhang I.

[162] Der Median lag bei 13 Monaten. In zwei Fällen lag das Übernahmeangebot länger als vier Jahre zurück, so dass hier wohl nicht mehr von einem direkten Zusammenhang zwischen Übernahmeangebot und Squeeze-out gesprochen werden kann.

Tabelle 2: Anzahl und Quote dem Squeeze-out vorangehender Übernahmeangebote bei börsennotierten Gesellschaften ohne Freiverkehr (Quelle: eigene Erhebungen)

Jahr	Anzahl Squeeze-out-Beschlüsse	vorheriges Übernahmeangebot	Quote
2002	67	16	24%
2003	38	7	18%
2004	24	12	50%
2005	21	13	62%
2006	17	9	53%
2007	13	6	46%
Gesamt	180	63	35%

Deutlich zeigt sich eine ansteigende Tendenz im Laufe der letzten Jahre, was sich dadurch erklärt, dass in den beiden Jahren nach Einführung des Squeeze-out-Verfahrens viele Hauptaktionäre die 95 %-Schwelle auch ohne die Übernahme weiterer Aktien überschritten haben und ein gewisser Nachholbedarf bestand.[163] In den letzten Jahren mehren sich die Fälle, in denen der Hauptaktionär die zum Squeeze-out berechtigende Position erst im Vorfeld des Zwangsausschlusses aufgebaut hat und hierfür auf das Übernahmeangebot zurückgreift, bzw. aufgrund des Überschreitens der 30%- Schwelle gem. § 35 Abs. 2 WpÜG zur Abgabe eines Übernahmeangebots verpflichtet war. Es lässt sich also festhalten, dass in ca. der Hälfte der Verfahren der letzten vier Jahre ohnehin ein Übernahmeangebot dem (aktienrechtlichen) Zwangsausschluss voranging[164], so dass eine gesetzliche Verpflichtung hierzu in einer erheblichen Zahl der Fälle keine Änderung bedeuten würde.

Um zu verhindern, dass Aktionäre auf eine Aufbesserung des Angebots im Rahmen des Squeeze-out spekulieren, sollte der Hauptaktionär darauf hinweisen, dass die dann geleistete Abfindung auch niedriger als das jetzige Angebot ausfallen kann.[165]

---

[163] Vgl. dazu unten 2. a) ee).

[164] Zu ähnlichen Ergebnissen gelangt *Rathausky*, FB 2008, 114, 117: In 80 von 150 (53%) untersuchten Squeeze-out-Fällen ging dem Zwangsausschluss ein Übernahme- oder Kaufangebot voraus.

[165] *Thierack*, Squeeze-Out, S. 83.

(4) Auswirkungen der Einführung der §§ 327a ff. AktG auf Hinauskündigungsklauseln

Möglicherweise lassen sich auch Rückschlüsse für die sog. Hinauskündigungsklauseln im Personengesellschafts- und GmbH-Recht ziehen: bei beiden Instituten findet eine Ausschließung durch Mehrheitsbeschluss statt, so dass mit der Einführung des Squeeze-out im Aktienrecht die Frage auftaucht, ob die damit einhergehende gesetzliche Wertung nicht zur Zulässigkeit von Hinauskündigungsklauseln führen könnte.[166] Ist für die Aktiengesellschaft – insbesondere auch für die börsenferne – ein zwangsweiser Minderheitenausschluss de lege lata ausdrücklich vorgesehen, fragt sich in der Tat, warum ein solcher aufgrund einer entsprechenden Vertragsklausel bei anderer Kapitalgesellschaftsform sittenwidrig sein sollte.[167] Neben der Zulässigkeit des Manager- und des Mitarbeitermodells[168] sollte deshalb auch eine Klausel möglich sein, nach der ein mit 95 % beteiligter Gesellschafter die Minderheit ausschließen kann. Rechtfertigte man freilich den Squeeze-out bei der börsenfernen AG einzig damit, dass sie unter Umständen zu einem früheren Zeitpunkt börsennotiert war, so fällt eine Übertragung der den Squeeze-out rechtfertigenden Wertung auf die GmbH schon schwerer. Zudem existiert bei einer solchen das Phänomen des unbekannten und für Übernahmeangebote deshalb unerreichbaren Anteilseigners nicht, sieht man einmal von Fällen ab, bei denen die Wirksamkeit einer Anteilsübertragung zweifelhaft ist.

d) Ausschluss von Aktionären mit besonderem Affektionsinteresse?

Problematisiert wird teilweise, ob etwa bei dem Unternehmen emotional besonders verbundenen Namensträgern und Mitgliedern der Gründerfamilien Besonderes beim Ausschluss gelten müsse. Dies ist de lege lata und insgesamt abzulehnen.[169] Der Gesetzgeber hat mit der bewussten

[166] So *Harrer*, in FS Sonnenberger, 2004, 235, 245 ff.; a.A. *Fleischer*, ZGR 2002, 757, 770 f.; *ders.*, in: GroßKommAktG, § 327a Rn. 8; Emmerich/*Habersack*, Aktien- und GmbH-Konzernrecht, § 327a Rn. 5.

[167] Vgl. *Harrer*, in FS Sonnenberger, 2004, 235, 245 ff.

[168] Vgl. BGHZ 164, 98 und BGHZ 164, 107.

[169] Für die Verfassungswidrigkeit eines Squeeze-out in Familiengesellschaften *Schüppen/Tretter*, in: FK, WpÜG, Vor § 327a Rn. 7; vgl. auch *Korsten*, EWiR 2003, 1169; tendenziell OLG Hamburg, NZG 2003, 978, 979; zurückhaltender *Großfeld*, EWiR 2004, 265, 266; offenlassend BVerfG, AG 2007, 544, 546.

Erstreckung des Anwendungsbereichs auch auf börsenferne Gesellschaften in Kauf genommen, dass auch in Aktiengesellschaften mit überschaubarem Aktionärskreis ein Squeeze-out möglich wird. Auch verfassungsrechtlich fällt ein besonderes Affektionsinteresse nicht derart ins Gewicht, als dass mit der angemessenen Barabfindung der Verlust der Mitgliedschaft nicht voll kompensiert wäre. De facto handelt es sich aufgrund der bei 95% gezogenen Schwelle notwendigerweise um eine nichtunternehmerische Splitterbeteiligung, woran eine spezielle persönliche Bindung nichts zu ändern vermag.

2. Voraussetzungen der Beschlussfassung

Der Squeeze-out setzt zunächst die Existenz eines Aktionärs mit einer Beteiligung von zumindest 95 % des Grundkapitals voraus. Dieser muss sodann die Abfindungshöhe für die auszuschließenden Minderheitsaktionäre festsetzen und Beschlussfassung verlangen. Weiter hat er vor der Einberufung zur Hauptversammlung dem Vorstand der AG eine sog. Bankgarantie zu übermitteln, in der ein Kreditinstitut die Gewährleistung für die unverzügliche Zahlung der Abfindung durch den Hauptaktionär nach Eintragung des Beschlusses ins Handelsregister übernimmt. In Vorbereitung auf die Hauptversammlung treffen den Hauptaktionär weitere Pflichten wie die Einschaltung eines gerichtlich bestellten Prüfers zur Überprüfung der Barabfindung und bestimmte Berichtspflichten. Die AG selbst trifft neben der Einberufung der Hauptversammlung ab diesem Zeitpunkt bestimmte Auslagepflichten.

a) Hauptaktionär

Gem. § 327a Abs. 1 S. 1 AktG kann ein Aktionär mit einer Beteiligung von 95 % des Grundkapitals Beschlussfassung über den Squeeze-out verlangen. Auch ein Aktionär mit einer höheren Beteiligung ist ohne weiteres vom Wortlaut erfasst, denn auch ein solcher verfügt über 95 %.[170] Nach dem klaren Wortlaut ist es nicht erforderlich, dass der Hauptaktionär auch 95% der ausübbaren Stimmen auf sich vereint.[171]

[170] A.A. *Fleischer*, in: GroßKommAktG, § 327a Rn. 9.

[171] So aber *Koppensteiner*, in: KK, AktG, § 327a Rn. 12; wie hier *Fleischer*, in: GroßKommAktG, § 327a Rn. 18; *Grzimek*, in: Geibel/Süßmann, WpÜG, § 327a Rn. 41; *Wasmann*, in: Thaeter/Brandi, Übernahmen, Teil 7 Rn. 133.

aa) Persönliche Anforderungen

Hauptaktionär kann grundsätzlich jeder sein, der Inhaber von Aktien sein kann, also insbesondere auch eine natürliche Person.[172] In praxi verlangten in immerhin elf Fällen natürliche Personen als Hauptaktionäre den Squeeze-out.[173] Anders als bei der Mehrheitseingliederung kann es sich beim Hauptaktionär auch um ein ausländisches Rechtssubjekt handeln.[174] Aufgrund der umfassenden Absicherung der zu leistenden Barabfindung insbesondere durch die durch ein inländisches Kreditinstitut zu gewährleistende Abfindungszahlung entstehen auch bei einem ausländischen Hauptaktionär keine besonderen Gefahren.[175] Ausländische Gesellschaften haben in ganz erheblichem Umfang vom Squeeze-out-Recht Gebrauch gemacht: Von den insgesamt 317 Squeeze-out-Beschlüssen bis Ende 2007 wurden 57 von ausländischen Gesellschaften initiiert.[176]

Eine weitere Abweichung vom Recht der Mehrheitseingliederung besteht darin, dass der Hauptaktionär kein Unternehmen i.S.d. §§ 15 ff. AktG sein muss.[177] Zwar sind nach dem Wortlaut der § 16 Abs. 4, § 15 AktG die Regelungen nur auf Unternehmen anwendbar. Der Verweis in § 327a Abs. 2 AktG bezieht sich aber nur auf die Zurechnung, nicht die Unternehmenseigenschaft des Hauptaktionärs.[178] Ein Umhängen von Beteiligungen soll unabhängig von der Unternehmereigenschaft des Hauptaktionärs verhindert werden. Unbedenklich ist im Übrigen das Zustandekommen der Kapitalmehrheit von 95 % durch öffentli-

---

[172] *Hüffer*, AktG, § 327a Rn. 7; *Heidel/Lochner*, AnwKomm, § 327a Rn. 3; *Rühland*, Squeeze-out, S. 186; insbesondere für letzteres plädierend bereits *Handelsrechtsausschuss des DAV*, NZG 1999, 850, 851.

[173] Vgl. die Auflistung der betroffenen Aktiengesellschaften und Hauptaktionäre in Anlage I.

[174] *Fleischer*, in: GroßKommAktG, § 327a Rn. 11; Emmerich/*Habersack*, Aktien- und GmbH-Konzernrecht, § 327a Rn. 14; *Heidel/Lochner*, AnwKommAktG, § 327a Rn. 3; *Hüffer*, AktG, § 327a Rn. 7; *Moritz*, Squeeze Out, S. 94; *Rühland*, Squeeze-out, S. 186 f.; *Sieger/Hasselbach*, ZGR 2002, 120, 133 f.; *E. Vetter*, AG 2002, 176, 185.

[175] Vgl. MüKoAktG/*Grunewald*, § 327a Rn. 5; *Hüffer*, AktG, § 327a Rn. 7; *Rühland*, Squeeze-out, S. 186 f.; a.A. *Sieger/Hasselbach*, ZGR 2002, 120, 134, die eine Unzulässigkeit der Duchführung des Squeeze-out dann annehmen, wenn der Hauptaktionär einem Staat ohne funktionierendes Rechtssystem entstammt. Auch und gerade davor schützt aber die Bankgarantie.

[176] Vgl. die Auflistung von Zielgesellschaften und Hauptaktionären in Anlage I.

[177] *Fleischer*, in: GroßKommAktG, § 327a Rn. 13; *Ehricke/Roth*, DStR 2001, 1120, 1120; *Maslo*, NZG 2004, 163, 166; *E. Vetter*, AG 2002, 176, 185.

[178] *Maslo*, NZG 2004, 163, 166.

ches Übernahmeangebot, durch Paketkauf oder durch Zukauf an der Börse.[179] Im Folgenden werden verschiedene Erscheinungsformen allerdings näher auf ihre Hauptaktionärstauglichkeit zu untersuchen sein.

bb) Berechnung der Grundkapitalhöhe

Um zu ermitteln, ob der Hauptaktionär die zum Squeeze-out erforderliche Beteiligungshöhe erreicht, ist zunächst das Grundkapital der AG zu ermitteln, an dem der Hauptaktionär mit 95% beteiligt sein muss. Das Gesetz stellt einzig auf das Grundkapital ab und unterscheidet nicht zwischen Aktiengattungen. Vorzugsaktien sind also voll zu berücksichtigen.[180] Gem. Art. 15 Abs. 2 S. 3 der Übernahmerichtlinie wurde den Mitgliedstaaten die Möglichkeit zur Einführung eines gattungsspezifischen übernahmerechtlichen Squeeze-out-Verfahrens eingeräumt. Gegen die Übernahme eines solchen gattungsspezifischen Squeeze-out spricht allerdings, dass sich Hold-out-Probleme verschärfen würden, deren Abhilfe man sich vom Squeeze-out-Verfahren gerade versprach.[181]

(1) Eigene Aktien

Für die Feststellung der Hauptaktionärseigenschaft verweist § 327a Abs. 2 AktG auf § 16 Abs. 2 AktG. Eigene Aktien der Gesellschaft sind demnach gem. § 16 Abs. 2 S. 2 AktG vom Grundkapital vorab abzusetzen und also auch dem Hauptaktionär nicht nach § 16 Abs. 4 AktG zuzurechnen.[182] Andernfalls würde das qualifizierte Mehrheitserfordernis von 95% in verfassungsrechtlich bedenklicher Weise ausgehöhlt.

(2) Berücksichtigung von schuldrechtlichen Bezugsrechten?

Fraglich ist der Umgang mit Bezugsrechten (Aktienoptionen, Wandelschuldverschreibungen oder andere schuldrechtliche Ansprüche auf Verschaffung von Aktien), denn nach vereinzelt vertretener Auffassung sind sie generell bei der Berechung des Grundkapitals hinzuzurechnen.[183]

---

[179] *Hüffer*, AktG, § 327a Rn. 7.

[180] *Fuhrmann/Simon*, WM 2002, 1211, 1212; *Markwardt*, BB 2004, 277, 278; *Maslo*, NZG 2004, 163, 164 Fn. 5; *Schnorbus*, in: Schmidt/Lutter, AktG, § 327a Rn. 10; *Sieger/Hasselbach*, ZGR 2002, 120, 136; *Steinmeyer/Häger*, WpÜG, § 327a Rn. 29.

[181] So *Fleischer*, in: GroßKommAktG, § 327a Rn. 17.

[182] So *Lieder/Stange*, Der Konzern 2008, 617, 623 ff.; *Gross*, in: Happ, Aktienrecht, S. 1716; *Riegger*, DB 2003, 541, 543; *Steinmeyer/Häger*, WpÜG, § 327a Rn. 30.

[183] Für Wandelanleihen LG Düsseldorf, ZIP 2004, 1755, 1757.

Nach dieser Auffassung wäre ein Squeeze-out nur möglich, wenn der Hauptaktionär auch nach Ausübung aller existierenden Bezugsrechte über 95 % des dann entsprechend erhöhten Grundkapitals verfügte.

Es lässt sich zunächst unterscheiden zwischen Bezugsrechten des Hauptaktionärs und solchen, die Dritten zustehen. Erstere sind nach richtiger Auffassung nicht einzubeziehen.[184] Schon der Wortlaut des § 327a AktG lässt nur ein Abstellen auf die Eigentümerstellung zu.[185] Auch ist dem Hauptaktionär aus Gründen der Rechtssicherheit zuzumuten, Bezugsrechte auszuüben, bevor er das Ausschlussverlangen stellt.[186] Aus Gründen der Rechtsklarheit müssen sie zudem bei Beschlussfassung nicht nur ausgeübt, sondern bereits bedient sein[187], was abzuwarten dem Hauptaktionär ohne weiteres möglich ist.

Im Gegensatz dazu sind Bezugsrechte von Dritten bei der Ermittlung der Grundkapitalhöhe entsprechend zu berücksichtigen.[188] Ein Zwangsausschluss darf nicht möglich sein, wenn nach der Ausübung der Bezugsrechte mehr als 5% des Kapitals in fremden Händen läge. Zwar ist das Grundkapital bei einer bedingten Kapitalerhöhung gem. § 200 AktG erst mit der Ausgabe der Bezugsaktien erhöht, so dass der Wortlaut des § 327a Abs. 1 AktG gegen eine solche Betrachtungsweise zu sprechen scheint.[189] Sicher ist es auch der Rechtsklarheit abträglich, wenn neben den Aktien auch Bezugsrechte bei Berechnung der Hauptaktionärseigenschaft zu berücksichtigen sind. Dies ändert jedoch nichts daran, dass ein Squeeze-out nur gerechtfertigt ist, wenn die rechtspolitisch bei 95 % gezogene Beteiligungshöhe erreicht ist, wie folgende Überlegungen zeigen:

---

[184] *Fleischer*, in: GroßKommAktG, § 327a Rn. 31; Emmerich/*Habersack*, Aktien- und GmbH-Konzernrecht, § 327a Rn. 16; *Schnorbus*, in: Schmidt/Lutter, AktG, § 327a Rn. 8; *Ehricke/Roth*, DStR 2001, 1120, 1122; *Gesmann-Nuissl*, WM 2002, 1205, 1206; Grunewald, ZIP 2002, 18; *Krieger*, BB 2002, 53, 61; *Markwardt*, BB 2004, 277, 278; *Schlitt/Seiler/Singhof*, AG 2003, 254, 267; a.A. in Bezug auf Wandelschuldverschreibungen LG Düsseldorf, ZIP 2004, 1755, 1757; *Sieger/Hasselbach*, ZGR 2002, 120, 137; a.A. in Bezug auf Aktien, die nach § 320b AktG geschuldet sind, *Schiffer/Rossmeier*, DB 2002, 1359, 1361; a.A. in Bezug auf Aktien, die nur vorübergehend im Eigentum des Hauptaktionärs stehen, *Steinmeyer/Häger*, WpÜG § 327a Rn. 24.

[185] *Rößler*, Squeeze Out, S. 55.

[186] *Rühland*, Squeeze-out, S. 188.

[187] *Fleischer*, in: GroßKommAktG, § 327a Rn. 31.

[188] So LG Düsseldorf, ZIP 2004, 1755, 1757; a.A. *Fleischer*, in: GroßKommAktG, § 327a Rn. 31; MüKoAktG/*Grunewald*, § 327b Rn. 11; Emmerich/*Habersack*, Aktien- und GmbH-Konzernrecht, § 327a Rn. 16; *Krieger*, BB 2002, 53, 61.

[189] *Wilsing/Kruse*, ZIP 2002, 1465, 1467.

Der Gesetzgeber hat das Schicksal von Bezugsrechten nach einem Squeeze-out nicht ausdrücklich geregelt. Es wird verbreitet zutreffend angenommen, dass sich die Bezugsrechte Dritter analog der für Aktionäre geltenden Regelung in einen Barabfindungsanspruch umwandeln.[190] Dies soll dann nicht gelten, wenn nach Ausübung der Bezugsrechte der Hauptaktionär nicht mehr über 95 % des Grundkapitals verfügt und die Minderheit den Barausgleich nicht akzeptiert.[191] Dies hieße schlussendlich, dass der Hauptaktionär bei außenstehenden Bezugsrechten in entsprechender Höhe zwar einen Squeeze-out durchführen dürfte, damit aber nicht sicher das Ziel einer monolithischen Aktionärsstruktur erreichen würde. Vielmehr könnte zeitnah eine neue Minderheit durch Ausübung der Bezugsrechte entstehen. Das nach gesetzgeberischer Intention den Squeeze-out rechtfertigende Moment, dass nämlich der Hauptaktionär befreit vom Minderheitenaufwand das Unternehmen führen können soll, würde nicht erreicht und könnte gar nicht erreicht werden. Das zuvorige zwangsweise Ausscheiden der Minderheitsaktionäre wäre nach dieser Auffassung gar nicht gerechtfertigt.

Demzufolge führt kein Weg daran vorbei, bei Ermittlung der Hauptaktionärseigenschaft ausstehende Bezugsrechte von Minderheitsaktionären entsprechend zu berücksichtigen.[192] Die Abweichung vom Vorbild der Mehrheitseingliederung erklärt sich dadurch, dass bei ihr Konsequenz ausgeübter Bezugsrechte zum einen die Beendigung der Eingliederung wäre, § 327 Abs. 1 Nr. 3 AktG. Zum anderen ist zu beachten, dass die vormaligen Minderheitsaktionäre nicht zwangsweise barabgefunden wurden, sondern ihnen auch Aktien der Hauptgesellschaft anzubieten waren, § 320b Abs. 1 AktG. Sie sind – sofern sie sich für eine Abfindung in Aktien entschieden haben – auch nach Beendigung der Eingliederung noch Gesellschafter, wenn auch der Hauptgesellschaft. Anders beim Squeeze-out: Die zuvor ausgeschlossenen Aktionäre kehren nach „Beendigung“ durch Ausübung von Bezugsrechten nicht zurück in die Gesellschaft, allein die Bezugsberechtigten werden Gesellschafter.

Hinsichtlich Art. 3 GG bestehen keine Bedenken, weil sich die Ungleichbehandlung von Bezugsrechten bereits dadurch rechtfertigt, dass dem Hauptaktionär als Initiator des Squeeze-out ein Zuwarten bis zur

---

[190] Vgl. zum Streitstand unten D III. 1. a).

[191] MüKoAktG/*Grunewald*, § 327b Rn. 11.

[192] Dies wurde etwa in der Einladung zur Hauptversammlung der SuSE Linux AG entsprechend berücksichtigt, vgl. Einladung im elektronischen Bundesanzeiger vom 02.06.2004, abrufbar unter www.ebanz.de.

Bedienung möglich ist, anderen Bezugsberechtigten jedoch nicht.[193] Kapitalveränderungen sind zwar grundsätzlich erst mit ihrer Wirksamkeit zu berücksichtigen; da der Squeeze-out aber Rechtswirkung bereits für Bezugsberechtigte entfaltet, ist die zukünftige Kapitalveränderung hier ausnahmsweise entsprechend zu antizipieren.[194]

cc) Beteiligungshöhe des Hauptaktionärs

Zur Berechnung der Beteiligungshöhe des Hauptaktionärs sind zunächst alle im Eigentum des Hauptaktionärs stehenden Aktien heranzuziehen. Möglich ist des Weiteren eine Zurechnung von Aktien, die sich im Eigentum abhängiger Unternehmen befinden. Diese Zurechnungsmöglichkeit von Aktien im Konzern gem. § 327a Abs. 2 i.V.m. § 16 Abs. 4 AktG wurde in der Literatur frühzeitig gefordert[195] und allseits begrüßt.[196] Das wirtschaftlich sinnlose und u.U. Steuertatbestände erfüllende „Umhängen" von Anteilen zur Bildung eines zum Squeeze-out berechtigten Hauptaktionärs wird so vermieden.[197] Folglich werden – anders als bei der Mehrheitseingliederung – Aktien abhängiger Unternehmen voll zugerechnet. Diese Abweichung ist sinnvoll, weil bei der Eingliederung Unklarheiten – etwa durch Anteilsveräußerungen[198] – schon mit Blick auf § 327 Abs. 1 Nr. 3 AktG vermieden werden müssen, während solche Unsicherheiten beim Squeeze-out nicht bestehen.[199] Der Übergang der Aktien wird durch eine nachfolgende Wiederaufnahme von Aktionären eben nicht in Frage gestellt. Bei mehrstufigen Unternehmensverbindungen kann es dazu kommen, dass mehrere Gesellschaften die 95% kraft Zurechnung erreichen.[200]

---

[193] A.A. *Fleischer*, in: GroßKommAktG, § 327a Rn. 31.

[194] A.A. *Fleischer*, in: GroßKommAktG, § 327a Rn. 31.

[195] *Handelsrechtsausschuss des DAV*, NZG 1999, 850, 851; *E. Vetter*, ZIP 2000, 1817, 1819.

[196] *Fuhrmann/Simon*, WM 2002, 1211, 1212; *Krieger*, BB 2002, 53, 54.

[197] Vgl. Begr. RegE, BT-Drucks. 14/7034, S. 72; LG Dortmund, DB 2005, 1449; *Handelsrechtsausschuss des DAV*, NZG 1999, 850, 851; *Neye*, in: Hirte, WpÜG, S. 25, 30; *Ehricke/Roth*, DStR 2001, 1120, 1122; *Krieger*, BB 2002, 53, 54; *Drygala*, AG 2001, 291, 298; *Hüffer*, AktG, § 327a Rn. 15.

[198] Emmerich/*Habersack*, Aktien- und GmbH-Konzernrecht, § 327a Rn. 17.

[199] *Handelsrechtsausschuss des DAV*, NZG 1999, 850, 851; *Hüffer*, AktG, § 327a Rn. 15; MüKoAktG/*Grunewald*, § 327a Rn. 6.

[200] *v. Schnurbein*, AG 2005, 725, 731.

(1) Zurechnungsfragen

(a) Quotale Zurechnung?

Teilweise behaupteten Anfechtungskläger, einem herrschenden Unternehmen seien nicht alle Aktien des abhängigen Unternehmens zuzurechnen, sondern einzig die anteilig dem Mehrheitsbesitz entsprechenden.[201] Dem ist nicht so.[202] Dies entspricht der herrschenden Auffassung im direkten Anwendungsbereich des § 16 Abs. 4 AktG[203] sowie bei der übernahmerechtlichen Zurechnung beim Pflichtangebot nach § 30 WpÜG.[204] Der Wortlaut des § 16 Abs. 4 AktG stellt auf alle Anteile des abhängigen Unternehmens ab; eine Quotelung ist nicht erwähnt.[205] Auch sprechen Sinn und Zweck des § 327a Abs. 2 AktG gegen eine Quotelung, denn die Zurechnung soll den tatsächlichen Gegebenheiten Rechnung tragen und ein Umhängen von Beteiligungen vermeiden.[206] Dem Mehrheitsaktionär ist etwa ohne Weiteres die Durchführung einer Verschmelzung möglich. Dann erwürbe er sämtliche Aktien und nicht etwa nur dem Umfang seiner Beteiligung entsprechend.[207]

(b) Anforderungen an „Abhängigkeit“ i.S.d. § 16 Abs. 4 AktG

Eine Zurechnung der Aktien ist also immer dann möglich, wenn es sich beim fraglichen Aktionär um ein *abhängiges* Unternehmen handelt, § 16 Abs. 4 AktG. Gem. § 17 Abs. 2 AktG wird dies von einem in Mehrheitsbesitz stehenden Unternehmen vermutet.[208] Hauptaktionär i.S.d. § 327a Abs. 1 AktG sind hier immer die Mutter, die Tochter und ggf. die Enkelgesellschaft; allerdings immer nur dann, wenn sie selbst oder von

---

[201] Vgl. OLG Hamburg, AG 2003, 698, 699; LG Hamburg, ZIP 2003, 947, 949.

[202] OLG Hamburg, AG 2003, 698, 699; LG Hamburg, ZIP 2003, 947, 949; LG Stuttgart, DB 2005, 327, 327; LG Regensburg, Der Konzern 2004, 811, 814; *Fleischer*, in: GroßKommAktG, § 327a Rn. 45; *Schnorbus*, in: Schmidt/Lutter, AktG, § 327a Rn. 11 Fn. 19; *Singhof*, in: Spindler/Stilz, AktG, § 327a Rn. 17; *Fuhrmann/Simon*, WM 2002, 1211, 1212; *Maslo*, NZG 2004, 163, 166.

[203] *Winbichler*, in: GroßKommAktG, § 16 Rn. 30.

[204] Begr. RegE, BT-Drucks. 14/7034, S. 53; *Süßmann*, in: Geibel/Süßmann, WpÜG § 30 Rn. 3.

[205] LG Hamburg, ZIP 2003, 947, 949.

[206] LG Hamburg, ZIP 2003, 947, 949.

[207] Vgl. LG Dortmund, DB 2005, 1449.

[208] Widerlegt wurde diese Vermutung in OLG München, AG 2004, 455 f.; vgl. hierzu *v. Schnurbein*, AG 2005, 725, 731.

ihnen abhängige Unternehmen die 95% erreichen.[209] Die Zurechnung erfolgt ausweislich des § 16 Abs. 4 AktG allein vom abhängigen zum herrschenden Unternehmen, nicht auch in die andere Richtung.[210] Nun existieren allerdings anerkannterweise neben der mehrheitlichen Beteiligung weitere Formen der Beherrschung. Es fragt sich, ob alle diese Beherrschungsformen eine Zurechnung der Aktien zur Mutter ermöglichen, so dass dieser die Initiierung eines Squeeze-out möglich ist.[211]

Da wäre zunächst die sog. faktische Mehrheitsbeteiligung, welche dann vorliegt, wenn aufgrund eines hohen Streubesitzes und einer niedrigen Hauptversammlungspräsenz bereits eine Stimmrechtsquote von unter 50% mit hoher Wahrscheinlichkeit eine Mehrheit in der Hauptversammlung sichert.[212] Aktien des dergestalt abhängigen Unternehmens sind nach dem Wortlaut des § 16 Abs. 4 AktG durchaus dem Aktionär zuzurechnen. Dies muss allein deshalb zulässig sein, weil er eben nicht zu einem „Umhängen" der Beteiligungen gezwungen werden soll und ihm ein derartiges Umhängen auch bei einer bloß faktischen Mehrheitsbeteiligung aufgrund niedriger Hauptversammlungspräsenzen möglich ist.[213] Sowohl eine Verschmelzung (§ 65 Abs. 1 UmwG) als auch eine Übertragung des ganzen Gesellschaftsvermögens (§ 179 a Abs. 1 i.V.m. § 179 Abs. 2 AktG) bedürfen grundsätzlich drei Viertel des bei Beschlussfassung vertretenen Grundkapitals. Eine Zurechnung von Aktien einer derart beherrschten Gesellschaft geriete auch nicht in Konflikt mit den Wertungen des Squeeze-out. Die verfassungsrechtlich grundsätzlich gebotene und rechtspolitisch bei 95 % des Grundkaptials gezogene Grenze ist wertungsmäßig erreicht. Beim Squeeze-out wird zwar zur Ermittlung des Hauptaktionärs grundsätzlich allein auf das Grundkapital abgestellt, nicht auf die faktische Herrschaft. Dem liegt zugrunde, dass nur bei entsprechend hoher tatsächlicher Beteiligung des Hauptaktionärs der größtdenkbare Eingriff in die Rechtsposition der Minderheitsaktionäre – ihr zwangsweiser Ausschluss – zu rechtfertigen ist. Diese Wertung

[209] *Fleischer*, in: GroßKommAktG, § 327a Rn. 46; *Markwardt*, BB 2004, 277, 279; *v. Schnurbein*, AG 2005, 725, 731; *Sieger/Hasselbach*, ZGR 2002, 120, 134 f.

[210] *Fleischer*, in: GroßKommAktG, § 327a Rn. 46.

[211] So wohl *Maslo*, NZG 2004, 163, 167.

[212] BGHZ 69, 334, 347; BGHZ 135, 107, 114; OLG Düsseldorf, AG 2000, 365, 366; *Baumbach/Hueck*, AktG, § 17 Rn. 2; MüKoAktG/*Bayer*, § 17 Rn. 35; *Geßler*, in: Geßler/Hefermehl/Eckardt/Kropff, AktG, § 17 Rn. 46; *Godin/Wilhemi*, AktG, § 17 Anm. 2; *Hüffer*, AktG, § 17 Rn. 9; *Koppensteiner*, in: KK, AktG, § 17 Rn. 36.

[213] Seit 2004 kommt es zu einem steten Anstieg bei den Hauptversammlungspräsenzen bei DAX-Konzernen auf geschätzte 60% im Jahre 2008, vgl. Wertpapier v. 12.06.2008, S. 52; vgl. hierzu auch MüKoAktG/*Kubis*, § 118 Rn. 15.

beansprucht auch auf der zweiten Ebene bei Zurechnung von Aktien Geltung. Schlussendlich geht auch bei der faktischen Beherrschung der Zwangsausschluss von einem Machtpol aus, der die erforderliche Quote erreicht. Es wäre reiner Formalismus zu verlangen, dass der die faktische Macht innehabende Anteilseigner die von ihm abhängige AG eben derart beeinflussen solle, dass diese als Hauptaktionärin den Squeeze-out initiiert. Dieses Recht kann dann auch dem faktischen Herrscher selbst zugestanden werden. Die rein faktische Mehrheitsbeteiligung vermag eine Zurechnung und damit die Gewährung der Squeeze-out-Möglichkeit folglich zu bewirken. Freilich ist die Feststellung der faktischen Mehrheitsbeteiligung problematisch. Dies lässt sich allein bewerkstelligen mit einem Blick auf vergangene Hauptversammlungen der AG.[214] Um hier Risiken aus dem Weg zu gehen, wird in der Praxis wohl die abhängige AG selbst den Squeeze-out initiieren.

In der Literatur wird des Weiteren auch dann eine Beherrschung angenommen, wenn eine hälftige Beteiligung bzw. eine Minderheitsbeteiligung vorliegt und eine ausreichende Unterstützung durch dritte Anteilseigner gewährleistet ist.[215] Voraussetzung sei, dass die Mitwirkung – etwa durch eine Treuhand- oder Stimmbindungsvereinbarung – ausreichend abgesichert ist.[216] Auch für diesen Fall wird zu Recht in der Literatur die Zurechenbarkeit der Aktien bejaht.[217] Zwar reicht nach zutreffender Meinung ein reiner Stimmbindungsvertrag zur Bildung eines Hauptaktionärs i.S.d. § 327a Abs. 1 AktG nicht aus.[218] Vorliegend existiert aber mit der abhängigen Gesellschaft – sofern sie selbst die 95 % erreicht – ein Rechtsträger mit Hauptaktionärstauglichkeit. Verfügt der Anteilseigner über eine eigene Position und würde also die Hauptaktionärseigenschaft allein über Zurechnung an ihn erreichbar sein, so ist auch hier die Zurechenbarkeit zu bejahen. Alles andere würde wieder ein wirtschaftlich sinnloses, aber auch hier durchführbares Umhängen von Beteiligungen notwendig machen. Nichts anderes muss gelten für eine Beherrschung kraft Beherrschungsvertrag.[219]

---

[214] Vgl. mit Beispielen, in denen die Rspr. eine faktische Mehrheitsbeteiligung bejaht, MüKoAktG/*Bayer*, § 17 Rn. 35; *Hüffer*, AktG, § 17 Rn. 9.

[215] MüKoAktG/*Bayer*, § 17 Rn. 36 ff.

[216] OLG Düsseldorf, AG 1994, 36, 37; MüKoAktG/*Bayer*, § 17 Rn. 37, 78; *Koppensteiner*, in: KK, AktG, § 17 Rn. 40; MüHdbAG/*Krieger*, § 68 Rn. 50 ff.

[217] *Markwardt*, BB 2004, 277, 279; *Thierack*, Squeeze-Out, S. 63 f.

[218] Vgl. hierzu unten dd) (2) (e).

[219] *Maslo*, NZG 2004, 163, 167.

Eine negative Beherrschung aufgrund einer Sperrminorität[220] reicht für eine Zurechnung ebensowenig aus wie eine bloß wirtschaftliche oder organisatorische Abhängigkeit.[221] Ungenügend ist damit auch eine Beherrschung durch die Kombination der vorgenannten Einflussmöglichkeiten i.S. der Verstärkung einer Minderheitsbeteiligung durch außergesellschaftsrechtliches, insbesondere wirtschaftliches Druckpotential.[222] Schlussendlich steht dem Hauptaktionär bei jeder anderen wie auch immer gearteten Einflussmöglichkeit offen, die von ihm beherrschte Gesellschaft dazu zu bringen, den Squeeze-out bei der AG durchzuführen. Probleme entstehen folglich da, wo der Anteilsbesitz allein kummulativ zum Squeeze-out berechtigen würde. Hier ist ein „Umhängen" unumgänglich und dem Hauptaktionär möglich.

(c) Für Rechnung des Hauptaktionärs gehaltene Aktien

Gem. § 327a Abs. 2 i.V.m. § 16 Abs. 4 AktG sind dem Hauptaktionär auch Anteile zuzurechnen, die ein Dritter für seine Rechnung oder für Rechnung eines von ihm abhängigen Unternehmens gehören. Eine Ansicht[223] will das Tatbestandsmerkmal „für Rechnung" enger ausgelegt wissen als im originären Anwendungsbereich des § 16 Abs. 4 AktG und stützt dies darauf, dass es dort um die Vermeidung von Umgehungen der Anwendbarkeit von minderheitsschützendem Konzernrecht, hier aber um die dem Hauptaktionär vorteilhafte Einräumung der Squeeze-out-Möglichkeit gehe. Dementsprechend gebiete der Minderheitenschutz im ersten Falle eine weite Auslegung des Tatbestandsmerkmals „für Rechnung", im zweiten aber eine enge. Es biete sich eine Orientierung an § 30 Abs. 1 Nr. 2 WpÜG insbesondere vor dem Hintergrund an, dass die §§ 327a ff. AktG in einem übernahmerechtlichen Kontext geschaffen wurden.[224] Hierfür fehlt es zunächst aber an einem entsprechenden Anhalt im Gesetzeswortlaut oder in den Gesetzesmaterialien.[225] Auch bleibt völlig unklar, aus welchem Grund hier eine

---

[220] Vgl. MüKoAktG/*Bayer*, § 17 Rn. 42 f.

[221] Etwa bei abgeschlossenen Just-in-Time-Lieferverträgen, Franchising oder Kreditverträgen; *Steinmeyer/Häger*, WpÜG, § 327a Rn. 27; vgl. auch MüKo-AktG/*Bayer*, § 17 Rn. 29 f.

[222] Vgl. MüKoAktG/*Bayer*, § 17 Rn. 31 f.

[223] *Fleischer*, in: GroßKommAktG, § 327a Rn. 49; *Maslo*, NZG 2004, 163, 167; *Steinmeyer/Häger*, WpÜG, § 327a Rn. 28.

[224] *Fleischer*, in: GroßKommAktG, § 327a Rn. 49.

[225] *Grzimek*, in: Geibel/Süßmann, WpÜG, § 327a Rn. 47; *Schüppen/Tretter*, in: FK, WpÜG, § 327a Rn. 11.

Differenzierung erforderlich seien sollte. Mit dem Verweis auf § 30 Abs. 1 Nr. 2 WpÜG ist auch insofern wenig gewonnen, weil danach Stimmrechte eines Dritten auch nur dann zugerechnet werden, wenn sie „für Rechnung des Bieters gehalten werden", und dies keine Einschränkung zum Wortlaut des § 16 Abs. 4 AktG bedeutet.[226]

(d) Halten zumindest einer Aktie?

Nach einer Mindermeinung kann Hauptaktionär schon mit Blick auf § 122 AktG[227] nur sein, wer Aktionär ist. Eine Zurechnung gem. §§ 327a Abs. 2, 16 Abs. 4 AktG setze voraus, dass der Hauptaktionär mindestens eine Aktie hält.[228] Es fehle bei einer nur mittelbaren Beteiligung an dem Verlangen eines Aktionärs, das nach dem Wortlaut des § 327a AktG erforderlich sei.[229] Im Übrigen drohe Rechtsunsicherheit im Hinblick auf die Identität des die Beschlussfassung verlangenden Subjekts.[230] Letzteres ist vor dem Hintergrund, dass die Identität des Hauptaktionärs in der Tagesordnung bekanntzumachen ist (§ 327c Abs. 1 Nr. 1 AktG) nicht einzusehen.

Zu Recht hält dann auch eine ablehnende Ansicht[231] den nur mittelbar Beteiligten in teleologischer Extension[232] des § 327a Abs. 1 S. 1 AktG für berechtigt, den Squeeze-out zu verlangen. Statt den Initiator zu zwingen, sich zunächst eine Aktie zu beschaffen, muss vielmehr – dem Sinn der Zurechnung nach § 16 Abs. 4 AktG entsprechend – die Innehabung der erforderlichen Beteiligungsquote allein aufgrund einer

---

[226] Vgl. MüKoAktG/*Wackerbarth*, § 30 WpÜG Rn. 16 i.V.m. MüKoAktG/*Bayer*, § 22 Anh. Rn. 9 ff.

[227] Emmerich/*Habersack*, Aktien- und GmbH-Konzernrecht, § 327a Rn. 17.

[228] So MüKoAktG/*Grunewald*, § 327a Rn. 7; *Grzimek*, in: Geibel/Süßmann, WpÜG, § 327a Rn. 50; Emmerich/*Habersack*, § 327a Rn. 17; *Markwardt*, BB 2004, 277, 278.

[229] *Grzimek*, in: Geibel/Süßmann, WpÜG, § 327a Rn. 50.

[230] So MüKoAktG/*Grunewald*, § 327a Rn. 7.

[231] OLG Köln, AG 2004, 39, 41; OLG Köln, Der Konzern 2004, 30, 34; LG Bonn, Der Konzern 2004, 491, 496; *Fleischer*, in: GroßKommAktG, § 327a Rn. 51; *ders.*, ZGR 2002, 757, 775; *Fuhrmann*, Der Konzern 2004, 1, 4; *Hasselbach*, KK, WpÜG, § 327a Rn. 28; *Hüffer*, AktG, § 327a Rn. 15; *Koppensteiner*, KK, AktG, § 327a Rn. 7; *Maslo*, NZG 2004, 163, 167 f.; *Schnurbein*, AG 2005, 725, 731; *Sieger/Hasselbach*, ZGR 2002, 120, 134; *Singhof*, in: Spindler/Stilz, AktG, § 327a Rn. 17; *Steinmeyer/Häger*, WpÜG, § 327a Rn. 26 Fn. 42; *E. Vetter*, AG 2002, 176, 185; ausführlich *Lieder/Stange*, Der Konzern 2008, 617, 623 f.

[232] So richtig *Fleischer*, in: GroßKommAktG, § 327a Rn. 52; für Reduktion *Hasselbach*, in: KK, WpÜG, § 327a Rn. 28; *Schnurbein*, AG 2005, 725, 731.

Zurechnung für ausreichend erachtet werden.[233] Alles andere wäre bloße Förmelei.[234] Gerade in vielfach verschachtelten Konzernverhältnissen ist nicht selten der Hauptaktionär überhaupt nicht selbst Aktionär der Gesellschaft, sondern ausschließlich mittelbar beteiligt. Es entspricht dann der ratio legis des § 327a Abs. 1 und 2 AktG, auch und gerade in diesen Fällen den Squeeze-out zuzulassen.[235]

(2) Höhe der Schwelle

Zu Unrecht wurde vereinzelt eine Schwellhöhe von 95% als zu hoch kritisiert und eine Squeeze-out-Schwelle bei 90%[236] oder gar 75%[237] befürwortet. Im sog. Pennington-Entwurf[238] wurde zunächst eine Mehrheitsbeteiligung von zumindest 90 % vorgeschlagen[239], was auch der Rechtslage in vielen anderen Ländern entsprechen würde.[240] Unterhalb dieser Schwelle wäre allenfalls zu erwägen, das Abfindungsrecht um einen wahlweise geltend zu machenden Anspruch auf wiederkehrende Ausgleichszahlungen zu ergänzen, welcher den Verlust an der Teilhabe an den Gesellschaftserträgen zu kompensieren vermag.[241] Dessen bedarf es allerdings bei der de lege lata vertretbar bei 95% gezogenen Grenze nicht. Bei einer niedrigeren Schwelle fiele es schwer, einen dann im Extremfall mit 25% am Grundkapital beteiligten Aktionär als Anlageaktionär zu betrachten. Auch eine 10%ige Beteiligung kann bei großen Publikumsgesellschaften großen Finanzaufwand bedeuten. Im größeren Ausmaß Aktionäre zwangsweise aus der Gesellschaft zu entfernen ist im Hinblick auf den Anlegermarkt ohnehin nicht wünschenswert, so dass die Grenzziehung bei 5 % angemessen erscheint.[242] Eine höhere Schwelle wäre unangebracht gewesen schon im Hinblick darauf, dass eine erhebliche Zahl von Aktionären existieren kann, die

[233] *Koppensteiner*, in: KK, AktG, § 327a Rn. 7.

[234] OLG Köln, AG 2004, 39, 41.

[235] *Hasselbach*, in: KK, WpÜG, § 327a Rn. 28.

[236] *Harrer*, FS Sonnenberger, S. 235, 247; *Kallmeyer*, AG 2000, 59, 60; vgl. auch *Kossmann*, NZG 1999, 1198, 1202; *Than*, in: FS Claussen, 405, 422 hält es für unwesentlich, ob die Schwelle bei 90% oder bei 95% gezogen wird.

[237] Tendenziell *Wolf*, ZIP 2002, 153, 156 f.

[238] Vgl. zu diesem ausführlich bereits oben C III. 2.

[239] Art. 44 f. des Vorentwurfs einer 9. (Konzernrechts-)Richtlinie von 1974/75, abgedruckt bei *Lutter*, Europäisches Unternehmensrecht, 2. Aufl., S. 187; So auch *Hommelhoff/Kleindiek*, AG 1990, 106, 109.

[240] Vgl. *Handelsrechtsausschuss des DAV*, NZG 1999, 850, 850 f.

[241] *Hommelhoff/Kleindiek*, AG 1990, 106, 109.

[242] *Handelsrechtsausschuss des DAV*, NZG 1999, 850, 851.

von ihrer Position keine Kenntnis haben bzw. sich nicht informieren und demnach kaum noch erreichbar sind.[243] Stellt man auf die gesetzlichen Regelungen der kollektiven Minderheitenrechte ab, so spricht dies für eine Grenze nicht bei über 90%[244], sondern allenfalls bei 95% des Grundkapitals. So können mit zusammen 5% am Grundkapital beteiligte Aktionäre die Einberufung einer Hauptversammlung verlangen sowie Gegenstände auf die Tagesordnung setzen, § 122 Abs. 1 und 2 AktG. Die Bestellung eines Sonderprüfers kann seit dem UMAG gar von einer Minderheit ab einer Beteiligung von 1% beantragt werden, § 142 Abs. 2 AktG. Entsprechendes gilt für das Klagezulassungsverfahren zur Geltendmachung von Ersatzansprüchen der Gesellschaft gem. § 148 AktG. Folglich gelten im Aktienrecht fünf Prozent des Grundkapitals als durchaus gängige Größe zur Festlegung einer Minderheit (Vgl. § 122 Abs. 2 sowie §§ 260 Abs. 1 und 3, 265 Abs. 3; 320 Abs. 1 S. 1 AktG); auch handelte es sich bei einer größeren Minderheit nicht mehr um den Ausschluss einer *Rest*minderheit.[245] Angesichts der Tatsache, dass anders als bei der Mehrheitseingliederung nicht einmal eine Beteiligung an der zukünftigen Entwicklung durch Beteiligung an der Mutter möglich ist, liegt eher eine über 95 % liegende als eine darunter liegende Schwelle nahe.[246]

(3) Abzug „anfechtungsbefangener“ Aktien?

Teilweise wurde von Anfechtungsklägern geltend gemacht, dass sog. „anfechtungsbefangene“ Aktien bei der Ermittlung der 95%-Beteiligung nicht zu berücksichtigen seien.[247] Es handelt sich um solche Aktien, deren Erwerb mit dem Risiko einer Anfechtung behaftet ist. Hier stünde die Rechtmäßigkeit des Erwerbs noch in Zweifel; folglich könne aus solchen Aktien kein Squeeze-out-Recht folgen. Dem steht jedoch entgegen, dass eine „Anfechtungsbefangenheit“ eben noch nicht zur Unwirksamkeit des Erwerbsgeschäfts führt.[248] Solche Aktien gehören demnach dem Hauptaktionär und berechtigen ihn zum Squeeze-out bis zur Erklärung

[243] So *Krieger*, BB 2002, 53, 54; vgl. auch *Handelsrechtsausschuss des DAV*, NZG 1999, 850, 850.
[244] So noch *Kallmeyer*, AG 2000, 59, 59 f.
[245] Vgl. *Neye*, in: Hirte, WpÜG, S. 25, 29.
[246] *E. Vetter*, ZIP 2000, 1817, 1819.
[247] Vgl. OLG Düsseldorf, AG 2004, 207, 210; dazu *Schnurbein*, AG 2005, 725, 732.
[248] OLG Düsseldorf, AG 2004, 207, 210.

der Anfechtung.[249] Dann wären deren Voraussetzungen und die Frage, ob die Anfechtung auf die dingliche Rechtslage durchschlägt, zu prüfen.[250]

(4) Maßgeblicher Zeitpunkt des Vorliegens der 95%-Beteiligung

Nach allgemeiner Meinung muss im Zeitpunkt der Beschlussfassung eine 95%ige Beteiligung vorliegen.[251] Unterschiedlich beurteilt wird, ob dies zusätzlich bereits im *Zeitpunkt des Verlangens des Hauptaktionärs* zu verlangen ist.[252] Hierfür spricht der Wortlaut des § 327a Abs. 1 S. 1 AktG, nach dem nur ein Hauptaktionär Squeeze-out-Beschlussfassung verlangen kann.[253] Ein solcher ist nur, wer über 95 % des Grundkapitals verfügt. Zu Recht wird aber vorgebracht, dass es sinnlos sei, die Wirksamkeit des Beschlusses von einer entsprechenden Beteiligungshöhe bereits zu diesem Zeitpunkt abhängig zu machen.[254] Für die Minderheit ist es irrelevant, ob bereits vor Beschlussfassung eine entsprechende Mehrheit vorliegt, solange sie nur bei Beschlussfassung gegeben ist; der Vorstand ist allerdings in diesem Fall nicht verpflichtet, eine Beschlussfassung in die Wege zu leiten.[255] Auch bei der Mehrheitseingliederung ist nach herrschender Meinung die Beschlussfassung entscheidend.[256] Dem Interesse der Gesellschaft daran, nicht zu unnötigen Hauptver-

---

[249] *Fleischer*, in: GroßKommAktG, § 327a Rn. 37; *Schüppen/Tretter*, in: FK, WpÜG, § 327a Rn. 10; *Dißars*, BKR 2004, 389, 390 f.

[250] Vgl. *Fleischer*, in: GroßKommAktG, § 327a Rn. 37; *Schüppen/Tretter*, in: FK, WpÜG, § 327a Rn. 10.

[251] OLG Düsseldorf, AG 2004, 207, 210; *Fleischer*, in: GroßKommAktG, § 327a Rn. 19 f.; MüKoAktG/*Grunewald*, § 327a Rn. 10; *Schnorbus*, in: K. Schmidt/Lutter, AktG, § 327a Rn. 15; *Fuhrmann/Simon*, WM 2002, 1211, 1212; *Maslo*, NZG 2004, 163, 164.

[252] Dafür: OLG Düsseldorf, AG 2004, 207, 210; Emmerich/*Habersack*, Aktien- und GmbH-Konzernrecht, § 327a Rn. 18; *Hasselbach*, in: KK, WpÜG, § 327a Rn. 38; *Singhof*, in: Spindler/Stilz, AktG, § 327a Rn. 18; *Maslo*, NZG 2004, 163, 164; *Sieger/Hasselbach*, ZGR 2002, 120, 138.

[253] So OLG Düsseldorf, AG 2004, 207, 210; OLG Köln, Der Konzern 2004, 30, 32; Emmerich/*Habersack*, Aktien- und GmbH-KonzernR, § 327a Rn. 18; kritisch *König/Römer*, NZG 2004, 944, 947.

[254] *Fleischer*, in: GroßKommAktG, § 327a Rn. 20; MüKoAktG/*Grunewald*, § 327a Rn. 11; *Grzimek*, in: Geibel/Süßmann, WpÜG, § 327a Rn. 52; i.E. auch *Singhof*, in: Spindler/Stilz, AktG, § 327a Rn. 18, *König/Römer*, NZG 2004, 944, 947.

[255] In der Praxis kam es beim Squeeze-out bei der Gauss Interprise AG zu einem entpsrechenden Fall: Der Hauptaktionär hatte hier den Vorstand während eines laufenden öffentlichen Kaufangebots bereits vor Erreichen der 95% gebeten, alles Notwendige zur Einleitung eines Squeeze-out-Verfahrens einzuleiten.

[256] *Fleischer*, in: GroßKommAktG, § 327a Rn. 20.

sammlungen einzuladen, kann dadurch entsprochen werden, dass sie vom potentiellen Hauptaktionär eine Kostenübernahme bei Verfehlung der Beteiligungsschwelle verlangt.[257]

Weiter wird teilweise jedenfalls bei *Einberufung zur Hauptversammlung* das Vorliegen der entsprechenden Beteiligungshöhe verlangt.[258] Allerdings ist es auch zu diesem Zeitpunkt für die Minderheit irrelevant, ob die Hauptaktionärseigenschaft bereits erreicht ist, solange sie nachfolgend bei Beschlussfassung vorliegt. Andernfalls wird eben nicht entsprechend beschlossen. Die Beschlussfassung ist der materiell maßgebliche Rechtsakt für den Eingriff in die Rechtsstellung der Minderheit, weshalb in diesem Zeitpunkt die Beteiligungshöhe vorliegen muss. Zwar ist gem. § 327c Abs. 2 S. 1 AktG über die Voraussetzungen des Squeeze-out und damit auch die Beteiligungshöhe zu berichten und dieser Bericht gem. Abs. 3 Nr. 3 ab Einberufung der Hauptversammlung auszulegen. Es reicht hier aber aus, wenn der Hauptaktionär darlegt, auf welche Weise er bis zur Hauptversammlung die Schwelle erreichen will.[259] Der Vorstand wird den Squeeze-out nur auf die Tagesordnung setzen, wenn er zuverlässig vom Erreichen der Schwelle etwa durch auf Aktienerwerb gerichtete Verträge ausgehen kann.

Im *Zeitpunkt der Beschlussfassung* muss nach allgemeiner Meinung die Hauptaktionärseigenschaft gegeben sein.[260] Der Hauptversammlungsbeschluss selbst bedarf allerdings keiner 95%-Mehrheit, sondern lediglich einer einfachen Mehrheit nach § 133 Abs. 1 AktG.[261]

Richtigerweise wird verbreitet angenommen, es sei unerheblich, wenn der Hauptaktionär bis zur *Anmeldung oder Registereintragung* seine Beteiligungshöhe wieder verliert.[262] Die Gegenmeinung[263] argumentiert, das Beteiligungserfordernis sei nicht auf den Beschluss zu be-

---

[257] *Fleischer*, in: GroßKommAktG, § 327a Rn. 20.

[258] So *Singhof*, in: Spindler/Stilz, AktG, § 327a Rn. 18.

[259] *Grzimek*, in: Geibel/Süßmann, WpÜG, § 327a Rn. 52.

[260] *Fleischer*, in: GroßKommAktG, § 327a Rn. 51; MüKoAktG/*Grunewald*, § 327a Rn. 10; *Fuhrmann/Simon*, WM 2002, 1211, 1212; *Maslo*, NZG 2004, 163, 164.

[261] *Kort*, DB 2006, 1546, 1547; hierzu ausführlich unten unter D II. 3. f) aa).

[262] *Fleischer*, in: GroßKommAktG, § 327a Rn. 21; MüKoAktG/*Grunewald*, § 327a Rn. 10; *Grzimek*, in: Geibel/Süßmann, WpÜG, § 327a Rn. 52; *Hasselbach*, in: KK, WpÜG, § 327a Rn. 38; *Koppensteiner*, in: KK, AktG, § 327a Rn. 11; *Schnorbus*, in: K. Schmidt/Lutter, AktG, § 327a Rn. 15; *Schüppen/Tretter*, in: FK, WpÜG, § 327a Rn. 20; *Sieger/Hasselbach*, ZGR 2002, 120, 138 f.

[263] MüHdbAG/*Austmann*, § 74 Rn. 28; Emmerich/*Habersack*, Aktien- und GmbH-Konzernrecht, § 327a Rn. 18; *Singhof*, in: Spindler/Stilz, AktG, § 327a Rn. 18; *Fuhrmann/Simon*, WM 2002, 1211, 1212; *Mertens*, AG 2002, 377, 383.

ziehen, sondern als eigenständige materiell-rechtliche und vom Registerrichter zu prüfende Voraussetzung des Squeeze-out anzusehen; deshalb müsse die erforderliche Mehrheit noch im für den Aktienerwerb maßgeblichen Zeitpunkt der Eintragung in das Handelsregister gegeben sein.[264] Die Prüfung wird freilich aufgrund der eingeschränkten Informationslage des Registerrichters nur eingeschränkt möglich sein. Entscheidend ist jedoch auch in diesem Zusammenhang wieder, dass der Schutz der Minderheit materiell auf dem Hauptversammlungsbeschluss fußt und generell ein Wieder- oder Neueintritt von Aktionären nach dem Squeeze-out durchaus zulässig ist, wenn dies auch einen Missbrauch indiziert. Ist die Aufgabe der monolithischen Eigentümerstruktur unternehmerisch bedingt, ist kein Grund ersichtlich, warum die Eintragung des Squeeze-out-Beschlusses abgewartet werden müsste.

(5) Erreichen der Schwelle durch (bedingtes) Übernahmeangebot

Ohne weiteres zulässig ist das Erreichen der Schwelle durch Abgabe eines öffentlichen Übernahmeangebots.[265] Dem steht auch die Einführung des übernahmerechtlichen Squeeze-out gem. § 39a WpÜG nicht entgegen. Der Bieter kann frei zwischen den Ausschlussverfahren wählen.[266] Zulässig ist zudem die Verknüpfung des Übernahmeangebots mit der Bedingung, dass die zum Squeeze-out erforderliche Schwelle von 95% im Zuge des Angebots erreicht wird.[267] Dem Bieter steht es frei, die Wirksamkeit der aufgrund seines Angebotes geschlossenen Kaufverträge an den Eintritt von Bedingungen zu knüpfen, sofern er nur ihren Eintritt nicht selbst beherrscht (§§ 11 Abs. 2 S. 1 Nr. 5, 18 Abs. 1 WpÜG).[268]

---

[264] Vgl. *Singhof*, in: Spindler/Stilz, AktG, § 327e Rn. 4; vgl. auch *Koppensteiner*, in: KK, AktG, § 327a Rn. 11, der aus der fehlenden Überprüfbarkeit auf die fehlende Notwendigkeit schließt.

[265] Statt aller *Hüffer*, AktG, § 327a Rn. 7.

[266] Vgl. Begr. RegE, BT-Drucks. 16/1003, S. 22; *Fleischer*, in: GroßKommAktG, Vor §§ 327a-f Rn. 31; *Handelsrechtsausschuss des DAV*, NZG 2006, 177, 181; *Seibt/Heiser*, AG 2006, 301, 317.

[267] So im Fall der VTG-Lehnkering AG, vgl. Börsen-Zeitung v. 22.06.2002, S. 12.

[268] Vgl. *Noack*, in: Schwark, Kapitalmarktrechtskommentar, § 11 WpÜG Rn. 16; MüKoAktG/*Wackerbarth*, § 11 WpÜG Rn. 34.

(6) Zweite Schwelle

Denkbar wäre auch, zwar grundsätzlich den zwangsweisen Ausschluss einer fünfprozentigen Minderheit zuzulassen, aber eine zweite Schwelle zu ziehen, bei deren Erreichen durch einen Minderheitsaktionär der Ausschluss dann doch nicht möglich ist (Zwei-Schwellen-System). So wird teilweise zum Schutz von Aktionären, die keine reinen Anlageinteressen verfolgen, etwa beteiligten Mitarbeitern, die Einführung einer solchen zweiten Schwelle gefordert. Ab einer Beteiligung von 2 % etwa soll ein Squeeze-out nicht mehr möglich sein.[269] In der Tat handelt es sich hier kaum noch um das Einsammeln von Splitterbesitz. Grundsätzlich wird ein Aktionär mit einer derartigen Beteiligungshöhe erstens von seiner Beteiligung wissen und zweitens auch auffindbar sein. Man könnte dem Hauptaktionär zumuten, persönlich über einen Paketkauf mit dem Minderheitsaktionär auszuhandeln. Freilich würde man diesem damit eine Blockadeposition einräumen, da er dann allein über das Ob des Squeeze-out entscheiden kann. Ferner ließe sich eine solche Blockadeposition auch relativ einfach aufbauen. Im Hinblick auf eine für die Praxis handhabbare Ausgestaltung ist deshalb zu Recht eine derartige zweite Schwelle nicht eingeführt worden.

dd) Erscheinungsformen des Hauptaktionärs und Einflussnahme auf die Beteiligungshöhe

Wie bereits festgestellt ist es grundsätzlich unerheblich, wie die Mehrheit von 95 % zustande gekommen ist, ob durch öffentliches Übernahmeangebot, Paketkäufe oder Zukäufe an der Börse.[270] Ein Hauptaktionär als Rechtssubjekt kann allerdings auf verschiedene Art und Weise entstanden sein, so dass sich die Frage stellt, ob im jeweiligen Einzelfall dem Recht zum Squeeze-out etwas entgegensteht. Zum einen kann er unfreiwillig kraft Gesetztes entstanden sein, wie etwa die Erbengemeinschaft (1). Zum anderen könnte eine Mehrheit von Aktionären sich zusammenschließen, um gemeinsam einen zum Squeeze-out berechtigten Hauptaktionär zu schaffen bzw. einen solchen durch bestimmte Strukturmaßnahmen zu schaffen (2). Es ist zu untersuchen, ob der jeweilige Weg überhaupt zur Herstellung der Hauptaktionärseigenschaft taugt und weiter, ob hierin möglicherweise eine Umgehung gesetzlicher Vor-

---

[269] *Zschocke*, DB 2002, 79, 85.

[270] MüKoAktG/*Grunewald*, § 327a Rn. 23; *Hüffer*, AktG, § 327a Rn. 7; *Rühland*, Ausschluß, S. 190.

schriften, m.a.W. ein zur Erhebung der Anfechtungs- bzw. Nichtigkeitsklage berechtigender Missbrauch liegt. Es ist in diesem Zusammenhang weiter zu klären, welche „Festigkeit“ ein Zusammenschluss aufzuweisen muss, damit er als Hauptaktionär gelten kann.

(1) Erbengemeinschaft

Umstritten ist also zunächst, ob eine Erbengemeinschaft Hauptaktionär sein kann. Zu Recht wird dies von der herrschenden Meinung bejaht.[271] Dagegen wird der Telos des Squeeze-out-Verfahrens in Ansatz gebracht: Eine Erbengemeinschaft sei auf Auseinandersetzung angelegt (vgl. § 2042 BGB), weshalb ein Squeeze-out nicht dem Gesetzeszweck entsprechend dazu führen könne, dass nur ein Aktionär in der Gesellschaft verbleibe.[272] Für die herrschende Meinung spricht indes, dass eine Erbengemeinschaft Unternehmensträgerin[273] und nach ganz herrschender Auffassung auch Gründerin einer AG[274] sein kann.[275] Auch eine Erbengemeinschaft profitiert von dem wegfallenden Minderheitenaufwand und erleichterten Umstrukturierungsmöglichkeiten nach dem Squeeze-out. Keineswegs steht also der Gesellschaftszweck der Erbengemeinschaft dem Gesetzeszweck der §§ 327a ff. AktG entgegen. Einer „Verfestigung“ der Erbengemeinschaft zum Hauptaktionär durch eine die Auseinandersetzung ausschließende Abrede der Erben bedarf es damit nicht mehr.[276]

(2) Schaffung eines Hauptaktionärs

Bevor die einzelnen Formen der Aktionärszusammenschlüsse sowie Gestaltungsmöglichkeiten zur Schaffung eines Hauptaktionärs behandelt werden, soll kurz die prinzipielle Geltung der Missbrauchskontrolle dargelegt werden. Dieser systematisch an sich erst bei der Beschlussfassung

---

[271] *Hüffer*, AktG, § 327a Rn. 7; *Schnorbus*, in: K. Schmidt/Lutter, AktG, § 327a Rn. 4; *Fleischer*, in: GroßKommAktG, § 327a Rn. 10.

[272] *Heidel/Lochner*, AnwKomm, § 327a Rn. 3; *Moritz*, Squeeze Out, S. 91 f.

[273] RGZ 16, 339, 340 f.; BGHZ 92, 259, 262??

[274] MüKoAktG/*Heider*, § 2 Rn. 18; *Brändel*, in: GroßKommAktG, § 2 Rn. 29; *Drescher*, in: Spindler/Stilz, AktG, § 2 Rn. 12; *Hüffer*, AktG, § 2 Rn. 11, *Lutter*, in: K. Schmidt/Lutter, AktG, § 2 Rn. 7; MüKoBGB/*Heldrich*, § 2032 Rn. 16; a.A. *Kraft*, in: KK, AktG, § 2 Rn. 27 ff.; *Wilhelmi*, in: Godin/Wilhelmi, AktG, § 2 Anm. 5.

[275] So *Fleischer*, in: GroßKommAktG, § 327a Rn. 10.

[276] So *Moritz*, Squeeze Out, S. 92.

selbst relevant werdende Punkt ist hier vorab zu klären, weil er Auswirkung darauf hat, wie mit den verschiedenen Erscheinungsformen von Hauptaktionären umzugehen ist.

(a) Materielle Beschlusskontrolle und Missbrauchskontrolle

Nach einer älteren Literaturansicht soll jede in den Bestand der Mitgliedschaft eingreifende Mehrheitsentscheidung einer materiellen Beschlusskontrolle unterliegen.[277] Dies soll gelten für Bezugsrechtsausschlüsse, Unternehmensverträge, Formwechsel, Mehrheitseingliederung sowie Verschmelzung und damit wohl auch für den Squeeze-out. Die Gegenmeinung[278] hält dem zu Recht entgegen, dass die erforderliche Abwägung zugunsten des Hauptaktionärs bei bestimmten Beschlüssen vom Gesetzgeber bereits vorgenommen ist, so dass sie durch das qualifizierte Beschlussquorum bereits legitimiert sind. Dies zeige sich an der jeweiligen gesetzlichen Ausgestaltung. Dementsprechend ist konkret zum Squeeze-out ganz herrschende Meinung, dass eine materielle Beschlusskontrolle nach den Maßstäben der Erforderlichkeit und Verhältnismäßigkeit nicht geboten ist; vielmehr trägt die Regelung ihre Rechtfertigung bereits in sich.[279] Dies folgt aus dem die Interessenabwägung vorwegnehmenden hohen Beteiligungserfordernis des § 327a

[277] *Martens*, in: FS Fischer, 437, 446 f.; *ders.*, GmbHR 1984, 265, 269 f.; *Wiedemann*, Gesellschaftsrecht I, S. 386 f., 444 ff.; *ders.*, ZGR 1980, 147, 155 ff.; *Bischoff*, BB 1987, 1055, 1061.

[278] *Hüffer*, AktG, § 243 Rn. 24; MüKoAktG/*ders.*, § 243 Rn. 63 ff.; *Lutter*, ZGR 1981, 171, 177 ff.; für einen Auflösungsbeschluss BGHZ 103, 184, 190; differenzierend *Timm*, ZGR 1987, 403, 415, 421 ff.; *Hirte*, Bezugsrechtsausschluß, S. 138 ff.; *Winter*, Treubindungen, S. 135 ff.; *Ulmer*, in: Hachenburg, GmbHG, § 53 Rn. 69.

[279] BGH, ZIP 2006, 2080, 2081; OLG München, ZIP 2008, 2117, 2121; OLG München, NZG 2007, 192; OLG Düsseldorf, AG 2004, 207, 209; OLG Düsseldorf, AG 2006, 202, 203 f.; OLG Karlsruhe, AG 2007, 92, 93; OLG Köln, AG 2004, 39, 40; OLG Köln, NZG 2005, 931, 932; LG Düsseldorf, ZIP 2004, 1755, 1758; LG Regensburg, Der Konzern 2004, 811, 813; *Fleischer*, in: GroßKommAktG, § 327a Rn. 75; Emmerich/Habersack, § 327a Rn. 26; *Hüffer*, AktG, § 327a Rn. 11; *Steinmeyer/Häger*, WpÜG, § 327a Rn. 20; *Bolte*, DB 2001, 2587, 2588 f.; *Grunewald*, ZIP 2002, 18, 21; *Halberkamp/Greve*, FB 2002, 580, 588; *Buchta/Ott*, DB 2005, 990, 992; *Buchta/Sasse*, DStR 2004, 958, 960 f.; *Dißars*, BKR 2004, 389, 393; *Handelsrechtsausschuss des DAV*, NZG 1999, 850, 852; *Fleischer*, ZGR 2002, 757, 784 f.; *Fröde*, NZG 2007, 729, 732; *Kort*, ZIP 2006, 1519, 1519 f.; *Kossmann*, NZG 1999, 1198, 1201; *Krause*, NJW 2002, 705, 715; *Krieger*, BB 2002, 53, 55; *Markwardt*, BB 2004, 277, 280 ff.; *Maslo*, NZG 2004, 163, 165; *Posegga*, Squeeze-out, S. 85 ff.; *Vetter*, AG 2004, 219; *ders.*, DB 2001, 743, 745; a.A. *Zöllner*, GesRZ 2004, Sonderheft, S. 5, 12, zitiert nach *Fleischer*, in: GroßKommAktG, § 327a Rn. 75 Fn. 310.

Abs. 1 AktG und den Regelungen zur Gewährleistung einer angemessenen Abfindung (§§ 327b Abs. 2, 3, 327c Abs. 2, 3 sowie 327f AktG).

Zu beachten ist allerdings – wie bei jedem Rechtsgebrauch – die Grenze zum Missbrauch.[280] Solcher liegt vor, wenn der sein Stimmrecht ausübende Hauptaktionär seine Treuepflicht verletzt.[281] Aus der Befugnis, als Mehrheit auch für die Minderheit zu beschließen und damit mittelbar über deren in der Gesellschaft gebundenen Vermögenswerte, folgt die Pflicht, im Rahmen des Gesamtinteresses auch die Minderheitsinteressen zu berücksichtigen.[282] Insbesondere ein Mehrheitsaktionär darf seine Rechte nicht missbrauchen.[283] Bei der also vorzunehmenden Einzelfallkontrolle macht es in der Sache keinen Unterschied, ob sie als Treuepflicht-, Missbrauchs- oder Umgehungskontrolle bezeichnet wird.[284] Denn missbraucht der Hauptaktionär seine Rechte oder umgeht er minderheitsschützende Gesetze, so handelt er immer auch treuwidrig gegenüber seinen Mitgesellschaftern.

Für die bis 1994 mögliche und mit dem Squeeze-out-Verfahren in Teilen vergleichbare Mehrheitsumwandlung gem. §§ 9, 15 UmwG a.F. hat *Ulmer* Missbrauch bei offensichtlich willkürlicher oder zum finanziellen Nachteil der Minderheit führender – etwa in Zeiten starker und eine Abfindung unmöglich machender Geldentwertung – Beschlussfassung bejaht.[285] Entsprechendes hat heute für das Squeeze-out-Recht zu gelten. Er weist noch auf weitere Missbrauchsfälle hin: es bestehe zwar keine allgemeine Treuepflicht zwischen den Gesellschaftern einer Aktiengesellschaft.[286] Es könne aber eine besondere etwa dann bestehen, wenn die Minderheitsgesellschafter in Zeiten finanzieller Not in die Gesellschaft aufgenommen wurden, so dass sich ihr Rauswurf alsbald nach Stabilisierung der Lage verbietet.[287] Eine Verletzung des Gleichbehandlungsgebotes hält er für möglich bei der Ausschaltung eines oder weniger Minderheitsaktionäre mit hohem Anteilsbesitz, damals maxi-

---

[280] *Fleischer*, in: GroßKommAktG, § 327a Rn. 76; Emmerich/*Habersack*, Aktien- und GmbH-Konzernrecht, § 327a Rn. 27 ff.; MüKoAktG/*Grunewald*, § 327a Rn. 19 ff.; *Bolte*, DB 2001, 2587, 2589 ff.; *Krieger*, BB 2002, 53, 61 f.

[281] *Markwardt*, BB 2004, 277, 282; vgl. zur Treuepflicht BGHZ 103, 184 ff. (Linotype) sowie *Henze*, BB 1996, 489 ff.; *Wilhelm*, in: FS Huber, 1019 ff.

[282] BGHZ 103, 184, 195.

[283] So bereits zur Mehrheitsumwandlung nach UmwG a.F. OLG Düsseldorf, BB 1960, 534 (Feldmühle).

[284] Vgl. *Bolte*, DB 2002, 1256, 1257.

[285] BB 1964, 665, 668.

[286] A.A. die heute herrschende Auffassung, vgl. *Hüffer*, AktG, § 243 Rn. 24.

[287] *Ulmer*, BB 1964, 665, 668.

mal 25 % - heute maximal 5 %. Dies gelte insbesondere dann, wenn der Ausschluss durch einen Zusammenschluss von übrigen Aktionären erfolgt.[288]

Aus alldem folgt, dass insbesondere auch das Zustandekommen der zum Squeeze-out berechtigenden Beteiligungshöhe zwar nicht der materiellen Kontrolle, wohl aber einer Missbrauchskontrolle unterliegt. Es hat sich gezeigt, dass dies selbst dann der Fall ist, wenn eine allgemeine Treupflicht zwischen den Gesellschaftern abgelehnt wird. Es ist also für die verschiedenen Gestaltungen zu überprüfen, ob sie einen tauglichen Hauptaktionär liefern oder als missbräuchlich anzusehen sind. Weiter ist zu klären, welche Rechtfolge ein Missbrauch bzw. die Nichtexistenz eines Hauptaktionärs im Zeitpunkt der Beschlussfassung bewirkt.

(b) Special purpose vehicle

Missbräuchlich ist die Gestaltung, bei der zwei oder mehr Aktionäre, von denen zwar keiner allein, allerdings alle gemeinsam die 95%-Schwelle erreichen, allein zum Zwecke eines Squeeze-out eine Gesellschaft gründen und ihre Aktien vorübergehend einbringen (special purpose vehicle).[289] Zwar ist die Rechtsform des Hauptaktionärs für § 327a AktG unbeachtlich, folglich kann im Prinzip auch eine Holdingge-

---

[288] *Ulmer*, BB 1964, 665, 668.

[289] *Fleischer*, in: GroßKommAktG, § 327a Rn. 79; MüKoAktG/*Grunewald*, § 327a Rn. 21 f.; Emmerich/*Habersack*, Aktien- und GmbH-Konzernrecht, § 327a Rn. 29; *Heidel/Lochner*, AnwKommAktG, § 327a Rn. 4; *Schüppen/Tretter*, in: FK, WpÜG, § 327a Rn. 45; *P. Baums*, Ausschluss, S. 139 ff.; *ders.*, WM 2001, 1843, 1845; *Bolte*, DB 2001, 2587, 2588; *Hamann*, Minderheitenschutz, S. 165 ff.; *Mertens*, AG 2002, 377, 380; vgl. auch *Lieder/Stange*, Der Konzern 2008, 617, 619 ff.; So schon bei der dem Squeeze-out vergleichbaren Mehrheitsumwandlung nach altem Umwandlungsrecht *Kronstein*, BB 1960, 221, 223; a.A. *Hasselbach*, in: KK, WpÜG, § 327a Rn. 56 ff.; *Singhof*, in: Spindler/Stilz, AktG, § 327a Rn. 26; *Dißars*, BKR 2004, 389, 393; *Markwardt*, BB 2004, 277, 284 f.; *Mertens*, AG 2002, 377, 378 f.; *Pluskat*, NZG 2007, 725, 727; *Seuffert*, Schutz des Aktieneigentums, S. 158 ff.; *Wittuhn/Giermann*, MDR 2003, 372, 373; wohl *Halasz/Kloster*, DB 2002, 1253, 1254; so auch mit letzten Zweifeln *Krieger*, BB 2002, 53, 62; *Weiser/Brodbeck*, FB 2007, 12, 13 wollen einem Zurückweisungsbeschluss des OLG Stuttgart entnehmen, dass auch eine kurzfristige Holdingstruktur zur Erreichung der 95%-Schwelle nach der Rspr. zulässig ist. In casu wurde die Holding aber nicht zur Ermöglichung des Squeeze-out gebildet; vielmehr wurden in ihrem Eigentum stehende Aktien dem herrschenden Unternehmen gem. § 16 Abs. 4 AktG zugerechnet. Hieran hätte selbst eine vor dem Squeeze-out durchgeführte Auflösung der Holding nichts geändert, das herrschende Unternehmen hätte die Aktien selbst gehalten, vgl. OLG Stuttgart, Beschluß vom 18.2.2005, Az. 20 U 19/04 (n.v.).

sellschaft Hauptaktionär sein und den Squeeze-out betreiben.[290] Dem vom Verlangen *eines* Aktionärs sprechenden Wortlaut des § 327a Abs. 1 AktG kann entgegengesetzt werden, dass auch die Vorschriften des Konzernrechts im Singular abgefasst sind (etwa § 17 Abs. 1 AktG: „herrschendes Unternehmen").[291]

Im Zusammenschluss allein zu Squeeze-out-Zwecken liegt aber immer zugleich eine Umgehung des Gesetzeszwecks der §§ 327a ff. AktG. Nach dem Willen des Gesetzgebers soll die Unternehmensführung erleichtert werden. Ist alleiniger Zweck des Zusammenschlusses die Durchführung des Squeeze-out-Verfahrens, so fehlt es nachfolgend an einem privilegierten Haupt- bzw. Alleinaktionär, zu dessen Privilegierung aber im Gemeinwohlinteresse die Rechte der Minderheitsaktionäre am Verbleib in der AG hintangestellt wurden.[292] Der Squeeze-out ist also nicht mehr gerechtfertigt, wenn der Hauptaktionär und damit das Gemeinwohl nicht entsprechend profitieren, er vielmehr nur gezielt Minderheitsaktionäre entfernt, ohne eine Einsparung von Minderheitenaufwand zu bewirken. Anderes kann nur gelten, wenn das Vehikel auch nach dem Squeeze-out fortgeführt werden soll, letztlich also nicht allein dem Squeeze-out dient und damit eben kein special purpose vehicle ist.[293] Insofern kann es in der Tat auf die Dauerhaftigkeit des Zusammenschlusses ankommen.[294] Freilich kann es auch aus anderen Gründen zeitnah zum Squeeze-out zur Auflösung der Gesellschaft kommen. Missbrauch liegt dann nicht vor. So wird verbreitet die Zulässigkeit eines Zusammenschlusses zum Squeeze-out bejaht, wenn er nur einer unternehmerischen Initiative dient.[295] Unklar bleibt zunächst, welche Fälle hierunter fallen sollen. In Betracht kommt etwa der vielfach angeführte Fall des Investors, der die Übernahme eines Teils der AG vom vorherigen Ausschluss der Minderheitsaktionäre abhängig macht.[296] Es würden sich also mehrere Aktionäre zusammenschließen, die übrigen Aktionäre aus der Gesellschaft entfernen und anschließend einen neuen Aktionär aufnehmen. Der Minderheitenaufwand ist derselbe; allerdings erleichterte der Ausschluss die Umstrukturierung, indem etwa Anfech-

[290] *Bolte*, DB 2001, 2587, 2588; ihm folgend *Halasz/Kloster*, DB 2002, 1253, 1254.
[291] *Wittuhn/Giermann*, MDR 2003, 372, 372; vgl. auch *Mertens*, AG 2002, 377, 379.
[292] Vgl. hierzu oben II. 1. a).
[293] Vgl. *Bolte*, DB 2001, 2587, 2589.
[294] A.A. *Halasz/Kloster*, DB 2002, 1253, 1256.
[295] *Hüffer*, AktG, § 327a Rn. 12; *Fleischer*, in: GroßKommAktG, § 327a Rn. 79.
[296] Vgl. etwa *Seuffert*, Schutz des Aktieneigentums, S. 160 Fn. 962.

tungsrisiken nicht mehr bestanden. Auch war der Käufer von der Abgabe eines Pflichtangebots befreit.

Festzuhalten ist, dass die alsbaldige Auflösung des Hauptaktionärs nach dem Squeeze-out den Missbrauch des Squeeze-out indiziert.[297] Missbrauch liegt nur dann nicht vor, wenn anderweitige unternehmerische Aspekte das Geschehen rechtfertigen und damit der Squeeze-out im gesetzgeberischen Sinne Konzernierungs- und Strukturmaßnahmen der Unternehmen gefördert und um Missbrauchsmöglichkeiten erleichtert hat.[298] Es kann also nicht allein auf die Dauerhaftigkeit des Zusammenschlusses abgestellt werden.[299]

Liegen derartige zusätzliche unternehmerische Gründe nicht vor, so kann dennoch nicht eine bestimmte Haltefrist konstatiert werden, nach deren Ablauf eine Auflösung der Gesellschaft wieder möglich ist. Eine Literaturauffassung im österreichischen Recht nimmt derartiges an: Dort findet sich die Regelung, dass gem. § 1 Abs. 3 GesAusG, § 228 Abs. 3 öHGB/UGB verbundene Unternehmen dann Hauptaktionär sind, wenn sie zusammen die dort erforderliche Beteiligungshöhe von 90 % erreichen und die Verbindung *im letzten Jahr* vor der Beschlussfassung durchgehend bestand.[300] Nach Meinung einiger österreichischer Autoren soll dies analog auch für special purpose vehicles gelten.[301] Allerdings soll dem Hauptgesellschafter offen stehen, den Missbrauchsvorwurf zu entkräften, indem er darlegt, dass hinter der Einbringung eine unternehmerische Initiative steht.[302] Dass eine einjährige Haltefrist aber grundsätzlich geeignet wäre, die Annahme von Missbrauch typisierend auszuschließen, ist zweifelhaft.

(c) Wertpapierdarlehen

Die Berücksichtigung mittels Wertpapierdarlehen erlangter Aktien bei Berechnung der 95%-Schwelle wird teilweise zu Recht für widerlegbar

---

[297] Emmerich/*Habersack*, Aktien- und GmbH-Konzernrecht, § 327a Rn. 29.

[298] Vgl. Begr. RegE, BT-Drucks. 14/7034, S. 32.

[299] So aber *P. Baums*, Ausschluss, S. 142.

[300] Vgl. *Fleischer*, in: GroßKommAktG, Vor §§ 327a-f, Rn. 69; *Althuber/Krüger*, AG 2007, 194, 197.

[301] *Althuber/Krüger*, AG 2007, 194, 198; *Gall/Potyka/Winner*, Squeeze-out, Rn. 159.

[302] *Gall/Potyka/Winner*, Squeeze-out, Rn. 160 unter Berufung auf *Hüffer*, AktG, § 327a Rn. 1, 12.

rechtsmissbräuchlich[303], von anderen aber auch als legitim[304] erachtet. Innerhalb der das Wertpapierdarlehen zur Schwellenerreichung für unzulässig haltenden Meinung vertritt eine Strömung die Auffassung, eine wirtschaftliche Betrachtungsweise sei angezeigt und damit ein tatsächlicher Eigentumsübergang auf den Darlehensnehmer zu bezweifeln. Nach richtiger Auffassung ist zwar das Eigentum übergegangen, in dieser Gestaltung indes typischerweise ein Missbrauch zu sehen. Die EU-Kommission betrachtet jedenfalls die Tatsache, dass beim Wertpapierdarlehen auch die Stimmrechte übertragen werden, als problematisch, da dies von Investoren zur Beeinflussung von Abstimmungen ohne Wissen der ursprünglichen Anteilseigner führen könne.[305] Die Parteien müssten besser aufgeklärt werden, Finanzintermediäre Wertpapiere nur mit Zustimmung der Anleger zu diesem Zweck verleihen und mit geliehenen Aktien nur auf Weisung des Verleihers in der Hauptversammlung abgestimmt werden. Noch problematischer dürfte dann allerdings sein, wenn mittels Wertpapierdarlehen aktienrechtliche Schwellen für Grundlagenentscheidungen erreicht werden.[306] „Wirtschaftlicher Eigentümer" bleibt nach der in der Praxis üblichen inhaltlichen Ausgestaltung des Wertpapierdarlehens regelmäßig der Darlehensgeber. Folglich ist grundsätzlich die Hauptaktionärseigenschaft nicht mithilfe des Wertpapierdarlehens erreichbar und von der Nichtigkeit des Übertragungsbeschlusses auszugehen. Es steht bereits im Zeitpunkt des Squeeze-out fest, dass die den Squeeze-out rechtfertigende Privilegierung des Hauptaktionärs – Wegfall des Minderheitenaufwandes – nicht erreicht wird.

(d) Übertragung auf Treuhänder

Entsprechend der Rechtslage beim special purpose vehicle ist die Übertragung von Aktien auf einen Treuhänder zur Schaffung eines Hauptaktionärs zulässig, so die Treuhand nicht allein dem Squeeze-out

---

[303] OLG München, AG 2006, 173 ff.; LG Landshut, AG 2006, 513 ff.; vgl. *Jäger*, NZG 2007, 286, 291; so ausführlich *Lieder/Stange*, Der Konzern 2008, 617, 619 ff.

[304] So *Kort*, AG 2006, 557 ff., *ders.*, WM 2006, 2149, 2150 ff., *ders.*, DB 2006, 1546 f.; *Rieder*, ZGR 2009, 980, 1002; und nunmehr BGH, ZIP 2009, 908 ff.

[305] Dies soll allerdings lediglich in einer die Anlegerrechte-Richtlinie begleitenden unverbindlichen Empfehlung behandelt werden, vgl. hierzu *Fischer zu Cramburg*, NZG 2007, 455 sowie *DAI/BDI*, NZG 2008, 457, 458.

[306] *Lieder/Stange*, Der Konzern 2008, 619 f.

dient.[307] Die Treuwidrigkeit ist zu vermuten, wenn unmittelbar nach dem Squeeze-out die Aktien zurückübertragen worden sind oder bereits zuvor eine entsprechende Abrede bestand.[308] Die Gegenmeinung, die die Treuhand für mehrere Treugeber ohne zwischen diesen bestehende gesellschaftsrechtliche Bindungen für die Hauptaktionärstauglichkeit nicht ausreichen lassen will[309], übersieht, dass bei der Treuhand die Aktien dinglich dem Treuhänder zustehen und somit formal ähnlich wie beim Wertpapierdarlehen der Bildung eines Hauptaktionärs auf diese Weise nichts entgegensteht.

(e) Stimmenpool

Bei einem Stimmenpool handelt es sich um einen Zusammenschluss von Gesellschaftern zu einer GbR, durch den das Stimmverhalten in der Hauptgesellschaft koordiniert werden soll.[310] Im Regelfall verbleibt bei solchen Gestaltungen das Eigentum an den Aktien beim jeweiligen Gesellschafter, weshalb nach einer Meinung zutreffend in der GbR kein Hauptaktionär i.S.d. § 327a AktG gesehen werden kann: Sie hat weder formal eine Eigentümerstellung inne noch ist eine Zurechnung gem. § 16 Abs. 4 AktG möglich.[311]

Nach der Gegenmeinung zum originären Anwendungsbereich des § 16 AktG[312] sollen Stimmen, über die von einem Unternehmen kraft Stimmrechtsbindung wirksam verfügt werden kann, gem. § 16 Abs. 4 AktG zuzurechnen sein. Ansonsten würde der Normzweck (Umgehungsschutz) verfälscht.[313] Auch stehe der Wortlaut des § 16 Abs. 3 S. 1 AktG nicht entgegen.[314] Man könnte nun meinen, dass gem. §§ 327a Abs. 2,

[307] *Fleischer* in: GroßKommAktG, § 327a Rn. 79; Emmerich/*Habersack*, Aktien- und GmbH-Konzernrecht, § 327a Rn. 29; *Schüppen/Tretter*, in: FKWpÜG, § 327a Rn. 45; *Bolte*, DB 2001, 2587, 2587; *Moritz*, Squeeze Out, S. 271 ff.

[308] *Fleischer* in: GroßKommAktG, § 327a Rn. 79; *Moritz*, Squeeze Out, S. 273.

[309] *Vossius*, ZIP 2002, 511, 511.

[310] *Wiedemann*, Gesellschaftsrecht II, S. 623 ff.

[311] MüKoAktG/*Grunewald*, § 327a Rn. 6; *Steinmeyer/Häger*, WpÜG, § 327a Rn. 17; *Halasz/Kloster*, DB 2002, 1253, 1254; im originären Anwendungsbereich des § 16 Abs. 4 *Krieger*, in: MünchHdb AG, § 68 Rn. 33.

[312] MüKoAktG/*Bayer*, § 16 Rn. 41, 48; *Emmerich*/Habersack, Aktien- und GmbH-Konzernrecht, § 16 Rn. 18; grundlegend *Mertens*, FS Beusch, 1993, 583, 589 ff.

[313] MüKoAktG/*Bayer*, § 16 Rn. 41.

[314] MüKoAktG/*Bayer*, § 16 Rn. 48.

16 Abs. 4 AktG zur Bildung eines Hauptaktionärs bereits die Gründung eines Stimmpools ausreicht.[315]

§ 16 AktG regelt die Frage, ab wann eine Mehrheit an einem Unternehmen besteht, denn bei Bestehen einer solchen treten bestimmte Rechtsfolgen ein, beispielsweise Veröffentlichungspflichten nach dem WpHG. § 16 Abs. 1 AktG differenziert hierbei zwischen einer mehrheitlichen Kapitalbeteiligung und einer mehrheitlichen Stimmrechtsbeteiligung. Jedenfalls im Rahmen eines Squeeze-outs erscheint aber eine Ausweitung der Zurechnung auch von Stimmrechten als zu weit, es ist vielmehr der herrschenden Meinung zu folgen. Soll bei § 16 AktG vermieden werden, dass ein Unternehmen durch die Poolung von Stimmrechten zwar eine Mehrheit innehat, die resultierenden Pflichten aber umgeht, so besteht beim Squeeze-out dieses Schutzbedürfnis nicht. Denn Sinn des Squeeze-outs ist die Erleichterung der Unternehmensführung durch Bereinigung der Aktionärsstruktur; würde die Bildung von Stimmrechtspools zur Herstellung der Hauptaktionärseigenschaft ausreichen, würde dieses Ziel wegen weiter bestehender Aktionärsmehrheit nicht erreicht. Es besteht also ein entgegengesetztes Schutzbedürfnis: Der Minderheitsaktionär muss davor geschützt werden, das sich eine Mehrheit illegitim die Hauptaktionärseigenschaft verschafft, während § 16 AktG den Schutz des Aktionärs davor im Auge hat, dass ein faktischer Mehrheitsaktionär sich seiner Pflichten entzieht.

Generell lässt sich sagen, dass bei der Bestimmung der Hauptaktionärseigenschaft eine Orientierung an den §§ 2 Abs. 5 WpÜG, 22 Abs. 2 WpHG nicht weiterhilft. Die dortige Verpflichtung zur Abgabe eines Pflichtangebotes bzw. zur Veröffentlichung bestimmter Informationen, sobald mehrere gemeinsam in abgestimmter Weise agieren, taugt nicht zur Bestimmung des Hauptaktionärs i.S.d. § 327a AktG. Bloße Abstimmung kann nicht zur Erreichung der Hauptaktionärsqualität ausreichen. Denn bei abgestimmtem Verhalten soll der Minderheitsaktionär Transparenz und Ausstiegsmöglichkeit erhalten, beim Squeeze-out aber droht sein zwangsweiser Ausschluss, gerechtfertigt allein durch den dadurch vermiedenen Formalaufwand. Dieser wird allerdings nicht geringer, würde die alleinige Abstimmung zur Bildung eines Hauptak-

---

[315] So i.E. *Baums*, WM 2001, 1843, 1846, der in der Bildung eines Pools allein zum Ausschluss allerdings eine rechtsmissbräuchliche Umgehung sieht; so i.E. auch *Mertens*, AG 2002, 377, 379 f., der fälschlicherweise auch im Rahmen der §§ 327a ff. AktG eine Zurechnung von konsortial gebundenem Anteilsbesitz für geboten und berücksichtigungsfähig hält. Auf die Zurechnung von Stimmrechtsanteilen kommt es hier aber nicht an, siehe dazu im Folgenden.

tionärs ausreichen. Im Ergebnis ist eine reine Poolung der Stimmen zur Bildung eines Hauptaktionärs nicht ausreichend; hinzukommen muss die Übertragung der Aktien auf die GbR mit dinglicher Wirkung.[316]

(f) Verkleinerung des relevanten Grundkapitals durch Aktienrückkaufprogramm

Denkbar ist auch eine Verkleinerung des in die Berechnung einbezogenen Grundkapitals, indem die AG eigene Aktien kauft. Der Hauptaktionär könnte einen Hauptversammlungsbeschluss etwa gem. § 71 Abs. 1 Nr. 8 AktG herbeiführen, so dass die Gesellschaft eigene Aktien in Höhe von 10 % des Grundkapitals erwerben kann, § 71 Abs. 2 AktG.[317] Da eigene Aktien der AG bei der Berechnung der Squeeze-out-Schwelle gem. § 327a Abs. 2 i.V.m. § 16 Abs. 2 AktG vom Grundkapital abzusetzen sind, benötigte der Hauptaktionär nur 95 % von 90 %, also nur 85,5% des eigentlichen Grundkapitals zum Squeeze-out.[318] Ein derartiger Ermächtigungsbeschluss der Hauptversammlung bedarf grundsätzlich keiner besonderen sachlichen Rechtfertigung, so dass im hier dargestellten Verfahren kein illegitimer Missbrauch zu sehen ist.[319] Insbesondere gewinnen auch die Beteiligungen der Minderheitsaktionäre proportional an Gewicht.

Die Existenz eigener Aktien wurde scheinbar auch im Verfahren der Wella AG bemängelt. Im Freigabeverfahren hat das Gericht jedoch ausdrücklich zum Ausdruck gebracht, dass solche eigenen Aktien der Gesellschaft bei der Schwellenberechnung nicht zu berücksichtigen sind.[320] Nicht eingegangen wurde auf den Umstand, dass aufgrund der eigenen Aktien ein entsprechend geringerer Anteilsbesitz zur Durchführung des Squeeze-outs genügte und der Hauptaktionär im Vorfeld eines Squeeze-outs entsprechenden Einfluss auf die Gesellschaft nehmen könnte, ein Aktienrückkaufprogramm durchzuführen.

---

[316] So in der Praxis wohl geschehen beim Squeeze-out in der PressWatch AG, vgl. die Einladung zur Hauptversammlung im elektronischen Bundesanzeiger vom 01.02.2007.

[317] In Betracht käme beispielsweise auch ein Rückkaufprogromm zur Beteiligung der Belegschaft, § 71 Abs. 1 Nr. 2 AktG.

[318] Vgl. *Rößler*, Squeeze Out, S. 59.

[319] *Rößler*, Squeeze Out, S. 60.

[320] Vgl. OLG Frankfurt, ZIP 2008, 138, 144.

(g) 95% durch Kapitalerhöhung mit Bezugsrechtsausschluss

Die Erhöhung des Anteils eines Mehrheitsaktionärs durch eine Kapitalerhöhung mit Bezugsrechtsausschluss ist nach herrschender Auffassung grundsätzlich zulässig, denn es ist unerheblich, auf welche Weise der Hauptaktionär die zum Squeeze-out berechtigende Schwelle erreicht hat.[321] Nach dem BGH bedarf der Bezugsrechtsausschluss allerdings einer sachlichen Rechtfertigung.[322] An dieser soll es nach verbreiteter Ansicht fehlen, wenn der Mehrheitsaktionär allein das Ziel verfolgt, seine Beteiligung entsprechend zu erhöhen und den Ausschluss der Minderheitsaktionäre zu ermöglichen.[323]

Bei der Kapitalerhöhung mit Bezugsrechtsausschluss handelt es sich um den Ausschluss eines Teils der Aktionäre von der Teilhabe an der Kapitalvergrößerung und damit um einen teilweisen Ausschluss dieser Aktionäre in Bezug auf die gesamte Gesellschaft.[324] Aus der Schwere des Eingriffs in die Mitgliedschaft folgt, dass der Bezugsrechtsausschluss sachlicher Rechtfertigung bedarf.[325] Diese kann nicht in der Ermöglichung des Ausschlusses von Minderheitsaktionären liegen, obwohl man meinen könnte, dass das Unternehmensinteresse das Bezugsinteresse der Aktionäre überwiege und der Ausschluss gerechtfertigt sei, da der Ausschluss der Minderheitsaktionäre die Führung des Unternehmens verbillige und erleichtere. Allerdings sieht das Gesetz zur Erreichung dieses Zieles einen anderer Weg vor (§§ 327a ff. AktG), der ein höheres Quorum (95 %) verlangt als für den Bezugsrechtsausschluss (75 %). Das Interesse an einer Bereinigung der Eignerstruktur kann also einen rechtfertigenden Grund zum Bezugsrechtsausschluss nicht liefern.[326] Sofern aber der Bezugsrechtsausschluss aus anderen Gründen gerechtfertigt ist, ist auch ein anschließender Squeeze-out nicht missbräuchlich.

---

[321] *Fleischer*, in: GroßKommAktG, § 327a Rn. 16; Emmerich/*Habersack*, Aktien- und GmbH-Konzernrecht, § 327a Rn. 27; *Hasselbach*, in: KK, WpÜG, § 327a Rn. 58; *Singhof*, in: Spindler/Stilz, AktG, § 327a Rn. 25; *E. Vetter*, AG 2002, 176, 185.

[322] BGHZ 71, 40, 43 ff. (Kali + Salz).

[323] OLG Schleswig, AG 2004, 155, 158; MüKoAktG/*Bayer*, § 203 Rn. 133; MüKoAktG/*Grunewald*, § 327a Rn. 23; *dies.*, ZIP 2002, 18, 18 f.; *P. Baums*, WM 2001, 1843, 1844 f.; *Gesmann-Nuissl*, WM 2002, 1205, 1207; *Markwardt*, BB 2004, 277, 284, *Pluskat*, NZG 2007, 725, 727; *Rühland*, Ausschluß von Minderheitsaktionären, S. 194; *ders.*, WM 2002, 1957, 1961.

[324] *Hirte*, Bezugsrechtsausschluß, S. 31.

[325] Grundlegend BGHZ 71, 40, 43 ff.; *Hüffer*, AktG, § 186 Rn. 25; MüKoAktG/*Peifer*, § 186 Rn. 71.

[326] So auch *Baums*, WM 2001, 1843, 1844 f.

Ein unmittelbar im Anschluss an die Kapitalerhöhung geplanter Squeeze-out indiziert die fehlende sachliche Rechtfertigung.[327] Grundsätzlich ist dann der Kapitalerhöhungsbeschluss anfechtbar. Etwas anderes soll gelten, wenn der Squeeze-out vor Verstreichen der Anfechtungsfrist noch nicht bekannt war.[328] In diesem Fall müsse die Minderheit dem Missbrauch entgegentreten können; sie müsse dann den Squeeze-out-Beschluss selbst anfechten können.[329] Nach richtiger Ansicht führt der Missbrauch allerdings nicht zur Anfechtbarkeit, sondern zur Nichtigkeit.[330] Diese kann drei Jahre ab Eintragung in das Handelsregister geltend gemacht werden (§ 242 Abs. 2 S. 1 AktG), so dass hier zeitliche Probleme nicht entstehen.

(h) Rechtsfolge des Missbrauchs

Fraglich ist schlussendlich, welche Rechtsfolge das missbräuchliche Erreichen der Squeeze-out-Schwelle nach sich zieht. In Betracht kommt die Anfechtbarkeit des Hauptversammlungsbeschlusses[331] oder aber seine Nichtigkeit nach § 241 Nr. 3 AktG.[332] Hiervon zu unterscheiden sind die Fälle, in denen der Squeeze-out-Beschluss aus anderen Gründen treuwidrig war, in denen es also nicht konkret um das Erreichen der zum Squeeze-out berechtigenden Schwelle geht.[333] In einer Treuwidrigkeit liegt keine Verletzung des Wesens der Aktiengesellschaft, so dass

[327] MüKoAktG/*Grunewald*, § 327a Rn. 23; gleiches muss gelten für den Zustimmungsbeschluss zu einem Verschmelzungsvertrag; erfolgt die Verschmelzung allein zu dem Zweck, einen Squeeze-out zu ermöglichen, ist dieser als rechtsmissbräuchlich zu betrachten, vgl. OLG Hamburg, BB 2008, 2199 ff. mit zust. Anm. *Wilsing/Ogorek*.

[328] MüKoAktG/*Grunewald*, § 327a Rn. 23.

[329] MüKoAktG/*Grunewald*, § 327a Rn. 23.

[330] Dazu sogleich unter (h).

[331] Dafür: *Fleischer*, in: GroßKommAktG, § 327a Rn. 36; MüKoAktG/*Grunewald*, § 327a Rn. 21 ff.; *dies.*, ZIP 2002, 18, 20; *Hasselbach*, in: KölnerKomm z.WpÜG, § 327a Rn. 41; *Steinmeyer/Häger*, WpÜG, § 327a Rn. 31; *Baums*, WM 2001, 1843, 1846; *Bolte*, DB 2001, 2587, 2589; *Fleischer*, ZGR 2002, 757, 788; *Fuhrmann/Simon*, WM 2002, 1211, 1212; *Hamann*, Minderheitenschutz, S. 167.

[332] Dafür: *Grzimek*, in: Geibel/Süßmann, WpÜG, § 327f Rn. 12; *Schnorbus*, in: Schmidt/Lutter, AktG, § 327a Rn. 3; *Steinmeyer/Häger*, WpÜG, § 327a Rn. 31; *P. Baums*, Ausschluss, S. 142; *ders.* WM 2001, 1843, 1845 ff.; *Bolte*, DB 2001, 2587, 2589 f.; *Markwardt*, BB 2004, 277, 280; *Mertens*, AG 2002, 377, 382; *Wittuhn/Giermann*, MDR 2003, 372, 373; vgl. auch *Lieder/Stange*, Der Konzern 2008, 617, 622 f.; offengelassen bei *Posegga*, Squeeze-out, S. 129.

[333] Ausführlich zu diesen Fällen unten c) ee).

sie nicht zur Nichtigkeit, sondern allenfalls zur Anfechtbarkeit des Beschlusses führen kann.[334]

Die Parallele zur Rechtslage bei der Eingliederung spricht für die Nichtigkeit.[335] Dem wird entgegengehalten, dass eine § 327 Abs. 1 Nr. 3 AktG entsprechende Regelung beim Squeeze-out nicht gilt und gelten kann.[336] Die Beendigung des Squeeze-out ist nicht denkbar. Eine Nichtigkeit nach § 241 Nr. 3 AktG läge im Übrigen nicht vor, da das Erfordernis der hohen Mehrheitsbeteiligung erstens nicht dem Schutz der Gläubiger diene.[337] Zweitens sei ein Verstoß gegen das Wesen der Aktiengesellschaft nur ausnahmsweise anzunehmen.

Entscheidend für die Nichtigkeit spricht aber, dass der Hauptaktionär letztendlich bei Missbrauch nicht über die politisch zum Zwangsausschluss von Minderheitsaktionären für notwendig befundene und in § 327a Abs. 1 S. 1 AktG festgesetzte Beteiligungshöhe verfügt.[338] Für die Grundsätze über die fehlerhafte Gesellschaft ist angesichts der Schwere des Beschlussmangels kein Raum.[339] Der Beschluss verstößt zwar nicht gegen gläubigerschützende Vorschriften, verletzt aber durch seinen Inhalt Vorschriften, die im öffentlichen Interesse gegeben sind. Bei gebotener weiter Auslegung fallen hierunter auch Normen über Verbandstruktur und Mitgliedschaft.[340] Ein auf das Verlangen eines Hauptaktionärs mit zu geringer bzw. missbräuchlich erlangter Beteiligungshöhe zurückgehender Squeeze-out-Beschluss entbehrt der gesetzlichen Grundlage zur Änderung der Mitgliederstruktur der Gesellschaft.[341] Dem Beschluss fehlt jede Rechtfertigung.[342] Wird also der größtmögliche Eingriff in die Mitgliedschaft, der zwangsweise Ausschluss, vorgenommen, so kann ein Verstoß gegen die zwingenden Vorschriften nur zur Nichtigkeit des Beschlusses führen.

---

[334] *Hüffer*, AktG, § 241 Rn. 21.

[335] So *P. Baums*, Ausschluss, S. 142.

[336] So MüKoAktG/*Grunewald*, § 327a Rn. 17 Fn. 42; *Mertens*, AG 2002, 377, 382.

[337] MüKoAktG/*Grunewald*, § 327a Rn. 17;.

[338] Vgl. Emmerich/*Habersack*, Aktien- und GmbH-Konzernrecht, § 327f Rn. 3; so auch OLG München, AG 2007, 173, 174; OLG München AG 2004, 455, 455; *Baums*, WM 2001, 1843, 1847; *Fleischer*, ZGR 2002, 757, 788; *Fuhrmann/Simon*, WM 2002, 1211, 1212, *Maslo*, NZG 2004, 163, 164.

[339] Emmerich/*Habersack*, Aktien- und GmbH-Konzernrecht, § 327f Rn. 3, § 327e Rn. 8.

[340] OLG München, AG 2007, 173, 174; *Hüffer*, AktG, 2004, § 241 Rn. 18.

[341] Vgl. OLG München, AG 2007, 173, 174.

[342] *Maslo*, NZG 2004, 163, 164, Fn. 7.

Nach *Koppensteiner* soll bei Fehlen der erforderlichen Beteiligungsquote der Beschluss schlechthin wirkungslos sein.[343] Dennoch soll kein Nichtigkeitsgrund vorliegen, wenn es an der zum Squeeze-out erforderlichen Beteiligungsquote fehlt.[344] Dies erscheint widersprüchlich, weil die anfängliche Wirkungslosigkeit doch durch die Nichtigkeitsklage inter omnes gerichtlich feststellbar sein muss.

ee) Analyse der Beteiligungsentwicklungen in der Praxis

Weiter sollte ermittelt werden, auf welche Art und Weise in der Praxis die Beteiligung der Hauptaktionäre entstanden ist, ob m.a.W. die Beteiligung bereits seit geraumer Zeit in zum Squeeze-out berechtigender Höhe vorlag oder ob speziell zur Durchführung des Squeeze-out die Beteiligung (in erheblicher Weise) ausgebaut werden musste. Wie sich gezeigt hat, kam es im Einführungsjahr des Squeeze-out-Verfahrens zu weit mehr Squeeze-out-Verfahren als in den folgenden Jahren. Die Vermutung liegt nahe, dass es sich zu einem nicht unbeträchtlichen Teil um solche Aktiengesellschaften handelte, bei denen entsprechende Mehrheitspositionen schon seit längerer Zeit bestanden und zum nunmehr direkt möglichen Zwangsausschluss genutzt wurden.[345]

Geklärt werden soll also, ob tatsächlich ein Nachholbedarf in der Wirtschaft zur Bereinigung der Aktionärsstruktur bestand. Dies zu untersuchen begegnet deswegen gewissen Schwierigkeiten, weil die Aktionärsstruktur deutscher Aktiengesellschaften nicht umfassend ermittelt und unmittelbar ersichtlich ist. Das Bundesamt für Statistik hat die früher geführte Beteiligungsstatistik im Jahre 1968 eingestellt.[346] Frühere statistische Untersuchungen lassen jedenfalls den Schluss zu, dass das Gros der AG von einem einzigen Großaktionär abhängig ist bzw. konzerniert ist, die reine Publikums-AG also die Ausnahme bildet.[347] Es wird geschätzt, dass etwa drei Viertel und damit die Mehrzahl der deutschen Aktiengesellschaften zu über 90 % des Kapitals in Konzerne

[343] *Koppensteiner*, in: KK, AktG, § 327f Rn. 4.
[344] *Koppensteiner*, in: KK, AktG, § 327f Rn. 5.
[345] So das *DAI*, Squeeze-out, S. 31.
[346] So *Hettlage*, AG 1981, 92, 94 Fn. 51; vgl. etwa *Gefromm*, Wista 1966, S. 94 ff.
[347] *Binder*, AG 1994, 391, 393; *Hansen*, AG 1976, 295, 296 f.; *Iber*, Aktionärsstruktur, S. 124 ff., S. 132 ff.; *Görling*, AG 1993, 538, 542 ff.; *Linnhoff/Pellens*, ZfBf 39 (1987), 987, 987 f.; *Meyer*, GmbHR 2002, 177, 185; *ders.*, GmbHR 2002, 242, 244; Monopolkommission, Neuntes Hauptgutachten der Monopolkommission 1990/1991, BT-Drucks. 12/3031, S. 213 ff. Tab. 24 sowie S. 219 Tab. 25; *Ordelheide*, BFuP 38 (1986), 293, 294; *Vogel*, Aktienrecht und Aktienwirklichkeit, S. 72 ff..

eingebunden sind.[348] Bei diesen soll die Minderheit dann oftmals nur wenige Köpfe zählen, und diese zusammen weniger als 1% des Grundkapitals halten.[349] Eine Untersuchung von 2986 Gesellschaften aus dem Jahre 1994 kam zu dem Ergebnis, dass in 13,2% der in der Stichprobe enthaltenen AG ein Aktionär existierte, der über 95% des Kapitals verfügte.[350] Dies erklärt sich zum einen dadurch, dass mit einer derartigen Beteiligung die aktienrechtliche Mehrheitseingliederung möglich wurde.[351] Die Aufstockung zur Alleinbeteiligung durch Kauf der übrigen Aktien bzw. durch Eingliederung oder die damals noch mögliche übertragende Umwandlung[352] könnte zum anderen auch aus steuerlichen Gründen unterblieben sein. Denn beim Erwerb aller Anteile an einer Gesellschaft mit Grundbesitz wurde damals die Grunderwerbssteuer fällig.[353] Empirische Untersuchungen wurden im Übrigen etwa für Publikumsgesellschaften im Zusammenhang mit der Stimmrechtsmacht von institutionellen Anlegern, insbesondere (Groß)Banken gemacht.[354] Konkret zum Squeeze-out ergab eine Befragung von 104 Hauptaktionären, dass jedenfalls im Jahr 2002 ein Großteil der Hauptaktionäre bereits über die zum Squeeze-out erforderliche Beteiligungshöhe verfügten und keine weiteren Zukäufe mehr tätigten (75) und weitere 14 Hauptaktionäre die Schwelle ebenfalls überschritten hatten, allerdings noch weitere Aktien erwarben.[355]

Vorliegend sollte nun die Beteiligungs*entwicklung* der einen Squeeze-out initiierenden Hauptaktionäre ermittelt werden. Die Existenz von Mehrheitsaktionären lässt sich jedenfalls für börsennotierte Aktiengesellschaften über eine im Internet zugängliche Stimmrechtsdatenbank der BAFin[356] ermitteln, allerdings nur die aktuell veröffentli-

---

[348] *Emmerich/Habersack*, Konzernrecht, S. 3; *Lutter*, ZGR 1987, 324, 329 Fn. 26; ähnlich *Raiser/Veil*, Kapitalgesellschaften, § 50 Rn. 8 (80% aller Unternehmen konzernverflochten); *Hirte*, Kaptialgesellschaftsrecht, S. 34. („die meisten").

[349] *E. Vetter*, AG 2002, 176, 177; *ders.*, DB 2001, 743, 743; *ders.*, ZIP 2000, 1817, 1817; *Quandt*, Squeeze-out, S. 21.

[350] *Binder*, AG 1994, 391, 393 f.

[351] *Binder*, AG 1994, 391, 393.

[352] Zu dieser ausführlich oben unter C II.

[353] *Binder*, AG 1994, 391, 394; seit dem Jahre 2000 ist gem. § 1 Abs. 3 Nr. 2 GrEStG die Vereinigung von 95% der Anteile der Gesellschaft in einer Hand ausreichend; vgl. *Fischer*, in: Boruttau, GrEStG, § 1 Rn. 892 ff.

[354] *Baums/Fraune*, AG 1995, 97 ff.; *Böhm*, Einfluß der Banken, S. 66 ff. und Anhang, S. 242 und S. 245 f.; *Gottschalk*, WSI Mitteilungen 1988, 294, 297 ff

[355] Vgl. *Rathausky*, Squeeze-out, S. 65.

[356] www.bafin.de.

chungspflichtige Stimmrechtsmeldung.[357] Einzige Quelle war deshalb der Hoppenstedt-Aktienführer, in dem regelmäßig mehr oder weniger genaue Angaben zur Beteiligungsstruktur börsennotierter und im Freiverkehr gehandelter Werte gemacht werden und wurden. Aufgrund der jährlichen Neuauflage des Hoppenstedt ließ sich jedenfalls in grober Weise eine Entwicklungslinie der Beteiligungsstruktur bei einer Auswahl der Zielgesellschaften nachzeichnen.

(1) 95% bereits drei bis vier Jahre vor dem Squeeze-out?

Zunächst einmal konnte für die Squeeze-outs des Jahres 2002 ermittelt werden, ob bei den börsennotierten bzw. im Freiverkehr gehandelten AG ein Hauptaktionär am 16.09.1998, also ca. drei bis vier Jahre[358] vor dem Squeeze-out, mit einer Beteiligung in entsprechender Höhe bereits existierte.[359] Es konnte so festgestellt werden, bei wie vielen Gesellschaften die 95%-Position schon länger bestand oder aber erst in zeitlicher Nähe zum Squeeze-out aufgebaut wurde. 41 Gesellschaften mussten bei dieser Betrachtung allerdings unbeachtet bleiben, da sie entweder in dieser Form drei bis vier Jahre vor dem Squeeze-out noch nicht existierten[360] oder weil Informationen über die Aktionärsstruktur nicht zu erlangen waren. Für immerhin 87 der Unternehmen ließ sich die Beteiligungsstruktur aber feststellen, was zu folgenden Ergebnissen führte:

---

[357] Dies soll sich in Zukunft ändern: Auf der Seite www.unternehmensregister.de soll in Zukunft auch historische Stimmrechtsmeldungen zugänglich gemacht werden, vgl. Jahresbericht der BaFin 2006, S. 180.

[358] Zwischen 1261 Tagen beim ersten Squeeze-out der KM Europa Metal AG und 1559 Tagen bei der O&K Orenstein & Koppel AG, bei der der letzte Squeeze-out des Jahres 2002 beschlossen wurde.

[359] Quelle insbesondere auch für die weder im damaligen amtlichen und geregelten Markt noch im Freiverkehr gehandelten Aktiengesellschaften war die *Hoppenstedt-Firmendatenbank*, Ausgabe 2/1998, in der damals im Gegensatz zu späteren Ausgaben die Beteiligung der Aktionäre größtenteils noch jeweils aufgeschlüsselt angegeben worden ist. Ergänzend wurde auch auf den Hoppenstedt-Aktienführer zurückgegriffen.

[360] Dies betraf zumindest fünf Gesellschaften.

Abbildung 8: Höhe der Hauptaktionärsbeteiligung drei bis vier Jahre vor dem Squeeze-out für die im Jahr 2002 eingeleiteten Squeeze-out-Verfahren

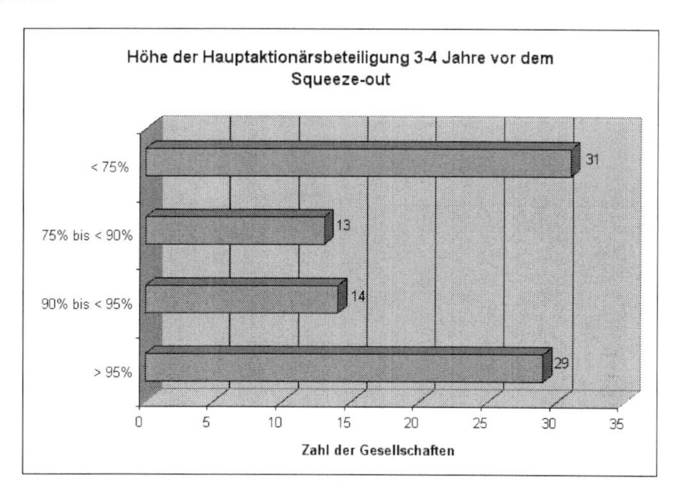

Zum überwiegenden Teil (56 von 87 Aktiengesellschaften mit Squeeze-out-Beschluss im Jahr 2002) wurden die Gesellschaften bereits drei bis vier Jahre vor dem Squeeze-out von einem Mehrheitsaktionär mit über 75%iger Beteiligung dominiert. In immerhin 31 Gesellschaften bestand kein Mehrheitsaktionär mit einer solchen Beteiligungshöhe. Es bestätigt sich folglich jedenfalls in der Grundtendenz die These, dass der Squeeze-out vielfach durchgeführt wurde, um wirtschaftlich irrelevanten Splitterbesitz im Zuge einer Bereinigung von Konzernstrukturen einzusammeln.[361] Eine Beteiligung von über 95% existierte allerdings nur bei 29 der 87 Gesellschaften. Freilich bestand für den Hauptaktionär damals nicht notwendigerweise ein Anreiz, eine Beteiligung jenseits der 95% aufzubauen, da sich dadurch kaum Vorteile ergeben hätten; der Minderheitenaufwand wäre durch einen weiteren Ausbau der Beteiligungshöhe nicht unbedingt proportional gesunken. Auch war zum damaligen Zeitpunkt die Einführung der Squeeze-out-Möglichkeit noch nicht absehbar. Insofern ist nicht davon auszugehen, dass Hauptaktionäre bereits auf die Zwangsausschlussmöglichkeit gewartet haben bzw. aus diesem Grund eine derartige Position aufgebaut hätten.

[361] So *Singhof*, in: Spindler/Stilz, AktG, § 327a Rn. 4.

(2) Entwicklung der Hauptaktionärsbeteiligung vor Einführung des Squeeze-out

Abbildung 9: Entwicklung der Hauptaktionärsbeteiligung der 81 börsengehandelten Squeeze-out-Gesellschaften des Jahres 2002

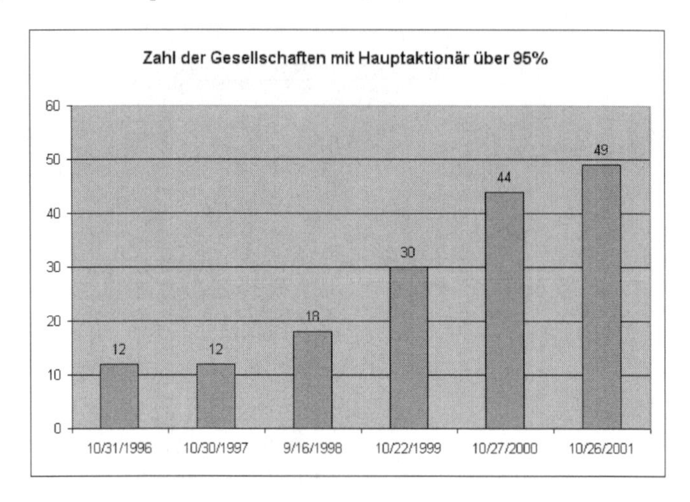

Bei den insgesamt 81 im amtlichen oder geregelten Markt bzw. im Freiverkehr gehandelten Aktiengesellschaften, bei denen es im Jahre 2002 zum Zwangsausschluss kam, zeigt sich, dass in lediglich 12 Gesellschaften am 31.10.1996, also ca. fünf bis sechseinhalb Jahre vor dem Squeeze-out, ein Hauptaktionär mit einer Beteiligung über 95% existierte. Bei 51 Gesellschaften erreichte der Hauptaktionär die 95 % zum 22.10.1999 noch nicht; die Position wurde erst bis 2002 aufgebaut. Nimmt man Gesellschaften hinzu, bei denen der Hauptaktionär zumindest über 90% bzw. 75% des Grundkapitals verfügte, ergibt sich folgendes:

Abbildung 10: Entwicklung der Hauptaktionärsbeteiligung der 81 börsengehandelten Squeeze-out-Gesellschaften des Jahres 2002

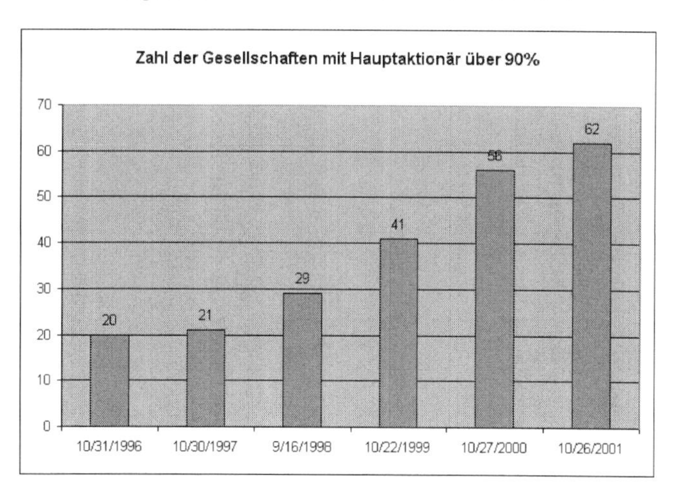

Abbildung 11: Entwicklung der Hauptaktionärsbeteiligung der 81 börsengehandelten Squeeze-out-Gesellschaften mit Squeeze-out im Jahre 2002

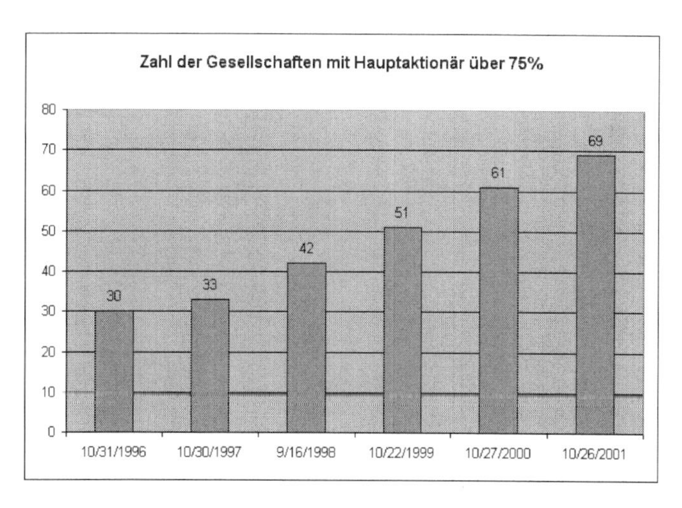

In einem Großteil der AG existiert also bereits seit längerem ein Mehrheitsaktionär, wenn auch nur vereinzelt mit bereits zum Squeeze-out berechtigender Beteiligungshöhe. In der Regel waren also weitere Zukäufe erforderlich. Gerade bei den börsennotierten AG kam es denn auch vielfach zur Abgabe eines öffentlichen Übernahmeangebots seitens des Hauptaktionärs.[362]

Folgende Tabelle differenziert zwischen Aktiengesellschaften, bei denen ein Hauptaktionär schon seit längerem besteht und den Gesellschaften, bei denen sich ein Hauptaktionär erst kurz vor der Squeeze-out-Beschlussfassung gebildet hat. Es zeigt sich, dass in immerhin 80 der insgesamt 203 Fälle der Hauptaktionär seine zum Squeeze-out berechtigende 95%-Position erst innerhalb eines Zeitraums von ca. 14 Monaten vor dem Squeeze-out-Jahr aufgebaut hat. In diesen Fällen kann berechtigterweise von einem „Übernahmeverfahren" die Rede sein, dessen Abschluss im Ausschluss auch der letzten Kleinaktionären besteht.

Tabelle 3: Zahl der Gesellschaften, bei denen entweder ein Hauptaktionär schon länger existierte[364], oder aber die 95% erst kurz vor dem Squeeze-out aufgebaut wurde

	2002	2003	2004	2005	2006	2007	Gesamt
Hauptaktionär existiert seit längerem	61 AG	26	14	12	9	3	125
95% kurz vor Squeeze-out aufgebaut	20	14	10	13	12	11	80
Gesamtzahl Squeeze-outs des Jahres	81	40	24	25	21	14	

[362] Vgl. hierzu ausführlich oben II. 1. c) cc) (2).

[364] Ein Hauptaktionär existierte bereits ca. 14 Monate vor dem Jahr der Squeeze-out-Beschlussfassung. Von einem bestehenden Hauptaktionär wurde bereits ab einer von 75% oder höher ausgegangen. Quelle: *Hoppenstedt-Aktienführer* der Jahre 2000 bis 2007.

Abbildung 12: Zahl der Gesellschaften, bei denen ein Hauptaktionär seit längerem existierte bzw. er seine Position erst kurz vor dem Squeeze-out aufgebaut hat

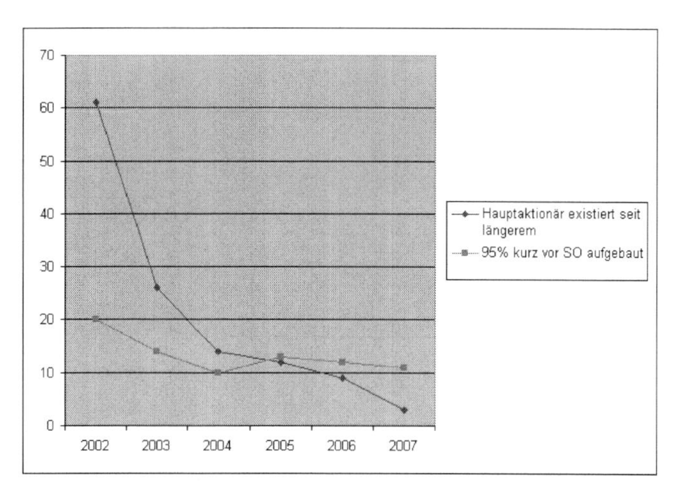

Es wird deutlich, dass im Jahre 2002 tatsächlich in überwiegendem Maße Hauptaktionäre den Squeeze-out initiierten, die bereits seit längerem diesen Status innehatten. Der Trend kippt im Laufe der Jahre und nunmehr überwiegen die Fälle, in denen die Hauptaktionärseigenschaft erst im zeitlichen Zusammenhang mit dem Squeeze-out-Beschluss erworben wird.

Zu vergleichbaren Ergebnissen gelangt man, wenn man die Grenze ein Jahr später zieht, d.h. bereits ca. 2 Monate vor dem Squeeze-out-Jahr:

Tabelle 4: Zahl der Gesellschaften, bei denen entweder ein Hauptaktionär schon länger existierte[366], oder aber die 95% erst kurz vor dem Squeeze-out aufgebaut wurde

	2002	2003	2004	2005	2006	2007	Gesamt
Hauptaktionär existiert seit längerem	69	32	20	16	11	6	154
95% kurz vor SO aufgebaut	12	8	4	9	10	8	51
Gesamtzahl SOs des Jahres	81	40	24	25	21	14	

Abbildung 13: Zahl der Gesellschaften, bei denen ein Hauptaktionär seit längerem existierte bzw. er seine Position erst kurz vor dem Squeeze-out aufgebaut hat

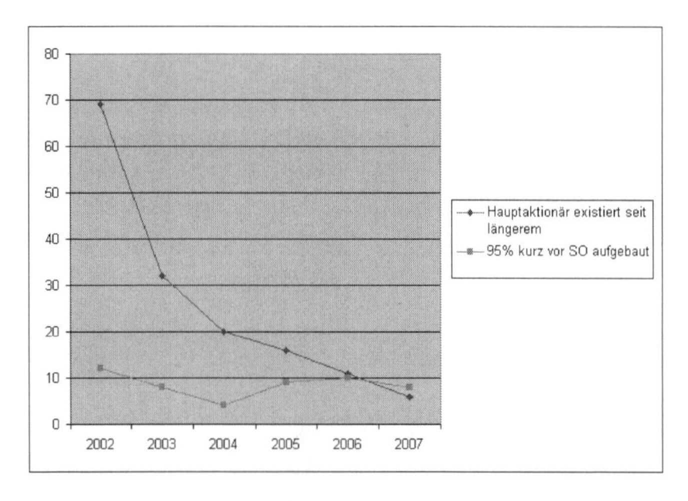

[366] Das heißt, ein Mehrheitsaktionär mit zumindest 75%iger existierte bereits ca. 2 Monate vor dem Jahr der Squeeze-out-Beschlussfassung.

ff) Hauptaktionär in Auflösung

Fraglich ist, ob ein Hauptaktionär, der sich in der Auflösung befindet, einen Squeeze-out initiieren darf.[367] Da wie oben dargestellt auf der Rechtfertigungsebene eine wirtschaftliche Betrachtungsweise angezeigt ist und sich die Vorteile einer monolithischen Aktionärsstruktur auch in der Auflösung des Hauptaktionärs, etwa bei der Veräußerung der dann alleinigen Beteiligung an einen Dritten, auswirken kann mit der Folge einer Erhöhung des erzielbaren Verkaufspreises, sollte hiergegen nichts einzuwenden sein.

gg) Publizitätspflicht bei Überschreiten der Schwelle?

Publizitätspflichtig im Zusammenhang mit dem Squeeze-out könnten zum einen der Hauptaktionär, zum anderen die betroffene AG sein. Eine Publizitätspflicht des Hauptaktionärs bei Erreichen der 95 %-Schwelle ist jedenfalls gesetzlich nicht vorgesehen.[368] Die Überschreitung der 95%-Schwelle ist weder in § 20 AktG noch in § 21 WpHG als mitteilungspflichtig vorgesehen.[369] Die Verpflichtung zur Ad-hoc-Mitteilung gem. § 15 Abs. 1 WpHG trifft allenfalls den Emittenten und nicht den Hauptaktionär.[370] *Fleischer* führt pflichtbegründend eine mitgliedschaftliche Treuepflicht des Hauptaktionärs ins Feld mit dem Inhalt, den Minderheitsaktionären die permanente Drohung ihres zwangsweisen Ausschlusses zur Kenntnis zu bringen, und fordert im Übrigen die klarstellende Ergänzung der §§ 20 AktG, 21 WpHG de lege ferenda.[371] Dem ist zuzustimmen, zumal dies auch im Interesse

---

[367] So offenbar geschehen bei der ZKZ Verwaltungsaktiengesellschaft durch die ZBS Verwaltungsaktiengesellschaft i.L., vgl. die Einladung zur Hauptversammlung im elektronischen Bundesanzeiger vom 13.05.2004.

[368] *Fleischer*, in: GroßKommAktG, §327a Rn. 22; *Hasselbach*, in: KK, WpÜG, § 327a Rn. 42; *Jakobs*, Squeeze-out, S. 73; Vgl. auch *BAFin*, Emittentenleitfaden vom 15.07.2005, S. 53, abrufbar unter www.bafin.de.

[369] Dem Vorschlag von *E. Vetter*, ZIP 2000, 1817, 1819, § 20 AktG bzw. § 21 WpHG auch auf die 95 %-Schwelle auszuweiten, ist der Gesetzgeber nicht nachgekommen.

[370] OLG Frankfurt, ZIP 2008, 138, 142; vice versa *Hüffer*, AktG, § 327a Rn. 4a unter Berufung auf eine Aussage zur alten Rechtslage des BAWe, NZG 2002, 563 f.; dies rezensierend als Flüchtigkeitsfehler bezeichnend *Leuering*, NJW 2008, 2012.

[371] *Fleischer*, in: GroßKommAktG, §327a Rn. 23; *ders.*, ZGR 2002, 757, 778 f.; ebenso *Drukarczyk*, in: FS Scherrer, 626, 634 f.; *Heidel/Lochner*, AnwKommAktG, § 327c Rn. 3; a.A. *Hasselbach*, in: KK, WpÜG, § 327a Rn. 43; *Rühland*, Squeeze-out, S. 199.

eines informationseffizienten Kapitalmarktes liegt. In der Praxis veröffentlicht kein Hauptaktionär den Schwellenübertritt. Es bedürfte wohl eines Urteils, um ein solches zu bewirken. De lege ferenda wird im Übrigen in diesem Zusammenhang vorgeschlagen, eine Mitteilungspflicht zu statuieren und ein Ausschlussrecht entsprechend § 39a WpÜG nur in den darauf folgenden drei Monaten zuzulassen, um einen permanent drohenden Zwangsausschluss zu verhindern.[372]

Im europäischen Kontext wird diskutiert, ob institutionelle Anleger mit einem bestimmten Anteil am Stammkapital verpflichtet sein sollten, ihre Investitionspolitik und ihr Abstimmungsverhalten offen zu legen. Jedenfalls eine Offenlegungspflicht des Portfolios wird teilweise befürwortet.[373] Es bietet sich an, in diesem Zusammenhang auch einen beabsichtigten Squeeze-out als Teil der Investitionspolitik für publizitätspflichtig zu erachten.

Unabhängig davon trifft jedenfalls die börsennotierte AG selbst durchaus die Verpflichtung zur Veröffentlichung eines bevorstehenden Squeeze-outs mittels einer Ad-hoc-Mitteilung, und zwar sobald sie von dem Entschluss des Hauptaktionärs zur Durchführung des Squeeze-out Kenntnis erlangt.[374]

b) Festsetzung der Barabfindung

Existiert nunmehr also ein Hauptaktionär i.S.d. § 327a Abs. 1 AktG, so hat er in einem ersten Schritt die Höhe der Barabfindung festzulegen, § 327b Abs. 1 S. 1 AktG. Hierzu kann er sachverständige Dritte einschalten.[375] Hiervon zu trennen ist die Überprüfung durch den unabhängigen gerichtlich bestellten Gutachter.[376] Die einseitige Festlegung allein durch den Hauptaktionär wurde bereits frühzeitig kritisiert, da dem ausgeschlossenen Minderheitsaktionär – so er mit der Höhe nicht einverstanden ist – keine weiteren Einflussmöglichkeiten offenstehen als die Beschreitung des Rechtswegs.[377] Dies sei insbesondere größeren Kleinaktionären nicht zumutbar.[378] So könnte ein Anteil von 3 % an einer

---

[372] *Rößler*, Squeeze Out, S. 159.
[373] *Group of German Experts on Corporate Law*, ZIP 2002, 1310, 1316.
[374] *Assmann*, in: Assmann/Schneider, WpHG, § 15 Rn. 84; Dazu ausführlich unten II. 2. c) dd).
[375] *Fleischer*, in: GroßKommAktG, §327b Rn. 9; *Koppensteiner*, in: KK, AktG, § 327b Rn. 6.
[376] Vgl. LG Frankfurt am Main, ZIP 2008, 1183, 1183 f. (LS).
[377] So *Zschocke*, DB 2002, 79, 85.
[378] *Zschocke*, DB 2002, 79, 85.

kleineren börsennotierten AG bereits ein Investment in zweistelliger Millionenhöhe bedeuten; ein Verweis auf den Rechtsweg sei hier unangemessen.[379] Dennoch hat der Gesetzgeber in ausreichender und vor allem verfassungsgemäßer Weise für den Schutz der ausgeschlossenen Minderheit gesorgt.[380] So ist die Abfindung von einem unabhängigen, gerichtlich bestellten Prüfer auf ihre Angemessenheit zu überprüfen, § 327c Abs. 2 AktG. Für den Minderheitsaktionär können sich bei einer schuldhaften Falschbewertung Schadensersatzansprüche gegen den Prüfer ergeben, §§ 327c Abs. 2, 293d Abs. 2 AktG, § 323 HGB. Schließlich kann er die Angemessenheit gerichtlich im Spruchverfahren überprüfen lassen, § 327f S. 2 AktG.

aa) Auskunftserteilung des Vorstands

Hat also der Hauptaktionär die Höhe der Barabfindung festzusetzen, § 327b Abs. 1 S. 1 AktG, so muss er hierzu auch in der Lage sein. Dementsprechend regelt S. 2, dass der Vorstand der Zielgesellschaft die dafür nötigen Unterlagen zur Verfügung zu stellen und Auskünfte zu erteilen hat, er also insbesondere von der sonst geltenden Verschwiegenheitspflicht dispensiert ist.[381] Diese Gewährung von Insiderinformationen des Vorstandes ist nicht unkritisch zu sehen, da der Minderheit ein äquivalenter Informationszugang keineswegs eröffnet ist.[382] Den Minderheitsaktionären steht kein Anspruch gem. § 131 Abs. 4 S. 1 AktG auf Erteilung der gleichen Auskünfte zu, die dem Hauptaktionär erteilt wurden.[383] Dies lässt sich damit begründen, dass die Informationen einem Aktionär in einer Sondersituation allein zu einem bestimmten Zweck überlassen werden, nämlich zur auch im Interesse der Minderheitsaktionäre erfolgenden Festlegung einer angemessenen

---

[379] Vgl. *Zschocke*, DB 2002, 79, 85, der als weitere Konsequenz allerdings die Einführung einer zweiten Beteiligungsschwelle befürwortet (z.B. 2%), ab der ein Minderheitsaktionär nicht mehr zwangsweise ausgeschlossen werden kann; vgl. hierzu oben unter a) cc) (6).

[380] Vgl. BVerfG, AG 2007, 544, 546; BGH, AG 2005, 921; ZIP 2006, 2080, 2084; *Fleischer*, in: GroßKommAktG, § 327b Rn. 2; ausführlich zur Verfassungsgemäßheit oben unter II. 1. a).

[381] *Hüffer*, AktG, § 327b Rn. 7, *Fleischer*, in: GroßKommAktG, § 327b Rn. 8.

[382] Vgl. *Drukarczyk*, in: FS Scherrer, 626, 633.

[383] OLG Düsseldorf, ZIP 2004, 359, 365; LG Saarbrücken, NZG 2004, 1012, 1013; LG Saarbrücken, AG 2006, 89, 90; MüKoAktG/*Grunewald*, § 327b Rn. 5; *Hüffer*, AktG, § 327b Rn. 7; *Koppensteiner*, in: KK, AktG, § 327b Rn. 6; *Steinmeyer/Häger*, WpÜG, § 327b Rn. 57; a.A. *Heidel/Lochner*, AnwKomm, § 327b Rn. 6.

Abfindung.[384] Den Minderheitsaktionären ist ihr Auskunftsrecht gem. § 131 Abs. 1 AktG in der Hauptversammlung unbenommen, so dass sie sich im Hinblick auf ein Spruchverfahren entsprechend informieren können. § 327b Abs. 1 S. 2 AktG ist als spezielle Ausnahme vom allgemeinen Grundsatz gleicher Information zu verstehen.[385] Informationsverweigerungsrechte i.S.d. § 131 Abs. 3 AktG stehen dem Vorstand nicht zu. Bei begründetem Missbrauchsverdacht steht ihm freilich der Abschluss einer Geheimhaltungsvereinbarung[386] oder die Zwischenschaltung eines zur Berufsverschwiegenheit verpflichteten Vertreters des Hauptaktionärs offen.[387] Komplett verweigern darf er die Auskunftserteilung nur, wenn der Mehrheitsaktionär die 95% nicht erreicht oder das Auskunftsersuchen allein der Ausspähung der Gesellschaft dient.[388]

bb) Abänderbarkeit der Abfindungshöhe

Ab Bekanntmachung der Tagesordnung ist eine Änderung der Abfindungshöhe zu Lasten der Minderheitsaktionäre nach herrschender Auffassung nicht mehr möglich.[389] *Vossius* will eine Absenkung auch in der Hauptversammlung noch zulassen,[390] während *Hüffer* ab Bekanntmachung der Tagesordnung überhaupt keine Änderungsmöglichkeit mehr zugesteht.[391] Gegen Letzteres spricht, dass eine Erhöhung nicht zu einer Benachteiligung der ausscheidenden Aktionäre führen kann, dem Hauptaktionär eine „Rettung" des Beschlusses etwa bei steigender Kursentwicklung möglich sein muss und die unrichtige Vorabinformation insofern hinnehmbar erscheint.[392] Verhindern kann der Hauptaktionär

---

[384] Vgl. *Koppensteiner*, in: KK, AktG, § 327b Rn. 6.

[385] *Steinmeyer/Häger*, WpÜG, § 327b Rn. 57.

[386] *Hasselbach* in: KK, WpÜG, § 327b Rn. 8.

[387] Vgl. *Fleischer*, in: GroßKommAktG, § 327b Rn. 8; MüKoAktG/*Grunewald*, § 327b Rn. 5.

[388] *Hasselbach* in: KK, WpÜG, § 327b Rn. 8; *Steinmeyer/Häger*, WpÜG, § 327b Rn. 55.

[389] OLG München, AG 2008, 37, 38; *Fleischer*, in: GroßKommAktG, § 327b Rn. 5 f.; MüKoAktG/*Grunewald*, § 327b Rn. 6 ff.; Emmerich/*Habersack*, Aktien- und GmbH-KonzernR, § 327b Rn. 4; *Heidel/Lochner*, AnwKommAktG, § 327b Rn. 5; *Koppensteiner*, in: KK, AktG, § 327d Rn. 3; *Gesmann-Nuissl*, WM 2002, 1205, 1207 f.

[390] *Vossius*, ZIP 2002, 511, 514.

[391] *Hüffer*, AktG, § 327b Rn. 6; kritisch *Leuering*, NJW 2008, 2012.

[392] Vgl. MüKoAktG/*Grunewald*, § 327b Rn. 7; *Singhof*, in: Spindler/Stilz, AktG, § 327b Rn. 3.

einen Squeeze-out zu einer ihm ungünstig erscheinenden Abfindungshöhe dadurch, dass er gegen den Beschluss stimmt, was er darf.[393]

Dem Hauptaktionär die Herabsetzung noch in der Hauptversammlung zu erlauben, konfligiert wiederum mit dem Sinn und Zweck der Bekanntmachung der Tagesordnung; hiernach soll dem Adressaten eine Entscheidung über das Ob der Teilnahme an der Hauptversammlung und insbesondere eine Entscheidung über sein Abstimmverhalten ermöglicht werden, so dass ihm etwa die Ausübung von Rede- und Fragerecht oder die Zwischenschaltung eines Stimmvertreters möglich ist.[394] Zudem sind dann sowohl der Bericht des Hauptaktionärs (§ 327c Abs. 2 S. 1 AktG) als auch der Prüfungsbericht (§ 327c Abs. 2 S. 2-4 AktG) unrichtig, die ebenfalls dem Nachweis der Angemessenheit der Abfindungshöhe dienen.[395] Ein dennoch gefasster Hauptversammlungsbeschluss ist anfechtbar.[396]

cc) Maßgeblicher Zeitpunkt der Festsetzung

Spätestens festzusetzen ist die Abfindungshöhe unmittelbar vor Bekanntmachung der Tagesordnung, denn ab diesem Zeitpunkt lässt sich das Angebot – wie soeben festgestellt – nicht mehr herabsetzen.[397] Nicht erforderlich ist also eine Festsetzung bereits mit dem Squeeze-out-Verlangen.[398] Die Festlegung schon beim an die Gesellschaft selbst gerichteten Squeeze-out-Verlangen des Hauptaktionärs vorauszusetzen erscheint unpraktikabel, da die Abfindungshöhe die Verhältnisse der Gesellschaft bei Beschlussfassung widerspiegeln soll und muss und unter Umständen ein erheblicher Zeitraum zwischen Verlangen und Hauptversammlung liegen kann. So fand sich in 74 Einladungen zur Hauptversammlung auch eine Angabe bezüglich des Zeitpunkts, an dem der Hauptaktionär die Beschlussfassung verlangt hat.[399] Am schnellsten

---

[393] *Fleischer*, in: GroßKommAktG, § 327b Rn. 4; MüKoAktG/*Grunewald*, § 327b Rn. 8; *Singhof*, in: Spindler/Stilz, AktG, § 327b Rn. 3.

[394] Vgl. *Hüffer*, AktG, § 124 Rn. 1.

[395] MüKoAktG/*Grunewald*, § 327b Rn. 8.

[396] MüKoAktG/*Grunewald*, § 327b Rn. 8; *Grzimek*, in: Geibel/Süßmann, WpÜG, § 327b Rn. 6.

[397] *Singhof*, in: Spindler/Stilz, AktG, § 327b Rn. 3, *Schnorbus*, in: Schmidt/Lutter, AktG, § 327b Rn. 9.

[398] *Schnorbus*, in: Schmidt/Lutter, AktG, § 327a Rn. 16; a.A. wohl LG Frankfurt am Main v. 29.1.2008, ZIP 2008, 1183, 1183 (LS), volles Urteil abrufbar bei Juris, vgl. dort Rz. 49.

[399] Vgl. die Einzelnachweise in Anhang VI.

kam die MIS AG dem Verlangen nach (42 Tage)[400], das Maximum lag bei 280 Tagen.[401] Durchschnittlich lag ein Zeitraum von 120 Tagen zwischen den Zeitpunkten, der Median lag bei 106 Tagen.

Unnötig ist dann auch zu verlangen, dass das Verlangen zumindest ein unverbindliches Abfindungsangebot enthält.[402] Dies allein vorauszusetzen, um dem Vorstand die Prüfung zu ermöglichen, ob überhaupt eine Abfindung angeboten wird, ist deshalb unnötig, weil insofern nachfolgend ausreichend Absicherung besteht (Nennung in Einladung, Bankgarantie, Bericht des Hauptaktionärs etc.).

Bis zur Hauptversammlung kann damit die Abfindungshöhe nicht mehr herabgesetzt, wohl aber noch heraufgesetzt werden.[403] Denn die Erhöhung kann nicht zu einer Benachteiligung der Minderheitsaktionäre führen. Auf der anderen Seite ist es dem Hauptaktionär damit möglich, zwischenzeitlichen Veränderungen Rechnung zu tragen.[404] Eine Erhöhung der Abfindung ist aus den genannten Gründen richtigerweise selbst im Rahmen einer vergleichsweisen Beendigung eines nachfolgenden Anfechtungsverfahrens noch möglich.[405]

dd) Zusätzliches freiwilliges Tauschangebot

Entscheidet sich der Hauptaktionär dazu, neben der Barabfindung den Minderheitsaktionären zusätzlich Aktien anzubieten, so unterliegt dies den Regeln des WpÜG.[406] Wenn eine Abfindung in eigenen Aktien des Hauptaktionärs für unzulässig gehalten wird[407], so ist wohl nur gemeint, dass auf jeden Fall zwingend eine Barabfindung angeboten werden muss.

---

[400] Vgl. elektronischer Bundesanzeiger, Einladung v. 15.12.2004.

[401] GE Frankona Rückversicherungs-Beteiligungs AG; vgl. elektronischer Bundesanzeiger, Einladung v. 12.11.2003.

[402] So aber *Fleischer*, in: GroßKommAktG, § 327b Rn. 4; *Koppensteiner*, in: KK, AktG, § 327b Rn. 4 sowie § 327a Rn. 14; *Schüppen/Tretter*, in: FK, WpÜG, § 327b Rn. 3; i.E. wie hier *Singhof*, in: Spindler/Stilz, AktG, § 327b Rn. 3.

[403] OLG München, AG 2008, 37, 38; MüKoAktG/*Grunewald*, § 327b Rn. 7; *Koppensteiner*, in: KK, AktG, § 327d Rn. 3; a.A. *Hüffer*, AktG, § 327b Rn. 6, kritisch hierzu *Leuering*, NJW 2008, 2012.

[404] MüKoAktG/*Grunewald*, § 327b Rn. 7.

[405] So OLG München, AG 2008, 37, 38.

[406] *Fleischer*, in: GroßKommAktG, § 327b Rn. 3; *Hasselbach* in: KK, WpÜG, § 327b Rn. 2; *Heidel/Lochner*, AnwKommAktG, § 327b Rn. 4; *Fuhrmann/Simon*, WM 2002, 1211, 1215; a.A. *Tröger*, DZWiR 2002, 397, 406.

[407] So *Ehricke/Roth*, DStR 2001, 1120, 1122.

ee) Berechnung der Abfindungshöhe

Eine gesetzliche Regelung zur Berechnung der Abfindung eines ausscheidenden Gesellschafters existiert für Kapitalgesellschaften nicht. Für die GbR ist in § 738 BGB vorgesehen, dass dem ausscheidenden Gesellschafter – hier von der Gesellschaft selbst – zu zahlen ist, was er bei der Auseinandersetzung erhalten würde, worin ganz überwiegend die Zahlung des „wahren Werts" der Beteiligung gesehen wird. Dementsprechend sei zunächst der „wahre Wert" des fortbestehenden Unternehmens zu ermitteln und von diesem auf den Wert des Anteils zu schließen.[408] Der Verlust der Mitgliedschaft soll – soweit möglich – wenigstens finanziell kompensiert werden[409], damit dem Gesellschafter aus dem Verlust seiner bisherigen Mitgliedschaft kein wirtschaftlicher Nachteil erwächst.[410] Diesem wird zum einen die Wiederanlage in einer anderen Kooperation ermöglicht[411], zum anderen ist die angemessene Kompensation auch im Hinblick auf den unfreiwilligen Eigentumsverlust verfassungsrechtlich geboten.[412]

Gleiches gilt im Wesentlichen für GmbH und AG. Ausgangspunkt ist nach richtiger Auffassung auch hier der Gesamtwert des Unternehmens.[413] Da aber die Anteile anders als bei den Personengesellschaften grundsätzlich frei handelbar sind, lässt sich der spezifische Anteilswert zusätzlich berücksichtigten. So ist seit DAT/Altana anerkannt, dass der Börsenwert grundsätzlich zumindest die Untergrenze einer zu leistenden Abfindung bildet.[414] Es wird zu diskutieren sein, ob ihm weitere Bedeutung zugemessen werden kann.

Konkret beim Squeeze-out muss gem. § 327a Abs. 1 S. 1 AktG die Abfindungshöhe angemessen sein und gem. § 327b Abs. 1 S. 1 Hs. 2 AktG die Verhältnisse der Gesellschaft im Zeitpunkt der Hauptversammlung berücksichtigen. Zur Berechnung der verfassungsrechtlich gebotenen vollen Entschädigung der Minderheitsaktionäre für den Verlust ihres Anteilseigentums ist der Wert des Unternehmens zu ermitteln. Im Gesetz nicht vorgegeben ist die Methode, nach welcher dies zu erfolgen hat. In der Praxis durchgesetzt hat sich die auch von der Judikatur ak-

---

[408] *Großfeld/Merkelbach*, NZG 2008, 241, 241.
[409] *Grunewald*, Der Ausschluß, S. 86.
[410] BGH NJW 1998, 1866, 1867.
[411] *Grunewald*, Der Ausschluß, S. 86.
[412] Hierzu ausführlich bereits oben II. 1. a).
[413] Zum Streitstand sogleich unter (1)(a).
[414] BVerfGE 100, 289, 307 f.

zeptierte[415] sog. Ertragswertmethode.[416] Abstellen ließe sich im Übrigen wie bereits gesagt auf Marktpreise wie insbesondere den Börsenkurs oder aber Preise, die der Hauptaktionär selbst in der Vergangenheit für Aktien gezahlt hat bzw. parallel zum Ausschlussverfahren zahlt.

(1) Unternehmensbewertung

(a) Grundlagen

(aa) „wahrer Wert" des Unternehmens

Es lässt sich zunächst feststellen, dass es überhaupt einen „wahren", „wirklichen", „objektiven" oder „inneren" Wert des Unternehmens bzw. der Aktie nicht gibt.[417] Dennoch soll von einem solchen nach Auffassung der Gerichte[418] und des juristischen Schrifttums[419] regelmäßig auszugehen sein, wenn es um die volle wirtschaftliche Entschädigung eines ausscheidenden Aktionärs geht. Gemeint ist in erster Linie, dass dem ausscheidenden Gesellschafter nur der anteilig auf ihn entfallende Vermögenswert zukommen soll, dass also der Gesellschaft bzw. dem Hauptaktionär der übrige Vermögenswert verbleibt.[420] Das abgeflossene Vermögen soll dem erlangten Vermögenszuwachs entsprechen, beim Squeeze-out also die Barabfindung dem Wert der übertragenen Anteile.

Nun kann es bei der Unternehmensbewertung aber lediglich um auf subjektiven Erwartungen und Plänen beruhende Kalküle über den Wert des Unternehmens und der Anteile aus Sicht des Käufers oder des Verkäufers gehen.[421] Der Wert eines Unternehmens bzw. eines Unternehmensanteils kann als Grenzpreis interpretiert werden, den der bisherige Eigentümer bei einem Verkauf zumindest erhalten müsste, um sich gegenüber einer Unterlassung der Transaktion nicht zu verschlechtern. Andersherum kann der Wert desselben Unternehmens auch als

---

[415] BVerfGE 100, 289, 307.

[416] Vgl. *Fleischer*, in: GroßKommAktG, § 327b Rn. 13; *Holzborn/Müller*, in: Bürgers/Körber, AktG, § 327b Rn. 9; *Busse von Colbe*, FS Lutter, 1053, 1057.

[417] *Busse von Colbe*, in: FS Lutter, 1053, 1055 ff.; *Dielmann/König*, AG 1984, 57, 57 f.; *Drukarczyk*, AG 1973, 357, 357 f.; *Großfeld*, Unternehmensbewertung, S. 24; *Hüttemann*, ZHR 162 (1998), 563, 574; *Mattes/v. Maldeghem*, BKR 2003, 531, 532; *Posegga*, Squeeze-out, S. 157; *Ränsch*, AG 1984, 202, 205; *Schwichtenberg*, Going Private, S. 259 f.; so bereits *Rieger*, Der Wirtschaftstreuhänder 1938, 256, 257.

[418] Zuletzt OLG Düsseldorf, AG 2008, 498, 499.

[419] *Henze*, in: FS Lutter 2000, 1101, 1109; *Kallmeyer*, AG 2000, 59, 60.

[420] Vgl. *Henze*, in: FS Lutter 2000, 1101, 1109.

[421] *Busse von Colbe*, in: FS Lutter, 1053, 1056.

Grenzpreis eines Käufers ermittelt werden, wieder unter der Prämisse einer ausbleibenden Verschlechterung von dessen Vermögenslage.[422] Da der Grenzpreis der Preis der günstigsten alternativen Mittelverwendung ist, kann er bei ein und demselben Unternehmen durchaus variieren, wenn Verkäufer und Käufer etwa über ungleiche unternehmerische Fähigkeiten oder über unterschiedliche Mittelverwendungsalternativen verfügen. Der Unternehmenswert hängt also hauptsächlich davon ab, was seine Eigentümer aus dem Unternehmen machen und machen können.[423] Variiert also der Unternehmenswert je nach Blickwinkel, kann ein objektiver Unternehmenswert nicht existieren. Dies hat des Weiteren zu Folge, dass der Börsenwert sich nicht als Untergrenze einer Barabfindung festsetzen und für nach oben korrekturfähig durch den anderswie ermittelten „wahren Wert“ betrachten lässt. Um aber dennoch zu einer Bewertung zu kommen, ist jedenfalls objektiv, d.h. aus Sicht eines unabhängigen Dritten, zu bewerten.[424]

Beim Squeeze-out ist es unangemessen, entweder auf den Grenzpreis des Hauptaktionärs oder den der Minderheitsaktionäre abzustellen. Hier helfen diese subjektiven Werte nicht weiter, da nicht zwei Transaktionspartner aus freiem Willen eine Unternehmenstransaktion durchführen. Vielmehr werden die Minderheitsaktionäre zwangsabgefunden, so dass nach einem gemeinen, objektiven Wert gefragt ist, nach einem fiktiven allgemeinen Wert des Unternehmens, wenn es auf einem vollkommenen Markt gehandelt würde.[425]

Zwischen den einzelnen Minderheitsaktionären lässt sich nicht weiter differenzieren, obwohl die Beteiligung subjektiv von ganz unterschiedlichem Wert für sie sein kann. Dies folgt für den Squeeze-out aus dem Wortlaut des Gesetzes, welches von einer generellen und vom Hauptaktionär festzusetzenden Barabfindung, also einer für alle Minderheitsaktionäre typisierten Abfindung spricht.[426] Dies folgt auch aus § 327f S. 2 AktG, wonach die Bestimmung einer angemessenen Barabfindung in die Hände des Spruchgerichts gelegt werden kann, welches sodann keineswegs auf jeden einzelnen Minderheitsaktionär abstellt. Auch ist Grundlage jeder Bewertung der Anspruch der Gesellschafter auf Beteiligung an künftigen Überschüssen, welcher relativ zum Grundkapital

---

[422] Vgl. hierzu und zum folgenden *Hecker*, Regulierung, Teil I, S. 90 ff., *Ränsch*, AG 1984, 202, 205 f.

[423] Vgl. *Ränsch*, AG 1984, 202, 205.

[424] Vgl. *Großfeld*, Unternehmensbewertung, S. 24 f.

[425] Vgl. *Jonas*, WPg 2007, 835, 840.

[426] Vgl. hierzu *Drukarczyk*, AG 1973, 357, 362 f.

für alle Gesellschafter gleich ist.[427] Im Übrigen widerspräche eine Differenzierung dem gesellschaftsrechtlichen Grundsatz der Gleichbehandlung der ausscheidenden Aktionäre.[428]

(bb) Wert des Unternehmens oder des Anteils als Ausgangspunkt?

Sodann stellt sich bei der AG die bei Personengesellschaften irrelevante Frage, ob die bei Ausscheiden des Gesellschafters zu leistende Abfindung zum vollen Wert nach dem Wert des Unternehmens oder nach dem – bei einer AG aufgrund der Fungibilität existenten und ggf. anteilig abweichenden – Wert des Gesellschaftsanteils zu berechnen ist. Nach richtiger Ansicht kommt es nicht auf einen isolierten Wert des Gesellschaftsanteils an.[429] Im Ausgangspunkt sind der Anteilswert und die dafür zu gewährende Abfindung vielmehr abzuleiten vom Wert des ganzen Unternehmens.[430] Als Wert des Unternehmens ist der Betrag anzusetzen, der bei Veräußerung des ganzen arbeitenden Unternehmens zu erzielen wäre. An diesem Wert ist der Ausscheidende dann entsprechend seinem Anteil zu beteiligen; der Gesamtunternehmenswert also in einem zweiten Schritt auf die Zahl aller Anteile zu verteilen.[431] Würde man allein auf den Wert des einzelnen Anteils abstellen, ergäbe sich zum einen eine inkonsistente Bewertungsmethodik für die verschiedenen Rechtsformen, da dies im Personengesellschaftsrecht mangels fungibler Anteile nicht gelten kann. Zum anderen ist nicht nur der Abzufindende angemessen für seinen Wertverlust abzufinden; auch der Abfindende (Hauptaktionär) soll nach dem gesetzgeberischen Willen beim Squeeze-out keinen Vermögensverlust erleiden, sondern lediglich einen wertmäßig äquivalenten Vermögensaustausch (Barabfindung gegen Anteile) vornehmen können. Insofern kann es im Grundsatz nur auf den anteiligen Wert des Unternehmens in toto, nicht auf den Wert des Einzelanteils ankommen. Bei der Berechnung des Unternehmenswerts

[427] Vgl. *Winner*, JBl 2007, 434, 437.

[428] *Drukarczyk*, AG 1973, 357, 363; *Großfeld*, Unternehmensbewertung, S. 31; für Österreich *Winner*, JBl 2007, 434, 437.

[429] BGHZ 129, 136, 165 (Girmes); *Großfeld*, Unternehmensbewertung, S. 227; *Hüffer*, AktG, § 305 Rn. 24c; *Hüffer/Schmidt-Assmann/Weber*, Anteilseigentum, S. 18 sowie S. 23 f.; a.A. *Busse von Colbe*, in: FS Lutter, 1053, 1064 f.; Stilz, ZGR 2001, 875, 882.

[430] *Großfeld/Merkelbach*, NZG 2008, 241, 241 f.

[431] Vgl. OLG München, AG 2007, 287, 291.

wiederum lässt sich freilich u.U. ein Marktpreis gebührend berücksichtigen.[432]

(cc) Beteiligung der Minderheit am Einsparpotential (Verbundvorteile)

Zu klären ist allerdings zunächst, ob die Minderheitsaktionäre überhaupt an den monetären Vorteilen, die ein Minderheitenausschluss für den Mehrheitsaktionär zur Folge hat, zu beteiligen wären.[433] Bejahendenfalls hätte dies nicht zur Folge, dass den Minderheitsaktionären eine Barabfindung zustünde, welche über dem Börsenkurs ihrer Anteile vor dem Ausschluss läge.[434] Eine solche Annahme ließe die Fähigkeit des Kapitalmarkts zur Antizipation dieser Entwicklungen unbeachtet. Möglicherweise hat aber auch hier das sog. Stand-alone-Prinzip zu gelten, wonach bei der Wertermittlung des Unternehmens die aus dem Abschluss des Gewinnabführungs- oder Beherrschungsvertrags resultierenden Verbundvorteile außer Betracht bleiben sollen.[435] Echte Verbundeffekte fielen nicht in den allein maßgeblichen Grenzpreis für außenstehende Aktionäre.[436] Diese Sichtweise stößt aber zu Recht schon für den Abschluss von Unternehmensverträgen auf Ablehnung.[437] Denn dies lässt außer Acht, dass bei der anzubietenden Abfindung in Aktien der herrschenden Gesellschaft der außenstehende Gesellschafter an den Verbundvorteilen partizipiert. Es ist nicht ersichtlich, warum er dies bei

---

[432] Hierzu ausführlich sogleich unter (2).

[433] Dafür: *Adolff*, Unternehmensbewertung, S. 400 ff.; *Gampenrieder*, WPg 2003, 481, 489; *Moritz*, Squeeze Out, S. 126 f.; *Rathausky*, FB 2008, 114, 120; für Österreich *Gall/Potyka/Winner*, Squeeze-out, S. 90 f.; dagegen: LG Frankfurt, AG 2007, 42, 46; *Kallmeyer*, AG 2000, 59, 60; *Land/Hennings*, AG 2005, 380, 387; *Paefgen*, ZHR 2008, 358, 361 f.; offengelassen von BGHZ 147, 108, 119; nach Auffassung des LG Dortmund, Der Konzern 2008, 238, 240 soll es sich hierbei um eine offensichtlich vernachlässigbare Größe handeln; vgl. zum Streitstand in den USA *Bebchuk/Kahan*, Discussion Paper, S. 2 Fn. 8.

[434] So aber *Helmis*, ZBB 2003, 161, 164.

[435] BGHZ 138, 136, 140 f.; MüKoAktG/*Bilda*, § 305 Rn. 59; *Koppensteiner*, in: KK, AktG, § 305 Rn. 64 ff.; *Hüffer*, AktG, § 305 Rn. 22; *Ränsch*, AG 1984, 202, 206 f.

[436] *Hüffer*, AktG, § 305 Rn. 22

[437] *Hirte/Hasselbach*, in: GroßKommAktG, § 305 Rn. 86; MüHdbAG/*Krieger*, § 70 Rn. 132; *Großfeld*, Unternehmensbewertung, S. 67 f.; *Emmerich*/Habersack, Aktien- und GmbH-Konzernrecht, § 305 Rn. 71; *Drukarczyk*, AG 1973, 357, 360 f.; *Fleischer*, ZGR 2001, 1, 27; *ders.*, ZGR 1997, 368, 399 f.; *Gansweid*, AG 1977, 334, 338 f.; *Raiser/Veil*, Kapitalgesellschaften, S. 795 f.; *Wackerbarth*, Unternehmensgruppe, S. 458 f.; ausführlich *Komp*, Zweifelsfragen, S. 244 ff.

der Barabfindung nicht soll.[438] Diese Unausgewogenheit zwischen Bar- und Aktienabfindung besteht beim Squeeze-out nicht; dennoch kann nichts anderes gelten.

Erstens ist nicht verständlich, warum bei einer erzwungenen Abgabe von Aktien bei ihrer Wertermittlung Synergievorteile keine Rolle spielen sollen und die ökonomische Basis eine andere sein soll als bei einem freiwilligen Verkauf.[439] Bei einer freien Verhandlung hätte sich der Abfindungsgläubiger nicht auf einen solchen Preis eingelassen. Zweitens ist das Synergiepotential Teil des Gesellschaftsvermögens und ist demnach bei der Unternehmensbewertung entsprechend zu berücksichtigen. Es wohnt der Gesellschaft inne und wäre auch bei Veräußerung der Gesellschaft ein wertbildender Faktor.[440] Drittens wurde aus Gründen der Funktionalität bei der AG auf den allgemeinen körperschaftlichen Grundsatz des Zustimmungserfordernisses beim Ausschluss eines Gesellschafters verzichtet. Wird schon hierauf verzichtet, so muss dennoch der Ausscheidende so gestellt werden, wie er stünde, könnte er über den Preis verhandeln. Dann aber würde er eine Beteiligung an den Synergieeffekten aushandeln können.

Jedenfalls steht also der Minderheit die Beteiligung an den durch ihr Ausscheiden eingesparten Kosten zu.[441] Es stellt sich dann weiter die Frage, wie hoch die Beteiligung der Minderheitsaktionäre an den zukünftig eingesparten Minderheitskosten ausfallen sollte. Denkbar wäre, ihnen die Wertsteigerung in voller Höhe zuzuweisen, da es dem Hauptaktionär ja freistehe, den Zwangsausschluss durchzuführen und durch den von ihm selbst ausgeübten Zwang keine Vorteile ziehen dürfe. Allerdings wäre dem Hauptaktionär damit jeder Anreiz zur Durchführung des Squeeze-out genommen und letztlich eine Maßnahme zur erleichterten Unternehmensführung und Unternehmenswertsteigerung unterbunden.[442] Richtigerweise stellt sich nach der bisherigen Praxis diese Frage freilich gar nicht. Die Verbundvorteile werden bei der Bewertung des Gesamtunternehmens berücksichtigt und sodann beim Rückschluss auf die Anteile entsprechend aufgeteilt.

---

[438]So *Wackerbarth*, Unternehmensgruppe, S. 459; vgl. auch MüKoAktG/*Bilda*, § 305 Rn. 82.

[439]Vgl. *Busse von Colbe*, ZGR 1994, 595, 604.

[440]Vgl. *Raiser/Veil*, Kapitalgesellschaften, S. 796.

[441]*Ehricke/Roth*, DStR 2001, 1120, 1124 wollen zwar Verbundeffekte berücksichtigen, aber nicht die volle Kontrollprämie zusprechen und damit einen Mittelweg finden.

[442]*Ritzer-Angerer*, FB 2004, 285, 291.

Nicht vorgesehen ist im Übrigen die Ausschüttung einer Prämie an die Minderheitsgesellschafter. Eine erhöhte Abfindung im Sinne eines Paketzuschlags, da der Hauptaktionär dank des Zwangsausschlusses Alleinaktionär wird, steht ihnen nicht zu.[443] Dies folgt aus der eindeutigen gesetzlichen Anordnung einer angemessenen Barabfindung unter Berücksichtigung der Verhältnisse der Gesellschaft zum Bewertungsstichtag.

(dd) Erstattung der Transaktionskosten?

Im Übrigen ist zu beachten, dass kein Schadensersatz zu leisten ist, könnte man doch erwägen, dem typisierten Ausscheidenden zusätzlich zum Wert der Beteiligung auch die Kosten einer Alternativanlage zu ersetzen.[444] Diese Kosten zählen aber nicht zum wahren Wert des Unternehmens, sondern lediglich zum Wert des vom Aktionär gehaltenen Unternehmensanteils als Anlageobjekt. Bei diesem Ausschlussrecht handelt es sich zwar nicht um ein besonderes Verteidigungsrecht, vergleichbar etwa mit den Ausschlussrechten, wie sie im Personengesellschaftsrecht begegnen.[445] Dennoch soll nach der gesetzlichen Wertung dem Hauptaktionär der Squeeze-out ohne eigene Verluste möglich sein.

(b) Methode

Um zu einer angemessenen Barabfindung zu gelangen ist also der Wert des Unternehmens zu bestimmen. Dieser leitet sich ab aus seiner Fähigkeit, Überschüsse für seine Eigner zu erzielen.[446] Erforderlich wird also eine Prognose, die notwendigerweise mit Unwägbarkeiten verbunden ist.[447] In Literatur und Rechtsprechung wird deshalb vielfach Unbehagen geäußert: So wird zu Recht vorgebracht, dass – entgegen dem oftmals vermittelten Eindruck – die Bewertung keine mathematisch exakte Rechenoperation sei, sondern eine Schätzung mit Spielräumen.[448]

---

[443] Vgl. *Land/Hennings*, AG 2005, 380, 387.

[444] So bereits zum Personengesellschaftsrecht *Grunewald*, Ausschluß, S. 86 f.; a.A. *Drukarczyk*, AG 1973, 357, 361.

[445] Vgl. *Grunewald*, Ausschluß, S. 86.

[446] BGH, JZ 1980, 105, 106; BGH, BB 1986, 2168, 2169; IDW S1, WPg 2005, 1303, 1305; *Großfeld*, Unternehmensbewertung, S. 22, 38.

[447] Vgl. *Großfeld*, Unternehmensbewertung, S. 23.

[448] LG Frankfurt am Main, AG 2007, 42, 43; ähnlich OLG Stuttgart, AG 2008, 510, 512.

Es handele sich um einen Blick in die Glaskugel.[449] Es ließe sich letztlich in bestimmten Grenzen jede Firma arm oder reich rechnen.[450] Dennoch führt beim Squeeze-out trotz allen Unbehagens aufgrund des faktischen Zwangs zur Bewertung kein Weg an einer Bewertung mittels einer möglichst realistischen Simulation einer Marktsituation – der Veräußerung des gesamten Unternehmens – vorbei. Auch gibt es keine Alternative zur zukunftsorientierten Bewertungsmethode. Dem Substanzwert kommt bei Ermittlung des Unternehmenswerts damit keine eigenständige Bedeutung zu.[451] Von wirtschaftlichem Wert ist nicht die Substanz einer Sache, sondern das, was sich mit ihr anstellen lässt.[452]

Der Zukunftsüberschusswert lässt sich nach verschiedenen Verfahren, etwa der sog. Ertragswertmethode, dem sog. Discounted Cashflow-Verfahren, dem Dividendendiskontierungsmodell und der Residualgewinnmethode bestimmen.[453] Im Rahmen der Unternehmensbewertung kann auf IAS/IFRS-Jahresabschlüsse der abgelaufenen Geschäftsjahre zurückgegriffen werden.[454] Die Rechtsprechung akzeptiert heute generell die Ertragswertmethode[455], lässt aber andere Methoden zu. Nach der Ertragswertmethode sind die nachhaltigen Erträge des Unternehmens in der Zukunft zu ermitteln und sodann auf den Bewertungsstichtag abzuzinsen mit einem an der Rendite des öffentlichen Kapitalmarkts orientierten Zinsfuß.[456] Zu addieren ist der Wert des nicht betriebsnotwendigen Vermögens[457], da solches Vermögen nicht – wie von der Ertragswertmethode vorausgesetzt – entsprechend der Unternehmensaufgabe zum Unternehmenserfolg beiträgt.[458] Anzusetzen ist

[449]So *Luttermann*, EWiR 2007, 613, 614.

[450]So das LG Heidelberg, EWiR 2004, 265; kritisch etwa auch *Hennrichs*, ZGR 1999, 837, 850 Fn. 58 („Prophetie").

[451]IDW S1, WPg 2005, 1303, 1305, 1319.

[452]Vgl. *Großfeld*, Unternehmensbewertung, S. 45.

[453]Vgl. *Hopt*, in: Baumbach/Hopt, HGB, Einl. § 1 Rn. 36; *Fleischer*, in: GroßKommAktG, § 327b Rn. 13; *Großfeld*, Unternehmensbewertung, S. 23; IDW S1, WPg 2005, 1303, 1305, 1313; für Österreich: *Gall/Winner*, Recht und Steuern 2007, 213, 216.

[454]OLG Hamburg, AG 2005, 253, 254; OLG Hamm, AG 2005, 854, 854; *Fleischer*, in: GroßKommAktG, § 327b Rn. 13; a.A. *Knoll*, BB 2006, 369 ff., der hierin eine unzulässige Benachteiligung von abzufindenden Minderheitsaktionären erkennt.

[455]BVerfG, JZ 1999, 942, 944; BGH, DB 2001, 969; BGHZ 116, 359, 370 f.

[456]Vgl. OLG Düsseldorf, AG 2008, 498, 500; OLG Stuttgart, AG 2008, 510, 512 f.; *Großfeld*, Unternehmensbewertung, S. 44 f.

[457]Vgl. IDW S1, WPg 2005, 1303, 1305, 1310.

[458]*Hüffer*, AktG, § 305 Rn. 19; *Koppensteiner*, in: KK, AktG, § 305 Rn. 77, 82; kritisch *Jonas*, WPg 2007, 835, 837, der darauf hinweist, dass auch solches Vermögen

dieses Vermögen mit seinem Liquidationswert, sofern dieser den Barwert der erzielbaren finanziellen Überschüsse – so es im Unternehmen verbleibt – übersteigt.[459] Das Cashflow-Verfahren wurde von der Rechtsprechung bislang nicht behandelt.[460] Ebenso wie beim Ertragswertverfahren wird der Barwert zukünftiger finanzieller Überschüsse ermittelt. Diskontiert werden Cashflows, also erwartete Zahlungen an die Kapitalgeber.[461]

(aa) Kapitalisierung der Ertragswerte

Bei der Bewertung kommt dem sog. Kalkulationszinsfuss grundlegende Bedeutung zu. Je höher er bemessen ist, desto niedriger fällt der Unternehmenswert aus.[462] Er gliedert sich auf in den Basiszins, den Risikozuschlag und den Wachstumsabschlag. Der Basiszinsfuß hat zunächst die Aufgabe, die bei alternativer Geldanlage im Entscheidungszeitpunkt erzielbare risikolose Rendite abzubilden.[463] Üblich ist es, hierbei auf den Zinssatz von öffentlichen Anleihen zurückzugreifen, genauer auf Durchschnittswerte der Renditen der Vergangenheit.[464] Nach herkömmlicher Methodik wurde diese risikofreie Anlage nun durch Zu- und Abschläge an das Risikoprofil der im Einzelfall interessierenden Aktienanlage angepasst.[465]

(aaa) Risikozuschlag

Der Basiszins bezieht sich auf eine sichere Anleihe ohne Liquidationsrisiko; für die Investition in eine unsichere Unternehmensbeteiligung erwartet der Markt einen Zuschlag, der dieses Risiko ausgleicht.[466] Bei

---

zu künftigen Gewinnanteilen beiträgt und so in den zu verzinsenden Barwert mit einfließt.

[459] Vgl. IDW S1, WPg 2005, 1303, 1310.

[460] Vgl. *Großfeld*, Unternehmensbewertung, S. 45.

[461] Vgl. IDW S1, WPg 2005, 1303, 1316.

[462] Vgl. *Reuter*, AG 2007, 1, 2.

[463] Vgl. *Wenger*, in: FS Drukarczyk, 475, 478.

[464] *Großfeld*, Unternehmensbewertung, S. 119; vgl. im Einzelnen LG Frankfurt, AG 2007, 42, 44. Teilweise wird von wirtschaftswissenschaftlicher Seite allerdings moniert, dass in den vergangenen Jahren die risikolosen Renditen zurückgingen, die Bewertungspraxis aber empirisch nachweisbar an höheren als den ökonomisch gerechtfertigen Zinsen bei der Festlegung des Basiszinsatzes festhielt, vgl. *Lampenius/Obermaier/Schüler*, ZBB 2008, 245 ff., 253.

[465] *Großfeld*, Unternehmensbewertung, S. 122 ff.

[466] OLG Stuttgart, AG 2008, 510, 514; *Großfeld*, Unternehmensbewertung, S. 122 ff.

der Ermittlung dieses sog. Risikozuschlags soll nach dem IDW Standard n.F. grundsätzlich das Capital Asset Pricing Model (CAPM), nicht mehr die pauschale Methode, zur Anwendung gelangen.[467] Ermittelt wird danach zunächst die allgemeine historische Marktrisikoprämie der Aktienanlage im Vergleich zu risikolosen staatlichen Anleihen.[468] Durch Multiplikation mit einem sog. Betafaktor, der sich aus der Volatilität der Aktie ergibt, wird diese sodann an das bewertete Unternehmen angepasst. Durch einen derartigen Abgleich soll die Unsicherheit beim Risikozuschlag verringert werden.

Umstritten ist, ob das CAPM beim aktienrechtlichen Squeeze-out angewendet werden darf. Dies wird teilweise abgelehnt[469], weil der Hauptaktionär sein künftiges Unternehmerrisiko nicht zum Teil auf die Abfindung der Ausscheidenden abwälzen dürfe. Diese Risiken könne der Hauptaktionär zudem durch anschließende Konzernierung offensichtlich minimieren, wie die Durchführung des Squeeze-out verdeutliche. Auch entfiele aufgrund des sich in der Regel an den Squeeze-out anschließenden Delisting die Möglichkeit von Kursgewinnen, welche aber bei der CAPM vorausgesetzt würde. Ein Abstellen auf andere Gesellschaften und historische Daten sei auch problematisch aufgrund der gesetzlich vorgesehenen Bindung an die Verhältnisse der Gesellschaft zum Zeitpunkt der Beschlussfassung, § 327b Abs. 1 S. 1 AktG.

Die Gegenauffassung hegt keine Bedenken gegen die Anwendbarkeit des CAPM auch beim Squeeze-out.[470] In der Tat kann beim CAPM von einem Abwälzen des Unternehmensrisikos vom Hauptaktionär auf die Minderheitsaktionäre keine Rede sein. Diese sollen für den Verlust ihrer Position entschädigt werden, die vor dem Squeeze-out ebenso mit diesen Risiken behaftet war wie die des Hauptaktionärs. Weil Bewerten immer auch Vergleichen heißt[471], ist der Blick auf Alternativanlagen auch beim Squeeze-out keineswegs versperrt.[472]

Dies bedeutet schlussendlich, dass sowohl die Zuschlagsmethode als auch das CAPM aus rechtlicher Sicht gangbare Bewertungsmethoden

[467] IDW S1, WPg 2005, 1303, 1315; vgl. hierzu *Ehrhardt/Nowak*, AG-Sonderheft 2005, 3 ff.

[468] Vgl. OLG Stuttgart, AG 2008, 510, 514.

[469] LG Frankfurt am Main, AG 2007, 42, 46; LG Dortmund, ZIP 2007, 2029, 2032 f.

[470] *Reuter*, AG 2007, 1, 5; *Wittgens/Redeke*, ZIP 2007, 2015, 2017 f.

[471] *Moxter*, Unternehmensbewertung, S. 123.

[472] *Reuter*, AG 2007, 1, 5.

sind und die Entscheidung für den einen oder den anderen Weg den mit der Bewertung befassten Fachleuten obliegt.[473]

(bbb) Geldentwertungs- und Wachstumsabschlag

Der sog. Wachstumsabschlag resultiert aus dem Umstand, dass in einer späteren Zukunft sich die Überschüsse des Unternehmens verändern werden. Der Geldentwertungsabschlag berücksichtigt, dass in einem Unternehmen die zukünftige Geldentwertung besser aufgefangen werden kann als bei einer Anlage in festverzinslichen Wertpapieren.[474] Es ist davon auszugehen, dass das Unternehmen Preissteigerungen an Kunden weitergeben kann.[475] Letztlich führt dieser Abschlag zu einem höheren Unternehmenswert, was damit übereinstimmt, dass Sachwerte bei Inflation höher bewertet werden als Geldanlagen.[476]

(bb) Liquidationswert

Die Abfindungshöhe kann sich grundsätzlich nicht an dem Preis orientieren, den ein Verkauf aller einzelnen Vermögensgegenstände erbrächte. Auch in der Liquidation würde das Unternehmen in toto verkauft werden, so dies denn die günstigste Verwertung des Gesellschaftsvermögens ist.[477] Maßgeblich können also nur Fortführungswerte sein, nicht die Einnahmen, die bei Einzelveräußerung der Aktiva zu erzielen wären.

Auf den Ertragswert kann es allerdings dann nicht ankommen, wenn bei einer Liquidation des Unternehmens der erzielbare Barwert den Ertragswert bei Annahme der Fortführung des Unternehmens übersteigt.[478] Umstritten ist, ob der (fiktive) Liquidationswert bei der Unternehmensbewertung stets[479] als Untergrenze des Unternehmenswerts angenommen werden muss oder mit der neueren Rechtsprechung danach differenziert werden muss, ob eine Liquidation beabsichtigt ist

---

[473] Vgl. *Reuter*, AG 2007, 1, 5 f.; *Großfeld*, Unternehmensbewertung, S. 139.

[474] OLG Stuttgart, AG 2008, 510, 515; *Großfeld*, Unternehmensbewertung, S. 147 f.

[475] Vgl. *Großfeld*, Unternehmensbewertung, S. 148.

[476] *Großfeld*, Unternehmensbewertung, S. 148.

[477] *Flume*, Personengesellschaft, § 12 I, S. 170.

[478] OLG Düsseldorf, AG 2008, 498, 500; *Hirte/Hasselbach*, in: GroßKommAktG, § 305 Rn. 148; *Simon/Leverkus*, in: Simon, SpruchG, Anh. § 11 Rn. 169.

[479] So die traditionelle Lehre, etwa BayObLG, AG 1995, 509, 510; *Hopt*, in: Baumbach/Hopt, HGB, Einl. § 1 Rn. 36 f.; *Simon/Leverkus*, in: Simon, SpruchG, Anh. § 11 Rn. 169 ff.; *Ulmer*, in: Hachenburg, GmbHG, § 34 Rn. 73; vgl. auch *Piltz*, Unternehmensbewertung, S. 189 ff.

oder aus welchen Gründen ein ggf. unrentables Unternehmen fortgeführt wird.[480] Unzweifelhaft ist er Untergrenze, wenn das Unternehmen ohnehin liquidiert werden soll oder eine Verpflichtung hierzu besteht.[481] Wenn es aber fortgeführt werden soll, so soll nach der zuletzt genannten Auffassung der Liquidationswert nur Untergrenze sein, wenn auf Dauer die Ertragsaussichten negativ sind. Eine Fortführung der unternehmerischen Tätigkeit entspreche dann nicht wirtschaftlich sinnvollem Handeln.[482] Ansonsten wäre trotz hohen Liquidationswerts u.U. gar keine Abfindung zu zahlen und allein den verbliebenen Gesellschaftern fiele die Chance eines Liquidationserlöses zu.[483] Treten allerdings Aspekte hinzu, die auch dann die Fortführung vertretbar erscheinen lassen, oder ist das Unternehmen aus rechtlichen oder tatsächlichen Zwängen fortzuführen, so kann der Liquidationswert auch hier ausnahmsweise nicht als Untergrenze gelten.[484] Nach Auffassung des BGH ist der Liquidationswert nicht heranzuziehen, wenn der Unternehmer keine Liquidation beabsichtigt, hierzu auch keine finanzielle Notwendigkeit besteht, die Fortführung wirtschaftlich nicht unvertretbar erscheint und der Unternehmer auch nicht zur Liquidation verpflichtet war.[485]

Eine Fallgestaltung darf hierbei aber nicht übersehen werden: Andauernd ertragsschwache Unternehmen erwarten zwar nicht dauerhaft Verluste; das eingesetzte Kapital wird dennoch nicht angemessen verzinst und eine Fortführung des Unternehmens entspricht auch hier regelmäßig nicht unternehmerischem Handeln. Auch und gerade bei diesen Unternehmen muss damit der fiktive Liquidationswert als Untergrenze herangezogen werden.[486] Diesen nur bei Unternehmen mit dauerhaft *negativer* Ertragsprognose zugrundezulegen, greift zu kurz. Eine Grenzziehung wird im Einzelfall freilich schwer fallen.

[480] OLG Düsseldorf, AG 2004, 324, 327 f.; *Großfeld*, Unternehmensbewertung, S. 204 f.; *Hirte/Hasselbach*, in: GroßKommAktG, § 305 Rn. 148 ff.; *Koppensteiner*, in: KK, AktG, § 305 Rn. 89 f.; *Lutter/Hommelhoff*, in: Lutter/Hommelhoff, GmbHG, § 34 Rn. 50; MüKoAktG/*Bilda*, § 305 Rn. 85; offengelassen von OLG Düsseldorf, AG 2008, 498, 500.

[481] MüKoAktG/*Bilda*, § 305 Rn. 85; *Lutter/Hommelhoff*, in: Lutter/Hommelhoff, GmbHG, § 34 Rn. 50.

[482] OLG Düsseldorf, AG 2004, 324, 327; MüKoAktG/*Bilda*, § 305 Rn. 85.

[483] Vgl. *Großfeld*, Unternehmensbewertung, S. 205.

[484] BGH, NJW 1973, 509, 509; MüKoAktG/*Bilda*, § 305 Rn. 85; *Großfeld*, Unternehmensbewertung, S. 206; *Koppensteiner*, in: KK, AktG, § 305 Rn.90.

[485] BGH, NJW 1982, 2497, 2498.

[486] Vgl. IDW S1, WPg 2005, 1303, 1318; *Simon/Leverkus*, in: Simon, SpruchG, Anh. § 11 Rn. 173.

(cc) Berücksichtigung der Besteuerung der Anteilseigner

Ertragssteuern der Unternehmenseigner, die mit dem Eigentum an dem Unternehmen korrelieren, sind bei der Unternehmensbewertung entsprechend zu berücksichtigen.[487] Bei Squeeze-outs würde die individuelle Berücksichtigung der Besteuerung der abzufinden Aktionäre bei der Bewertung der Abfindungshöhe zu unterschiedlichen Kompensationsleistungen führen, was in Konflikt geriete mit dem Grundsatz der Gleichbehandlung.[488] Eine Abfindung soll dem Anleger eine Alternativinvestition mit gleicher Rendite wie die bisherige Anlage ermöglichen; hierbei kommt es ihm aber nur auf die Überschüsse nach Steuern an.[489] Aus diesem Grund sind Steuern typisierend zu berücksichtigen[490], nach dem IDW mit 35%.[491]

(2) Relevanz von Marktpreisen

(a) Börsenkurs

Der Börsenkurs bestimmt nach der zutreffenden herrschenden Meinung in der Regel die Untergrenze einer Abfindung.[492] Letztere kann bei höherem Ertragswert also durchaus auch höher anzusetzen sein,[493] was jedoch verfassungsrechtlich nicht geboten ist. Vereinzelt wird vertreten, der Börsenwert könne allenfalls als Abwägungsfaktor zur Plausibilisierung der Abfindungshöhe dienen.[494] Dies lässt außer Acht, dass die herrschende Auffassung keineswegs von einer zutreffenden Einschätzung des Unternehmenswerts durch die Börse ausgeht, sondern viel-

[487] IDW S1, WPg 2005, 1303, 1307; vgl. LG Frankfurt, AG 2007, 42, 46; *Großfeld*, Unternehmensbewertung, S. 141 f.

[488] *Wittgens/Redeke*, ZIP 2007, 2015, 2017; so auch zu § 305 AktG *Hirte/Hasselbach*, in: GroßKommAktG, § 305 Rn. 190.

[489] OLG Stuttgart, AG 2008, 510, 513; *Reuter*, AG 2007, 1, 6.

[490] OLG Stuttgart, AG 2008, 510, 513; *Reuter*, AG 2007, 1, 6; *Wittgens/Redeke*, ZIP 2007, 2015, 2016; vgl. auch *Großfeld*, Unternehmensbewertung, S. 100 ff.

[491] IDW S1, WPg 2005, 1303, 1309; dies fußt auf einer statistischen Auswertung des Jahres 1989; vgl. hierzu die statistische Untersuchung von *Heintzen/Kruschwitz/Löffler/Maiterth*, ZfB 2008, 275 ff.

[492] BGHZ 147, 108, 115; OLG Düsseldorf, AG 2007, 325, 328; *Emmerich*/Habersack, Aktien- und GmbH-Konzernrecht, § 305 Rn. 43a; *Hüffer*, AktG, § 305 Rn. 24 c., MüKoAktG/*Bilda*, § 305 Rn. 66, *Hirte/Hasselbach*, in: GroßKomm-AktG, § 305 Rn. 153; *Koppensteiner*, in: KK, AktG, § 305 Rn. 98 ff.; IDW S1, WPg 2005, 1303, 1306.

[493] BGHZ 147, 108, 117.

[494] *Großfeld*, Unternehmensbewertung, S. 190 f., 198; *E. Vetter*, AG 1999, 566, 571.

mehr dem Ausscheidenden nur geben will, was er verliert: die Möglichkeit zur Desinvestition zum Börsenkurs.[495]

Verbreitet wird demgegenüber befürwortet, zur Bewertung gänzlich auf Börsenkurse überzugehen.[496] Der Wert einer Aktie und damit auch des Unternehmens hänge maßgeblich von Erwartungen und Hoffnungen ab, die sich im Börsenkurs widerspiegelten. Börsenkurse seien Ergebnis eines freien Preisbildungsprozesses am Markt und hätten größere Aussagekraft als jedes gerichtliche Gutachten.[497] Auch bei der Wertermittlung nach der Ertragswertmethode sei auf zukünftige Entwicklungen in Form von Prognosen einzugehen.[498] In der Vergangenheit kam es aus diesem Grund zu erster Kritik am früher weit überwiegend für maßgeblich gehaltenen Ertragswertverfahren: Klüger als der Markt könne ein Sachverständiger nicht sein.[499] Eine bessere Erkenntnisquelle sei nicht ersichtlich.[500] Insbesondere könnten am Markt gezahlte Preise den Verkehrswert besser widerspiegeln als Berechnungen des Ertrags- oder Substanzwertes und entsprechende Schlussfolgerungen daraus.[501] Ferner hätten die vom Ausschluss betroffenen Aktionäre ihre Aktien nunmal zu Marktpreisen über die Börse erstanden, so dass sie auch mit diesem und nicht einem gutachterlich ermittelten Wert entschädigt werden müssten.[502] Folgte man dem, so erledigte sich letztlich

---

[495] Vgl. Emmerich/*Habersack*, Aktien- und GmbH-Konzernrecht, § 305 Rn. 43.

[496] *Bayer*, Gutachten, 67. DJT, E105 f.; *Veil*, in: Spindler/Stilz, AktG, § 305 Rn. 51; *Aha*, AG 1997, 26, 28; *Busse von Colbe*, in: FS Lutter, 1053, 1057 ff; *ders.*, AG 1964, 263 f.; *Ehricke/Roth*, DStR 2001, 1120, 1124; *Hüttemann*, ZGR 2001, 454 ff.; *Luttermann*, ZIP 1999, 45 ff; *ders.*, ZIP 2001, 869, 871 f.; *ders.* EWiR 2007, 613, 614; *Piltz*, ZGR 2001, 185, 195 f.; *Quandt*, Squeeze-out, S. 176 ff., 191; *Steinhauer*, AG 1999, 299, 306 f.; *Stilz*, ZGR 2001, 875, 892 ff.; *Ullrich*, Abfindung, S. 108; *Weber*, ZGR 2004, 280, 300; jedenfalls für den Regelfall MüHdbAG/*Krieger*, § 70 Rn. 135, der die DAT/Altana-Entscheidung in dieser Hinsicht für undeutlich hält; so auch bereits *Buwert*, Der Wirtschaftstreuhänder 1938, 145, 148; *Rieger*, Der Wirtschaftstreuhänder 1938, 256, 257; sowie *ders.*, JW 1938, 3016 ff. mit abl. Anm. *Meilicke*; *Schiessl*, AG 1999, 442, 451 hält ein Abstellen auf den höchsten Börsenpreis der letzten sechs Monate für eine gangbare Möglichkeit; explizit a.A. Emmerich/*Habersack*, Aktien- und GmbH-Konzernrecht, § 305 Rn. 44; *Group of German Experts on Corporate Law*, ZIP 2002, 1310, 1312; *Hüffer*, AktG, § 305 Rn. 24 c; *Koppensteiner*, JBl 2003, 707, 711 f.; für Österreich *Winner*, JBl 2007, 434, 438.

[497] *Steinhauer*, AG 1999, 299, 306; vgl. auch KG, ZIP 2007, 75, 77.

[498] KG, ZIP 2007, 75, 77.

[499] *Busse von Colbe*, AG 1964, 263, 266.

[500] *Luttermann*, NZG 2007, 611, 617.

[501] So bereits OLG Hamm, AG 1963, 218, 220.

[502] Vgl. *Krause*, BB 2002, 2341, 2345.

jegliches Bewertungsproblem. Es würde eine Unternehmensbewertung existieren, die laufend von einer objektiven Instanz verbindlich mitgeteilt würde.[503] Teilweise und zu Recht wird freilich eingeräumt, dass auf den Börsenpreis nur zurückgegriffen werden könne, wenn es einen ausreichenden Markt für die betreffenden Aktien gibt.[504] Und genau aus diesem Grund betrachtet die Rechtsprechung und herrschende Lehre den Kurs erstens nur als Untergrenze und zweitens als im Ausnahmefall unbeachtlich.

Man könnte mit der älteren Rechtsprechung einwenden, der Börsenkurs hänge von vielen Faktoren ab, bilde aber nicht notwendigerweise den „wahren" Unternehmenswert ab, nach dessen Maßgabe den Minderheitsaktionären Entschädigung für ihren Eigentumsverlust zu gewähren ist. Der Börsenwert sei nur dann hinreichend genau, wenn hinsichtlich der Aktien eine Vielzahl von Anbietern und Nachfragern existierten; andernfalls führten etwa zufallsbedingte Umsätze, spekulative Einflüsse oder sonstige nicht wertbezogene Einflüsse wie politische Ereignisse, Gerüchte, Informationen und psychologische Momente zur Ungeeignetheit des Börsenkurses, eine zuverlässige Aussage über den wahren Wert des Unternehmens zu treffen.[505] Insbesondere sei der Börsenkurs nach „Enron" und „Parmalat" nicht mehr „das Gelbe vom Ei".[506] Ursprünglich hielt die (fast[507]) einheitliche Rechtsprechung[508] und herrschende Meinung in der Literatur[509] den Börsenkurs dann auch für irrelevant bei der Abfindungsbemessung. Hieran ist jedoch in der Literatur zunehmend Kritik geübt worden.[510]

Eine grundlegende Änderung trat sodann ein durch den DAT/Altana-Beschluss des BVerfG, nach dem der Börsenkurs grund-

---

[503] Vgl. *Adolff*, Unternehmensbewertung, S. 14.

[504] *Steinhauer*, AG 1999, 299, 307.

[505] BGH AG 1967, 264.

[506] So *Großfeld*, EWiR 2004, 265, 266.

[507] Nur das OLG Hamm, AG 1963, 218, 219 und AG 1964, 41 sowie das BayObLG, DB 1998, 2315 haben auf den Börsenkurs abgestellt, letzteres aber nur mangels der Erstellbarkeit eines Gutachtens.

[508] BGH AG 1967, 264; BayOBLG AG 1995, 509, 510; OLG Düsseldorf AG 1995, 85, 86; OLG Celle AG 1999, 128, 129; LG Dortmund AG 1982, 257, 258; LG Frankurt AG 1985, 310, 311.

[509] *Geßler*, in: Geßler/Hefermehl, AktG, § 305 Rn. 34; *Wilhelmi*, in: Godin/Wilhelmi, AktG, § 305 Anm. 3; *Koppensteiner*, in: KK, AktG, 2. Aufl., § 305 Rn. 37; *Hüffer*, AktG, 4. Aufl., § 305 Rn. 20b.

[510] Vgl. *Emmerich*/Habersack, Aktienkonzernrecht, 1998, § 305 Rn. 35; *Aha*, AG 1997, 26, 28; *Ammon*, FGPrax 1998, 121, 122; *Luttermann*, ZIP 1999, 45,46.

sätzlich die Untergrenze für die Höhe der Barabfindung darstelle[511], was nach der Regierungsbegründung zum WpÜG auch beim Squeeze-out gelten soll.[512] Auszugleichen sei, was dem Minderheitsaktionär an Eigentum im Sinn von Art. 14 Abs. 1 GG verloren gehe.[513] Der Aktionär dürfe mit der Abfindung nicht schlechter gestellt werden als bei einer freiwilligen Desinvestitionsentscheidung.[514] Er soll bei zwangsweisem Ausscheiden nicht weniger erhalten als bei einer freiwilligen Veräußerung am Markt. Dies gebiete im Übrigen die Eigentumsgarantie des Art. 14 GG. Der Minderheitsaktionär erleide durch die Maßnahme einen Vermögensverlust in Form des Verlustes des Verkehrswerts der Aktie; dieser bilde die Untergrenze der „wirtschaftlich vollen Entschädigung". Der Börsenkurs sei identisch mit dem Verkehrswert. Der Minderheitsaktionär dürfe nicht weniger erhalten, als er bei einer freien Desinvestitionsentscheidung zum Zeitpunkt des Unternehmensvertrags oder der Eingliederung erhalten hätte. Dies soll unabhängig von der Frage gelten, ob der Börsenkurs Rückschlüsse auf den wahren Unternehmenswert zulässt. Daraus folge, dass die Abfindung bei börsennotierten Gesellschaften im Grundsatz mindestens dem Börsenkurs der Aktien der beherrschten bzw. eingegliederten Gesellschaft zum Stichtag entspreche. Denn die Verkehrsfähigkeit als Eigenschaft des Aktieneigentums dürfe bei der Wertbestimmung nicht außer Betracht bleiben. Diese Grundsätze beanspruchen nach allgemeiner Meinung ohne weiteres auch Geltung im Rahmen der §§ 327a ff. AktG.[515] Das Schutzbedürfnis der Minderheitsaktionäre beim Squeeze-out entspricht hinsichtlich ihrer vollen Entschädigung dem bei Eingliederung oder Unternehmensvertrag.[516] Ergänzend wurde vorgebracht, dass eine gutachterliche Ermittlung des inneren Unternehmenswertes angesichts der Möglichkeit des Großaktionärs, kursrelevante positive Informationen zurückzuhalten, eher nicht zu einer den Börsenkurs unterschreitenden Bewertung gelangen würde.[517]

Einem völligen Übergang auf den Börsenkurs steht entgegen, dass nach dem gegenwärtigen Stand der ökonomisch-empirischen Forschung von einer Efficient Capital Market Hypothesis nicht ausgegangen wer-

---

[511] BVerfGE 100, 289, 307 f.; kritisch *Henze*, in: FS Lutter, S. 1101, 1109 f.
[512] BT-Drucks. 14, 7034, S. 72.
[513] BVerfGE 100, 289, 305.
[514] BVerfGE 100, 289, 306.
[515] OLG Düsseldorf, AG 2008, 498, 501; OLG Düsseldorf, AG 2007, 325, 326.
[516] OLG Düsseldorf, AG 2008, 498, 501.
[517] *Wenger/Hecker*, IFO-Studien 1995, 51, 71.

den kann.[518] Der Aktienmarkt ist nicht allokationseffizient, es fehlt an einem eindeutigen Zusammenhang der Börsenbewertung mit dem Fundamentalwert des Unternehmens.[519] Allokationseffiezienz setzt Informationseffizienz voraus. Der Kapitalmarkt wäre im strengen Sinne informationseffizient, wenn alle relevanten Informationen im Börsenkurs eingepreist werden, insbesondere also auch bislang unveröffentlichte. Nach allgemeiner Meinung ist dies zumindest am deutschen Kapitalmarkt allenfalls in abgeschwächter Form, nämlich bezüglich öffentlich verfügbarer Informationen der Fall.[520] Aber auch gegen diese These werden Zweifel laut: Nach der Lehre der behavioral economics wirken nicht allein die rational gesteuerte Informationsverarbeitung kursbildend, sondern auch irrationales Verhalten der Marktteilnehmer wie beispielsweise Herdenverhalten.[521]

Die Aussagekraft des Börsenkurses leidet beim Squeeze-out zudem ganz grundsätzlich zum einen darunter, dass werterhöhende Informationen meist nur die Gesellschaft und der Hauptaktionär kennen, welche wiederum kein Interesse an ihrer Veröffentlichung haben, weshalb sie nicht eingepreist sind. Auch ist angesichts der notwendigerweise hohen Beteiligungsquote des Hauptaktionärs in der Praxis das Entstehen eines Aktienkurses mangels ausreichender Liquidität des Titels am Markt jedenfalls nur eingeschränkt möglich.[522] Hinzu kommt, dass der Börsenkurs in der Regel einen Minderheitsabschlag enthält, wenn die Gesellschaft einen beherrschenden Gesellschafter hat.[523] Zu beachten ist bei marktengen Papieren auch die Gefahr der Kursmanipulation durch den Hauptaktionär.[524] Letztlich ist deshalb ein Rückgriff auf überschussorientierte Bewertungsmethoden unverzichtbar. Wie eingangs angesprochen muss demzufolge nach zutreffender herrschender Literaturauffassung ein mittels Zukunftsüberschussmethode ermittelter, die Börsenkapitalisierung übersteigender Unternehmenswert als maßgeblich gelten.[525]

---

[518] Vgl. *Steinhauer*, AG 1999, 299, 306; ausführlich *Adolff*, Unternehmensbewertung, S. 96 ff.

[519] *Adolff*, Unternehmensbewertung, S. 129 f., 153 f.

[520] Für Österreich *Gall/Potyka/Winner*, Squeeze-out, S. 92.

[521] Vgl. *Winner*, JBl 2007, 434, 439.

[522] Vgl. *E. Vetter*, ZIP 2000, 1817, 1822.

[523] *Winner*, JBl 2007, 434, 439.

[524] *Winner*, JBl 2007, 434, 439.

[525] BGHZ 147, 108, 117; *Hirte/Hasselbach*, in: GroßKommAktG, § 305 Rn. 154; *Koppensteiner*, JBl 2003, 707, 711 f.

(aa) Stichtags- oder Durchschnittskurs?

Der DAT-Altana-Beschluss des BVerfG ließ allerdings gewisse Spielräume bei Umsetzung der aufgestellten Grundsätze. In der gleichen Sache wurde vom OLG Düsseldorf, an das die Sache zurückverwiesen war, aus den verfassungsgerichtlichen Vorgaben gefolgert, dass als Mindestabfindung bzw. Umtauschverhältnis der Börsenkurs der DAT-Aktie am Tag der Hauptversammlungsbeschlussfassung maßgeblich sein müsse.[526] Sodann legte das OLG die Sache aufgrund einer abweichenden Entscheidung des OLG Stuttgart[527], das auf einen Durchschnittskurs abgestellt hatte, gemäß § 28 Abs. 2 FGG dem BGH vor. Dieser wiederum legte einen dreimonatigen Referenzzeitraum zugrunde[528], verstand diese Entscheidung aber nur als ersten „Versuch der Umsetzung verfassungsrechtlicher Vorgaben“.[529] Nach der Begründung könne nicht auf den Börsenkurs konkret am Bewertungsstichtag abgestellt werden; vielmehr müsse auf einen Durchschnittskurs rekurriert werden, um die Möglichkeit zufälliger oder gar gestalteter Ergebnisse zu vermeiden.[530] Denn der Tag der Hauptversammlung ist von Seiten der Unternehmensführung frei wählbar und der Börsenkurs nach dem Bekanntwerden der Strukturmaßnahme schon vor der Hauptversammlung weitgehend vom Unternehmenswert abgekoppelt.[531] Auch könnten nur so Zufälligkeiten und spekulative Einflüsse ausgeschaltet werden.[532]

Andere halten nun aber ein grundsätzliches Abstellen auf einen konkreten Bewertungsstichtag, also den Tag der Hauptversammlung, für angezeigt.[533] Dies lässt sich damit begründen, dass der Minderheitsaktionär als Abfindung nicht weniger erhalten soll, als er bei freier Desinvestitionsentscheidung erhalten hätte: Bei Veräußerung im Zeitpunkt des Hauptversammlungsbeschlusses hätte er den Tageskurs erhalten.

---

[526] OLG Düsseldorf, ZIP 2000, 1525, 1526.

[527] DB 2000, 709.

[528] BGH ZIP 2001, 734, 737.

[529] So *Röhricht*, in: VGR, Gesellschaftsrecht in der Diskussion 2001, S. 3, 22.

[530] BGH ZIP 2001, 734, 737; *Hüffer*, AktG, § 305 Rn. 24d; *Bungert*, BB 2001, 1163, 1165; *Luttermann*, ZIP 2001, 869, 872; KG, ZIP 2007, 75, 77; vgl. auch die Erläuterungen von *Röhricht*, in: VGR, Gesellschaftsrecht in der Diskussion 2001, S. 3, 22; diese Ansicht teilend *Gall/Potyka/Winner*, Squeeze-out, S. 93; so bereits OLG Hamm, AG 1963, 218, 219; i.E. auch *E. Vetter*, ZIP 2000, 1817, 1822.

[531] *Hüffer*, AktG, § 305 Rn. 24d.

[532] OLG Hamm, AG 1963, 218, 219.

[533] OLG Düsseldorf, ZIP 2000, 1525, 1527 f.; *Bilda*, NZG 2000, 296, 299; *Piltz*, ZGR 2001, 185, 200; für den Börsenkurs am Tag der Bekanntgabe der Tagesordnung *Moritz*, Squeeze Out, S. 123.

Allgemein ließe sich auch der Standpunkt beziehen, bei einem funktionierenden Kapitalmarkt sei die Bewertung des Kapitalmarkts zu jedem Stichtag richtig.[534] Allerdings würde – wie bereits angemerkt – das Abstellen allein auf einen konkreten und zudem vom Bieter frei wählbaren Zeitpunkt zu gestaltbaren Ergebnissen führen.[535] Allenfalls müsste der Stichtagskurs sodann auf Manipulation untersucht werden.

Im Übrigen ist ein mit den jeweiligen Transaktionsvolumina gewichteter Durchschnittskurs und nicht ein ungewichteter[536] heranzuziehen, um Verzerrungen zu vermeiden.[537] Gewichtete Umsätze geben das Marktgeschehen realistischer wieder und ein vereinzelter Spitzenwert bei geringem Umsatz wird in sachlich angemessener Weise relativiert.[538]

Im Übernahmerecht wurde teilweise gefordert, nicht auf den durchschnittlichen Kurs innerhalb eines Zeitraums abzustellen, sondern auf den höchsten Kurs innerhalb der Referenzperiode.[539] In dieselbe Richtung zielt der Vorschlag, entsprechend § 54 a Abs. 1 Nr. 2 der Börsenordnung der Frankfurter Wertpapierbörse wie beim Delisting auf den höchsten Börsenpreis der letzten sechs Monate abzustellen.[540] Dies wäre allerdings zum einen sehr leicht manipulierbar. Zum anderen würde man dann letztlich auf die Einschätzung eines einzigen Marktteilnehmers abstellen. Durch das Abstellen auf einen Durchschnittskurs soll aber gerade der Manipulierbarkeit und Beliebigkeit eines Stichtags entgegengewirkt werden.

(bb) Endzeitpunkt des Referenzzeitraums

In einem Beschluss ein paar Jahre später hat das BVerfG ausgeführt, dass es verfassungsrechtlich nicht zu beanstanden sei, entsprechend der Rechtsprechung des BGH auf einen Referenzzeitraum von drei Mona-

[534] Vgl. MüKoAktG/*Wackerbarth*, § 31 WpÜG Rn. 37.

[535] So MüKoAktG/*Wackerbarth*, § 31 WpÜG Rn. 37 mit Hinweis darauf, dass der Gesetzgeber sich in § 31 WpÜG eben anders entschieden hat.

[536] So aber OLG Düsseldorf, NZG 2003, 588, 591; OLG Düsseldorf, NZG 2005, 1012, 1015; OLG Hamburg, NZG 2002, 189, 191.

[537] OLG Stuttgart, ZIP 2007, 530, 533; OLG Frankfurt am Main, AG 2003, 581, 582, OLG München, ZIP 2006, 1722, 1724, *Emmerich*/Habersack, Aktien- und GmbH-Konzernrecht, § 305 Rn. 47.

[538] vgl. OLG Stuttgart, ZIP 2007, 530, 533 f.; gegenteilig OLG Düsseldorf, NZG 2003, 588, 591.

[539] Vgl. *Thun*, in: Geibel/Süßmann, WpÜG, § 31 Rn. 92.

[540] So *Schiessl*, AG 1999, 442, 451.

ten vor der beschließenden Hauptversammlung abzustellen.[541] Ob allerdings der Referenzzeitraum ab dem Hauptversammlungsbeschluss oder ab erstem öffentlichen Bekanntwerden der bevorstehenden Durchführung eines Squeeze-outs zu berechnen ist, sei keine verfassungsrechtliche, sondern eine einfachrechtliche Frage und demnach von den Fachgerichten zu klären.[542] Allerdings „mögen auf der Ebene des einfachen Rechts gute Gründe für die im Schrifttum geäußerte Ansicht sprechen“.[543]

Der BGH hatte bereits zuvor im Unternehmensvertragsrecht nicht auf einen Stichtagskurs, sondern auf den Durchschnittskurswert der letzten drei Monate vor dem Hauptversammlungsbeschluss abgestellt.[544] Höhere Börsenpreise aufgrund spekulativen Marktteilnehmerverhaltens infolge des Abschlusses eines Unternehmensvertrages seien hinnehmbar: Denn diese beruhten auf dem Grundsatz von Angebot und Nachfrage und der Einschätzung des Marktes über zu erwartende unechte und echte Synergieeffekte. Eine Grenze sei erst dann erreicht, wenn der höhere Börsenkurs auf Börsenkursmanipulationen beruhe.

Alsbald haben sich abermals einige Oberlandesgerichte gegen ein Abstellen auf den Zeitraum direkt vor der Hauptversammlung ausgesprochen; heranzuziehen sei vielmehr der Zeitraum von drei Monaten vor Bekanntgabe der Maßnahme[545], wie es auch die herrschende Meinung im Schrifttum vertritt.[546] Dies entspricht im Übrigen der in § 5 Abs. 1 WpÜG-Angebotsverordnung enthaltenen Wertung, wonach der Bieter bei Übernahme- und Pflichtangeboten den Aktionären eine Gegenleistung anzubieten hat, die mindestens dem gewichteten durchschnittlichen inländischen Börsenkurs dieser Aktien während der letzten drei Monate vor der Veröffentlichung nach § 10 Abs. 1 S. 1 oder § 35 Abs. 1 S. 1 WpÜG entspricht.[547] Auch weise dieser Zeitraum durchaus

[541] BVerfG, ZIP 2007, 175 ff. mit zust. Anm. *Winter*, EWiR 2007, 235 f.

[542] BVerfG, ZIP 2007, 175, 177 f.

[543] BVerfG, ZIP 2007, 175, 178.

[544] BGHZ 147, 108; bestätigt von BGHZ 156, 57.

[545] OLG Stuttgart, ZIP 2007, 530, 532 mit zust. Anm. *Wilsing/Goslar*, EWiR 2007, 225, 226; KG, ZIP 2007, 75, 77; so bereits OLG Stuttgart, BB 2000, 1313, 1314.

[546] *Bayer*, Gutachten, 67. DJT, E106; *Fleischer*, in: GroßKommAktG, § 327b Rn. 18; *Hüffer*, AktG, § 305 Rn. 24e; *Bungert*, BB 2001, 1163, 1165; *Drukarczyk*, in: FS Scherrer, 626, 638; *Wilsing/Goslar*, EWiR 2007, 225, 226; für Österreich *Gall/Potyka/Winner*, Squeeze-out, S. 93.

[547] OLG Stuttgart, ZIP 2007, 530, 533.

noch eine hinreichende Nähe zum Bewertungsstichtag auf.[548] Abzustellen sei im Allgemeinen auf die Ad-hoc-Mitteilung nach § 15 WpHG.

Leicht abweichend hiervon spricht sich das KG ausdrücklich ausschließlich für den Fall Umwandlung dafür aus, auf eine Referenzperiode vor Bekanntmachung der Konditionen abzustellen.[549] Entsprechend könnte man für den Squeeze-out annehmen, dass auf einen Referenzzeitraum vor der ersten Bekanntmachung der Abfindungshöhe abzustellen sei, nicht auf die erste Bekanntgabe eines beabsichtigten Squeeze-outs.

Hierfür spricht zunächst einmal ein praktischer Gesichtspunkt: Im Übertragungsbericht hat der Hauptaktionär die Barabfindung anzugeben; nun kann bei Erstellung dieses Berichts der dreimonatige Referenzzeitraum wegen der Einberufungsfrist (§ 123 I AktG) die Barabfindung noch gar nicht errechnet werden.[550] Bis zur Hauptversammlung könnten Kursveränderungen eintreten, die technisch nicht mehr berücksichtigungsfähig sind. Allerdings geht die Praxis nun den Weg über eine schrittweise Anpassung der Barabfindung bis zum Zeitpunkt der Hauptversammlung,[551] so dass dieses Argument an Gewicht verliert.

Entscheidend ist aber, dass durch die Bekanntgabe der Maßnahme und insbesondere durch die Bekanntgabe der Abfindung der Börsenkurs nachhaltig beeinflusst wird.[552] Es handele sich hierbei weder notwendigerweise um außergewöhnliche Tagesausschläge binnen weniger Tage noch um Manipulationen, sondern um Marktreaktionen, die typischerweise nicht auf Synergieeffekte, sondern auf Abfindungserwartungen zurückgehen.[553] Dies führt dazu, dass das Konzept des BGH auf einen Zirkelschluss hinausläuft: Ein Börsenkurs soll maßgeblich für die Abfindungshöhe sein, dessen Höhe selber wiederum entscheidend von der angebotenen Abfindung abhängt.[554]

Nicht begründen lässt sich dieses Ergebnis freilich mit dem Argument, der Börsenkurs beinhalte bereits erwartete Synergieeffekte oder

---

[548] OLG Stuttgart, ZIP 2007, 530, 533.

[549] KG, NZG 2007, 71, 71 f.

[550] OLG Stuttgart, ZIP 2007, 530, 532; zustimmend *Wilsing/Goslar*, EWiR 2007, 225, 226, so auch *Pluskat*, NZG 2008, 365, 366.

[551] Vgl. *Just/Lieth*, NZG 2007, 444, 447.

[552] OLG Stuttgart, ZIP 2007, 530, 532; *Drukarczyk*, in: FS Scherrer, 626, 638; *Pluskat*, NZG 2008, 365, 366.

[553] OLG Stuttgart, ZIP 2007, 530, 532.

[554] *Wilsing/Goslar*, EWiR 2007, 225, 226.

sei dahingehend manipulierbar, an denen wiederum die Minderheitsaktionäre nicht zu beteiligen seien.[555] Nach zutreffender Ansicht sind sie durchaus an diesen zu beteiligen.[556] Auch beruhen etwaige Steigerungen des Börsenkurses nach Ankündigung des Squeeze-outs nicht auf erwarteten Synergien, sondern auf Abfindungserwartungen.[557]

Für eine Rückrechnung ab Bekanntgabe der Maßnahme spricht schließlich auch die verschiedentlich geäußerte Befürchtung, der Börsenkurs könne dadurch manipuliert werden, dass das Unternehmen eine Abfindung ankündigt, die unter dem Börsenkurs liegt.[558]

(cc) Länge der Referenzperiode

Teilweise wird entgegen der vom BGH für angemessen erachteten Dreimonatsfrist[559] eine längere Referenzperiode für richtig gehalten.[560] Vorgeschlagen werden Perioden von 6 Monaten[561] bis zu mehreren Jahren.[562] Auch findet sich die Auffassung, dass die Länge sich nach den konkreten Umständen des Einzelfalls zu bemessen habe.[563] Die Zugrundelegung von drei Monaten ist jedoch praktikabel und dürfte sachgerecht sein.[564] Der Referenzkurs weist damit noch eine größtmögliche Nähe zum bewertungsrelevanten Stichtag auf und kann zum anderen zufälligen Ergebnissen und Manipulationsgefahren wirksam begegnen.[565]

Ausgehend von der Prämisse, dass in der idealtypischen Welt der Kapitalmarkttheorie der Kurs zu jedem Zeitpunkt alle verfügbaren Informationen korrekt widerspiegelt, wird eine Mittelung der Börsenkur-

---

[555] So aber *Bungert*, BB 2001, 1163, 1165.

[556] Anders Rspr. und h.M., zum Streitstand oben unter (1) (a) (cc).

[557] OLG Stuttgart, ZIP 2007, 530, 532.

[558] *Meilicke/Heidel*, DB 2001, 973, 974 f.; *Wenger*, EWiR 2001, 605, 606.

[559] BGH ZIP 2001, 734, 737; vgl. hierzu auch *Röhricht*, in: VGR, Gesellschaftsrecht in der Diskussion 2001, S. 3, 24.

[560] *Fleischer*, in: GroßKommAktG, § 327b Rn. 18; *Luttermann*, EWiR 2007, 33, 34; *E. Vetter*, DB 2001, 1347, 1350 ff.; *Wilm*, NZG 2000, 234, 239.

[561] So für das Übernahmerecht in Österreich: *Gall/Potyka/Winner*, Squeeze-out, S. 93 f.

[562] *Luttermann*, ZIP 2001, 869, 872; *ders.*, NZG 2007, 611, 617 Fn. 76; OLG Stuttgart, DB 2000, 709, 710 hielt eine Betrachtung der Entwciklung des Börsenkurses über 2 bis 3 Jahre wünschenswert; vgl. auch *Luttermann*, EWiR 2007, 33 f.; *Wilm*, NZG 2000, 234, 240.

[563] IDW Standard, WPg 2005, 1303, 1306.

[564] *Krieger*, BB 2002, 53, 56; i.E. *Bayer*, Gutachten, 67. DJT, E106.

[565] Vgl. BGH ZIP 2001, 734, 737.

se über einen bestimmten Zeitraum teilweise aber auch für ökonomisch zweifelhaft gehalten.[566] Im Hinblick auf Handelstätigkeiten, die nicht auf Änderungen von Erwartungen zurückgehen[567] sei zum Ausgleich der dadurch verursachten kurzfristigen Abweichungen vom Gleichgewichtspreis eine Mittelung allenfalls über einen kurzen Zeitraum angemessen. Selbst der im Rahmen der Angebotsverordnung des WpÜG zugrundegelegte gewichtete durchschnittliche inländische Börsenkurs über den Zeitraum der letzten drei Monate vor der Veröffentlichung sei daher als zu lang zu betrachten.[568]

(dd) Fehlende Aussagekraft des Börsenkurses in Ausnahmefällen

Kritisch erscheint die Heranziehung des Börsenkurses als Untergrenze der Barabfindung aber auch dann, wenn über einen längeren Zeitraum mit den Aktien der Gesellschaft kein Handel mehr stattgefunden hat, es einem außenstehenden Aktionär aufgrund einer Marktenge nicht möglich ist, seine Aktien zum Börsenkurs zu veräußern oder der Börsenpreis manipuliert worden ist.[569] Das BVerfG hält den Börsenkurs dann nicht für aussagekräftig, weil er den Verkehrswert der Unternehmensbeteiligung ausnahmsweise nicht angemessen widerspiegele.[570] Der Hauptaktionär müsse dies nachweisen.[571] Entsprechendes soll nach dem BGH auch bei einer Manipulation des Börsenpreises im Vorfeld des Squeeze-out-Beschlusses gelten.[572]

(aaa) Marktenge

Entsprechend diesen Grundsätzen wird in der Praxis von der Irrelevanz des Börsenkurses für die Abfindungshöhe bei bestehender Marktenge ausgegangen. Gerade beim Squeeze-out finden sich bereits einige Fälle, in denen dies der Fall war.[573] Zum Teil wird dies in der Literatur kritisiert: Ein geringes Handelsvolumen spreche nicht zwingend gegen,

---

[566] *Weber*, ZGR 2004, 280, 291.

[567] Etwa Händler, die ohne eigene Informationen trotzdem handeln (noise trader), oder Händler, die ihr Portefeuille umschichten.

[568] *Weber*, ZGR 2004, 280, 291.

[569] BVerfGE 100, 289, 309, BGH ZIP 2001, 734, 736.

[570] BVerfGE 100, 289, 309.

[571] BVerfGE 100, 289, 309.

[572] BGHZ 147, 108, 116.

[573] Vgl. etwa OLG Düsseldorf, AG 2008, 498, 502; LG Frankfurt a.M., AG 2005, 930 ff.

sondern bei begehrter und knapper Aktie für die Aussagekraft eines Preises.[574]

Es stellt sich sodann die schwer zu beantwortende Frage, wann denn eine Marktenge vorliegt. Einerseits soll nach allgemeiner Auffassung eine Konzentration von über 95% der Aktien in einer Hand alleine noch nicht eine Marktenge implizieren, da sich schematische Beurteilungen verbieten.[575] Nach dem BGH soll zur Annahme einer Marktenge und damit zur Irrelevanz des Börsenkurses nicht ausreichen, wenn nur 2,5 % bis 3,7 % der Aktien gehandelt werden. Stimmen in der Literatur verlangen einen Handel an mindestens der Hälfte der Tage im Referenzzeitraum und jedenfalls bei kleinen und mittleren Gesellschaften ein Mindesthandelsvolumen von 3 %.[576] Bei größeren Unternehmen soll sich wohl auch bei geringerem Handelsvolumen ein aussagekräftiger Kurs entwickeln können. Eine Marktenge wurde vom OLG München bei einem freien Aktienanteil von 0,45 % ohne weiteres angenommen.[577]

Orientierung bietet hier § 5 Abs. 4 WpÜG-AngVO, wonach ein Börsenkurs dann außer Betracht zu bleiben hat, wenn für die betreffenden Aktien während der letzten drei Monate an weniger als einem Drittel der Börsentage Börsenkurse festgestellt wurden oder mehrere nacheinander festgestellte Börsenkurse um mehr als fünf Prozent voneinander abweichen.[578] Nach Meinung mancher sei dies auch hier im Sinne eines einheitlichen widerspruchsfreien Systems der Abfindungsbewertung zu beachten.[579] Allerdings soll ein Börsenkurs nicht außer Betracht bleiben können, wenn an „vielen Börsentagen“ die Möglichkeit einer Veräußerung bestand.[580]

Entscheidend ist jedenfalls, ob dem Aktionär die Desinvestition zum Börsenkurs tatsächlich möglich war. Nur in diesem Fall war das Akti-

---

[574] *Luttermann*, NZG 2007, 611, 617.

[575] So etwa KG, ZIP 2007, 75, 77; *Fleischer*, in: GroßKommAktG, § 327b Rn. 17; *Kallmeyer*, AG 2000, 59, 60 geht zumindest davon aus, dass in Squeeze-out-Fällen der Börsenkurs häufig unbeachtlich sein wird; *Ehricke/Roth*, DStR 2001, 1120, 1123 wollen angesichts der Probleme der Gutachtenbewertung beim Squeeze-out im Zweifel eine Marktenge verneinen.

[576] *Bungert*, BB 2001, 1163, 1164; *Wilm*, NZG 2000, 234, 238; ablehnend *Piltz*, ZGR 2001, 185, 202 f.

[577] AG 2007, 246, 247.

[578] *Krieger*, BB 2002, 53, 56; MüKoAktG/*Grunewald*, § 327b Rn. 9; *E. Vetter*, DB 2001, 1348, 1351; zur Frage, ob die Praxis entsprechend vorgeht, vgl. die empirische Erhebung sogleich unter (4) (b).

[579] *Fleischer*, in: GroßKommAktG, § 327b Rn. 17.

[580] OLG München, AG 2007, 246, 247; zustimmend *Fleischer*, in: GroßKommAktG, § 327b Rn. 17.

eneigentum durch die Verkehrsfähigkeit der Aktie gekennzeichnet und nur in diesem Fall muss hierfür Ersatz geleistet werden, um einen vollen Ausgleich zu erreichen. Dies ist im Spruchverfahren vom Hauptaktionär darzulegen bzw. zu widerlegen, da er sich auf die Marktenge als eine für ihn günstige Tatsache beruft.[581]

(bbb) Manipulation

Mit Hinweis darauf, dass es Interessenten möglich wäre, den Börsenpreis auf Kosten des Hauptaktionärs in die Höhe zu treiben, spricht sich das BVerfG tendenziell gegen ein Abstellen auf den Börsenkurs an einem konkreten Bewertungsstichtag aus.[582] Zwar hätten die Marktteilnehmer spätestens ab der Hauptversammlungseinberufung Kenntnis von der Maßnahme und demnach ausreichend Zeit zu etwaigen Kursmanipulationen.[583] Hinzu kommt die Möglichkeit des Hauptaktionärs, Aktien zu verkaufen, um den Kurs zu senken. Aber auch der BGH geht zutreffend davon aus, dass Manipulationen mit einiger Wahrscheinlichkeit dadurch unmöglich, zumindest aber erheblich erschwert werden, dass ein durchschnittlicher Referenzkurs gewählt wird.[584] Wird dennoch eine Manipulation nachgewiesen, so muss der Börsenkurs freilich unbeachtlich bleiben.[585]

(ccc) andere Erwägungen

Die vom BGH gebildeten Fallgruppen zur Frage, wann der Börsenkurs nicht herangezogen werden kann, sollen nach Meinung mancher nicht abschließend sein.[586] Der Börsenkurs müsse etwa auch dann unbeachtlich sein, wenn das Unternehmen zur Liquidation bestimmt und ohne operatives Geschäft sei.[587] Dem ist vor dem Hintergrund, dass der ausscheidende Aktionär das erhalten soll, was er bei einer Desinvestition erhielte, jedenfalls bei ausreichender Marktliquidität nicht zu

[581] Vgl. BVerfGE 100, 289, 309.

[582] BVerfGE 100, 289, 309.

[583] Derartige Manipulationen wurden erfolglos gerügt im Fall OLG München, AG 2007, 246, 247.

[584] BGH ZIP 2001, 734, 737.

[585] Nach Einschätzung von *Wilsing/Goslar*, EWiR 2007, 225, 226 wird sich eine solche aber nie nachweisen lassen.

[586] Vgl. *Winter*, EWiR 2006, 737, 738; *Simon/Leverkus*, in: Simon, SpruchG, Anh. § 11 Rn. 216 ff.

[587] *Simon/Leverkus*, in: Simon, SpruchG, Anh. § 11 Rn. 217; LG Düsseldorf, AG 2005, 929, 930; offengelassen von OLG Düsseldorf, AG 2007, 325, 329.

folgen. Auch lässt sich der Liquidationswert durchaus unterschiedlich einschätzen, so dass hier Spielräume verbleiben[588] und eine Bewertung durch den Markt möglich bleibt.

Unbeachtet muss der Börsenkurs aber bleiben, wenn er entsprechend der früher herrschenden Meinung, dass bei vertragsüberdauerenden Spruchverfahren der Anspruch auf die Barabfindung ein in der Aktie verkörpertes akzessorisches und damit veräußerbares Recht sei, von der Höhe dieser Barabfindung geprägt ist.[589]

Der Börsenwert lässt sich auch dann nicht heranziehen, wenn die Kapitalmärkte in schlechter Verfassung sind.[590] Die schlechte Verfassung darf sich freilich nicht lediglich auf den Börsenwert des Unternehmens, sondern muss sich auf den Gesamtmarkt niedergeschlagen haben. Während eines Börsencrashs kommt den Kursen keine Aussagekraft bezüglich der Unternehmenswerte mehr zu.

(ee) Zwischenergebnis

Es bleibt festzuhalten, dass der Börsenkurs die Untergrenze der Abfindung markiert und dass als Börsenkurs der nach Umsatz gewichte Durchschnittskurs der letzten drei Monate vor dem öffentlichen Bekanntwerden des bevorstehenden Squeeze-out gelten muss. Bei der Kursermittlung ist zur Sicherstellung der Aussagekraft des Kurses auf die Regelungen des Übernahmerechts zurückzugreifen.

(b) Vom Hauptaktionär gezahlte Preise

(aa) Beherrschungs- und Gewinnabführungsvertrag

(aaa) Augleichszahlungen

Nach einer Meinung kann, wenn dem Minderheitsausschluss ein Unternehmensvertrag vorausgegangen ist, der Wert der Aktien mit dem Kapitalwert des festen Ausgleichs gleichgesetzt[591] oder dieser jedenfalls

[588] A.A. LG Düsseldorf, AG 2005, 929, 930.

[589] So OLG Düsseldorf, AG 2007, 325, 329 („Siemens/Duewag") mit i.E. zust. Anm. *Winter*, EWiR 2006, 737, 738.

[590] Vgl. *Bungert*, BB 2001, 1163, 1164.

[591] LG Frankfurt a.M., AG 2006, 757, 760; MüHdbAG/*Austmann*, § 74 Rn. 90; *Winter*, EWiR 2006, 417, 418; zurückhaltender *Schüppen/Tretter*, in: FK, WpÜG, § 327b Rn. 20; *Fleischer*, in: GroßKommAktG, § 327b Rn. 20; *Hasselbach*, in: KK, WpÜG, § 327b Rn. 22.

als Untergrenze betrachtet werden.[592] Der faktische Wert der Aktien liege für den Aktionär in der Höhe des ihm zustehenden Ausgleichs, so dass ihm zum vollen wirtschaftlichen Ausgleich für den Aktienverlust zumindest diese entschädigt werden müsse. Denn der Aktionär partizipiert nicht mehr unmittelbar an der Ertragsentwicklung des beherrschten Unternehmens, sondern erhält die nach § 304 AktG festgesetzte und von der Ertragsentwicklung abgekoppelte der Höhe nach fixierte Garantiedividende. Es ließe sich argumentieren, dass zu den abfindungshöhebestimmenden Verhältnissen der Gesellschaft eben auch der Unternehmensvertrag samt vorgesehener Garantiedividende gehöre.

Es sollen also nach dem Wortlaut des § 327b Abs. 1 S. 1 AktG für die Bemessung der Barabfindung die Verhältnisse der Gesellschaft zum Zeitpunkt der Beschlussfassung ihrer Hauptversammlung berücksichtigt werden. Zu diesem Zeitpunkt wurde die Garantiedividende in bestimmter Höhe gezahlt. Bei deren Berechnung wurde freilich auf den Zeitpunkt des Abschlusses des Unternehmensvertrages abgestellt.[593] Hielte man sich also an die Garantiedividende, würde letztlich nicht auf die Verhältnisse der Gesellschaft, sondern auf die der Investmentanlage abgestellt. Der Ausgleich ist eben abgekoppelt von Veränderungen des Unternehmenswertes. Damit läge ein Verstoß gegen das gesetzliche Stichtagsprinzip vor. Dies muss zudem schon deshalb gelten, weil ansonsten das für die Garantiedividende bei einem Unternehmensvertrag irrelevante nicht betriebsnotwendige Vermögen unberücksichtigt bliebe.[594] Wollte man den kapitalisierten Ausgleich zumindest als Untergrenze ansehen, so ließe dies außer Acht, dass der Aktionär weiterhin insofern am wirtschaftlichen Schicksal des Unternehmens partizipiert, als ihm bei Illiquidität des herrschenden Unternehmens auch der garantierte Ausgleich verwehrt bliebe.[595] Auch ein Vergleich zum als Untergrenze heranzuziehenden Börsenkurs trägt nicht, weil der Kapitalwert des Ausgleichs keinen Preis darstellt, den der Aktionär im Rahmen einer freien Desinvestition erzielen könnte.[596]

---

[592] *Tebben*, AG 2003, 600, 606; dagegen MüHdbAG/*Austmann*, § 74 Rn. 90; grundlegend a.A. OLG München, ZIP 2007, 375, 376 f.; LG Dortmund, Der Konzern 2008, 238, 239 f.; *Popp*, WPg 2006, 436, 444 f.;

[593] OLG München, ZIP 2007, 375, 376 mit zust. Anm. *Luttermann*, EWiR 2007, 33, 34.

[594] Vgl. OLG München, ZIP 2007, 375, 376; LG Dortmund, Der Konzern 2008, 238, 240.

[595] Vgl. LG Dortmund, Der Konzern 2008, 238, 240.

[596] OLG München, ZIP 2007, 375, 377.

Zusätzlich zur Barabfindung ist den Minderheitsaktionären bis zum Wirksamwerden des Beschlusses – also bis zur Eintragung – die anteilige Garantiedividende zu gewähren.[597] Eine Anrechung auf die Abfindung findet nicht statt und eine entsprechende Klausel im Übertragungsbeschluss ist unwirksam.[598] Dies folgt daraus, dass die Abfindung der Sache nach Ersatz für das eingesetzte Kapital darstellt, es sich bei der Ausgleichszahlung aber de facto um die Verzinsung des eingesetzten Kapitals der außenstehenden Aktionäre handelt.[599] Zwar lassen sich u.U. aus der „Verzinsung" Rückschlüsse auf den Wert der Aktie ziehen. Fließen also am Bewertungsstichtag die bis zum Aktienübergang zu leistenden Ausgleichszahlungen in die Berechnung des Abfindungswerts mit ein, so berechtigt dies keineswegs zu einem Abzug der Zahlungen von der Abfindung. Es würde dann keineswegs die Zahlung doppelt ausgeschüttet, vielmehr wird das Kapital bis zum Aktienübergang lediglich zeitgenau verzinst.[600]

(bbb) Barabfindung

Das Abfindungsangebot aus dem Unternehmensvertrag kann bei der Ermittlung der Squeeze-out-Abfindung auch nicht von Bedeutung sein.[601] Zum einen handelt es sich bei dem Abfindungsrecht nach der Jenoptik-Entscheidung des BGH[602] um einen schuldrechtlichen Anspruch, der dem Aktionär parallel zur Squeeze-out-Abfindung weiterhin zusteht.[603] Insbesondere handelt es sich also nicht um ein wertpapiermäßig in der Aktie verkörpertes Mitgliedschaftsrecht, sondern einen

---

[597] OLG Hamburg, AG 2003, 441, 441 f.; *Schüppen/Tretter*, in: FK, WpÜG, § 327b Rn. 20; *Fleischer*, in: GroßKommAktG, § 327b Rn. 20; Emmerich/*Habersack*, Aktien- und GmbH-Konzernrecht, § 327b Rn. 9; a.A. OLG München, AG 2007, 334, 334 f.; *Beier/Bungert*, BB 2002, 2627, 2629; *Fuhrmann*, Der Konzern 2004, 1, 3 f.; *Tebben*, AG 2003, 600, 608; *Winter*, EWiR 2006, 417, 418.

[598] *Singhof*, in: Spindler/Stilz, AktG, § 327b Rn. 4.

[599] Vgl. *Emmerich*/Habersack, Aktien- und GmbH-Konzernrecht, § 305 Rn. 33a.

[600] A.A. zu diesem Punkt *Tebben*, AG 2003, 600, 608 f., der i.E. aber dann auch den außenstehenden Aktionären die Ausgleichszahlungen zugesteht mit dem zutreffenden Argument, dass der Aktionär erst mit Erhalt der Abfindung anderweitig Erträge zu erzielen in der Lage ist und ihm deshalb bis dahin die Früchte seiner Beteiligung zustehen müssen.

[601] OLG Düsseldorf, AG 2007, 325, 327; LG Düsseldorf, AG 2005, 929, 930; *Winter*, EWiR 2006, 737, 738.

[602] BGH, AG 2006, 543, 544 f.; grundlegend *Bayer*, ZIP 2005, 1053, 1058.

[603] OLG Düsseldorf, AG 2007, 325, 327; *Hasselbach/Förster*, WuB II A. §327a AktG 1.07.

schuldrechtlichen Anspruch, so dass er nicht als wertmäßiger Bestandteil der Aktie und damit erlöschend Eingang in die Anteilsbewertung und damit in die Squeeze-out-Abfindung findet.[604] Die höhere Abfindung bildet das mögliche Maximum; sonst würde i.E. doppelt abgefunden.[605] Dies ist letztlich gemeint, wenn die Auffassung vertreten wird, dass mit der Entscheidung des Aktionärs für eine der Abfindungen diese auf die andere anzurechnen sei.[606]

Die alte Barabfindung kann zum anderen auch nicht der Höhe nach als Maßstab berücksichtigt werden. Denn die Squeeze-out-Abfindung berechnet sich nach den Verhältnissen der Gesellschaft zum Zeitpunkt des Squeeze-out-Beschlusses, während für die frühere Abfindung der Zeitpunkt der Zustimmung der Hauptversammlung zum Unternehmensvertrag maßgeblich war. Zudem führt eine vertragliche Beherrschung in der Regel zu einer Verringerung des Unternehmenswerts mit der Folge, dass die Abfindung nach § 327a AktG niedriger ausfallen wird als die frühere.[607]

(bb) Orientierung an einem Vorerwerb des Hauptaktionärs

Nach überwiegender Meinung wird die Squeeze-out-Abfindung ohne Berücksichtigung von Preisen festgelegt, die vor dem Squeeze-out für Aktien der AG gezahlt wurden.[608] Nach dem BVerfG begegnet es jedenfalls keinen verfassungsrechtlichen Bedenken, wenn beim Unternehmensvertrag vom herrschenden Unternehmen tatsächlich gezahlte Preise für Aktien der abhängigen Gesellschaft unberücksichtigt bleiben.[609] Solche Preise spiegelten lediglich den Grenznutzen des Mehrheitsaktionärs zum jeweiligen Zeitpunkt wieder. Dieser etwa aus dem Erreichen eines

---

[604] OLG Düsseldorf, AG 2007, 325, 327.

[605] *Hasselbach/Förster*, WuB II A. §327a AktG 1.07.

[606] *Hasselbach/Förster*, WuB II A. §327a AktG 1.07.

[607] OLG Düsseldorf, AG 2007, 325, 328.

[608] *Fleischer*, in: GroßKommAktG, § 327b Rn. 19; Emmerich/*Habersack*, Aktien- und GmbH-Konzernrecht, § 327b Rn. 9; *Singhof*, in: Spindler/Stilz, AktG, § 327b Rn. 4; so auch die h.M. für die Ermittlung der Abfindung beim Unternehmensvertrag: OLG Düsseldorf, AG 1995, 85, 86 f.; OLG Celle, AG 1999, 128, 129; MüKoAktG/*Bilda*, § 305 Rn. 65; *Hüffer*, AktG, § 305 Rn. 21; *Land/Hennings*, AG 2005, 380, 386 f., *Piltz*, ZGR 2001, 185, 197 ff., *Wilm*, NZG 2000, 234, 240; a.A. *Emmerich*/Habersack, Aktien- und GmbH-Konzernrecht, § 305 Rn. 50; *Behnke*, NZG 1999, 934; *Busse von Colbe*, in: FS Lutter, 1053, 1061 f.; *Flume*, DB 1959, 190, 194; *Großfeld*, Unternehmensbewertung, S. 202; *Komp*, Zweifelsfragen, S. 348; *Rathausky*, FB 2008, 114, 116; *ders.*, Squeeze-out, S. 164 f.

[609] BVerfGE 100, 289, 306.

zu Umstrukturierungen erforderlichen Quorums resultierende (erhöhte) Nutzwert für den Mehrheitsaktionär habe zum wahren Wert der Anteile in der Hand des Minderheitsaktionärs regelmäßig keine Beziehung.[610]

Bei Einführung der §§ 327a ff. AktG wurde allerdings durchaus eine Orientierung an Vorerwerbspreisen befürwortet.[611] Auch heute wird dies verbreitet noch so gesehen.[612] Außerbörslich gezahlte Preise seien ebenso Marktpreise wie der Börsenkurs und können von Fall zu Fall zumindest ebenso aussagekräftig sein.[613] Dafür spreche zudem die Parallele zum Übernahmenrecht, wo gem. § 4 S. 1 WpÜG-AngVO Vorerwerbe zur Bestimmung der Mindestgegenleistung zu berücksichtigen sind.[614] Dennoch wird dies in der Literatur überwiegend abgelehnt.[615] Im Übernahmerecht wolle der Gesetzgeber die Gleichbehandlung der außenstehenden Aktionäre sicherstellen. Richtig ist, dass dies nun keineswegs Ausfluss aus dem allgemeinen Gleichbehandlungsgrundsatzes ist, denn dieser verpflichte nur die Gesellschaft gegenüber den Aktionären. Es war vielmehr beim öffentlichen Übernahmeangebot gesetzgeberisch gewollt, dass die außenstehenden Aktionäre entsprechend profitieren. Beim Squeeze-out fehlt es an einer entsprechenden gesetzgeberischen Regelung. Anders als beim öffentlichen Übernahmeangebot sind zudem die Minderheitsaktionäre *angemessen* zu entschädigen, und es besteht eine Nachprüfungsmöglichkeit im gerichtlichen Spruchverfahren.

In der Tat sollten außerbörsliche Preise bei der Ermittlung der Squeeze-out-Abfindung keine Berücksichtigung finden. Zwar sind die ausscheidenden Minderheitsaktionäre entgegen der Rechtsprechung durchaus an Synergieeffekten zu beteiligen.[616] Stellt man aber in Orientierung an § 4 WpÜG-AngVO auf einen sechsmonatigen Zeitraum vor dem Squeeze-out ab, so wird dies in einem Großteil der Fälle einen Zeitraum betreffen, in dem der Mehrheitsaktionär seine Position zur Erreichung der Squeeze-out-Schwelle noch ausbauen will und wird.[617]

[610] BVerfGE 100, 289, 306.

[611] *Handelsrechtsausschuss des DAV*, NZG 1999, 850, 851; *ders.*, NZG 2001, 420, 431; siehe auch *Krieger*, BB 2002, 53, 56 f.

[612] Siehe die Nachweise in Fn. 863.

[613] *Emmerich*/Habersack, Aktien- und GmbH-Konzernrecht, § 305 Rn. 50.

[614] *Krieger*, BB 2002, 53, 57.

[615] MüHdbAG/*Austmann*, § 74 Rn. 93; *Hasselbach*, in: KK, WpÜG, § 327b Rn. 24.

[616] Vgl. hierzu bereits oben unter (1) (a) (cc).

[617] Vgl. zu diesem rechtstatsächlichen Befund oben unter 2. a) ee); Vgl. auch *E. Vetter*, AG 2002, 176, 188.

Die gezahlten Preise richten sich nach dem Nutzen für den Mehrheitsaktionär, d.h. je näher er der Schwelle kommt, desto höher ist theoretisch sein Interesse am Kauf der verbliebenen Aktien, da ihm erst mit Schwellerreichung der Squeeze-out möglich und die damit verbundenen wirtschaftlichen Vorteile sicher sind. Letztlich kann man also keineswegs davon ausgehen, dass die kurz vor dem Squeeze-out gezahlten Preise den wahren Unternehmenswert in zutreffender Weise widerspiegeln; vielmehr sind sie aus Sicht des Mehrheitsaktionärs wertmäßig überproportional erhöht um den gesamten durch den Squeeze-out erzielbaren wirtschaftlichen Nutzen.

(cc) Orientierung an einem früheren Übernahmeangebot des Hauptaktionärs

Der Regierungsentwurf enthielt noch eine Regelung, dass eine Überprüfung der Angemessenheit entbehrlich sei, wenn der Hauptaktionär infolge eines Übernahmeangebotes bis zu sechs Monate vor dem Squeeze-out die 95% erreicht hat und das Angebot von 90% der adressierten Aktionäre angenommen worden ist.[618] Es könne dann unwiderleglich von einem marktgerechten Preis ausgegangen werden, der auch den Interessen der Minderheitsaktionäre angemessen Rechnung trage.[619] Diese am englischen Companies Act orientierte Regelung ist dann jedoch im Zuge der Streichung des § 327b Abs. 1 AktG entfallen.[620]

Ein früheres Übernahmeangebot belegt die Bereitschaft eines Marktteilnehmers zur Zahlung dieses bestimmten Preises. Nach Meinung mancher liegt damit eine bei der Barabfindung berücksichtigungsfähige Preisbestimmung des Marktes vor.[621] Früher gezahlte Preise enthielten unter Umständen aber einen Paketzuschlag oder einen Lästigkeitsaufschlag. Abzuziehen vom Übernahmeangebot sei also dieser „Lästigkeitswert", der dadurch entsteht, dass früher keine Möglichkeit zum Zwangsausschluss bestand und die Minderheit deswegen durch ein hohes Angebot erst zum Verkauf bewegt werden musste.[622] Lassen

[618] Vgl. BT-Drucks. 14/7034, S. 24.

[619] BegrRegE, BR-Drucks. 574/01, S. 183.

[620] Vgl. *Neye*, in: Hirte, WpÜG, S. 25, 32; zur nunmehr implementierten Angemessenheitsvermutung beim übernahmerechtlichen Squeeze-out unten unter E. III. 3. b).

[621] *Rathausky*, FB 2008, 114, 116; LG Heidelberg, EWiR 2004, 265 mit zust. Anm. *Großfeld*.

[622] LG Heidelberg, EWiR 2004, 265 f. mit zust. Anm. *Großfeld*.

sich tatsächlich Lästigkeitswert und Paketzuschlag derartig quantifizieren, so spricht in der Tat nichts dagegen, das Übernahmeangebot bei Ermittlung der Squeeze-out-Abfindung zugrundezulegen. Nach der Einschätzung von Praktikern wird ein zeitnahes Übernahmeangebot ohnehin meist den Mindestbetrag darstellen.[623] Anders als bei anderen außerbörslich gezahlten Preisen richtet sich ein solches Übernahmeangebot in der Regel an eine Vielzahl von Aktionären, so dass grundsätzlich nicht davon ausgegangen werden muss, dass das Angebot bereits überproportional die möglichen Einsparungen eines Squeeze-out reflektiert.

(3) Minderung der Abfindung um nachfolgende Dividenden

Mit Eintragung des Squeeze-out-Beschlusses gehen die Aktien der Minderheitsaktionäre auf den Hauptaktionär über. Zwischen Beschlussfassung und Eintragung fällig werdende Dividenden stehen den Aktionären anteilig zu. Sie sind insbesondere nicht von der später geleisteten Abfindung abzuziehen.[624] Denn die Abfindung bildet die Gegenleistung für die Beteiligung, so dass Dividendenzahlungen ebenso wie erhaltene Ausgleichszahlungen aufgrund eines Unternehmensvertrages nicht von ihr abgezogen werden dürfen.[625]

(4) Empirie

In einer wertvergleichenden Analyse sollen nun die Einschätzungen des Unternehmenswerts, die bekanntlich von verschiedenen Seiten (Hauptaktionär, Gutachter, Markt und Gericht) vorgenommen werden, miteinander verglichen werden. Da wäre zunächst ein Abgleich möglich zwischen der Einschätzung des gerichtlich bestellten Prüfers und dem tatsächlichen Abfindungsangebot des Hauptaktionärs (aa). Schwerpunktmäßig sollen sodann die vom Hauptaktionär angebotene und vom gerichtlich bestellten Gutachter geprüfte Barabfindung (angebotene Abfindung) zum einen mit Marktpreisen und hier insbesondere dem Börsenkurs verglichen werden (bb) und zum anderen mit früher vom Mehrheitsaktionär angebotenen Abfindungen oder Angeboten (cc). Ferner soll die nach Abschluss aller nachfolgenden gerichtlichen

[623] *E. Vetter*, AG 2002, 176, 188.

[624] so aber *Hasselbach*, in: KK, WpÜG, § 327b Rn. 23.

[625] OLG Hamburg, AG 2003, 441, 441 f. mit zust. Anm. *Rottnauer*, EWiR 2003, 739, 740 und *Gesmann-Nuissl*, WuB II A. § 327a AktG 1.03.

Verfahren schlussendlich an die Minderheitsaktionäre geleisteten Abfindung (Schlussabfindung) der ursprünglich angebotenen Abfindung gegenübergestellt werden (cc). Von Interesse ist aber schließlich auch ein Vergleich dieser Schlussabfindung mit dem Börsenkurs (dd). Zuletzt soll noch ein Blick auf verschiedene Untersuchungen geworfen werden, die die Kapitalmarktreaktion bei Minderheitenausschlüssen zum Gegenstand hatten (ee).

(a) Vergleich gutacherlich ermittelter Abfindung mit angebotener Abfindung

Im Rahmen der hier durchgeführten Studie konnte nur in Einzelfällen die Divergenz von gutachterlich ermittelter und sodann vom Hauptaktionär angebotener Abfindung in Erfahrung gebracht werden, so dass ein solcher Vergleich hier unterbleiben muss. Eine empirische Studie zu Abfindungsangeboten im Zuge von Konzernbildungsmaßnahmen und Unternehmensverkäufen untersuchte 127 Abfindungsanbebote zwischen 1980 und 1992 und konnte für 26 Fälle das Ergebnis des Bewertungsgutachtens ermitteln.[626] Sie kam zu dem Ergebnis, dass der Minderheitsaktionär in diesen 26 Fällen im Schnitt ein um 28% erhöhtes Abfindungsangebot im Vergleich zum gutachterlich ermittelten Wert erhält und erklärt dies damit, dass die ausscheidenden Aktionäre zum einen mehr als nur den inneren Wert ihrer Beteiligung, nämlich eine Beteiligung am künftigen wirtschaftlichen Erfolg des Zusammenschlusses haben wollen, zum anderen aber kaum eine Abfindung unterhalb des Börsenkurses akzeptieren würden.[627] Auch indiziere dieses Ergebnis, dass es sich beim Gutachten um ein sog. Parteigutachten handele, dessen beabsichtigt niedriges Ergebnis scheinbar großzügig durch den Mehrheitsaktionär erhöht wird.[628]

Zu entsprechenden Ergebnissen gelangt eine Studie von *Hecker* zu Unternehmensverträgen. Danach stimmen die vertraglich angebotenen Abfindungen zumeist nicht mit den in den Gutachten ermittelten Werten überein, sondern übersteigen diese. Der Mehrheitsaktionär bot im Schnitt 19,33 % mehr als vom beauftragten Wirtschaftsprüfer errechnet.[629] Auch Hecker kommt zu dem Schluss, dass für die Wirtschaftsprüfer ein Anreiz besteht, niedrige Abfindungen im Interesse ihrer

[626] Vgl. *Dörfler/Gahler/Unterstraßer/Wirichs*, BB 1994, 156, 157 f.
[627] *Dörfler/Gahler/Unterstraßer/Wirichs*, BB 1994, 156, 157.
[628] *Dörfler/Gahler/Unterstraßer/Wirichs*, BB 1994, 156, 157.
[629] Ausgewertet wurden 37 Fälle; siehe *Hecker*, Regulierung, Teil I, S. 103 ff.

Auftraggeber festzusetzen, die im Anschluss scheinbar großzügig vom Mehrheitsaktionär aufgebessert werden können.[630] Zur Frage, inwiefern die Unabhängigkeit durch die gerichtliche Bestellung des Prüfers gem. § 327c Abs. 2 S. 3 AktG beim Squeeze-out gewährleistet ist, soll an späterer Stelle Stellung genommen werden.[631]

(b) Börsenkurse

Im Rahmen eines Vergleichs der angebotenen und geleisteten Abfindungen mit Marktpreisen soll schwerpunktmäßig der Börsenkurs ins Auge gefasst werden. Bislang existieren zum einen empirische Studien, die die ursprünglich vom Gutachter ermittelte,[632] die ausgänglich vom Hauptaktionär angebotene[633] oder die letztlich ausgezahlte[634] Barabfindung mit dem Börsenkurs vergleichen, und zum anderen Studien, die die Auswirkungen der Squeeze-out-Ankündigung auf den Börsenkurs zu erfassen suchen.[635] Zunächst soll hier jedoch auf die verschiedenen Referenzzeiträume eingegangen werden, auf die bei der Börsenkursberechung abgestellt werden kann. So kommt als Endzeitpunkt der dreimonatigen Referenzperiode der Tag der Hauptversammlung und nach richtiger Auffassung der Tag des Bekanntwerdens des bevorstehenden Squeeze-outs in Betracht.[636] Möglich ist schließlich ein Vergleich mit vom Hauptaktionär gezahlten außerbörslichen Erwerbspreisen vor dem Squeeze-out.

(aa) Vergleich der Durchschnittskurse

Für einen aussagekräftigen Vergleich zwischen den Durchschnittskursen der beiden Referenzzeiträume war zunächst der Zeitpunkt des ersten öffentlichen Bekanntwerdens des Squeeze-outs zu bestimmen. Hierzu wur-

---

[630] *Hecker*, Regulierung, Teil I, S. 104.

[631] Vgl. unten e) dd).

[632] Vgl. *Dörfler/Gahler/Unterstraßer/Wirichs*, BB 1994, 156, 158 f., wonach in insgesamt acht Fällen ein Vergleich von Börsenkurs und Gutachtenwert möglich war. In sechs Fällen lag der Gutachtenwert um bis zu 50% unter dem Börsenkurs, in zweien um ca. 5% darüber. Nicht ersichtlich ist, welcher Börsenkurs konkret herangezogen und wie er ermittelt wurde.

[633] *Dörfler/Gahler/Unterstraßer/Wirichs*, BB 1994, 156, 159.

[634] *Hecker/Kaserer*, BFuP 2003, 137 ff.; *Helmis*, ZBB 2003, 161, 164 ff.; *Wenger/Hecker*, IFO-Studien 1995, 51, 73 ff.

[635] *Elsland*, Shareholder, passim; *Moser/Prüher*, FB 2002, 361 ff.; *Helmis*, ZBB 2003, 161, 167 ff.; vgl. auch *Wenger/Kaserer/Hecker*, ZBB 2001, 317, 324 ff.

[636] Vgl. zum Streitstand ausführlich oben (2) (a) (bb).

den verschiedene Quellen ausgewertet: Zunächst wurde mit Hilfe der Datenbank WISO die deutschsprachige Presse[637] nach Ankündigungen eines Squeeze-out durchsucht. Die einzelne Pressemitteilung wurde dann berücksichtigt, wenn sie ausdrücklich die beabsichtigte Durchführung des Squeeze-out angekündigt. Wurden lediglich Vermutungen angestellt, so blieb sie außer Acht. Ferner fanden zusätzlich entsprechende Ad-hoc-Mitteilungen Berücksichtigung, so es sich beim Hauptaktionär um eine AG handelte und er publizitätspflichtig war. Für diejenigen Gesellschaften, für die sich keine derartige Ankündigung fand, wurde das Datum der Einladung zur Hauptversammlung als Zeitpunkt des erstmaligen öffentlichen Bekanntwerdens betrachtet.[638] Dieses ließ sich mit Hilfe des schriftlichen und des elektronischen Bundesanzeigers ermitteln. Den Einladungen konnte im Übrigen auch das Datum der Hauptversammlung selbst entnommen werden.[639]

Dementsprechend standen nun das Datum der ersten Bekanntmachung und das der Hauptversammlung zur Verfügung. Zur Ermittlung der Durchschnittswerte sollte nun auf von der BAFin berechnete Werte zurückgegriffen werden. Denn bei Übernahmeangeboten hat der Bieter den Aktionären der Zielgesellschaft gem. § 31 Abs. 1 Satz 1 WpÜG eine angemessene Gegenleistung anzubieten. Nun ist das Bundesministerium der Finanzen gem. § 31 Abs. 7 WpÜG ermächtigt, nähere Bestimmungen über die Angemessenheit der Gegenleistung zu erlassen. Hiervon hat es durch Rechtsverordnung Gebrauch gemacht, indem es unter anderem die Berücksichtigung des gewichteten durchschnittlichen Börsenkurses der Zielgesellschaft als Gegenleistungsuntergrenze angeordnet hat, § 5 Abs. 1 WpÜG-AngVO. Gem. § 5 Abs. 3 WpÜG-AngVO ist dies der nach Umsätzen gewichtete Durchschnittskurs der der BAFin gem. § 9 WpHG als börslich gemeldeten Geschäfte. Dies gilt ebenso wie die §§ 327a ff. AktG seit dem 1.1.2002. Die BAFin berechnet für sämtliche AG den entsprechenden Durchschnittskurs und veröffentlich diese in der Regel auch für bestimmte Zeiträume.[640] Die Berechnung dieses bei Übernahmen anzubietenden Mindestpreises entspricht nach Rspr. und h.M. der auch im Rahmen des Squeeze-out zur Berechnung des der Abfindung zugrundezulegenden Börsenkurses an-

---

[637]U.a. enthalten: Börsenzeitung und Handelsblatt.

[638]Andere Methodik bei *Elsland*, Shareholder, S. 101 im Rahmen einer ähnlichen Studie, die auf den Zeitpunkt einen Monat und zehn Handelstage vor der Hauptversammlung abstellt.

[639]Vgl. im Einzelnen die Auflistung in Anhang VII.

[640]In der Regel abrufbar in einer Datenbank unter www.bafin.de.

zuwendenden Methodik.[641] Freundlicherweise war es dem BAFin zur Unterstützung der hier durchgeführten Studie möglich, für den Großteil der hier relevanten Squeeze-out-Verfahren den von ihr berechneten Durchschnittskurs jeweils für den Zeitpunkt der Bekanntgabe und der Hauptversammlung zur Verfügung zu stellen.

So konnten der Untersuchung damit insgesamt 185 Papiere von 172 Gesellschaften zugrunde gelegt werden.[642] Die Differenz erklärt sich dadurch, dass einzelne AG mehrere Aktiengattungen herausgegeben haben, etwa Stamm- und Vorzugsaktien oder Aktien mit unterschiedlichem Nennwert.[643] Für 31 Papiere konnte ein Durchschnittskurs nicht ermittelt werden, da ein ausreichender Handel nicht stattfand.[644] Aus dem gleichen Grund konnte für einzelne Papiere zwar der Durchschnittskurs vor der Hauptversammlung, nicht aber der vor der Bekanntgabe ermittelt werden[645], oder andersherum.[646] Alles in allem konnte bei 176 Papieren eine Gegenüberstellung der beiden Durchschnittskurse stattfinden.

Es entspricht der allgemeinen Einschätzung in der Literatur, dass der Squeeze-out positive Auswirkungen auf den Börsenkurs einer AG zeitigt, da mit dem Squeeze-out positive Abfindungserwartungen verbunden werden. Zu entsprechenden Ergebnissen kommt auch die verschiedentlich von betriebswirtschaftlicher Seite unternommenen Untersuchungen zur Kapitalmarktreaktion auf die Ankündigung eines Squeeze-out.[647] Es stellt sich in der Tat heraus, dass der Durchschnittskurs vor der Hauptversammlung in der Regel deutlich über dem vor der ersten Bekanntgabe liegt. Dies indiziert die Richtigkeit der These des in aller Regel positiven Ankündigungseffekts eines Squeeze-out. Es zeigen sich aber auch große Unterschiede in der Höhe der beiden Durchschnittskurse. Dies allein verdeutlicht bereits die Brisanz des Meinungsstreits um den richtigen Referenzzeitraum.

---

[641] Vgl. hierzu oben (2) (a).

[642] Vgl. die Einzelauflistung in Anhang VIII.

[643] Namentlich die Allweiler AG, GEA AG, Glunz AG, Kennmetal Hertel AG, Knürr AG, Kühnle, Kopp & Kausch AG, Mainzer Aktien-Bierbrauerei AG, Otto Stumpf AG, Radeberger Gruppe AG, SPAR Handels AG, Wedeco AG, Wella AG und die Zanders Feinpapiere AG.

[644] Vgl. im Einzelnen die Auflistung in Anhang VIII.

[645] Dies war der Fall bei der Apcoa Parcing AG, der Aqua Signal AG, der Blaue Quellen Minderal- und Heilbrunnen AG, der Brainpool TV AG, der O&K Orenstein & Koppel AG sowie der Thüga AG.

[646] So bei der FAG Kugelfischer Georg Schäfer AG und der Wedeco AG.

[647] Dazu sogleich unter (dd).

Abbildung 14: Abweichung des Durchschnittskurses vor der von dem vor der Bekanntgabe

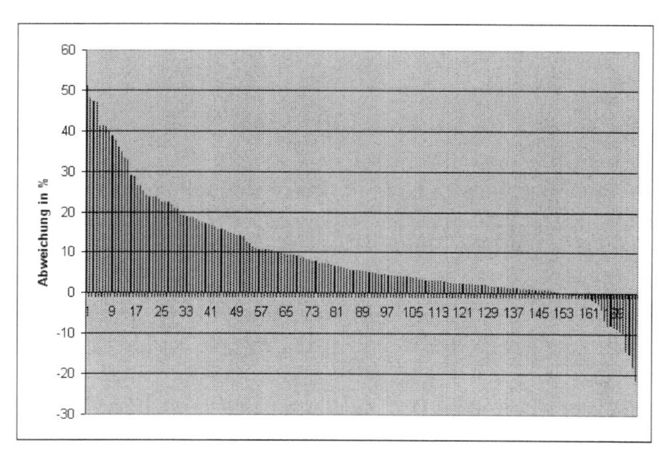

Bei den insgesamt 176 Squeeze-outs überstieg in 152 und damit in der weit überwiegenden Zahl der Fälle der Durchschnittskurs vor der Hauptversammlung den vor der ersten Bekanntgabe, und zwar durchschnittlich um 9,34%. Der Median liegt bei 5,45% bei einer Spannweite zwischen -21,16% und +51,34%. In zwei Fällen waren die Durchschnittskurse identisch und in 22 Fällen der Durchschnittskurs vor der Bekanntgabe höher. Dies lässt sich möglicherweise damit erklären, dass sich am Markt nach Ankündigung des Squeeze-out Abfindungserwartungen in bestimmter Höhe gebildet hatten und bei Ankündigung des Squeeze-out auch die Abfindungshöhe genannt wurde, die hinter diesen Erwartungen zurückblieb. Möglicherweise wurde aber auch bereits mit Nachbesserungen bei der Abfindungshöhe gerechnet.

(bb) Vergleich Börsenkurs mit angebotener Abfindung

Des Weiteren soll ein Vergleich der zwei Durchschnittskurse mit der vom Hauptaktionär tatsächlich angebotenen Squeeze-out-Abfindung erfolgen. Die empirische Studie von *Dörfler et Al.* untersuchte ebenfalls die Börsenkurse und kam zu dem Ergebnis, dass die vom herrschenden Unternehmen angebotene Abfindung überwiegend unterhalb des Börsenkurses liegt.[648] In insgesamt 30 beobachteten Abfindungsfällen lag die Abfindung im Schnitt 8,2% unter dem Börsenkurs der übernommenen Unternehmen. Seit dem DAT/Altana-Urteil des BVerfG des Jahres 2001 und damit in allen Squeeze-out-Fällen müsste sich dies geändert haben, da nach diesem bekanntlich der Börsenkurs als Untergrenze der Barabfindung anzusetzen ist.

Zu entsprechenden Ergebnissen kam die nun hier vorgestellte Untersuchung. Grundlage waren 185 Papiere börsennotierter AG, die zwischen 2002 und Ende 2007 einen Squeeze-out durchgeführt haben. Für 182 Papiere ließ sich ein Vergleich der angebotenen Abfindung mit dem Durchschnittskurs vor der Hauptversammlung, für 177 Papiere ein Vergleich mit dem Durchschnittskurs vor der ersten Bekanntgabe durchführen. Wie folgende Abbildung zeigt, ergibt sich für erstere, dass in 139 und damit in der überwiegenden Zahl der Fälle die angebotene Abfindung den Durchschnittskurs vor der Hauptversammlung nicht erreicht. In einem Fall sind Durchschnittskurs und Abfindung identisch und in den restlichen 42 Fällen übersteigt die angebotene Abfindung den Durchschnittskurs. Bei einer Spannweite zwischen -72,3%[649] und +62,93%[650] liegt die Abfindung im Schnitt um 5,5% unter dem Durchschnittskurs, der Median liegt bei -3,42%.

[648] In 18 von 30 Fällen durchschnittlich 22%; vgl. *Dörfler/Gahler/Unterstraßer/Wirichs*, BB 1994, 156, 158 f.

[649] Bei der Aachener Straßenbahn und Energieversorgungs-AG.

[650] Bei der ATB Antriebstechnik AG.

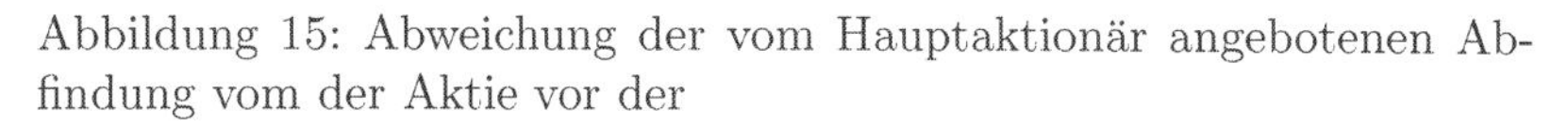

Abbildung 15: Abweichung der vom Hauptaktionär angebotenen Abfindung vom der Aktie vor der

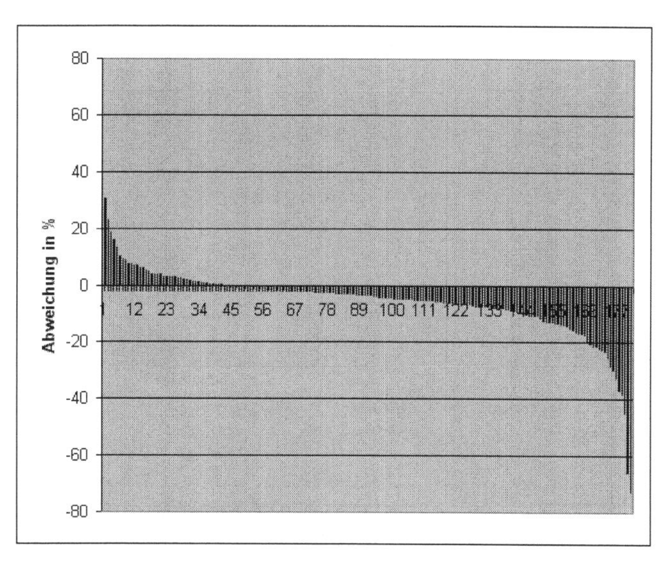

Beim Vergleich der angebotenen Abfindung mit dem Durchschnittskurs vor der ersten Bekanntgabe (vgl. Abb. 16) zeigt sich jedoch ein anderes Bild: Nur noch in 62 der insgesamt 177 Fällen ist das Angebot niedriger als der Durchschnittskurs; in neun Fällen sind sie identisch und in der überwiegenden Zahl der Fälle (106) liegt die Abfindung über dem Durchschnittskurs. Der Schnitt liegt bei +7,15%. Der Median beträgt +1,04% bei einer Spannweite zwischen -74,65%[651] und +143,1%[652]. Die Hauptaktionäre orientieren sich also bei der Abfindungshöhe überwiegend durchaus am Börsenkurs in Gestalt des Durchschnittskurses vor der ersten Bekanntgabe, wahrscheinlich nicht zuletzt auch aus dem praktischen Grund, dass dieser bereits bei Einberufung der Hauptversammlung zur Verfügung steht.[653]

651 Bei der Aachener Straßenbahn und Energieversorgungs-AG.

652 Bei der Hapag Lloyd AG.

653 Zur Begründung, warum dies nicht entscheidend für die Zugrundelegung dieses Durchschnittskurses spricht, bereits ausführlich oben (2) (a) (bb).

Abbildung 16: Abweichung der vom Hauptaktionär angebotenen Abfindung vom der Aktie vor der ersten Bekanntmachung des bevorstehenden Squeeze-out

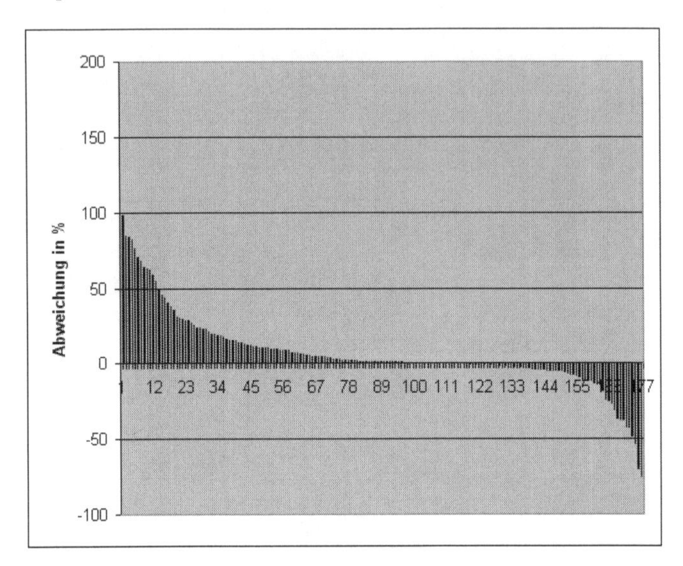

Zu entsprechenden Ergebnissen gelangte eine Studie, die 55 Squeeze-out-Papiere des Jahres 2002 zum Gegenstand hatte.[654] Verglichen wurde die Abfindung mit einem fünftägigen Durchschnittskurs vor Bekanntgabe des bevorstehenden Squeeze-out. Hiernach wurde in 44 Fällen eine Abfindungsprämie von im Median 4,34% gewährt.

Die Abbildungen 15 und 16 zeigen deutlich, dass sich die Abfindung in einer nicht unerheblichen Zahl von Fällen oberhalb des Börsenkurses bewegte. Man könnte hierin die Bereitschaft des Hauptaktionärs zur Zahlung einer Prämie auf den Börsenkurs erkennen. Unter Umständen stand ihm aber kein entsprechender Spielraum zu. Nach der lex lata ist angemessen abzufinden, d.h., dass die Abfindung dann den Börsenkurs überschreiten muss, wenn der mittels Ertragswertverfahren festgestellte anteilige Unternehmenswert den Börsenkurs überschreitet. Auch mit einem anderen Aspekt ließe sich der rechtstatsächliche Befund erklären: Da der Kapitalmarkt Ausbeutungsrisiken antizipieren wird, könnte da-

[654] *Hecker/Kaserer*, BFuP 2003, 137, 146 ff.; Vgl. auch die Studie von *Helmis*, ZBB 2003, 161, 164 ff. mit vergleichbarem Ergebnis.

von auszugehen sein, dass die festgestellten Abfindungsprämien lediglich aus einer solchen Antizipation des Kapitalmarkts resultiert.[655]

Dennoch tritt deutlich hervor, dass keineswegs in allen Fällen – wie seit DAT/Altana grundsätzlich geboten – der Börsenkurs der Barabfindung als Untergrenze zugrundegelegt wird. In diesen Fällen müsste folglich einer der Ausnahmetatbestände erfüllt gewesen sein. Freilich war der BAFin eine Berechnung des Mindestpreises für Übernahmeangebote möglich, so dass zumindest das hierfür erforderliche Handelsvolumen[656] nachweislich gegeben war. Rekurriert man zur Feststellung einer Marktenge mit der Folge der fehlenden Aussagekraft des Börsenkurses auf die Kriterien des § 5 Abs. 4 WpÜG[657], so bestand in allen diesen Fällen keine solche. Es besteht zumindest die Gefahr, dass das verfassungsrechtliche Gebot, die ausgeschlossenen Aktionären zumindest in Höhe des Börsenkurses zu entschädigen, vielfach nicht beachtet wird.[658] Die These, dass die gutachterliche Praxis sich auch beim Squeeze-out zur Feststellung einer Marktenge an § 5 Abs. 4 WpÜG-AngVO orientiert[659], kann damit nicht in dieser Allgemeinheit bestätigt werden. Vielmehr ist festzuhalten, dass die Gutachter offensichtlich mit der Annahme einer Marktenge großzügiger umgehen. Der Börsenkurs findet in diesen Fällen nicht die ihm von der Rechtsprechung zugedachte Berücksichtigung.[660]

(cc) Vergleich Börsenkurs mit Schlussabfindung

Die Durchschnittskurse sollen ferner auch derjenigen Abfindung gegenübergestellt werden, die der Hauptaktionär schlussendlich tatsächlich an die ausgeschlossenen Aktionäre erbringt. Soweit ersichtlich ist bislang jedoch erst bei 47 der 185 untersuchten Papiere die Squeeze-out-Verfahren vollständig abgeschlossen.[661] Von diesen wiesen 38 eine

---

[655] So tendenziell *Hecker/Kaserer*, BFuP 2003, 137, 160.

[656] Vgl. § 5 Abs. 4 WpÜG-AngVO.

[657] Vgl. hierzu oben (2) (a).

[658] Zu diesem Ergebnis gelangt auch *Rathausky*, Squeeze-out, S. 189, der 68 Gesellschaften, bei denen die öffentlichte Ankündigung des Squeeze-out zeitlich vor der Bekanntgabe der Höhe der Barabfindung liegt, darauf untersucht, ob der Hauptaktionär eine Prämie auf den Börsenkurs gewährt, vgl. S. 177 ff.

[659] So *Rathausky*, Squeeze-out, S. 189.

[660] Nach *Rathausky*, Squeeze-out, S. 189 ist „in Einzelfällen die Höhe der angebotenen Abfindung als unzureichend zu betrachten".

[661] D.h. auch die Spruchverfahren sind beendet oder die Einleitungsfrist verstrichen.

nochmals erhöhte Schlussabfindung auf. Vielfach ist es aber auch bei den übrigen Papieren bereits zu einer Nachbesserung gekommen, sei es durch eine freiwillige Erhöhung des Hauptaktionärs, sei es durch eine Erhöhung in Folge einer vergleichsweisen Beendigung eines Anfechtungsverfahrens. Ergänzt um diese Papiere lässt sich die Stichprobe erweitern auf 98 Papiere. Zunächst soll wieder ein Vergleich mit dem dreimonatigen gewichteten Durchschnittskurs vor der Hauptversammlung durchgeführt werden. Dies war möglich bei 93 Papieren.[662] Wie die nachfolgende Abbildung zeigt, liegt die Schlussabfindung in der überwiegenden Zahl der Fälle über dem Durchschnittskurs vor der Hauptversammlung (in 73 Fällen), im Schnitt +15,81%, der Median liegt bei +13,46%.

Abbildung 17: Abweichung der Schlussabfindung vom dreimonatigen der Aktie vor der

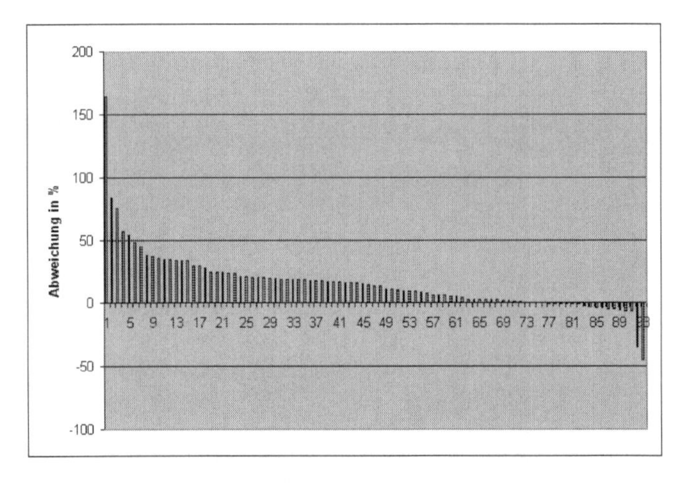

Diese Differenzen sind nochmals höher beim Vergleich mit dem Durchschnittskurs vor der Bekanntmachung, da dieser – wie zuvor bereits festgestellt – im Schnitt niedriger ist. Hier konnten 92 Papiere berücksichtigt werden. Es zeigte sich, dass die Schlussabfindung im Schnitt 31,81% über dem Durchschnittskurs lag. Der Median liegt bei 19,27%.

[662] Wieder waren nicht für alle 98 Papiere die Mindestpreise mangels ausreichenden Handels berechenbar.

Abbildung 18: Abweichung der Schlussabfindung vom dreimonatigen der Aktie vor dem ersten Bekanntwerden des Squeeze-out

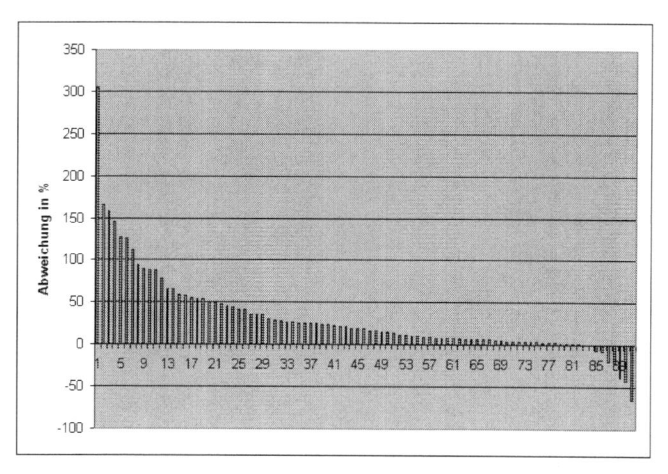

Es fragt sich, wie es dazu kommt, dass nunmehr in der weit überwiegenden Zahl der Fälle die Börsenkurse der beiden Referenzzeiträume mitunter sehr deutlich von der Schlussabfindung übertroffen werden. Möglicherweise lässt sich dies damit erklären, dass die zumeist in Vergleichen ausgehandelten Nachbesserungen sich nicht lediglich am Unternehmenswert orientieren, sondern auch die bei Beendigung der gerichtlichen Verfahren eingesparten Kosten Berücksichtigung finden. Hierauf können sich nachfolgend im Rahmen des Vergleichs der angebotenen Abfindung mit der Schlussabfindung noch Anhaltspunkte ergeben.

In den 18 Fällen, in denen die Schlussabfindung unterhalb des Durchschnittskurses vor der Hauptversammlung liegt, ist in 8 Fällen das Verfahren insgesamt abgeschlossen, in 10 Fällen läuft noch das Spruchverfahren. Beim Spitzenreiter mit einer Differenz von -44,58%[663] handelt es sich um einen Sonderfall: Zwar ist der Durchschnittskurs erheblich unterschritten. Das OLG Düsseldorf wies einen Antrag auf Erhöhung der Abfindung ebenso wie die Vorinstanz jedoch ab.[664] Offensichtlich lag keine Marktenge vor, ansonsten hätte die BAFin keinen Mindestpreis festgestellt. Das Gericht verweist darauf, dass sich die DUEWAG AG in Liquidation befand, so dass der Unternehmenswert mit

[663] Es handelt sich um die DUEWAG AG.
[664] Vgl. OLG Düsseldorf, AG 2007, 325 ff.; LG Düsseldorf, AG 2005, 929 f.

dem Liquidationswert gleichgesetzt werden müsse und der Börsenkurs außer Acht bleiben könne.[665] Auch spiegele der Börsenkurs nicht den wahren Unternehmenswert wider, weil er durch das Abfindungsangebot eines zuvor geschlossenen Unternehmensvertrags geprägt sei.[666] Gegen ersteres spricht jedoch, dass bekanntlich nach Auffassung des BVerfG der ausscheidende Aktionär zur vollen Entschädigung das erhalten müsse, was er bei freier Desinvestition erhielte. Da ein ausreichender Handel in der Aktie offensichtlich noch stattfand, hätte der Börsenkurs im Grunde durchaus als Untergrenze der Barabfindung herangezogen werden müssen. Auch kann der Liquidationswert eines Unternehmens durchaus unterschiedlich eingeschätzt werden[667] und eine solche Einschätzung auch durch den Markt erfolgen. Die übrigen 17 Unternehmen, bei denen die Schlussabfindung unterhalb des Durchschnittskurses vor der Hauptversammlung lag, befanden sich im Übrigen nicht in der Liquidation.

(dd) Kapitalmarktreaktion auf Squeeze-out-Ankündigung

Es existieren zahlreiche Studien, die die Kapitalmarktreaktion auf die Ankündigung eines Squeeze-out zum Gegenstand haben. Sie belegen durchgängig positive Aktienkurseffekte und hohe abnormale Renditen.[668] *Rathausky* etwa untersucht insgesamt 68 AG, bei denen die öffentliche Ankündigung des Squeeze-out zeitlich vor der Bekanntgabe der Höhe der Barabfindung liegt.[669] Die Kurse weisen in 79,4% der Fälle (54) eine Überrendite gegenüber der Rendite des CDAX auf und in 17,6% der Fälle (12) einen negativen Ankündigungseffekt. Durchschnittlich liegt die Überrendite bei 9% bei einer Spannweite zwischen -11,6% und 44,5%.[670] Nachgewiesen wird im Übrigen, dass die durchschnittlich größten Ankündigungseffekte bei denjenigen Fällen zustande kamen, in denen dem Squeeze-out weder ein Kaufangebot voranging noch ein Unternehmensvertrag bestand.[671] Die Ankündigungsprä-

[665] LG Düsseldorf, AG 2005, 929, 930; vgl. hierzu oben unter D II. 1. a).

[666] So das OLG Düsseldorf, AG 2007, 325, 329.

[667] A.A. LG Düsseldorf, AG 2005, 929, 930 („keine Spielräume").

[668] *Elsland*, Shareholder, S. 97 ff.; *Hecker/Kaserer*, BFuP 2003, 137, 150; *Helmis*, ZBB 2003, 161, 167 ff.; *Moser/Prüher*, FB 2002, 361, 363 ff.; *Rathausky*, Squeeze-out, S. 170 ff.

[669] Bei einer Gesamtstichprobe von 150 Squeeze-out, vgl. *Rathausky*, Squeeze-out, S. 170 ff.

[670] Vgl. Im Einzelnen *Rathausky*, Squeeze-out, S. 173.

[671] *Rathausky*, Squeeze-out, S. 175.

mie schmilzt bei vorausgegangenem Kaufangebot und ist am geringsten bei Zielgesellschaften, die sowohl beherrscht wurden als auch Ziel eines Übernahmeangebotes waren.[672] Dies lässt sich damit erklären, dass der Börsenkurs von ggf. vorhandenen Kauf- oder Abfindungsangeboten geprägt sein wird. Bei diesen Angeboten wiederum haben die betroffenen Aktionäre anders als beim Squeeze-out die Wahl, ob sie es annehmen. Insofern wird der Bieter bzw. das herrschende Unternehmen ein entsprechend verbessertes Angebot machen, das u.U. zukünftige Synergieeffekte berücksichtigt. Sind diese damit im Angebot und damit im Börsenkurs bereits eingepreist, geht auch der Markt bei einem nunmehrigen Squeeze-out davon aus, dass die Synergieeffekte bereits eingepreist sind mit der Folge, dass die Ankündigungsprämie geringer ausfällt.

(ee) Kursentwicklung nach Bekanntgabe der Abfindungshöhe

Untersuchen lässt sich ferner die Kursentwicklung nach Bekanntgabe der Abfindungshöhe. Positiven Einfluss auf den Kurs könnten hier Erwartungen auf eine künftige Nachbesserung der Abfindungshöhe entwickeln. Unter Zugrundelegung eines dreitägigen gewichteten Börsenkurses von insgesamt 139 untersuchten Papieren 40 Börsentage nach Bekanntgabe der Barabfindungshöhe zeigt sich nach der Studie von *Rathausky*, dass der Kapitalmarkt weit überwiegend die Aussicht auf künftige Nachbesserungen mit – teilweise deutlichen – Aufschlägen quittiert.[673] Der arithmetische Mittelwert von 11,91% ist aufgrund einiger Ausreißer jedoch weniger aussagekräftig als der Median von 3,58%. Verschiedene Beteiligungsgesellschaften investieren gezielt in Squeeze-out-Gesellschaften, um sich diesen Effekt zu Nutze zu machen. Es existieren zudem entsprechende Fonds, mit denen ein breites Anlegerpublikum angesprochen wird.[674] Soweit ersichtlich wurde in mindestens 40 Squeeze-out-Verfahren von einer dieser Beteiligungsgesellschaften den ausgeschlossenen Aktionären ein Angebot im elektronischen Bundesanzeiger zum Erwerb ihrer Nachbesserungsrechte während eines laufenden gerichtlichen Verfahrens gemacht.

---

[672] *Rathausky*, Squeeze-out, S. 175 f.
[673] Vgl. *Rathausky*, Squeeze-out, S. 184 ff.
[674] Nachweise jeweils bei *Rathausky*, Squeeze-out, S. 189.

(c) Frühere Abfindungs- und Kaufangebote des Mehrheitsaktionärs

Nicht unbeachtet bleiben sollen schließlich auch zeitlich vor dem Squeeze-out aus Anlass des Abschlusses eines Unternehmensvertrages oder eines Übernahmeangebotes gezahlte Preise.

Abbildung 19: Abweichung der Squeeze-out-Abfindung von früheren Abfindungs- und Kaufangeboten

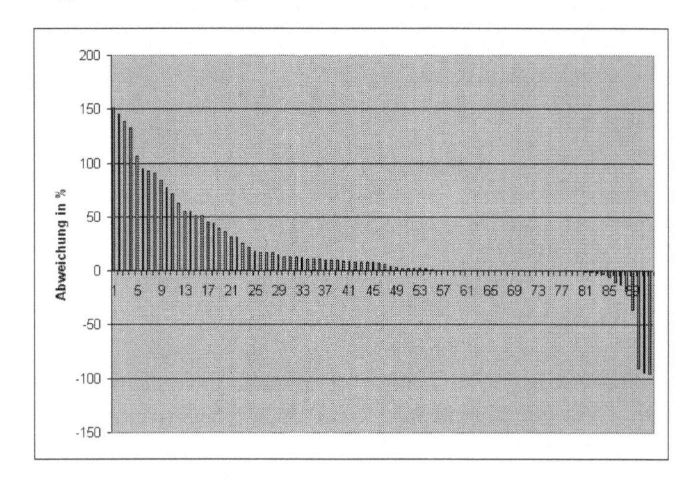

Eine Auswertung der Hoppenstedt-Aktienführer der Jahre 2002 bis 2007 ergab, dass den insgesamt 317 Squeeze-outs zwischen 2002 und Ende 2007 in 63 Fällen ein Beherrschungs- und Gewinnabführungsvertrag sowie in 62 Fällen ein (nicht näher spezifiziertes) Kaufangebot vorausging. Ein Vergleich von Squeeze-out-Abfindung und Abfindungs- und Kaufangebot war in insgesamt 92 Fällen möglich.[675] In 15 Fällen entsprach die Squeeze-out-Abfindung dem früheren Angebot, überwiegend lag sie aber höher (63 Fälle). Der Durchschnitt liegt bei +17,82%, der Median bei +6,4%.

Bei den neun Fälle mit den höchsten Aufschlägen auf frühere Angebote handelt es sich ausschließlich um Kaufangebote. Ansonsten ergibt sich aber kein einheitliches Bild: Insbesondere handelt es sich bei den 13

[675] In Einzelfällen kam es bei einem Unternehmen sowohl zu einem Kaufangebot als auch zu einem Abfindungsangebot aufgrund eines Unternehmensvertrags; vgl. die Einzelauflistung in Anhang IX.

Fällen, in denen die Squeeze-out-Abfindung hinter früheren Angeboten zurückblieb, sowohl um Kaufangebote (6 Fälle) als auch um Abfindungen anlässlich von Unternehmensverträgen (7 Fälle). Dies zeigt, dass es sich in der Regel für den Anleger lohnt, die Squeeze-out-Abfindung abzuwarten.

Zu vergleichbaren Ergebnissen kommt eine Studie bei der Betrachtung von 150 Squeeze-outs, denen in 80 Fällen ein Übernahme- oder Kaufangebot vorausging.[676] In den 43 Fällen, in denen das Ende der Annahmefrist innerhalb eines Jahres vor dem Squeeze-out liegt, überwog in 15 Fällen die Squeeze-out-Abfindung, in 10 Fällen das frühere Angebot; in 18 Fällen entsprachen sich die Werte.

(d) Vergleich angebotene Abfindung mit Schlussabfindung

In den insgesamt 317 Squeeze-out-Verfahren, die zwischen 2002 und Ende 2007 durchgeführt worden sind, kam es in bislang 128 Fällen zu einer Nachbesserung der ursprünglich vom Hauptaktionär angebotenen Abfindung.[677] In 10 dieser Fälle kam es zu einer Abfindungsaufbesserung sowohl bzgl. der Stamm- als auch der Vorzugsaktien. Die Barabfindung erhöhte sich also in insgesamt 138 Nachbesserungsfällen um durchschnittlich 41,42 %. Spitzenreiter ist die Schott Zwiesel AG, bei der ursprünglich eine Barabfindung von € 155 vorgesehen war und letztlich aufgrund eines Vergleichs € 1280 gezahlt wurden, was einer Erhöhung um ca. 726 % entspricht. Bei 65 Gesellschaften und damit über der Hälfte der Stichprobe ist das gerichtliche Verfahren insgesamt abgeschlossen, bei 141 noch ein Spruchverfahren anhängig und bei 11 zum jetzigen Zeitpunkt nicht klar, ob es noch zur Einleitung eines Spruchverfahrens kam. Bei insgesamt 71 Squeeze-outs kam es – soweit ersichtlich – zu keiner Nachbesserung der Abfindungshöhe und es wurden auch keine gerichtlichen Schritte eingeleitet.

Nun könnte man meinen, die Hauptaktionäre würden systematisch zu niedrige Barabfindungen anbieten und die vermeintlich unabhängigen Gutachter zu niedrig bewerten. Zu konstatieren ist aber, dass in der weit überwiegenden Zahl der Fälle das Spruchverfahren nicht durch gerichtliche Festsetzung der Barabfindung, sondern durch Vergleich endete. Bei der vergleichsweisen Nachbesserung spielt aber u.U. nicht lediglich der für die Abfindungshöhe maßgebliche Unternehmenswert eine

[676] *Rathausky*, Squeeze-out, S. 166 ff.; vgl. auch bereits *Püttmann*, Squeeze Out, S. 144 ff.

[677] Stand: 25.08.2008; vgl. die Auflistung in Anhang X.

Rolle, sondern auch die gerichtlichen Kosten, die der Hauptaktionär bei Beendigung des Verfahrens einsparen kann. Denkbar ist außerdem, dass in der höheren Abfindung bereits Zinsansprüche berücksichtigt sind.[678] Dennoch wird deutlich, dass das gesetzliche Konzept nicht funktioniert, so man davon ausgeht, dass die Angemessenheit der ursprünglich vom Hauptaktionär angebotenen Abfindung die Regel, die nachträgliche Erhöhung im Rahmen des gerichtlichen Rechtsschutzes die Ausnahme sein soll. Es kommt weit überwiegend zur Einleitung von gerichtlichen Verfahren.[679] Die ursprünglich vom Hauptaktionär angebotene Barabfindung hatte schon jetzt nachweislich in mehr als 40% der Fälle keinen Bestand. Vor diesem Hintergrund fällt es auch schwer, dem BVerfG[680] in der Einschätzung zu folgen, in der Regel sei die Gefahr gering, dass die vom Sachverständigen ermittelte Abfindung signifikant hinter dem Wert der gehaltenen Beteiligung an der Gesellschaft zurückbliebe.[681]

Zu vergleichbaren Befunden kamen andere empirische Untersuchungen von Unternehmensverträgen und Eingliederungen.[682] Die vertraglich festgesetzten Abfindungen werden im Rahmen nachfolgender Spruchverfahren im Schnitt deutlich erhöht. Dies lässt vermuten, dass Gutachter und Prüfer systematisch die Unternehmenswerte zu niedrig schätzen. *Dörfler et al.* vergleichen das Ergebnis der Spruchstellenverfahren mit der ursprünglichen Abfindungshöhe und kommen zu dem Ergebnis, dass es bei einer Stichprobe von insgesamt 14 Fällen im Schnitt zu einer Aufbesserung um ca. 48% kam.[683] Unter Außerachtlassung eines Ausreißers i.H.v. 225% ergibt sich immerhin noch eine Erhöhung von 34% im Mittel.[684]

(5) Würdigung

Das grundsätzliche System des Minderheitenschutzes, in dem die Minderheit rechts- oder satzungswidrige Beschlüsse durch die Anfechtungsklage vernichten konnte, wurde durch die Einführung des Spruchverfahrens für Bewertungssachverhalte aufgeweicht.[685] Angesichts der ermittelten Tatsachen kann bezweifelt werden, dass nach wie vor präventiv

[678] Vgl. *Hecker*, Regulierung, Teil I, S. 322.
[679] Vgl. hierzu ausführlich unten unter D IV. und V.
[680] BVerfG, AG 2007, 544, 546.
[681] So bereits *Hasselbach*, WuB II A. §327a AktG 2.06.
[682] Vgl. *Hecker*, Regulierung, Teil I, S. 320 ff.
[683] *Dörfler/Gahler/Unterstraßer/Wirichs*, BB 1994, 156, 159 f.
[684] *Dörfler/Gahler/Unterstraßer/Wirichs*, BB 1994, 156, 160.
[685] Vgl. *Burwitz*, Handelsrechtsausschuss des DAV, NZG 2007, 497, 499.

für die Abgabe eines angemessenen Barabfindungsangebots gesorgt ist. Den Hauptaktionär hält beim Squeeze-out nichts davon ab, zunächst einmal eine sehr geringe Barabfindung anzubieten[686]; allenfalls hat er Jahre später eine gerichtliche Nachbesserung zu leisten. Die Verzinsung der zu leistenden Barabfindung ist gering. Es ist anzunehmen, dass die Gesellschaften bzw. der Hauptaktionär von der Einleitung eines Spruchverfahrens von vornherein ausgehen und die entsprechenden Kosten einkalkulieren. Schlussendlich erhält der Minderheitsaktionär zwar, was ihm zusteht: eine dann gerichtlich überprüfte angemessene bzw. eine auf dem Vergleichswege erhöhte Abfindung. Das Beschreiten des gerichtlichen Spruchverfahrens ist dann aber nicht Ausnahme, sondern Regel. Es droht dem Hauptaktionär keine Sanktion, die ihn dazu anhält, von vornherein eine angemessene Barabfindung anzubieten. Andersherum muss er aber auch von vornherein von der Einleitung gerichtlicher Verfahren ausgehen, und dies völlig unabhängig von der Höhe und Angemessenheit der ursprünglich von ihm angebotenen Abfindung.

Es fragt sich, welche Schritte die Situation verbessern könnten. Denkbar wäre die Erhöhung der Verzinsung auf die Barabfindung von jetzt 2% auf vielleicht 5%. Damit ginge man davon aus, dass der Hauptaktionär auf die Verzögerungen Einfluss nehmen könne, und dass eine vom Hauptaktionär zur Vermeidung gerichtlicher Auseinandersetzungen ausgänglich angemessene Abfindung auch nachfolgende gerichtliche Verfahren vermeiden könnte, was gerade im Hinblick auf räuberische Aktionäre bezweifelt werden muss. Ebenfalls denkbar ist die Aufgabe des bisherigen gesetzlichen Konzepts und die Einsetzung des gerichtlichen Verfahrens zur Feststellung der Barabfindungshöhe als Regelverfahren wie beim übernahmerechtlichen Squeeze-out. Hier ist freilich zu beachten, dass es in immerhin 71 aktienrechtlichen Squeeze-outs – soweit ersichtlich – zu keinem gerichtlichen Nachspiel kam.

Nach der bisherigen Konzeption wird dem Spruchverfahren viel abverlangt: es soll das Ausscheiden zur angemessenen Abfindung des Minderheitsaktionärs garantieren. Bekannte Folge ist nicht zuletzt die vielfach beklagte überlange Verfahrensdauer und die Tatsache, dass eine Unternehmensbewertung auch während eines gerichtlichen Verfahrens nicht leichter fällt als vorher, wenn auch vielleicht mit einer Neutralitätsgarantie. Verbessern lässt sich das System nicht mehr grundlegend

---

[686] Unterstellt, dass er hierauf Einfluss nehmen kann, vgl. ausführlich zur Unabhängigkeit des gerichtlich bestellten Prüfers unten D II. 2. e) dd).

durch Modelierungen am Verfahren, es scheint vielmehr wahrscheinlich, dass mit der Eingangszuständigkeit der Oberlandesgerichte nunmehr ein Optimum erreicht sein wird. Allerdings sollte man – wo nur immer möglich – auf weitere Indikatoren des Unternehmenswertes abstellen und nicht ausschließlich auf das freilich in Einzelfällen einzig mögliche Ertragswertverfahren zurückgreifen. Ein solcher Indikator existiert zum einen mit dem Börsenkurs jedenfalls für börsennotierte bzw. im Freiverkehr gehandelte Gesellschaften; zum anderen erlauben zeitnah zum Squeeze-out von der Gesellschaft bzw. dem Hauptaktionär durchgeführte andere Strukturmaßnahmen Rückschlüsse auf den Unternehmenswert. Warum all dies nicht relevant sein soll für die Abfindungshöhe beim Squeeze-out, ist nicht einzusehen. Freilich ist auf den Zeitpunkt der Hauptversammlung bei der Unternehmenswertbestimmung abzustellen. Aber auch das zur Anwendung gelangende Ertragswertverfahren kann nicht anders als die Entwicklung des Unternehmens in der Vergangenheit insgesamt in die Zukunft zu projezieren. Da sollten Einschätzungen des Marktes oder des das Unternehmen beherrschenden Gesellschafters nicht völlig außer Betracht bleiben, liefern sie doch Einschätzungen von informierter Seite. Hinzu kommt, dass diese Einschätzungen zu einem Zeitpunkt erfolgten, an dem es nicht allein um den Ausschluss der Minderheit ging, diese Einschätzungen vielmehr im Rahmen einer völlig anderen Interessenlage entstanden sind und öffentlich wurden. Dies verstärkt ihre Aussagekraft.

c) Verlangen des Hauptaktionärs

Initiiert wird das ganze Squeeze-out-Verfahren durch ein entsprechendes Verlangen des Hauptaktionärs, § 327a Abs. 1 S. 1 AktG. Es handelt sich hierbei um eine nicht formbedürftige Willenserklärung;[687] Erklärungsempfänger ist die durch ihren Vorstand vertretene Aktiengesellschaft.[688] Ist die Willenserklärung fehlerhaft, so ist der Hauptversammlungsbeschluss grundsätzlich anfechtbar.[689] Umstritten ist, ob das Verlangen die Aktiengesellschaft oder den Vorstand selbst zur Einberu-

[687] MüKoAktG/*Grunewald*, § 327a Rn. 12; Emmerich/*Habersack*, Aktien- und GmbH-Konzernrecht, § 327a Rn. 19; *Hüffer*, AktG, § 327a Rn. 8; vgl. auch OLG Köln, Der Konzern 2004, 30, 32.

[688] Emmerich/*Habersack*, Aktien- und GmbH-Konzernrecht, § 327a Rn. 19; ähnlich auch *Koppensteiner*, in: KK, AktG, § 327a Rn. 14, der direkt den Vorstand als Adressaten sieht.

[689] OLG Köln, Der Konzern 2004, 30, 32; MüKoAktG/*Grunewald*, § 327a Rn. 12; Emmerich/*Habersack*, Aktien- und GmbH-Konzernrecht, § 327a Rn. 19; weiterge-

fung der Hauptversammlung verpflichtet. Da die mitgliedschaftlichen Rechtsbeziehungen zwischen Aktionär und Gesellschaft und nicht zwischen Aktionär und Vorstand bestehen und eine Abhängigkeit des Vorstands vom Hauptaktionär vermieden werden sollte, erscheint es richtig, die Gesellschaft in der Pflicht zu sehen.[690] Denn andernfalls hätte der Hauptaktionär ggf. Schadensersatzansprüche gegen den Vorstand und dieser wäre in systemwidriger Weise persönlich von einem Aktionär abhängig. An dem Squeeze-out-Verlangen ist der Hauptaktionär freilich gehindert, wenn er seinen aus § 20 Abs. 1 AktG oder § 21 WpHG folgenden Mitteilungspflichten bezüglich seiner Beteiligungshöhe nicht genügt hat, § 20 Abs. 7 AktG bzw. § 28 WpHG.[691]

aa) Zulässigkeit eines Widerrufsvorbehaltes

Der Hauptaktionär kann sein Squeeze-out-Verlangen mit einem Widerrufsvorbehalt verbinden.[692] Da der Hauptaktionär in aller Regel ohnehin den Squeeze-out mit seiner Stimmrechtsmacht in der Hauptversammlung verhindern kann, wäre es purer Formalismus, ihn an seinem Übertragungsverlangen festzuhalten und auf der Durchführung der ggf. dann überflüssigen Hauptversammlung zu bestehen.[693]

bb) Einberufung einer außerordentlichen Hauptversammlung?

Der Vorstand hat eine außerordentliche Hauptversammlung nur einzuberufen, wenn ein unter Berücksichtigung der Kosten einer solchen ausreichend dringliches Interesse der Gesellschaft – nicht des Hauptaktionärs – daran besteht. Ansonsten ist die nächste ordentliche Hauptversammlung zu befassen[694], es sei denn, der Hauptaktionär übernimmt die Kosten der außerordentlichen Hauptversammlung oder macht von

---

hend für Nichtigkeit, weil es ansonsten zum Ausschluss ohne wirksames Verlangen käme, *Koppensteiner*, in: KK, AktG, § 327a Rn. 14.

[690] So MüKoAktG/*Grunewald*, § 327a Rn. 13; Emmerich/*Habersack*, Aktien- und GmbH-Konzernrecht, § 327a Rn. 20; a.A. *Hasselbach*, in: KK, WpÜG, § 327a Rn. 45; *Hüffer*, AktG, § 327a Rn. 8; *Singhof*, in: Spindler/Stilz, AktG, § 327a Rn. 19.

[691] Vgl. OLG Köln, Der Konzern 2004, 30, 32; *Schnorbus*, in: Schmidt/Lutter, AktG, § 327a Rn. 16; MüKoAktG/*Bayer*, § 20 Rn. 42.

[692] LG Frankfurt am Main, ZIP 2008, 1183, 1183 (LS).

[693] So LG Frankfurt am Main v. 29.1.2008, ZIP 2008, 1183, 1183 (LS), volles Urteil abrufbar bei Juris, vgl. dort Rz. 49.

[694] MüKoAktG/*Grunewald*, § 327a Rn. 13; *Koppensteiner*, in: KK, AktG, § 327a Rn. 16; a.A. *Hasselbach*, in: KK, WpÜG, § 327a Rn. 44.

einem beherrschungsvertraglichen Weisungsrecht Gebrauch.[695] Das reine Abstellen auf die Interessen der Gesellschaft könnte deswegen problematisch sein, weil das ganze Verfahren letztlich ausschließlich den Interessen des Hauptaktionärs dient. Allerdings eliminiert nicht der Hauptaktionär, sondern die Gesellschaft selbst ihre Minderheit.[696] Dass der Vorstand „unverzüglich" i.S.d. § 121 BGB handeln müsste, ergibt sich aus dem Gesetz nicht.[697]

cc) Nichtbeachtung des Verlangens

Kommt der Vorstand dem Verlangen des Hauptaktionärs nicht nach, so kann dieser nach § 122 AktG vorgehen.[698] Richtigerweise kann der Hauptaktionär sogleich gem. § 122 Abs. 3 AktG das gerichtliche Verfahren betreiben[699], da er ohnehin mit dem Squeeze-out-Verlangen ein dem Abs. 1 entsprechendes Verlangen an die Gesellschaft gerichtet hat.

dd) Ad-hoc-Publizität nach § 15 Abs. 1 WpHG?

(1) Die betroffene Aktiengesellschaft

Gem. § 15 Abs. 1 WpHG sind solche Tatsachen ad-hoc-publizitätspflichtig, die Insiderinformationen i.S.d. § 13 Abs. 1 WpHG darstellen und den Emittenten unmittelbar betreffen.[700] Seit der Neufassung durch das Anlegerschutzverbesserungsgesetz vom 28.10.2004 kommt es nicht mehr darauf an, ob die Tatsache im Tätigkeitsbereich des Emittenten eingetreten ist.[701] Sobald also der Emittent Kenntnis

---

[695] Emmerich/*Habersack*, Aktien- und GmbH-Konzernrecht, § 327a Rn. 20; *Singhof*, in: Spindler/Stilz, AktG, § 327a Rn. 19.

[696] *Koppensteiner*, in: KK, AktG, § 327a Rn. 16.

[697] So aber *Heidel/Lochner*, AnwKommAktG, § 327a Rn. 11.

[698] MüKoAktG/*Grunewald*, § 327a Rn. 13; Emmerich/*Habersack*, Aktien- und GmbH-Konzernrecht, § 327a Rn. 20; *Hüffer*, AktG, § 327a Rn. 8; *Krieger*, BB 2002, 53, 59.

[699] *Fleischer*, in: GroßKommAktG, § 327a Rn. 62; *Heidel/Lochner*, AnwKommAktG, § 327a Rn. 11; *Schüppen/Tretter*, in: FK, WpÜG, § 327a Rn. 26.

[700] Vgl. *Kuthe*, ZIP 2004, 883, 885.

[701] Bzgl. des Squeeze-out-Verlangens war dies umstritten. Dafür *Vetter*, AG 2002, 176, 186 f.; *Heidel/Lochner*, AnwKommAktG, § 327c Rn. 3; *Vossius*, ZIP 2002, 511, 513; *P. Baums*, Ausschluss, S. 167 f.; Dagegen *BAWe*, NZG 2002, 563, 564; *Rühland*, Ausschluß, S. 202; Emittentenleitfaden der Bundesanstalt für Finanzdienstleistungsaufsicht, S. 53; zweifelnd auch *Fleischer*, ZGR 2002, 757, 778; *Sieger/Hasselbach*, ZGR 2002, 120, 141.

von dem Vorhaben der Durchführung des Squeeze-out hat – spätestens also mit dem Ausschlussverlangen des Hauptaktionärs – liegt gem. § 15 Abs. 1 WpHG eine grundsätzlich veröffentlichungspflichtige Insiderinformation vor.[702] Ungeachtet dessen kann natürlich gem. § 15 Abs. 3 WpHG die Veröffentlichung ggf. herausgezögert werden.[703] Dies trägt dem Umstand Rechnung, dass die Durchführbarkeit eines Squeeze-outs bei vorzeitiger öffentlicher Kenntnis unter Umständen gefährdet wird.[704]

(2) Der Hauptaktionär

Ist der Hauptaktionär selbst eine AG, so ist auch er veröffentlichungspflichtig, sofern der Minderheitenausschluss den Börsenkurs seiner eigenen Aktien erheblich beeinflussen könnte.[705] Hiervon wird deshalb in der Regel auszugehen sein, weil durch den Squeeze-out Minderheitenaufwand eingespart und problemlose Umstrukturierungen möglich werden, was zu einem entsprechenden Mehrwert der Unternehmensbeteiligung führt.[706]

ee) Schranken des Squeeze-out-Rechts

Nun kann der Hauptaktionär allerdings am Squeeze-out-Verlangen dann gehindert sein, wenn sich das Verlangen etwa als Verstoß gegen die mitgliedschaftliche Treuepflicht darstellt und das Verlangen als missbräuchlich zu qualifizieren ist.

(1) Erforderlichkeit einer sachlichen Rechtfertigung?

Man könnte zunächst meinen, dass der Hauptaktionär jedenfalls seine Motive darzulegen hat, die den Squeeze-out in seinen Augen rechtfertigen. Eine sog. materielle Beschlusskontrolle – die Prüfung von Verhältnismäßigkeit und Erforderlichkeit des Eingriffs in die Rechtsstellung

---

[702] Emittentenleitfaden der Bundesanstalt für Finanzdienstleistungsaufsicht, S. 53; *Assmann*, in: Assmann/Schneider, WpHG, § 15 Rn. 84; MüHdbAG/*Austmann*, § 74 Rn. 36; Emmerich/*Habersack*, Aktien- und GmbH-Konzernrecht, § 327c Rn. 3; *Heidel/Lochner*, AnwKommAktG, § 327c Rn. 3; vgl. auch Begr RegE BT-Drucks. 15/3174, S. 35.

[703] Dazu *Schneider/Gilfrich*, BB 2007, 53 ff.

[704] *Schneider/Gilfrich*, BB 2007, 53, 53.

[705] MüHdbAG/*Austmann*, § 74 Rn. 36.

[706] So i.E. auch *Assmann*, in: Assmann/Schneider, WpHG, § 15 Rn. 84; a.A. insoweit MüHdbAG/*Austmann*, § 74 Rn. 36.

der Minderheitsaktionäre – findet nun aber nach allgemein vertretener Meinung zum Squeeze-out-Recht nicht statt.[707] Entsprechend hat auch der BGH bereits zur übertragenden Auflösung entschieden.[708] Wie bereits dargestellt wurde teilweise vertreten, dass jeder Eingriff in Minderheitspositionen im Einzelfall auf seine sachliche Rechtfertigung zu überprüfen sei.[709] Demgegenüber unterscheidet die herrschende Meinung und die Rechtsprechung danach, ob der Gesetzgeber die Abwägung selber vorweggenommen und die mitgliedschaftlichen Belange der Minderheitsaktionäre dem Leitungsinteresse des Hauptaktionärs untergeordnet hat oder nicht. Auch wird es zum Ausschluss in aller Regel nur dann kommen, wenn wirtschaftliche Gründe auf der Seite des Großaktionärs dafür sprechen. Es wäre problematisch, wollte man im Rahmen einer nachfolgenden Anfechtung das kaufmännische Ermessen des Hauptaktionärs über die wirtschaftliche Zweckmäßigkeit des Ausschlusses gerichtlich nachprüfen.[710] So hat auch das BVerfG betont, dass der Gesetzgeber die Möglichkeit des Ausschlusses nicht davon abhängig machen musste, ob im Einzelfall konkrete unternehmerische Gründe für den Ausschluss vorliegen.[711]

Da der Übertragungsbeschluss also keiner sachlichen Begründung bedarf, beschränkt sich die gerichtliche Inhaltskontrolle auf eine Missbrauchskontrolle. Missbräuchlich handelt, wer zwar formell ein Recht korrekt ausübt, die Geltendmachung des Rechts aber wegen besonderer Umstände des Einzelfalls treuwidrig ist. Möglich ist etwa eine nur vorübergehende Schaffung eines Hauptaktionärs zum gezielten Ausschluss eines Mitaktionärs.[712] Es kommen aber weitere Gestaltungen in Betracht:

---

[707] OLG Köln, AG 2004, 39, 40; Emmerich/*Habersack*, Aktien- und GmbH-KonzernR, § 327a Rn. 26; *Dißars*, BKR 2004, 389, 393; *Gesmann-Nuissl*, WuB II A. § 327a AktG 1.04; *Kort*, ZIP 2006, 1519, 1519 f.; *Krieger*, BB 2002, 53, 55; *Vetter*, DB 2001, 743, 744; vgl. hierzu bereits oben unter D II. 2. a) dd) (2) (a).

[708] BGHZ 103, 184, 189 ff.

[709] *Bischoff*, BB 1987, 1055, 1059 ff.; *Wiedemann*, ZGR 1980, 147, 157 ff.; *Martens*, in: FS Fischer, 437, 445.

[710] So für die Mehrheitsumwandlung nach altem Umwandlungsrecht bereits *Ulmer*, BB 1964, 665, 668.

[711] BVerfG, ZIP 2007, 2121, 2121.

[712] Hierzu bereits oben D II. 2. a) dd) (2) (a).

(2) Spezielles persönliches Interesse an Gesellschafterstellung

So soll es nach vereinzelt vertretener Meinung treupflichtwidrig sein, einen Gesellschafter aus der Gesellschaft auszuschließen, der der Gesellschaft für längere Zeit verbunden war.[713] Das BVerfG hat ausdrücklich offengelassen, ob das Squeeze-out-Verfahren auch bei einem anerkennenswerten Interesse an der Beteiligung an einem Unternehmen wie etwa einem Familiengesellschafter verfassungsgemäß ist.[714] Letztlich bedeutete dies aber einen Widerspruch zur gesetzgeberischen Entscheidung, den Squeeze-out auch auf börsenferne AG zu erstrecken, bei denen eine persönliche Verbundenheit der Gesellschafter eher die Regel als die Ausnahme ist.[715]

(3) Squeeze-out-Umwandlung

Wurde eine Gesellschaft – etwa eine GmbH – in eine AG umgewandelt allein zu dem Zweck, anschließend einen Squeeze-out durchzuführen (Squeeze-out-Umwandlung)[716], so liegt hierein ein zur Anfechtung berechtigender Missbrauch.[717] In anderen Rechtsformen ist lediglich das Recht zum Ausschluss aus wichtigem Grund anerkannt, dieses Erfordernis darf nicht durch eine Umwandlung in eine Aktiengesellschaft umgangen werden.[718]

Etwa bei der GmbH könnte eine Dreiviertelmehrheit gem. § 240 Abs. 1 UmwG die Umwandlung in eine AG beschließen und sodann die Minderheit entfernen. Dies verstieße gegen grundlegende Wertungen des GmbH-Rechts. Denn ist ein Minderheitsgesellschafter auch besonders lästig und störend, wenn er beispielsweise umfangreich die ihm zustehenden mitgliedschaftlichen Rechte in Anspruch nimmt, so ergibt

---

[713] *Kiem*, in: Gesellschaftsrecht 2001, S. 329, 340; a.A. *Krieger*, BB 2002, 53, 55; *Singhof*, in: Spindler/Stilz, AktG, § 327a Rn. 25.

[714] BVerfG, AG 2007, 544, 546; vgl. bereits OLG Hamburg, AG 2003, 698, 698.

[715] *Krieger*, BB 2002, 53, 55.

[716] Von *Habersack*, ZIP 2001, 1230, 1235 als „kalter Squeeze-out" bezeichnet.

[717] Emmerich/*Habersack*, Aktien- und GmbH-Konzernrecht, § 327a Rn. 28; *ders.*, ZIP 2001, 1230, 1234 f.; *Krieger*, BB 2002, 53, 61; a.A. *Angerer*, BKR 2002, 260, 267; *Harrer*, in: FS Sonnenberger, S. 235, 246 Fn. 70; *Markwardt*, BB 2004, 277, 283, offengelassen von OLG Stuttgart, AG 2008, 464, 465 f.

[718] Im Gesetzgebungsverfahren wurde das Petitum einer GmbH, den Squeeze-out auch auf die GmbH auszudehnen, nicht aufgegriffen. Offenbar wurde davon ausgegangen, dass im Ergebnis auch bei der GmbH ein Squeeze-out möglich sein wird, wenn sie zuvor in eine AG umgewandelt oder rückumgewandelt wurde, so audrücklich *Neye*, in: Hirte, WpÜG, S. 25, 28.

dies dennoch keinen zum Ausschluss berechtigenden wichtigen Grund. Vielmehr wäre hierzu die Unzumutbarkeit einer Fortführung der Gesellschaft mit dem Minderheitsgesellschafter erforderlich.[719] Zwar ist auch im GmbH-Recht ein Interesse des Mehrheitsgesellschafters an erleichterter Unternehmensführung durchaus vorhanden, welches ja gerade auch zur Begründung der Einführung des Squeeze-out-Rechts im Aktienrecht angeführt wird.[720] Dem GmbH-Recht ist aber die Wertung zu entnehmen, dass das Leitungsinteresse des Mehrheitsgesellschafters hinter das Bestandsinteresse des Minderheitsgesellschafters zurücktreten soll.[721] Ein Formwechsel zum Minderheitenausschluss ist folglich die Erschleichung einer rechtlichen Ausschlussmöglichkeit, welche in dieser erleichterten Form für die GmbH eben nicht vorgesehen ist, und führt zur Anfechtbarkeit zunächst des Formwechselbeschlusses[722], aber auch des Squeeze-out-Beschlusses wegen Rechtsmissbrauchs.[723]

(4) Venire contra factum proprium und Verwirkung

Wurden die Minderheitsgesellschafter erst kurz zuvor in die Gesellschaft aufgenommen, so ist in ihrem nunmehrigen zwangsweisen Ausschluss ein gegen die Treuepflicht verstoßendes widersprüchliches Verhalten des Hauptaktionärs zu sehen.[724] Auch wenn den Minderheitsaktionären bereits bei ihrer Aufnahme die Durchführbarkeit eines Squeeze-out bekannt ist, so ist ihr Vertrauen auf das Ausbleiben eines Squeeze-out jedenfalls in näherer Zukunft angesichts des Verhaltens des Hauptaktionärs schützenswert. Es ist jedenfalls nicht möglich, eine Anfechtung aufgrund Treuwidrigkeit dann scheitern zu lassen, dass die Barabfin-

---

[719] BGHZ 9, 157, 159 ff.

[720] Vgl. BegrRegE, BT-Drucks. 14/7034, S. 31 f. Ausführlich hierzu oben unter C V. 1.

[721] Hierauf abstellend auch *Habersack*, ZIP 2001, 1230, 1234; ihm folgend *Rühland*, Ausschluß, S. 249.

[722] So Emmerich/*Habersack*, Aktien- und GmbH-Konzernrecht, § 327a Rn. 28, sofern zu diesem Zeitpunkt bereits die Absichten des Hauptaktionärs erkennbar sind; *ders.*, ZIP 2001, 1230, 1234; *Grunewald*, ZIP 2002, 18, 22; *Rühland*, Ausschluß, S. 249.

[723] So *Grunewald*, ZIP 2002, 18, 22, sofern erst nach dem Formwechsel der Squeeze-out bekannt wird.

[724] Emmerich/*Habersack*, Aktien- und GmbH-Konzernrecht, § 327a Rn. 30; MüKoAktG/*Grunewald*, § 327a Rn. 26, 28; *Fleischer*, ZGR 2002, 757, 785; *Grunewald*, ZIP 2002, 18, 22; a.A. *Koppensteiner*, in: KK, AktG, § 327f Rn. 11; *Gesmann-Nuissl*, WM 2002, 1205, 1210; *Markwardt*, BB 2004, 277, 286; differenzierend *Singhof*, in: Spindler/Stilz, AktG, § 327a Rn. 28.

dung auch Steuernachteile, Reinvestionskosten, entgangene Erträge einer alternativen Kapitalanlage usw. berücksichtigt.[725] Denn diese Faktoren spielen regelmäßig bei der Bemessung der Barabfindungshöhe keine Rolle.[726]

Gleiches muss gelten, wenn der Hauptaktionär zuvor mit den Minderheitsaktionären vereinbart hatte, einen Squeeze-out zu unterlassen.[727] Zu Recht hielt das OLG Celle einen Squeeze-out für unzulässig, weil er gegen eine Zusage des Hauptaktionärs verstieß, Ausgleichsansprüche der Minderheitsaktionäre bis zwei Monate nach Abschluss eines laufenden Spruchstellenverfahrens zu leisten.[728] Aus der Tatsache aber, dass vom Squeeze-out-Recht trotz gegebener Möglichkeit kein Gebrauch gemacht wurde, folgt kein schutzwürdiges Vertrauen darauf, dass der Ausschluss auch in Zukunft unterbleibt.[729]

d) Gewährleistung

Gem. § 327 b Abs. 3 AktG hat der Hauptaktionär vor Einberufung der Hauptversammlung dem Vorstand der betroffenen Aktiengesellschaft eine so genannte Bankgarantie zu übermitteln, nach der ein Kreditinstitut die Leistung der Barabfindung nach Eintragung des Squeeze-out-Beschlusses übernimmt. Dieser damit gewährte Anspruch unmittelbar gegen ein Kreditinstitut dient dem zusätzlichen Schutz des Minderheitsaktionärs.[730] Die Minderheitsaktionäre sollen nicht mit dem Vollstreckungsrisiken im Ausland und dem Bonitätsrisiko belastet werden.[731] In der Praxis sind hierzu einige Fragen aufgetaucht:

---

[725] So aber *Singhof*, in: Spindler/Stilz, AktG, § 327a Rn. 28.

[726] Vgl. oben unter D 2. b) ee) (b).

[727] MüKoAktG/*Grunewald*, § 327a Rn. 26; Emmerich/*Habersack*, Aktien- und GmbH-Konzernrecht, § 327a Rn. 31; *Singhof*, in: Spindler/Stilz, AktG, § 327a Rn. 28; *Grunewald*, ZIP 2002, 18, 22; a.A. *Koppensteiner*, in: KK, AktG, § 327f Rn. 6, 11.

[728] Vgl. OLG Celle, AG 2004, 206 f.; *v. Schnurbein*, AG 2005, 725, 732 f.

[729] So aber tendenziell *Fleischer*, ZGR 2002, 757, 786; wie hier Emmerich/*Habersack*, Aktien- und GmbH-Konzernrecht, § 327a Rn. 30; MüKo-AktG/*Grunewald*, § 327a Rn. 26.

[730] Vgl. *Neye*, in: Hirte, WpÜG, S. 25, 31.

[731] Vgl. Begr RegE, BT-Drucks. 14/7034, S. 72; *Holzborn/Müller*, in: Bürgers/Körber, AktG, § 327b Rn. 15.

aa) Anforderungen an Kreditinstitut

Nach einer Meinung schadet die Tatsache, dass die Hauptaktionärin 100%ige Tochtergesellschaft des gewährleistenden Kreditinstituts ist, nicht.[732] Denn die bankmäßige Garantie i.S.d. § 327b Abs. 3 AktG soll schon vor der Hauptversammlung klarstellen, dass den ausgeschiedenen Minderheitsaktionären ein typischerweise solventer Schuldner zur Verfügung steht und die Abfindung damit tatsächlich geleistet wird.[733] Diesem Normzweck werde Genüge getan, auch wenn Kreditinstitut und Hauptaktionär konzernrechtlich verbunden sind.[734]

Dem ist nicht zuzustimmen.[735] Bei einer solchen wirtschaftlichen Verflechtung liefe das darauf hinaus, dass der Hauptaktionär die Auszahlung der von ihm gewährten Barabfindung selbst versichert. Sinn des § 327b Abs. 3 AktG ist, der ausgeschlossenen Minderheit einen Schuldner zu geben, der außerhalb der wirtschaftlichen Risikosphäre des Hauptaktionärs steht, der mit der Garantieübernahme auch praktisch eine Solvenzprüfung des Hauptaktionärs vornimmt bzw. für unter Umständen bestehende Risiken einsteht. Eine kritische Einschätzung von dritter Seite würde bei konzernrechtlicher Verflechtung nicht vorgenommen. Folgte man der ganz herrschenden Gegenauffassung, so müsste man konsequenterweise von einem Kreditinstitut, das einen Squeeze-out als Hauptaktionär initiiert, nicht verlangen, dass es eine Gewährleistung i.S.d. § 327b Abs. 3 AktG beibringt.

bb) Art der Gewährleistung

Das Gesetz fordert eine Gewährleistung eines Kreditinstituts, ohne hierzu nähere Regelungen zu treffen. Die herrschende Meinung fordert die Abgabe eines eigenen Zahlungsversprechens seitens des Kreditinstituts[736], andere lassen die Stellung von Sicherheiten i.S.d § 232 Abs. 1

[732] LG München I, ZIP 2004, 168, 169; Emmerich/*Habersack*, Aktien- und GmbH-Konzernrecht, § 327b Rn. 11 Fn. 46; *Heidel/Lochner*, AnwKomm, § 327b Rn. 13; *Schüppen/Tretter*, in: FK, WpÜG, § 327b Rn. 32;

[733] Begr. Zum RegE, BT-Drucks. 14/7034, S. 72.

[734] LG München I, ZIP 2004, 168, 169.

[735] Zweifelnd bereits LG Frankfurt am Main, NZG 2004, 672, 674.

[736] OLG Düsseldorf, AG 2005, 654, 655; *Fleischer*, in: GroßKommAktG, § 327b Rn. 44; Emmerich/*Habersack*, Aktien- und GmbH-Konzernrecht, § 327b Rn. 12; *Hüffer*, AktG, § 327b Rn. 10; *Koppensteiner*, in: KK, AktG, § 327b Rn. 10.

BGB ausreichen.[737] Eine Finanzierungsbestätigung i.S.d. § 13 Abs. 1 S. 2 WpÜG soll als „Gewährleistung" jedenfalls nicht genügen.[738]

Das Gesetz spricht von einer *Gewährleistung* seitens des Kreditinstituts, was es zunächst zulässig erscheinen lässt, den Minderheitsaktionär zur Befriedigung zunächst auf den Hauptaktionär zu verweisen und kein unmittelbares Zahlungsversprechen vom Institut zu fordern. Andererseits soll nach dem Wortlaut des § 327b Abs. 3 AktG das Kreditinstitut für die *unverzügliche* Erfüllung der Verpflichtung des Hauptaktionärs nach Eintragung des Beschlusses einstehen. Dies würde mit einem Verweis auf eine zuvorige Geltendmachung gegen den Hauptaktionär kollidieren. Zudem sprechen die Gesetzgebungsmaterialien von einer Bankgarantie, die den Minderheitsaktionären einen „unmittelbaren Anspruch" einräumen soll, was für die Notwendigkeit eines Zahlungsversprechens spricht.[739] Möglich sind Garantie, Bürgschaftsversprechen, Schuldbeitritt und abstraktes Schuldversprechen.[740]

Eine teilweise für möglich gehaltene[741] Befristung des Zahlungsversprechens des Kreditinstituts ist nicht zulässig.[742] Der Minderheitenausschluss wurde nur bei vollständigem finanziellen Ausgleich ermöglicht. Deshalb ist es nicht unbillig, den Hauptaktionär mit Gebühren des Kreditinstituts für eine Gewährleistung auf unbestimmte Zeit zu belasten.[743]

Gestritten wird auch darüber, ob sich das Kreditinstitut die Einrede der Vorausklage vorbehalten kann.[744] Dies hängt wiederum von der oben bereits beantworteten Frage ab, ob dem Minderheitsaktionär mit § 327b Abs. 3 AktG ein eigener Anspruch gegenüber der Bank einzuräumen ist. Nach hier vertretener Ansicht darf dem Minderheitsaktionär nicht zugemutet werden, sich zunächst ausschließlich an den

---

[737] MüKoAktG/*Grunewald*, § 327b Rn. 15; *Fuhrmann/Simon*, WM 2002, 1211, 1216.

[738] Vgl. Emmerich/*Habersack*, Aktien- und GmbH-Konzernrecht, § 327b Rn. 12.

[739] Begründung zum RegE, BT-Drucks. 14/7034, S. 72.

[740] OLG Düsseldorf, AG 2005, 654, 655; MüKoAktG/*Grunewald*, § 327b Rn. 15; Emmerich/*Habersack*, Aktien- und GmbH-Konzernrecht, § 327b Rn. 12.

[741] So *Fuhrmann/Simon*, WM 2002, 1211, 1216.

[742] Emmerich/*Habersack*, Aktien- und GmbH-Konzernrecht, § 327b Rn. 12; *Fleischer*, in: GroßKommAktG, § 327b Rn. 48.

[743] A.A. *Fuhrmann/Simon*, WM 2002, 1211, 1216.

[744] bejahend MüKoAktG/*Grunewald*, § 327b Rn. 15; *Sieger/Hasselbach*, ZGR 2002, 120, 151; a.A. *Fleischer*, in: GroßKommAktG, § 327b Rn. 48; Emmerich/*Habersack*, Aktien- und GmbH-Konzernrecht, § 327b Rn. 12; *Krieger*, BB 2002, 53, 58.

Hauptaktionär zu halten. Auf die Einrede der Vorausklage muss also entsprechend § 239 Abs. 2 BGB verzichtet werden[745], bzw. vom hier einschlägigen[746] aber nicht zwingenden[747] § 349 S. 1 HGB darf vertraglich nicht abgewichen werden.[748]

cc) Umfang der Gewährleistung

(1) Nachträgliche Erhöhung der Barabfindung

Wird im Anschluss an Fassung und Eintragung des Squeeze-out-Beschlusses in einem Spruchverfahren die Barabfindung erhöht, so fragt sich, ob diese Erhöhung von der Bankgewährleistung gedeckt sein sollte. Dies wird aufgrund des Wortlauts – Sicherheit nur für die „festgelegte“ Abfindung – überwiegend verneint.[749] Verbreitet geäußerte verfassungsrechtliche Bedenken[750] sind unberechtigt[751]; Eine Besicherung des Nachzahlungsbetrages ist auch in anderen Fällen, in denen Spruchverfahren zu einer Abfindungserhöhung führen können, nicht vorgesehen.[752] Zudem ist er wenig praktikabel, weil auf Seiten der Kreditinstitute dazu aus grundsätzlichen Erwägungen nur eine geringe Bereitschaft besteht.[753]

(2) Verzinsungsregel

Der Anspruch nach § 327b Abs. 2 AktG auf Verzinsung ab Bekanntmachung der Eintragung der Barabfindung ist nicht von der Bankgewährleistung abgedeckt, da dieser nicht Bestandteil der „festgelegten Barab-

---

[745] *Krieger*, BB 2002, 53, 58.

[746] Emmerich/*Habersack*, Aktien- und GmbH-Konzernrecht, § 327b Rn. 12 Fn. 51.

[747] *Hefermehl*, in: Schlegelberger, HGB, § 349 Rn. 43.

[748] Emmerich/*Habersack*, Aktien- und GmbH-Konzernrecht, § 327b Rn. 12; *Singhof/Weber*, WM 2002, 1158, 1168; a.A. MüKoAktG/*Grunewald*, § 327b Rn. 15; *Sieger/Hasselbach*, ZGR 2002, 120, 151; *Fuhrmann/Simon*, WM 2002, 1211, 1216.

[749] *Fleischer*, in: GroßKommAktG, § 327b Rn. 50; *Dißars*, BKR 2004, 389, 391; *Fuhrmann*, Der Konzern 2004, 1, 3; *ders./Simon*, WM 2002, 1211, 1216; *Krieger*, BB 2002, 53, 58; a.A. *Meilicke*, DB 2001, 2387, 2389; *ders.*, AG 2007, 261, 262 f.

[750] *Heidel/Lochner*, AnwKommAktG, § 327b Rn. 16; *Lenz/Leinekugel*, Squeeze out, S. 53; *Meilicke*, AG 2007, 261, 263; *ders.*, DB 2001, 2387, 2389; *Quandt*, Squeeze-out, S. 257.

[751] Vgl. BVerfG, AG 2007, 544, 546.

[752] Vgl. BGH, AG 2005, 921; *Krieger*, BB 2002, 53, 58.

[753] So BGH, AG 2005, 921; *Hasselbach*, in: KK, WpÜG, § 327b Rn. 31; dagegen *Meilicke*, AG 2007, 261, 262 f.

findung" ist.[754] Die Regelung entspricht dennoch verfassungsrechtlichen Vorgaben.[755]

(3) Deckelung

Nach zutreffender Auffassung ist die Bestimmung eines Höchstbetrags unschädlich.[756] Freilich muss die festgelegte Barabfindung für sämtliche Aktien der Minderheitsaktionäre von der Gewährleistung abgedeckt sein. Hierbei nicht zu berücksichtigen sind allerdings solche Aktien, die der Hauptaktionär möglicherweise vor der Eintragung des Squeeze-out-Beschlusses selbst wieder veräußert.[757] Mit anderen Worten muss nicht für die gesamten 5% Sicherheit gewährt werden. Denn von einer solchen Veräußerung kann nicht ohne weiteres ausgegangen werden; in aller Regel wird der Hauptaktionär zunächst die Alleinaktionärsstellung anstreben. Will er nach dem Squeeze-out (zulässigerweise[758]) andere Aktionäre wieder beteiligen, so wäre zwar denkbar, dass er die Aktien schon vor Eintragung abgibt.[759] Diese Aktionäre werden dann freilich ihre Aktien nicht gegen Barabfindung abgeben.

dd) Form

Schriftform ist in § 327b Abs. 3 AktG zwar nicht ausdrücklich vorgeschrieben. Eine „Übermittlung" der Gewährleistung der Bank durch den Hauptaktionär an den Vorstand setzt allerdings – von der Botenschaft abgesehen – Schriftlichkeit der Erklärung voraus.[760] Dies ist insbesondere erforderlich, um dem Vorstand der AG in den Stand zu versetzen,

[754] OLG Düsseldorf, AG 2005, 293, 296; *Fleischer*, in: GroßKommAktG, § 327b Rn. 51; *Hasselbach*, in: KK, WpÜG, § 327b Rn. 31; *Dißars*, BKR 2004, 389, 391; *Fuhrmann*, Der Konzern 2004, 1, 3; *ders./Simon*, WM 2002, 1211, 1216; *Fuhrmann*, Der Konzern 2004, 1, 3; a.A. *Heidel/Lochner*, AnwKommAktG, § 327b Rn. 14.

[755] BVerfG, AG 2007, 544, 546; OLG Frankfurt, ZIP 2008, 138, 142.

[756] LG Bochum, AG 2005, 738, 740; Emmerich/*Habersack*, Aktien- und GmbH-Konzernrecht, § 327b Rn. 15; *Dißars*, BKR 2004, 389, 391; *ders./Kocher*, NZG 2004, 856, 857; *Kort*, EWiR 2004, 625, 626 a.A. LG Frankfurt, NZG 2004, 672, 675; *Heidel/Lochner*, AnwKommAktG, § 327b Rn. 13 ohne nähere Begründung.

[757] So aber LG Frankfurt, NZG 2004, 672, 675; *Heidel/Lochner*, AnwKommAktG, § 327b Rn. 13.

[758] Vgl. oben D II. 2. a) dd) (2).

[759] Nach richtiger Auffassung muss er im Zeitpunkt der Eintragung nicht mehr über die 95% verfügen, vgl. oben unter D II. 2. a) cc) (4).

[760] So auch MüHdbAG/*Austmann*, § 74 Rn. 55, 58; *Heidel/Lochner*, AnwKommAktG, § 327b Rn. 14; *Koppensteiner*, in: KK, AktG, § 327b Rn. 9; a.A. MüKoAktG/*Grunewald*, § 327b Rn. 17; Emmerich/*Habersack*, Aktien- und GmbH-

zu prüfen, ob es sich um ein im Inland zugelassenes Kreditinstitut handelt, eine formal rechtswirksame Verpflichtung abgegeben wurde, den Umfang der Barabfindung abdeckt und keine unzulässigen Einschränkungen enthält.[761]

e) Vorbereitung der Hauptversammlung

Nachfolgend sollen die weiter erforderlichen vorbereitenden Maßnahmen dargestellt werden. So ist die Hauptversammlung wirksam einzuberufen, die Abfindung durch einen unabhängigen Gutachter auf ihre Angemessenheit zu überprüfen und ein Bericht durch den Hauptaktionär vorzulegen.

aa) Einberufung der Hauptversammlung

Der Vorstand wird, sobald ihm die Bankgewährleistung vorliegt, eine außerordentliche Hauptversammlung einberufen bzw. den Squeeze-out auf die Tagesordnung der nächsten ordentlichen Hauptversammlung setzen.[762] Die Bekanntmachung der Tagesordnung erfolgt nach allgemeinen Grundsätzen, § 124 AktG, erweitert um einige Punkte gem. § 327c Abs. 1 AktG. So ist der Hauptaktionär identifizierbar und die Barabfindung bekannt zu machen, § 327c Abs. 1 Nr. 1 und Nr. 2 AktG. Wird diesen Anforderungen nicht genügt, liegt eine unwirksame Beschlussfassung und damit ein gem. § 243 Abs. 1 AktG anfechtbarer Hauptversammlungsbeschluss vor.[763] Kleinere Unzulänglichkeiten bei den Angaben zur Person des Hauptaktionärs berechtigen jedoch nicht zur Anfechtung.[764]

Ist eine GbR Hauptaktionärin, so müssen nicht nur ihr Name und ihr Sitz, sondern auch Firma und Sitz bzw. Name und Adresse sämtli-

KonzernR, § 327b Rn. 14; *Hüffer*, AktG, § 327b Rn. 10; *Grzimek*, in: Geibel/Süßmann, WpÜG, § 327b Rn. 45.

[761] Vgl. OLG Hamm, AG 2005, 773, 776.

[762] Vgl. hierzu bereits oben unter c) bb).

[763] MüKoAktG/*Grunewald*, § 327c Rn. 5; *Heidel/Lochner*, AnwKommAktG, § 327c Rn. 2; *Hüffer*, AktG, § 327c Rn. 2.

[764] *Hüffer*, AktG, § 327c Rn. 2; Emmerich/*Habersack*, Aktien- und GmbH-Konzernrecht, § 327c Rn. 5 Fn. 7; kritisch *Heidel/Lochner*, AnwKommAktG, § 327c Rn. 2, die die Wichtigkeit der genauen Kenntnis des Hauptaktionärs für die Realisierung der Barabfindungsansprüche betonen. Ist eine Identifizierung nicht möglich, so liegt natürlich keine unbeachtliche Unzulänglichkeit vor.

cher Gesellschafter bekannt gemacht werden.[765] Die Gegenmeinung[766] klammert zu Unrecht aus, dass es sich bei dem Gesamtnamen einer GbR nicht um eine Firma im Rechtssinne handelt. Die Minderheitsaktionäre könnten Ansprüche direkt gegen jeden einzelnen Gesellschafter haben.[767] Dieses Sicherungsinteresse besteht unabhängig davon, dass gem. § 327b Abs. 3 AktG ein Kreditinstitut für die Abfindung garantieren muss.[768]

Darüber hinausgehende Angaben – weitgehend üblich sind etwa Angaben zur Beteiligungshöhe des Hauptaktionärs – sind in der Einladung nicht notwendigerweise zu machen.[769]

Streitig ist, ob Vorstand und Aufsichtsrat gem. § 124 Abs. 3 S. 1 AktG einen Beschlussvorschlag in die Einberufung aufnehmen müssen. Diese muss entsprechend § 124 Abs. 3 S. 2 AktG entfallen.[770] Nach zutreffender Ansicht haben Vorstand und Aufsichtsrat der Hauptversammlung einen unabhängigen Vorschlag zur Beschlussfassung zu unterbreiten, § 124 Abs. 3 S. 1 AktG.[771] Man könnte meinen, ein Beschlussvorschlag liege ja schon in dem Verlangen des Hauptaktionärs. Allerdings sieht das Ausschlussverfahren nun mal die Beschlussfassung nach allgemeinen Regeln vor, die dann auch einzuhalten sind.[772] Unterstützen müsse die Verwaltung das Begehren des Hauptaktionärs jedenfalls nicht.[773] Ihr soll hier Entscheidungsfreiheit verbleiben. Der Vorstand habe zwar die Hauptversammlung einzuberufen, zur Empfehlung der Annahme des Beschlusses sei er aber nicht gezwungen. Dies folgt schon aus der Weisungsfreiheit bei Leitung der Gesellschaft, § 76 Abs.

---

[765] *Heidel/Lochner*, AnwKommAktG, § 327c Rn. 2.

[766] MüKoAktG/*Grunewald*, § 327c Rn. 3; Emmerich/*Habersack*, Aktien- und GmbH-Konzernrecht, § 327c Rn. 5; *Hüffer*, AktG, § 327c Rn. 2.

[767] *Heidel/Lochner*, AnwKommAktG, § 327c Rn. 2.

[768] Mit diesem Argument das Schutzinteresse verneinend MüKoAktG/*Grunewald*, § 327c Rn. 3.

[769] Vgl. die auf die lediglich gesetzesnotwendigen Angaben reduzierte und deshalb in der Praxis außergewöhnliche Einladung der P/S Kunststoffwerke AG, elektronischer Bundesanzeiger vom 14.03.2003.

[770] So auch *Krieger*, BB 2002, 53, 59.

[771] Emmerich/*Habersack*, Aktien- und GmbH-Konzernrecht, § 327a Rn. 20; *Hüffer*, AktG, § 327a Rn. 8; *Koppensteiner* in: KK, AktG, § 327a Rn. 16; *Vossius*, ZIP 2002, 511, 515; abgesehen vom Verfahren nach § 122 AktG auch *Gross*, in: Happ, AktienR, S. 1711 f.; i.E. auch LG Frankfurt am Main, ZIP 2008, 1183, 1183 (LS), Volltext bei Juris, siehe dort Rz. 47.

[772] So auch *Vetter*, AG 2002, 176, 186.

[773] LG Regensburg, Konzern 2004, 811, 815; Emmerich/*Habersack*, Aktien- und GmbH-Konzernrecht, § 327a Rn. 20.

1 AktG. Ihm obliegt also die eigenverantwortliche Überprüfung, ob der Squeeze-out-Beschluss im Interesse der Gesellschaft liege oder nur als Durchsetzung der Mehrheitsmacht hingenommen werden muss.[774]

Die Gegenmeinung will § 124 Abs. 3 S. 2 AktG, wonach ein Beschlussvorschlag seitens des Vorstandes unterbleiben kann, wenn der Tagesordnungspunkt auf das Verlangen einer Minderheit zurückgeht, im vorliegenden Zusammenhang entsprechend heranziehen.[775] Dem ist zuzustimmen, da nicht ersichtlich ist, warum das Begehren eines Hauptaktionärs nicht ebenso wie das Verlangen von Minderheitsaktionären einen Vorschlag des Vorstandes entbehrlich machen sollte.

bb) Bericht des Hauptaktionärs

In Vorbereitung der Hauptversammlung hat der Hauptaktionär einen schriftlichen Bericht zu verfassen, in dem er die Voraussetzungen des Squeeze-out und die Angemessenheit der Barabfindung erläutert, § 327c Abs. 2 AktG. Zur Wahrung der Form (§ 126 BGB) genügen Unterschriften des Vertretungsorgans in vertretungsberechtigter Zahl.[776] Nicht möglich ist die Nichtanwendung des § 126 BGB mit der Begründung, es handele sich bei dem hier vorliegenden Übertragungsbericht um eine reine Wissenserklärung, auf die § 126 BGB nicht zugeschnitten sei, da das Schriftlichkeitserfordernis allein der Abgrenzung zur bloß mündlichen Darlegung diene.[777] Zwar lässt sich in der Tat an der Bedeutung einer Unterzeichnung des Übertragungsberichts für die Minderheitsaktionäre zweifeln, doch führt kein Weg daran vorbei: Sieht das Gesetz die Schriftform vor, so ist § 126 BGB einschlägig und eine Unterzeichnung erforderlich.[778]

Ansonsten sind zur Vermeidung einer Anfechtbarkeit wegen Berichtsmängeln die ausreichende Kapitalbeteiligung des Hauptaktionärs

[774] *Hüffer*, AktG, § 327a Rn. 8.

[775] *Krieger*, BB 2002, 53, 59; *Hasselbach* in: KK, WpÜG, § 327c Rn. 5; *Angerer*, BKR 2002, 260, 265.

[776] OLG Düsseldorf, AG 2005, 293, 295 f. mit Anm. *Wilsing*, EWiR 2005, 495, 496; OLG Düsseldorf, AG 2004, 207, 210; OLG Hamm, AG 2005, 773, 774 f.; OLG Stuttgart, AG 2004, 105, 106; *Hüffer*, AktG, § 327c Rn. 3; MüKoAktG/*Grunewald*, § 327c Rn. 6.

[777] So aber *Wilsing*, EWiR 2005, 495, 496 unter Berufung auf ein entsprechendes Urteil zum Verschmelzungsbericht des KG, ZIP 2005, 167 f.

[778] Vgl. BGH, ZIP 2007, 1524, 1528 zum Verschmelzungsbericht.

sowie die Angemessenheit der Barabfindung schlüssig und plausibel darzulegen.[779]

Gem. § 327c Abs. 2 S. 4 i.V.m. § 293a Abs. 3 AktG können die Minderheitsaktionäre durch öffentlich beglaubigte Erklärung auf die Berichterstellung verzichten. Nicht verzichten können sie nach der lex lata allerdings auf die Prüfung der angemessenen Barabfindung durch einen sachverständigen Prüfer.[780] § 327c Abs. 2 AktG verweist eben nicht auf die beim Abschluss eines Unternehmensvertrags zulässige Verzichtsmöglichkeit gem. § 293b Abs. 2 i.V.m. § 293a Abs. 3 AktG.

Teilweise wurde kritisiert, dass sich nach dem Gesetz der Vorstand nicht zur Angemessenheit der Barabfindung äußern muss.[781] Angesichts der Überprüfung durch einen gerichtlich bestellten Gutachter ist dies jedoch nicht notwendig.[782]

cc) Begründung des Squeeze-out?

Gründe für die Durchführung des Squeeze-out muss der Bericht nicht enthalten.[783] Eine Ausweitung der gesetzlich vorgesehenen Berichtspflichten ist nicht angebracht. De lege lata ist eben ein Zwangsausschluss möglich, ohne dass der Beschluss materiell überprüft werden könnte.[784] Ohnehin steht es den Aktionären frei, in der Hauptversammlung diesbezügliche Fragen an die Verwaltung zu richten.[785]

dd) Prüfung der Angemessenheit der Barabfindung

Sodann ist die vom Hauptaktionär der Höhe nach festgesetzte Barabfindung durch einen oder mehrere gerichtlich bestellte sachverständige Prüfer zu prüfen, § 327c Abs. 2 S. 2 AktG.[786]

---

[779] BGH, AG 2006, 887, 889; Emmerich/*Habersack*, Aktien- und GmbH-Konzernrecht, § 327c Rn. 7; *Bungert*, BB 2006, 2761, 2762; *Krieger*, BB 2002, 53, 59.

[780] So aber vorgesehen in der Hauptversammlungseinladung der primion Technology AG, vgl. elektronischen Bundesanzeiger vom 29.06.2005. Zu einer Anfechtungsklage kam es allerdings nicht; es ging in diesem Fall auch lediglich um 100 außenstehende Aktien.

[781] *Ehricke/Roth*, DStR 2001, 1120, 1125 f.; *E. Vetter*, ZIP 2000, 1817, 1823.

[782] *Krieger*, BB 2002, 53, 59.

[783] MüKoAktG/*Grunewald*, § 327c Rn. 9.

[784] Vgl. oben unter c) ee) (1).

[785] Vgl. MüKoAktG/*Grunewald*, § 327c Rn. 9.

[786] Ausführlich hierzu *Marten/Müller*, in: FS Röhricht, 963 ff.; *Eisolt*, DStR 2002, 1145 ff.

(1) Prüferbestellung

Gem. § 327c Abs. 2 S. 3 AktG werden die Prüfer auf Antrag des Hauptaktionärs vom Gericht ausgewählt und bestellt. Diese Regelung geht zurück auf eine Empfehlung des Finanzausschusses des Deutschen Bundestages, der damit bezweckte, von Anfang an den Anschein einer Parteilichkeit des Prüfers zu vermeiden.[787] Zu Recht hält die überwiegende Meinung die gerichtliche Bestellung des vom Hauptaktionär vorgeschlagenen Prüfers jedenfalls nicht für unzulässig.[788] Der BGH hat sich dem angeschlossen.[789]

Ausschließlich das Gericht und nicht der Hauptaktionär ist beim Squeeze-out-Verfahren mit der Prüferbestellung betraut, um dem Eindruck der Nähe von Hauptaktionär und Prüfer entgegenzuwirken und damit die Akzeptanz des Prüfungsergebnisses auf Seiten der Minderheitsaktionäre zu erhöhen.[790] Damit soll etwa die Einleitung eines Spruchverfahrens vermieden bzw. in diesem ein erheblicher Beschleunigungseffekt erzielt werden, da ein weiteres Gutachten entbehrlich wird oder sich auf offen gebliebene Punkte beschränken kann.[791] Das Spruchgericht könnte etwa anstelle weiterer Gerichtssachverständiger zunächst den zuvor gerichtlich bestellten Prüfer als Sachverständigen hinzuzie-

---

[787] Beschlussempfehlung und Bericht des Finanzausschusses, BT-Drucks. 14/7477, S. 54; Vgl. auch *Neye*, in: Hirte, WpÜG, S. 25, 31.

[788] Emmerich/*Habersack*, Aktien- und GmbH-Konzernrecht, § 327c Rn. 11 Fn. 22; OLG Hamburg, AG 2005, 253, 254.

[789] BGH, AG 2006, 887, 888; zustimmend *Bungert*, BB 2006, 2761, 2762; *Goslar*, EWiR 2006, 673, 674; *Wilsing/Siebmann*, DB 2006, 2506, 2509.

[790] Beschlussempfehlung und Bericht des Finanzausschusses, BT-Drucks. 14/7477, S. 54; *Baßler*, AG 2006, 487, 490; *Eisolt*, DStR 2002, 1145, 1147; *Wittgens*, AG 2007, 106, 108; vgl. auch BT-Drucks. 15/371, S. 18; kritisch *E. Vetter*, ZIP 2000, 1817, 1822, der entsprechend § 293c AktG dem Vorstand der betroffenen AG die Beantragung beim Gericht überlassen will. *Wirth/Arnold*, AG 2002, 503, 505 halten dieses Ziel trotz der Vielzahl eingeleiteter Spruchverfahren (vgl. hierzu *Bayer/Stange*, AG-Report 2008, R303 f.) für erreicht.

[791] *Büchel*, NZG 2003, 793, 800; MüKoAktG/*Grunewald*, § 327c Rn. 12; *Krieger*, BB 2002, 53, 59; *Gesmann-Nuissl*, WM 2002, 1205, 1209, deren Begründung allerdings nicht zu folgen ist: Es geht nicht primär um Beschleunigung dadurch, dass das Spruchgericht auf den Prüfer als Gerichtsgutachter zurückgreift; vielmehr soll das Prüfgutachten als von neutraler Stelle erstellt und somit von den klagenden Minderheitsaktionären als von vornherein akzeptabel gelten und dadurch erst einmal ein Spruchverfahren überhaupt vermeiden helfen; a.A. *Steinmeyer/Häger*, WpÜG, § 327c Rn. 12; *Heidel/Lochner*, AnwKommAktG, § 327c Rn. 4.

hen[792], wie es zur Verfahrensbeschleunigung auch in § 9 Abs. 3 SpruchG vorgesehen wurde.[793]

Ein Vorschlag des Hauptaktionärs könnte zwar nun gerade dieser gesetzgeberischen Zielsetzung entgegenwirken, indem der Eindruck erweckt wird, der Geprüfte habe selbst den Prüfer ausgesucht und bestellt.[794] Von einigen Landgerichten wurden deshalb zumindest drei Vorschläge durch den Hauptaktionär verlangt.[795] Entscheidend ist aber, dass trotz des Vorschlags des Hauptaktionärs an der Unabhängigkeit der gerichtlichen Entscheidung nicht gezweifelt werden kann. Das Nichterreichen des gesetzgeberischen Ziels[796] hat auf die geltende Rechtslage keinen Einfluss. Zweifel entstünden allenfalls dann, wenn das Landgericht sich entgegen dem Gesetz an den Vorschlag des Hauptaktionärs gebunden fühlt, was bislang in der Praxis nicht dargelegt worden ist.[797]

Die Praxis zeigt, dass in aller Regel das Gericht dem Vorschlag des Hauptaktionärs folgt.[798] Damit stellt sich die Frage, ob die Unternehmen neutrale Wirtschaftsprüfer vorschlagen werden und ob die Minderheitsaktionäre dem Gutachten tatsächlich ihr Vertrauen schenken (können).[799] Die „Trefferquote" der ursprünglichen Gutachten lässt sich anhand der Zahl erfolgreicher Spruchverfahren überprüfen. Danach erhöht sich in vielen Fällen die Abfindung ganz erheblich.[800] Zudem folgt einem Großteil der Squeeze-outs die Einleitung eines Spruchverfahrens.[801] Festzustellen ist also, dass zum einen das gesetzgeberische Ziel einer erhöhten Akzeptanz des ausgänglichen Prüfungsgutachtens nicht erreicht wurde.[802] Zum anderen ist das Misstrauen auch nicht

---

[792] *Krieger*, BB 2002, 53, 59.

[793] Vgl. BT-Drucks. 15/371, S. 18.

[794] Deswegen ein Vorschlagsrecht generell für unzulässig und verfassungswidrig haltend *Lenz/Leinekugel*, Squeeze-out, S. 40. Der Vorschlag selbst spreche bereits gegen die Unabhängigkeit des Prüfers.

[795] So *Goslar*, EWiR 2006, 673, 674 (LG Hamburg und LG Köln).

[796] So auch LG Frankfurt, ZIP 2007, 382 für ein Spruchverfahren nach Abschluss eines Unternehmensvertrages.

[797] Vgl. BGH, AG 2006, 887, 888; *Bungert*, BB 2006, 2761, 2762.

[798] *Büchel*, NZG 2003, 793, 801.

[799] Letzteres verneinend *Lamb/Schluck-Amend*, DB 2003, 1259, 1261.

[800] Vgl. die Ergebnisse der rechtstatsächlichen Erhebung oben unter D II. 2. b) ee) (4).

[801] Fraglich bleibt freilich, ob angesichts der meist beteiligten Berufsaktionäre eine höhere Akzeptanz des Erstgutachtens seitens der Minderheitsaktionäre tatsächlich zu einem Rückgang von Spruchverfahren führen würde.

[802] Vgl. bereits *Bayer/Stange*, AG-Report 2008, R303, R304.

unbegründet, wie die gerichtlichen Nachbesserungen zeigen. In der Tat muss also an der Neutralität der tätig gewordenen Gutachter gezweifelt werden.

Schlussendlich darf auch nicht übersehen werden, dass die Bestellung des Prüfers durch das Landgericht nicht innerhalb des Anfechtungsprozesses zur Überprüfung steht. Ebenso sind Rügen gegen Art und Weise der Prüfung hier nicht von Belang. Vielmehr werden Fehler und Unzulänglichkeiten der Prüfung nicht durch die Unwirksamkeit des Prüfungsberichts sanktioniert, sondern durch die Haftung der Prüfer nach §§ 327c Abs. 2 S. 4, 293d Abs. 2 AktG, 323 HGB.[803]

(2) Parallelprüfung

Vielfach wurde in Anfechtungsverfahren das parallele Tätigwerden von Erstprüfer, der für den Hauptaktionär zunächst überhaupt mal die Höhe der Abfindung ermitteln und festsetzen soll, und gerichtlich bestelltem Zweitprüfer, welcher gem. § 327c Abs. 2 S. 2 AktG die Angemessenheit ebendieser kontrollieren soll, als unzulässig gerügt.[804]

Aus dem Gesetz direkt ergibt sich jedenfalls keine Unzulässigkeit der parallelen Prüfung. Die §§ 327c Abs. 2 S. 4 i.V.m. 293d AktG verweisen auf § 320 Abs. 2 S. 2 HGB, wonach der gerichtlich bestellte Prüfer bereits vor Abschluss der Arbeiten am Prüfungsgegenstand berechtigt ist, selbst mit der Prüfung zu beginnen.

Dennoch wird teilweise in dem zeitlichen Gleichlauf und dem Hand in Hand-Arbeiten mit dem Hauptaktionär ein Hinweis auf die fehlende Unabhängigkeit des Prüfers gesehen.[805] Es entstehe der böse Schein, dass der gerichtlich bestellte Prüfer das Ergebnis des für den Hauptaktionär tätig gewordenen Wirtschaftsprüfers schlicht abgesegnet hat.[806] Hinzu komme, dass bei einem parallelen Tätigwerden das Testat in nicht unerheblichem Maße auch die eigene Leistung des Prüfers betreffen würde.[807] Kein Prüfer könne sich von einer Teamleistung innerlich befreien und neutral bleiben.[808]

---

[803] OLG Karlsruhe, AG 2007, 92, 93.

[804] Vgl. etwa LG Wuppertal, AG 2004, 161, 162; OLG Stuttgart, AG 2004, 105, 107; OLG Düsseldorf, AG 2004, 207, 211.

[805] Vgl. LG Wuppertal, AG 2004, 161, 162; OLG Hamm, AG 2005, 773, 775 f; eine Parallelprüfung für gänzlich unzulässig haltend *Lenz/Leinekugel*, Squeeze out, S. 38 f.

[806] LG Wuppertal, AG 2004, 161, 162.

[807] OLG Hamm, AG 2005, 773, 775.

[808] Vgl. *Puskajiler*, ZIP 2003, 518, 521.

Eine vermittelnde Ansicht unterscheidet zwischen einer parallelen Prüfung nur in zeitlicher Hinsicht, wogegen nichts einzuwenden sei, und einem gemeinschaftlichen und abgesprochenen Tätigwerden. Letzteres verringere die vom Gesetz erstrebte größere Richtigkeitsgewähr zur Ermittlung der Abfindung durch das Vier-Augen-Prinzip.[809] Gerade in der Möglichkeit, sogleich auf die vom Prüfer gestellten Beanstandungen reagieren zu können, besteht aber theoretisch der Effizienzgewinn. Teilweise erfolgte auch von gerichtlicher Seite ein Hinweis, Parallelprüfungen zu vermeiden.[810]

Nach zutreffender herrschender Meinung ist die Parallelprüfung jedoch grundsätzlich zulässig. Der möglicherweise engere Kontakt bei einer Parallelprüfung allein kann nicht die Vermutung einer fehlenden Unabhängigkeit des gerichtlichen Prüfers stützen.[811] Zuzugeben ist, dass allein der Hinweis auf die gängige Praxis der Parallelprüfung kein Beleg für die Unabhängigkeit dieser Prüfung sein kann.[812] Die Richtigkeit der Prüfung hängt aber nicht von deren Zeitpunkt, sondern von Kompetenz und Unabhängigkeit der Prüfer ab.[813] Letzterer aber sind Kontakte der Prüfer nicht abträglich.[814] Ein enger zeitlicher Zusammenhang zwischen Vorlage der Prüfungsergebnisse und ursprünglicher Bewertung schadet nicht.[815] Selbst ein Prüfbericht, der noch vor dem Bericht des Hauptaktionärs datiert, muss dann unschädlich sein.[816] Ein solches

[809] LG Heidelberg, AG 2006, 760, 761.

[810] So *Goslar*, EWiR 2006, 673, 674.

[811] BGH ZIP 2006, 2080, 2082 mit zust. Anm. *Goslar*, EWiR 2006, 673 f. sowie *Wilsing/Siebmann*, DB 2006, 2506, 2509; OLG Frankfurt, ZIP 2008, 138, 141; OLG Stuttgart, AG 2004, 105, 107 mit zust. Anm. *Hasselbach*, EWiR 2004, 833 f.; OLG Düsseldorf, AG 2005, 293, 297; OLG Düsseldorf, AG 2004, 207, 211 mit zust. Anm. *Schautes*, DB 2004, 590, 593; OLG Hamburg, AG 2005, 253, 254; OLG Köln, Konzern 2004, 30, 32; OLG Karlsruhe, AG 2007, 92, 93; LG Bonn, Konzern 2004, 491, 494; LG Frankfurt a.M., AG 2007, 48, 52; MüKoAktG/*Grunewald*, § 327c Rn 13; Emmerich/*Habersack*, Aktien- und GmbH-Konzernrecht, § 327c Rn. 11; *Bungert*, BB 2006, 2761, 2762; *Dißars*, BKR 2004, 389, 391 f.; *Gesmann-Nuissl*, WuB II A. § 327a AktG 1.04; *dies.*, WuB II A. § 327a AktG 1.05; *Hasselbach*, EWiR 2004, 833, 834; *Leuering*, NZG 2004, 606, 608; *Wittgens*, AG 2007, 103, 108.

[812] LG Wuppertal, AG 2004, 161, 162.

[813] OLG Stuttgart, AG 2004, 105, 107.

[814] OLG Stuttgart, AG 2007, 128, 130; *Bungert*, BB 2006, 2761, 2762.

[815] OLG Stuttgart, AG 2004, 105, 107; OLG Düsseldorf, AG 2004, 207, 211; *Leuering*, NZG 2004, 606, 609.

[816] LG Frankfurt a.M., AG 2007, 48, 52; so auch *Leuering*, NZG 2004, 606, 610.

Verfahren ist ökonomisch[817] und rechtfertigt für sich genommen kein Misstrauen.[818] Es ermöglicht eine frühzeitige Fehlerkorrektur und stellt die Unabhängigkeit des Prüfers nicht in Frage.[819] Es ist typischerweise mit der Prüfertätigkeit verbunden, dass der Prüfer auf Fehler hinweist und auf eine Behebung hinwirkt.[820] Dass die Prüfertätigkeit auf die Abfindungsbestimmung Einfluss nimmt ist Sinn und Zweck der Prüfung; hierin kann keinesfalls eine verbotene Mitwirkung gesehen werden.[821] Auch folgt aus der angeordneten entsprechenden Anwendung des § 320 Abs. 2 S. 2 HGB die Zulässigkeit der Parallelprüfung, denn danach hat der Prüfer bereits vor Abschluss der Arbeiten an dem Prüfungsgegenstand das Recht, eigene Prüfungshandlungen vorzunehmen, soweit es die Vorbereitung seiner Prüfung erfordert.[822] Teilweise wird in dem Vorwurf der Parteilichkeit gar der Versuch gesehen, den ganzen Berufsstand der Wirtschaftsprüfer in Misskredit zu bringen.[823]

Der BGH hält selbst eine Beratung der Bewerter durch den Prüfer für zulässig, solange diese keine verbotene Mitwirkung i.S.d. § 319 Abs. 2 Nr. 5 HGB a.F. darstelle, sich diese also auf unternehmerische Zweckmäßigkeitsentscheidungen erstrecke. Dies könne aber allein einer parallelen Prüfung nicht entnommen werden.[824]

Das ganze sollte aber nachvollziehbar sein. Dementsprechend verlangt das LG Frankfurt, dass der Prüfer über die Art der Zusammenarbeit, die Diskussionen über kritische Punkte usw. in seinem Gutachten berichtet. Er habe kenntlich zu machen, in welchen Punkten er anderer Auffassung als der Bewertungsgutachter war und weshalb seine Auffassung vorzugswürdig war.[825]

---

[817] Nach *Buchta/Sasse*, DStR 2004, 958, 961 soll die Ermittlung der Barabfindung und die Prüfung ihrer Angemessenheit schon aufgrund des engen zeitlichen Rahmens nur zeitgleich und im Dialog möglich sein.

[818] *Büchel*, NZG 2003, 793, 801, der gleichzeitig bezweifelt, ob dadurch der Parteinähe entgegengewirkt werde und die Akzeptanz des Prüfungsergebnisses im Spruchverfahren gewährleistet werde (widersprüchlich).

[819] BGH ZIP 2006, 2080, 2082; OLG Stuttgart, AG 2004, 105, 107.

[820] OLG Stuttgart, AG 2004, 105, 107.

[821] *Hasselbach*, EWiR 2004, 833, 834; so auch *K. Ott*, DB 2003, 1615, 1617.

[822] *Leuering*, NZG 2004, 606, 608.

[823] *Gayk*, DB 2005, 2568, 2568.

[824] BGH ZIP 2006, 2080, 2082.

[825] LG Frankfurt, ZIP 2007, 382, 383.

(3) Folgen eines mangelhaften Prüfungsberichts

Im Übrigen können Mängel und Unzulänglichkeiten bei Abfassung des Prüfungsberichts den Übertragungsbeschluss nicht unwirksam oder anfechtbar machen. Dies folgt aus der Unabhängigkeit des Prüfers, für dessen Fehler weder die Gesellschaft noch der Hauptaktionär einzustehen haben.[826] Steht aber deswegen die Angemessenheit der Abfindungshöhe im Zweifel, so ist ein Spruchverfahren einzuleiten.[827]

(4) Ergebnis und rechtspolitische Kritik an Gutachterlösung

Festzuhalten ist, dass de lege lata die Bestellung eines Prüfers durch ein Gericht vorgesehen ist und dieses frei ist in seiner Entscheidung, einem Vorschlag des Hauptaktionärs zu folgen. Dass das gesetzgeberische Ziel verfehlt wurde, ist allein rechtspolitisch von Interesse. Nach geltendem Recht ist gegen die Parallelprüfung nichts einzuwenden.

Die bisherige Erfahrung zeigt dennoch, dass die gerichtlich bestellten Sachverständigen in aller Regel zu einem für die Gesellschaft wesentlich günstigeren Ergebnis kamen als spätere Gerichtsgutachten.[828] Die Empirie belegt, dass es regelmäßig zu Aufbesserungen der Abfindung kommt.[829] Es fragt sich deshalb, ob auf den Einsatz von Gutachtern verzichtet werden kann und eine andere Gestaltung möglich ist.[830] Angesichts der Zahlen erscheint in der Tat die gerichtliche Bestellung der Gutachter wenig sinnvoll. In der Praxis wird zumeist dem Vorschlag des Hauptaktionärs entsprochen; es wird auch selten Grund gegeben sein, von diesem abzuweichen. Die gerichtliche Bestellung bewirkt keine erkennbaren Vorteile. Es spricht nichts gegen ihre Abschaffung.

Zu denken wäre zunächst die Einführung einer Doppelbegutachtung des Unternehmenswerts durch Hauptaktionär und Gegenbegutachtung durch die Minderheit wie im US-amerikanischen Recht. Dies würde allerdings das Verfahren weder beschleunigen noch verbilligen. Statt einer Gutachterlösung empfiehlt sich aber eine stärkere Orientierung an Marktpreisen. Vorteile wären eine Verfahrensbeschleunigung, geringere Transaktionskosten und höhere Transparenz.[831] Derartiges wurde zwar

---

[826] OLG Frankfurt, ZIP 2008, 138, 141.
[827] Vgl. OLG Karlsruhe, AG 2007, 92, 93.
[828] *Büchel*, NZG 2003, 793, 801; *Meilicke*, AG 2007, 261, 265.
[829] So auch bereits *Wittgens*, AG 2007, 106, 108.
[830] Vgl. hierzu *Drukarczyk*, in: FS Scherrer, 626, 643 f.
[831] *Drukarczyk*, in: FS Scherrer, 626, 644.

bereits bei Schaffung der §§ 327a ff. AktG diskutiert, dann aber bedauerlicherweise verworfen. Eine vergleichbare marktorientierte Preisfindungsregelung findet sich nunmehr aber im Übernahmerecht.[832]

ee) Auslagepflichten

Gem. § 327c Abs. 3 AktG treffen die Gesellschaft des Weiteren gewisse Pflichten, die der Information der Aktionäre dienen. So sind der Entwurf des Übertragungsbeschlusses, Jahresabschlüsse und Lageberichte der letzten drei Geschäftsjahre, der Bericht des Hauptaktionärs sowie der Bericht des Prüfers den Aktionären in dem Geschäftsraum der Gesellschaft zugänglich zu machen.

Vorab sei darauf hingewiesen, dass nach dem Referentenentwurf des ARUG dem § 327c AktG ein fünfter Absatz hinzugefügt werden soll, nach dem die Pflichten der Absätze 3 und 4 entfallen, sofern die im dritten Absatz bezeichneten Unterlagen auf der Internetseite des Unternehmens zugänglich gemacht werden.[833]

(1) Jahresabschlüsse

Umstritten ist, ob in § 327c Abs. 3 Nr. 2 AktG die letzten drei tatsächlich bereits erstellten Jahresabschlüsse gemeint sind, oder aber die Abschlüsse bezogen auf die letzten drei Jahre, mit für das letzte Jahr ggf. erst anzufertigendem aktuellen Abschluss und Lagebericht.

Unter Berufung auf den klaren Wortlaut wurde teilweise letzteres präferiert: Sofort mit Geschäftsjahreswechsel seien bei der nunmehrigen Squeeze-out-Beschlussfassung die Abschlüsse der letzten drei inzwischen vollendeten Geschäftsjahre relevant.[834] Der Gesetzeswortlaut sei eindeutig und gebe keine Anhaltspunkte für eine Beschränkung auf diejenigen Jahresabschlüsse, die nach § 264 Abs. 1 S. 2 HGB bereits aufzustellen waren. Das Adjektiv „letzte“ beziehe sich auf Geschäftsjahre und nicht auf die Jahresabschlüsse.[835] Nur so werde auch die umfassende Information des Aktionärs gewährleistet. Denn für die Beurteilung

---

[832] Sowohl zur verworfenen als auch zur übernahmerechtlichen Regelung ausf. unten E III. 3. b).

[833] Vgl. RefE ARUG, S. 20 (abrufbar unter www.bmj.de); hierzu *Ch. Horn*, ZIP 2008, 1558, 1561; *Paschos/Goslar*, AG 2008, 605 ff.

[834] LG Hamburg, AG 2003, 109 mit abl. Anm. *Mallmann*, EWiR 2003, 1, 2; *Heidel/Lochner*, AnwKommAktG, § 327c Rn. 7.

[835] Vgl. *Wendt*, DB 2003, 191, 191.

der Angemessenheit der angebotenen Barabfindung seien gerade die betriebswirtschaftlichen Ergebnisse des vergangenen Geschäftsjahres von wesentlicher Bedeutung.[836] Auch werde nur so der Aktionär in die Lage versetzt, entsprechend dem Regelungszweck des § 327c AktG[837] frühzeitig über die Frage der Einleitung eines Spruchverfahrens entscheiden zu können. Konsequenz dieser Auffassung wäre, dass die Einberufung der Hauptversammlung erst erfolgen kann, wenn der Jahresabschluss für das letzte dem Squeeze-out vorangegangene Geschäftsjahr vorliegt.[838]

Nach richtiger Auffassung ist die Rechnungslegung vorauszusetzen, d.h. als letztes Geschäftsjahr muss dasjenige gelten, für das bereits ein Geschäftsabschluss vorliegt oder hätte vorliegen müssen.[839] Gleiches muss dann gelten, wenn die Fristen zur Rechnungslegung abgelaufen sind.[840]

Gegen das Wortlautargument lässt sich vorbringen, dass der Regelungskontext hierbei vernachlässigt wird. Auf die Jahresabschlüsse wurde bei Schaffung des Gesetzes nur deshalb nicht abgestellt, weil bei der als Vorbild fungierenden Vorschrift des § 63 Abs. 1 Nr. 2 UmwG vom Anwendungsbereich auch Gesellschaften erfasst sind, welche gar keine Abschlüsse zu erstellen haben.[841]

Gegen das Argument des LG Hamburg, dass gerade das letzte Geschäftsjahr von entscheidender Bedeutung für den Minderheitsaktionär sei, wird angemerkt, dass sich dieses durch die Tatsache relativiere, dass in der Praxis bis zum Zeitpunkt jenes Verfahrens nicht eine Anfechtungsklage auf diesen Punkt gestützt wurde.[842] Weiter wird argu-

---

[836] So LG Hamburg, AG 2003, 109 mit abl. Anm. *Beier/Bungert*, BB 2002, 2627 ff. ; *Heidel/Lochner*, AnwKommAktG, § 327c Rn. 7 Fn. 34.

[837] Vgl. *Hüffer*, AktG, § 327c Rn. 1.

[838] So ausdrücklich für die wortgleiche Regelung bei der Verschmelzung noch *Winter*, in: Lutter, UmwG, 2. Auflage, § 49 Rn. 6; aufgegeben in der 3. Auflage; MünchHdbAG/*Krieger*, § 79 Rn. 40 verlangt zumindest die Vorlage eines aufgestellten Jahresabschlusses.

[839] OLG Hamburg, AG 2003, 441, 442 f. mit zust. Anm. *Rottnauer*, EWiR 2003, 739, 740 und *Gesmann-Nuissl*, WuB II A. § 327a AktG 1.03; *Grzimek*, in: Geibel/Süßmann, WpÜG, § 327c Rn. 37; Emmerich/*Habersack*, Aktien- und GmbH-Konzernrecht, § 327c Rn. 14; *Hüffer*, AktG, § 327c Rn. 6; *Beier/Bungert*, BB 2002, 2627, 2628; *Dißars*, BKR 2004, 389, 391; *Wartenberg*, AG 2004, 539, 541; *Wendt*, DB 2003, 191, 193; zur Eingliederung *J. Vetter*, NZG 1999, 925, 929, hierzu tendierend, die Frage aber ausdrücklich offen lassend BGH, AG 2006, 666, 667.

[840] *Hüffer*, AktG, § 327c Rn. 6.

[841] So *Wendt*, DB 2003, 191 f.; vgl. *Diekmann*, in: Semler/Stengel, UmwG, § 63 Rn. 11.

[842] *Wendt*, DB 2003, 191, 193 f.

mentiert, die Bereitstellung der Jahresabschlüsse habe lediglich flankierende Bedeutung neben dem Bericht des Hauptaktionärs. Die Abschlüsse könnten allenfalls im Rahmen einer Plausibilitätskontrolle des nach der Ertragswertmethode errechneten Unternehmenswertes zur Bestimmung der Barabfindung herangezogen werden, da er lediglich Ergebnisse der Vergangenheit präsentiere, die zunächst einmal irrelevant für den Unternehmenswert seien. Aus diesem Grund könne ein Aktionär gar keine Bewertungsfragen aus den Jahresabschlüssen ableiten.[843] Es fragt sich dann freilich, welchem Zweck § 327c Abs. 3 Nr. 2 AktG überhaupt dient. Auch wenn lediglich einem allgemein typisierten Informationsinteresse der Aktionäre genügt werden soll, so ist das vergangene Geschäftsjahr für die auszuschließenden Minderheitsaktionäre doch von erstrangigem Interesse, gerade auch für eine Plausibilitätskontrolle. Auch werden zwar die zukünftigen Erträge des Unternehmens anhand der Planungen für die Zukunft ermittelt. Für diese Prognose und für die Plausibilisierung der Planungen werden die bereinigten Vergangenheitsergebnisse dann aber doch herangezogen.

Entscheidend aber ist der Einwand, dass der Gesetzgeber, wenn er denn die Aktualität einer Informationen sicherstellen will, regelmäßig andere Regelungstechniken einsetzt als in § 327c AktG vorgesehen.[844] So ist gem. § 63 Abs. 1 Nr. 3 UmwG zur Vorbereitung einer Verschmelzungshauptversammlung eine Zwischenbilanz auszulegen, was die Sicherstellung der Unterrichtung der Aktionäre über die aktuelle Vermögenslage bezweckt.[845] Das Fehlen einer entsprechenden Regelung in § 49 Abs. 2 UmwG erklärt sich damit, dass in einer GmbH den Gesellschaftern andere Wege der Informationsbeschaffung offenstehen.[846]

Ebenso zeigt die insofern identische Wortwahl in § 175 Abs. 2 AktG, dass nur bereits erstellte Abschlüsse zur Verfügung gestellt werden müssen. Es sei nicht anzunehmen, dass der Gesetzgeber bei gleicher Wortwahl in § 327c Abs. 3 AktG hiervon abweichen wollte.[847]

Unstimmig wäre es im Übrigen, dass für einen Squeeze-out nur ein eingeschränktes Zeitfenster bliebe, wollte man eine Vorlegung des Abschlusses auch des letzten Geschäftsjahres verlangen. Denn nach Ablauf

---

[843] So *Wendt*, DB 2003, 191, 192.

[844] So OLG Hamburg, AG 2003, 441, 443; *Beier/Bungert*, BB 2002, 2627, 2628; *Dißars*, BKR 2004, 389, 391; *Wendt*, DB 2003, 191, 193

[845] *Diekmann*, in: Semler/Stengel, UmwG, § 63 Rn. 13.

[846] *Wendt*, DB 2003, 191, 193.

[847] OLG Hamburg, AG 2003, 441, 442.

eines Geschäftsjahres wäre dann ein Squeeze-out erst möglich, wenn der Jahresabschluss aufgestellt, geprüft und festgestellt wäre.[848]

Zuzugeben ist, dass eine Berücksichtigung auch des letzten tatsächlichen Geschäftsjahres hilfreich dabei wäre, neuere Entwicklungen innerhalb der Gesellschaft aufzudecken. Andererseits werden – unter Umständen gar manipulative – Verdeckungen unternehmenswertbezogener Entwicklungen bereits durch die weiteren gesetzlichen Instrumentarien vermieden, namentlich den zu erstellenden Bericht durch den Hauptaktionär und die Prüfung der Angemessenheit der Barabfindung.[849]

Ausschlaggebend ist schlussendlich die Tatsache, dass es dem Aktionär frei steht, offene Aspekte im Rahmen seines Fragerechts in der Hauptversammlung beantworten zu lassen. Eine Aktualisierung bewertungsrelevanter Tatsachen ist demnach ohne weiteres möglich.[850]

Es fragt sich dann aber weiter, ob ein erst nach Hauptversammlungseinberufung, aber vor der Versammlung festgestellter Jahresabschluss noch ausgelegt werden muss.[851] Auf der einen Seite dient die Auslage der Unterlagen der Vorbereitung der Aktionäre. Es erscheint fraglich, ob ein zwischenzeitlich nachgereichter Jahresabschluss noch entsprechend gewürdigt werden könnte, so dass vielleicht bereits durch eine mündliche Aktualisierung innerhalb der Hauptversammlung der Form genüge getan wäre. Andererseits dienen die Unterlagen dem Aktionär auch als Entscheidungsgrundlage, ob er ein Spruchverfahren einleiten möchte. Insofern ist gerade das letzte Geschäftsjahr von erheblichem Interesse, so dass eine Auslegungspflicht nicht unangemessen erscheint, zumal die zwischenzeitliche Feststellung des Jahresabschlusses ja vorhersehbar ist und insofern auch in der Einberufung bereits angekündigt werden könnte.

(2) Konzernabschlüsse

Da die Aufzählung in § 327c Abs. 3 AktG abschließend sei, soll nach herrschender Auffassung die Auslegung weder von Konzernabschlüs-

[848] OLG Hamburg, AG 2003, 441, 443; *Hasselbach*, in: KK, WpÜG, § 327c Rn. 30, *Dißars*, BKR 2004, 389, 391; *Beier/Bungert*, BB 2002, 2627, 2628 sprechen von einer „Black-out"-Periode von ca. drei Monaten in jedem Jahr.

[849] *Wendt*, DB 2003, 191, 193.

[850] So auch OLG Hamburg, AG 2003, 441, 443; *Dißars*, BKR 2004, 389, 391.

[851] So wohl *Singhof*, in: Spindler/Stilz, AktG, § 327c Rn. 11; a.A. *Wartenberg*, AG 2004, 539, 541.

sen noch von Konzernlageberichten notwendig sein.[852] Dies ergebe sich ebenfalls aus den bei Schaffung der Norm als Vorbild dienenden Parallelvorschriften (§§ 63 UmwG; 293f AktG), deren Aufzählung auszulegender Unterlagen als erschöpfend angesehen wird.[853] Der Gesellschafter wisse zwischen Einzel- und Konzernrechnungslegung zu unterscheiden.[854]

Nach richtiger Auffassung sind – jedenfalls, wenn es sich bei der betroffenen Gesellschaft um eine reine Holding handelt – nach § 327c Abs. 3 Nr. 2 AktG nicht nur die Jahresabschlüsse, sondern auch die Konzernabschlüsse vorzulegen.[855] Dies folgt daraus, dass sich nur so ein umfassendes Bild der Geschäftstätigkeit der Gesellschaft ergiebt.[856] Denn verfügt die Gesellschaft über kein eigenes operatives Geschäft, kommt es wesentlich auf die operative Tätigkeit der Tochtergesellschaften und deren mögliche Gewinnausschüttungen an die Mutter an. Eine zweckorientierte Auslegung des § 327c AktG muss dann dazu führen, dass auch Konzernabschlüsse erfasst sind.[857] Die Aktionäre könnten sonst schwerlich über die Angemessenheit der Abfindungshöhe und die Aussichten eines Spruchverfahrens entscheiden.

Unstreitig ist eine Vorlage von Konzernabschlüssen dagegen nicht nötig, wenn die Gesellschaft ihre operative Tätigkeit selbst entfaltet, so dass diese Unterlagen nicht erforderlich sind, um sich ein umfassendes Bild zu machen.[858]

---

[852] OLG Hamburg, AG 2003, 696, 697; OLG Hamburg, AG 2003, 698, 700; OLG Düsseldorf, AG 2005, 293, 296 mit zust. Anm. *Gesmann-Nuissl*, WuB II A. § 327a AktG 1.05; LG Hamburg, ZIP 2003, 947, 949 mit zust. Anm. *Wilsing*, EWiR 2003, 553, 554; LG Regensburg, Konzern 2004, 811, 813 f.; Emmerich/*Habersack*, Aktien- und GmbH-Konzernrecht, § 327c Rn. 14; *Hüffer*, AktG, § 327c Rn. 6; *Dißars*, BKR 2004, 389, 391; *Fuhrmann*, Der Konzern 2004, 1, 3; *Kort*, NZG 2006, 604, 606; i.E. MüKoAktG/*Grunewald*, § 327c Rn 17.

[853] OLG Hamburg, AG 2003, 698, 700; MüKoAktG/*Altmeppen*, § 293 f Rn. 6.

[854] *Hüffer*, AktG, § 327c Rn. 6.

[855] OLG Celle, AG 2004, 206, 207; LG Landshut, AG 2006, 513, 514; *Heidel/Lochner*, in: AnwKommAktG, § 327c Rn. 7.

[856] OLG Celle, AG 2004, 206, 207; *Heidel/Lochner*, in: AnwKommAktG, § 327c Rn. 7.

[857] OLG Celle, AG 2004, 206, 207; tendenziell auch OLG München, AG 2006, 296, 297.

[858] Deshalb den Streit dahinstehen lassend OLG Düsseldorf, AG 2005, 293, 296.

(3) Folge bei unterbliebener Auslegung

Streitig ist, ob in den in § 327c Abs. 3 und 4 AktG genannten Fällen § 407 AktG analog greift, ob also Vorstandsmitglieder durch die Festsetzung von Zwangsgeld zur Pflichterfüllung angehalten werden können.[859] Nach Meinung mancher handelt sich bei der Nichtaufnahme des § 327c AktG in den Katalog des § 407 Abs. 1 AktG um ein offenkundiges Redaktionsversehen, denn ansonsten wäre der Minderheitsaktionär schutzlos gestellt.[860] Hierfür spricht auch die ausdrückliche Erwähnung der Parallelvorschrift § 293f AktG.[861] Dem Aktionär sei Rechtsschutz durch das Zwangsgeldverfahren zu gewähren; er könne Leistungsklage auf Einsicht und Abschriftenerteilung erheben. Es fällt freilich schwer, den Minderheitsaktionär als schutzlos anzusehen, ist doch der Hauptversammlungsbeschluss bei einem Verstoß gegen § 327c Abs. 3 anfechtbar.[862] Eine unterbliebene Auslegung trifft also den Hauptaktionär mehr als den Minderheitsaktionär. Dieser wird eine Auslegung aber durchsetzen können. Im Übrigen ist die vergleichbare Regelung des § 319 Abs. 3 AktG ebenfalls im § 407 AktG nicht erwähnt.[863]

(4) Original oder Abschrift?

Warum die Unterlagen gem. § 327c Abs. 3 Nr. 2 bis 4 AktG im unterschriebenen Original vorgelegt werden müssen, einfache Abschriften also nicht genügen sollen, ist nicht ersichtlich.[864] Eine Richtigkeitsgewähr durch Vorlage der Originale ist nicht nötig, da bei unrichtigen Abschriften ein Anfechtungsgrund vorliegt.

---

[859] Dafür *Koppensteiner*, in: KK, AktG, § 327c Rn. 16; *Grzimek*, in: Geibel/Süßmann, WpÜG, § 327c Rn. 44; *Fleischer*, in: GroßKommAktG, § 327c Rn. 56; dagegen: Emmerich/*Habersack*, Aktien- und GmbH-Konzernrecht, § 327c Rn. 14; MüKoAktG/*Grunewald*, § 327c Rn. 19; *Singhof*, in: Spindler/Stilz, AktG, § 327c Rn. 13.

[860] So *Grzimek*, in: Geibel/Süßmann, WpÜG, § 327c Rn. 44.

[861] *Koppensteiner*, in: KK, AktG, § 327c Rn. 16.

[862] LG Hamburg, AG 2003, 109, 109; MüKoAktG/*Grunewald*, § 327c Rn. 18; Emmerich/*Habersack*, Aktien- und GmbH-Konzernrecht, § 327c Rn. 14.

[863] So bereits MüKoAktG/*Grunewald*, § 327c Rn. 19.

[864] So aber *Heidel/Lochner*, in: AnwKommAktG, § 327c Rn. 8; a.A. *Grzimek*, in: Geibel/Süßmann, WpÜG, § 327c Rn. 37.

3. Hauptversammlung

Die Durchführung der Hauptversammlung folgt allgemeinen Regeln, in den §§ 327c f. AktG ergänzt um einige Besonderheiten.

a) Erläuterungspflicht des Vorstands?

Nach dem Wortlaut des § 327d AktG sind eigene Erläuterungen des Vorstands der vom Squeeze-out betroffenen Aktiengesellschaft nicht vorgesehen. Vielmehr steht es dem Hauptaktionär frei, das Ausschlussvorhaben zu erläutern, falls der Vorstand dies gestattet.

Im Gegensatz zu den vergleichbaren Verfahren der §§ 176 Abs. 1 S. 2, 293g Abs. 2 S. 1, 320 Abs. 3 S. 3 AktG ist in § 327d AktG keine Pflicht des Vorstands zur eigenen Erläuterung vorgesehen. Diesen anderen Verfahren ist allerdings der Grundsatz zu entnehmen, dass eine solche Erläuterungspflicht des Vorstandes allgemein bei jeder Hauptversammlung besteht. Mit dem Wortlaut des § 327d AktG war keine Beschränkung sonst üblicher Hauptversammlungspflichten beabsichtigt, sondern es sollte vielmehr die Informationsbasis für die Aktionäre verbreitert werden, indem ggf. zusätzlich auch der Hauptaktionär sein Vorhaben erläutern kann. Zu Recht bejaht die überwiegende Meinung deshalb das Vorliegen einer unbewussten Regelungslücke – ebenso wie im Fall der Eingliederung – und hält den Vorstand entsprechend den §§ 176 Abs. 2, 293g Abs. 2 S. 1, 320 Abs. 3 S. 3 AktG für erläuterungspflichtig.[865] Ansonsten sind nämlich die in § 327c AktG bezeichneten Unterlagen unter Umständen überhaupt nicht zu erläutern.[866] Nach § 327d S.2 AktG soll dem Vorstand nur erlaubt sein, nach pflichtgemäßem Ermessen hinter den Hauptaktionär zurückzutreten und diesem die Erläuterung zu überlassen. Das Nichtverweisen auf § 293g AktG in § 327c Abs. 2 S. 4 AktG steht nicht entgegen[867], da in § 327c AktG die Durchführung der Hauptversammlung noch nicht geregelt werden sollte. Auch die Tatsache, dass es beim Squeeze-out ausschließlich um die Rechtsbeziehungen der Aktionäre untereinander, nicht den Status der Aktiengesellschaft geht, ändert nichts daran, dass der Vorstand zur

---

[865] OLG Hamburg, AG 2003, 441, 443; MüKoAktG/*Grunewald*, § 327d Rn. 3; Emmerich/*Habersack*, Aktien- und GmbH-Konzernrecht, § 327d Rn. 3; *Hüffer*, AktG, § 327d Rn. 3 f.; *H. Schmidt*, in: FS Ulmer, S. 543, 544; i.E. auch *Fleischer*, in: GroßKommAktG, § 327d Rn. 8; a.A. *Hasselbach*, in: KK, WpÜG, § 327d Rn. 7; wohl *Grzimek*, in: Geibel/Süßmann, WpÜG, § 327d Rn. 4.

[866] *Hüffer*, AktG, § 327d Rn. 4.

[867] So aber *Grzimek*, in: Geibel/Süßmann, WpÜG, § 327d Rn. 4.

Beteiligungshöhe des Hauptaktionärs Stellung zu nehmen und einen Beschlussvorschlag zu unterbreiten hat.

b) Erläuterungspflicht des Hauptaktionärs?

Der Hauptaktionär ist nach der gesetzlichen Regelung zur Erläuterung berechtigt, wenn der Vorstand ihm Gelegenheit dazu gibt. Eine Erläuterungspflicht besteht also nicht.[868] Diese fakultative Ausgestaltung wurde unter Herausstellung des Informationsbedürfnisses der Minderheitsaktionäre kritisiert.[869] Angesichts der Erläuterungspflicht des Vorstands der Gesellschaft ist eine solche aber nicht zwingend erforderlich. Die Beantwortung der insbesondere interessierenden Bewertungsfragen wird diesem ohne Weiteres möglich sein, da es um Fragen zum von ihm geführten Unternehmen geht.[870]

c) Kontrolle der Beteiligungshöhe

Der Versammlungsleiter hat die Höhe der Beteiligung des Hauptaktionärs nicht zu kontrollieren.[871] Die bereits in dem schriftlichen Bericht des Hauptaktionärs dargestellte Kapitalbeteiligung des Hauptaktionärs ist freilich vom Vorstand zu erläutern. Bei Zweifeln kann in der Hauptversammlung nachgefragt werden. Angesichts drohender Anfechtungsklagen wird der Hauptaktionär ohnehin für angemessene Unterrichtung sorgen wollen.

d) Auskunftsrecht der Aktionäre

Ein spezielles Auskunftsrecht entsprechend § 293g Abs. 3 AktG fehlt, weil die Angelegenheiten des Hauptaktionärs für die Minderheit ohne Interesse sind.[872] Es bleibt deshalb beim allgemeinen Auskunftsrecht des § 131 AktG, das sich gegen die Gesellschaft richtet.[873] Ein Auskunftsrecht unmittelbar gegen den Hauptaktionär besteht de lege lata

[868] Emmerich/*Habersack*, Aktien- und GmbH-Konzernrecht, § 327d Rn. 4.
[869] *Koppensteiner*, in: KK, AktG, § 327d Rn. 5.
[870] Vgl. *Singhof*, in: Spindler/Stilz, AktG, § 327d Rn. 4.
[871] MüKoAktG/*Grunewald*, § 327d Rn. 4; Emmerich/*Habersack*, Aktien- und GmbH-Konzernrecht, § 327d Rn. 4 Fn. 7; a.A. *Sieger/Hasselbach*, ZGR 2002, 120, 139.
[872] *Koppensteiner*, in: KK, AktG, § 327d Rn. 7.
[873] Emmerich/*Habersack*, Aktien- und GmbH-Konzernrecht, § 327d Rn. 5.

nicht[874] und ist auch deshalb nicht unbedingt erforderlich, weil die vorrangig interessierenden Bewertungsfragen auch vom Vorstand der AG beantwortet werden können.[875]

e) Abfindungswertbezogene Informationsmängel

Grundsätzlich begründen abfindungswertbezogene Informationsmängel – ihre Relevanz unterstellt – die Anfechtbarkeit des Squeeze-out-Beschlusses.[876] Dies folgt aus § 327f S. 3 AktG, nach dem eine Anfechtung auch darauf gestützt werden kann, dass der Hauptaktionär eine Barabfindung nicht ordnungsgemäß angeboten hat – das Spruchverfahren in diesem Fall also nur subsidiär eröffnet ist. Hier gilt folglich anderes als im Umwandlungs- und Unternehmensvertragsrecht, wo insoweit nach der Rechtsprechung des BGH das Spruchverfahren einschlägig ist.[877]

Wenn aber das Auskunftsrecht hinsichtlich abfindungswertbezogener Informationen in der Hauptversammlung verletzt wird, so führt dies seit Inkrafttreten des UMAG am 1.11.2005 nicht mehr zur Anfechtbarkeit des Squeeze-out-Beschlusses.[878] Erfasst sind Verletzungen des Auskunftsrechts nach § 131 AktG und unzureichende Erläuterungen des Vorstands in der Hauptversammlung.[879] Nicht hierunter fallen allerdings die in der Hauptversammlung nach § 327d S. 1 AktG auszulegenden Unterlagen.[880] Es lässt sich zwar nicht bestreiten, dass es sich hierbei auch um „Informationen in der Hauptversammlung“ handelt; da es sich aber explizit um Unterlagen aus der zuvorigen Berichtspflicht gem. § 327c Abs. 2 AktG handelt, ist bei Fehlerhaftigkeit diese verletzt und damit die Anfechtung möglich. In der Hauptversammlung kann vielmehr pauschal auf das Spruchverfahren verwiesen werden, vgl. §

[874] Emmerich/*Habersack*, Aktien- und GmbH-Konzernrecht, § 327d Rn. 5; a.A. MüKoAktG/*Grunewald*, § 327d Rn. 5; *Gesmann-Nuissl*, WM 2002, 1205, 1209.

[875] Vgl. *Singhof*, in: Spindler/Stilz, AktG, § 327d Rn. 5.

[876] OLG Hamm, AG 2005, 773, 775; Emmerich/*Habersack*, Aktien- und GmbH-Konzernrecht, § 327f Rn. 4; *Fleischer*, in: GroßKommAktG, § 327f Rn. 17; *Hüffer*, AktG, § 327f Rn. 2; a.A. OLG Köln, AG 2004, 39, 40; MüKoAktG/*Grunewald*, § 327f Rn. 5; *Hirte*, ZHR 167 (2003), 8, 26 f.; *Mülbert*, in: FS Ulmer, S. 433, 448 f.; *Vetter*, in: FS Wiedemann, 1323, 1339 f.; *v. Schnurbein*, AG 2005, 725, 726 f.

[877] BGH, NJW 2001, 1425 ff.; BGH, ZIP 2001, 412 ff.

[878] Emmerich/*Habersack*, Aktien- und GmbH-Konzernrecht, § 327f Rn. 4; *Singhof*, in: Spindler/Stilz, AktG, § 327d Rn. 5.

[879] *Fleischer*, in: GroßKommAktG, § 327f Rn. 18.

[880] A.A. *Noack/Zetsche*, ZHR 170 (2006), 218, 238.

243 Abs. 4 S. 2 AktG n.F. Bei völligem Fehlen eines Barabfindungsangebots liegt bereits eine zur Anfechtung berechtigende fehlerhafte Bekanntmachung nach §§ 327c Abs. 1 Nr. 2 i.V.m. § 124 AktG vor.[881]

f) Beschlussfassung

aa) Erforderliche Stimmenmehrheit

Für die Squeeze-out-Beschlussfassung ist keineswegs abweichend von der Eingliederung eine qualifizierte Mehrheit oder gar eine Mehrheit von 95 % erforderlich.[882] Vielmehr reicht mangels abweichender gesetzlicher Regelung eine einfache Mehrheit gem. § 133 Abs. 1 AktG aus. In der Satzung kann freilich eine andere Stimmenmehrheit bis zur Einstimmigkeit vorgesehen werden.[883]

bb) Stimmrecht auch für Vorzugsaktionäre?

Der Hauptversammlungsbeschluss ist nicht deshalb rechts- oder verfassungswidrig, weil er ohne die Stimmen der Inhaber von Vorzugsaktien zustande gekommen ist.[884] Vorzugsaktien sind vom Gesetz in § 139 Abs. 1 AktG vorgesehen und richten sich an Aktionäre, die mehr an der Rendite als an Einfluss im Unternehmen interessiert sind. Das BVerfG zieht einen Erst-Recht-Schluss dahingehend, dass, wenn der Ausschluss stimmberechtigter Aktionäre gegen ihre Stimme schon verfassungsgemäß ist, erst recht für Vorzugsaktionäre nichts anderes gelten könne.[885] Insofern bedarf es auch keines Sonderbeschlusses der Vorzugsaktionäre, in dem diese dem Squeeze-out zustimmen.[886] Der Übertra-

---

[881] *Singhof*, in: Spindler/Stilz, AktG, § 327f Rn. 3.

[882] OLG Düsseldorf, AG 2005, 293, 297; Emmerich/*Habersack*, Aktien- und GmbH-Konzernrecht, § 327a Rn. 24; *Hüffer*, AktG, § 327a Rn. 11; *Fuhrmann/Simon*, WM 2002, 1211, 1213; *Kort*, DB 2006, 1546, 1547; *Sieger/Hasselbach*, ZGR 2002, 120, 142.

[883] *Fleischer*, in: GroßKommAktG, § 327a Rn. 67; *Schüppen/Tretter*, in: FK, WpÜG, § 327a Rn. 34.

[884] BVerfG, ZIP 2007, 1987; zustimmend *Ogorek*, EWiR 2007, 673, 674; so auch OLG Frankfurt, ZIP 2008, 138, 140; *Gesmann-Nuissl*, WuB II A. § 327a AktG 1.05.

[885] BVerfG, ZIP 2007, 1987.

[886] OLG Düsseldorf, AG 2005, 293, 298 mit zust. Anm. *Wilsing*, EWiR 2005, 495, 495 f.; *Fleischer*, in: GroßKommAktG, § 327a Rn. 69; *Markwardt*, BB 2004, 277, 278; *Fuhrmann/Simon*, WM 2002, 1211, 1212; So aber vorgesehen in den Hauptversammlungseinladungen der Ingenium Pharmaceuticals AG vom 04.10.2007 und der Morphochem AG für kombinatorische Chemie, vgl. Bekanntmachung im elektronischen Bundesanzeiger vom 23.03.2006.

gungsbeschluss beeinträchtigt den festgelegten Vorzug nicht unmittelbar, wie nach herrschender Meinung für § 141 AktG erforderlich[887], sondern lediglich mittelbar, weil er die rechtliche Ausgestaltung der Aktiengattung unberührt lässt.[888] Die Interessen der Vorzugsaktionäre werden im Übrigen durch das Spruchverfahren, das auch von ihnen betrieben werden kann, ausreichend geschützt.[889]

cc) Relevanz eines Beherrschungs- und Gewinnabführungsvertrages

Auch ist es weder erforderlich, dass bei Beschlussfassung über den Zwangsausschluss ein Beherrschungs- und Gewinnabführungsvertrag besteht, noch stünde die Existenz eines solchen der Beschlussfassung im Wege.[890] Es handelt sich ferner nicht um eine Änderung des Unternehmensvertrags, der eines Sonderbeschlusses der außenstehenden Aktionäre nach § 295 Abs. 2 S. 1 AktG bedürfte.[891] Vereinzelt wird auf Hauptversammlungen zulässigerweise[892] über einen solchen zugleich mit dem Zwangsausschluss entschieden. Ein Interesse an der Konzernierung kann auch nach erfolgreichem Ausschluss und Verbleiben eines Alleinaktionärs bestehen, weil der Hauptaktionär durch den Zwangsausschluss noch kein Weisungsrecht gegenüber der AG erhält.[893]

dd) Stimmverbot

Vereinzelt wird in Anfechtungsklagen die nicht ordnungsgemäße Erfüllung von Meldepflichten gem. den §§ 21 ff. WpHG durch den Hauptaktionär behauptet, weshalb ein Stimmverbot gem. § 28 WpHG bestanden habe.[894] Eine Abstimmung unter Berücksichtigung derartiger Stimmen würde in der Tat zur Anfechtbarkeit des Beschlusses führen. Es sind aber unrichtige Angaben bezüglich der konkreten Beteiligungshöhe dann unerheblich, wenn der Informationszweck dennoch erreicht

---

[887] Vgl. MüKoAktG/*Volhard*, § 131, Rn. 7; *Hüffer*, AktG, § 141 Rn. 4; *Wilsing*, EWiR 2005, 495, 495.

[888] *Fleischer*, in: GroßKommAktG, § 327a Rn. 69.

[889] OLG Frankfurt, ZIP 2008, 138, 140.

[890] So OLG Frankfurt, ZIP 2008, 138, 140; OLG Düsseldorf, AG 2005, 654, 657.

[891] *Fleischer*, in: GroßKommAktG, § 327a Rn. 70.

[892] So OLG Düsseldorf, AG 2005, 654, 657 mit zust. Anm. *Neumann*, EWiR 2005, 847, 848; *Fleischer*, in: GroßKommAktG, § 327a Rn. 6.

[893] *Fleischer*, in: GroßKommAktG, § 327a Rn. 6.

[894] Vgl. OLG Frankfurt, ZIP 2008, 138, 142 f.

wurde, d.h. eine die Meldepflicht auslösende Schwelle durch den Fehler weder unter- noch überschritten wird.[895]

ee) Beurkundung des Beschlusses

Verschiedentlich wurde zudem ein Beurkundungsmangel gerügt.[896] Ein Beschluss ist gem. § 241 Nr. 2 AktG nichtig, wenn er nicht durch eine notariell aufgenommene Niederschrift beurkundet ist, § 130 Abs. 1, Abs. 2 und Abs. 4 AktG. Bei nichtbörsennotierten Gesellschaften reicht beim Squeeze-out eine Unterzeichnung des Aufsichtsratsvorsitzenden aus, vgl. § 130 Abs. 1 S. 3 AktG. Der Notar übt ein öffentliches Amt aus, so dass er nicht über offensichtliche Rechtsverstöße hinwegsehen darf.[897] Er muss danach etwa Abstimmungsergebnisse und Stimmverbote sowie die Ordnungsgemäßheit der Einberufung überprüfen.[898] Sobald er diese Pflichten verletzt, führt dies allerdings nicht zur Unwirksamkeit bzw. Anfechtbarkeit des Hauptversammlungsbeschlusses, sondern allenfalls zu einem Amtshaftungsanspruch gegen den Notar.[899] Nichtig wäre der Beschluss nur bei unterbliebener Beurkundung überhaupt, Fehlen von Essentialia oder fehlender Unterschrift des Notars bzw. des Aufsichtsratsvorsitzenden.[900]

ff) Besonderheiten bei der Durchführung eines Bestätigungsbeschlusses

Bei einem Bestätigungsbeschluss müssen Unterlagen und Informationen nicht aktualisiert werden, weil es sich nicht um die Neuvornahme des ursprünglichen Beschlusses handelt. Insbesondere müssen auch nicht mehr die materiellen Voraussetzungen für den Erstbeschluss erfüllt sein.[901] Es muss also weder die Barabfindung neu festgesetzt noch der Prüfungsbericht erneuert werden.

---

[895] OLG Frankfurt, ZIP 2008, 138, 143.
[896] So in OLG Hamburg, AG 2003, 696, 697; OLG Frankfurt, ZIP 2008, 138, 140; LG Frankfurt a.M., ZIP 2008, 1183, 1183 (LS), vgl. Volltext bei Juris, Rn. 42.
[897] Vgl. *Hüffer*, AktG, § 130 Rn. 12, MüKoAktG/*Kubis*, § 130 Rn. 12, *Werner*, in: GroßKommAktG, § 130 Rn. 96 ff.
[898] *Hüffer*, AktG, § 130 Rn. 12.
[899] OLG Hamburg, AG 2003, 696, 697.
[900] *Hüffer*, AktG, § 241 Rn. 13.
[901] Vgl. OLG Frankfurt, ZIP 2008, 138, 144.

g) Erhöhung der Barabfindung noch in Hauptversammlung?

Wie oben bereits gezeigt ist die Erhöhung des Barabfindungsangebotes auch in der Hauptversammlung noch zulässig.[902] Zum einen wird dadurch dem Hauptaktionär im Interesse auch der Minderheitsaktionäre ein Nachbessern zur Anpassung an eine zwischenzeitlich veränderte Sachlage möglich, zum anderen kann eine Erhöhung nicht zu einer Benachteiligung der ausscheidenden Aktionäre führen.[903]

Zulässig ist damit insbesondere auch eine automatische Koppelung der Mindestabfindungshöhe an den Börsenkurs. So kam es bei der Vattenfall Europe AG zu folgendem Beschluss:

„Die Barabfindung je auf den Inhaber lautende Stückaktie der Vattenfall Europe Aktiengesellschaft (WKN: 601200) beträgt EUR 42,60. Sie erhöht sich auf den von der Bundesanstalt für Finanzdienstleistungsaufsicht für den Tag des Hauptversammlungsbeschlusses – 1. bzw. 2. März 2006 – als gültig veröffentlichten „Mindestpreis gemäß Wertpapiererwerbs- und Übernahmegesetz“ oder, sollte für den Tag des Hauptversammlungsbeschlusses kein gültiger Mindestpreis veröffentlicht werden, auf den zuletzt vor diesem Tag als gültig veröffentlichten Mindestpreis für die Vattenfall Europe-Aktie, wenn der maßgebliche Mindestpreis den Betrag von EUR 42,60 überschreitet.“[904]

In der Tat kam es sodann zu einer nachfolgenden Erhöhung, der Mindestpreis betrug € 42,77. Richtigerweise hätte freilich der Mindestpreis für den Tag der ersten Bekanntmachung zugrunde gelegt werden müssen[905], der in diesem Fall laut Auskunft der BAFin lediglich bei € 39,16 lag.[906]

h) Sonderprüfungsantrag

Eine Fehlerhaftigkeit des Übertragungsbeschlusses kann sich nicht daraus ergeben, dass ein Antrag auf Durchführung einer Sonderprüfung gem. § 142 AktG mit den Stimmen des Hauptaktionärs abgelehnt wird. Eine Sonderprüfung hätte zwar möglicherweise Auswirkungen auf

---

[902] OLG München, AG 2008, 37, 38 MüKoAktG/*Grunewald*, § 327b Rn. 7; *Koppensteiner*, in: KK, AktG, § 327d Rn. 3; a.A. *Hüffer*, AktG, § 327b Rn. 6; Vgl. hierzu bereits oben unter D II. 2. a) cc) (4).

[903] Vgl. MüKoAktG/*Grunewald*, § 327b Rn. 7.

[904] Vgl. Veröffentlichung im elektronischen Bundesanzeiger vom 14.3.2006.

[905] Zum Streitstand oben D II. 2. b) ee) (2) (a) (bb).

[906] Vgl. Anhang VIII.

die Höhe der Barabfindung. Abfindungsrelevante Beanstandungen sind dem Anfechtungs-, und Freigabeverfahren allerdings entzogen.[907] Eine präventive Sonderprüfung gem. § 142 AktG ist neben der Prüfung durch den Sachverständigen gem. § 327c Abs. 2 AktG nicht vorgesehen.[908] Mit dem Spruchverfahren existiert eine gerichtliche Überprüfungsmöglichkeit der Abfindungshöhe, die ausreichend für die gebotene Sicherung der angemessenen Entschädigung sorgt.[909]

i) Strategien zur Vermeidung von Anfechtungsklagen/Spruchverfahren

Im Fall der P-D INTERGLAS TECHNOLOGIES AG wurde auf der den Squeeze-out beschließenden Hauptversammlung zusätzlich zu der vom Hauptaktionär zu leistenden Barabfindung i.H.v. € 3,37 eine weitere Zahlung i.H.v. € 0,93 in Aussicht gestellt, sofern kein Spruchverfahren eingeleitet wird.[910] Dies blieb aber ohne Erfolg, es kam zur Einleitung eines Spruchverfahrens.[911]

Einen anderen Weg beschritt die Wüstenrot & Württembergische AG als Hauptaktionärin beim Zwangsausschluss der Minderheitsaktionäre aus der Wüstenrot Bausparkasse AG: Zusätzlich zur beschlossenen Abfindung in Höhe von € 24,- sollte jeder Aktionär weitere € 12,- erhalten, sofern von niemandem eine Anfechtungsklage erhoben wird.[912] In der Tat blieb eine Anfechtung aus.

Diese Versuche zur Vermeidung nachfolgender gerichtlicher Verfahren machen deutlich, dass mit diesen Verfahren erhebliche Kosten für den Hauptaktionär einhergehen, die er in diesen Fällen im Wege der Verhandlung vorab zu vermeiden beabsichtigt. Angesichts der Gleichbehandlung der Aktionäre bestehen auch keine Zweifel an der Rechtmäßigkeit dieser Ansätze. Dennoch wecken die zum Teil erheblichen Erhöhungsangebote doch Zweifel an der Angemessenheit der eigentlichen Abfindungshöhe. Angesichts der Tatsache, dass es in den weitaus meisten Fällen sowieso zur Einleitung eines gerichtlichen Verfahrens kommt,

---

[907] Vgl. OLG Frankfurt, ZIP 2008, 138, 144.

[908] BGH, AG 2006, 887, 890 mit zust. Anm. *Goslar*, EWiR 2006, 673, 674 und *Wilsing/Siebmann*, DB 2006, 2506, 2510; Emmerich/*Habersack*, Aktien- und GmbH-Konzernrecht, § 327c Rn. 10; *Bungert*, BB 2006, 2761, 2763.

[909] BGH, AG 2006, 887, 890.

[910] Vgl. die Bekanntmachung im elektronischen Bundesanzeiger vom 19.2.2007.

[911] Anhängig am LG Frankfurt a.M. unter dem Az. 3-5 O 52/05.

[912] Siehe Gesellschaftsbekanntmachung der Wüstenrot & Württembergische AG vom 26.07.2007 im elektronischen Bundesanzeiger.

wird der Hauptaktionär dies jedoch in Kauf nehmen. Im Prinzip wirkt diese Gestaltung dann wie ein vorweggenommener Vergleich.

Hiervon abweichend findet sich in vielen die Anfechtungsklage beendenden Vergleichen die Gestaltung, dass dem einzelnen Minderheitsaktionär eine weitere Erhöhung der Barabfindung dann gezahlt wird, wenn er persönlich auf die Einleitung eines Spruchverfahrens und jede weitere Erhöhung aus einem Spruchverfahren verzichtet.[913] Dies soll nachfolgend noch näher behandelt werden.[914]

III. Eintragung des Übertragungsbeschlusses in das Handelsregister

Mit der Eintragung im Handelsregister treten grundsätzlich die rechtlichen Wirkungen des Squeeze-out ein, die Aktien der Minderheitsaktionäre gehen auf den Hauptaktionär über und verbriefen bis zu ihrer Aushändigung den Barabfindungsanspruch, § 327e Abs. 3 AktG. Folglich stehen den Minderheitsaktionären bis zur Eintragung alle Mitgliedschaftsrechte zu, insbesondere auch der Dividendenanspruch.[915] Wird der Gewinnverwendungsbeschluss erst nach der Eintragung des Übertragungsbeschlusses gefasst, steht er zwar dem Haupt- bzw. Alleinaktionär zu; die Minderheitsaktionäre haben aber einen schuldrechtlichen Anspruch auf anteilige Dividende für die Zeit bis zum Verlust ihrer Mitgliedschaft, § 101 Nr. 2 HS 2 BGB.[916] Weitere Fragen stellten sich zu bestimmten Aktien und anderen Beteiligungsformen.

1. Schicksal verschiedener Beteiligungsformen

a) Optionen und Bezugsrechte

Umstritten ist zunächst, was mit Optionen und Bezugsrechten durch den Squeeze-out geschieht. Der Gesetzgeber hat sich bei Schaffung der

---

[913] Etwa bei der Depfa Deutsche Pfandbriefbank AG, vgl. Bekanntmachung im elektronischen Bundesanzeiger vom 9.2.2005; der W. Jacobsen AG, vgl. Bekanntmachung im elektronischen Bundesanzeiger vom 27.6.2005 und der AXA Versicherungs AG, vgl. Bekanntmachung im elektronischen Bundesanzeiger vom 21.12.2005.

[914] Vgl. dazu unten D IV. 3.

[915] OLG Hamburg, ZIP 2003, 2076, 2078; OLG Stuttgart, ZIP 2006, 27, 30; *Fleischer*, in: GroßKommAktG, § 327e Rn. 50.

[916] Vgl. *Fleischer*, in: GroßKommAktG, § 327e Rn. 50.

§§ 327a ff. AktG trotz Anregung in der Literatur[917] hierzu nicht geäußert. Nach heute wohl herrschenden Meinung wandeln sich die Bezugsrechte ebenso wie Aktien in einen gegen den Hauptaktionär gerichteten Barabfindungsanspruch analog §§ 327a Abs. 1, 327e Abs. 3 AktG um.[918] Denn den Berechtigten und Anwärtern auf die Mitgliedschaft könne kein umfangreicherer Bestandsschutz zukommen als den Mitgliedern selbst.[919] Die für die Eingliederung geltenden Grundsätze könnten hier fruchtbar gemacht werden; dort hat der BGH entschieden, dass Bezugsrechte nach der Eingliederung einen Anspruch auf Bezug der Aktien der Hauptgesellschaft zum Inhalt haben.[920] Ohnehin würden Sinn und Zweck des Squeeze-out konterkariert, könnte sich doch sogleich erneut eine Minderheit bilden.[921] Es diene gar den Interessen auch der Optionsberechtigten, statt börslich nicht gehandelter und deshalb schwer veräußerlicher Papiere eine Barabfindung zu erhalten.[922] Dies gelte insbesondere auch bei Beteiligungsprogrammen für Mitarbeiter, die zwar naturgemäß ein engeres Verhältnis zum Unternehmen haben als reine Kapitalanleger, bei denen der Vergütungseffekt bei der Ausgabe der Bezugsrechte aber im Vordergrund steht und deshalb eine zwangswei-

---

[917] Für eine Regelung *Halm*, NZG 2000, 1162, 1165; *Kiem*, in: RWS-Forum, S. 329, 349 f.; dagegen *Handelsrechtsausschuss des DAV*, NZG 2001, 420, 431.

[918] LG Düsseldorf, ZIP 2004, 1755, 1757; *Fleischer*, in GroßkommAktG, § 327b Rn. 29, § 327e Rn. 47; MüKoAktG/*Grunewald*, § 327b Rn. 10; Emmerich/*Habersack*, Aktien- und GmbH-Konzernrecht, § 327b Rn. 7 f.; *Grzimek*, in: Geibel/Süßmann, WpÜG, § 327e Rn. 32; *Hasselbach*, in: KK, WpÜG, § 327e Rn. 22; *Heidel/Lochner*, in: AnwKommAktG, § 327e Rn. 13; *Hüffer*, AktG, § 327b Rn. 3; *Koppensteiner*, in: KK, AktG, § 327e Rn. 17; *Angerer*, BKR 2002, 260, 267; *Fleischer*, ZGR 2002, 757, 776 f.; *Alexandropoulou*, Squeeze-out, S. 78; *Gesmann-Nuissl*, WM 2002, 1205, 1207; *Grunewald*, ZIP 2002, 18, 18; *Handelsrechtsausschuss des DAV*, NZG 2001, 420, 431; *Hamann*, Minderheitenschutz, S. 191; *Krieger*, BB 2002, 53, 61; *Lörcher*, Aktienoptionen, S. 111 ff.; *Scharpf*, Chancen und Risiken, S. 152; *Sieger/Hasselbach*, ZGR 2002, 120, 157 f.; *Singhof/Weber*, WM 2002, 1158, 1169 Fn. 99; *Vossius*, ZIP 2002, 511, 512 f.; *Wilsing/Kruse*, ZIP 2002, 1465, 1468 f.; für kapitalmarktgehandelte Wandelschuldverschreibungen *Schlitt/Seiler/Singhof*, AG 2003, 254, 268.

[919] LG Düsseldorf, ZIP 2004, 1755, 1757; MüKoAktG/*Grunewald*, § 327b Rn. 10; *Grzimek*, in: Geibel/Süßmann, WpÜG, § 327e Rn. 32.

[920] BGH ZIP 1998, 560 f. (Siemens/Nixdorf); vgl. *Hüffer*, AktG, § 320b Rn. 4.

[921] LG Düsseldorf, ZIP 2004, 1755, 1757; Emmerich/*Habersack*, Aktien und GmbH-Konzernrecht, § 327b Rn. 7; *Hamann*, Minderheitenschutz, S. 191; *Sieger/Hasselbach*, ZGR 2002, 120, 158; *Schmallowsky*, Squeeze out, S. 32.

[922] MüKoAktG/*Grunewald*, § 327b Rn. 10; *Gesmann-Nuissl*, WM 2002, 1205, 1207; so bereits zur Eingliederung BGH ZIP 1998, 560, 561 unter Bezugnahme auf *Martens*, AG 1992, 209, 213.

se Entziehung gegen Barabfindung im Hinblick auf die Interessenlage nicht unangemessen erscheint.[923]

Andererseits ließe sich argumentieren, dass die Inhaber von Optionen und Bezugsrechten weder am Ausschlussverfahren beteiligt, noch dass sie anfechten (§ 245 AktG) oder das Spruchverfahren betreiben können (vgl. § 3 S.1 Nr. 2 SpruchG), so dass ein Untergang ihrer Rechte und Übergang in einen nicht überprüfbaren Barabfindungsanspruch unangemessen erscheint.[924] Gegen einen Analogieschluss zum Eingliederungsrecht spreche die beim Squeeze-out weit weniger komplizierte Verflechtung; die Wiederholung eines Squeeze-out-Verfahrens ist sehr viel einfacher und kostengünstiger als die einer Mehrheitseingliederung, da etwa nur eine Gesellschaft bewertet werden und nicht erneut Sicherheit für die Gläubiger der Gesellschaft geleistet werden müsse.[925] Auch ist anders als bei der Eingliederung weiterhin ohne weiteres die Ausgabe von Aktien zur Bedienung von Bezugsrechten möglich, da sich am Bestand der Gesellschaft nichts ändert.[926] Des Weiteren falle die Annahme einer unbewussten Regelungslücke schwer, da bereits vor Schaffung des Gesetzes diese Frage in der Literatur diskutiert wurde.[927] Bezugsrechte seien nicht minus, sondern aliud zu Aktien.[928] Da der Squeeze-out keine rechtlichen Auswirkungen auf genehmigtes und bedingtes Kapital habe, fehle es an einer rechtlichen Grundlage für den automatischen Wandel in einen Barabfindungsanspruch.[929] Vertreten wird, dass der Bezugsrechtsinhaber sodann wegen Wegfalls der Geschäftsgrundlage oder aus wichtigem Grund kündigen könne und im Rahmen der Rückabwicklung entsprechend den regelmäßig vereinbarten Anleihebedingungen die Forderungen fällig stellen und Rückzahlung des Nennbetrags samt Zinsen plus Aufstockung auf marktüblichen Zinssatz verlangen könne.[930]

---

[923] *Wilsing/Kruse*, ZIP 2002, 1465, 1469; offenlassend *Schlitt/Seiler/Singhof*, AG 2003, 254, 268 Fn. 168.

[924] So *Steinmeyer/Häger*, WpÜG, § 327e Rn. 33; vgl. auch *Rößler*, Squeeze Out, S. 87; für den Fortbestand der Bezugsrechte auch *P. Baums*, Ausschluss, S. 156 f.; *ders.*, WM 2001, 1843, 1848 f.; *Friedl*, Der Konzern 2004, 309, 315; *Schüppen*, WPg 2001, 958, 975 f.

[925] *P. Baums*, Ausschluss, S. 156 f.; *Friedl*, Der Konzern 2004, 309, 315.

[926] *Schüppen/Tretter*, in: FK, WpÜG, § 327e Rn. 19.

[927] So *Friedl*, Der Konzern 2004, 309, 315 unter Verweis auf *Halm*, NZG 2000, 1162, 1165; siehe auch *Kiem*, in: RWS-Forum, S. 329, 349 f.; *Handelsrechtsauschuss des DAV*, NZG 2001, 420, 431

[928] *Schüppen/Tretter*, in: FK, WpÜG, § 327e Rn. 19.

[929] *Schüppen/Tretter*, in: FK, WpÜG, § 327e Rn. 19.

[930] *Friedl*, Der Konzern 2004, 309, 317 f.

Dennoch ist der herrschenden Meinung ungeachtet der Frage, ob ein Analogieschluss zum Eingliederungsrecht möglich ist, aus den genannten Gründen zu folgen. Wenigstens bei Beschlussfassung muss die künftig alleinige Anteilsinhaberschaft des bisherigen Hauptaktionärs in Aussicht stehen; steht schon hier der Wiedereintritt von Kleinaktionären fest, ist der zwangsweise Entzug von Mitgliedschaften gar nicht gerechtfertigt.

Dies darf freilich nur gelten, wenn die Bezugsrechte weniger als 5% des Grundkapitals betreffen.[931] Übersteigen sie zusammen mit den außenstehenden Aktien diese Schwelle, ist ein Squeeze-out nach hier vertretener Auffassung nicht möglich.[932] Nach anderer Ansicht verwandeln sich dann die Optionen/Bezugsrechte jedenfalls nicht in einen Abfindungsanspruch; es kann gegebenenfalls erneut eine Minderheit entstehen, ohne dass ihr zwangsweiser Ausschluss möglich wäre. Ein Übergang der Bezugsrechte sei nur dann gerechtfertigt, wenn die Bezugsrechtsinhaber nach Bedienung ihrer Rechte aus der Gesellschaft ausgeschlossen werden könnten.[933] Von einem Einsammeln von Splitterbeteiligungen könne keine Rede mehr sein, wenn Bezugsrechte in einem derartigen Umfang ausgegeben wurden.[934] Von der Umwandlung des Bezugsrechts in einen Barabfindungsanspruch auch auszugehen, wenn mehr als 5 % des Grundkapitals ausstehen[935], erscheint zwar im Hinblick auf die Ungewissheit der späteren Ausübung der Bezugsrechte zunächst vorzugswürdig[936], verstößt aber gegen die vom Gesetzgeber gezogene Grenze zum Ausschluss von Gesellschaftern und ist deshalb auf jeden Fall abzulehnen.

Nach herrschender Auffassung stünde – so die Bezugsrechtsinhaber die Umwandlung ihrer Ansprüche in eine Barabfindung akzeptieren – einem Squeeze-out nichts mehr im Wege.[937] Für den Fall, dass sie nicht

[931] *Fleischer*, in GroßkommAktG, § 327b Rn. 31; *Grunewald*, ZIP 2002, 18, 18; MüKoAktG/*dies.*, § 327b Rn. 11; Emmerich/*Habersack*, Aktien- und GmbH-Konzernrecht, § 327b Rn. 7; *Gesmann-Nuissl*, WM 2002, 1205, 1207; *Markwardt*, BB 2004, 277, 278 Fn. 19; *Sieger/Hasselbach*, ZGR 2002, 120, 158.

[932] Denn die Bezugsrechte sind bei der Berechnung der zum Squeeze-out berechtigenden Grundkapitalhöhe zu berücksichtigen, siehe zum Streitstand ausführlich oben D. II. 2. a) bb) (2).

[933] *Fleischer*, in GroßkommAktG, § 327b Rn. 31.

[934] So *Hamann*, Minderheitenschutz, S. 194.

[935] So *Heidel/Lochner*, in: AnwKommAktG, § 327e Rn. 13; *Wilsing/Kruse*, ZIP 2002, 1465, 1469; wohl auch *Scharpf*, Chancen und Risiken, S. 151 f.

[936] So *Wilsing/Kruse*, ZIP 2002, 1465, 1469.

[937] MüKoAktG/*Grunewald*, § 327b Rn. 11.

zustimmen, wurde erwogen, den zuvor bereits ausgeschlossenen Aktionären einen Anspruch auf Wiederaufnahme in die Gesellschaft aus § 53a AktG oder den von der Rspr. entwickelten Grundsätzen der Treuepflicht zwischen den Aktionären zu gewähren. Dies wäre aber mit dem Argument abzulehnen, dass eine Aufnahme neuer Aktionäre nach dem Squeeze-out – aus welchem Grund auch immer – die Wirksamkeit des Beschlusses nicht in Frage stellen könne.[938]

Schließlich stellt sich die Frage, wann und in welcher Höhe den Bezugsberechtigten Wertersatz zu gewähren ist. In Betracht kommt die Gewährung der auch den Minderheitsaktionären zustehenden vollen Barabfindung bei Fälligkeit des Bezugsrechts, abzüglich etwaig bei Ausübung des Bezugsrechts zu erbringender Bar- oder Sachleistung.[939] Diese Lösung gerät dann in Schwierigkeiten, wenn die Bezugsrechte etwa im Rahmen eines Aktienoptionsprogramms an den Börsenkurs der nun nicht mehr gehandelten Aktien gekoppelt sind.[940] Sinnvoller erscheint deshalb, den Bezugsberechtigten eine wirtschaftlich volle Entschädigung für den Verlust ihrer Bezugsrechte als solche unabhängig von ihrer Ausübung zu gewähren.[941] Das Bezugsrecht als Minus zur Mitgliedschaft dürfe bei seiner Bewertung nicht anders als die Mitgliedschaft selbst behandelt werden.[942] Bei dem in der Praxis zur Anwendung gelangenden sog. Black-Scholes-Modell kann dann auch der Verlust der Zinsansprüche für die Optionen berücksichtigt werden.

Rechtsschutzmöglichkeiten stehen aber dem Obligationär nach der lex lata nicht zur Verfügung. Umstritten ist, ob von ihnen zur Überprüfung der Abfindungshöhe nicht wenigstens das Spruchverfahren eingeleitet werden können soll.[943] Den Obligationären stünde ansonsten lediglich die Leistungsklage offen; das Spruchverfahren ist in der Tat hinsichtlich des beabsichtigten Ziels und aufgrund seiner inter omnes Wirkung das passgenauere und ökonomischere Verfahren.

---

[938] *P. Baums*, WM 2001, 1843, 1849.

[939] So *Vossius*, ZIP 2002, 511, 513;

[940] Vgl. Emmerich/*Habersack*, Aktien- und GmbH-Konzernrecht, § 327b Rn. 8.

[941] So MüKoAktG/*Grunewald*, § 327b Rn. 10; Emmerich/*Habersack*, Aktien- und GmbH-Konzernrecht, § 327b Rn. 8; *Heidel/Lochner*, in: AnwKommAktG, § 327e Rn. 13; *Scharpf*, Chancen und Risiken, S. 154; *Schlitt/Seiler/Singhof*, AG 2003, 254, 268

[942] *Scharpf*, Chancen und Risiken, S. 154.

[943] Dafür *Fleischer*, in: GroßKommAktG, § 327b Rn. 37; MüKoAktG/*Grunewald*, § 327b Rn. 7; Emmerich/*Habersack*, Aktien- und GmbH-Konzernrecht, § 327b Rn. 8; a.A. MüHdbAG/*Austmann*, § 74 Rn. 106.

b) Eigene Aktien der AG

Nach einem Regelungsvorschlag des Handelsrechtsausschusses des Deutschen Anwaltvereins sollten eigene Aktien der Gesellschaft nicht auf den Hauptaktionär übergehen;[944] dem ist der Gesetzgeber allerdings nicht nachgekommen. Da die Gesellschaft als Minderheitsaktionärin anzusehen sei und die Rechtslage der bei der Mehrheitseingliederung vergleichbar sei, befürworten manche den Übergang eigener Aktien[945], was im Übrigen einzig sinnvoll sei.[946] Allerdings müsste sie dann auch abgefunden werden, was wirtschaftlich wenig sinnvoll wäre. Ein Übergang eigener Aktien der AG auf den Hauptaktionär ist deshalb abzulehnen.[947]

c) Zugerechnete Aktien verbundener Unternehmen

Es stellt sich weiter die Frage, ob die dem Hauptaktionär zugerechneten Aktien verbundener Unternehmen ebenfalls mit Eintragung des Beschlusses auf diesen übergehen. Dies ist abzulehnen.[948] Zunächst sind diese Aktionäre bereits begrifflich keine Minderheitsaktionäre i.S.d. § 327a AktG.[949] Ferner behindern sie den Hauptaktionär nicht bei der Führung der Gesellschaft, so dass auch aus diesem Grund ein Übergang nicht erforderlich ist.[950]

2. Schicksal alter Ausgleichs- und Abfindungsanprüche

Ein Ausgleichsanspruch gem. § 304 Abs. 1 AktG aus einem früheren Beherrschungs- und Gewinnabführungsvertrag stellt einen Ersatz für

---

[944] *Handelsrechtsausschuss des DAV*, NZG 1999, 850, 852.

[945] *Hüffer*, AktG, § 327b Rn. 2; Emmerich/*Habersack*, Aktien- und GmbH-Konzernrecht, § 327b Rn. 6; *ders.*, ZIP 2001, 1230, 1236.

[946] Vgl. auch *Körber*, ZGR 2002, 790, 791.

[947] So ausführlich *Lieder/Stange*, Der Konzern 2008, 617, 623 ff.; ebenso MüKo-AktG/*Grunewald*, § 327e Rn. 10; *Fleischer*, in: GroßKommAktG, § 327b Rn. 25; *Rößler*, Squeeze Out, S. 86; i.E. *Riegger*, DB 2003, 541, 544.

[948] Begr. RegE, BT-Drucks. 14/7034, S. 72; *Fleischer*, in: GroßKommAktG, § 327b Rn. 24, Emmerich/*Habersack*, Aktien- und GmbH-Konzernrecht, § 327b Rn. 6; *Neye*, in: Hirte, WpÜG, S. 25, 30; *Krieger*, BB 2002, 53, 55; *Markwardt*, BB 2004, 277, 279; *Maslo*, NZG 2004, 163, 168.

[949] *Handelsrechtsausschuss des DAV*, NZG 2001, 420, 431; *Krieger*, BB 2002, 53, 55; *Neye*, in: Hirte, WpÜG, S. 25, 30.

[950] Emmerich/*Habersack*, Aktien- und GmbH-Konzernrecht, § 327b Rn. 6.

die Dividende dar, so dass er ebenso wie jene zeitanteilig bis zur Eintragung des Übertragungsbeschlusses den Minderheitsaktionären zusteht.[951]

Ein Abfindungsanspruch spielt zum einen bei der Bemessung der Squeeze-out-Abfindung keine Rolle.[952] Zum anderen entfällt er auch keineswegs durch die Eintragung des Squeeze-out-Beschlusses in das Handelsregister. Wurde zudem in einem vorausgegangenen Spruchverfahren die im Rahmen eines Unternehmensvertrages festgesetzte Abfindung erhöht, so ist dies bei der Bemessung der angemessenen Barabfindung gem. § 327b AktG ebenfalls nicht zu berücksichtigen.

Insbesondere geht die Abfindungsoption nicht mit Eintragung des Squeeze-out-Beschlusses auf den Hauptaktionär über, da es sich bei ihr nicht um ein akzessorisches Nebenrecht der Aktie handelt.[953] Bei jener Abfindung handelt es sich nicht um ein in der Aktie verkörpertes Mitgliedschaftsrecht, sondern um einen schuldrechtlichen Anspruch.[954] Er ist also nicht wertbildender Bestandteil der Mitgliedschaft, für dessen Verlust voll zu entschädigen ist. Das zwangsweise Ausscheiden aus der Gesellschaft hat ebenso wie der Verlust der Aktionärsstellung durch Verschmelzung und Eingliederung keinen Einfluss auf das Andienungsrecht der außenstehenden Aktionäre aus einem früheren Unternehmensvertrag.[955] Wird also aufgrund eines Spruchverfahrens diese Abfindung aus dem Unternehmensvertrag erhöht, so ist der außenstehende Aktionär nach Übergang seiner Aktien durch die Handelsregistereintragung berechtigt, die Differenz zwischen erhaltener Squeeze-out-Abfindung und nunmehr festgesetzter Unternehmensvertrags-Abfindung vom Hauptaktionär zu verlangen.[956]

[951] LG Hamburg, ZIP 2003, 947, 953; *Fleischer*, in: GroßKommAktG, § 327e Rn. 53.

[952] OLG Düsseldorf, AG 2007, 325, 327; vgl. hierzu bereits oben unter D II. 2. b) ee) (2).

[953] Vgl. BGH, AG 2006, 543 (Jenoptik); grundlegend *Bayer*, ZIP 2005, 1053 ff., 1058.

[954] OLG Düsseldorf, AG 2007, 325, 327; LG Dortmund, Der Konzern 2008, 238, 240.

[955] OLG Düsseldorf, AG 2007, 325, 328; *Aubel/Weber*, WM 2004, 857, 863 ff.; *Bredow/Tribulowsky*, NZG 2002, 841, 844 f.; *Schiffer/Rossmeier*, DB 2002, 1359 f.

[956] Vgl. OLG Düsseldorf, AG 2007, 325, 328.

3. Kraftloserklärung der Aktienurkunden der Minderheitsaktionäre?

Existierende Aktienurkunden verbriefen nach Eintragung des Squeeze-out-Beschlusses in das Handelsregister den Barabfindungsanspruch, § 327e Abs. 3 S. 2 AktG; die Aktien gehen kraft Gesetzes auf den Hauptaktionär über. Einer Kraftloserklärung sollte an sich deshalb nicht mehr erforderlich sein.[957] Dennoch besteht ein praktisches Bedürfnis nach einer solchen Kraftloserklärung nicht eingereichter Aktien, denn es hat sich gezeigt, dass ein gewisser Promillesatz – aus welchen Gründen auch immer – dauerhaft verschollen bleibt.[958] Probleme entstehen dann, wenn der Alleinaktionär etwa aufgrund einer Beteiligungsveräußerung sein Alleineigentum nachweisen will – er also nicht etwa Aktien nach dem Squeeze-out wieder veräußert hatte.[959] Kennt er die Identität der Aktionäre nicht, so kann er nicht auf Aushändigung und Übereignung der Urkunden gegen Sicherung der Barabfindung klagen.[960]

Eine Kraftloserklärung der Aktien gem. § 72 AktG muss ausscheiden, weil die Aktien zum einen nicht abhanden gekommen oder vernichtet sind, zum anderen nur der letzte unmittelbare Besitzer antragsberechtigt ist.[961]

Es ist aber auch nicht möglich, von einer zur Kraftloserklärung gem. § 73 AktG berechtigenden Unrichtigkeit der Aktienurkunden ab Eintragung des Squeeze-out auszugehen.[962] Damit, dass der Gesetzgeber in § 327e Abs. 3 S. 2 AktG ausdrücklich angeordnet hat, dass die Urkunden den Abfindungsanspruch verbriefen, erwecken die Urkunden zwar den Anschein, sie würden Mitgliedschaften verbriefen, während sie tatsächlich nur Abfindungsansprüche verkörpern. Diese Unrichtigkeit der Urkunden ist freilich vom Gesetzgeber bewusst angeordnet zum Zwecke der Abwicklung des Squeeze-out. Zudem verbriefen die Aktien mit

[957] Vgl. *Schüppen*, WPg 2001, 958, 975.

[958] So *König*, NZG 2006, 606, 606.

[959] *König*, NZG 2006, 606, 606.

[960] Vgl. *Fleischer*, in: GroßKommAktG, § 327e Rn. 49; *Hasselbach*, in: KK, WpÜG, § 327e Rn. 25.

[961] *König*, NZG 2006, 606, 607; *Weißhaupt/Özdemir*, ZIP 2007, 2110, 2112.

[962] So aber MüKoAktG/*Grunewald*, § 327e Rn. 9. i.V.m. § 320a Rn. 4; *König*, NZG 2006, 606, 609; wie hier Emmerich/*Habersack*, Aktien- und GmbH-Konzernrecht, § 327e Rn. 12 i.V.m. § 320a Rn. 6; *Hüffer*, AktG, § 327e Rn. 4 i.V.m. § 320a Rn. 3; *Weißhaupt/Özdemir*, ZIP 2007, 2110, 2112.

Aushändigung an den Hauptaktionär wieder ein Aktienrecht, so dass die Unrichtigkeit lediglich temporärer Natur ist.[963]

4. Gutgläubiger Erwerb von Inhaberaktien nach Squeeze-out?

Der mit der Aktie als Wertpapier verbundene öffentliche Glaube wird mit der Eintragung des Squeeze-outs im Handelsregister zurückgedrängt. Umlaufende Aktienurkunden dienen lediglich der Abfindungsabwicklung; ein gutgläubiger Erwerb der Mitgliedschaft ist nicht mehr möglich.[964] Der Veräußerer kann nur das materiell verbriefte Recht, den Abfindungsanspruch, verschaffen.

5. Wegfall der Anfechtungsbefugnis in laufenden Verfahren?

Ein Urteil des II. Zivilsenats des BGH vom 9. Oktober 2006[965] schaffte oberstgerichtliche Klarheit bezüglich der in der Literatur bis dahin uneinheitlich beantworteten Frage, ob ein Anfechtungskläger auch nach zwischenzeitlichem zwangsweisen Verlust seiner Aktionärsstellung in einem zuvor angestrengten Anfechtungsverfahren gegen einen Hauptversammlungsbeschluss weiter aktivlegitimiert sein kann. Mit Blick auf das möglicherweise vorrangige Spruchverfahren gem. § 327e Abs. 3 AktG könnte man dies bezweifeln. Der Senat bejahte allerdings die Fortdauer der Aktivlegitimation[966] auch unter Hinweis auf die Rechtslage in

---

[963] Emmerich/*Habersack*, Aktien- und GmbH-Konzernrecht, § 327e Rn. 12 i.V.m. § 320a Rn. 6; *Hüffer*, AktG, § 327e Rn. 4 i.V.m. § 320a Rn. 3; *Weißhaupt/Özdemir*, ZIP 2007, 2110, 2112.

[964] MüKoAktG/*Grunewald*, § 327e Rn. 9. i.V.m. § 320a Rn. 4; Emmerich/*Habersack*, Aktien- und GmbH-Konzernrecht, § 327e Rn. 12 i.V.m. § 320a Rn. 4; *Weißhaupt/Özdemir*, ZIP 2007, 2110, 2115.

[965] BGH ZIP 2006, 2167 ff.; so bereits OLG Stuttgart, AG 2006, 340, 341.

[966] So auch *Fleischer*, in: GroßKommAktG, § 327e Rn. 56; *Heise/Dreier*, BB 2004, 1126 ff.; *Dreier*, DB 2004, 808; *ders.*, DB 2006, 2569; *Nietsch*, NZG 2007, 451, 453; i.E. *Lehmann*, NZG 2007, 295, 297; Vgl. zum Ganzen auch *Arnold*, AG-Report 2006, R192 ff.; *Baukelmann*, jurisPR-BGH ZivilR 50/2006, Anm. 3; a.A. noch die Vorinstanzen: LG Mainz, DB 2004, 807 f. mit abl. Anm. *Dreier*; OLG Koblenz, AG 2005, 365; *Arnold*, AG-Report 2005, R510, R511; *Bungert*, BB 2005, 1345 ff; *ders.*, BB 2007, 57 ff.; *Buchta/Ott*, DB 2005, 990, 993; *Waclawik*, ZIP 2007, 1 ff.; für die Fortdauer der Aktivlegitimation für die Anfechtung eines dem Squeeze-out nachfolgenden Gewinnverwendungsbeschlusses OLG Stuttgart, AG 2006, 340, 341 mit zust. Anm. *Gesmann-Nuissl*, WuB II A. § 327a AktG 4.06.

vergleichbaren Situationen bei anderen gesellschaftlichen Rechtsformen (GmbH und Genossenschaft).

Dem wird zum einen der Wortlaut des § 245 AktG, der die Klagebefugnis an das Fortbestehen der Aktionärseigenschaft knüpfe, entgegengehalten[967], zum anderen, dass sich das Interesse der Minderheitsaktionäre allein auf die im Spruchverfahren überprüfbare Barabfindung konzentriere – eine Fortdauer der Klagebefugnis entsprechend § 265 Abs. 2 ZPO also mangels Rechtsschutzbedürfnisses ausscheiden müsse.[968]

Eine vermeintlich gleichgelagerte Fragestellung bestand vor Einführung des Minderheitsausschlusses bereits für die Situation, dass ein Anfechtungskläger seine Aktien während eines laufenden Verfahrens verkaufte. Während eine ursprünglich verbreitete Ansicht die Auffassung vertrat, dass mit dem Verlust der Aktionärseigenschaft auch das Prozessführungsrecht entfiele[969], hat der BGH sich nunmehr der inzwischen herrschenden Gegenmeinung[970] angeschlossen, nach der entsprechend dem Rechtsgedanken des § 265 Abs. 2 ZPO die Aktivlegitimation fortbestehe.[971] Denn § 265 Abs. 2 ZPO bezwecke neben dem Schutz des Beklagten vor einer Erledigung des Rechtsstreits bzw. vor einem ungewollten Parteiwechsel[972] auch den Schutz des Klägers dahingehend, dass er die Klage fortzusetzen imstande sein solle, soweit er weiterhin ein rechtliches Interesse an einem Urteil habe.[973] Ein solches Interesse existierte in einem vom BGH zum GmbH-Recht entschiedenen Fall deshalb, weil bei einer erfolgreichen Anfechtungsklage der Gesellschaft Schadensersatzansprüche zugestanden hätten, welche sich wieder positiv auf den Verkaufserlös des ehemaligen Gesellschafters ausgewirkt hätten, so dass diesem ebenfalls ggf. ein Schadensersatzanspruch zugestanden hätte. Entsprechendes muss richtigerweise auch im Falle des Squeeze-out gelten: Denn der für eine freiwillige Veräußerung geltende Fortbestand der Anfechtungsbefugnis muss erst recht Platz greifen, wenn der Gesellschafter gezwungenermaßen seine Anteile abzugeben

---

[967] So *Buchta/Ott*, DB 2005, 990, 993.

[968] So OLG Koblenz, ZIP 2005, 714, 715; LG Mainz, NZG 2004, 1118; *Bungert*, BB 2007, 57, 58; *ders.*, BB 2005, 1345, 1346.

[969] *Beyerle*, DB 1982, 837 f.; *Wilhelmi*, in: Godin/Wilhlmi, AktG, § 245 Anm. 2.

[970] *Hüffer*, AktG, § 245 Rn. 8; MüKoAktG/*ders.*, § 245 Rn. 24; *K. Schmidt*, in: GroßkommAktG, § 245 Rn. 17; *Zöllner*, in: KK, AktG, § 245 Rn. 23.

[971] BGH ZIP 2006, 2167, 2168 f.

[972] Allein hierauf abstellend und deshalb zu kurz greifend *Bungert*, BB 2005, 1345, 1346.

[973] Für die GmbH bereits BGHZ 43, 261, 268; so auch *Bungert*, BB 2005, 1345, 1346.

hat.[974] § 265 Abs. 2 ZPO gilt im Übrigen auch bei unfreiwilligem Verlust der streitbefangenen Sache etwa durch Enteignung, Versteigerung oder Überweisung im Rahmen der Zwangsvollstreckung, was dem Verlust der Mitgliedschaft durch Squeeze-out vergleichbar ist.[975]

6. Wegfall der Antragsberechtigung in laufendem Spruchverfahren?

Auch die Antragsberechtigung von Antragstellern eines Spruchverfahrens entfällt nicht dadurch, dass die Antragssteller aufgrund eines Squeeze-out-Beschlusses aus der Gesellschaft ausscheiden.[976] Sie verlieren hierdurch ihre aufgrund des Beherrschungs- und Ergebnisabführungsvertrags erworbenen Ausgleichs- und Abfindungsrechte aus den §§ 304, 305 AktG nicht; diesbezüglich steht ihnen auch weiterhin Rechtsschutz zu.[977] Gleiches muss gelten für laufende Spruchverfahren im Zusammenhang mit anderen Umstrukturierungsmaßnahmen.[978]

7. Verzinsung der Abfindung

Die Abfindung ist ab Bekanntmachung der Eintragung des Beschlusses im Handelsregister (§ 10 HGB) zu verzinsen, § 327b Abs. 2 AktG.[979] Sie soll darauf hinwirken, dass der Hauptaktionär nicht zunächst eine zu niedrige Abfindung festsetzt und sodann das Spruchverfahren zu Lasten der Minderheitsaktionäre verzögert.[980] Kritisiert wurde teilweise der geringe Aufschlag von 2 % über dem Basiszinssatz, der wenig Abschreckung entwickele und deshalb de lege ferenda erhöht werden sollte.[981] Nachdenken ließe sich auch auf eine Vorverlegung des Einset-

---

[974] Zuerst *Heise/Dreier*, BB 2004, 1126, 1127; *Dreier*, DB 2004, 808; *ders.*, DB 2006, 2569; zustimmend BGH ZIP 2006, 2167, 2169; *Goette*, DStR 2006, 2132, 2136; a.A. *Bungert*, BB 2005, 1345, 1346.

[975] BGH ZIP 2006, 2167, 2169; *Heise/Dreier*, BB 2004, 1126, 1128.

[976] *Fleischer*, in: GroßKommAktG, § 327e Rn. 55; Emmerich/*Habersack*, Aktien- und GmbH-Konzernrecht, § 327e Rn. 10; *Aubel/Weber*, WM 2004, 857, 864; *Bredow/Tribulowsky*, NZG 2002, 841, 845; *Buchta/Ott*, DB 2005, 990, 993; *Schiffer/Rossmeier*, DB 2002, 1359 ff.

[977] OLG Frankfurt, AG 2007, 403, 403.

[978] Vgl. *Fleischer*, in: GroßKommAktG, § 327e Rn. 55.

[979] Ausführlich hierzu *Knoll*, BB 2004, 1727 ff.

[980] *Fleischer*, in: GroßKommAktG, § 327b Rn. 39; *Hasselbach*, in: KK, WpÜG, § 327b Rn. 13.

[981] *Meilicke/Heidel*, DB 2003, 2267, 2268.

zens der Verzinsung auf den der Hauptversammlung nachfolgenden Tag entsprechend der Rechtslage in Österreich.[982]

Rechtstatsächlich lässt sich in diesem Zusammenhang zunächst feststellen, dass der Zeitraum zwischen Hauptversammlungsbeschluss und Bekanntmachung der Handelsregistereintragung in der Tat vielfach erhebliche Ausmaße erreicht.[983] Für 176 Squeeze-out-Fälle, bei denen es nicht zu einer Anfechtungsklage kam, konnte dieser Zeitraum unter Auswertung der entsprechenden Bekanntmachungen des Handelsregisters[984] ermittelt werden. Im Durchschnitt betrug er 109 Tage, der Median liegt bei 84 Tagen. Nimmt man die einhundert Fälle hinzu, in denen der Beschluss angefochten wurde, so erhöht sich der Durchschnitt auf 181 Tage; der Median auf 103 Tage.

Zu vergleichbaren Ergebnissen gelangt eine Untersuchung von *Püttmann*, die sich auf das Jahr 2002 und ausschließlich auf börsennotierte Aktiengesellschaften einschließlich Freiverkehr konzentriert.[985] Zu unterscheiden sind drei Zeitpunkte: Tag der Hauptversammlung, Eintragung in das Handelsregister und Bekanntmachung der Eintragung durch das Registergericht. Ab dieser Bekanntmachung (§ 10 HGB) ist gem. § 327b Abs. 2 AktG die Barabfindung zu verzinsen. Für Fälle, in denen der Beschluss angefochten wurde, empfiehlt sich eine gesonderte Betrachtung aufgrund der einhergehenden Registersperre.

Jedenfalls aber ist der Umstand, dass die Verzinsung nicht ab dem Hauptversammlungsbeschluss, sondern erst ab Bekanntmachung der Eintragung in das Handelsregister gilt, verfassungsrechtlich unbedenklich. Die Minderheitsaktionäre sind bis zur Eintragung unverändert Aktionäre und haben dementsprechend Anspruch auf Dividenden- bzw. Ausgleichszahlungen, was wirtschaftlich der Verzinsung des eingesetzten Kapitals entspricht.[986] Keineswegs bleibt also für diesen Zeitraum das eingesetzte Kapital unverzinst,[987] was den doch erheblichen Verzögerungen in der Praxis die Brisanz nimmt.

Näher zu betrachten ist aber der zwischen Rechtsverlust durch Eintragung und Beginn der Verzinsung mit Bekanntmachung der Eintra-

---

[982] Vgl. *DAI*, Squeeze-out, S. 29; *Gall/Potyka/Winner*, Squeeze-out, Rn. 245.

[983] Vgl. die Auflistung der entsprechenden Gesellschaften in Anhang XI.

[984] Recherchiert über den Informationsdienstleister WISO.

[985] *Püttmann*, Squeeze Out, S. 78 ff.

[986] OLG Hamburg, AG 2003, 698, 699; ebenso OLG Düsseldorf, AG 2007, 325, 329; siehe auch BVerfG, AG 2007, 544, 546; OLG Düsseldorf, AG 2004, 209.

[987] So aber *Püttmann*, Squeeze Out, S. 78 ff., der hierin einen handwerklichen Fehler des Gesetzgebers sieht, S. 96.

gung klaffende Zeitraum. Teilweise wird hierin ein Verfassungsverstoß gesehen[988], während andere die Regelung verfassungskonform dahingehend auslegen wollen, dass bereits mit der Eintragung im Handelsregister die Verzinsung beginne.[989] Durchschnittlich liegen 25,81, im Median 26 Tage zwischen Handelsregistereintragung und Bekanntmachung der Eintragung,[990] ein wirtschaftlich also durchaus relevanter Zeitraum, in dem eine Verzinsung des Kapitals vollständig ausbleibt. Gerade auch im Hinblick auf die nicht seltenen Fälle, in denen der Zeitraum noch deutlich höher ist, empfehlen sich daher gesetzgeberische Maßnahmen, wie die nachfolgende Abbildung verdeutlicht.

Abbildung 20: Quelle: elektronischer sowie Handelsregisterbekanntmachungen

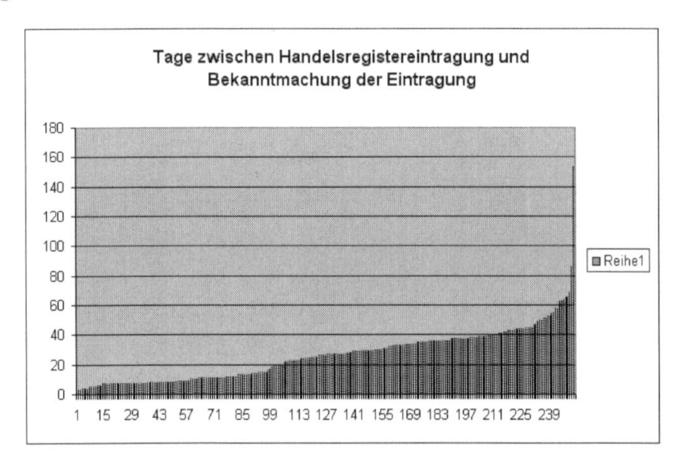

De lege ferenda ist es deshalb in der Tat geboten, die Verzinsung vorzuverlegen auf den Zeitpunkt der Handelsregistereintragung.[991]

[988] *Heidel/Lochner*, in: AnwKommAktG, § 327b Rn. 9; a.A. OLG Stuttgart, ZIP 2006, 27, 30; *Fleischer*, in: GroßKommAktG, § 327b Rn. 41.

[989] So *Lenz/Leinekugel*, Squeeze out, S. 54 f., die dies als Redaktionsversehen des Gesetzgebers bezeichnen.

[990] Bei einer Gesamtstichprobe von 252 Squeeze-out-Verfahren; vgl. wiederum die Auflistung in Anhang XI.

[991] Ebenso *Fleischer*, in: GroßKommAktG, § 327b Rn. 42; *Heidel/Lochner*, in: AnwKommAktG, § 327b Rn. 9.

8. Bestandsschutz des eingetragenen Beschlusses?

Dem eingetragenen Squeeze-out-Beschluss kommt kein Bestandsschutz zu mangels einer § 16 Abs. 3 S. 6 UmwG entsprechenden Regelung.[992] Ein fehlerhafter Beschluss wird nicht dadurch geheilt, dass er eingetragen wird. Obsiegt der Kläger in der Hauptsache, kann er im Wege des Schadensersatzes auch die Rückabwicklung seines Ausschlusses und also die Wiedereinräumung seiner mitgliedschaftlichen Stellung verlangen.[993] Hieraus folgt im Übrigen auch die Zumutbarkeit der Eintragungsmöglichkeit des Beschlusses trotz anhängiger Anfechtungsklage. Den nichtklagenden ausgeschiedenen Minderheitsaktionären steht ein Anspruch aus Eingriffskondiktion auf Wiederaufnahme in die Gesellschaft zu.[994]

9. Erlöschen der Börsenzulassung

Die Börsennotierung könnte mit Eintragung des Squeeze-out ipso jure wegfallen[995] oder aber die Zulassung von der Geschäftsführung der Börse gem. § 39 Abs. 1 BörsG mit Eintragung zu widerrufen sein.[996] Die Vertreter der ersten Ansicht berufen sich auf § 43 Abs. 2 Var. 5 LVwVfG. Die Zulassung eines Wertpapiers zum Börsenhandel sei auch von der Börsenfähigkeit des verbrieften Rechts abhängig (und ein Barabfindungsanspruch wohl nicht börsenfähig).[997] Richtigerweise kann aber allein die Eintragung des Beschlusses in das Handelsregister noch keinen Einstellungsgrund darstellen, weil die Wertpapiere ab Eintragung des

[992] *Krieger*, BB 2002, 53, 60; *Tielmann*, WM 2007, 1686, 1693.

[993] *Lieder/Stange*, Der Konzern 2008, 617, 625 ff.; OLG Düsseldorf, AG 2004, 207, 208 mit zust. Anm. *Sustmann*, EWiR 2004, 467, 468 und *Schautes*, DB 2004, 590, 592.

[994] *Lieder/Stange*, Der Konzern 2008, 617, 627.

[995] So *Schäfer/Eckhold*, in: Marsch-Barner/Schäfer, Hdb börsennotierte AG, § 63 Rn. 15; *Adolff/Tieves*, BB 2003, 797, 805; *Pluskat*, BKR 2007, 54, 55.

[996] So für § 43 BörsG a.F. *P. Baums*, Ausschluss, S. 166; *Grunewald*, ZIP 2004, 542, 542; *Heidel/Lochner*, in: AnwKommAktG, § 327e Rn. 15; *Harrer/Wilsing*, DZWIR 2002, 485, 492; *Posegga*, Squeeze-out, S. 49 f.; Nach *Engelhardt*, Convertible Bonds, S. 33 f. wird an der Frankfurter Wertpapierbörse mit wirksamer Übertragung aller Aktien auf den Hauptaktionär zunächst die Notierung eingestellt und sodann die Zulassung nach Anhörung des Emittenten von Amts wegen widerrufen, §§ 38 Abs. 3 bzw. 53 Abs. 2, 38 Abs. 3 BörsG a.F.; undeutlich *Krämer/Theiß*, AG 2003, 225, 225.

[997] *Schäfer/Eckhold*, in: Marsch-Barner/Schäfer, Hdb börsennotierte AG, § 63 Rn. 15.

Squeeze-out-Beschlusses den Abfindungsanspruch verbriefen und weiter wie Schuldverschreibungen auf Basis der bisherigen Zulassung gehandelt werden können.[998] Erst mit Erfüllung der Abfindungsansprüche der ausgeschlossenen Aktionäre liegen die Voraussetzungen eines von Amts wegen zu erlassenden Widerrufs der Zulassung wegen fehlender Gewährleistung eines dauerhaft ordnungsgemäßen Börsenhandels vor.[999] Ein Handel findet etwa auch dann wieder statt, wenn der Hauptaktionär nach dem Squeeze-out Aktien veräußert bzw. wenn durch Ausübung von Bezugsrechten wieder anderweitig Aktien im Streubesitz entstehen. Nach herrschender Auffassung kann dies etwa der Fall sein, wenn mehr als 5 % des Grundkapitals in Form von bedingtem Kapital vor dem Squeeze-out ausgegeben wurden und die Bezugsberechtigten einer Barabfindung nicht zugestimmt haben.[1000]

In der Praxis wird mit Eintragung des Beschlusses im Handelsregister vom Vorstand die Einstellung der Notierung der Aktien beantragt und ein Widerruf der Zulassung der Aktien zum Handel von Amts wegen angeregt.[1001]

10. Nachfolgende Umstrukturierungen?

Von Interesse ist insbesondere im Hinblick auf die durch Einführung des Squeeze-out beabsichtigte Erleichterung von Umstrukturierungen auch das weitere rechtliche Schicksal der Gesellschaften. Als isolierte Maßnahme ist ein Squeeze-out wohl häufig nicht sinnvoll, es werden sich vielmehr weitere Strukturmaßnahmen anschließen.[1002] Anhand der Handelsregisterbekanntmachungen ließ sich für einen Großteil der Gesamtstichprobe von 317 Squeeze-out-Verfahren zwischen 2002 und Ende 2007 ermitteln, welche eintragungsbedürftigen Umstrukturierungen dem Squeeze-out folgten.

Es zeigte sich zunächst, dass 39 der insgesamt 291 Gesellschaften, bei denen nachfolgende Entwicklungen beobachtet werden konnten, zwischenzeitlich aus dem Handelsregister gelöscht worden sind. Dies geschah regelmäßig durch Verschmelzung der Gesellschaft auf eine ande-

[998] *Heidelbach*, in: Schwark, Kapitalmarktrechtskommentar, § 38 BörsG Rn. 17.

[999] So *Heidelbach*, in: Schwark, Kapitalmarktrechtskommentar, § 38 BörsG Rn. 51.

[1000] Vgl. hierzu oben D II. 2. a) bb) (2).

[1001] Vgl. etwa ad-hoc-Mitteilung der BHW Holding AG vom 12.02.2008.

[1002] *Schüppen*, WPg 2001, 958, 976.

re.[1003] 141 der Gesellschaften existieren nach wie vor unter identischer Firma und weitere 23 Gesellschaften haben jedenfalls die Rechtsform nicht gewechselt. Zu einem Rechtsformwechsel kam es in 88 Fällen, gewählt wurde ganz überwiegend die GmbH (80 Fälle).

Tabelle 5: Rechtsform nach Squeeze-out[1004]

Jetzige Rechtsform der Squeeze-out-Gesellschaften	
AG	174
GmbH	80
GmbH & Co. KG	4
Stiftung & Co. Holding KG	1
OHG	1
AG & Co. OHG	1
Anstalt des öffentlichen Rechts	1
Erloschen	35

Vielfach wurden eine oder mehrere Gesellschaften auf die AG verschmolzen (66 Fälle), das Kapital verändert (25 Fälle), Unternehmensteile ausgegliedert, Unternehmensverträge geschlossen oder Satzungsänderungen verschiedener Art vorgenommen, und zwar insbesondere auch in den Gesellschaften, in denen die Rechtsform nicht geändert worden ist. Aber in beachtlichen 60 Gesellschaften konnten bislang überhaupt keine derartigen Maßnahmen festgestellt werden, obwohl der Beschluss überwiegend schon im Handelsregister eingetragen wurde (in 48 Fällen). Dies erklärt sich zumindest teilweise damit, dass die Eintragung noch nicht lange zurückliegt.

Das Squeeze-out-Verfahren ist also offensichtlich regelmäßig Bestandteil größerer Umstrukturierungsmaßnahmen, zu deren Erleichterung es letztlich auch eingeführt wurde.[1005]

[1003] Dass es in drei Fällen zuvor zu einer Verschmelzung einer anderen Gesellschaft auf die sodann weiter verschmolzene AG kam (so bei der YTONG Deutschland AG, der NB Beteiligungs AG sowie der Zürich Agrippina Lebensversicherung AG), lässt auf größere Umstrukturierungsmaßnahmen schließen.

[1004] Stand:16.06.2008.

[1005] Vgl. hierzu oben C V. 1.

IV. Anfechtungs- und Nichtigkeitsklage

Der Squeeze-out-Beschluss ist gem. § 241 Nr. 3 AktG nichtig, sofern der Hauptaktionär nicht über die gem. § 327a Abs. 1 S. 1 AktG erforderliche Beteiligungshöhe verfügt. Die Gegenansicht verkennt die grundlegende Bedeutung der Beteiligungshöhe für das Rechtsinstitut.[1006] Die Anfechtbarkeit des Beschlusses beurteilt sich nach allgemeinen Grundsätzen gem. § 243 AktG.[1007] Ausgeschlossen ist die Anfechtung, sofern sie auf die Unangemessenheit der Barabfindung oder auf die Verfolgung von Sondervorteilen gestützt wird, § 327f S. 1 AktG.

1. Häufigkeit

Squeeze-out-Beschlüsse gehören neben Entlastungsbeschlüssen für Vorstand und Aufsichtsrat und Kapitalmaßnahmen zu den am häufigsten angefochtenen bzw. mit einer Nichtigkeitsklage bedachten Hauptversammlungsbeschlüssen[1008] und das wohl nicht zuletzt deshalb, weil der Beschluss einer Eintragung in das Handelsregister bedarf und diese Eintragung durch die Anfechtungs- und Nichtigkeitsklage gesperrt wird, § 327e Abs. 2 i.V.m. § 319 Abs. 5 AktG. So wurden von den bis Ende 2007 insgesamt in 317 Gesellschaften getroffenen Squeeze-out-Beschlüssen 107 gem. § 243 ff. AktG angefochten, wie eine Auswertung insbesondere des elektronischen Bundesanzeigers ergab.[1009]

[1006] Vgl. hierzu bereits die Ausführungen unter D II. 2. a) dd) (2) (h) im Rahmen der Missbräuchlichkeitsdiskussion.

[1007] Statistische Angaben zu Anfechtungsgründen, auf die die Klagen gestützt wurden, bei *Rathausky*, AG-Report 2004, R24, R24.

[1008] Vgl. die empirischen Studien von *Baums/Keinath/Gajek*, ZIP 2007, 1629, 1639; *DAI*, Squeeze Out, S. 34; sowie *Jahn*, AG-Report 2007, R486.

[1009] Gem. § 246 Abs. 4 S. 1 AktG hat der Vorstand der AG die Erhebung einer Anfechtungsklage und den Termin zur mündlichen Verhandlung unverzüglich in den Gesellschaftsblättern zu veröffentlichen; vgl. die Einzelauflistung der AG in Anhang XII.

Tabelle 6: Anfechtungshäufigkeit; Quellen: elektronischer , Veröffentlichungen in juristischen Fachzeitschriften; Stand: 16.09.2008

Jahr	Squeeze-outs	Anfechtung	Anfechtungsquote
2002	130	22	17%
2003	57	23	40%
2004	34	18	53%
2005	35	25	71%
2006	32	22	69%
2007	29	18	62%
Gesamt	317	128	40%

Die Häufigkeit der Anfechtung von Squeeze-out-Beschlüssen hat zwischen 2002 und 2005 erheblich zugenommen.[1010] Seitdem bleibt sie auf relativ konstantem Niveau zwischen 60% und 70%. Wie bereits vom DAI beschrieben[1011], stellt sich die Lage bei börsennotierten Gesellschaften besonders dramatisch dar, wie folgende Tabelle deutlich werden lässt:

Tabelle 7: Anfechtungshäufigkeit bei börsennotierten AG; Quellen: elektronischer , Veröffentlichungen in juristischen Fachzeitschriften; Stand: 16.09.2008

Jahr	Squeeze-outs	Anfechtung	Anfechtungsquote
2002	82	16	20%
2003	39	21	54%
2004	24	17	71%
2005	25	24	96%
2006	21	19	90%
2007	16	14	88%
Gesamt	207	111	54%

Erwartet wurde eine derartige Entwicklung nahe zur „Totalanfechtung“ nicht unbedingt: Teilweise wurde sogar angesichts der BGH-Rechtsprechung, nach der die Verletzung des Auskunftsrechts und Berichtspflichten, soweit es um die Höhe der Barabfindung geht, im

[1010] Ähnlich bereits *DAI*, Squeeze Out, S. 32 mit teilweise abweichenden Zahlen.
[1011] Vgl. *DAI*, Squeeze Out, S. 33.

Spruchverfahren zu behandeln ist, die Prognose aufgestellt, dass es mangels Angriffsfläche beim Squeeze-out kaum zu Anfechtungsklagen kommen würde.[1012]

2. Verfahrensdauer

Anhand des Zeitraums, der zwischen Hauptversammlungsbeschluss und Eintragung des Beschlusses in das Handelsregister liegt, lässt sich die Verzögerungswirkung der eingelegten Anfechtungsklagen ermitteln.[1013] So liegt dieser Zeitraum bei nicht angefochtenen Squeeze-out-Beschlüssen, für die neben dem Zeitpunkt der Hauptversammlung auch die Eintragung im Handelsregister festgestellt werden konnte (168 der 317 Squeeze-outs), bei durchschnittlich 68 Tagen. Spitzenreiter ist die Soflution AG mit 762 Tagen und also über zwei Jahren.[1014] Der Median liegt bei 54 Tagen.

Bei den 92 angefochtenen Beschlüssen hingegen, bei denen es bereits zur Eintragung kam, vergingen im Schnitt 286 Tage, im Median 240 Tage bis zur Eintragung; die Verzögerung durch die Anfechtung und damit auch der Hebel zum Missbrauch tritt deutlich zur Tage. Hierbei ist zu beachten, dass der Großteil der Verfahren auch bereits bei laufendem Freigabeverfahren unter Aufstockung der Abfindung verglichen wird und damit ein vorzeitiges Ende findet. Würden die Verfahren ausgefochten, dürften die Zeiträume noch erheblich anwachsen.

Diese erheblichen Verzögerungen hat den Gesetzgeber zu einigen Maßnahmen veranlasst. Die amtliche Begründung des RegE zum UMAG[1015] enthielt einige Klarstellungen zum Freigabeverfahren.[1016] So sollten bei der Interessenabwägungsklausel die Begründetheit der Anfechtungsklage zu Gunsten des Anfechtungsklägers zu unterstellen sein. Sodann seien nicht nur die aus der Verzögerung durch die Anfechtungsklage resultierenden Nachteile für die Gesellschaft in die Interessenab-

---

[1012] So *Schüppen*, WPg 2001, 958, 975.

[1013] Vgl. allgemein zur Dauer der Squeeze-out-Verfahren bereits oben unter D I. 2.; Eine Auflistung der Gesamtstichprobe mit Angaben zum Zeitpunkt der Hauptversammlung und der Handelsregistereintragung sowie zur Anfechtungsklage findet sich in Anhang XI.

[1014] Die Soflution AG hat zudem bereits im Jahre 2002 einen Squeeze-out-Anlauf unternommen, vgl. Einladung zur Hauptversammlung, Bundesanzeiger vom 11.10.2002.

[1015] Gesetz zur Unternehmensintegrität und Modernisierung des Anfechtungsrecht, in Kraft getreten am 1.11.2005.

[1016] Vgl. BT-Drucks. 15/5092, S. 27 ff.

wägung einzubeziehen, sondern auch die Nachteile, die der Gesellschaft bei einem Erfolg der Anfechtungsklage entstehen. Hiervon erhoffte man sich nicht zuletzt eine Beschleunigung der Verfahren. Zudem wurde durch das Zweite Gesetz zur Änderung des Umwandlungsgesetzes vom 19.4.2007[1017] § 319 Abs. 6 AktG um die bereits seit dem UMAG in § 246a AktG bestehende Sollvorschrift ergänzt, nach der das Freigabeverfahren lediglich drei Monate dauern soll.

Es lässt sich zum jetzigen Zeitpunkt noch nicht absehen, ob die beklagten Gesellschaften infolge dieser gesetzgeberischen Maßnahmen auch beim Squeeze-out leichter und schneller die Eintragung angefochtener Hauptversammlungsbeschlüsse ins Handelsregister erwirken können. Die dreimonatige Sollvorschrift hat sich jedenfalls bei den Freigabeverfahren nach § 246a AktG positiv ausgewirkt.[1018]

3. Verfahrensbeendigung durch Vergleich

Bei den 128 insgesamt erhobenen Anfechtungsklagen ergab eine Auswertung der gem. § 248a S. 1, S. 2 i.V.m. § 149 Abs. 2 AktG im elektronischen Bundesanzeiger von börsennotierten AG zu veröffentlichenden, teilweise aber auch von anderen AG veröffentlichten Verfahrensbeendigungen, dass es in 65 Verfahren[1019] zu einer Beendigung durch Vergleich kam.[1020] Auch vor der Einführung dieser gesetzlichen Bekanntmachungsverpflichtung für börsennotierte AG kam es aufgrund entsprechender Vereinbarung in den Vergleichen bereits zur Veröffentlichung von solchen. Dass also über die Hälfte der Anfechtungsklagen durch Vergleich beendet wurden, entspricht im Wesentlichen den Ergebnissen einer Studie, die für den Zeitraum vom 1.11.2005 bis zum 31.5.2007 sämtliche Veröffentlichungen gem. § 248a AktG (68) untersuchte[1021] und ergab, dass sogar mehr als drei Viertel der Verfahren verglichen wurden.[1022] Beteiligt waren in aller Regel auch sog. Berufskläger.[1023] Attraktiv ist eine vergleichsweise Beendigung für die klagenden Minderheitsaktionäre auch deshalb, weil die Streitwertbegrenzung des § 247

[1017] BGBl. I, S. 542.

[1018] Vgl. *Baums/Keinath/Gajek*, ZIP 2007, 1629, 1649.

[1019] Im Fall der Gauss Interprise AG sowohl bei der Anfechtungsklage gegen den ursprünglichen Squeeze-out-Beschluss als auch bei der gegen den Bestätigungsbeschluss.

[1020] Vgl. die Auflistung in Anhang XIII.

[1021] Und also nicht auf Squeeze-out-Verfahren begrenzt war.

[1022] Vgl. *Theisen/Raßhofer*, Der Aufsichtsrat 2007, 107 ff., 109.

[1023] So auch *Baums/Drinhausen*, ZIP 2008, 145, 154.

Abs. 1 AktG nicht gilt.[1024] Angesichts der weiteren Beschleunigung der Freigabeverfahren sollen sich inzwischen Organe einer Pflichtverletzung nähern, sofern sie grundlos teure Vergleiche zu Lasten der Gesellschaft schließen, um sich des Problems zu entledigen.[1025]

Es bestätigt sich also auch im Hinblick speziell auf die Squeeze-out-Verfahren die allgemeine Entwicklung, dass aktienrechtliche Anfechtungsklagen im überwiegenden Maße durch Vergleich beendet werden.[1026] Die Vergleiche beinhalten in aller Regel eine Erhöhung der Barabfindung. Vielfach wird noch eine zusätzliche Erhöhung verabredet, sofern der einzelne Minderheitsaktionär schriftlich auf die Einleitung eines Spruchverfahrens bzw. auf die Beteiligung daran verzichtet[1027]; allerdings kam es nur in sechs dieser 22 Squeeze-outs anschließend nicht zur Einleitung eines Spruchverfahrens.

Räuberische Aktionäre versuchen also die Sondervorteile, die sie gegen Rücknahme der Anfechtungsklage erheischen, geschickter zu tarnen, um nicht zu offensichtlich einen Rechtsmissbrauch i.S.d. Kochs-Adler-Entscheidung des BGH[1028] zu begehen. Bei direkten Leistungen oder etwa dem Abschluss von Beraterverträgen tritt der Missbrauch offen zu Tage.[1029] Stattdessen werden eben Vergleiche geschlossen, in denen ein sehr hoher Streitwert und hohe Verfahrenskosten festgelegt werden.[1030] Der Vergleich wird mit der Gesellschaft direkt oder dem Mehrheitsaktionär geschlossen, letzteres, um Einwendungen aus den §§ 57, 62 AktG zu vermeiden. Aktionäre bestehen zum Teil auf einer Eingangsklausel, wonach der Vergleich auf Anraten des Gerichts geschlossen wurde.[1031]

4. Freigabeverfahren

Der Übertragungsbeschluss der Hauptversammlung wird wirksam mit der Eintragung in das Handelsregister, § 327e Abs. 3 Satz 1 AktG. Eingetragen werden kann aber nur, wenn der Vorstand erklärt, dass eine Anfechtungsklage gegen den Beschluss nicht oder nicht mehr anhängig

---

[1024] Vgl. *Baums/Drinhausen*, ZIP 2008, 145, 154; *Ehmann*, ZIP 2008, 584, 586.
[1025] So *Seibert*, NZG 2007, 841, 844; a.A. *Assmann*, AG 2008, 208, 211.
[1026] Vgl. *Theisen/Raßhofer*, Der Aufsichtsrat 2007, 107, 109.
[1027] Soweit ersichtlich vereinbart in 22 Vergleichen.
[1028] BGHZ 107, 296, 308 ff.
[1029] *Baums*, Gutachten, 63. DJT, F154.
[1030] *Baums*, Gutachten, 63. DJT, F179 f.
[1031] Vgl. *Büchel*, in: Liber amicorum Happ, 1, 1.

ist, § 327e Abs. 2 i.V.m. § 319 Abs. 5 AktG. Ist noch ein Anfechtungsverfahren anhängig und eine solche Erklärung damit nicht möglich, kann die betroffene Gesellschaft bei dem das Anfechtungsverfahren führenden Landgericht die Feststellung beantragen, dass das Anfechtungsverfahren einer Eintragung des Übertragungsbeschlusses nicht entgegensteht (Freigabeverfahren). Für eine Freigabe ist wiederum erforderlich, dass die Anfechtungsklagen unzulässig oder offensichtlich unbegründet sind oder eine Abwägung einen Vorrang des Interesses der Gesellschaft an der Eintragung des Übertragungsbeschlusses ergibt, § 327e Abs. 2 i.V.m. § 319 Abs. 4 Sätze 1 und 2 AktG. Falls bei erfolgter Freigabe in der Hauptsache die Anfechtungsklage doch erfolgreich sein sollte, ist die Gesellschaft den ausgeschlossenen Minderheitsaktionären zu Schadensersatz verpflichtet, § 319 Abs. 6 Satz 6 AktG. Mit dem Referentenentwurf eines Gesetzes zur Umsetzung der Aktionärsrechterichtlinie (ARUG) soll nunmehr das Freigabeverfahren weiter modifiziert werden, insbesondere durch die Einführung eines Bagatellquorums, nach dem ein Freigabebeschluss bereits dann ergehen soll, wenn die Anteile des Klägers seit Bekanntmachung der Einberufung einen anteiligen Betrag von 100 € unterschritten haben.[1032] Die Eintragung soll weiter freigegeben werden, wenn das alsbaldige Wirksamwerden des Hauptversammlungsbeschlusses vorrangig erscheint, weil die vom Antragsteller dargelegten wesentlichen Nachteile für die Gesellschaft und ihre Aktionäre nach freier Überzeugung des Gerichts die Nachteile für den Antragsgegner überwiegen und der Eintragung nicht die Schwere der mit der Klage geltend gemachten Rechtsverletzung entgegensteht. Damit präzisiert der Referentenentwurf die Interessenabwägungsklausel mit den schon in der amtlichen Begründung zum UMAG genannten Kriterien.[1033] So ist damit klargestellt, dass zum Aufschubinteresse der Anfechtungskläger allein die Interessen der Kläger, nicht auch die Interessen aller durch die Rechtsverletzung betroffenen Aktionäre zu berücksichtigen sind.

Ein Freigabeantrag im Rahmen einer Anfechtungsklage gegen einen Bestätigungsbeschluss des Squeeze-out-Beschlusses ist nicht deswegen unzulässig, weil bereits erfolglos ein Freigabeantrag im Anfechtungsverfahren gegen den ursprünglichen Beschluss gestellt wurde.[1034] Zwar wird nur der Ausgangsbeschluss und nicht der Bestätigungsbeschluss im

---

[1032] Kritisch *Paschos/Goslar*, AG 2008, 605, 615 f.; *Sauter*, ZIP 2008, 1706, 1712 f.; *Waclawik*, ZIP 2008, 1141, 1143.

[1033] Vgl. Begr. RegE (UMAG), BR-Drucks. 3/05, S. 60 f.

[1034] OLG Frankfurt, AG 2008, 167, 168 mit zust. Anm. *Goslar/Linden*, EWiR 2007, 767, 768.

Handelsregister eingetragen, so dass im Freigabeverfahren ausschließlich zu klären ist, ob der Eintragung des Ausgangsbeschlusses die Anfechtungsklagen entgegenstehen. Dennoch kann aufgrund der durch die Bestätigung veränderten Sachlage erneut ein Freigabeverfahren eingeleitet werden.[1035]

V. Spruchverfahren

Gem. § 327f AktG kann in einem Spruchverfahren die Unangemessenheit der Barabfindung gerügt werden. Hierdurch sollen in Verbindung mit dem Anfechtungsrecht die berechtigten Interessen der ausscheidenden Minderheitsaktionäre gewahrt werden.[1036] Die Einzelheiten sind im Spruchverfahrensgesetz geregelt. Passivlegitimiert ist allein der Hauptaktionär, § 5 Nr. 3 SpruchG.[1037] Antragsberechtigt sind die ausgeschiedenen Minderheitsaktionäre[1038] sowie nach richtiger Auffassung auch Bezugsberechtigte.[1039] Der Antrag ist gem. § 4 Abs. 2 S. 2 Nr. 4 SpruchG zu begründen mit konkreten Einwendungen gegen die Angemessenheit der Kompensation oder den ermittelten Unternehmenswert.[1040] Das Spruchgericht hat sodann die angemessene Abfindung zu bestimmen[1041] und kann die Entscheidung auch ohne die Beauftragung eines gerichtlichen Sachverständigen allein auf der Grundlage der vorliegenden Bewertungs- und Prüfberichte treffen.[1042] Würde eine solche Möglichkeit der gerichtlichen Prüfung der Angemessenheit der Barabfindung nicht existieren, so stünde eine erhebliche Ex-post-Umverteilung von der Minderheit hin zum Großaktionär zu befürchten.[1043] Die Höhe der Barabfindung richtet sich gem. § 327b Abs. 1 S.

[1035] OLG Frankfurt, AG 2008, 167, 168; *Riegger/Schockenhoff*, ZIP 1997, 2105, 2110; *Fassbender*, AG 2006, 872, 881.

[1036] Begr. RegE, BT-Drucks. 14/7034, S. 73.

[1037] OLG Saarbrücken, Der Konzern 2004, 34; *Fleischer*, in: GroßKommAktG, § 327f Rn. 34; *Hüffer*, AktG, § 327f Rn. 4; a.A. vor Inkrafttreten des SpruchG *Steinmeyer/Häger*, WpÜG, § 327f Rn. 14.

[1038] § 3 S. 1 Nr. 2 SpruchG.

[1039] Vgl. zum Streitstand oben unter E III. 1 a. a.E.

[1040] Hierzu *Wittgens*, NZG 2007, 853 ff.

[1041] Vgl. hierzu den Vergleich zwischen ursprünglich vom Hauptaktionär angebotener Abfindung mit der letztendlich ausgezahlten Abfindung oben unter D II. 2. b) ee) (4) (d).

[1042] OLG Stuttgart, AG 2007, 128, 129; OLG München, AG 2008, 37, 38; *Wittgens*, NZG 2007, 853, 853; weitergehend *Land/Hennings*, AG 2005, 380, 382 f.

[1043] Für den Abschluss eines Beherrschungs- und Gewinnabführungsvertrages *Hecker*, Regulierung, Teil I, S. 272.

1 HS 2 AktG nach den Verhältnissen der Gesellschaft im Zeitpunkt der Beschlussfassung der Hauptversammlung. Gewährt werden soll nach Vorstellung des Gesetzgebers im Hinblick auf den Eigentumsschutz der Minderheitsaktionäre und im Hinblick darauf, dass der Hauptaktionär den Nutzen aus dem Ausschluss zieht, eine volle wirtschaftliche Kompensation.[1044] Verwiesen wird in der Regierungsbegründung auf das DAT/Altana-Urteil des BVerfG[1045], wonach die Abfindung nicht unter dem Verkehrswert der Aktien liegen darf. Es kommt nicht zu einem Kapitalabzug bei der Kooperation, da nicht die Gesellschaft, sondern ihr Hauptaktionär die Abfindung zahlt, so dass im Hinblick auf die Kapitalerhaltung keine Probleme entstehen können.[1046]

Kritisiert wird am Spruchverfahren, dass bei der gerichtlichen Überprüfung regelmäßig Wirtschaftsprüfer eingeschaltet würden, die aufgrund ihrer wirtschaftlichen Verflechtungen Leistungen an Minderheitsaktionäre eher zu niedrig ansetzten.[1047] Weiter beeinträchtige die überlange Verfahrensdauer den Rechtsschutz der Minderheitsaktionäre,[1048] ein Dauer-Monitum der juristischen Literatur.[1049] Im Übrigen sei die Verzinsung zu niedrig und bei lange andauernden Verfahren würden möglicherweise nicht mehr alle Abfindungsergänzungsansprüche geltend gemacht,[1050] so dass der Hauptaktionär Anreiz zur Verzögerung des Verfahrens habe. Im Falle der zwischenzeitlichen Insolvenz des Hauptaktionärs gingen die Aktionäre bezüglich der Nachbesserungsansprüche leer aus, da diese insbesondere nicht von der Gewährleistung nach § 327b Abs. 3 AktG abgedeckt sei und seien müsste. Schließlich sei die Beteiligung ortsansässiger Geschäftsleute als ehrenamtliche Handelsrichter in der zuständige Kammer für Handelssachen problematisch.[1051]

Zur Verbesserung des Rechtsschutzes der Anteilsinhaber hat der Gesetzgeber das Spruchverfahrensrecht im SpruchG vom 12.06.2003[1052]

[1044] Begr. RegE, BT-Drucks. 14/7034, S. 72.

[1045] BVerfGE 100, 289, 304 f.

[1046] Vgl. aber *Grunewald*, Der Ausschluß, S. 2.

[1047] *Wenger/Kaserer/Hecker*, ZBB 2001, 317, 327; vgl. hierzu bereits oben unter D II. 2. e) dd).

[1048] *Wenger/Kaserer/Hecker*, ZBB 2001, 317, 328; *Meilicke/Heidel*, BB 2003, 1805, 1805 f. sehen in diesem Umstand bei der Verschmelzung einen Verstoß gegen die Europäische Menschenrechtskonvention.

[1049] So MüKoAktG/*Volhard*, SpruchG Vor § 1 Rn. 2 m.N.

[1050] *Meilicke/Heidel*, DB 2003, 2267, 2268 f.

[1051] *Wenger/Kaserer/Hecker*, ZBB 2001, 317, 329.

[1052] BGBl. I S. 838.; dazu *Lamb/Schluck-Amend*, DB 2003, 1259 ff.

zusammengefasst und neu geordnet; die Verfahren sollten gestrafft und beschleunigt werden, ausdrücklich auch aufgrund des Bedeutungszuwachses des Verfahrens im Hinblick auf die Squeeze-out-Verfahren.[1053] Ob dies gelungen ist, lässt sich empirisch überprüfen.

1. Häufigkeit der Verfahren

Zunächst ist festzustellen, dass sich frühere Prognosen bezüglich einer einsetzenden Welle von Spruchverfahren[1054] bewahrheitet haben.[1055] Anhand der Veröffentlichungen der Landgerichte gem. § 6 Abs. 1 S. 4 SpruchG, wonach sie die Bestellung des gemeinsamen Vertreters der außenstehenden Aktionäre im elektronischen Bundesanzeiger zu veröffentlichen haben, konnte ermittelt werden, in welchen Fällen ein Spruchverfahren eingeleitet wurde.[1056]

Nach Auswertung des schriftlichen Bundesanzeigers für das Jahr 2002 bzw. des elektronischen ab 2003 kam es bislang in 214 der insgesamt 317 in den Jahren 2002 bis Ende 2007 durchgeführten Zwangsausschlüssen zur Einleitung eines Spruchverfahrens, also in insgesamt 68 % der Squeeze-out-Verfahren.[1057] In 24 Fällen ist noch eine Anfechtungsklage anhängig, so dass hier die Einleitung noch möglich sein wird.[1058]

[1053] BegrRegE, BT-Drucks. 15/371, S. 1, 11; kritisch *Meilicke/Heidel*, DB 2003, 2267 ff.

[1054] Vgl. *Schiessl*, ZGR 2003, 814, 837; *Wenger/Kaserer/Hecker*, ZBB 2001, 317, 330.

[1055] Vgl. hierzu bereits *Bayer/Stange*, AG-Report 2008, R303 f.; es konnte ein Squeeze-out-Verfahren ergänzt werden, es handelt sich um den Squeeze-out bei der Der Grüne Punkt – Duales System Deutschland AG vom 30.8.2005.

[1056] Näher zur Methodik *Bayer/Stange*, AG-Report 2008, R303 f.; vgl. auch die vom Zuschnitt vergleichbare empirische Erhebung für die Zeit bis zum 31.7.2003 von *Rathausky*, AG-Report 2004, R24 ff., der für diesen Zeitraum eine etwas geringere Einleitungshäufigkeit von Spruchverfahren feststellt.

[1057] Vgl. die Einzelauflistung der Squeeze-out-Gesellschaften in Anhang XII.

[1058] Stand: 16.9.2008.

Tabelle 8: Zahl und Quote eingeleiteter Spruchverfahren bei allen Aktiengesellschaften (* Weil der Squeeze-out-Beschluss – soweit ersichtlich – noch nicht im eingetragen ist)

Jahr	Squeeze-outs	Spruchverfahren	Spruchverfahren u.U. noch möglich*	Einleitungs-quote
2002	130	106	1	82%
2003	57	43	1	75%
2004	34	25	1	74%
2005	35	20	2	57%
2006	32	14	8	44%
2007	29	6	19	21%
Gesamt	317	214	32	68%

Beschränkt auf börsennotierte und im Freiverkehr gehandelte Aktiengesellschaften ergibt sich folgendes Bild:

Tabelle 9: Zahl und Quote eingeleiteter bei börsennotierten Aktiengesellschaften inklusive Freiverkehr (* Weil der Squeeze-out-Beschluss – soweit ersichtlich – noch nicht im eingetragen ist)

Jahr	Squeeze-outs	Spruchverfahren	Spruchverfahren u.U. noch möglich*	Einleitungsquote
2002	82	80	-	98%
2003	39	33	-	85%
2004	24	22	-	92%
2005	25	19	2	76%
2006	21	12	5	57%
2007	16	3	13	19%
Gesamt	207	169	20	82%

Die im zeitlichen Verlauf seit Einführung des Squeeze-out-Verfahrens abnehmende Einleitungshäufigkeit erklärt sich wohl allein damit, dass die Verfahren dieses Stadium noch nicht erreicht haben, oder aber eine Veröffentlichung unterblieben ist. Die sehr hohe Einleitungshäufigkeit zeigt deutlich, dass die Praxis die Abfindungshöhe letztendlich von den Spruchgerichten festsetzen lässt. Insbesondere war die mit Einführung einer Überprüfung der Abfindungshöhe durch einen gerichtlich bestellten und damit formal unabhängigen sachverständigen Prüfer erhoffte höhere Akzeptanz der ursprünglich festgesetzten Abfindungshöhe unbegründet.[1059]

2. Dauer der Verfahren

Wie bereits erwähnt ist seit jeher die Dauer von Spruchverfahren problematisch. *Hecker* kommt in einer Untersuchung von 71 Spruchverfahren im Nachgang von Unternehmensverträgen auf eine durchschnittliche Dauer zwischen Hauptversammlungsbeschluss und Verfahrensbeendigung von 4,9 Jahren.[1060] Unter Ausklammerung derjenigen Verfahren, die vorzeitig beendet wurden, da sie nichts darüber besagen, wann

[1059] Vgl. BT-Drucks. 14/7477, S. 54; hierzu bereits *Bayer/Stange*, AG-Report 2008, R303, R304.

[1060] *Hecker*, Regulierung, Teil I, S. 307 ff.

Rechtsschutz zu erhalten ist, steigt die Zeitspanne auf 5,46 Jahre an. In sechs Fällen kam es erst nach über zehn Jahren zur Feststellung der endgültigen Abfindung.[1061]

Bei Begrenzung der Stichprobe auf 59 Unternehmensverträge börsennotierter Gesellschaften erhöht sich die durchschnittliche Verfahrensdauer unter der Annahme, die nicht abgeschlossenen Verfahren würden sofort beendet, auf durchschnittlich 8,42 Jahre bzw. ohne vorzeitig beendigte Verfahren auf 9,33 Jahre.[1062]

Von den 214 eingeleiteten Spruchverfahren bei den hier untersuchten 317 Squeeze-outs endeten bislang – soweit ersichtlich – 76 Verfahren. Im Schnitt dauerten die Verfahren 31,4 Monate, der Median liegt bei 30 Monaten. Lässt man wieder die 56 vergleichsweisen Beendigungen außen vor, so ergibt sich für die 20 gerichtlich rechtskräftig entschiedenen Verfahren eine durchschnittliche Dauer von 37,9 Monaten und ein Median von 39 Monaten. Man könnte meinen, dass eine Beschleunigung der Verfahren auf ca. drei Jahre tatsächlich erreicht wurde, die nicht nur der hohen Vergleichsrate geschuldet ist. Freilich sind die 138 noch laufenden Verfahren zu bedenken. Allein 59 laufende Spruchverfahren behandeln Squeeze-outs aus dem Jahre 2002; 27 Verfahren aus dem Jahre 2003.[1063] Es ist damit wohl zu konstatieren, dass eine wirkliche Beschleunigung der Spruchverfahren bislang nicht eingetreten ist. Vereinzelt wurde das genaue Datum des Vergleichsschlusses bzw. der Beurkundung durch das Gericht nicht mit veröffentlicht; es wurde sodann der erste des Monats der Veröffentlichung des Vergleichs im Bundesanzeiger als Zeitpunkt der Verfahrensbeendigung unterstellt, so dass die Verfahren eher länger gewesen seien dürften.

Wichtigster Grund für die lange Verfahrensdauer ist nach Ansicht mancher die günstige Verzinsung. Die Pflicht zur Verzinsung der Nachzahlung mit 2 % über dem Basiszins ohne Zinseszinsen sei billiger als jede andere Finanzierung. Zudem würden die Zinsen zinslos gestundet und nicht jährlich ausgezahlt.[1064]

[1061] *Hecker*, Regulierung, Teil I, S. 308.

[1062] Vgl. die aktualisierten Daten bei *Wenger/Kaserer/Hecker*, ZBB 2001, 317, 328, ebenfalls mit Einzelauflistung der Unternehmensverträge.

[1063] Stand: 16.9.2008.

[1064] *Meilicke/Heidel*, DB 2003, 2267, 2268.

3. Arten der Verfahrensbeendigung

Bei Beendigung des Spruchverfahrens durch Prozessvergleich besteht nach dem SpruchG keine Pflicht zur Veröffentlichung des Vergleichs entsprechend der Pflicht bei der Anfechtungsklage (§ 248a AktG). Tatsächlich werden sie doch zumeist veröffentlicht, sei es, weil es so im Vergleich vereinbart wird, sei es, weil der gemeinsame Vertreter darauf hinwirkt.[1065] Eine Pflicht zur Bekanntmachung soll des Weiteren auch aus § 15 WpHG folgen.[1066] Eine diesbezügliche Auswertung des elektronischen Bundesanzeiger ergab für die insgesamt bei 214 Squeeze-outs eingeleiteten Spruchverfahren, dass 57 dieser Verfahren durch Vergleich beendet wurden, 12 Anträge rechtskräftig abgewiesen worden sind und in sieben Verfahren eine höhere Abfindung vom Spruchgericht festgesetzt worden ist.[1067] Mit 138 Verfahren läuft ein Großteil der Verfahren – soweit ersichtlich – folglich noch. Verglichen wurde zumeist in erster Instanz, teilweise auch in zweiter, vereinzelt auch nach Zurückverweisung an das Landgericht. Es deutet sich also auch bei den Squeeze-outs an, dass schlussendlich in der überwiegenden Zahl der Fälle das Verfahren durch Vergleich beendet wird. Eine rechtsinstitutübergreifende Untersuchung aller bis Anfang 2006 beendeten Spruchverfahren kam zu dem Ergebnis, dass 133 von insgesamt 282 Verfahren (48%) vergleichsweise beendet wurden.[1068]

[1065] Vgl. *Riegger/Rieg*, ZIP 2007, 1148, 1149.

[1066] *Riegger/Rieg*, ZIP 2007, 1148, 1149.

[1067] Eine Auflistung der Gesellschaften, in denen es zur Einleitung eines Spruchverfahrens kam, findet sich in Anhang XII.

[1068] Vgl. *Freitag*, in: FS Richter II, S. 139, 160 ff. und Anhang.

E. Der übernahmerechtliche Squeeze-out

I. Überblick

Gem. den §§ 39a f. WpÜG steht einem Bieter, der nach Abgabe eines Übernahme- bzw. Pflichtangebots (§§ 29, 35 WpÜG) über 95 % der Stimmrechte an der Zielgesellschaft verfügt, das Recht zum Ausschluss der übrigen Aktionäre aus der Gesellschaft zu. Diese am 14.7.2006 in Kraft getretene Regelung diente ebenso wie die Einführung eines Andienungsrechts der Minderheitsaktionäre (Sell-out) der Umsetzung der Übernahmerichtlinie.[1] Im Folgenden soll nun zu einigen sich mittlerweile herauskristallisierenden Streitfragen dieser Ausschlussmöglichkeit Stellung genommen werden.

II. Vereinbarkeit mit höherrangigem Recht und praktisches Bedürfnis

1. Erforderlichkeit eines übernahmerechtlichen Squeeze-out

Teilweise wurde im Vorfeld der Gesetzgebung ein großes Bedürfnis der Praxis an einem übernahmerechtlichen Squeeze-out neben dem aktienrechtlichen angenommen.[2] Verwiesen wurde auf die Langwidrigkeit des aktienrechtlichen Verfahrens, die aus der Notwendigkeit der Unternehmensbewertung und der Anfechtbarkeit des erforderlichen Hauptversammlungsbeschlusses folge. Statt das aktienrechtliche Verfahren ent-

[1] Vgl. zur Normentwicklung oben unter C III.

[2] *Rühland*, NZG 2006, 401, 402; ähnlich auch *Jakobi*, Squeeze-out, S. 241.

sprechend zu modifizieren wurde ein übernahmerechtlicher Squeeze-out mit anders gestaltetem Verfahren befürwortet. Mit den §§ 39a f. WpÜG liegt nunmehr ein solches Verfahren vor. Nach der Regierungsbegründung sei der übernahmerechtliche Squeeze-out attraktiv für Bieter, weil er einen zügigen und kostengünstigen Ausschluss verbleibender Aktionäre ermögliche und langwiedrige Gerichtsverfahren vermeide.[3] Soweit ersichtlich kam es bislang allerdings lediglich zur Einleitung zweier Verfahren.[4] Dem Antrag der Schuler AG auf Übertragung der außenstehenden Aktien der Müller Weingarten AG hat das LG Frankfurt a.M. stattgegeben[5]; der Antrag der Norddeutschen Landesbank – Girozentrale – bezüglich der Aktien der Deutsche Hypothekenbank (Actien-Gesellschaft) abgewiesen.[6] Die dem übernahmerechtlichen Zwangsausschluss prognostizierte hohe praktische Relevanz[7] konnte sich demnach noch nicht realisieren. Dies liegt wohl nicht zuletzt daran, dass er noch mit vielen rechtlichen Unsicherheiten behaftet sei, so dass sich Hauptaktionäre eher für das inzwischen in Praxis und Rechtsprechung bewährte aktienrechtliche Squeeze-out-Verfahren entscheiden.[8]

Eine einheitliche Gestaltung des Zwangsausschlusses wäre natürlich wünschenswert.[9] Die Inkongruenzen zwischen übernahme- und aktienrechtlichem Squeeze-out sprachen aber für die Schaffung einer selbstständigen übernahmerechtlichen Regelung. Schon jetzt zeichnen sich eine Reihe von Problemfeldern ab, die sich bei der Anwendung dieses Instituts ergeben.

2. Verfassungsmäßigkeit

Ebenso wie beim zwangsweisen Verlust der mitgliedschaftlichen Stellung gem. den §§ 327a ff. AktG liegt auch im übernahmerechtlichen Zwangsausschluss kein Verstoß gegen Art. 14 Abs. 1 GG.[10] Der Gesetz-

[3] Begr. RegE, BT-Drucks. 16/1003, S. 14.

[4] Stand: 19.9.2008.

[5] Vgl. Bekanntmachung des LG Frankfurt a.M. gem. § 39b Abs. 4 S. 2 WpÜG im elektronischen Bundesanzeiger vom 13.8.2007 (Müller Weingarten AG), hierzu *Kießling*, Status:Recht 2007, 295.

[6] LG Frankfurt a.M., BB 2008, 2035 ff. mit abl. Anm. *Wilsing/Ogorek*; ablehnend auch *Falkner*, ZIP 3008, 1775 ff.; vgl. hierzu auch *Jahn*, AG-Report 2008, R379. Die Berufung ist anhängig beim OLG Frankfurt a.M. unter dem Az. 20 WpÜG 2/08.

[7] So *Mülbert*, NZG 2004, 633, 634.

[8] *Wilsing/Siebmann*, DB 2006, 2506, 2509.

[9] *Merkt/Binder*, BB 2006, 1285, 1289.

[10] *Jakobi*, Squeeze-out, S. 209 ff., S. 213.

geber kann in verfassungsmäßig nicht zu beanstandender Weise das Bestandsinteresse der Aktionäre dem allgemeinen Interesse an einer freien unternehmerischen Entfaltung unterordnen. Der Grundsatz der Verhältnismäßigkeit gebietet aber die volle wirtschaftliche Entschädigung und deren verfahrensmäßige Absicherung. Beim übernahmerechtlichen Squeeze-out ist die Befassung eines Gerichts Teil des gesetzlich vorgesehen Standardverfahrens (vgl. § 39a Abs. 1 WpÜG), in dessen Rahmen den Minderheitsaktionären wirksame Rechtsbehelfe gegen einen möglichen Missbrauch wirtschaftlicher Macht zur Verfügung stehen. Gem. § 39b Abs. 3 S. 3, S. 5 WpÜG ist gegen die Entscheidung des LG die sofortige Beschwerde beim OLG Frankfurt am Main gegeben. Die weitere Beschwerde ist aber ausgeschlossen, § 39b Abs. 3 S. 6 WpÜG.

Neben dem Verzicht auf die Befassung der Hauptversammlung liegt eine weitere systematische Abweichung des übernahmerechtlichen Konzepts in der gesetzlichen Vermutung des § 39a Abs. 3 S. 3 WpÜG. Danach ist das vorausgehende Angebot als angemessene Abfindung anzusehen, sofern der Bieter aufgrund des Angebots mindestens 90% des vom Angebot betroffenen Grundkapitals erworben hat. Diese Vermutung soll nach dem Willen des Gesetzgebers unwiderleglich sein.[11] Richtigerweise ist aber im Wege einer verfassungskonformen Auslegung von ihrer Widerleglichkeit auszugehen[12], infolgedessen die volle wirtschaftliche Entschädigung auch verfahrensmäßig in verfassungsrechtlich gebotener Weise ausgestaltet ist und also der übernahmerechtliche Squeeze-out nicht gegen Art. 14 Abs. 1 GG verstößt.

3. Verhältnis zum aktienrechtlichen Squeeze-out

Es bestand europarechtlich keine Veranlassung, den übernahmerechtlichen Squeeze-out vom aktienrechtlichen zu separieren. Zu Recht wird darauf hingewiesen, dass mit einer Anpassung der §§ 327a ff. AtkG den Vorgaben der Übernahmerichtlinie entsprochen und damit ganz und gar auf die Neuregelung hätte verzichtet werden können.[13] Das Nebeneinander der beiden Ausschlusstechniken ist aber jedenfalls zulässig, da nach der Übernahmerichtlinie auf den Squeeze-out weiterhin die nationalen Vorschriften angewendet werden können, sofern kein Zu-

[11] Begr. RegE, BT-Drucks. 16/1003, S. 22.

[12] Hierzu sogleich ausführlich unter E III. 3. b) cc).

[13] So *Heidel/Lochner*, in: AnwKommAktG, § 39a Rn. 6; a.A. *Ott*, WM 2008, 384, 384 f.; *Seibt/Heiser*, AG 2006, 301, 317; *dies.*, ZGR 2005, 200, 240; *dies.*, ZIP 2002, 2193, 2202.

sammenhang mit Übernahme- und Pflichtangeboten besteht.[14] Im Interesse eines geordneten Verfahrens ist nur ein paralleles Betreiben der Squeeze-out-Verfahren ausgeschlossen. § 39a Abs. 6 WpÜG ordnet dies ausdrücklich für den Fall an, dass ein übernahmerechlicher Squeeze-out initiiert ist; entsprechendes muss bei einem laufenden aktienrechtlichen Squeeze-out-Verfahren gelten.[15] Ein Antrag gem. § 39a Abs. 1 WpÜG beendet ein zu diesem Zeitpunkt laufendes aktienrechtliches Squeeze-out-Verfahren.[16]

III. Einzelheiten

1. Anwendungsbereich

Einem Bieter[17] ist nach einem Übernahme- oder Pflichtangebot der Zwangsausschluss der verbleibenden Aktionäre möglich, sofern ihm nach dem Angebot Aktien in Höhe von zumindest 95% des stimmberechtigten Grundkapitals der Zielgesellschaft gehören, § 39 Abs. 1 S. 1 WpÜG. Handeln mehrere gemeinsam oder sind mehrere zu einem Angebot verpflichtet, ist nur der förmlich als Bieter auftretende zum Squeeze-out berechtigt.[18] Verfügt er zugleich über eine Beteiligung von 95% des gesamten Grundkapitals, kann er auch die Vorzugsaktionäre ausschließen, § 39 Abs. 1 S. 2 WpÜG. Der übernahmerechtliche Squeeze-out ist also im Gegensatz zum aktienrechtlichen Squeeze-out nur gangbar, wenn zuvor ein Übernahme- oder Pflichtangebot gemacht worden ist. Ein einfaches Erwerbsangebot (sog. Aufstockungsangebot) reicht nicht aus.[19] Auch muss das zugrundeliegende Übernahme- oder Pflichtangebot nach Inkrafttreten des Übernahmerichtlinie-Umsetzungsgesetzes veröffentlicht worden sein.[20] Dies folgt aus § 68 Abs. 1 WpÜG. Be-

---

[14] Erwägungsgrund 24, S. 4, abgedruckt bei *Heidel/Lochner*, in: AnwKommAktG, § 39a Rn. 1; vgl. auch *Handelsrechtsausschuss des DAV*, NZG 2006, 177, 179; Begr. RegE, BT-Drucks. 16/1003, S. 14.

[15] Begr. RegE, BT-Drucks. 16/1003, S. 22; *Arnold*, AG-Report 2006, R224, R224; *v. Kann/Just*, DStR 2006, 328, 331; *Jakobi*, Squeeze-out, S. 214.

[16] *Handelsrechtsausschuss des DAV*, NZG 2006, 177, 181; *Ott*, WM 2008, 384, 385; *Paefgen*, in: FS Westermann, 1221, 1227; *Seibt/Heiser*, AG 2006, 301, 317.

[17] Bieter sind nach § 2 Abs. 4 WpÜG natürliche oder juristische Personen oder Personengesellschaften, die alleine oder gemeinsam mit anderen Personenen ein Angebot abgegeben haben.

[18] *Heidel/Lochner*, Der Konzern 2006, 653, 654; *Ott*, WM 2008, 384, 385 f.

[19] Dazu sogleich unter III. 2. b).

[20] *Heidel/Lochner*, AnwKommAktG, § 39a Rn. 10; a.A. *Seibt/Heiser*, AG 2006, 301, 320.

schränkt ist der Anwendungsbereich zudem auf solche Gesellschaften, die Wertpapiere ausgegeben haben, welche zum Handel am organisierten Markt zugelassen sind, § 1 Abs. 1 WpÜG.

2. Voraussetzungen

a) Erforderlicher Kapitalanteil

Der Bieter muss also zum Ausschluss der übrigen stimmberechtigten Aktionäre zunächst über eine zum Squeeze-out berechtigende Mehrheit (95% des stimmberechtigten Grundkapitals) an der Zielgesellschaft verfügen, grundsätzlich also Eigentümer sein.[21] Ebenso wie beim aktienrechtlichen Squeeze-out ist auch hier eine Zurechung gem. § 16 Abs. 2 und 4 AktG möglich, § 39a Abs. 2 WpÜG. Keineswegs muss die gesamte 95%-Mehrheit mit dem öffentlichen Angebot erworben worden sein.[22] Nach der Regierungsbegründung sollen außerhalb des öffentlichen Angebots getätigte Paketerwerbe nur dann einzubeziehen sein, wenn sie in engem zeitlichen Zusammenhang mit dem Angebot standen.[23] Dies würde sinnwidrig erforderlich machen, dass der Bieter vor der Übernahme über praktisch keine Beteiligung an der Gesellschaft verfügte. Nach § 39a Abs. 1 S. 2 WpÜG können Vorzugsaktionäre nur ausgeschlossen werden, wenn der Bieter zugleich über 95% des Grundkapitals insgesamt verfügt. Fraglich ist die Sinnhaftigkeit dieser Regelung.

Schon frühzeitig wurde davon abgeraten, eine Berechnung der Schwelle getrennt nach Aktiengattungen vorzunehmen, weil es dem Sinn des Squeeze-outs und des Austrittsrechts nicht entspreche.[24] Einzelne Aktionäre könnten Blockadepositionen in derjenigen Gattung aufbauen, in der das Volumen geringer ist.[25] Die Hochrangige Expertengruppe um *Winter* hat eine Trennung dennoch für sinnvoll erachtet[26] und die Regelung fand Einzug in die Übernahmerichtlinie.[27]

---

[21] Vgl. zum identischen Tatbestandsmerkmal des „Gehörens" beim aktienrechtlichen Squeeze-out oben unter D II. 2. a) cc).

[22] *Paefgen*, in: FS Westermann, 1221, 1247 f.; *Seibt/Heiser*, AG 2006, 301, 318; *Heidel/Lochner*, Der Konzern 2006, 653, 654.

[23] Begr. RegE, BT-Drucks. 16/1003, S. 21.

[24] *Group of German Experts*, ZIP 2002, 1310, 1323; *Krause*, BB 2002, 2341, 2345.

[25] *Krause*, BB 2002, 2341, 2345.

[26] Winter-Bericht, S. 75 f.

[27] Art. 15 Abs. 2 S. 2 lit. a S. 3 der Richtlinie 2004/25/EG des Europäischen Parlaments und des Rates vom 21.4.2004 betreffend Übernahmeangebote, ABl. EU L 142, 12.

Die nunmehr Gesetz gewordene Gestaltung, dass eine 95%ige Beteiligung am stimmberechtigten Grundkapital zum Squeeze-out der übrigen stimmberechtigten Aktionäre befähigen soll, nach § 39a Abs. 1 S. 2 WpÜG ein Ausschluss auch der Vorzugsaktionäre allerdings nur bei einer zusätzlichen 95%igen Beteiligung am Grundkapital insgesamt möglich sein soll, wirft einige Fragen auf. Konsequenz dieser Gestaltung ist, dass dem Bieter der Ausschluss stimmberechtigter Aktionäre auch dann offen steht, wenn weiterhin Vorzugsaktionäre an der Gesellschaft beteiligt sind. Diese Möglichkeit des teilweisen gattungsinternen Squeeze-outs war in Art. 15 Abs. 3 Übernahmerichtlinie den Mitgliedstaaten anheim gestellt vor dem Hintergrund, dass derartige Regelungen in Großbritannien existieren. Sie erscheint aber im Hinblick auf Sinn und Zweck der Ausschlussmöglichkeit bedenklich.[28] Rekurriert man etwa auf den nicht zu rechtfertigenden Minderheitenaufwand bei einer quasi zu vernachlässigenden Minderheit, so zeigt sich, dass aufgrund der weiter beteiligten Vorzugsaktionäre nach wie vor etwa die Abhaltung einer Hauptversammlung erforderlich ist. Auch könnten zwar die Stammaktien gedelistet werden; je nach Handelssegment bestünden aber aufgrund der Vorzugsaktien nach wie vor entsprechende Veröffentlichungspflichten. Der gattungsinterne Squeeze-out erreicht also gar nicht, wodurch er sich erst rechtfertigt: Die Einsparung von Minderheitenaufwand und Kostenrisiken.

Es empfiehlt sich daher eine Änderung der gesetzlichen Regelung dahingehend, dass eine Differenzierung zwischen stimmberechtigten und anderen Aktien unterbleibt und wie in den §§ 327a ff. AktG zur Ermittlung der erforderlichen Beteiligungshöhe allein auf die Höhe des Grundkapitals insgesamt abzustellen ist. Hierfür spricht noch ein weiterer Gesichtspunkt: De lege lata kann der Bieter zunächst die Stammaktionäre ausschließen, auf diesem Weg 95% der Anteile am Grundkapital insgesamt erlangen und nunmehr gem. den §§ 327a ff. AktG auch die Vorzugsaktionäre ausschließen. Hierin läge eine Umgehung der gesetzgeberisch bei 95% gezogenen Schwelle, bei deren Überschreiten ein Squeeze-out erst möglich sein soll. Auch ist darin ein zur Anfechtung des aktienrechtlichen Squeeze-out-Beschlusses berechtigender Missbrauch zu sehen.[29]

---

[28] Dies lediglich andeutend *Rößler*, Squeeze Out, S. 141 f.; ablehnend bereits *Group of German Experts on Corporate Law*, ZIP 2002, 1310, 1323; *Wiesner*, ZIP 2004, 343, 348.

[29] A.A. *Deilmann*, NZG 2007, 721, 722; *Ott*, WM 2008, 384, 386 f.; *Jakobi*, Squeeze-out, S. 230 f.

b) Vorangegangenes Übernahme- bzw. Pflichtangebot

Der übernahmerechtliche Squeeze-out ist nur anwendbar im Anschluss an ein an alle Wertpapierinhaber der Zielgesellschaft gerichtetes Angebot für sämtliche Wertpapiere. Erfasst sein sollen nach einer Ansicht nur Pflichtangebote sowie freiwillige, auf die Kontrollübernahme abzielende Angebote.[30]

Im Vorfeld der Gesetzgebung wurde teilweise dafür plädiert, sog. Aufstockungsangebote ausreichen zu lassen, bei denen ein Bieter bereits das Zielunternehmen kontrolliert und seine Beteiligung lediglich aufzustocken beabsichtigt.[31] Dem ist der Gesetzgeber nicht gefolgt.[32] Zwar stünde auch bei einem vorangegangenen Aufstockungsangebot dem Minderheitsaktionär die Möglichkeit der freiwilligen Veräußerung vorab offen. Nach Art. 2 Abs. 1 a Übernahmerichtlinie ist zwar der Begriff „Angebot“ auf Pflicht- und Übernahmeangebote beschränkt.[33] Der nationale Gesetzgeber hätte aber durchaus weitergehende Regelung treffen können. Zu beachten ist allerdings die in der Übernahmerichtlinie enthaltene Wertung, dass nämlich das Recht zum Zwangsausschluss als Kompensation für die Kosten und Mühen des Bieters beim Kontrollerwerb gewährt wird.[34] An einem solchen fehlt es bei reinen Aufstockungsangeboten. Auch würden die Grenzen zum aktienrechtlichen Squeeze-out verwischt: Es stünde dem Hauptaktionär immer frei, zunächst ein Aufstockungsangebot abzugeben, um dann den übernahmerechtlichen Squeeze-out einzuleiten. Dies liefe auf eine Umgehung der dreimonatigen Frist zum Squeeze-out gem. § 39a Abs. 4 WpÜG hinaus. In der Ausklammerung von Aufstockungsangeboten liegt eine erhebliche Beschränkung der praktischen Verwendbarkeit des übernahmerechtlichen Squeeze-outs.[35]

---

[30] *Paefgen*, WM 2007, 765, 765.

[31] *Austmann/Mennicke*, NZG 2004, 846, 846 f.; *Handelsrechtsausschuss des DAV*, NZG 2006, 177, 182.

[32] Vgl. Begr. RegE, BT-Drucks. 16/1003, S. 21; hierzu *Arnold*, AG-Report 2006, R224, R226; *Jakobi*, Squeeze-out, S. 219 f.; *v. Kann/Just*, DStR 2006, 328, 331; *Meyer*, WM 2006, 1135, 1142; kritisch *Ott*, WM 2008, 384, 388; *Seibt/Heiser*, AG 2006, 301, 318.

[33] Darauf verweisen auch *Heidel/Lochner*, AnwKommAktG, § 39a Rn. 21.

[34] Vgl. Winter-Bericht, S. 71; *Paefgen*, WM 2007, 765, 765; *Ott*, WM 2008, 384, 384.

[35] So auch *Paefgen*, in: FS Westermann, 1221, 1232.

c) Vorerwerbe und Paketkäufe außerhalb des Angebotsverfahrens

Zum Squeeze-out müssen dem Bieter gem. § 39a Abs. 1 S. 1 WpÜG 95% des stimmberechtigten Grundkapitals gehören. Unerheblich ist nach dem Wortlaut zunächst einmal, auf welchem Wege die Mehrheit erworben wurde. Es mussten nicht etwa die gesamten 95% mit dem öffentlichen Angebot erworben worden sein.[36] Nach der Regierungsbegründung allerdings sollen Paketerwerbe von einzelnen Aktionären außerhalb des öffentlichen Angebotes nur zu berücksichtigen sein, wenn sie in engem zeitlichem Zusammenhang mit dem Angebot erfolgen.[37] Der Gesetzeszweck fordert aber allein, dass den Minderheitsaktionären in einem vorangegangenen öffentlichen Angebot Gelegenheit zur freiwilligen Veräußerung ihrer Anteile gegeben worden ist. Dann nämlich hat der Bieter Kosten und Mühen eines Kontrollerwerbs auf sich genommen und sich damit das Recht zum Zwangsausschluss einer verbleibenden Minderheit verdient.[38] Wollte man länger zurückliegende Paketerwerbe unberücksichtigt lassen, bliebe den Minderheitsaktionären zudem grundlos das Sell-out-Recht des § 33c WpÜG verwehrt.[39] Auch würden sich Abgrenzungsprobleme ergeben: Etwa bei einem Pflichtangebot nennt der Bieter bereits vor dem öffentlichen Angebot 30% der Aktien sein eigen; diese könnte er durchaus durch einen Paketkauf erworben haben.

3. Abfindung

Der Bieter hat die ausscheidenden Aktionäre für den Verlust ihrer Mitgliedschaft angemessen abzufinden, § 39a Abs. 1 WpÜG. Anzubieten ist die zuvor als Gegenleistung des Übernahme- oder Pflichtangebots vorgesehene Leistung und wahlweise eine Geldleistung, § 39a Abs. 3 WpÜG.

---

[36] Begr. RegE, BT-Drucks. 16/1003, S. 21; *Arnold*, AG-Report 2006, R224, R226; v. *Kann/Just*, DStR 2006, 328, 331; *Meyer*, WM 2006, 1135, 1142; *Paefgen*, WM 2007, 765, 766.

[37] Begr. RegE, BT-Drucks. 16/1003, S. 21.

[38] So auch *Paefgen*, WM 2007, 765, 766.

[39] *Paefgen*, WM 2007, 765, 766.

a) Geldleistung

Fraglich ist, wie sich die – gem. § 39a Abs. 3 S. 2 WpÜG stets wahlweise anzubietende[40] – Geldleistung bestimmt, insbesondere dann, wenn im vorangegangenen Angebot nur Aktien als Gegenleistung angeboten worden sind. Es finden sich anders als beim aktienrechtlichen Squeeze-out hierzu keine gesetzlichen Regelungen; der Gesetzgeber ist einem diesbezüglichen Vorschlag des DAV nicht nachgekommen.[41] Der Hauptaktionär wird in seinem Squeeze-out-Antrag die Abfindungshöhe festsetzen und entsprechend plausibilisieren müssen. Teilweise wird die Durchführung eines Ertragswertverfahrens für erforderlich gehalten.[42] Dies stößt aber schon deshalb auf Hindernisse, weil es an einer dem § 327b Abs. 1 S. 2 AktG entsprechenden Verpflichtung des Vorstands zur Auskunft über die Gesellschaftsinterna fehlt. Zu Recht wird deshalb eine derartige Bewertung für entbehrlich gehalten. Zudem wird eine unbare Gegenleistung nur in liquiden Aktien bestehen können, für die ein Börsenpreis existiert. Unter Anwendung der Preisregeln der §§ 4 und 5 WpÜG-AngebotsVO könne ohne aufwendige Bewertungsarbeiten die angemessene Abfindung ermittelt werden.[43] In der Tat spricht angesichts des Schweigens des Gesetzes nichts dagegen, auf ein Ertragswertverfahren zu verzichten und auf die Bewertung durch den Kapitalmarkt zurückzugreifen.

Im Unterschied zum aktienrechtlichen Squeeze-out müssen Wertpapiere als Abfindung angeboten werden, wenn diese Form der Gegenleistung in dem zu Grunde liegenden Angebot vorgesehen war. Dies wurde teilweise unter dem Gesichtspunkt, dass eine Trennung von als lästig empfundenen Restaktionären damit ausscheidet, abgelehnt.[44] Angesichts der freien Entscheidung des Bieters über diesen Punkt ist aber gegen die geltende Regelung nichts einzuwenden.

---

[40] Damit hat der deutsche Gesetzgeber von einer in der Übernahmerichtlinie diesbezüglich eröffneten Wahlmöglichkeit Gebrauch gemacht, vgl. Art. 15 Abs. 5 Unterabs. 1 S. 3 Übernahmerichtlinie. Für eine Wahlmöglichkeit des Bieters, die Minderheitsaktionäre nach seiner Wahl in eigenen Aktien oder in Geld abzufinden, noch *Austmann/Mennicke*, NZG 2004, 846, 849.

[41] Vgl. *Handelsrechtsausschuss des DAV*, NZG 2006, 177, 179.

[42] So *Heidel/Lochner*, in: AnwKommAktG, § 39a Rn. 41, Rn. 55; *Handelsrechtsausschuss des DAV*, NZG 2006, 177, 180;

[43] Vgl. *Handelsrechtsausschuss des DAV*, NZG 2006, 177, 179.

[44] *Neye*, NZG 2002, 1144, 1145.

b) Die Angemessenheitsvermutung

Gem. § 39a Abs. 3 S. 3 WpÜG ist die im Rahmen des Übernahme- oder Pflichtangebots gewährte Gegenleistung als angemessene Abfindung anzusehen, wenn der Bieter auf Grund des Angebots 90% des vom Angebot betroffenen Grundkapitals erworben hat. Bei einer derart breiten Akzeptanz des Angebots lässt sich von einem marktgerechten und angemessenen Preis ausgehen.[45] Einer vereinzelt geäußerten Sichtweise, die die Gegenleistung sowohl eines Übernahme- als auch eines Pflichtangebots beim anschließenden Squeeze-out als angemessene Abfindung betrachten wollte, ohne dass es auf das Erreichen einer Mindestannahmequote ankäme[46], hat sich der Gesetzgeber nicht angeschlossen.

aa) Paketkäufe

Bei der Ermittlung der Mindestannahmequote können außerbörslich im Zuge eines Paketkaufs im Vorfeld des Angebotsverfahrens erworbene Aktien keine Berücksichtigung finden.[47] Nach § 39a Abs. 3 WpÜG muss der Bieter „aufgrund des Angebots Aktien in Höhe von mindestens 90% des vom Angebot betroffenen Grundkapitals“ erworben haben, damit die Vermutung greift. Bevor die Bedingungen des Angebots in Form der Angebotsunterlage vorliegen, kann ein derartiger Erwerb nicht stattfinden.[48] Anderes gilt für parallel zum Angebotsverfahren erfolgte Erwerbungen. Aufgrund der Mindestpreisregel des § 31 Abs. 4 WpÜG gilt der hier vereinbarte Preis als Mindestpreis auch des öffentlichen Angebotes. Liegt der vereinbarte Preis also nicht über dem des öffentlichen Angebotes, so kann dem Paketerwerb durchaus Aussagegehalt bezüglich der Angemessenheit der Gegenleistung beigemessen werden.[49] Besonderes Augenmerk ist dann freilich auf etwaige Nebenabreden beim Paketverkauf zu richten, die den Verkäufer erst zu seiner Veräußerungsentscheidung bewogen haben mögen.[50]

---

[45] Vgl. *Ott*, WM 2008, 384, 388; *Rühland*, NZG 2006, 401, 404.

[46] *Austmann/Mennicke*, NZG 2004, 846, 849; *Seibt/Heiser*, AG 2006, 301, 319; *Handelsrechtsausschuss des DAV*, NZG 2006, 177, 179 f.

[47] So auch *Johannsen-Roth/Illert*, ZIP 2006, 2157, 2159 ff.; *Paefgen*, in: FS Westermann, 1221, 1249 f.; a.A. *Ott*, WM 2008, 384, 389.

[48] Vgl. *Paefgen*, in: FS Westermann, 1221, 1250.

[49] So auch *Paefgen*, in: FS Westermann, 1221, 1250; a.A. *Johannsen-Roth/Illert*, ZIP 2006, 2157, 2160.

[50] Vgl. *Johannsen-Roth/Illert*, ZIP 2006, 2157, 2160.

bb) Irrevocable untertakings

Entsprechendes hat grundsätzlich bei einseitig verpflichtenden Vorverträgen zu gelten, in denen sich Aktionäre einer Zielgesellschaft zur Annahme des Übernahmeangebots unwiderruflich verpflichten, sog. irrevocable untertakings. Auch hier sind die Funktionsbedingungen des Markttests erfüllt, sofern der vereinbarte Preis nicht höher liegt als der des öffentlichen Angebots.[51] Es ist aber wohl davon auszugehen, dass Aktionäre eine solche Verpflichtung kaum ohne eine entsprechende zusätzliche Gegenleistung eingehen würden. In diesem Fall kann der Annahme keine Aussagekraft bezüglich der Angemessenheit der Gegenleistung im Angebotsverfahren beigemessen werden.

cc) Widerleglichkeit

Bei Erreichen einer 90%igen Annahmeschwelle soll gem. § 39a Abs. 3 S. 3 WpÜG nach der Vorstellung des Gesetzgebers die Angemessenheit der Barabfindung unwiderleglich zu vermuten sein.[52] Die Vermutung in § 39a Abs. 3 S. 3 WpÜG wird jedoch verbreitet und zu Recht entgegen dem Willen des Gesetzgebers für widerleglich gehalten.[53] Dem hat sich

[51] Ebenso LG Frankfurt a.M., ZIP 2008, 1769, 1770; *Paefgen*, in: FS Westermann, 1221, 1251; *Hörmann/Feldhaus*, BB 2008, 2134, 2135; wohl auch *Johannsen-Roth/Illert*, ZIP 2006, 2157, 2161.

[52] Begr. RegE, BT-Drucks. 16/1003, S. 22; ebenso *Geibel/Süßmann*, WpÜG, § 39a Rn. 15; *Holzborn/Müller*, in: Bürger/Körber, AktG, Anh. § 327a Rn. 10, 12; *Santelmann*, in: Steinmeyer/Häger, WpÜG, 2. Auflage, § 39a Rn. 11, Rn. 31; *Arnold*, AG-Report 2006, R224, R226; *Austmann/Mennicke*, NZG 2004, 846, 850; *DAI*, Squeeze-out, S. 30; *Deilmann*, NZG 2007, 721, 723; *Diekmann*, NJW 2007, 17, 20; *Falkner*, ZIP 2008, 1775, 1776; *Handelsrechtsausschuss des DAV*, NZG 2006, 177, 179; *Hasselbach*, ZGR 2005, 387, 406 ff.; *Hörmann/Feldhaus*, BB 2008, 2134, 2138 ff.; *Holzborn/Peschke*, BKR 2007, 101, 106; *Jakobi*, Squeeze-out, S. 211 f.; *v. Kann/Just*, DStR 2006, 328, 331; *Meyer*, WM 2006, 1135, 1142; *Ott*, WM 2008, 384, 388; *Seibt/Heiser*, ZGR 2005, 200, 243 ff.; *dies.*, AG 2006, 301, 318 f.; *Seiler/Wittgens*, EWiR 2009, 353, 354; *Wilsing/Ogorek*, BB 2008, 2038, 2038; *dies.*, EWiR 2009, 93, 94; differenzierend *Stöwe*, Squeeze-out, S. 101 ff.; vgl. auch *Maul*, NZG 2005, 151, 157.

[53] *Heidel/Lochner*, in: AnwKommAktG, § 39a Rn. 65; *dies.*, DB 2005, 2364 ff.; *dies.*, Der Konzern 2006, 653, 656; *Paefgen*, WM 2007, 765, 767 ff.; *Hopt/Mülbert/Kumpan*, AG 2005, 109, 117; *Maul*, NZG 2005, 151, 157; *Maul/Muffat-Jeandet*, AG 2004, 306, 317; *Mülbert*, NZG 2004, 633, 634; *Paefgen*, in: FS Westermann, 1221, 1237 ff.; *Rühland*, NZG 2006, 401, 403 ff.; *Schüppen*, BB 2006, 165, 168; *Simon*, Der Konzern 2006, 12, 17.

nunmehr das LG Frankfurt a.M. angeschlossen und sich damit gegen die inzwischen herrschende Ansicht in der Literatur gewandt.[54]

Schon zur Formulierung in der Übernahmerichtlinie war streitig, ob es sich um eine unwiderlegliche oder eine widerlegliche Vermutung handelt.[55] Art. 15 der Übernahmerichtlinie verlangt jedoch keineswegs eine unwiderlegliche Vermutung. Dies folgt bereits aus der Formulierung der Richtlinie in anderen Sprachen. Die englische Fassung etwa geht von einer widerleglichen Angemessenheitsvermutung aus („presumed to be fair"").[56] Zudem wollte die EU-Kommission ausdrücklich den Empfehlungen der Winter-Kommission folgen, die von der Widerleglichkeit ausging.[57] Demzufolge steht die Annahme der Widerleglichkeit auch nicht im Widerspruch zu höherrangigem Europarecht.

Ein ähnliches Preisfindungsmodell wurde bereits bei Einführung des aktienrechtlichen Squeeze-out diskutiert und war erstmalig im damaligen Referentenentwurf in § 327b Abs. 1 S. 3 AktG-RefE vorgesehen.[58] Laut § 327f Abs. 3 AktG-RefE sollte bei 90%iger Annahme eines Übernahmeangebots eine gerichtliche Nachprüfung ausgeschlossen sein. Dies stieß im Schrifttum auf nachhaltige Kritik[59] und auch der Bundesrat machte verfassungsrechtliche Bedenken geltend.[60] Dem Aktionär müsse möglich bleiben, eine atypische Situation darzulegen, in der der Preis des Übernahmeangebots trotz Erreichens der 90%-Quote keine Marktbestätigung darstelle.[61] Im RegE[62] fand sich diese Regelung dann nicht mehr. Anders als in § 39a WpÜG sah der RegE allerdings eine sechsmonatige Frist zur Einleitung des Squeeze-out vor und bei der Schwelle

---

[54]LG Frankfurt a. M., ZIP 2008, 1769, 1770 f.

[55]Für eine unwiderlegliche Vermutung *Austmann/Mennicke*, NZG 2004, 846, 851; *Hörmann/Feldhaus*, BB 2008, 2134, 2135, 1136 ff.; *Wilsing/Ogorek*, BB 2008, 2038, 2038; für Widerleglichkeit *Heidel/Lochner*, in: AnwKommAktG, § 39a Rn. 63; *Holzborn/Müller*, in: Bürger/Körber, AktG, Anh. § 327a Rn. 12; *Maul/Muffat-Jeandet*, AG 2004, 306, 317; *Seibt/Heiser*, ZIP 2002, 2193, 2201.

[56]Vgl. hierzu und zu anderen Sprachfassungen LG Frankfurt a. M., ZIP 2008, 1769, 1772 f.

[57]Vgl. LG Frankfurt a. M., ZIP 2008, 1769, 1773.

[58]Abgedruckt bei *Fleischer/Kalss*, WpÜG, S. 401 ff.; dazu *Rühland*, NZG 2001, 448, 452 f.

[59]*Heidel/Lochner*, DB 2001, 2031, 2032 ff.; *Rühland*, NZG 2001, 448, 453 f.; *Thaeter/Barth*, NZG 2001, 545, 550; *Wenger/Kaserer/Hecker*, ZBB 2001, 317, 332.

[60]Stellungnahme zum Regierungsentwurf, BT-Drucks. 14/7034, S. 84, 86 f.

[61]*Schüppen*, WPg 2001, 958, 974.

[62]RegE, BT-Drucks. 14/7034, S. 24 f.; dazu *Neye*, in: Hirte, WpÜG, 25, 30 f.; die Einschränkung der gerichtlichen Überprüfung damals bereits ablehnend *Heidel/Lochner*, DB 2001, 2031 ff.

ein Abstellen auf Köpfe der annehmenden Aktionäre statt auf den Anteil des Grundkapitals.[63] Im weiteren Gesetzgebungsverfahren wurde die Angemessenheitsvermutung vom Finanzausschuss aufgrund verfassungsrechtlicher Bedenken sodann zum Bedauern mancher[64] gänzlich gestrichen.[65]

Schon in den Vorarbeiten zur Übernahmerichtlinie wurde von der Widerlegbarkeit der Vermutung ausgegangen. In der als Vorbild dienenden Regelung des britischen Companies Act ist ebenfalls die Widerlegbarkeit vorgesehen.[66] Eine gemeinschaftsrechtskonforme Auslegung des jetzigen § 39a Abs. 3 S. 3 WpÜG muss dazu führen, dass keineswegs von einer Unwiderleglichkeit der Vermutung ausgegangen werden kann.[67] Sie würde zur Unüberprüfbarkeit der Angemessenheit der Gegenleistung im Beschlussverfahren führen, was im Widerspruch zur Rechtsprechung des BVerfG stünde, nach der der Minderheitenausschluss nur bei effektiver gerichtlicher Kontrollmöglichkeit der Angemessenheit der Abfindung zulässig ist. Die unwiderlegliche Angemessenheitsvermutung würde den ohnehin bereits verfassungsrechtlich nicht unproblematischen Minderheitenausschluss weiter verschärfen.[68] Andererseits bestünde bei einer widerleglichen Vermutung die Gefahr, dass es letztlich in jedem Squeeze-out-Verfahren zu erheblichen Zeitverzögerungen aufgrund schwieriger Bewertungsfragen käme. Um derartiges zu vermeiden wurde beim aktienrechtlichen Squeeze-out dann auch auf die Einführung der Angemessenheitsvermutung verzichtet.[69]

Die Gegenauffassung hält die hohe Akzeptanz am Markt für einen hinreichenden Garanten für die Angemessenheit der Abfindung.[70] Jedoch kann nicht bezweifelt werden, dass es Situationen geben kann, in

---

[63] Ablehnend *Krause*, BB 2002, 2341, 2345; *Zschocke*, DB 2002, 79, 85; kritisch auch *Schüppen*, WPg 2001, 958, 974 Fn. 56.

[64] *Krieger*, BB 2002, 53, 57; *Handelsrechtsausschuss des DAV*, NZG 2001, 420, 431 f.; *Sellmann*, WM 2003, 1545, 1547 f., die jedenfalls eine widerlegliche Vermutung für verfassungsgemäß hielten.

[65] Vgl. BT-Drucks. 14/7477, S. 42, 54.

[66] Dies gilt sowohl für die zur Zeit der Kommissionsberatungen geltende Regelung in section 430C Companies Act 1985 als auch für die neue Regelung in sections 979 ff. Companies Act 2006.

[67] *Paefgen*, WM 2007, 765, 767.

[68] So bereits die Stellungnahme des Bundesrates zu § 327b Abs. 1 S. 3 AktG-RegE, BT-Drucks. 14/7034, S. 87.

[69] Unterrichtung durch die Bundesregierung, BT-Drucks. 14/7090, S. 2; vgl. auch Beschluss des Bundestags, Beschlussempfehlung des Finanzausschusses, BT-Drucks. 14/7477, S. 42.

[70] *Holzborn/Peschke*, BKR 2007, 101, 106; *Ott*, WM 2008, 384, 390.

denen trotz entsprechend hoher Annahmequote die Barabfindung nicht angemessen ist, etwa bei entsprechenden Täuschungshandlungen oder Manipulationen durch den Bieter. Es kann eben nicht von einer in jeder Einzelsituation bestehenden Funktionabilität des Marktmechanismus ausgegangen werden. Im Einzelfall muss es möglich sein, das Nichtfunktionieren des Mechanismus darzulegen und damit die Angemessenheitsvermutung zu widerlegen. Dass es durchaus zu Manipulationen kommen kann, zeigt ein Vergleich mit der britischen Rechtswirklichkeit. Hierzu ist es freilich äußerst selten gekommen, die Beweislast liegt beim Kleinaktionär. Grundsätzlich ist die Vermutung damit keineswegs entwertet.

4. Gerichtlicher Beschluss statt Hauptversammlungsbeschluss

In Abweichung vom aktienrechtlichen Squeeze-out-Verfahren gem. den §§ 327a ff. AktG erfolgt der übernahmerechtliche Squeeze-out durch gerichtlichen Beschluss. Europarechtlich war diese Verfahrensweise nicht vorgegeben. Im Schrifttum herrschte bereits bei Einführung des aktienrechtlichen Squeeze-out Uneinigkeit über die Sinnhaftigkeit einer solchen Gestaltung. Dagegen spricht nach Meinung mancher, dass einzig ein Hauptversammlungsbeschluss hinreichend Transparenz für den betroffenen Minderheitsaktionär bietet.[71] Die Minderheitsaktionäre könnten sich nur bei Abhalten einer Hauptversammlung aufgrund der dann bestehenden Informationspflichten gem. den §§ 131, 327c, 327d AktG ein Bild von der Angemessenheit der angebotenen Abfindung machen. Auch eröffne sich auf diese Weise die Anfechtungsklage, wodurch der erforderliche Rechtsschutz gewährt werde.

Andererseits handelt es sich bei dem Hauptversammlungsbeschluss tatsächlich um eine reine Formalität, da die nötigen Mehrheiten ohnehin erreicht sind und damit die Beschlussfassung von vornherein feststeht. Hinzu kommt, dass in aller Regel (vor allem bei börsennotierten AG) sowieso der Rechtsweg beschritten wird, so dass sich eine direkte Entscheidung eines Gerichts anbietet. Dementsprechend fand auch der Vorschlag, den Hauptversammlungsbeschluss beim aktienrechtli-

[71] Für „kaum verzichtbar" wird der Hauptversammlungsbeschluss gehalten von *Heidel/Lochner*, AnwKommAktG, § 39a Rn. 24.

chen Squeeze-out abzuschaffen, auf dem 67. Deutschen Juristentag in Erfurt eine Mehrheit.[72]

5. Glaubhaftmachung der erforderlichen Anteilshöhe ausreichend?

Gem. § 39b Abs. 3 S. 2 WpÜG darf der gerichtliche Beschluss erst dann ergehen, wenn der Bieter die erforderliche Beteiligung i.H.v. 95 % der Aktien „glaubhaft gemacht" hat. Es fragt sich, ob tatsächlich die Glaubhaftmachung der Hauptaktionärseigenschaft zum Erlass des Squeeze-out-Beschlusses ausreichen kann. Dies ist abzulehnen. Auch im FGG-Verfahren sind Tatsachen grundsätzlich zur vollen Überzeugung des Gerichts zu beweisen. Der Gesetzgeber wollte mit dieser Formulierung lediglich darauf hinweisen, dass zum Ergehen des Beschlusses selbst nun nicht mehr ein Erreichen der Schwelle bei Ausübung der aufschiebenden Bedingung des vorangegangenen WpÜG-Angebotes ausreicht, vgl. § 39a IV 2 WpÜG; sondern dass inzwischen die 95%ige Beteiligung nicht nur optional, sondern tatsächlich erreicht sein muss.[73] Sich mit einer geringeren Wahrscheinlichkeit des Erreichens der Squeeze-out-Schwelle abzufinden hieße auch den Schutz der Minderheitsaktionäre ohne Not an dieser Stelle abzuschwächen. Gründe hierfür sind nämlich nicht ersichtlich.

6. Rechtsschutz

De lege lata hat das zuständige Gericht die Abfindungshöhe auf ihre Angemessenheit zu überprüfen.[74] Eine analoge Anwendung der Regelungen des Spruchverfahrensgesetzes kommt nicht in Betracht, da es insoweit an einer planwidrigen Regelungslücke fehlt.[75] Der Gesetzgeber hat sich trotz Anregung im Gesetzgebungsverfahren gegen eine Zu-

---

[72] 35 zu 29 Stimmen bei 16 Enthaltungen, vgl. Sitzungsbericht 67. DJT, noch unveröffentlicht.

[73] *Heidel/Lochner*, AnwKommAktG, § 39b Rn. 16.

[74] *Deilmann*, NZG 2007, 721, 724; *Diekmann*, NJW 2007, 17, 20; *Jakobi*, Squeeze-out, S. 238; *Ott*, WM 2008, 384, 390, *Schüppen*, BB 2006, 165, 168 f.; *Simon*, Der Konzern 2006, 12, 17; für eine analoge Anwendbarkeit der Regelungen des SpruchG *Falkner*, ZIP 2008, 1775, 1777; wohl auch *Handelsrechtsausschuss des DAV*, NZG 2006, 177, 180.

[75] So auch *Ott*, WM 2008, 384, 390; *Johannsen-Roth/Illert*, ZIP 2006, 2157, 2159; a.A. *Falkner*, ZIP 2008, 1775, 1777.

weisung der Abfindungsfrage an die Spruchgerichte entschieden.[76] Es wird deshalb angenommen, dass es zu erheblichen Verzögerungen des Wirksamwerdens des Squeeze-out kommen könne, da das Beschwerdeverfahren mit der in aller Regel Jahre in Anspruch nehmenden Bewertungsfrage belastet sei.[77] Dass die Praxis bislang nur sehr vereinzelt vom übernahmerechtlichen Squeeze-out Gebrauch gemacht hat, erklärt sich wohl vor diesem Hintergrund. Sie werde insbesondere bei Nichterreichen der 90%igen Annahmequote den aktienrechtlichen Squeeze-out vorziehen.[78]

Das LG Frankfurt hat kürzlich entschieden, dass die angebotene Abfindung nicht angemessen war und deshalb den Squeeze-out-Antrag abgewiesen. Ausdrücklich lehnte es eine Verpflichtung zur Beweiserhebung zum Wert der Zielgesellschaft durch Einholung eines gerichtlichen Sachverständigengutachtens ab.[79] Es stellt sich damit gegen eine Literaturansicht, die aufgrund des Amtsermittlungsgrundsatzes des § 12 FGG von einer Verpflichtung des Gerichts zur Einholung eines Sachverständigengutachtens ausgeht.[80] In der Tat fehlt es an einer dem § 327b Abs. 1 S.2 AktG entsprechenden Regelung, die eine Auskunftspflicht des Vorstands der Zielgesellschaft begründen würde, wodurch eine Unternehmensbewertung erst möglich werde. Um so dringlicher empfiehlt sich vor diesem Hintergrund, zum einen Bewertungsfragen entsprechend der Gestaltung bei aktienrechtlichen Anfechtungsklagen aus dem Verfahren auszuklammern und in ein Spruchverfahren zu verweisen. So fand sich auf dem 67. Deutschen Juristentag des Jahres 2008 in Erfurt eine deutliche Mehrheit für den Vorschlag, ein Spruchverfahren auch für den übernahmerechtlichen Squeeze-out vorzusehen.[81] Hinzukommen müsste eine Auskunftspflicht des Vorstands der Zielgesellschaft, um eine Unternehmensbewertung zu ermöglichen. Andernfalls verlöre das übernahmerechtliche Squeeze-out-Verfahren vollends jegliche praktisch Handhabbarkeit.[82] Denn der Bieter könnte eine angemessene Ab-

---

[76] Vgl. Stellungnahme des Bundesrats, BR-Drucks. 16/1003, S. 21.

[77] Vgl. hierzu bereits *Seibt/Heiser*, AG 2006, 301, 319; *Tretzmüller-Szauer*, AG-Report 2006, R83, R83 f.

[78] Vgl. *Ott*, WM 2008, 384, 391.

[79] LG Frankfurt a. M., ZIP 2008, 1769, 1774 f.

[80] *Santelmann*, in: Steinmeyer/Häger, 2. Auflage, § 39b Rn. 14; *Falkner*, ZIP 2008, 1775, 1777.

[81] So zuvor bereits *Seibt/Heiser*, ZGR 2005, 200, 243 ff.; *Hopt/Mülbert/Kumpan*, AG 2005, 109, 115; *Ott*, WM 2008, 384, 391; *Schüppen*, BB 2006, 165, 168; *Simon*, Der Konzern 2006, 12, 17; ablehnend wohl *Arnold*, AG-Report 2006, R224, R226.

[82] Vgl. *Wilsing/Ogorek*, BB 2008, 2038, 2039.

findung per Ertragswertverfahren selbst nicht ermitteln und das über den Antrag befindende Gericht – wie geschehen – den Antrag schlicht aufgrund einer zu geringen Abfindung abweisen. Ein erneuter Antrag kommt augrund der dreimonatigen Frist nicht in Betracht.

7. (Rechts-)Folgen des Squeeze-out

Mit Rechtskraft der gerichtlichen Entscheidung über den Antrag gehen die Aktien der Minderheitsaktionäre auf den Bieter über, § 39b Abs. 5 S. 3 WpÜG. Anders als beim aktienrechtlichen Squeeze-out kommt der Handelsregistereintragung also allein deklaratorische Wirkung zu. Nicht umfasst sind freilich gem. § 16 AktG dem Bieter zugerechnete Aktien; es handelt sich nicht um „übrige Aktionäre" i.S.d. § 39b Abs. 5 S. 3 WpÜG.[83] Dies folgt bereits aus § 39a Abs. 1 WpÜG, wonach der Bieter die übrigen Aktionäre nur ausschließen kann, wenn er über zumindest 95% des stimmberechtigten Grundkapitals verfügt. Gemeint sind also offensichtlich nicht zugerechnete Aktien etwa von Tochterfirmen.

IV. Sell-out

Die Einführung des Andienungsrechts der Minderheitsaktionäre (Sell-out) bildet das Pendant zum kapitalmarktrechtlichen Squeeze-out. Minderheitsaktionäre können danach das Angebot des Bieters noch drei Monate nach Ablauf der Annahmefrist annehmen, wenn der Bieter zumindest 95% des stimmberechtigten Grundkapitals nach Durchführung des Übernahme- oder Pflichtangebots hält, § 39c WpÜG. Dies gibt den verbliebenen Minderheitsaktionären Schutz vor einem Missbrauch der beherrschenden Stellung des Mehrheitsaktionärs.[84] Sie sind dann zum einen nicht zur Annahme des vorangegangenen Angebots gezwungen, um überhaupt aussteigen zu können. Zum anderen erhalten sie aber auf dem inzwischen illiquide gewordenen Markt auch nach dem Angebotsverfahren noch einen angemessenen Preis.

[83] A.A. *Santelmann*, in: Steinmeyer/Häger, WpÜG, 2. Auflage, § 39b Rn. 41; wie hier *Jakobi*, Squeeze-out, S. 250.

[84] Vgl. zu den Gründen für die Normierung des Sell-out Winter-Bericht, S. 72 f.

F. Zusammenfassung und Thesen

I. Rechtstatsachen

Vor Einführung des Squeeze-outs war von 23 möglichen Kandidaten, an anderer Stelle von mindestens 50 die Rede; In einer Anhörung des Bundestagsfinanzausschusses im Rahmen des Gesetzgebungsverfahrens wurde bereits von über 100 betroffenen Gesellschaften ausgegangen. Diese Erwartungen wurden bei weitem übertroffen. Bis Ende 2007 sind – soweit ersichtlich – insgesamt 317 aktienrechtliche Squeeze-outs und ein übernahmerechtlicher Squeeze-out eingeleitet worden.[1]

Es konnten 27 börsennotierte Gesellschaften ermittelt werden, denen teilweise bereits über Jahre der Ausschluss der Minderheit möglich gewesen wäre, dieser jedoch (bislang) unterblieben ist. Möglicherweise führte eine Abwägung der einsparungsfähigen Minderheitskosten mit den Durchführungskosten des Squeeze-out zu einem Absehen von dieser Maßnahme.

Ein großer Teil derjenigen Squeeze-out-Beschlüsse, die bereits eingetragen worden sind, wurde bereits drei Monate nach dem Squeeze-out im Handelsregister eingetragen (141 von 260). Dennoch kam es in einer signifikanten Zahl von Squeeze-out-Verfahren zu längeren Zeiträumen. Durchschnittlich lag zwischen Beschlussfassung und Eintragung des Squeeze-out ein Zeitraum von 149 Tagen, was ca. 5 Monaten entspricht. Unter Berücksichtigung des Umstandes, dass 57 der Squeeze-out-Beschlüsse noch gar nicht eingetragen sind, ist davon auszugehen, dass eine zeitnahe Handelsregistereintragung nur in ca. der Hälfte der Fälle erreicht werden kann.

[1] Ein zweiter übernahmerechtlicher Squeeze-out wurde am 15.1.2008 beantragt, vgl. Bekanntmachung des LG Frankfurt a.M. vom 30.1.2008 im elektronischen Bundesanzeiger.

Die Zielgesellschaften weisen keine besondere und wiederkehrende Typik auf. Insbesondere eine Analyse der Branchenzugehörigkeit weist keine besonderen Häufungen bestimmter Branchen auf.

Es zeigt sich, dass völlig unabhängig von der Größe einer AG das Bedürfnis nach einem Squeeze-out bestehen kann. Selbst Blue Chips mit einer Kapitalisierung von über 25 Mrd. Euro wie Vodafone, Hoechst, Dresdner Bank und Bayerische Hypo- und Vereinsbank wiesen nach zuvor erfolgten Umstrukturierungen eine Eigentümerstruktur auf, die einen Zwangsausschluss von Minderheitsaktionären zuließ.

Die vom Hauptaktionär aufzubringenden Gesamtabfindungen weisen nach den vorgenommenen Berechnungen eine ganz erhebliche Spannweite auf. Während bei Blue Chips wie den Spitzenreitern Vodafone AG und Dresdner Bank 1,4 Mrd. bzw. 800 Mio. Euro aufzubringen waren, belief sich die Gesamtabfindung bei börsenfernen AG wie der primion Technology AG, der Frankfurter Sparkasse AG oder der Ingenium Pharmaceuticals AG gerade auf ein paar hundert Euro oder weniger.

Dem Zwangsausschluss wurde bei der KGaA angesichts des spärlichen Aufkommens dieser Rechtsform keine große praktische Bedeutung prognostiziert. Tatsächlich kam es gerade einmal zu fünf Zwangsausschlüssen bei Kommanditgesellschaften auf Aktien bei insgesamt 317 bis Ende 2007 durchgeführten Squeeze-outs.

Es kam auch bei kapitalmarktfernen Aktiengesellschaften zu einer ganzen Reihe von Squeeze-out-Beschlüssen. So waren 137 der insgesamt 317 Aktiengesellschaften, deren Hauptversammlungen zwischen 2002 und Ende 2007 einen Squeeze-out-Beschluss fassten, nicht börsennotiert i. S. d. § 3 Abs. 2 AktG, davon 27 im Freiverkehr. Nicht zu Unrecht ist der Gesetzgeber also auch hier von einem großen praktischen Bedürfnis an einer Squeeze-out-Möglichkeit ausgegangen, und zwar nicht allein bei ehemals börsennotierten AG.

Bei börsennotierten Gesellschaften geht dem Squeeze-out in einer nicht unbeträchtlichen Zahl von Fällen ein Übernahmeangebot voraus, sei es ein freiwilliges oder ein Pflicht-Angebot. So kam es bei den insgesamt 180 Squeeze-outs bei börsennotierten Gesellschaften (ohne Freiverkehr) zwischen 2002 und Ende 2007 in 62 Fällen und damit in über einem Drittel der Fälle zu einem Übernahmeangebot in den Jahren vor dem Squeeze-out. Durchschnittlich lag ein Zeitraum von 17,3 Monaten zwischen dem Übernahmeangebot und dem Squeeze-out. In ca. der

Hälfte der Verfahren der letzten vier Jahre ging dem (aktienrechtlichen) Squeeze-out ein Übernahmeangebot voran.

In praxi verlangten in immerhin elf Fällen natürliche Personen als Hauptaktionäre den Squeeze-out. Auch ausländische Gesellschaften haben in ganz erheblichem Umfang vom Squeeze-out-Recht Gebrauch gemacht: Von den insgesamt 317 Squeeze-out-Beschlüssen bis Ende 2007 wurden 57 von ausländischen Gesellschaften als jeweilige Hauptaktionärin initiiert.

Zum überwiegenden Teil (56 von 87 Aktiengesellschaften) wurden die im Jahre 2002 einen Squeeze-out beschließenden Gesellschaften bereits drei bis vier Jahre vor dem Squeeze-out von einem Mehrheitsaktionär mit über 75%iger Beteiligung dominiert. In immerhin 31 Gesellschaften bestand kein Mehrheitsaktionär mit einer solchen Beteiligungshöhe. Es bestätigt sich folglich jedenfalls in der Grundtendenz die These, dass der Squeeze-out vielfach durchgeführt wurde, um wirtschaftlich irrelevanten Splitterbesitz im Zuge einer Bereinigung von Konzernstrukturen einzusammeln. Eine Beteiligung von über 95% existierte allerdings nur bei 29 der 87 Gesellschaften.

Im Jahre 2002 initiierten in überwiegendem Maße Hauptaktionäre den Squeeze-out, die bereits seit längerem (ca. 14 Monate vor dem Jahr der Beschlussfassung) Mehrheitsaktionär der Gesellschaft (zumindest 75%) waren. Der Trend kippt im Laufe der Jahre und nunmehr überwiegen die Fälle, in denen die Hauptaktionärseigenschaft erst im zeitlichen Zusammenhang mit dem Squeeze-out-Beschluss erworben wird.

Die Festlegung der Abfindungshöhe schon beim an die Gesellschaft selbst gerichteten Squeeze-out-Verlangen des Hauptaktionärs vorauszusetzen, erscheint unpraktikabel, da die Abfindungshöhe die Verhältnisse der Gesellschaft bei Beschlussfassung widerspiegeln soll und muss und unter Umständen ein erheblicher Zeitraum zwischen Verlangen und Hauptversammlung liegen kann. So fand sich in 74 Einladungen zur Hauptversammlung auch eine Angabe bezüglich des Zeitpunkts, an dem der Hauptaktionär die Beschlussfassung verlangt hat. Durchschnittlich lag ein Zeitraum von 120 Tagen zwischen den Zeitpunkten, der Median lag bei 106 Tagen.

Bei den insgesamt 176 Squeeze-outs (Gesamtstichprobe) überstieg in 152 Fällen und damit in der weit überwiegenden Zahl der Fälle der Durchschnittsbörsenkurs vor der Hauptversammlung den vor der ersten Bekanntgabe, und zwar durchschnittlich um 9,34%. Der Median liegt bei 5,45% bei einer Spannweite zwischen -21,16% und +51,34%.

In zwei Fällen waren die Durchschnittskurse identisch und in 22 Fällen der Durchschnittskurs vor der Bekanntgabe höher. Dies lässt sich möglicherweise damit erklären, dass sich am Markt nach Ankündigung des Squeeze-out Abfindungserwartungen in bestimmter Höhe gebildet hatten und bei Ankündigung des Squeeze-out auch die Abfindungshöhe genannt wurde, die hinter diesen Erwartungen zurückblieb. Möglicherweise wurde aber auch bereits mit Nachbesserungen bei der Abfindungshöhe gerechnet.

In 139 von insgesamt 182 betrachteten Fällen und damit in der weit überwiegenden Zahl der Fälle hat die vom Hauptaktionär angebotene Abfindung den dreimonatigen gewichteten Durchschnittskurs vor der Hauptversammlung nicht erreicht. In einem Fall sind Durchschnittskurs und Abfindung identisch und in den restlichen 42 Fällen übersteigt die angebotene Abfindung den Durchschnittskurs. Bei einer Spannweite zwischen -72,3% und +62,93% liegt die Abfindung im Schnitt um 5,5% unter dem Durchschnittskurs, der Median liegt bei -3,42%.

Beim Vergleich der angebotenen Abfindung mit dem Durchschnittskurs vor der ersten Bekanntgabe zeigt sich jedoch ein anderes Bild: Nur noch in 62 der insgesamt 177 Fällen ist das Angebot niedriger als der Durchschnittskurs; in neun Fällen sind sie identisch und in der überwiegenden Zahl der Fälle (106) liegt die Abfindung über dem Durchschnittskurs. Der Schnitt bei +7,15%. Der Median beträgt +1,04% bei einer Spannweite zwischen -74,65% und +143,1%. Die Hauptaktionäre orientieren sich also bei der Abfindungshöhe überwiegend durchaus am Börsenkurs in Gestalt des Durchschnittskurses vor der ersten Bekanntgabe, wahrscheinlich nicht zuletzt auch aus dem praktischen Grund, dass dieser bereits bei Einberufung der Hauptversammlung zur Verfügung steht.

Keineswegs wird also in allen Fällen – wie seit DAT/Altana grundsätzlich geboten – der Börsenkurs der Barabfindung als Untergrenze zugrundegelegt. In diesen Fällen müsste folglich einer der Ausnahmetatbestände erfüllt gewesen sein. Freilich war der BAFin eine Berechnung des Mindestpreises für Übernahmeangebote möglich, so dass zumindest das hierfür erforderliche Handelsvolumen nachweislich gegeben war. Rekurriert man zur Feststellung einer Marktenge mit der Folge der fehlenden Aussagekraft des Börsenkurses auf die Kriterien des § 5 Abs. 4 WpÜG, so bestand in allen diesen Fällen keine solche. Es scheint, dass das verfassungsrechtliche Gebot, die ausgeschlossenen Aktionären zumindest in Höhe des Börsenkurses zu entschädigen, vielfach nicht beachtet wird. Die These, dass die gutachterliche Praxis sich auch beim Squeeze-out zur Feststellung einer Marktenge an § 5 Abs. 4 WpÜG-AngVO orientiert, kann damit nicht in dieser Allgemeinheit bestätigt werden. Vielmehr ist festzuhalten, dass die Gutachter offensichtlich mit der Annahme einer Marktenge großzügiger umgehen.

Die schlussendlich an die Minderheitsaktionäre geleisteten bzw. bereits nachgebesserten Abfindungen liegen in der überwiegenden Zahl der Fälle über dem Durchschnittskurs vor der Hauptversammlung (in 73 von insgesamt 93 beobachteten Fällen), im Schnitt +15,81%, der Median liegt bei +13,46%. Diese Differenzen sind nochmals höher beim Vergleich mit dem Durchschnittskurs vor der Bekanntmachung, da dieser – wie zuvor bereits festgestellt – im Schnitt niedriger ist. Hier konnten 92 Papiere berücksichtigt werden. Es zeigte sich, dass die Schlussabfindung im Schnitt 31,81% über dem Durchschnittskurs lag. Der Median liegt bei 19,27%. Die nachgebesserten Abfindungen übertreffen also zumeist die Durchschnittskurse der beiden Referenzzeiträume. Möglicherweise lässt sich dies damit erklären, dass die zumeist in Vergleichen ausgehandelten Nachbesserungen sich nicht lediglich am Unternehmenswert orientieren, sondern auch die bei Beendigung der gerichtlichen Verfahren eingesparten Kosten Berücksichtigung finden.

Verschiedene Beteiligungsgesellschaften investieren gezielt in Squeeze-out-Gesellschaften, spekulierend auf die Nachbesserung der Abfindung. Soweit ersichtlich wurde in mindestens 40 Squeeze-out-Verfahren den ausgeschlossenen Aktionären von einer Beteiligungsgesellschaft ein Angebot im elektronischen Bundesanzeiger zum Erwerb ihrer Nachbesserungsrechte während eines laufenden gerichtlichen Verfahrens gemacht.

Eine Auswertung der Hoppenstedt-Aktienführer der Jahre 2002 bis 2007 ergab, dass den insgesamt 317 Squeeze-outs zwischen 2002 und Ende 2007 in 63 Fällen ein Beherrschungs- und Gewinnabführungsvertrag sowie in 62 Fällen ein Kaufangebot vorausging. Ein Vergleich von Squeeze-out-Abfindung und Abfindungs- und Kaufangebot war in insgesamt 92 Fällen möglich. In 15 Fällen entsprach die Squeeze-out-Abfindung dem früheren Angebot, überwiegend lag sie aber höher (63 Fälle). Der Durchschnitt liegt bei +17,82%, der Median bei +6,4%.

In den insgesamt 317 Squeeze-out-Verfahren, die zwischen 2002 und Ende 2007 durchgeführt worden sind, kam es in bislang 128 Fällen zu einer Nachbesserung der ursprünglich vom Hauptaktionär angebotenen Abfindung. In 10 dieser Fälle kam es zu einer Abfindungsaufbesserung sowohl bzgl. der Stamm- als auch der Vorzugsaktien. Die Barabfindung erhöhte sich also in insgesamt 138 Nachbesserungsfällen um durchschnittlich 41,42 %. Bei 65 Gesellschaften und damit über der Hälfte der Stichprobe ist das gerichtliche Verfahren insgesamt abgeschlossen, bei 141 noch ein Spruchverfahren anhängig und bei 11 zum jetzigen Zeitpunkt nicht klar, ob es noch zur Einleitung eines Spruchverfahrens kam. Bei insgesamt 71 Squeeze-outs kam es – soweit ersichtlich – zu keiner Nachbesserung der Abfindungshöhe und es wurden auch keine gerichtlichen Schritte eingeleitet.

Man könnte meinen, die Hauptaktionäre würden systematisch zu niedrige Barabfindungen anbieten und die vermeintlich unabhängigen Gutachter zu niedrig bewerten. Zu konstatieren ist aber, dass in der weit überwiegenden Zahl der Fälle das Spruchverfahren nicht durch gerichtliche Festsetzung der Barabfindung, sondern durch Vergleich endete. Bei der vergleichsweisen Nachbesserung spielten aber u.U. nicht lediglich der für die Abfindungshöhe maßgebliche Unternehmenswert eine Rolle, sondern auch die gerichtlichen Kosten, die der Hauptaktionär bei sofortiger Beendigung des Verfahrens einsparen kann. Denkbar ist außerdem, dass in der höheren Abfindung bereits Zinsansprüche berücksichtigt sind.

Dennoch wird deutlich, dass das gesetzliche Konzept nicht funktioniert, wenn man denn davon ausgeht, dass die Angemessenheit der ursprünglich vom Hauptaktionär angebotenen Abfindung die Regel, die nachträgliche Erhöhung im Rahmen des gerichtlichen Rechtsschutzes die Ausnahme sein soll. Es kommt weit überwiegend zur Einleitung von gerichtlichen Verfahren. Die ursprünglich vom Hauptaktionär angebotene Barabfindung hatte schon jetzt nachweislich in mehr als 40% der Fälle keinen Bestand. Vor diesem Hintergrund fällt es auch schwer, dem BVerfG[2] in der Einschätzung zu folgen, in der Regel sei die Gefahr gering, dass die vom Sachverständigen ermittelte Abfindung signifikant hinter dem Wert der gehaltenen Beteiligung an der Gesellschaft zurückbliebe.

Der Zeitraum zwischen Hauptversammlungsbeschluss und Bekanntmachung der Handelsregistereintragung erreicht vielfach erhebliche Ausmaße. Für 176 Squeeze-out-Fälle, bei denen es nicht zu einer Anfechtungsklage kam, konnte dieser Zeitraum unter Auswertung der entsprechenden Bekanntmachungen des Handelsregisters ermittelt werden. Im Durchschnitt betrug er 109 Tage, der Median liegt bei 84 Tagen.

[2]BVerfG, AG 2007, 544, 546.

Nimmt man die einhundert Fälle hinzu, in denen der Beschluss angefochten wurde, so erhöht sich der Durchschnitt auf 181 Tage, der Median auf 103 Tage. Jedenfalls aber ist der Umstand, dass die Verzinsung nicht ab dem Hauptversammlungsbeschluss, sondern erst ab Bekanntmachung der Eintragung in das Handelsregister gilt, verfassungsrechtlich unbedenklich. Die Minderheitsaktionäre sind bis zur Eintragung unverändert Aktionäre und haben dementsprechend Anspruch auf Dividenden- bzw. Ausgleichszahlungen, was wirtschaftlich der Verzinsung des eingesetzten Kapitals entspricht. Jedenfalls bei zu leistenden Ausgleichszahlungen bleibt also für diesen Zeitraum das eingesetzte Kapital unverzinst, was den doch erheblichen Verzögerungen in der Praxis die Brisanz nimmt. Zu zwischenzeitlichen Dividendenzahlungen wird es freilich wohl nicht mehr kommen.

Durchschnittlich liegen 25,81, im Median 26 Tage zwischen Handelsregistereintragung und Bekanntmachung der Eintragung, ein wirtschaftlich also durchaus relevanter Zeitraum, in dem eine Verzinsung des Kapitals vollständig ausbleibt. Gerade auch im Hinblick auf die nicht seltenen Fälle, in denen der Zeitraum noch deutlich höher ist, empfehlen sich daher gesetzgeberische Nachbesserungen. De lege ferenda ist es geboten, die Verzinsung vorzuverlegen auf den Zeitpunkt der Handelsregistereintragung.

39 der insgesamt 291 Gesellschaften, bei denen sich die Entwicklung nach dem Squeeze-out beobachten ließ, sind zwischenzeitlich aus dem Handelsregister gelöscht worden. Dies geschah regelmäßig durch Verschmelzung auf eine andere Gesellschaft. 141 der Gesellschaften existieren nach wie vor unter identischer Firma und weitere 23 Gesellschaften haben jedenfalls die Rechtsform nicht gewechselt. Zu einem Rechtsformwechsel kam es in 88 Fällen, gewählt wurde ganz überwiegend die GmbH (80 Fälle).

Vielfach wurden eine oder mehrere Gesellschaften auf die AG verschmolzen (66 Fälle), das Kapital verändert (25 Fälle), Unternehmensteile ausgegliedert, Unternehmensverträge geschlossen oder Satzungsänderungen verschiedener Art vorgenommen, und zwar insbesondere auch in den Gesellschaften, in denen die Rechtsform nicht geändert worden ist. Aber in beachtlichen 60 Gesellschaften konnten bislang überhaupt keine derartigen Maßnahmen festgestellt werden, obwohl der Beschluss überwiegend schon im Handelsregister eingetragen wurde (in 48 Fällen). Dies erklärt sich zumindest teilweise damit, dass die Eintragung noch nicht lange zurückliegt. Das Squeeze-out-Verfahren ist also offensichtlich regelmäßig Bestandteil größerer Umstrukturierungsmaßnahmen, zu deren Erleichterung es letztlich auch eingeführt wurde.

Squeeze-out-Beschlüsse gehören neben Entlastungsbeschlüssen für Vorstand und Aufsichtsrat und Kapitalmaßnahmen zu den am häufigsten angefochtenen bzw. mit einer Nichtigkeitsklage angegriffenen Hauptversammlungsbeschlüssen und das wohl nicht zuletzt deshalb, weil der Beschluss einer Eintragung in das Handelsregister bedarf und diese Eintragung durch die Anfechtungs- und Nichtigkeitsklage gesperrt wird, § 327e Abs. 2 i.V.m. § 319 Abs. 5 AktG. So wurden von den bis Ende 2007 insgesamt in 317 Gesellschaften getroffenen Squeeze-out-Beschlüssen 107 gem. § 243 ff. AktG angefochten, wie eine Auswertung insbesondere des elektronischen Bundesanzeigers ergab. Die Häufigkeit der Anfechtung von Squeeze-out-Beschlüssen hat zwischen 2002 und 2005 erheblich zugenommen. Seitdem bleibt sie auf relativ konstantem Niveau zwischen 60% und 70%. Mittlerweile werden nahezu sämtliche Squeeze-out-Beschlüsse börsennotierter AG angefochten.

Der Zeitraum zwischen Hauptversammlungsbeschluss und Eintragung des Beschlusses in das Handelsregister liegt bei nicht angefochtenen Squeeze-out-Beschlüssen, für die neben dem Zeitpunkt der Hauptversammlung auch die Eintragung im Handelsregister festgestellt werden konnte (168 der 317 Squeeze-outs), bei durchschnittlich 68 Tagen. Der Median liegt bei 54 Tagen.

Bei den 92 angefochtenen Beschlüssen hingegen, bei denen es bereits zur Eintragung kam, vergehen im Schnitt 286 Tage, im Median 240 Tage bis zur Eintragung; die Verzögerung durch die Anfechtung und damit auch der Hebel zum Missbrauch tritt deutlich zur Tage. Hierbei ist zu beachten, dass der Großteil der Anfechtungsverfahren – selbst bei bereits laufendem Freigabeverfahren – unter Aufstockung der Abfindung verglichen wird und damit ein vorzeitiges Ende findet. Würden die Verfahren ausgefochten, dürften die Zeiträume noch erheblich anwachsen.

Es bestätigt sich also auch im Hinblick speziell auf die Squeeze-out-Verfahren die allgemeine Entwicklung, dass aktienrechtliche Anfechtungsklagen im überwiegenden Maße durch Vergleich beendet werden. Die Vergleiche beinhalten in aller Regel eine Erhöhung der Barabfindung. Vielfach wird noch eine zusätzliche Erhöhung verabredet, sofern der einzelne Minderheitsaktionär schriftlich auf die Einleitung eines Spruchverfahrens bzw. auf die Beteiligung daran verzichtet[3]; al-

[3]Soweit ersichtlich vereinbart in 22 Vergleichen.

lerdings kam es nur in sechs dieser 22 Squeeze-outs anschließend nicht zur Einleitung eines Spruchverfahrens.

Nach Auswertung des schriftlichen Bundesanzeigers für das Jahr 2002 bzw. des elektronischen ab 2003 kam es bislang in 214 der insgesamt 317 in den Jahren 2002 bis Ende 2007 durchgeführten Zwangsausschlüssen zur Einleitung eines Spruchverfahrens, also in insgesamt 68 % der Squeeze-out-Verfahren. In 24 Fällen ist noch eine Anfechtungsklage anhängig, so dass hier die Einleitung noch möglich sein wird.

Von den 214 eingeleiteten Spruchverfahren bei den hier untersuchten 317 Squeeze-outs endeten bislang – soweit ersichtlich –76 Verfahren. Im Schnitt dauerten die Verfahren 31,4 Monate, der Median liegt bei 30 Monaten. Lässt man wieder die 56 vergleichsweisen Beendigungen außen vor, so ergibt sich für die 20 gerichtlich rechtskräftig entschiedenen Verfahren eine durchschnittliche Dauer von 37,9 Monaten und ein Median von 39 Monaten.

Eine Auswertung des elektronischen Bundesanzeiger ergab für die insgesamt bei 214 Squeeze-outs eingeleiteten Spruchverfahren, dass 57 dieser Verfahren durch Vergleich beendet wurden, 12 Anträge rechtskräftig abgewiesen worden sind und in sieben Verfahren eine höhere Abfindung vom Spruchgericht festgesetzt worden ist. Mit 138 Verfahren läuft ein Großteil der Verfahren – soweit ersichtlich – folglich noch.

II. Vorschläge

De lege ferenda empfiehlt sich eine Beschränkung des Anwendungsbereichs der Squeeze-out-Verfahrens insgesamt auf börsennotierte Gesellschaften (ohne Freiverkehr) unter der Bedingung eines vorangegangenen Übernahmeangebots durch die ersatzlose Streichung der §§ 327a ff. AktG. Voraussetzung wäre freilich, den bisherigen Anwendungsbereich des übernahmerechtlichen Squeeze-out weiter zu fassen: Bislang ermöglichen die § 39a f. WpÜG dem Bieter bei reinen Aufstockungsangeboten, d.h. bei einem einfachen Erwerbsangebot aus einer bestehenden Herrschaftsposition heraus, keinen Squeeze-out.

Damit sich der übernahmerechtliche Squeeze-out zu dem gewollten Instrument entwickeln kann, durch das ein einfacher und schneller Zwangsausschluss ermöglicht wird, empfiehlt sich zum einen eine Ausweitung des Anwendungsbereichs auch auf Aufstockungsangebote. Zum anderen sollte die Bewertungsfrage in ein Spruchverfahren verwiesen werden. Die systematisch unstimmige Differenzierung nach Aktiengattungen sollte abgeschafft und wie beim derzeitigen aktienrechtlichen Squeeze-out bei der Squeeze-out-Berechtigung allein auf das Grundkapital abgestellt werden.

Denkbar wäre im Übrigen die Erhöhung der Verzinsung auf die den Minderheitsaktionären nach Abschluss des Spruchverfahrens u.U. zu gewährende Nachbesserung von jetzt 2% auf vielleicht 5%. Freilich darf man sich im Hinblick auf räuberische Aktionäre hiervon nicht erhoffen, dass eine vom Hauptaktionär zur Vermeidung gerichtlicher Auseinandersetzungen ausgänglich angemessene Abfindung auch nachfolgende gerichtliche Verfahren vermeiden könnte.

Man sollte – wo nur immer möglich – auf weitere Indikatoren des Unternehmenswertes abstellen und nicht ausschließlich auf das freilich in Einzelfällen einzig mögliche Ertragswertverfahren zurückgreifen. Ein solcher Indikator existiert zum einen mit dem Börsenkurs jedenfalls für börsennotierte bzw. im Freiverkehr gehandelte Gesellschaften; zum anderen erlauben zeitnah zum Squeeze-out von der Gesellschaft bzw. dem Hauptaktionär durchgeführte andere Strukturmaßnahmen zuverlässige Rückschlüsse auf den tatsächlichen Unternehmenswert.

Anhang

I. Bisher eingeleitete Squeeze-out-Verfahren

Tabelle 1: Quelle: eigene Erhebung aus dem elektronischen Bundesanzeiger (* b.n. = börsennotiert inklusive Freiverkehr)

Aktiengesellschaft	Hauptaktionär	Anteil in %	Datum der Hpt-Vers.	b.n.*
KM Europa Metal AG	SMI Societa Metallurgica Italiana S.p.A.	99,49	28.02.2002	Nein
PKV Vermögensverwaltung AG	Philips GmbH		01.03.2002	Ja
MHM Mode Holding AG	Hucke AG	98,05	25.03.2002	Ja
Vereinte Versicherung AG	Vereinte Holding AG München	99,29	05.04.2002	Ja
Buckau-Walther AG	Thyssen Krupp AG	99,31	23.04.2002	Nein
Schott DESAG AG	Schott Spezialglas GmbH	98,5	25.04.2002	Ja
Kiekert AG	Kiekert Holding	97,8	25.04.2002	Ja

Tabelle 1: Quelle: eigene Erhebung aus dem elektronischen Bundesanzeiger (* b.n. = börsennotiert inklusive Freiverkehr)

Monachia Grundstücks-AG	Bayerische Städte- und Wohnungsbau GmbH	97,85	30.04.2002	Ja
Cluss-Wulle AG	Dinkelacker AG	99,19	30.04.2002	Nein
Löwenbräu AG	G. Sedlmayr Spaten-Franz.-Bräu	99,7	03.05.2002	Ja
Wohnbau Rhein-Main AG	WBRM-Holding GmbH		15.05.2002	Nein
Koepp AG	Deutsche Vita Polymere GmbH		16.05.2002	Nein
Scor DEUTSCHLAND Rückversicherungs-AG	SCOR, Sociéte Anonyme 1	99,06	16.05.2002	Nein
Fränkisches Überlandwerk AG	N-Ergie AG	95,22	17.05.2002	Ja
Otto Reichelt AG	EDEKA Minden-Hannover Beteiligungsgesellschaft mbH	97,71	22.05.2002	Ja
Brauhaus zur Garde AG	Lütticke & Tschirschnitz Gastronomie-Getränke GmbH	97,08	23.05.2002	Nein
Dresdner Bank AG	Allianz	97,2	24.05.2002	Ja
Wayss & Freytag AG	Hollandsche Beton Groep Deutschland GmbH	99,86	28.05.2002	Nein
Wayss & Freytag Schlüsselfertigbau AG	HBG Bau GmbH	99,86	28.05.2002	Nein
IKON AG Präzisionstechnik	Assa Abloy (SWE)	99,47	28.05.2002	Ja
Wayss & Freytag Ingenieurbau AG	Hollandsche Beton Groep Deutschland GmbH	99,86	28.05.2002	Nein
Edelstahlwerk Witten AG	ThyssenKrupp	98,84	29.05.2002	Ja

Tabelle 1: Quelle: eigene Erhebung aus dem elektronischen Bundesanzeiger (* b.n. = börsennotiert inklusive Freiverkehr)

Brainpool TV AG	Viva Media AG	95,93	31.05.2002	Ja
BBG Beteiligungs AG	Rudolf August Oetker	99,77	04.06.2002	Ja
Erlau AG	RUD-Kettenfabrik Rieger & dietz GmbH & Co.	99	04.06.2002	Nein
Victoria Versicherung AG	Ergo Versicherungsgruppe AG	98,83	05.06.2002	Ja
Verseidag AG	Gamma Holding N.V.	98,8	05.06.2002	Ja
Hamburg-Mannheimer Sachversicherungs AG	ERGO Versicherungsgruppe AG		10.06.2002	Nein
H.I.S. sportswear AG	VF Corp. (USA)	96,99	10.06.2002	Ja
Vodafone AG (vormals Mannesmann AG)	Vodafone Deutschlang GmbH	98,7	11.06.2002	Ja
Zürich Agrippina Versicherung AG	Zürich Beteiligungs AG	99,6	12.06.2002	Nein
Zürich Agrippina Lebensversicherung AG	Zürich Versicherungsgesellschaft für Direktion für Deutschland	99,2	13.06.2002	Nein
Frankenluk AG	GAH Beteiligungs AG		13.06.2002	Ja
BHF-Bank AG	ING BHF Holding AG	97,6	17.06.2002	Ja
Deutsche Bausparkasse Badenia AG	AMB Generali Holding AG	99,55	17.06.2002	Nein
Verlag u. Druckerei G.J.Manz AG	Presse-, Druck- u. Verlags GmbH		17.06.2002	Ja
Thuringia Versicherungs-AG	AMB Generali Holding AG	99,18	18.06.2002	Ja
Joseph Vögele AG	Wirtgen Beteiligungs GmbH	98,2	18.06.2002	Ja
Mainzer Aktien-Bierbrauerei AG	Radeberger Gruppe AG (ehemals Binding Brauerei AG)	98,67	19.06.2002	Ja
Deutscher Ring Lebensversicherung AG	Basler Versicherung Beteiligungs GmbH	97,77	19.06.2002	Nein

Tabelle 1: Quelle: eigene Erhebung aus dem elektronischen Bundesanzeiger (* b.n. = börsennotiert inklusive Freiverkehr)

ABN AMRO Holding (Deutschland) AG	ABN AMRO Bank N.V.	99,98	19.06.2002	Nein
AGAB AG für Anlagen und Beteiligungen	DZ Beteiligungsgesellschaft mbH Nr. 4	99,7	20.06.2002	Nein
Patria Versicherung AG	Zürich Beteiligungs AG	99,6	20.06.2002	Nein
Volksfürsorge Holding AG	AMB Generali Holding AG	99,15	20.06.2002	Ja
EBV AG	RAG Immobilien	99,62	20.06.2002	Ja
Hapag Lloyd AG	TUI AG	99,6	21.06.2002	Ja
Aachener und Münchener Lebensversicherung AG	AMB Generali Holding AG	97,51	24.06.2002	Ja
Aachener und Münchener Versicherung AG	AMB Generali Holding AG	98,71	25.06.2002	Ja
AlliedSignal Chemical Holding AG	Honeywell Deutschland GmbH	99,5	25.06.2002	Nein
Universitätsdruckerei H. Stürtz AG	Springer Beteiligungs GmbH	96,22	26.06.2002	Ja
Goldschmidt AG	Degussa AG	97,3	26.06.2002	Ja
Zanders Feinpapiere AG	M-real Deutsche Holding GmbH	99,35	27.06.2002	Ja
ICN Immobilien Consult Nürnberg	Schickedanz Holding	99,55	27.06.2002	Ja
Berliner Kindl Brauerei AG	Binding-Brauerei AG	96,09	27.06.2002	Ja
Alte Leipziger Versicherung AG	Alte Leipziger Holding AG	98,8	27.06.2002	Ja
Hermes Kreditversicherungs- AG	Allianz	99,52	27.06.2002	Ja
Elektra Beckum AG	Metabowerke GmbH	97,22	28.06.2002	Ja
Schott Zwiesel AG	Table Top Alliances GmbH	98,5	28.06.2002	Nein
Central Krankenversicherung AG	AMB Generali Holding AG	99,4	03.07.2002	Nein

Tabelle 1: Quelle: eigene Erhebung aus dem elektronischen Bundesanzeiger (* b.n. = börsennotiert inklusive Freiverkehr)

Bayerische BrauHolding AG	Schörghuber Stiftung & Co.Holding KG	99,48	03.07.2002	Ja
Blaue Quellen Mineral- und Heilbrunnen AG	Nestle Deutschland		04.07.2002	Ja
Nexans Deutschland AG	Nexans Participations S.A.	99,98	04.07.2002	Nein
Otavi Minen AG	IKO Minerals GmbH	95,35	04.07.2002	Ja
Nestle Deutschland AG	Nestle (SUI)	97,2	05.07.2002	Ja
Terrain-Gesellschaft am Teltow-Kanal Rudow-Johannisthal, AG	ABG Allgmeine Bauträgergesellschaft mbH & Co.KG	99,38	10.07.2002	Ja
MEZ AG	Coats Deutschland GmbH	99,97	11.07.2002	Nein
Ford-Werke AG	Ford Deutschland Holding	99,9	12.07.2002	Ja
Rieter Ingolstadt Spinnereimaschinenbau AG	Rieter Deutschland GmbH & Co. OHG	97,88	15.07.2002	Ja
Braunschweigische Maschinenbauanstalt AG	Deilmann-Montan-GmbH	99,89	15.07.2002	Nein
Hirschbrauerei AG	Peters & Bambeck Privatbrauerei GmbH & Co. KG		15.07.2002	Nein
Dachziegelwerke Idunahall AG	Röben Tonbaustoffe GmbH	98,51	17.07.2002	Nein
Scheidemandel AG	Gelita AG	99,82	19.07.2002	Nein
Eternit AG	Eternit Management Holding GmbH	99,8	23.07.2002	Nein
Komatsu Hanomag AG	Komatsu Ltd. (Japan)	98,38	24.07.2002	Nein
IHB Investitions- und Handels AG	Landesbank Hessen-Thüringen Girozentrale		29.07.2002	Nein

Tabelle 1: Quelle: eigene Erhebung aus dem elektronischen Bundesanzeiger (* b.n. = börsennotiert inklusive Freiverkehr)

Lindenmaier Präzision AG	Walter Lindenmaier	98,39	06.08.2002	Nein
Tech Data Germany AG	Tech Data Germany Holding GmbH	99,95	09.08.2002	Nein
Deutsche Bank Saar AG	Deutsche Bank		14.08.2002	Nein
CAA AG	Harmann Becker Automotive Systems GmbH	95,62	15.08.2002	Ja
Deutsche Bank Lübeck AG (vormals Handelsbank)	Deutsche Bank	98	16.08.2002	Ja
Bürgerverein 1864 AG	Günther und Käthi Reh Stiftung & Co.KG		19.08.2002	Nein
AGIMA AG für Immobilien-Anlagen	DGI Immobilien-Verwaltungsgesellschaft mbH	99,99	19.08.2002	Nein
Trierer Bürgerverein 1864 AG	Günther und Käthi Reh GbR	99,89	19.08.2002	Nein
Praktiker Bau- und Heimwerkermärkte AG	Metro Holding	99,7	20.08.2002	Ja
MSH International Service AG	Systematics AG	97,74	22.08.2002	Ja
Hilgers AG	DSD Dillinger Stahlbau GmbH	98,36	22.08.2002	Ja
ATB Antriebstechnik AG	ATB Beteiligungs GmbH (AUT)		22.08.2002	Ja
Jobpilot AG	Adecco S.A. (SUI)	95,1	22.08.2002	Ja
Systematics AG	EDS Systematics Beteiligungs GmbH (USA)	98,15	23.08.2002	Ja
Kempinski AG	MCM Hotel Bet.ges. mbH	98,28	23.08.2002	Ja
HAG GF AG	Kraft Foods Deutschland Holding GmbH	99,93	23.08.2002	Nein
Massa AG	Divaco Beteiligungs AG & Co. KG	98,85	26.08.2002	Ja

Tabelle 1: Quelle: eigene Erhebung aus dem elektronischen Bundesanzeiger (* b.n. = börsennotiert inklusive Freiverkehr)

Horten AG	Asset Immobilienbeteiligungen GmbH	98,22	27.08.2002	Ja
Concept! AG	OgilvyOne worldwide GmbH & Co KG	95,24	27.08.2002	Ja
Bekaert Deutsche Holding AG	N.V. Bekaert S.A. (Belgien)	99,93	27.08.2002	Nein
Reckitt Benckiser Deutschland AG	Reckitt Benckiser Detergents (UK)	99,6	28.08.2002	Ja
Bayerische Warenhandelsgesellschaft der Verbraucher, AG	EDEKA Handelsgesellschaft Nordbayern	98,22	28.08.2002	Nein
Motorenwerke Mannheim AG	Deutz AG		29.08.2002	Nein
ABB AG	ABB (SUI)	98,71	29.08.2002	Ja
PICNIC Grundstücksverwaltung AG	LISICA Vermögensverwaltung GmbH & Co.KG		29.08.2002	Nein
Weinig, Michael AG	Weinig 4International AG	96,11	30.08.2002	Ja
Phonet Telecom AG	NT plus AG	99,08	30.08.2002	Nein
Schmalbach-Lubeca AG	VAGO Dreiundzwanzigste Vermögensverwaltungs GmbH	97,64	30.08.2002	Ja
Rheinisch- Westf. Kalkwerke AG	Readymix AG	99,87	30.08.2002	Ja
YTONG Deutschland AG	YTONG Holding AG		03.09.2002	Nein
Salamander AG	Energie Baden-Württemberg AG	95,4	11.09.2002	Ja
Gardena Holding AG	Green Holding (SWE)	99,04	12.09.2002	Ja
Invensys Metering Systems AG	Invensys Metering Systems Holding AG		19.09.2002	Ja
Christian Adalbert Kupferberg & Cie. KGaA	A. Racke GmbH & Co.	99,1	19.09.2002	Ja

Tabelle 1: Quelle: eigene Erhebung aus dem elektronischen Bundesanzeiger (* b.n. = börsennotiert inklusive Freiverkehr)

Solenhofer Aktien-Verein AG	Solenhofer Portland Zementwerke	99,76	27.09.2002	Ja
FAG Kugelfischer Georg Schäfer AG	INA Vermögensverwaltungsgesellschaft mbH	96,15	30.10.2002	Ja
VTG-Lehnkering AG	VTG Vereinigte Tanklager und Transportmittel GmbH	97,37	30.10.2002	Ja
Westfalenbank AG	Falke Bank AG		04.11.2002	Nein
Citicorp Deutschland AG	Citicorp Overseas Investment Corporation, USA	99,9	05.11.2002	Nein
Braunschweigische Kohlenbergwerke AG	E.ON Kraftwerke GmbH	99,95	08.11.2002	Ja
Pirelli Deutschland AG	Deutsche Pirelli Reifen Holding GmbH	99,08	12.11.2002	Ja
Aqua Signal AG	Glamox Licht GmbH	98,86	13.11.2002	Ja
Consors Discount-Broker AG	BNP Paribas S.A.	95,05	14.11.2002	Ja
Softlution AG	VRC Netshopping B.V.	95,29	15.11.2002	Nein
SAI Automotive Aktiengesellschaft	Faurecia Nanterre	96,82	19.11.2002	Ja
Dortmunder Actien Brauerei AG	Radeberger Gruppe AG	96,51	20.11.2002	Ja
Converium Rückversicherung AG (vormals Zürich Rückversicherung (Köln) AG)	Converium AG (SUI)	98,63	21.11.2002	Ja
tecis Holding AG	AWD Holding AG	97,8	26.11.2002	Ja
Königsbacher Brauerei AG	Karlsberg Brauerei GmbH	95,39	29.11.2002	Nein

Tabelle 1: Quelle: eigene Erhebung aus dem elektronischen Bundesanzeiger (* b.n. = börsennotiert inklusive Freiverkehr)

Energiedienst AG (vormals Kraftübertragungswerke Rheinfelden)	Kraftwerk Laufenburg		10.12.2002	Ja
Ingram Macrotron AG	Ingram Micro Europe GmbH	96,75	12.12.2002	Ja
Maschinenfabrik Esslingen AG	DC-Grund DaimlerChrysler Verwaltungsgesellschaft für Grundbesitz mbH	99,27	18.12.2002	Ja
Texas Instruments Berlin AG (vormals Condat AG)	Texas Instrumens Incorporated	98,69	19.12.2002	Ja
Unilog Integrata AG	Unilog SA (F)	99,89	19.12.2002	Ja
O&K Orenstein & Koppel AG	CNH International S.A.		23.12.2002	Ja
Stinnes AG	DB Sechste Vermögensverwaltungsgesellschaft mbH	99,71	17.02.2003	Ja
Schoeller Eitorf AG	Albers & Co.	97,98	25.02.2003	Ja
DUEWAG AG i.A.	Siemens AG	99	18.03.2003	Ja
Hüttenwerke Kayser AG	Norddeutsche Affinerie AG	98,27	03.04.2003	Ja
Neckarwerke Stuttgart AG	Energie Baden-Württemberg AG	99,45	15.04.2003	Ja
Entrium Direct Bankers AG	Fineco Group S.p.A.	99,37	15.04.2003	Ja
P/S Kunststoffwerke AG	Thomas Walter		30.04.2003	Nein
Stollwerck AG	Van Houten Beteiligungs AG & Co. KG	98,66	30.04.2003	Ja
Wupper AG i.L.	Akzo Nobel GmbH	99,93	06.05.2003	Nein
Stahlwerke Bochum AG	ThyssenKrupp Steel AG	97	07.05.2003	Ja

Tabelle 1: Quelle: eigene Erhebung aus dem elektronischen Bundesanzeiger (* b.n. = börsennotiert inklusive Freiverkehr)

Sappi Alfeld AG	Sappi Deutschland Holding GmbH	99,55	08.05.2003	Nein
Sappi Ehingen AG	Sappi Alfeld AG	95,9	09.05.2003	Ja
Rheinhold & Mahla AG	Bilfinger Berger AG	98,71	12.05.2003	Ja
Gerresheimer Glas AG	Gerresheimer Holdings GmbH & Co. KG	98,56	13.05.2003	Ja
Aditron AG	Rheinmetall AG	97,67	15.05.2003	Ja
Blohm + Voss Holding AG	ThyssenKrupp AG	99,08	20.05.2003	Nein
Hacker-Pschorr Beteiligungs-AG			21.05.2003	Nein
MAN Roland Druckmaschinen AG	MAN AG	98,6	22.05.2003	Ja
Edscha AG	EdCar Beteiligungs GmbH & Co. KG	98,36	23.05.2003	Ja
Rütgers AG	RB Verwaltungsgesellschaft	98,41	26.05.2003	Ja
HVB RealEstate Bank AG	DIA Vermögensverwaltungs-GmbH	96,91	26.05.2003	Ja
Barmag AG	W. Schlafhorst AG & Co.	99,37	02.06.2003	Ja
Alcatel SEL AG	Alcatel Telecom Beteiligungsgesellschaft mbH	99,96	05.06.2003	Ja
USU AG	USU Openshop AG	98,86	13.06.2003	Ja
Friatec AG	GPS Holding Germany GmbH	99,1	23.06.2003	Ja
E.ON Bayern AG	E.ON Energie AG	97,3	24.06.2003	Ja
Revell AG	Revell-Monogram, L.L.C.		24.06.2003	Nein
GAH Beteiligungs AG	Atel Holding Deutschland GmbH		26.06.2003	Nein
Brauereigesellschaft vorm. Meyer & Söhne AG	Fürstlich Fürstenbergische Brauerei KG	99,86	04.07.2003	Nein

Tabelle 1: Quelle: eigene Erhebung aus dem elektronischen Bundesanzeiger (* b.n. = börsennotiert inklusive Freiverkehr)

Real Garant Versicherung AG	ADAC-Schutzbrief Versicherungs-AG		24.07.2003	Ja
Kamps AG	Finba Bakery Europe AG	97,09	25.07.2003	Ja
Baden-Württembergische Bank AG	Landesbank Baden-Württemberg	98,84	30.07.2003	Ja
DSL Holding AG i.L.	Deutsche Postbank AG	97,46	31.07.2003	Ja
Stuttgart Consult Unternehmens- und Finanzberatungs AG	Volksbank Stuttgart AG	96,97	06.08.2003	Nein
Hamburger Hochbahn AG	HGV Hamburger Gesellschaft für Vermögens- und Bete	98,21	14.08.2003	Ja
Steffen AG	HGR Kapitalbeteiligungsgesellschaft mbH		15.08.2003	Ja
Allgemeine Privatkundenbank AG	Bankgesellschaft Berlin AG	99,82	25.08.2003	Ja
Schleicher & Co. International AG	Martin Yale Industries, Inc.		26.08.2003	Ja
Stelcon AG	Readymix Betonbauteile GmbH	95,84	26.08.2003	Ja
Allweiler AG	Constellation Verwaltungs GmbH &Co. Beteiligungs K	98,73	28.08.2003	Ja
Quante AG	Erste SuSe Verwaltungs GmbH	99,3	29.08.2003	Ja
Radeberger Gruppe AG	Dr. August Oetker KG	95,64	25.09.2003	Ja
Stuttgarter Baugesellschaft von 1872 AG	Württembergische Lebensversicherung AG	99,7	22.10.2003	Nein
Gilde-Brauerei AG	Interbrew Deutschland Holding GmbH		23.10.2003	Ja
NB Beteiligungs AG	WCM Beteiligungs- und Grundbesitz AG	96,85	11.11.2003	Nein

Tabelle 1: Quelle: eigene Erhebung aus dem elektronischen Bundesanzeiger (* b.n. = börsennotiert inklusive Freiverkehr)

Thüga Beteiligungen AG	Thüga AG		17.11.2003	Nein
mg vermögensverwaltungs-ag	mg technologies ag	99,4	21.11.2003	Ja
Thüga AG	E.ON AG	96,6	28.11.2003	Ja
Dr. Neuhaus Computer KGaA	SAGEM International S.A.		28.11.2003	Nein
Hagen Batterie AG	Deutsche Exide GmbH	99,42	28.11.2003	Ja
ERFAG Aktiengesellschaft zur Errichtung und Finanzierung von Anlagegütern Schwelm	Erfurt & Sohn KG		02.12.2003	Nein
SchmidtBank AG	2.Beteiligungsges. SchmidtBank-Gruppe mbH	96,75	16.12.2003	Nein
FMH Facility Management Hessisches Handwerk AG	Peter Heidenfelder		17.12.2003	Nein
Kaufhalle AG	ADAGIO Grundstücksverwaltungsgesellschaft mbH	98,62	18.12.2003	Ja
EURAG Holding-AG	John Deere-Lanz Verwaltungs AG	99,51	18.12.2003	Ja
GE Frankona Rückversicherungs-Beteiligungs AG	GE Frankona Reinsurance Holding GmbH	99,6	18.12.2003	Nein
OSSACUR AG	Danfoss A/S	99,14	30.12.2003	Nein
Aktiengesellschaft für Haus- und Grundbesitz	Industrie und Handel AG für Vermögensverwaltung	96,6	19.01.2004	Nein
RWE DEA AG	RWE AG	99,47	07.04.2004	Ja
Lambda Physik AG	Coherent Holding GmbH	95,01	05.05.2004	Ja
Scholz & friends AG	Scholz & friends Holding GmbH	97,07	06.05.2004	Ja

Tabelle 1: Quelle: eigene Erhebung aus dem elektronischen Bundesanzeiger (* b.n. = börsennotiert inklusive Freiverkehr)

Depfa Deutsche Pfandbriefbank AG	DEPFA BANK plc	98,25	12.05.2004	Ja
Buderus AG	Robert Bosch GmbH	97,16	13.05.2004	Ja
JADO AG	AS Deutschland GmbH		08.06.2004	Ja
ZKZ Verwaltungsaktiengesellschaft	ZBS Verwaltungsaktiengesellschaft i.L		15.06.2004	Nein
StepStone Deutschland AG	StepStone ASA	99,9	24.06.2004	Nein
Vereins- und Westbank AG	Bayerische Hypo- und Vereinsbank	95,2	24.06.2004	Ja
Carl Schenck AG	Dürr AG	98,72	09.07.2004	Ja
SuSE Linux AG	Novell Holding Deutschland GmbH	95,83	12.07.2004	Nein
Wickrather Bauelemente AG	Solution for International Commerce S.A.	99,87	29.07.2004	Nein
eff-eff Fritz Fuss GmbH & Co. KgaA	ASSA ABLOY Deutschland GmbH		29.07.2004	Ja
GEA AG	mg technologies ag	98	13.08.2004	Ja
Tradition Wertpapierhandelsbank AG	Holding Tradition Securities S.A.	99,26	18.08.2004	Nein
Aachener Straßenbahn und Energieversorgungs-AG	Stadt Aachen	97,89	27.08.2004	Ja
debitel AG	debitel Konzernfinanzierungs GmbH		30.08.2004	Ja
Wedeco	ITT Industries German Holding GmbH	95,33	30.08.2004	Ja
Konrad Hornschuch AG	Konrad Hornschuch Beteiligungs GmbH	99,44	09.09.2004	Ja
Harpen AG	RWE AG	95,06	15.10.2004	Ja
Brau & Brunnen AG	RB Brauholding GmbH	96,68	19.11.2004	Ja

Tabelle 1: Quelle: eigene Erhebung aus dem elektronischen Bundesanzeiger (* b.n. = börsennotiert inklusive Freiverkehr)

W. Jacobsen AG	HSH Nordbank AG	97,62	26.11.2004	Ja
Anneliese Zementwerke AG	HeidelbergCement AG	99,69	08.12.2004	Nein
Apcoa Parking AG	APCOA Parking Holdings GmbH	98,92	13.12.2004	Ja
Kennametal Hertel AG Werkzeuge + Hartstoffe	Kennametal Inc.	99,3	15.12.2004	Ja
Bayerische Immobilien AG	Stefan Schörghuber	99,64	15.12.2004	Ja
Hoechst AG	Aventis S.A.	98,09	20.12.2004	Ja
Sinn Leffers AG	M + T Mode- und Textilhaus-Beteiligungs GmbH	99,1	20.12.2004	Ja
rhenag Rheinische Energie AG	RWE Rhein-Ruhr AG	99,92	20.12.2004	Nein
INKA Aktiengesellschaft für Beteiligungen	INKA Holding GmbH & Co. KG	95,03	20.12.2004	Ja
Minick (Germany) AG	Minick Holding AG (Schweiz)	99,93	22.12.2004	Nein
Felten & Guilleaume Aktiengesellschaft	Moeller Holding GmbH	99	23.12.2004	Ja
BHW Bank AG	BHW Holding AG		29.12.2004	Nein
VIVA Media AG	Viacom Holdings Germany LLC	97,82	14.01.2005	Ja
Tempelhofer Feld AG für Grundstücksverwertung	CERTA Immobilienverwaltung	98,88	19.01.2005	Ja
MIS AG	Systems Union Group plc	95,27	24.01.2005	Ja
SPAR Handels AG	ITM Entreprises S.A.	97,27	26.01.2005	Ja
Holsten-Brauerei AG	Carlsberg Deutschland GmbH	98,14	27.01.2005	Ja
Klinik Rose AG	SOBA Investitions- und Beteiligungs- GmbH Holding	97,4	17.02.2005	Nein

Tabelle 1: Quelle: eigene Erhebung aus dem elektronischen Bundesanzeiger (* b.n. = börsennotiert inklusive Freiverkehr)

Lindner Holding KgaA	Lindner Beteiligungs GmbH	95,21	25.02.2005	Ja
Württembergische Hypothekenbank AG	Hypo Real Estate Holding AG		12.05.2005	Ja
Heinrich Industrie AG	Littelfuse Holding GmbH	97,15	12.05.2005	Ja
Marner GZG Saaten AG	Rijk Zwaan Zaadteelt en Zaadhandel B.V.	97,74	12.05.2005	Nein
Württembergische und Badische Versicherungs-Aktien	J.C.F. Germany Holding GmbH	98,51	25.05.2005	Ja
Glunz AG	Tableros de Fibras S.A.	99,1	31.05.2005	Ja
Walter AG	Sandvik Holding GmbH	96,44	15.06.2005	Ja
PSB Aktiengesellschaft für Programmierung und Systemberatung	Bechtle AG	98,3	16.06.2005	Ja
CONTIGAS Deutsche Energie-Aktiengesellschaft	E.ON Energie AG	98,87	17.06.2005	Ja
Tarkett AG	Tarkett SA	97,15	20.06.2005	Ja
AXA Versicherung AG	AXA Konzern AG	99,14	12.07.2005	Ja
AVA Allgemeine Handelsgesellschaft der Verbraucher AG	EDEKA ZENTRALE AG & Co. KG	95,03	13.07.2005	Ja
Novasoft AG	CIBER Holding GmbH	95,02	15.07.2005	Ja
WERBAS AG	Summit Development S.A./N.V.	95,9	25.07.2005	Ja
primion Technology AG	Herrn Heinz Roth	99,99	05.08.2005	Nein
Mummert Consulting AG	Steria S.A.		22.08.2005	Nein

Tabelle 1: Quelle: eigene Erhebung aus dem elektronischen Bundesanzeiger (* b.n. = börsennotiert inklusive Freiverkehr)

NFZ Norddeutsche Fleischzentrale AG	VION B.V.	97,85	24.08.2005	Nein
Deutsche Annington Heimbau AG	HVG-HEIMBAU-Verwaltungsgesellschaft mbH	96,4	25.08.2005	Nein
Gauss Interprise AG	2016090 Ontario Inc.	95,09	25.08.2005	Ja
Der Grüne Punkt – Duales System Deutschland	Blacksmith Holding S.à r.l.	96,89	30.08.2005	Nein
Kühnle, Kopp & Kausch AG bzw. AG Kühnle, Kopp & Kausch	TurboGroup GmbH	97,69	14.09.2005	Ja
Vfw AG	tbd Tibbett & Britten Deutschland GmbH	97,38	14.09.2005	Nein
Regentalbahn AG	Arriva Deutschland GmbH	96,84	20.10.2005	Ja
Deutscher Eisenhandel AG	L. Possehl & Co. mbH	99,87	15.11.2005	Ja
Armstrong DLW AG bzw. DLW AG	Armstrong World Industries Holding GmbH	96,42	02.12.2005	Ja
Wella AG	Procter & Gamble Holding GmbH & Co Operations oHG	96,9	13.12.2005	Ja
G. Kromschröder AG	Ruhrgas Industries GmbH	95,86	16.12.2005	Ja
Frankfurter Sparkasse AG	Landesbank Hessen-Thüringen Girozentrale	99,99	21.12.2005	Nein
StattAuto CarSharing AG	Collect Car B.V.	97,68	28.12.2005	Nein
A. Friedr. Flender AG	Siemens AG	99,45	03.02.2006	Nein
Brain Force Financial Solutions AG	BRAIN FORCE HOLDING AG	95,15	23.02.2006	Ja

Tabelle 1: Quelle: eigene Erhebung aus dem elektronischen Bundesanzeiger (* b.n. = börsennotiert inklusive Freiverkehr)

Vattenfall Europe AG	Vattenfall Aktiebolag	96,81	01.03.2006	Ja
TIAG TABBERT-Industrie Aktiengesellschaft	KNAUS AG	97,16	31.03.2006	Ja
Morphochem AG für kombinatorische Chemie	Biovertis Information-Driven Drug Design AG	98,12	27.04.2006	Nein
SAP Systems Integration AG	SAP AG	96,5	28.04.2006	Ja
KBC Bank Deutschland AG	KBC Bank NV	99,76	05.05.2006	Ja
Würzburger Hofbräu AG	Kulmbacher Brauerei AG		18.05.2006	Ja
manager-lounge AG	Patrick Smague	96,84	24.05.2006	Nein
Degussa AG	RAG Projektgesellschaft mbH	97,53	29.05.2006	Ja
Celanese AG	Celanese Europe Holding GmbH & Co. KG	98,2	30.05.2006	Ja
Karlsruher Lebensversicherung AG	Württembergische Lebensversicherung AG	97,2	20.06.2006	Nein
Knürr AG	Emerson Electric Nederland B.V.	95,3	22.06.2006	Ja
Deutsche Ärzteversicherung AG	AXA Konzern AG	97,87	17.07.2006	Ja
AXA Lebensversicherung AG	AXA Konzern AG	99,14	18.07.2006	Ja
BHW Holding AG	Deutsche Postbank AG		20.07.2006	Ja
AXA Konzern AG	AXA S.A. Paris	96,84	20.07.2006	Ja
Kölnische Verwaltungs-AG für Versicherungswerte	AXA S.A. Paris	99,56	21.07.2006	Ja
Weru AG	TFB Fenster-Beteiligungs GmbH	99,55	27.07.2006	Ja
Bremer Woll-Kämmerei AG	Elders Global Wool Holdings Pty. Ltd.	95,05	15.08.2006	Ja

Tabelle 1: Quelle: eigene Erhebung aus dem elektronischen Bundesanzeiger (* b.n. = börsennotiert inklusive Freiverkehr)

Stowe Woodward AG	Robec Walzen GmbH	99,55	21.08.2006	Nein
P-D Interglas Technologies AG	P-D Management Industries - Technologies GmbH	97,46	25.08.2006	Ja
Aktiengesellschaft Kunstmühle Aichach	Adolf Fronhofer		30.08.2006	Nein
Jil Sander AG	Violine S.à r.l.	98,51	05.09.2006	Ja
Bristol-Myers Squibb GmbH & Co. KGaA	Bristol-Myers Squibb Inlandsbeteiligungs Holding G		18.09.2006	Nein
Gerling Konzern Allgemeine Versicherungs AG	GERLING Beteiligungs-GmbH	95,49	20.09.2006	Ja
equitrust AG	NORDCAPITAL Private Equity GmbH	95,97	28.09.2006	Ja
Microlog Logistics AG	Thiel Logistik AG	97,74	23.11.2006	Ja
Industriebaugesellschaft Centrum am Bülowplatz AG	Grundstücksgesellschaft Albion mbH		11.12.2006	Nein
AVECS Corporation AG	Interschalt AG	99,24	19.12.2006	Nein
Hannoversche Portland-Cementfabrik	TEUTONIA Zementwerk AG	97,24	20.12.2006	Nein
operator Telekommunikation International AG	Dr. Dieter Quast	98,82	21.12.2006	Nein
Schering AG	Bayer Schering GmbH	96,1	17.01.2007	Ja
N.T.W.H. Immobilieninvest, vor. Krefelder Hotel AG	Wilfried Mocken	97,54	22.01.2007	Ja
Avinci AG	Unilog IT Services S.A.S	99,57	29.01.2007	Nein

Tabelle 1: Quelle: eigene Erhebung aus dem elektronischen Bundesanzeiger (* b.n. = börsennotiert inklusive Freiverkehr)

PressWatch AG	GbR Aktienpool PressWatch Aktionäre	98	28.02.2007	Nein
lohndirekt/ aktiengesellschaft	Rooster Holding GmbH	96,67	30.04.2007	Nein
DGAG Deutsche Grundvermögen AG	TIGOTAN Vermögensverwaltungsgesellschaft mbH	99,42	16.05.2007	Nein
Interhansa Reederei AG	LIMRO Shipping GmbH	99,8	20.06.2007	Nein
Kolbenschmidt Pierburg AG	Rheinmetall Berlin Verwaltungsgesellschaft mbH		26.06.2007	Ja
Bayerische Hypo- und Vereinsbank AG	UniCredito Italiano Società per Azioni	95,45	26.06.2007	Ja
Kölnische Rückversicherungs-Gesellschaft AG	General Reinsurance Corporation	95,22	26.06.2007	Nein
Wüstenrot Bausparkasse AG	Wüstenrot & Württembergische AG	99,96	17.07.2007	Nein
ContiTech AG	ContiTech-Universe Verwaltungs-GmbH	96,85	22.08.2007	Nein
Kammgarnspinnerei zu Leipzig Aktiengesellschaft	Kötitzer Ledertuch- und Wachstuch-Werke AG	95,64	24.08.2007	Ja
Eurohypo AG	Commerzbank Inlandsbanken Holding AG	98,21	29.08.2007	Ja
Möbel Walther AG	Kurt Krieger	96,74	31.08.2007	Ja
Gebrüder Bernard AG	Stühler Erben Vermögensverwaltungs-GmbH & Co. KG	96,93	07.09.2007	Nein

Tabelle 1: Quelle: eigene Erhebung aus dem elektronischen Bundesanzeiger (* b.n. = börsennotiert inklusive Freiverkehr)

Grundstücks- und Baugesellschaft AG Heidenheim	GBH Acquisition GmbH	97,86	09.10.2007	Ja
Ingenium Pharmaceuticals AG	Probiodrug AG	98,29	05.11.2007	Nein
Stadtwerke Achim AG	Stadt Achim	98,8	15.11.2007	Nein
DMS Deutsche Maklerservice AG	Jung, DMS & Cie. AG	95	19.11.2007	Nein
Leica Camera AG	ACM Projektentwicklung GmbH	96,51	20.11.2007	Ja
Autania AG für Industriebeteiligungen	Autania Holding AG	98,59	28.11.2007	Ja
Sanierungs- und Gewerbebau AG	GEHAG GmbH	99,4	18.12.2007	Nein
Hanfwerke Oberachern AG	HWO GmbH	95,14	18.12.2007	Ja
Kötitzer Ledertuch- und Wachstuch-Werke AG	KL Holding GmbH	99,98	19.12.2007	Ja
Otto Stumpf AG	OS Otto Holding GmbH	97,38	20.12.2007	Ja
DIS Deutscher Industrie Service AG	Adecco Germany Holding GmbH	98,4	20.12.2007	Ja
RSE Grundbesitz und Beteiligungs-AG	Salzgitter Mannesmann GmbH		20.12.2007	Ja
Hageda AG	HAG Holding GmbH	97,61	21.12.2007	Ja

II. Mögliche Squeeze-out-Kandidaten

Tabelle 2: * Veröffentlichungsdatum im Börsenpflichtblatt; Quelle: BAFin (abrufbar unter: http://ww2.bafin.de/database/AnteileInfo/geschaeftDetails.do?cmd=load&personId=10100079&isAg=true

Kandidat	Hauptaktionär	%	Veröffentlichung*
Actris	RMN Rhein-Main-Neckar Brauerei Holding GmbH	98,78	22.05.1998
ADM AG	ADM Beteiligungsgesellschaft mbH	95,18	04.05.2002
Audi Aktiengesellschaft (Ingolstadt)	Volkswagen Aktiengesellschaft	99,04	03.05.2002
Bremer Strassenbahn AG (Bremen)	Bremer Versorgungs- und Verkehrsgesellschaft mbH	99,02	27.07.1996
C.J. Vogel AG für Beteiligungen (Hamburg)	OTTO Aktiengesellschaft für Beteiligungen	97,18	03.04.2002
Dahlbusch Aktiengesellschaft (Gelsenkirchen)	Pilkington Holding GmbH	98,78	19.04.2002
DBV- Winterthur Holding AG (Wiesbaden)	AXA S.A.	96,69	30.12.2006
DIBAG Industriebau AG	DIB Doblinger Industriebtlg GmbH & Co; Doblinger, A.	98,65	17.04.2002
Didier- Werke AG	RHI AG	97,5	12.09.2003
Drägerwerk Aktiengesellschaft	Dräger, Stefan	98,87	17.04.2004
Forst Ebnath AG	Münchner RückversicherungsAG in München	96,7	20.11.2003
Holcim (Deutschland) Aktiengesellschaft	Holcim Beteiligungs GmbH (Deutschland)	97,28	26.06.2002
ING Bank Deutschland AG	ING Holding Deutschland GmbH	98,47	19.04.2002
Kali- Chemie AG	Solvay Kali-Chemie Holding GmbH	99,45	03.08.2002
KERAMAG Keramische Werke AG	CIE Management II Limited	95,26	22.04.2002

Tabelle 2: * Veröffentlichungsdatum im Börsenpflichtblatt; Quelle: BAFin (abrufbar unter: http://ww2.bafin.de/database/AnteileInfo/geschaeftDetails.do?cmd=load&personId=10100079&isAg=true

Mainova Aktiengesellschaft	Stadtwerke Frankfurt a.M.Holding GmbH; Thüga AG	99,65	19.04.2002
OCEANICA AG	R.C.ManagementGmbH & Cie.KG;Vwaltg.R.C.Managemt.GmbH	98,56	28.06.2006
Pilkington Deutschland AG	Pilkington Holding GmbH	96,15	19.04.2002
Rheinische Textilfabriken AG	Frowein & Co. GmbH	95,8	21.11.2002
Saint-Gobain Oberland Aktiengesellschaft	Saint-Gobain Emballage S.A.	96,67	04.05.2006
SCA Hygiene Products AG	SCA Verwaltungs GmbH	96,59	14.12.2004
Schlossgartenbau-AG	LBBW Immobilien-Holding GmbH	95,13	09.01.2004
stilwerk Real Estate AG	Garbe, Dipl.-Kfm. Bernhard	95,37	17.01.2006
TEUTONIA Zementwerk Aktiengesellschaft	HeidelbergCement AG	99,37	11.05.2005
Vereinigte Filzfabriken AG	Wirth Fulda GmbH	96,9	08.05.2004
YMOS AG	WCM Beteiligungs-und Grundbesitz AG	95,15	06.04.2002
ZEAG Energie AG	EnBW Energie Baden-Württemberg AG	98,08	19.02.2004

III. Übernahmeangebote

Tabelle 3: Quelle: eigene Erhebungen; Hoppenstedt Aktienführer 2000 bis 2007 (* Keine konkreten Angaben im Hoppenstedt)

Zielgesellschaft	Datum Hauptversammlung	Bieter	Erste Annahme möglichkeit	Angebotshöhe
DIS Deutscher Industrie Service AG	20.12.2007	Adecco Germany Holding GmbH	06.02.2006	58,50 €
Autania AG für Industriebeteiligungen	28.11.2007	Autania Holding AG	12.07.2006	28,13 €
Möbel Walther AG	31.08.2007	Kurt Krieger	17.11.2005	13,80 €
Bayerische Hypo- und Vereinsbank AG	26.06.2007	Unicreditao Italiano S.p.A.	26.08.2005	Aktientauschangebot
Kolbenschmidt Pierburg AG	26.06.2007	Rheinmetall Berlin Verwaltungsgesellschaft mbH	23.05.2003	15,00 €
Schering AG	17.01.2007	Bayer AG	13.04.2006	86,00 €
Microlog Logistics AG	23.11.2006	Thiel Logistik AG	01.11.2002	16,50 €
BHW Holding AG	20.07.2006	Deutsche Postbank AG	26.01.2006	15,05 €
AXA Konzern AG	20.07.2006	AXA SA	09.01.2006	129,30 €
Knürr AG	22.06.2006	Emerson Electric Nederlands BV	02.02.2006	82,00 €
Celanese AG	30.05.2006	BCP Crystal Acquisition GmbH & Co. KG	02.02.2004	32,50 €
Degussa AG	29.05.2006	RAG Projektgesellschaft mbH	24.06.2002	38,00 €

Tabelle 3: Quelle: eigene Erhebungen; Hoppenstedt Aktienführer 2000 bis 2007 (* Keine konkreten Angaben im Hoppenstedt)

Würzburger Hofbräu AG	18.05.2006	Kulmbacher Brauerei AG	23.04.2005	425,00 €
SAP Systems Integration AG	28.04.2006	SAP AG	28.04.2004	20,40 €
Brain Force Financial Solutions AG	23.02.2006	Brain Forrce Software AG	11.07.2003	Aktientauschangebot
G. Kromschröder AG	16.12.2005	Ruhrgas Industries GmbH	26.06.2003	12,00 €
Wella AG	13.12.2005	Procter & Gamble Germany Management GmbH	28.04.2003	92,25 €
Kühnle, Kopp & Kausch AG bzw. AG Kühnle, Kopp & Kausch	14.09.2005	BorgWarner Europe Inc	01.12.2003	14,40 €
Gauss Interprise AG	25.08.2005	Ontario Inc.	22.09.2003	1,06 €
Gauss Interprise AG	25.08.2005	Nortrax Treuhand AG	06.07.2004	1,10 €
Novasoft AG	15.07.2005	CIBER Holding GmbH	20.10.2004	3,52 €
Tarkett AG	20.06.2005	Sommer SA	28.11.2002	6,50 €
PSB Aktiengesellschaft für Programmierung und Systemberatung	16.06.2005	Bechtle AG	19.04.2003	6,40 €
Walter AG	15.06.2005	Sandvik Holding GmbH	29.10.2002	32,50 €
Heinrich Industrie AG	12.05.2005	Littelfuse Holding GmbH	08.06.2004	24,00 €
Holsten-Brauerei AG	27.01.2005	Carlsberg Deutschland GmbH	12.02.2004	38,00 €
MIS AG	24.01.2005	Systems Union Group plc	01.11.2003	10,00 €

Tabelle 3: Quelle: eigene Erhebungen; Hoppenstedt Aktienführer 2000 bis 2007 (* Keine konkreten Angaben im Hoppenstedt)

VIVA Media AG	14.01.2005	Viacom Holdings Germany LLC	24.08.2004	12,61 €
Felten & Guilleaume Aktiengesellschaft	23.12.2004	Moeller Holding	16.01.2004	154,00 €
INKA Aktiengesellschaft für Beteiligungen	20.12.2004	Dr. Hans Inselkammer	29.11.2002	60,00 €
Hoechst AG	20.12.2004	Sanofi-Aventis SA	01.10.2004	51,23 €
Apcoa Parking AG	13.12.2004	Salamander AG	08.11.2002	95,50 €
Brau & Brunnen AG	19.11.2004	RB Brauholding GmbH	24.03.2004	80,00 €
Wedeco	30.08.2004	ITT Industries German Holding GmbH	09.12.2003	18,00 €
debitel AG	30.08.2004	Telco Holding Sarl	01.06.2004	11,00 €
JADO AG	08.06.2004	AS Deutschland GmbH	07.05.2003	1,90 €
Buderus AG	13.05.2004	Robert Bosch GmbH	08.05.2003	29,15 €
Depfa Deutsche Pfandbriefbank AG	12.05.2004	Depfa Holding plc	19.01.2002	Aktientauschangebot
Scholz & friends AG	06.05.2004	Scholz & friends Holding GmbH	18.07.2003	1,75 €
Lambda Physik AG	05.05.2004	Coherent Holding GmbH	04.06.2003	9,25 €
Kaufhalle AG	18.12.2003	Adagio Grundstücksverwaltungsgesellschaft mbH	03.06.2003	133,45 €
Gilde-Brauerei AG	23.10.2003	Interbrew Deutschland Holding GmbH	12.02.2003	1.148,78 €

Tabelle 3: Quelle: eigene Erhebungen; Hoppenstedt Aktienführer 2000 bis 2007 (* Keine konkreten Angaben im Hoppenstedt)

Kamps AG	25.07.2003	Finba Bakery Europe AG (Barilla Gruppe)	25.05.2002	12,50 €
HVB RealEstate Bank AG	26.05.2003	Bayerische Hypo- und Vereinsbank AG	19.09.2002	21,00 €
Rheinhold & Mahla AG	12.05.2003	Bilfinger Berger AG	12.07.2002	13,00 €
Stollwerck AG	30.04.2003	Van Houten Beteiligungs AG & Co. KG	17.09.2002	295,00 €
Stinnes AG	17.02.2003	DB Sechste Vermögensverwaltungsgesellschaft mbH	07.08.2002	32,75 €
Ingram Macrotron AG	12.12.2002	Ingram Micro Inc	05.06.1999	601,00 €
Energiedienst AG	10.12.2002	Kraftwerk Laufenburg AG	02.07.2002	305,00 € + Option
tecis Holding AG	26.11.2002	AWD Holding AG	06.06.2002	31,50 €
Consors Discount-Broker AG	14.11.2002	BNP Paribas	12.06.2002	12,40 €
FAG Kugelfischer Georg Schäfer AG	30.10.2002	INA Vermögensverwaltungsgesellschaft mbH	17.09.2001	12,00 €
VTG-Lehnkering AG	30.10.2002	VTG Vereinigte Tanklager und Transportmittel GmbH	05.07.2002	13,16 €
Invensys Metering Systems AG	19.09.2002	Pollux Meter group	k.A.*	1.250,00 €
Salamander AG	11.09.2002	EnbW	04.05.2000	14,00 €

Weinig, Michael AG	30.08.2002	Hohenstaufen Vierundneuzigste Vermögensverwaltungs GmbH	15.02.2000	24,00 €
Praktiker Bau- und Heimwerkermärkte AG	20.08.2002	Metro AG	04.11.1999	16,50 €
Otavi Minen AG	04.07.2002	S&B Minerals Beteiligungs GmbH	04.09.2000	100,00 €
Joseph Vögele AG	18.06.2002	Wirtgen GmbH	k.A.*	k.A.*
H.I.S. sportswear AG	10.06.2002	VF Corp	12.06.2001	9,25 €
Löwenbräu AG	03.05.2002	Gabriel Sedlmayr Spaten-Franziskaner-Räu KGaA	k.A.*	k.A.*
Monachia Grundstücks-AG	30.04.2002	Hochtief AG; Allianz AG	05.11.2001	2.767,00 €

Tabelle 3: Quelle: eigene Erhebungen; Hoppenstedt Aktienführer 2000 bis 2007 (* Keine konkreten Angaben im Hoppenstedt)

IV. Größe der AG

Tabelle 4: * Die Zahl der Aktien weiterer Aktiengattungen konnte – sofern solche vorhanden waren – aus Platzgründen nicht angegeben werden.

AG	Kapitalisierung	Zahl Aktien	Zahl VzAktien*
Vodafone AG (vormals Mannesmann AG)	110.467.693.521,57 €	506.941.827,00	
Hoechst AG	31.592.183.485,00 €	559.153.690,00	
Dresdner Bank AG	28.670.995.540,00 €	556.718.360,00	
Bayerische Hypo- und Vereinsbank AG	28.164.928.398,66 €	736.145.541,00	14.553.600,00
Schering AG	19.202.120.000,00 €	194.000.000,00	
SAP Systems Integration AG	12.270.419.788,00 €	316.003.600,00	
E.ON Bayern AG	9.283.815.346,05 €	307.920.907,00	
Degussa AG	8.771.902.349,40 €	205.623.590,00	
Vattenfall Europe AG	8.648.510.836,42 €	202.209.746,00	
Eurohypo AG	8.546.505.580,80 €	351.418.815,00	
Hapag Lloyd AG	6.099.996.000,00 €	2.800.000,00	
Thüga AG	5.488.382.148,48 €	86.622.193,00	
Wella AG	5.426.369.098,02 €	44.135.676,00	23.381.670,00
Ford-Werke AG	4.608.000.000,00 €	7.200.000,00	
AXA Konzern AG	4.201.336.450,40 €	26.230.760,00	5.000.000,00
BHF-Bank AG	4.111.862.682,48 €	84.052.794,00	
AXA Versicherung AG	4.054.142.680,00 €	52.508.000,00	6.094.250,00
RWE DEA AG	3.978.240.000,00 €	13.440.000,00	
Celanese AG	3.670.406.819,31 €	54.790.369,00	

Tabelle 4: * Die Zahl der Aktien weiterer Aktiengattungen konnte – sofern solche vorhanden waren – aus Platzgründen nicht angegeben werden.

Victoria Versicherung AG	3.525.620.000,00 €	2.000.000,00	
Kötitzer Ledertuch- und Wachstuch-Werke AG	3.412.200.000,00 €	157.000,00	78.000,00
Neckarwerke Stuttgart AG	3.346.460.000,00 €	8.440.000,00	
Kölnische Rückversicherungs-Gesellschaft AG	3.115.732.500,00 €	20.925.000,00	
Stinnes AG	3.031.381.928,50 €	76.069.810,00	
BHW Holding AG	2.719.800.000,00 €	180.000.000,00	
Volksfürsorge Holding AG	2.681.360.000,00 €	4.840.000,00	
Depfa Deutsche Pfandbriefbank AG	2.577.960.000,00 €	36.000.000,00	
CONTIGAS Deutsche Energie-Aktiengesellschaft	2.533.552.120,00 €	46.064.584,00	
Nestle Deutschland AG	2.363.382.096,36 €	8.381.382,00	
Vereinte Versicherung AG	2.228.608.940,98 €	594.594,00	
Buderus AG	2.142.045.866,00 €	63.001.349,00	
Bayerische Immobilien AG	2.126.304.031,68 €	95.952.348,00	
GEA AG	1.898.210.000,00 €	20.750.000,00	20.750.000,00
ABB AG	1.769.040.000,00 €	6.552.000,00	
Wüstenrot Bausparkasse AG	1.766.077.224,00 €	73.586.551,00	
Schmalbach-Lubeca AG	1.733.550.000,00 €	97.500.000,00	
Vereins- und Westbank AG	1.453.846.175,00 €	58.153.847,00	
Rütgers AG	1.426.000.000,00 €	4.600.000,00	
Aachener und Münchener Versicherung AG	1.423.014.912,00 €	4.042.656,00	
AVA Allgemeine Handelsgesellschaft der Verbraucher AG	1.415.377.590,00 €	31.230.750,00	
DIS Deutscher Industrie Service AG	1.389.900.000,00 €	12.300.000,00	

Tabelle 4: * Die Zahl der Aktien weiterer Aktiengattungen konnte – sofern solche vorhanden waren – aus Platzgründen nicht angegeben werden.

Baden-Württembergische Bank AG	1.368.000.000,00 €	36.000.000,00	
Aachener und Münchener Lebensversicherung AG	1.338.163.200,00 €	2.534.400,00	
Gerling Konzern Allgemeine Versicherungs AG	1.229.598.362,61 €	224.789.463,00	
Alcatel SEL AG	1.151.859.000,00 €	7.679.060,00	
Bayerische BrauHolding AG	1.133.460.000,00 €	377.820,00	
Zürich Agrippina Versicherung AG	1.118.128.180,16 €	2.083.184,00	
Braunschweigische Kohlenbergwerke AG	1.115.739.900,00 €	2.970.000,00	
HVB RealEstate Bank AG	1.091.380.164,00 €	51.970.484,00	
Praktiker Bau- und Heimwerkermärkte AG	1.090.320.000,00 €	66.000.000,00	
Kölnische Verwaltungs-AG für Versicherungswerte	1.078.181.280,00 €	528.000,00	
debitel AG	1.049.310.000,00 €	89.000.000,00	
Radeberger Gruppe AG	1.033.051.367,92 €	1.053.442,00	39.364,00
Kolbenschmidt Pierburg AG	1.029.404.800,20 €	28.003.395,00	
Kamps AG	1.005.136.823,70 €	83.505.255,00	
Württembergische Hypothekenbank AG	995.518.022,00 €	17.619.788,00	
AXA Lebensversicherung AG	952.261.520,00 €	15.163.400,00	
Goldschmidt AG	852.774.000,00 €	33.800.000,00	
Deutsche Bank Lübeck AG (vormals Handelsbank)	805.056.750,00 €	607.590,00	
Hermes Kreditversicherungs- AG	738.400.000,00 €	2.080.000,00	
FAG Kugelfischer Georg Schäfer AG	734.304.096,00 €	61.192.008,00	
Frankfurter Sparkasse AG	725.002.283,75 €	100.000.315,00	
SAI Automotive Aktiengesellschaft	689.186.610,00 €	51.050.860,00	

Tabelle 4: * Die Zahl der Aktien weiterer Aktiengattungen konnte – sofern solche vorhanden waren – aus Platzgründen nicht angegeben werden.

Thuringia Versicherungs-AG	680.935.680,00 €	2.108.160,00	
EBV AG	660.000.000,00 €	30.000.000,00	
Tech Data Germany AG	640.445.728,00 €	1.331.488,00	
Tarkett AG	625.146.206,70 €	40.242.040,00	
Harpen AG	622.050.000,00 €	31.900.000,00	
Alte Leipziger Versicherung AG	610.080.000,00 €	12.400.000,00	
Systematics AG	600.865.234,20 €	20.437.593,00	
Energiedienst AG (vormals Kraftübertragungswerke Rheinfelden)	576.924.000,00 €	1.923.080,00	
Gilde-Brauerei AG	562.243.200,00 €	480.000,00	
Consors Discount-Broker AG	559.154.781,75 €	47.587.641,00	
ABN AMRO Holding (Deutschland) AG	526.500.000,00 €	27.000.000,00	
DSL Holding AG i.L.	522.690.000,00 €	21.000.000,00	
Holsten-Brauerei AG	522.500.000,00 €	13.750.000,00	
Kennametal Hertel AG Werkzeuge + Hartstoffe	472.352.025,00 €	1.377.500,00	122.500,00
G. Kromschröder AG	456.197.040,00 €	15.912.000,00	
Hageda AG	446.200.000,00 €	200.000,00	
Salamander AG	425.161.404,30 €	18.721.330,00	
Aditron AG	422.940.000,00 €	15.960.000,00	
Grundstücks- und Baugesellschaft AG Heidenheim	421.200.000,00 €	7.200.000,00	
Monachia Grundstücks-AG	412.451.592,00 €	146.104,00	
MAN Roland Druckmaschinen AG	396.739.200,00 €	12.480.000,00	

Tabelle 4: * Die Zahl der Aktien weiterer Aktiengattungen konnte – sofern solche vorhanden waren – aus Platzgründen nicht angegeben werden.

ICN Immobilien Consult Nürnberg	395.853.200,00 €	3.160.000,00	
SPAR Handels AG	394.874.469,00 €	44.483.550,00	23.369.700,00
Brau & Brunnen AG	387.771.049,40 €	4.489.130,00	
Walter AG	377.500.000,00 €	5.000.000,00	
tecis Holding AG	377.278.209,00 €	11.977.086,00	
Kaufhalle AG	373.660.000,00 €	2.800.000,00	
Fränkisches Überlandwerk AG	371.315.340,00 €	2.250.000,00	396
Felten & Guilleaume Aktiengesellschaft	368.368.000,00 €	1.300.000,00	
Gerresheimer Glas AG	365.924.000,00 €	22.700.000,00	
Reckitt Benckiser Deutschland AG	362.735.911,50 €	6.847.950,00	
Maschinenfabrik Esslingen AG	352.874.500,00 €	850.300,00	
Entrium Direct Bankers AG	337.311.000,00 €	36.270.000,00	
Zürich Agrippina Lebensversicherung AG	333.074.583,72 €	523.554,00	
Sappi Alfeld AG	332.592.000,00 €	31.200.000,00	
Friatec AG	330.240.000,00 €	16.000.000,00	
VIVA Media AG	308.825.803,55 €	24.413.107,00	
DGAG Deutsche Grundvermögen AG	308.000.000,00 €	11.000.000,00	
Blaue Quellen Mineral- und Heilbrunnen AG	307.282.653,60 €	276.940,00	
Edscha AG	304.229.022,50 €	9.360.893,00	
Weinig, Michael AG	301.500.000,00 €	9.000.000,00	
Löwenbräu AG	301.056.000,00 €	401.408,00	
Gardena Holding AG	296.400.000,00 €	10.000.000,00	1.400.000,00

Tabelle 4: * Die Zahl der Aktien weiterer Aktiengattungen konnte – sofern solche vorhanden waren – aus Platzgründen nicht angegeben werden.

Apcoa Parking AG	295.508.727,50 €	2.003.449,00	
Massa AG	285.000.000,00 €	3.750.000,00	
VTG-Lehnkering AG	275.044.000,00 €	20.900.000,00	
PKV Vermögensverwaltung AG	267.000.000,00 €	50.000,00	
RSE Grundbesitz und Beteiligungs-AG	251.392.218,75 €	40.222.755,00	
Carl Schenck AG	243.507.000,00 €	1.551.000,00	
Stollwerck AG	236.000.000,00 €	800.000,00	
Verseidag AG	235.000.000,00 €	10.000.000,00	
Zanders Feinpapiere AG	231.128.000,00 €	1.600.000,00	1.200.000,00
Rheinisch- Westf. Kalkwerke AG	220.500.000,00 €	1.260.000,00	
MSH International Service AG	205.500.000,00 €	12.500.000,00	
KBC Bank Deutschland AG	201.408.519,00 €	567.300,00	
Der Grüne Punkt – Duales System Deutschland	199.433.264,40 €	1.839.960,00	
Glunz AG	198.746.267,20 €	9.672.370,00	827.630,00
Wedeco	197.910.000,00 €	10.995.000,00	
Deutscher Ring Lebensversicherung AG	194.376.000,00 €	8.400.000,00	
Barmag AG	186.320.000,00 €	13.600.000,00	
Allgemeine Privatkundenbank AG	183.392.000,00 €	1.600.000,00	
Sinn Leffers AG	181.490.400,00 €	28.808.000,00	
Möbel Walther AG	180.800.000,00 €	6.000.000,00	4.000.000,00
BBG Beteiligungs AG	180.000.000,00 €	600.000,00	
Ingram Macrotron AG	179.696.000,00 €	110.000,00	110.000,00

Tabelle 4: * Die Zahl der Aktien weiterer Aktiengattungen konnte – sofern solche vorhanden waren – aus Platzgründen nicht angegeben werden.

Karlsruher Lebensversicherung AG	175.179.090,00 €	145.500,00	
YTONG Deutschland AG	172.559.700,00 €	270.000,00	
Converium Rückversicherung AG (vormals Zürich Rückversicherung (Köln) AG)	172.089.000,00 €	90.000,00	
Autania AG für Industriebeteiligungen	171.125.278,96 €	4.043.603,00	
Nexans Deutschland AG	169.182.413,70 €	4.000.530,00	
Deutsche Ärzteversicherung AG	166.867.200,00 €	2.880.000,00	
Allweiler AG	145.320.000,00 €	120.000,00	120.000,00
Weru AG	144.610.340,00 €	570.500,00	
Kempinski AG	140.024.500,00 €	385.000,00	
Edelstahlwerk Witten AG	137.282.400,00 €	8.280.000,00	
Lambda Physik AG	132.765.000,00 €	13.250.000,00	
Schott DESAG AG	117.822.000,00 €	600.000,00	
MHM Mode Holding AG	117.418.400,00 €	440.000,00	
Rheinhold & Mahla AG	117.000.000,00 €	9.000.000,00	
Sappi Ehingen AG	116.688.000,00 €	20.800.000,00	
Lindner Holding KgaA	110.885.474,80 €	3.888.000,00	
Quante AG	110.084.000,00 €	5.200.000,00	5.200.000,00
Texas Instruments Berlin AG (vormals Condat AG)	108.000.000,00 €	9.000.000,00	
Hamburger Hochbahn AG	107.752.050,00 €	720.172,00	1.664,00
Unilog Integrata AG	107.064.000,00 €	600.000,00	
Invensys Metering Systems AG	105.615.000,00 €	84.492,00	

Tabelle 4: * Die Zahl der Aktien weiterer Aktiengattungen konnte – sofern solche vorhanden waren – aus Platzgründen nicht angegeben werden.

eff-eff Fritz Fuss GmbH & Co. KgaA	105.374.915,70 €	2.500.000,00	
IKON AG Präzisionstechnik	100.100.000,00 €	400.000,00	
Stahlwerke Bochum AG	97.317.880,00 €	4.840.000,00	
Otto Stumpf AG	93.600.000,00 €	2.889.900,00	310.000,00
Mainzer Aktien-Bierbrauerei AG	92.134.817,28 €	208.096,00	20.000,00
Kühnle, Kopp & Kausch AG bzw. AG Kühnle, Kopp & Kausch	90.144.600,00 €	1.820.000,00	1.820.000,00
Eternit AG	88.000.000,00 €	1.000.000,00	
Konrad Hornschuch AG	87.287.200,00 €	16.016.000,00	
P-D Interglas Technologies AG	87.166.805,77 €	25.865.521,00	
Berliner Kindl Brauerei AG	86.956.540,00 €	418.000,00	
Hanfwerke Oberachern AG	86.735.000,00 €	50.000,00	5.000,00
Regentalbahn AG	81.901.776,00 €	23.892,00	
Novasoft AG	75.962.550,72 €	19.527.648,00	
Jil Sander AG	75.140.700,00 €	130.000,00	120.000,00
Otto Reichelt AG	74.879.000,00 €	13.300.000,00	
Jobpilot AG	73.046.470,90 €	13.782.353,00	
Solenhofer Aktien-Verein AG	71.478.000,00 €	23.826,00	
EURAG Holding-AG	69.024.000,00 €	300.000,00	
Rieter Ingolstadt Spinnereimaschinenbau AG	68.068.800,00 €	480.000,00	
Bremer Woll-Kämmerei AG	66.762.195,15 €	26.181.253,00	
Württembergische und Badische Versicherungs-Aktien	64.756.276,00 €	2.490.626,00	

Tabelle 4: * Die Zahl der Aktien weiterer Aktiengattungen konnte – sofern solche vorhanden waren – aus Platzgründen nicht angegeben werden.

Microlog Logistics AG	64.075.706,80 €	6.044.878,00	
mg vermögensverwaltungs-ag	60.060.000,00 €	1.820.000,00	
Leica Camera AG	54.675.000,00 €	15.000.000,00	
Hüttenwerke Kayser AG	51.912.000,00 €	900.000,00	
Elektra Beckum AG	51.040.000,00 €	2.000.000,00	
Würzburger Hofbräu AG	49.596.000,00 €	100.000,00	
Heinrich Industrie AG	49.380.000,00 €	2.000.000,00	
CAA AG	48.509.300,00 €	9.170.000,00	
Scholz & friends AG	47.212.000,00 €	21.460.000,00	
Stadtwerke Achim AG	45.945.640,00 €	15.418,00	
DUEWAG AG i.A.	45.576.250,00 €	451.250,00	
Wupper AG i.L.	44.577.090,00 €	5.943.612,00	
H.I.S. sportswear AG	44.421.600,00 €	4.460.000,00	
Tempelhofer Feld AG für Grundstücksverwertung	43.750.000,00 €	25.000,00	
Komatsu Hanomag AG	43.506.322,00 €	750.109,00	
equitrust AG	43.080.000,00 €	12.060.000,00	
Vfw AG	42.264.000,00 €	7.200.000,00	
Brainpool TV AG	39.220.000,00 €	10.600.000,00	
Dortmunder Actien Brauerei AG	39.020.940,00 €	5.994.000,00	
MIS AG	38.106.935,52 €	3.769.232,00	
O & K Orenstein & Koppel AG	37.920.000,00 €	2.400.000,00	
Joseph Vögele AG	37.853.790,00 €	299.832,00	168

Tabelle 4: * Die Zahl der Aktien weiterer Aktiengattungen konnte – sofern solche vorhanden waren – aus Platzgründen nicht angegeben werden.

SchmidtBank AG	37.726.700,00 €	75.453.400,00	
INKA Aktiengesellschaft für Beteiligungen	36.938.024,00 €	315.440,00	30
USU AG	36.438.655,85 €	5.738.371,00	
Buckau-Walther AG	35.892.000,00 €	3.600.000,00	
W. Jacobsen AG	34.920.600,00 €	36.300,00	
TIAG TABBERT-Industrie Aktiengesellschaft	34.500.000,00 €	3.000.000,00	
PSB Aktiengesellschaft für Programmierung und Systemberatung	33.539.441,92 €	3.614.164,00	
Patria Versicherung AG	33.407.270,00 €	13.000,00	
Knürr AG	32.400.500,00 €	236.500,00	236.500,00
Deutscher Eisenhandel AG	31.497.202,00 €	12.000,00	
Hagen Batterie AG	30.553.500,00 €	50.000,00	
Armstrong DLW AG bzw. DLW AG	29.751.000,00 €	14.100.000,00	
Universitätsdruckerei H. Stürtz AG	29.700.000,00 €	1.188.000,00	
ATB Antriebstechnik AG	28.560.000,00 €	510.000,00	
Terrain-Gesellschaft am Teltow-Kanal Rudow-Johanni	26.240.000,00 €	1.570,00	
Christian Adalbert Kupferberg & Cie. KGaA	26.084.880,00 €	72.000,00	
StepStone Deutschland AG	26.005.361,25 €	20.804.289,00	
Bekaert Deutsche Holding AG	24.070.000,00 €	1.203.500,00	
Aqua Signal AG	24.000.000,00 €	150.000,00	
Real Garant Versicherung AG	24.000.000,00 €	2.000.000,00	
Otavi Minen AG	21.417.600,00 €	240.000,00	

Tabelle 4: * Die Zahl der Aktien weiterer Aktiengattungen konnte – sofern solche vorhanden waren – aus Platzgründen nicht angegeben werden.

Interhansa Reederei AG	20.610.000,00 €	500.000,00	
Kammgarnspinnerei zu Leipzig Aktiengesellschaft	19.800.000,00 €	60.000,00	
Steffen AG	16.200.000,00 €	2.700.000,00	
Schleicher & Co. International AG	13.011.640,00 €	2.866.000,00	
Gebrüder Bernard AG	12.960.000,00 €	1.080.000,00	
WERBAS AG	11.250.000,00 €	1.250.000,00	
Stelcon AG	9.902.200,00 €	198.044,00	
Hannoversche Portland-Cementfabrik	9.384.000,00 €	27.200,00	
Concept! AG	8.761.800,00 €	1.288.500,00	
Brauereigesellschaft vorm. Meyer & Söhne AG	8.590.400,00 €	5.600,00	
Frankenluk AG	8.360.000,00 €	110.000,00	
N.T.W.H. Immobilieninvest, vor. Krefelder Hotel AG	7.974.400,00 €	28.000,00	
Schoeller Eitorf AG	7.828.590,00 €	10.167,00	
Aachener Straßenbahn und Energieversorgungs-AG	5.127.360,00 €	2.352.000,00	
OSSACUR AG	3.802.561,10 €	2.925.047,00	
Stuttgart Consult Unternehmens- und Finanzberatungs AG	3.600.000,00 €	24.000,00	
JADO AG	3.040.000,00 €	2.000.000,00	1.600.000,00
DMS Deutsche Maklerservice AG	2.824.473,60 €	143.520,00	
Tradition Wertpapierhandelsbank AG	2.531.250,00 €	2.531.250,00	
Gauss Interprise AG	2.342.202,00 €	9.759.178,00	
operator Telekommunikation International AG	1.648.137,40 €	2.535.596,00	
Morphochem AG für kombinatorische Chemie	1.391.599,30 €		897.806,00

Tabelle 4: * Die Zahl der Aktien weiterer Aktiengattungen konnte – sofern solche vorhanden waren – aus Platzgründen nicht angegeben werden.

Brain Force Financial Solutions AG	1.015.560,00 €	1.617.000,00
Kiekert AG	734.730,00 €	11.400,00
Hilgers AG	672.000,00 €	138.600,00
Verlag u. Druckerei G.J.Manz AG	600.000,00 €	910
manager-lounge AG	492.981,75 €	219.103,00
Ingenium Pharmaceuticals AG	5.001,72 €	500.172,00

V. Transaktionsvolumen

Tabelle 5: Quelle: eigene Erhebungen aus dem elektronischen Bundesanzeiger, den Hoppenstedt Aktienführern der Jahre 2002 bis 2007. (* HA = Hauptaktionär)

AG	Anteil HA* in %	Zahl Stammaktien	Zahl Vz-Aktien	abzufindende Stammaktien	abzufindende Vz-Aktien	Transaktions-volumen
Aachener Straßenbahn und Energieversorgungs-AG	97,89	2.352.000,00		14.540,00		31.697,20 €
Aachener und Münchener Lebensversicherung AG	97,51	2.534.400,00				33.320.496,00 €

Tabelle 5: Quelle: eigene Erhebungen aus dem elektronischen Bundesanzeiger, den Hoppenstedt Aktienführern der Jahre 2002 bis 2007. (* HA = Hauptaktionär)

Aachener und Münchener Versicherung AG	98,71	4.042.656,00				18.356.800,00 €
ABB AG	98,71	6.552.000,00				22.820.670,00 €
ABN AMRO Holding (Deutschland) AG	99,98	27.000.000,00		5.620,00		109.590,00 €
Aditron AG	97,67	15.960.000,00		371.833,00		9.853.574,50 €
Alcatel SEL AG	99,96	7.679.060,00				460.800,00 €
Allgemeine Privatkundenbank AG	99,82	1.600.000,00		2.835,00		324.947,70 €
Allweiler AG	98,73	120.000,00	120.000,00			1.063.752,00 €
Alte Leipziger Versicherung AG	98,8	12.400.000,00				7.320.960,00 €
Anneliese Zementwerke AG	99,69		3.742.800,00		28.096,00	772.640,00 €
Apcoa Parking AG	98,92	2.003.449,00				3.191.457,50 €
Aqua Signal AG	98,86	150.000,00		1.703,00		272.480,00 €
Armstrong DLW AG bzw. DLW AG	96,42	14.100.000,00				1.065.085,80 €
Autania AG für Industriebeteiligungen	98,59	4.043.603,00		57.117,00		2.417.191,44 €
AVA Allgemeine Handelsgesellschaft der Verbraucher AG	95,03	31.230.750,00		1.553.699,00		70.413.638,68 €

Tabelle 5: Quelle: eigene Erhebungen aus dem elektronischen Bundesanzeiger, den Hoppenstedt Aktienführern der Jahre 2002 bis 2007. (* HA = Hauptaktionär)

AXA Konzern AG	96,84	26.230.760,00	5.000.000,00	732.329,00	254.271,00	132.737.164,00 €
AXA Lebensversicherung AG	99,14	15.163.400,00		130.020,00		8.165.256,00 €
AXA Versicherung AG	99,14	46.413.750,00	6.094.250,00	72.026,00		5.561.127,46 €
Baden-Württembergische Bank AG	98,84	36.000.000,00		417.880,00		15.879.440,00 €
Barmag AG	99,37	13.600.000,00				1.179.405,60 €
Bayerische BrauHolding AG	99,48	377.820,00		1.969,00		5.907.000,00 €
Bayerische Immobilien AG	99,64	95.952.348,00		347.939,00		7.710.328,24 €
BBG Beteiligungs AG	99,77	600.000,00		1.366,00		368.820,00 €
Bekaert Deutsche Holding AG	99,93	1.203.500,00				16.840,00 €
Berliner Kindl Brauerei AG	96,09	418.000,00		16.348,00		3.400.874,44 €
BHF-Bank AG	97,6	84.052.794,00				98.684.701,64 €
Brain Force Financial Solutions AG	95,15	1.617.000,00		78.373,00		680.277,64 €
Brainpool TV AG	95,93	10.600.000,00				1.596.254,00 €
Brau & Brunnen AG	96,68	4.489.130,00				12.873.988,82 €

Tabelle 5: Quelle: eigene Erhebungen aus dem elektronischen Bundesanzeiger, den Hoppenstedt Aktienführern der Jahre 2002 bis 2007. (* HA = Hauptaktionär)

Brauereigesellschaft vorm. Meyer & Söhne AG	99,86	5.600,00	8	12.272,00 €
Braunschweigische Kohlenbergwerke AG	99,95	2.970.000,00		557.869,95 €
Bremer Woll-Kämmerei AG	95,05	26.181.253,00	1.295.459,00	3.303.420,45 €
Buckau-Walther AG	99,31	3.600.000,00	24.880,00	248.053,60 €
Buderus AG	97,16	63.001.349,00		60.834.092,00 €
CAA AG	95,62	9.170.000,00		2.124.707,34 €
Carl Schenck AG	98,72	1.551.000,00	19.918,00	3.127.126,00 €
Celanese AG	98,2	54.790.369,00		66.067.346,73 €
Christian Adalbert Kupferberg & Cie. KGaA	99,1	72.000,00	656	237.662,24 €
Cluss-Wulle AG	99,19	107.800,00	871	143.715,00 €
Concept! AG	95,24	1.288.500,00		417.064,40 €
Consors Discount-Broker AG	95,05	47.587.641,00	2.356.686,00	27.691.060,50 €
CONTIGAS Deutsche Energie-Aktiengesellschaft	98,87	46.064.584,00		28.629.150,00 €

Tabelle 5: Quelle: eigene Erhebungen aus dem elektronischen Bundesanzeiger, den Hoppenstedt Aktienführern der Jahre 2002 bis 2007. (* HA = Hauptaktionär)

Converium Rückversicherung AG (vormals Zürich Rückversicherung (Köln) AG)	98,63	90.000,00	1.234,00	2.359.531,40 €
debitel AG	k.A.	89.000.000,00	4.450.000,00	52.465.500,00 €
Degussa AG	97,53	205.623.590,00	5.085.013,00	216.926.654,58 €
Depfa Deutsche Pfandbriefbank AG	98,25	36.000.000,00	631.285,00	45.206.318,85 €
Der Grüne Punkt – Duales System Deutschland	96,89	1.839.960,00	57.240,00	6.204.243,60 €
Deutsche Ärzteversicherung AG	97,87	2.880.000,00	61.256,00	3.549.172,64 €
Deutsche Bank Lübeck AG (vormals Handelsbank)	98	607.590,00		16.101.400,00 €
Deutscher Eisenhandel AG	99,87	12.000,00	231	42.434,70 €
Deutscher Ring Lebensversicherung AG	97,77	8.400.000,00		4.334.584,80 €
DGAG Deutsche Grundvermögen AG	99,42	11.000.000,00		1.786.400,00 €

Tabelle 5: Quelle: eigene Erhebungen aus dem elektronischen Bundesanzeiger, den Hoppenstedt Aktienführern der Jahre 2002 bis 2007. (* HA = Hauptaktionär)

DIS Deutscher Industrie Service AG	98,4	12.300.000,00	193.059,00	21.815.667,00 €
DMS Deutsche Maklerservice AG	95	143.520,00	7.176,00	141.223,68 €
Dortmunder Actien Brauerei AG	96,51	5.994.000,00	209.220,00	1.362.022,20 €
Dresdner Bank AG	97,2	556.718.360,00		802.787.871,00 €
DSL Holding AG i.L.	97,46	21.000.000,00		13.276.326,00 €
DUEWAG AG i.A.	99	451.250,00		455.813,00 €
E.ON Bayern AG	97,3	307.920.907,00	8.220.907,00	247.860.346,05 €
EBV AG	99,62	30.000.000,00		2.508.000,00 €
Edelstahlwerk Witten AG	98,84	8.280.000,00		1.592.475,84 €
Edscha AG	98,36	9.360.893,00	153.839,00	4.999.767,50 €
eff-eff Fritz Fuss GmbH & Co. KgaA		2.500.000,00	61.329,00	2.585.017,35 €
Elektra Beckum AG	97,22	2.000.000,00		1.420.443,20 €
Entrium Direct Bankers AG	99,37	36.270.000,00		2.114.940,90 €
equitrust AG	95,97	12.060.000,00	586.608,00	2.105.922,72 €
Eternit AG	99,8	1.000.000,00		176.000,00 €
EURAG Holding-AG	99,51	300.000,00		338.217,60 €
Eurohypo AG	98,21	351.418.815,00	6.278.509,00	152.693.338,88 €

Tabelle 5: Quelle: eigene Erhebungen aus dem elektronischen Bundesanzeiger, den Hoppenstedt Aktienführern der Jahre 2002 bis 2007. (* HA = Hauptaktionär)

FAG Kugelfischer Georg Schäfer AG	96,15	61.192.008,00				28.270.704,00 €
Felten & Guilleaume Aktiengesellschaft	99	1.300.000,00				3.683.680,00 €
Ford-Werke AG	99,9	7.200.000,00				4.608.000,00 €
Frankfurter Sparkasse AG	99,99	100.000.315,00		32		232,00 €
Fränkisches Überlandwerk AG	95,22	2.250.000,00	396	108.218,00		17.855.970,00 €
Friatec AG	99,1	16.000.000,00		141.508,00		2.920.725,12 €
G. Kromschröder AG	95,86	15.912.000,00				18.886.563,19 €
Gauss Interprise AG	95,09	9.759.178,00		479.448,00		575.337,60 €
Gebrüder Bernard AG	96,93	1.080.000,00		33.120,00		397.440,00 €
Gerling Konzern Allgemeine Versicherungs AG	95,49	224.789.463,00		10.159.677,00		55.573.433,19 €
Gerresheimer Glas AG	98,56	22.700.000,00				5.269.305,60 €
Glunz AG	99,1	9.672.370,00	827.630,00	42.976,00	51.892,00	1.681.981,30 €
Goldschmidt AG	97,3	33.800.000,00				23.024.898,00 €
Grundstücks- und Baugesellschaft AG Heidenheim	97,86	7.200.000,00		153.948,00		9.005.958,00 €
H.I.S. sportswear AG	96,99	4.460.000,00		389.018,00		3.874.619,28 €

Tabelle 5: Quelle: eigene Erhebungen aus dem elektronischen Bundesanzeiger, den Hoppenstedt Aktienführern der Jahre 2002 bis 2007. (* HA = Hauptaktionär)

Hageda AG	97,61	200.000,00		4.790,00		10.686.490,00 €
Hagen Batterie AG	99,42	50.000,00		291		177.821,37 €
Hamburger Hochbahn AG	98,21	720.172,00	1.664,00			1.928.745,00 €
Hamburg-Mannheimer Sachversicherungs AG	k.A.			173		101.696,32 €
Hanfwerke Oberachern AG	95,14	50.000,00	5.000,00	1.547,00	1.126,00	4.215.321,00 €
Hannoversche Portland-Cementfabrik	97,24	27.200,00		750		258.750,00 €
Hapag Lloyd AG	99,6	2.800.000,00		11.147,00		24.284.519,79 €
Harpen AG	95,06	31.900.000,00				30.729.270,00 €
Heinrich Industrie AG	97,15	2.000.000,00				1.407.330,00 €
Hermes Kreditversicherungs-AG	99,52	2.080.000,00				3.544.320,00 €
Hilgers AG	98,36	138.600,00				436.416,00 €
Hoechst AG	98,09	559.153.690,00				603.410.677,50 €
Holsten-Brauerei AG	98,14	13.750.000,00				9.705.732,00 €
Horten AG	98,22	50.000.000,00		890.000,00		8.455.000,00 €
Hüttenwerke Kayser AG	98,27	900.000,00				898.077,60 €

Tabelle 5: Quelle: eigene Erhebungen aus dem elektronischen Bundesanzeiger, den Hoppenstedt Aktienführern der Jahre 2002 bis 2007. (* HA = Hauptaktionär)

HVB RealEstate Bank AG	96,91	51.970.484,00		1.606.823,00		33.743.283,00 €
ICN Immobilien Consult Nürnberg	99,55	3.160.000,00				1.781.339,40 €
IKON AG Präzisionstechnik	99,47	400.000,00				530.530,00 €
Ingenium Pharmaceuticals AG	98,29	500.172,00		8.556,00		85,56 €
Ingram Macrotron AG	96,75	110.000,00	110.000,00	580	6.575,00	5.844.204,00 €
Interhansa Reederei AG	99,8	500.000,00				41.220,00 €
Jil Sander AG	98,51	130.000,00	120.000,00			497.479,71 €
Jobpilot AG	95,1	13.782.353,00				3.579.275,50 €
Joseph Vögele AG	98,2	299.832,00	168	5.247,00		662.433,75 €
Kammgarnspinnerei zu Leipzig Aktiengesellschaft	95,64	60.000,00				863.280,00 €
Kamps AG	97,09	83.505.255,00		2.431.027,00		29.512.667,78 €
Karlsruher Lebensversicherung AG	97,2	145.500,00		6.792,00		8.177.432,16 €
Kaufhalle AG	98,62	2.800.000,00				5.156.508,00 €
KBC Bank Deutschland AG	99,76	567.300,00		1.385,00		491.716,55 €

Tabelle 5: Quelle: eigene Erhebungen aus dem elektronischen Bundesanzeiger, den Hoppenstedt Aktienführern der Jahre 2002 bis 2007. (* HA = Hauptaktionär)

Kempinski AG	98,28	385.000,00		6.617,00		2.406.602,90 €
Kiekert AG	97,8	11.400,00				16.176,95 €
KM Europa Metal AG	99,49	12.136.592,00		134.857,00		2.976.293,90 €
Knürr AG	95,3	236.500,00	236.500,00	2.777,00	19.456,00	1.297.794,00 €
Kölnische Rückversicherungs-Gesellschaft AG	95,22	20.925.000,00		1.000.871,00		149.029.691,90 €
Kölnische Verwaltungs-AG für Versicherungswerte	99,56	528.000,00		2.308,00		4.712.959,08 €
Komatsu Hanomag AG	98,38	750.109,00		12.138,00		704.004,00 €
Konrad Hornschuch AG	99,44	16.016.000,00				488.810,50 €
Kötitzer Ledertuch- und Wachstuch-Werke AG	99,98	157.000,00	78.000,00	45	3	696.960,00 €
Lambda Physik AG	95,01	13.250.000,00				6.624.973,50 €
Leica Camera AG	96,51	15.000.000,00		522.780,00		6.351.777,00 €
Lindner Holding KgaA	95,21	3.888.000,00		186.412,00		5.316.470,24 €
Löwenbräu AG	99,7	401.408,00		1.200,00		900.000,00 €

Tabelle 5: Quelle: eigene Erhebungen aus dem elektronischen Bundesanzeiger, den Hoppenstedt Aktienführern der Jahre 2002 bis 2007. (* HA = Hauptaktionär)

Mainzer Aktien-Bierbrauerei AG	98,67	208.096,00	20.000,00	2.607,00	420	1.222.696,10 €
MAN Roland Druckmaschinen AG	98,6	12.480.000,00				5.554.348,80 €
manager-lounge AG	96,84	219.103,00		6.915,00		15.558,75 €
Maschinenfabrik Esslingen AG	99,27	850.300,00				2.575.905,00 €
Massa AG	98,85	3.750.000,00				3.277.500,00 €
mg vermögensverwaltungs-ag	99,4	1.820.000,00				360.360,00 €
MHM Mode Holding AG	98,05	440.000,00		8.388,00		2.238.421,68 €
Microlog Logistics AG	97,74	6.044.878,00				1.448.108,40 €
MIS AG	95,27	3.769.232,00		178.105,00		1.800.641,55 €
Möbel Walther AG	96,74	6.000.000,00	4.000.000,00	69.799,00	274.760,00	6.229.626,70 €
Monachia Grundstücks-AG	97,85	146.104,00				8.867.043,00 €
MSH International Service AG	97,74	12.500.000,00		282.812,00		4.649.429,28 €
N.T.W.H. Immobilieninvest, vor. Krefelder Hotel AG	97,54	28.000,00		689		196.227,20 €

Tabelle 5: Quelle: eigene Erhebungen aus dem elektronischen Bundesanzeiger, den Hoppenstedt Aktienführern der Jahre 2002 bis 2007. (* HA = Hauptaktionär)

Neckarwerke Stuttgart AG	99,45	8.440.000,00		46.769,00		18.543.908,50 €
Nestle Deutschland AG	97,2	8.381.382,00				66.174.784,42 €
Nexans Deutschland AG	99,98	4.000.530,00		468		19.791,72 €
Novasoft AG	95,02	19.527.648,00				3.782.935,53 €
operator Telekommunikation International AG	98,82	2.535.596,00		29.971,00		19.481,15 €
OSSACUR AG	99,14	2.925.047,00		41.245,00		53.618,50 €
Otavi Minen AG	95,35	240.000,00		11.159,00		995.829,16 €
Otto Reichelt AG	97,71	13.300.000,00				1.714.729,10 €
Otto Stumpf AG	97,38	2.890.000,00	310.000,00	72.998,00	10.738,00	13.062.816,00 €
Patria Versicherung AG	99,6	13.000,00		50		128.489,50 €
P-D Interglas Technologies AG	97,46	25.865.521,00		657.303,00		2.215.111,11 €
Pirelli Deutschland AG	99,08	1.020.000,00				1.923.720,00 €
Praktiker Bau- und Heimwerkermärkte AG	99,7	66.000.000,00				3.270.960,00 €
primion Technology AG	99,99			100		769,00 €

Tabelle 5: Quelle: eigene Erhebungen aus dem elektronischen Bundesanzeiger, den Hoppenstedt Aktienführern der Jahre 2002 bis 2007. (* HA = Hauptaktionär)

PSB Aktiengesellschaft für Programmierung und Systemberatung	98,3	3.614.164,00		61.257,00		568.464,96 €
Quante AG	99,3	5.200.000,00	5.200.000,00		72.832,00	1.541.853,40 €
Radeberger Gruppe AG	95,64	1.053.442,00	39.364,00	47.616,00		45.012.357,12 €
Reckitt Benckiser Deutschland AG	99,6	6.847.950,00				1.450.954,24 €
Regentalbahn AG	96,84	23.892,00		756		2.591.568,00 €
Rheinhold & Mahla AG	98,71	9.000.000,00				1.509.300,00 €
Rheinisch- Westf. Kalkwerke AG	99,87	1.260.000,00				286.650,00 €
Rieter Ingolstadt Spinnereimaschinenbau AG	97,88	480.000,00				1.443.058,56 €
Rütgers AG	98,41	4.600.000,00				22.673.400,00 €
RWE DEA AG	99,47	13.440.000,00				21.283.584,00 €
SAI Automotive Aktiengesellschaft	96,82	51.050.860,00		1.621.984,00		21.896.784,00 €
Salamander AG	95,4	18.721.330,00		856.724,00		19.456.202,04 €
SAP Systems Integration AG	96,5	316.003.600,00				429.464.692,58 €

Tabelle 5: Quelle: eigene Erhebungen aus dem elektronischen Bundesanzeiger, den Hoppenstedt Aktienführern der Jahre 2002 bis 2007. (* HA = Hauptaktionär)

Sappi Alfeld AG	99,55	31.200.000,00		107.848,00		1.149.659,68 €
Sappi Ehingen AG	95,9	20.800.000,00		853.625,00		4.788.836,25 €
Schering AG	96,1	194.000.000,00				748.882.680,00 €
Schmalbach-Lubeca AG	97,64	97.500.000,00				40.911.780,00 €
SchmidtBank AG	96,75	75.453.400,00		2.453.400,00		1.226.700,00 €
Scholz & friends AG	97,07	21.460.000,00		629.844,00		1.385.656,80 €
Schott DESAG AG	98,5	600.000,00				1.767.330,00 €
Sinn Leffers AG	99,1	28.808.000,00		259.099,00		1.632.323,70 €
Solenhofer Aktien-Verein AG	99,76	23.826,00				171.000,00 €
SPAR Handels AG	97,27	44.483.550,00	23.369.700,00	962.816,00	893.122,00	11.935.669,00 €
Stadtwerke Achim AG	98,8	15.418,00		29		86.420,00 €
Stahlwerke Bochum AG	97	4.840.000,00				2.915.635,64 €
Stelcon AG	95,84	198.044,00				411.950,00 €
StepStone Deutschland AG	99,9	20.804.289,00		20.804,00		26.005,00 €
Stinnes AG	99,71	76.069.810,00		220.477,00		8.786.008,45 €
Stollwerck AG	98,66	800.000,00		10.754,00		3.172.430,00 €
Stowe Woodward AG	99,55	14.400,00		65		241.506,20 €

Tabelle 5: Quelle: eigene Erhebungen aus dem elektronischen Bundesanzeiger, den Hoppenstedt Aktienführern der Jahre 2002 bis 2007. (* HA = Hauptaktionär)

Stuttgart Consult Unternehmens- und Finanzberatungs AG	96,97	24.000,00	727	109.050,00 €
Systematics AG	98,15	20.437.593,00		11.115.993,00 €
Tarkett AG	97,15	40.242.040,00		18.751.782,30 €
Tech Data Germany AG	99,95	1.331.488,00	616	296.296,00 €
tecis Holding AG	97,8	11.977.086,00		8.300.124,00 €
Tempelhofer Feld AG für Grundstücksverwertung	98,88	25.000,00		491.750,00 €
Texas Instruments Berlin AG (vormals Condat AG)	98,69	9.000.000,00	117.550,00	1.410.600,00 €
Thüga AG	96,6	86.622.193,00	2.948.210,00	186.798.585,60 €
Thuringia Versicherungs-AG	99,18	2.108.160,00		5.583.701,00 €
TIAG TABBERT-Industrie Aktiengesellschaft	97,16	3.000.000,00	249.893,00	2.873.769,50 €
Tradition Wertpapierhandelsbank AG	99,26	2.531.250,00	18.695,00	18.695,00 €
Unilog Integrata AG	99,89	600.000,00		117.770,40 €

Tabelle 5: Quelle: eigene Erhebungen aus dem elektronischen Bundesanzeiger, den Hoppenstedt Aktienführern der Jahre 2002 bis 2007. (* HA = Hauptaktionär)

Universitätsdruckerei H. Stürtz AG	96,22	1.188.000,00		1.123.450,00 €
USU AG	98,86	5.738.371,00	65.381,00	415.169,35 €
Vattenfall Europe AG	96,81	202.209.746,00	6.454.150,00	276.043.995,50 €
Vereins- und Westbank AG	95,2	58.153.847,00	2.788.090,00	69.702.250,00 €
Verseidag AG	98,8	10.000.000,00		2.820.000,00 €
Vfw AG	97,38	7.200.000,00	188.690,00	1.107.610,30 €
Victoria Versicherung AG	98,83	2.000.000,00		41.249.754,00 €
VIVA Media AG	97,82	24.413.107,00		6.732.405,90 €
Vodafone AG (vormals Mannesmann AG)	98,7	506.941.827,00		1.436.080.070,04 €
Volksfürsorge Holding AG	99,15	4.840.000,00		22.791.560,00 €
VTG-Lehnkering AG	97,37	20.900.000,00		7.233.657,20 €
W. Jacobsen AG	97,62	36.300,00		831.168,00 €
Walter AG	96,44	5.000.000,00	168.749,00	12.740.549,50 €
Wedeco	95,33	10.995.000,00		9.242.406,00 €
Weinig, Michael AG	96,11	9.000.000,00	349.701,00	11.714.983,50 €
WERBAS AG	95,9	1.250.000,00	51.524,00	463.716,00 €
Weru AG	99,55	570.500,00	2.581,00	654.231,88 €
Wupper AG i.L.	99,93	5.943.612,00	4.458,00	33.435,00 €

Tabelle 5: Quelle: eigene Erhebungen aus dem elektronischen Bundesanzeiger, den Hoppenstedt Aktienführern der Jahre 2002 bis 2007. (* HA = Hauptaktionär)

Württembergische Hypothekenbank AG		17.619.788,00	441.952,00	24.970.288,00 €
Württembergische und Badische Versicherungs-Aktien	98,51	2.490.626,00		964.860,00 €
Wüstenrot Bausparkasse AG	99,96	73.586.551,00	29.434,00	706.416,00 €
Zürich Agrippina Lebensversicherung AG	99,2	523.554,00	4.188,00	2.664.321,84 €
Zürich Agrippina Versicherung AG	99,6	2.083.184,00	8.333,00	4.472.654,42 €

VI. Zeitraum zwischen Verlangen und Hauptversammlung

Tabelle 6: Quelle: eigene Erhebung aus elektronischem Bundesanzeiger (* in Tagen)

Aktiengesellschaft	Verlangen	Hauptversammlung	Diff.*
MIS AG	13.12.2004	24.01.2005	42
Kötitzer Ledertuch- und Wachstuch-Werke AG	06.11.2007	19.12.2007	43
Otto Stumpf AG	06.11.2007	20.12.2007	44
Hageda AG	06.11.2007	21.12.2007	45
USU AG	28.04.2003	13.06.2003	46
Frankfurter Sparkasse AG	31.10.2005	21.12.2005	51
Hanfwerke Oberachern AG	22.10.2007	18.12.2007	57
Kammgarnspinnerei zu Leipzig Aktiengesellschaft	26.06.2007	24.08.2007	59
CONTIGAS Deutsche Energie-Aktiengesellschaft	18.04.2005	17.06.2005	60
OSSACUR AG	28.10.2003	30.12.2003	63
AVECS Corporation AG	13.10.2006	19.12.2006	67
Thüga AG	22.09.2003	28.11.2003	67
N.T.W.H. Immobilieninvest, vor. Krefelder Hotel AG	15.11.2006	22.01.2007	68
HVB RealEstate Bank AG	18.03.2003	26.05.2003	69
Degussa AG	20.03.2006	29.05.2006	70
Gerresheimer Glas AG	26.02.2003	13.05.2003	76
operator Telekommunikation International AG	05.10.2006	21.12.2006	77
Gebrüder Bernard AG	18.06.2007	07.09.2007	81
E.ON Bayern AG	03.04.2003	24.06.2003	82

Tabelle 6: Quelle: eigene Erhebung aus elektronischem Bundesanzeiger (* in Tagen)

Deutscher Eisenhandel AG	23.08.2005	15.11.2005	84
P-D Interglas Technologies AG	31.05.2006	25.08.2006	86
Kaufhalle AG	23.09.2003	18.12.2003	86
NFZ Norddeutsche Fleischzentrale AG	26.05.2005	24.08.2005	90
DGAG Deutsche Grundvermögen AG	14.02.2007	16.05.2007	91
G. Kromschröder AG	16.09.2005	16.12.2005	91
equitrust AG	28.06.2006	28.09.2006	92
VIVA Media AG	14.10.2004	14.01.2005	92
Wella AG	08.09.2005	13.12.2005	96
Grundstücks- und Baugesellschaft AG Heidenheim	04.07.2007	09.10.2007	97
Autania AG für Industriebeteiligungen	23.08.2007	28.11.2007	97
Deutsche Annington Heimbau AG	18.05.2005	25.08.2005	99
Ingenium Pharmaceuticals AG	29.07.2007	05.11.2007	99
Holsten-Brauerei AG	18.10.2004	27.01.2005	101
Baden-Württembergische Bank AG	17.04.2003	30.07.2003	104
Brain Force Financial Solutions AG	10.11.2005	23.02.2006	105
Württembergische Hypothekenbank AG	26.01.2005	12.05.2005	106
Tempelhofer Feld AG für Grundstücksverwertung	05.10.2004	19.01.2005	106
DIS Deutscher Industrie Service AG	05.09.2007	20.12.2007	106
Sinn Leffers AG	03.09.2004	20.12.2004	108
Leica Camera AG	31.07.2007	20.11.2007	112
Quante AG	08.05.2003	29.08.2003	113

Tabelle 6: Quelle: eigene Erhebung aus elektronischem Bundesanzeiger (* in Tagen)

Wedeco	07.05.2004	30.08.2004	115
PSB Aktiengesellschaft für Programmierung und Systemberatung	15.02.2005	16.06.2005	121
Microlog Logistics AG	24.07.2006	23.11.2006	122
Jil Sander AG	02.05.2006	05.09.2006	126
Kühnle, Kopp & Kausch AG bzw. AG Kühnle, Kopp & Kausch	11.05.2005	14.09.2005	126
Konrad Hornschuch AG	06.05.2004	09.09.2004	126
Morphochem AG für kombinatorische Chemie	20.12.2005	27.04.2006	128
Regentalbahn AG	13.06.2005	20.10.2005	129
Lindner Holding KgaA	19.10.2004	25.02.2005	129
SPAR Handels AG	16.09.2004	26.01.2005	132
Bayerische Immobilien AG	05.08.2004	15.12.2004	132
Stinnes AG	08.10.2002	17.02.2003	132
Kolbenschmidt Pierburg AG	13.02.2007	26.06.2007	133
Heinrich Industrie AG	23.12.2004	12.05.2005	140
Carl Schenck AG	20.02.2004	09.07.2004	140
Kamps AG	05.03.2003	25.07.2003	142
Apcoa Parking AG	13.07.2004	13.12.2004	153
Marner GZG Saaten AG	06.12.2004	12.05.2005	157
Karlsruher Lebensversicherung AG	12.01.2006	20.06.2006	159
Eurohypo AG	21.03.2007	29.08.2007	161
Bremer Woll-Kämmerei AG	02.03.2006	15.08.2006	166
GEA AG	23.02.2004	13.08.2004	172

Tabelle 6: Quelle: eigene Erhebung aus elektronischem Bundesanzeiger (* in Tagen)

Kennametal Hertel AG Werkzeuge + Hartstoffe	24.06.2004	15.12.2004	174
Gauss Interprise AG	03.03.2005	25.08.2005	175
Stuttgart Consult Unternehmens- und Finanzberatungs AG	30.01.2003	06.08.2003	188
Allweiler AG	13.02.2003	28.08.2003	196
Möbel Walther AG	09.02.2007	31.08.2007	203
Vattenfall Europe AG	03.08.2005	01.03.2006	210
Scholz & friends AG	12.09.2003	06.05.2004	237
Hagen Batterie AG	11.03.2003	28.11.2003	262
Felten & Guilleaume Aktiengesellschaft	24.03.2004	23.12.2004	274
GE Frankona Rückversicherungs-Beteiligungs AG	13.03.2003	18.12.2003	280
Kölnische Rückversicherungs-Gesellschaft AG	19.09.2006	26.06.2007	280

VII. Börsennotierte Papiere

Tabelle 7: Quellen: Bundesanzeiger, WISO, finanznachrichten.de, dgap.de, BaFin (DaumHV = Datum der Hauptversammlung)

Aktiengesellschaft	Bekanntgabe	DatumHV	ISIN	WKN
Aachener Straßenbahn und Energieversorgungs-AG	14.07.2004	27.08.2004	DE0008200007	820000
Aachener und Münchener Lebensversicherung AG (Inhaber-Stammaktien)	23.01.2002	24.06.2002	DE0008453929	845392
Aachener und Münchener Versicherung AG	23.01.2002	25.06.2002	DE0008410804	841080
ABB AG	05.01.2002	29.08.2002	DE0005291009	529100
Aditron AG	07.03.2003	15.05.2003	DE0007035107	703510
Alcatel SEL AG	04.11.2002	05.06.2003	DE0006619000	661900
Allgemeine Privatkundenbank AG	02.07.2003	25.08.2003	DE0008083304	808330
Allweiler AG (Stammaktien)	18.07.2003	28.08.2003	DE0005034904	503490
Allweiler AG (Vorzugsaktien)	18.07.2003	28.08.2003	DE0005034938	503493
Apcoa Parking AG	31.10.2005	13.12.2004	DE0005055503	505550
Aqua Signal AG	19.05.1998	13.11.2002	DE0005052302	505230
Armstrong DLW AG bzw. DLW AG	12.10.2005	02.12.2005	DE0005518005	551800
ATB Antriebstechnik AG	10.07.2002	22.08.2002	DE0005051601	505160
Autania AG für Industriebeteiligungen	25.08.2007	28.11.2007	DE0005078000	507800
AVA Allgemeine Handelsgesellschaft der Verbraucher	23.02.2005	13.07.2005	DE0005088504	508850
AXA Konzern AG	15.05.2006	20.07.2006	DE0008412305	841230
Baden-Württembergische Bank AG	08.04.2003	30.07.2003	DE0008125006	812500
Barmag AG	28.03.2003	02.06.2003	DE0005165906	516590

Tabelle 7: Quellen: Bundesanzeiger, WISO, finanznachrichten.de, dgap.de, BaFin (DaumHV = Datum der Hauptversammlung)

Bayerische BrauHolding AG	24.05.2002	03.07.2002	DE0005030001	503000
Bayerische Hypo- und Vereinsbank AG (Namens-Vorzugsaktien)	24.01.2007	26.06.2007	DE0008022039	802203
Bayerische Hypo- und Vereinsbank AG (Stammaktien)	24.01.2007	26.06.2007	DE0008022005	802200
Bayerische Immobilien AG	03.11.2004	15.12.2004	DE0006966005	696600
BBG Beteiligungs AG	24.04.2002	04.06.2002	DE0008009002	800900
Berliner Kindl Brauerei AG	10.05.2002	27.06.2002	DE0005221006	522100
BHF-Bank AG	18.03.2002	17.06.2002	DE0008025008	802500
BHW Holding AG	10.03.2006	20.07.2006	DE0005223903	522390
Blaue Quellen Mineral- und Heilbrunnen AG	10.05.2001	04.07.2002	DE0007042004	704200
Brain Force Financial Solutions AG (Aktien 1. Gattung)	10.11.2005	23.02.2006	DE000A0D66P3	A0D66P
Brain Force Financial Solutions AG (Aktien 2. Gattung)	10.11.2005	23.02.2006	DE000A0D66R9	A0D66R
Brainpool TV AG	07.12.2001	31.05.2002	DE0005188908	518890
Brau & Brunnen AG	24.09.2004	19.11.2004	DE0005550305	555030

Tabelle 7: Quellen: Bundesanzeiger, WISO, finanznachrichten.de, dgap.de, BaFin (DaumHV = Datum der Hauptversammlung)

Bremer Woll-Kämmerei AG	03.06.2006	15.08.2006	DE000A0BVXQ0	A0BVXQ
(Aktien 1. Gattung)				A0BVXT
				A0BVXQ
Bremer Woll-Kämmerei AG (Aktien 2. Gattung)	03.06.2006	15.08.2006	DE000A0BVXT4	A0BVXT
Bremer Woll-Kämmerei AG (Aktien 3. Gattung)	03.06.2006	15.08.2006	DE000A0BVXR8	A0BVXR
Buderus AG	11.03.2004	13.05.2004	DE0005278006	527800
CAA AG	02.07.2002	15.08.2002	DE0006176001	617600
Carl Schenck AG	28.04.2004	09.07.2004	DE0007171704	717170
Celanese AG	04.11.2005	30.05.2006	DE0005753008	575300
Christian Adalbert Kupferberg & Cie. KGaA	06.08.2002	19.09.2002	DE0006341001	634100
Concept! AG	26.03.2002	27.08.2002	DE0005287809	528780
Consors Discount-Broker AG	17.09.2002	14.11.2002	DE0005427009	542700
CONTIGAS Deutsche Energie-Aktiengesellschaft	18.04.2005	17.06.2005	DE0005504005	5504005
Converium Rückversicherung AG (vormals Zürich Rückversicherung (Köln) AG)	27.06.2002	21.11.2002	DE0008401407	840140
debitel AG	28.06.2004	30.08.2004	DE0005408009	540800
Degussa AG	15.02.2006	29.05.2006	DE0005421903	542190
Depfa Deutsche Pfandbriefbank AG	01.03.2004	12.05.2004	DE0008042904	804290
Deutsche Bank Lübeck AG (vormals Handelsbank)	06.06.2002	16.08.2002	DE0008066002	806600
Deutscher Eisenhandel AG	26.08.2005	15.11.2005	DE0005508006	550800
Dortmunder Actien Brauerei AG	16.10.2002	20.11.2002	DE0005548002	554800
Dresdner Bank AG	07.02.2002	24.05.2002	DE0005350003	535000
DSL Holding AG i.L.	20.06.2003	31.07.2003	DE0005560403	556040

Tabelle 7: Quellen: Bundesanzeiger, WISO, finanznachrichten.de, dgap.de, BaFin (DaumHV = Datum der Hauptversammlung)

DUEWAG AG	06.02.2003	18.03.2003	DE0007751000	775100
E.ON Bayern AG (Aktien 1. Gattung)	03.04.2003	24.06.2003	DE0005045009	504500
E.ON Bayern AG (Aktien 2. Gattung)	03.04.2003	24.06.2003	DE0005532444	553244
Edelstahlwerk Witten AG	06.04.2002	29.05.2002	DE0006000003	600000
Edscha AG	28.02.2003	23.05.2003	DE0005633002	563300
eff-eff Fritz Fuss GmbH & Co. KgaA (Aktien 1. Gattung)	06.04.2004	29.07.2004	DE0005650204	565020
eff-eff Fritz Fuss GmbH & Co. KgaA (Aktien 2. Gattung)	06.04.2004	29.07.2004	DE0005650220	565022
Elektra Beckum AG	07.05.2002	28.06.2002	DE0005667208	566720
Entrium Direct Bankers AG	07.03.2003	15.04.2003	DE0008206907	820690
equitrust AG	28.06.2006	28.09.2006	DE0007776007	777600
EURAG Holding-AG	07.11.2003	18.12.2003	DE000715160?	715160
Eurohypo AG	21.03.2007	29.08.2007	DE0008076001	807600
FAG Kugelfischer Georg Schäfer AG	10.04.2002	30.10.2002	DE0008053000	805300
Felten & Guilleaume Aktiengesellschaft	04.11.2004	23.12.2004	DE0005766901	576690
Ford-Werke AG	29.05.2002	12.07.2002	DE0005797005	579700
Fränkisches Überlandwerk AG (Inhaber- Stammaktien)	22.03.2002	17.05.2002	DE0005775001	577500
Fränkisches Überlandwerk AG (Inhaber- Vorzugsaktien)	22.03.2002	17.05.2002	DE000577503?	577503
Friatec AG	26.04.2003	23.06.2003	DE0005788509	578850
G. Kromschröder AG	27.10.2005	16.12.2005	DE0006334006	633400
Gardena Holding AG	22.07.2002	12.09.2002	DE0005852032	585203
GEA AG (Aktien 1. Gattung)	02.07.2004	13.08.2004	DE0005857007	585700
GEA AG (Aktien 2. Gattung)	02.07.2004	13.08.2004	DE0005857031	585703

Tabelle 7: Quellen: Bundesanzeiger, WISO, finanznachrichten.de, dgap.de, BaFin (DaumHV = Datum der Hauptversammlung)

Gerresheimer Glas AG	27.02.2003	13.05.2003	DE0005873004	587300
Gilde-Brauerei AG	12.09.2003	23.10.2003	DE0006485006	648500
Glunz AG (Aktien 1. Gattung)	12.04.2005	31.05.2005	DE0005887202	588720
Glunz AG (Aktien 2. Gattung)	12.04.2005	31.05.2005	DE0005887236	588723
Goldschmidt AG	15.03.2002	26.06.2002	DE0005893002	589300
Grundstücks- und Baugesellschaft AG Heidenheim	29.08.2007	09.10.2007	DE0005866305	586630
H.I.S. sportswear AG	26.02.2002	10.06.2002	DE0006066004	606600
Hageda AG	09.11.2007	21.12.2007	DE0006005002	600500
Hagen Batterie AG	17.10.2003	28.11.2003	DE0007241259	724125
Hamburger Hochbahn AG (Aktien 1. Gattung)	04.07.2003	14.08.2003	DE0008247008	824700
Hamburger Hochbahn AG (Aktien 2. Gattung)	04.07.2003	14.08.2003	DE0008247032	824703
Hamburger Hochbahn AG (Aktien 3. Gattung)	04.07.2003	14.08.2003	DE0008247065	824706
Hamburger Hochbahn AG (Aktien 4. Gattung)	04.07.2003	14.08.2003	DE0008247073	824707
Hapag Lloyd AG	23.02.2002	21.06.2002	DE0008251505	825150
Harpen AG	08.06.2004	15.10.2004	DE0003660080	366008
Heinrich Industrie AG	23.12.2004	12.05.2005	DE0006118003	611800
Hermes Kreditversicherungs- AG	07.02.2002	27.06.2002	DE0008419003	841900
Hilgers AG	05.07.2002	22.08.2002	DE0006061096	606109
Hoechst AG	01.09.2004	20.12.2004	DE0005758007	575800
Holsten-Brauerei AG	21.10.2004	27.01.2005	DE0006081003	608100
Horten AG	17.07.2002	27.08.2002	DE0006083702	608370
Hüttenwerke Kayser AG	22.02.2003	03.04.2003	DE0006094006	609400

Tabelle 7: Quellen: Bundesanzeiger, WISO, finanznachrichten.de, dgap.de, BaFin (DaumHV = Datum der Hauptversammlung)

HVB RealEstate Bank AG	22.11.2002	26.05.2003	DE0008019001	801900
ICN Immobilien Consult Nürnberg	23.04.2002	27.06.2002	DE0006902208	690220
IKON AG Präzisionstechnik	19.04.2002	28.05.2002	DE0007872004	787200
INKA Aktiengesellschaft für Beteiligungen	02.11.2004	20.12.2004	DE0005251003	525100
JADO AG	21.04.2004	08.06.2004	DE0006211931	621193
Jil Sander AG (Aktien 1. Gattung)	11.07.2006	05.09.2006	DE0007164006	716400
Jil Sander AG (Aktien 2. Gattung)	11.07.2006	05.09.2006	DE0007164030	716403
Jobpilot AG	05.07.2002	22.08.2002	DE0005141709	514170
Joseph Vögele AG (Inhaber- Stammaktien)	03.05.2002	18.06.2002	DE0007658502	765850
Joseph Vögele AG (Namens- Vorzugsaktien)	03.05.2002	18.06.2002	DE000765854?	765854
Kamps AG	05.03.2003	25.07.2003	DE0006280605	628060
Kaufhalle AG	05.11.2003	18.12.2003	DE0006281306	628130
KBC Bank Deutschland AG	23.01.2006	05.05.2006	DE0008016007	801600
Kempinski AG	17.07.2002	23.08.2002	DE0006087000	608700
Kennametal Hertel AG Werkzeuge + Hartstoffe (Aktien 1. Gattung)	24.06.2004	15.12.2004	DE0006053804	605380
Kennametal Hertel AG Werkzeuge + Hartstoffe (Aktien 2. Gattung)	24.06.2004	15.12.2004	DE0006053838	605383
Kiekert AG	07.03.2002	25.04.2002	DE0006286206	628620
Knürr AG (Aktien 1. Gattung)	10.02.2006	22.06.2006	DE0006296908	629690
Knürr AG (Aktien 2. Gattung)	10.02.2006	22.06.2006	DE0006296932	629693
Kolbenschmidt Pierburg AG	13.02.2007	26.06.2007	DE0007037905	703790
Konrad Hornschuch AG	17.06.2004	09.09.2004	DE0006083900	608390

Tabelle 7: Quellen: Bundesanzeiger, WISO, finanznachrichten.de, dgap.de, BaFin (DaumHV = Datum der Hauptversammlung)

Kötitzer Ledertuch- und Wachstuch-Werke AG (Aktien 1. Gattung)	09.11.2007	19.12.2007	DE0006318009	631800
Kötitzer Ledertuch- und Wachstuch-Werke AG (Aktien 2. Gattung)	09.11.2007	19.12.2007	DE0006318033	631803
Kühnle, Kopp & Kausch AG bzw. AG Kühnle, Kopp & Kausch (Aktien 1. Gattung)	23.03.2005	14.09.2005	DE0005027700	502770
Kühnle, Kopp & Kausch AG bzw. AG Kühnle, Kopp & Kausch (Aktien 2. Gattung)	23.03.2005	14.09.2005	DE0005027734	502773
Lambda Physik AG	21.01.2004	05.05.2004	DE0005494272	549427
Leica Camera AG (Aktien 1. Gattung)	31.07.2007	20.11.2007	DE000A0EPU98	A0EPU9
Leica Camera AG (Aktien 2. Gattung)	31.07.2007	20.11.2007	DE000A0EPU72	A0EPU7
Lindner Holding KgaA (Aktien 1. Gattung)	18.01.2005	25.02.2005	DE0006487200	648720
Lindner Holding KgaA (Aktien 2. Gattung)	18.01.2005	25.02.2005	DE0006487226	648722
Lindner Holding KgaA (Aktien 3. Gattung)	18.01.2005	25.02.2005	DE0006487242	648724
Mainzer Aktien-Bierbrauerei AG (Inhaber- Stammaktien)	08.05.2002	19.06.2002	DE0006555006	655500
Mainzer Aktien-Bierbrauerei AG (Inhaber- Vorzugsaktien)	08.05.2002	19.06.2002	DE0006555048	655504
MAN Roland Druckmaschinen AG	05.02.2003	22.05.2003	DE0005751002	575100
Maschinenfabrik Esslingen AG	12.09.2002	18.12.2002	DE0005697007	569700
Massa AG	16.07.2002	26.08.2002	DE0006579600	657960
mg vermögensverwaltungs-ag	07.10.2003	21.11.2003	DE0007677007	767700
MHM Mode Holding AG	13.01.2002	25.03.2002	DE0006620248	662024
Microlog Logistics AG	08.11.2002	23.11.2006	DE0005494314	549431
MIS AG	13.12.2004	24.01.2005	DE0006612401	661240

Tabelle 7: Quellen: Bundesanzeiger, WISO, finanznachrichten.de, dgap.de, BaFin (DaumHV = Datum der Hauptversammlung)

Möbel Walther AG (Aktien 1. Gattung)	09.02.2007	31.08.2007	DE000620909?	620909
Möbel Walther AG (Aktien 2. Gattung)	09.02.2007	31.08.2007	DE0006620933	662093
Monachia Grundstücks-AG	25.03.2002	30.04.2002	DE0006622905	662290
MSH International Service AG	12.07.2002	22.08.2002	DE0006632508	663250
Neckarwerke Stuttgart AG	26.11.2002	15.04.2003	DE0006758006	675800
Novasoft AG	18.03.2005	15.07.2005	DE0006778905	677890
O & K Orenstein & Koppel AG	05.03.2003	23.12.2002	DE0006865009	686500
Otavi Minen AG	11.05.2002	04.07.2002	DE0006873003	687300
Otto Reichelt AG	15.03.2002	22.05.2002	DE0007007908	700790
Otto Stumpf AG (Aktien 1. Gattung)	09.11.2007	20.12.2007	DE0007282006	728200
Otto Stumpf AG (Aktien 2. Gattung)	09.11.2007	20.12.2007	DE0007282048	728204
P-D Interglas Technologies AG (Aktien 1. Gattung)	27.06.2006	25.08.2006	DE0001264075	126407
P-D Interglas Technologies AG (Aktien 2. Gattung)	27.06.2006	25.08.2006	DE0006210008	621000
P-D Interglas Technologies AG (Aktien 3. Gattung)	27.06.2006	25.08.2006	DE0006210016	621001
P-D Interglas Technologies AG (Aktien 4. Gattung)	27.06.2006	25.08.2006	DE000A0AYXT0	A0AYXT
P-D Interglas Technologies AG (Aktien 5. Gattung)	27.06.2006	25.08.2006	DE000A0HN495	A0HN49
Pirelli Deutschland AG	12.09.2002	12.11.2002	DE0007602005	760200
PKV Vermögensverwaltung AG	18.01.2002	27.08.2003	DE0005767008	576700
Praktiker Bau- und Heimwerkermärkte AG (Aktien 1. Gattung)	10.07.2002	20.08.2002	DE0006943103	694310
Praktiker Bau- und Heimwerkermärkte AG (Aktien 2. Gattung)	10.07.2002	20.08.2002	DE0006943129	694312
PSB AG für Programmierung und Syst	15.02.2005	16.06.2005	DE0006967607	696760

Tabelle 7: Quellen: Bundesanzeiger, WISO, finanznachrichten.de, dgap.de, BaFin (DaumHV = Datum der Hauptversammlung)

Quante AG	18.07.2003	29.08.2003	DE0006975634	697563
Radeberger Gruppe AG (Aktien 1. Gattung)	15.08.2003	25.09.2003	DE0007195000	719500
Radeberger Gruppe AG (Aktien 2. Gattung)	15.08.2003	25.09.2003	DE0007195034	719503
Real Garant Versicherung AG (Aktien 1. Gruppe)	11.06.2003	24.07.2003	DE0008434200	843420
Real Garant Versicherung AG (Aktien 2. Gruppe)	11.06.2003	24.07.2003	DE0008434226	843422
Reckitt Benckiser Deutschland AG	23.05.2002	28.08.2002	DE0006076003	607600
Rheinhold & Mahla AG	10.01.2003	12.05.2003	DE0007016701	701670
Rieter Ingolstadt Spinnereimaschinenbau AG	04.06.2002	15.07.2002	DE0007208001	720800
Rütgers AG	24.03.2003	26.05.2003	DE0007072001	707200
RWE DEA AG	02.02.2004	07.04.2004	DE0005509004	550900
SAI Automotive Aktiengesellschaft	04.10.2002	19.11.2002	DE0005009005	500900
Salamander AG	29.04.2002	11.09.2002	DE0007305005	730500
SAP Systems Integration AG	09.12.2005	28.04.2006	DE0005011118	501111
Sappi Ehingen AG	21.03.2003	09.05.2003	DE0007218703	721870
Schering AG	05.12.2006	17.01.2007	DE0007172009	717200
Schleicher & Co. International AG	14.07.2003	26.08.2003	DE0007175101	717510
Schmalbach-Lubeca AG	30.08.2002	30.08.2002	DE0007192304	719230
Scholz & friends AG	13.09.2003	06.05.2004	DE0006972805	697280
Schott DESAG AG	06.03.2002	25.04.2002	DE0005527006	552700
Sinn Leffers AG	09.11.2004	20.12.2004	DE0007773004	777300
SPAR Handels AG (Aktien 3. Gattung?)	16.09.2004	26.01.2005	DE0007246910	724691
SPAR Handels AG (Stammaktien)	16.09.2004	26.01.2005	DE0007246902	724690

Tabelle 7: Quellen: Bundesanzeiger, WISO, finanznachrichten.de, dgap.de, BaFin (DaumHV = Datum der Hauptversammlung)

SPAR Handels AG (Vorzugsaktien)	16.09.2004	26.01.2005	DE0007246936	724693
Stahlwerke Bochum AG	21.03.2003	07.05.2003	DE0007250003	725000
Stelcon AG	30.06.2003	26.08.2003	DE0007263600	726360
Stinnes AG	11.10.2002	17.02.2003	DE0007264301	726430
Stollwerck AG	07.08.2002	30.04.2003	DE0007280000	728000
Systematics AG	04.07.2002	23.08.2002	DE0007276800	727680
Tarkett AG	28.02.2005	20.06.2005	DE0007002008	700200
tecis Holding AG	07.10.2002	26.11.2002	DE0006211600	621160
Tempelhofer Feld AG für Grundstücksverwertung	17.11.2004	19.01.2005	DE0007458002	745800
Terrain-Gesellschaft am Teltow-Kanal Rudow-Johanni	28.03.2002	10.07.2002	DE000746700?	746700
Texas Instruments Berlin AG (vormals Condat AG)	25.10.2002	19.12.2002	DE0005310908	531090
Thüga AG	17.11.2004	28.11.2003	DE0007481004	748100
Thuringia Versicherungs-AG	22.01.2002	18.06.2002	DE0008446006	844600
TIAG TABBERT-Industrie Aktiengesellschaft	17.11.2005	31.03.2006	DE0007482606	748260
Universitätsdruckerei H. Stürtz AG	18.05.2002	26.06.2002	DE0007564007	756400
USU AG	10.04.2003	13.06.2003	DE0007571101	757110
Vattenfall Europe AG	04.08.2005	01.03.2006	DE0006012008	601200
Vereins- und Westbank	31.10.2003	24.06.2004	DE0008117003	811700
Verseidag AG	09.04.2002	05.06.2002	DE0007644007	764400
Victoria Versicherung AG	15.04.2002	05.06.2002	DE0008453002	845300
VIVA Media AG	12.10.2004	14.01.2005	DE0006171069	617106
Vodafone AG (vormals Mannesmann AG)	22.04.2002	11.06.2002	DE0006560303	656030

Tabelle 7: Quellen: Bundesanzeiger, WISO, finanznachrichten.de, dgap.de, BaFin (DaumHV = Datum der Hauptversammlung)

Volksfürsorge Holding AG	22.01.2002	20.06.2002	DE0008404500	840450
VTG-Lehnkering AG	17.09.2002	30.10.2002	DE0006464209	646420
W. Jacobsen AG	20.10.2004	26.11.2004	DE0006211006	621100
Walter AG	23.12.2004	15.06.2005	DE0007752909	775290
Wedeco (Aktien 1. Gattung)	12.07.2004	30.08.2004	DE0005141808	514180
Wedeco (Aktien 2. Gattung)	12.07.2004	30.08.2004	DE000A0AYXG7	A0AYXG
Weinig, Michael AG	15.07.2002	30.08.2002	DE0007764805	776480
Wella AG (Stammaktien)	08.09.2005	13.12.2005	DE0007765604	776560
Wella AG (Vorzugsaktien)	08.09.2005	13.12.2005	DE0007765638	776563
Weru AG	10.04.2006	27.07.2006	DE0007771909	777190
Württembergische Hypothekenbank AG	28.01.2005	12.05.2005	DE0008124009	812400
Württembergische und Badische Versicherungs-Aktien	02.04.2005	25.05.2005	DE0008455007	845500
Würzburger Hofbräu AG	15.12.2005	18.05.2006	DE0007808008	780800
Zanders Feinpapiere (Inhaber- Stammaktien)	19.04.2002	27.06.2002	DE0007852105	785210
Zanders Feinpapiere (Inhaber- Vorzugsaktien)	19.04.2002	27.06.2002	DE0007852139	785213

VIII. Börsliche Durchschnittkurse vor Hauptversammlung und Bekanntgabe

Tabelle 8: Quellen: BAFin hinsichtlich der Mindestpreise; Bundesanzeiger, Rspr., WISO hinsichtlich der angebotenen und der Schlussabfindung (DatumHV = Datum der Hauptversammlung; MP DatumHV = Mindestpreis und damit dreimonatiger Durchschnittskurs vor der Hauptversammlung; MP Bekanntgabe = Mindestpreis und damit Durchschnittskurs vor der ersten öffentlichen Bekanntgabe des Squeeze-out; * vom Hauptaktionär angebotene Abfindung in der Hauptversammlung; ** Abfindung nach freiwilligen, gerichtlichen oder vergleichsweisen Erhöhungen)

Aktiengesellschaft	MP Bekanntgabe	MP Datum HV	Angebotene Abf.*	Schluss-Abf.**
Aachener Straßenbahn und Energieversorgungs-AG	8,60 €	7,87 €	2,18 €	
Aachener und Münchener Lebensversicherung AG (Inhaber- Stammaktien)	526,97 €	552,40 €	528,00 €	
Aachener und Münchener Versicherung AG	356,36 €	369,09 €	352,00 €	
ABB AG	265,39 €	276,03 €	270,00 €	
Aditron AG	26,49 €	29,61 €	26,50 €	
Alcatel SEL AG	127,62 €	152,37 €	150,00 €	
Allgemeine Privatkundenbank AG	182,16 €	169,14 €	114,62 €	228,00 €
Allweiler AG (Stammaktien)	735,00 €	735,00 €	698,00 €	
Allweiler AG (Vorzugsaktien)	522,61 €	555,94 €	513,00 €	

Tabelle 8: Quellen: BAFin hinsichtlich der Mindestpreise; Bundesanzeiger, Rspr., WISO hinsichtlich der angebotenen und der Schlussabfindung (DatumHV = Datum der Hauptversammlung; MP DatumHV = Mindestpreis und damit dreimonatiger Durchschnittskurs vor der Hauptversammlung; MP Bekanntgabe = Mindestpreis und damit Durchschnittskurs vor der ersten öffentlichen Bekanntgabe des Squeeze-out; * vom Hauptaktionär angebotene Abfindung in der Hauptversammlung; ** Abfindung nach freiwilligen, gerichtlichen oder vergleichsweisen Erhöhungen)

Apcoa Parking AG		148,71 €	147,50 €	
Aqua Signal AG		169,76 €	160,00 €	180,00 €
Armstrong DLW AG bzw. DLW AG	2,38 €	2,44 €	2,11 €	2,55 €
ATB Antriebstechnik AG	30,73 €	34,37 €	56,00 €	
Autania AG für Industriebeteiligungen	33,71 €	43,45 €	42,32 €	
AVA Allgemeine Handelsgesellschaft der Verbraucher	45,59 €	46,15 €	45,32 €	47,50 €
AXA Konzern AG			134,54 €	144,68 €
Baden-Württembergische Bank AG	37,83 €	38,37 €	38,00 €	47,70 €
Barmag AG	11,27 €	13,90 €	13,70 €	
Bayerische BrauHolding AG	2.879,71 €	2.970,62 €	3.000,00 €	3.300,00 €
Bayerische Hypo- und Vereinsbank AG (Namens-Vorzugsaktien)				
Bayerische Hypo- und Vereinsbank AG (Stammaktien)	34,60 €	40,52 €	38,26 €	
Bayerische Immobilien AG	24,08 €	24,02 €	22,16 €	25,50 €

Tabelle 8: Quellen: BAFin hinsichtlich der Mindestpreise; Bundesanzeiger, Rspr., WISO hinsichtlich der angebotenen und der Schlussabfindung (DatumHV = Datum der Hauptversammlung; MP DatumHV = Mindestpreis und damit dreimonatiger Durchschnittskurs vor der Hauptversammlung; MP Bekanntgabe = Mindestpreis und damit Durchschnittskurs vor der ersten öffentlichen Bekanntgabe des Squeeze-out; * vom Hauptaktionär angebotene Abfindung in der Hauptversammlung; ** Abfindung nach freiwilligen, gerichtlichen oder vergleichsweisen Erhöhungen)

BBG Beteiligungs AG	185,40 €	284,31 €	270,00 €	750,00 €
Berliner Kindl Brauerei AG	202,07 €	205,46 €	208,03 €	211,49 €
BHF-Bank AG	48,93 €	49,40 €	48,92 €	
BHW Holding AG	15,11 €	15,45 €	15,11 €	
Blaue Quellen Mineral- und Heilbrunnen AG		794,00 €	743,52 €	
Brain Force Financial Solutions AG (Aktien 1. Gattung)	8,68 €	9,29 €	8,68 €	16,27 €
Brain Force Financial Solutions AG (Aktien 2. Gattung)				
Brainpool TV AG		3,66 €	3,70 €	
Brau & Brunnen AG	86,59 €	88,62 €	86,38 €	88,51 €
Bremer Woll-Kämmerei AG (Aktien 1. Gattung)	2,79 €	2,59 €	2,55 €	2,58 €
Bremer Woll-Kämmerei AG (Aktien 2. Gattung)				
Bremer Woll-Kämmerei AG (Aktien 3. Gattung)				

Tabelle 8: Quellen: BAFin hinsichtlich der Mindestpreise; Bundesanzeiger, Rspr., WISO hinsichtlich der angebotenen und der Schlussabfindung (DatumHV = Datum der Hauptversammlung; MP DatumHV = Mindestpreis und damit dreimonatiger Durchschnittskurs vor der Hauptversammlung; MP Bekanntgabe = Mindestpreis und damit Durchschnittskurs vor der ersten öffentlichen Bekanntgabe des Squeeze-out; * vom Hauptaktionär angebotene Abfindung in der Hauptversammlung; ** Abfindung nach freiwilligen, gerichtlichen oder vergleichsweisen Erhöhungen)

Buderus AG	31,12 €	34,90 €	34,00 €	47,00 €
CAA AG	4,99 €	4,87 €	5,29 €	5,38 €
Carl Schenck AG	119,44 €	159,72 €	157,00 €	
Celanese AG	51,87 €	67,90 €	66,99 €	
Christian Adalbert Kupferberg & Cie. KGaA	574,23 €	504,12 €	362,29 €	600,00 €
Concept! AG	6,27 €	6,62 €	6,80 €	
Consors Discount-Broker AG	12,01 €	10,95 €	11,75 €	
CONTIGAS Deutsche Energie-Aktiengesellschaft	105,41 €	87,00 €	55,00 €	85,00 €
Converium Rückversicherung AG (vormals Zürich Rückversicherung (Köln) AG)	2.225,00 €	1.938,23 €	1.912,10 €	2.300,00 €
debitel AG	10,69 €	11,76 €	11,79 €	14,50 €
Degussa AG	41,80 €	44,03 €	42,66 €	45,11 €
Depfa Deutsche Pfandbriefbank AG			71,61 €	89,00 €
Deutsche Bank Lübeck AG (vormals Handelsbank)	1.358,37 €	1.387,68 €	1.325,00 €	1.650,00 €

Tabelle 8: Quellen: BAFin hinsichtlich der Mindestpreise; Bundesanzeiger, Rspr., WISO hinsichtlich der angebotenen und der Schlussabfindung (DatumHV = Datum der Hauptversammlung; MP DatumHV = Mindestpreis und damit dreimonatiger Durchschnittskurs vor der Hauptversammlung; MP Bekanntgabe = Mindestpreis und damit Durchschnittskurs vor der ersten öffentlichen Bekanntgabe des Squeeze-out; * vom Hauptaktionär angebotene Abfindung in der Hauptversammlung; ** Abfindung nach freiwilligen, gerichtlichen oder vergleichsweisen Erhöhungen)

Deutscher Eisenhandel AG	395,59 €	537,53 €	183,70 €	
Dortmunder Actien Brauerei AG	6,56 €	6,64 €	6,51 €	
Dresdner Bank AG	41,56 €	50,39 €	51,50 €	
DSL Holding AG i.L.	20,33 €	26,21 €	24,89 €	
DUEWAG AG	175,00 €	182,25 €	101,00 €	
E.ON Bayern AG (Aktien 1. Gattung)	30,08 €	33,67 €	30,15 €	
E.ON Bayern AG (Aktien 2. Gattung)				
Edelstahlwerk Witten AG	16,66 €	17,18 €	16,58 €	17,37 €
Edscha AG	27,15 €	34,20 €	32,50 €	
eff-eff Fritz Fuss GmbH & Co. KgaA (Aktien 1. Gattung)	42,95 €	45,10 €	42,15 €	61,00 €
eff-eff Fritz Fuss GmbH & Co. KgaA (Aktien 2. Gattung)				
Elektra Beckum AG	25,22 €	25,43 €	25,52 €	
Entrium Direct Bankers AG			9,30 €	15,00 €
equitrust AG	3,65 €	3,94 €	3,59 €	3,93 €

Tabelle 8: Quellen: BAFin hinsichtlich der Mindestpreise; Bundesanzeiger, Rspr., WISO hinsichtlich der angebotenen und der Schlussabfindung (DatumHV = Datum der Hauptversammlung; MP DatumHV = Mindestpreis und damit dreimonatiger Durchschnittskurs vor der Hauptversammlung; MP Bekanntgabe = Mindestpreis und damit Durchschnittskurs vor der ersten öffentlichen Bekanntgabe des Squeeze-out; * vom Hauptaktionär angebotene Abfindung in der Hauptversammlung; ** Abfindung nach freiwilligen, gerichtlichen oder vergleichsweisen Erhöhungen)

EURAG Holding-AG			230,08 €	238,68 €
Eurohypo AG	25,23 €	27,81 €	24,32 €	
FAG Kugelfischer Georg Schäfer AG	39,76 €		12,00 €	13,80 €
Felten & Guilleaume Aktiengesellschaft	178,37 €	290,48 €	283,36 €	337,77 €
Ford-Werke AG	393,49 €	552,24 €	640,00 €	738,00 €
Fränkisches Überlandwerk AG (Inhaber-Stammaktien)	173,34 €	176,20 €	165,00 €	191,30 €
Fränkisches Überlandwerk AG (Inhaber-Vorzugsaktien)				
Friatec AG	21,70 €	22,12 €	20,64 €	
G. Kromschröder AG	32,24 €	32,76 €	28,67 €	34,50 €
Gardena Holding AG	25,76 €	25,97 €	26,00 €	
GEA AG (Aktien 1. Gattung)	45,79 €	49,07 €	48,15 €	
GEA AG (Aktien 2. Gattung)	41,53 €	44,61 €	43,33 €	
Gerresheimer Glas AG	16,46 €	17,17 €	16,12 €	
Gilde-Brauerei AG	1.129,39 €	1.136,49 €	1.171,34 €	

Tabelle 8: Quellen: BAFin hinsichtlich der Mindestpreise; Bundesanzeiger, Rspr., WISO hinsichtlich der angebotenen und der Schlussabfindung (DatumHV = Datum der Hauptversammlung; MP DatumHV = Mindestpreis und damit dreimonatiger Durchschnittskurs vor der Hauptversammlung; MP Bekanntgabe = Mindestpreis und damit Durchschnittskurs vor der ersten öffentlichen Bekanntgabe des Squeeze-out; * vom Hauptaktionär angebotene Abfindung in der Hauptversammlung; ** Abfindung nach freiwilligen, gerichtlichen oder vergleichsweisen Erhöhungen)

Glunz AG (Aktien 1. Gattung)	21,98 €	21,97 €	19,13 €	24,00 €
Glunz AG (Aktien 2. Gattung)	19,19 €	20,71 €	16,57 €	24,00 €
Goldschmidt AG	27,10 €	26,85 €	25,23 €	31,55 €
Grundstücks- und Baugesellschaft AG Heidenheim	61,40 €	61,36 €	58,50 €	
H.I.S. sportswear AG	9,99 €	10,75 €	9,96 €	12,75 €
Hageda AG	1.378,10 €	2.288,37 €	2.231,00 €	
Hagen Batterie AG	605,39 €	773,10 €	611,07 €	769,00 €
Hamburger Hochbahn AG (Aktien 1. Gattung)	54,27 €	65,06 €	63,00 €	78,00 €
Hamburger Hochbahn AG (Aktien 2. Gattung)				
Hamburger Hochbahn AG (Aktien 3. Gattung)				
Hamburger Hochbahn AG (Aktien 4. Gattung)				
Hapag Lloyd AG	896,21 €	1.841,66 €	2.178,57 €	2.197,57 €

Harpen AG			19,50 €	
Heinrich Industrie AG	27,95 €	31,93 €	24,69 €	32,50 €
Hermes Kreditversicherungs- AG	351,89 €	366,02 €	355,00 €	
Hilgers AG	139,28 €	208,50 €	192,00 €	270,00 €
Hoechst AG	51,95 €	54,99 €	56,50 €	65,00 €
Holsten-Brauerei AG	36,07 €	39,10 €	38,00 €	39,10 €
Horten AG	9,21 €	9,76 €	9,50 €	
Hüttenwerke Kayser AG	99,43 €	93,37 €	57,68 €	61,00 €
HVB RealEstate Bank AG	20,77 €	20,58 €	21,00 €	
ICN Immobilien Consult Nürnberg	123,98 €	126,93 €	125,27 €	126,33 €
IKON AG Präzisionstechnik	136,12 €	191,54 €	250,25 €	352,00 €
INKA Aktiengesellschaft für Beteiligungen	66,54 €	127,86 €	117,10 €	150,00 €
JADO AG	1,68 €	1,78 €	1,90 €	2,20 €
Jil Sander AG (Aktien 1. Gattung)			256,83 €	
Jil Sander AG (Aktien 2. Gattung)	359,24 €	371,03 €	347,94 €	371,03 €

Tabelle 8: Quellen: BAFin hinsichtlich der Mindestpreise; Bundesanzeiger, Rspr., WISO hinsichtlich der angebotenen und der Schlussabfindung (DatumHV = Datum der Hauptversammlung; MP DatumHV = Mindestpreis und damit dreimonatiger Durchschnittskurs vor der Hauptversammlung; MP Bekanntgabe = Mindestpreis und damit Durchschnittskurs vor der ersten öffentlichen Bekanntgabe des Squeeze-out; * vom Hauptaktionär angebotene Abfindung in der Hauptversammlung; ** Abfindung nach freiwilligen, gerichtlichen oder vergleichsweisen Erhöhungen)

Tabelle 8: Quellen: BAFin hinsichtlich der Mindestpreise; Bundesanzeiger, Rspr., WISO hinsichtlich der angebotenen und der Schlussabfindung (DatumHV = Datum der Hauptversammlung; MP DatumHV = Mindestpreis und damit dreimonatiger Durchschnittskurs vor der Hauptversammlung; MP Bekanntgabe = Mindestpreis und damit Durchschnittskurs vor der ersten öffentlichen Bekanntgabe des Squeeze-out; * vom Hauptaktionär angebotene Abfindung in der Hauptversammlung; ** Abfindung nach freiwilligen, gerichtlichen oder vergleichsweisen Erhöhungen)

Jobpilot AG	4,98 €	5,00 €	5,30 €	
Joseph Vögele AG (Inhaber- Stammaktien)	171,07 €	158,02 €	126,25 €	160,00 €
Joseph Vögele AG (Namens- Vorzugsaktien)				
Kamps AG	12,00 €	12,20 €	12,14 €	
Kaufhalle AG	133,14 €	137,55 €	133,45 €	159,00 €
KBC Bank Deutschland AG	514,58 €	504,26 €	355,03 €	
Kempinski AG	385,71 €	385,19 €	363,70 €	
Kennametal Hertel AG Werkzeuge + Hartstoffe (Aktien 1. Gattung)	316,07 €	337,81 €	316,07 €	336,07 €
Kennametal Hertel AG Werkzeuge + Hartstoffe (Aktien 2. Gattung)	301,76 €	337,45 €	301,76 €	321,76 €
Kiekert AG	50,12 €	61,29 €	64,45 €	74,45 €
Knürr AG (Aktien 1. Gattung)	86,22 €	93,86 €	82,00 €	
Knürr AG (Aktien 2. Gattung)	53,19 €	69,65 €	55,00 €	
Kolbenschmidt Pierburg AG	36,44 €	40,21 €	36,76 €	
Konrad Hornschuch AG	4,88 €	6,04 €	5,45 €	

Kötitzer Ledertuch- und Wachstuch-Werke AG (Aktien 1. Gattung)	10.102,00 €	15.030,65 €	14.520,00 €	
Kötitzer Ledertuch- und Wachstuch-Werke AG (Aktien 2. Gattung)			14.520,00 €	
Kühnle, Kopp & Kausch AG bzw. AG Kühnle, Kopp & Kausch (Aktien 1. Gattung)	23,02 €	29,63 €	24,66 €	34,00 €
Kühnle, Kopp & Kausch AG bzw. AG Kühnle, Kopp & Kausch (Aktien 2. Gattung)	21,61 €	28,33 €	24,87 €	34,00 €
Lambda Physik AG	9,56 €	10,02 €	10,02 €	14,80 €
Leica Camera AG (Aktien 1. Gattung)	12,15 €	12,34 €	12,15 €	
Leica Camera AG (Aktien 2. Gattung)				
Lindner Holding KgaA (Aktien 1. Gattung)	30,38 €	31,68 €	28,52 €	
Lindner Holding KgaA (Aktien 2. Gattung)				
Lindner Holding KgaA (Aktien 3. Gattung)				
Mainzer Aktien-Bierbrauerei AG (Inhaber-Stammaktien)	218,64 €	414,69 €	403,93 €	

Tabelle 8: Quellen: BAFin hinsichtlich der Mindestpreise; Bundesanzeiger, Rspr., WISO hinsichtlich der angebotenen und der Schlussabfindung (DatumHV = Datum der Hauptversammlung; MP DatumHV = Mindestpreis und damit dreimonatiger Durchschnittskurs vor der Hauptversammlung; MP Bekanntgabe = Mindestpreis und damit Durchschnittskurs vor der ersten öffentlichen Bekanntgabe des Squeeze-out; * vom Hauptaktionär angebotene Abfindung in der Hauptversammlung; ** Abfindung nach freiwilligen, gerichtlichen oder vergleichsweisen Erhöhungen)

Tabelle 8: Quellen: BAFin hinsichtlich der Mindestpreise; Bundesanzeiger, Rspr., WISO hinsichtlich der angebotenen und der Schlussabfindung (DatumHV = Datum der Hauptversammlung; MP DatumHV = Mindestpreis und damit dreimonatiger Durchschnittskurs vor der Hauptversammlung; MP Bekanntgabe = Mindestpreis und damit Durchschnittskurs vor der ersten öffentlichen Bekanntgabe des Squeeze-out; * vom Hauptaktionär angebotene Abfindung in der Hauptversammlung; ** Abfindung nach freiwilligen, gerichtlichen oder vergleichsweisen Erhöhungen)

Mainzer Aktien-Bierbrauerei AG (Inhaber-Vorzugsaktien)	422,00 €	422,73 €	403,93 €	
MAN Roland Druckmaschinen AG	31,79 €	33,15 €	31,79 €	
Maschinenfabrik Esslingen AG	415,35 €	462,56 €	415,00 €	
Massa AG	74,23 €	75,97 €	76,00 €	82,00 €
mg vermögensverwaltungs-ag	32,68 €	38,76 €	33,00 €	
MHM Mode Holding AG	241,69 €	318,18 €	266,86 €	
Microlog Logistics AG	13,88 €	12,80 €	10,60 €	15,00 €
MIS AG	10,09 €	10,41 €	10,11 €	12,50 €
Möbel Walther AG (Aktien 1. Gattung)			18,08 €	
Möbel Walther AG (Aktien 2. Gattung)	10,62 €	17,06 €	18,08 €	
Monachia Grundstücks-AG	2.813,69 €	2.880,63 €	2.823,00 €	3.500,00 €
MSH International Service AG	12,75 €	15,40 €	16,44 €	
Neckarwerke Stuttgart AG	355,52 €	427,59 €	396,50 €	
Novasoft AG	3,71 €	4,13 €	3,89 €	
O & K Orenstein & Koppel AG		15,38 €	15,80 €	

Otavi Minen AG	100,66 €	100,59 €	89,24 €	
Otto Reichelt AG	6,85 €	6,75 €	5,63 €	6,95 €
Otto Stumpf AG (Aktien 1. Gattung)	104,96 €	142,86 €	156,00 €	
Otto Stumpf AG (Aktien 2. Gattung)	162,10 €	163,76 €	156,00 €	
P-D Interglas Technologies AG (Aktien 1. Gattung)			3,37 €	
P-D Interglas Technologies AG (Aktien 2. Gattung)				
P-D Interglas Technologies AG (Aktien 3. Gattung)				
P-D Interglas Technologies AG (Aktien 4. Gattung)				
P-D Interglas Technologies AG (Aktien 5. Gattung)				
Pirelli Deutschland AG	202,03 €	207,43 €	205,00 €	
PKV Vermögensverwaltung AG	88,34 €	103,14 €	89,00 €	

Tabelle 8: Quellen: BAFin hinsichtlich der Mindestpreise; Bundesanzeiger, Rspr., WISO hinsichtlich der angebotenen und der Schlussabfindung (DatumHV = Datum der Hauptversammlung; MP DatumHV = Mindestpreis und damit dreimonatiger Durchschnittskurs vor der Hauptversammlung; MP Bekanntgabe = Mindestpreis und damit Durchschnittskurs vor der ersten öffentlichen Bekanntgabe des Squeeze-out; * vom Hauptaktionär angebotene Abfindung in der Hauptversammlung; ** Abfindung nach freiwilligen, gerichtlichen oder vergleichsweisen Erhöhungen)

Tabelle 8: Quellen: BAFin hinsichtlich der Mindestpreise; Bundesanzeiger, Rspr., WISO hinsichtlich der angebotenen und der Schlussabfindung (DatumHV = Datum der Hauptversammlung; MP DatumHV = Mindestpreis und damit dreimonatiger Durchschnittskurs vor der Hauptversammlung; MP Bekanntgabe = Mindestpreis und damit Durchschnittskurs vor der ersten öffentlichen Bekanntgabe des Squeeze-out; * vom Hauptaktionär angebotene Abfindung in der Hauptversammlung; ** Abfindung nach freiwilligen, gerichtlichen oder vergleichsweisen Erhöhungen)

Praktiker Bau- und Heimwerkermärkte AG (Aktien 1. Gattung)	16,52 €	16,57 €	16,52 €	
Praktiker Bau- und Heimwerkermärkte AG (Aktien 2. Gattung)				
PSB AG für Programmierung und Syst	9,97 €	10,09 €	9,28 €	
Quante AG	22,25 €	25,08 €	21,17 €	23,50 €
Radeberger Gruppe AG (Aktien 1. Gattung)	697,87 €	858,31 €	945,32 €	1.113,32 €
Radeberger Gruppe AG (Aktien 2. Gattung)	673,23 €	835,08 €	945,32 €	1.113,32 €
Real Garant Versicherung AG (Aktien 1. Gruppe)				
Real Garant Versicherung AG (Aktien 2. Gruppe)	10,08 €	11,90 €	12,00 €	
Reckitt Benckiser Deutschland AG	34,21 €	58,19 €	52,97 €	72,50 €
Rheinhold & Mahla AG	13,00 €	14,09 €	13,00 €	
Rieter Ingolstadt Spinnereimaschinenbau AG	118,61 €	138,18 €	141,81 €	
Rütgers AG	312,13 €	322,13 €	310,00 €	

Tabelle 8: Quellen: BAFin hinsichtlich der Mindestpreise; Bundesanzeiger, Rspr., WISO hinsichtlich der angebotenen und der Schlussabfindung (DatumHV = Datum der Hauptversammlung; MP DatumHV = Mindestpreis und damit dreimonatiger Durchschnittskurs vor der Hauptversammlung; MP Bekanntgabe = Mindestpreis und damit Durchschnittskurs vor der ersten öffentlichen Bekanntgabe des Squeeze-out; * vom Hauptaktionär angebotene Abfindung in der Hauptversammlung; ** Abfindung nach freiwilligen, gerichtlichen oder vergleichsweisen Erhöhungen)

RWE DEA AG	273,27 €	310,74 €	296,00 €	
SAI Automotive Aktiengesellschaft	11,68 €	13,03 €	13,50 €	18,00 €
Salamander AG	11,48 €	21,66 €	22,71 €	26,00 €
SAP Systems Integration AG	38,88 €	39,69 €	38,83 €	
Sappi Ehingen AG	5,00 €	5,87 €	5,61 €	
Schering AG	92,44 €	96,39 €	98,98 €	
Schleicher & Co. International AG	4,46 €	4,73 €	4,54 €	6,85 €
Schmalbach-Lubeca AG	14,45 €	14,45 €	17,78 €	
Scholz & friends AG	1,69 €	2,86 €	2,20 €	4,50 €
Schott DESAG AG	179,81 €	198,30 €	196,37 €	233,04 €
Sinn Leffers AG	5,30 €	6,42 €	6,30 €	7,50 €
SPAR Handels AG (Aktien 3. Gattung?)				
SPAR Handels AG (Stammaktien)	4,23 €	4,56 €	4,28 €	7,00 €
SPAR Handels AG (Vorzugsaktien)	8,20 €	8,53 €	8,75 €	9,50 €
Stahlwerke Bochum AG	19,18 €	19,39 €	20,11 €	22,00 €

Tabelle 8: Quellen: BAFin hinsichtlich der Mindestpreise; Bundesanzeiger, Rspr., WISO hinsichtlich der angebotenen und der Schlussabfindung (DatumHV = Datum der Hauptversammlung; MP DatumHV = Mindestpreis und damit dreimonatiger Durchschnittskurs vor der Hauptversammlung; MP Bekanntgabe = Mindestpreis und damit Durchschnittskurs vor der ersten öffentlichen Bekanntgabe des Squeeze-out; * vom Hauptaktionär angebotene Abfindung in der Hauptversammlung; ** Abfindung nach freiwilligen, gerichtlichen oder vergleichsweisen Erhöhungen)

Stelcon AG	79,00 €	66,90 €	50,00 €	62,50 €
Stinnes AG	32,33 €	38,34 €	39,85 €	
Stollwerck AG	291,37 €	309,30 €	295,00 €	395,00 €
Systematics AG	29,10 €	29,33 €	29,40 €	
Tarkett AG	16,35 €	19,02 €	16,35 €	19,50 €
tecis Holding AG	31,09 €	31,75 €	31,50 €	32,50 €
Tempelhofer Feld AG für Grundstücksverwertung	1.590,00 €	2.012,96 €	1.750,00 €	2.000,00 €
Terrain-Gesellschaft am Teltow-Kanal Rudow-Johanni			8.200,00 €	
Texas Instruments Berlin AG (vormals Condat AG)	10,77 €	11,79 €	12,00 €	
Thüga AG		68,27 €	63,36 €	79,50 €
Thuringia Versicherungs-AG	332,51 €	340,57 €	323,00 €	372,00 €
TIAG TABBERT-Industrie Aktiengesellschaft	7,01 €	11,91 €	11,50 €	

Tabelle 8: Quellen: BAFin hinsichtlich der Mindestpreise; Bundesanzeiger, Rspr., WISO hinsichtlich der angebotenen und der Schlussabfindung (DatumHV = Datum der Hauptversammlung; MP DatumHV = Mindestpreis und damit dreimonatiger Durchschnittskurs vor der Hauptversammlung; MP Bekanntgabe = Mindestpreis und damit Durchschnittskurs vor der ersten öffentlichen Bekanntgabe des Squeeze-out; * vom Hauptaktionär angebotene Abfindung in der Hauptversammlung; ** Abfindung nach freiwilligen, gerichtlichen oder vergleichsweisen Erhöhungen)

Universitätsdruckerei H. Stürtz AG	19,63 €	25,54 €	25,00 €	35,00 €
USU AG	6,39 €	6,56 €	6,35 €	
Vattenfall Europe AG	39,16 €	42,58 €	42,77 €	57,00 €
Vereins- und Westbank	21,65 €	25,13 €	25,00 €	26,65 €
Verseidag AG	21,65 €	24,03 €	23,50 €	
Victoria Versicherung AG	1.836,51 €	1.850,12 €	1.762,81 €	
VIVA Media AG	12,60 €	12,77 €	12,65 €	14,00 €
Vodafone AG (vormals Mannesmann AG)	214,17 €	216,28 €	217,91 €	228,51 €
Volksfürsorge Holding AG	558,66 €	583,36 €	554,00 €	
VTG-Lehnkering AG	12,88 €	13,61 €	13,16 €	
W. Jacobsen AG	1.278,81 €	1.234,78 €	962,00 €	1.400,00 €
Walter AG	45,06 €	70,22 €	75,50 €	
Wedeco (Aktien 1. Gattung)	18,07 €	18,32 €	18,00 €	
Wedeco (Aktien 2. Gattung)	18,00 €			
Weinig, Michael AG	32,95 €	33,73 €	33,50 €	

Wella AG (Stammaktien)	83,32 €	87,22 €	80,37 €	
Wella AG (Vorzugsaktien)	81,18 €	84,81 €	80,37 €	
Weru AG	253,00 €	279,65 €	253,48 €	263,48 €
Württembergische Hypothekenbank AG	57,86 €	60,97 €	56,50 €	58,50 €
Württembergische und Badische Versicherungs-Aktien	22,87 €	28,10 €	26,00 €	
Würzburger Hofbräu AG	497,25 €	514,31 €	495,96 €	
Zanders Feinpapiere (Inhaber- Stammaktien)	79,97 €	82,26 €	80,00 €	97,50 €
Zanders Feinpapiere (Inhaber- Vorzugsaktien)	75,71 €	82,89 €	85,94 €	102,94 €

Tabelle 8: Quellen: BAFin hinsichtlich der Mindestpreise; Bundesanzeiger, Rspr., WISO hinsichtlich der angebotenen und der Schlussabfindung (DatumHV = Datum der Hauptversammlung; MP DatumHV = Mindestpreis und damit dreimonatiger Durchschnittskurs vor der Hauptversammlung; MP Bekanntgabe = Mindestpreis und damit Durchschnittskurs vor der ersten öffentlichen Bekanntgabe des Squeeze-out; * vom Hauptaktionär angebotene Abfindung in der Hauptversammlung; ** Abfindung nach freiwilligen, gerichtlichen oder vergleichsweisen Erhöhungen)

Tabelle 9: Quellen: BAFin hinsichtlich der Mindestpreise; Bundesanzeiger, Rspr., WISO hinsichtlich der angebotenen und der Schlussabfindung (DatumHV = Datum der Hauptversammlung; MP DatumHV = Mindestpreis und damit dreimonatiger Durchschnittskurs vor der Hauptversammlung; MP Bekanntgabe = Mindestpreis und damit Durchschnittskurs vor der ersten öffentlichen Bekanntgabe des Squeeze-out; * vom Hauptaktionär angebotene Abfindung in der Hauptversammlung; ** Abfindung nach freiwilligen, gerichtlichen oder vergleichsweisen Erhöhungen)

Aktiengesellschaft	MP Bekanntgabe	MP Datum HV	Angebotene Abf.*	Schluss-Abf.**
Aachener Straßenbahn und Energieversorgungs-AG	8,60 €	7,87 €	2,18 €	
Aachener und Münchener Lebensversicherung AG (Inhaber- Stammaktien)	526,97 €	552,40 €	528,00 €	
Aachener und Münchener Versicherung AG	356,36 €	369,09 €	352,00 €	
ABB AG	265,39 €	276,03 €	270,00 €	
Aditron AG	26,49 €	29,61 €	26,50 €	
Alcatel SEL AG	127,62 €	152,37 €	150,00 €	
Allgemeine Privatkundenbank AG	182,16 €	169,14 €	114,62 €	228,00 €
Allweiler AG (Stammaktien)	735,00 €	735,00 €	698,00 €	
Allweiler AG (Vorzugsaktien)	522,61 €	555,94 €	513,00 €	
Apcoa Parking AG		148,71 €	147,50 €	
Aqua Signal AG		169,76 €	160,00 €	180,00 €
Armstrong DLW AG bzw. DLW AG	2,38 €	2,44 €	2,11 €	2,55 €
ATB Antriebstechnik AG	30,73 €	34,37 €	56,00 €	

Tabelle 9: Quellen: BAFin hinsichtlich der Mindestpreise; Bundesanzeiger, Rspr., WISO hinsichtlich der angebotenen und der Schlussabfindung (DatumHV = Datum der Hauptversammlung; MP DatumHV = Mindestpreis und damit dreimonatiger Durchschnittskurs vor der Hauptversammlung; MP Bekanntgabe = Mindestpreis und damit Durchschnittskurs vor der ersten öffentlichen Bekanntgabe des Squeeze-out; * vom Hauptaktionär angebotene Abfindung in der Hauptversammlung; ** Abfindung nach freiwilligen, gerichtlichen oder vergleichsweisen Erhöhungen)

Autania AG für Industriebeteiligungen	33,71 €	43,45 €	42,32 €	
AVA Allgemeine Handelsgesellschaft der Verbraucher	45,59 €	46,15 €	45,32 €	47,50 €
AXA Konzern AG			134,54 €	144,68 €
Baden-Württembergische Bank AG	37,83 €	38,37 €	38,00 €	47,70 €
Barmag AG	11,27 €	13,90 €	13,70 €	
Bayerische BrauHolding AG	2.879,71 €	2.970,62 €	3.000,00 €	3.300,00 €
Bayerische Hypo- und Vereinsbank AG (Namens-Vorzugsaktien)				
Bayerische Hypo- und Vereinsbank AG (Stammaktien)	34,60 €	40,52 €	38,26 €	
Bayerische Immobilien AG	24,08 €	24,02 €	22,16 €	25,50 €
BBG Beteiligungs AG	185,40 €	284,31 €	270,00 €	750,00 €
Berliner Kindl Brauerei AG	202,07 €	205,46 €	208,03 €	211,49 €
BHF-Bank AG	48,93 €	49,40 €	48,92 €	
BHW Holding AG	15,11 €	15,45 €	15,11 €	

Tabelle 9: Quellen: BAFin hinsichtlich der Mindestpreise; Bundesanzeiger, Rspr., WISO hinsichtlich der angebotenen und der Schlussabfindung (DatumHV = Datum der Hauptversammlung; MP DatumHV = Mindestpreis und damit dreimonatiger Durchschnittskurs vor der Hauptversammlung; MP Bekanntgabe = Mindestpreis und damit Durchschnittskurs vor der ersten öffentlichen Bekanntgabe des Squeeze-out; * vom Hauptaktionär angebotene Abfindung in der Hauptversammlung; ** Abfindung nach freiwilligen, gerichtlichen oder vergleichsweisen Erhöhungen)

Blaue Quellen Mineral- und Heilbrunnen AG		794,00 €	743,52 €	
Brain Force Financial Solutions AG (Aktien 1. Gattung)	8,68 €	9,29 €	8,68 €	16,27 €
Brain Force Financial Solutions AG (Aktien 2. Gattung)				
Brainpool TV AG		3,66 €	3,70 €	
Brau & Brunnen AG	86,59 €	88,62 €	86,38 €	88,51 €
Bremer Woll-Kämmerei AG (Aktien 1. Gattung)	2,79 €	2,59 €	2,55 €	2,58 €
Bremer Woll-Kämmerei AG (Aktien 2. Gattung)				
Bremer Woll-Kämmerei AG (Aktien 3. Gattung)				
Buderus AG	31,12 €	34,90 €	34,00 €	47,00 €
CAA AG	4,99 €	4,87 €	5,29 €	5,38 €
Carl Schenck AG	119,44 €	159,72 €	157,00 €	
Celanese AG	51,87 €	67,90 €	66,99 €	

Tabelle 9: Quellen: BAFin hinsichtlich der Mindestpreise; Bundesanzeiger, Rspr., WISO hinsichtlich der angebotenen und der Schlussabfindung (DatumHV = Datum der Hauptversammlung; MP DatumHV = Mindestpreis und damit dreimonatiger Durchschnittskurs vor der Hauptversammlung; MP Bekanntgabe = Mindestpreis und damit Durchschnittskurs vor der ersten öffentlichen Bekanntgabe des Squeeze-out; * vom Hauptaktionär angebotene Abfindung in der Hauptversammlung; ** Abfindung nach freiwilligen, gerichtlichen oder vergleichsweisen Erhöhungen)

Christian Adalbert Kupferberg & Cie. KGaA	574,23 €	504,12 €	362,29 €	600,00 €
Concept! AG	6,27 €	6,62 €	6,80 €	
Consors Discount-Broker AG	12,01 €	10,95 €	11,75 €	
CONTIGAS Deutsche Energie-Aktiengesellschaft	105,41 €	87,00 €	55,00 €	85,00 €
Converium Rückversicherung AG (vormals Zürich Rückversicherung (Köln) AG)	2.225,00 €	1.938,23 €	1.912,10 €	2.300,00 €
debitel AG	10,69 €	11,76 €	11,79 €	14,50 €
Degussa AG	41,80 €	44,03 €	42,66 €	45,11 €
Depfa Deutsche Pfandbriefbank AG			71,61 €	89,00 €
Deutsche Bank Lübeck AG (vormals Handelsbank)	1.358,37 €	1.387,68 €	1.325,00 €	1.650,00 €
Deutscher Eisenhandel AG	395,59 €	537,53 €	183,70 €	
Dortmunder Actien Brauerei AG	6,56 €	6,64 €	6,51 €	
Dresdner Bank AG	41,56 €	50,39 €	51,50 €	
DSL Holding AG i.L.	20,33 €	26,21 €	24,89 €	

Tabelle 9: Quellen: BAFin hinsichtlich der Mindestpreise; Bundesanzeiger, Rspr., WISO hinsichtlich der angebotenen und der Schlussabfindung (DatumHV = Datum der Hauptversammlung; MP DatumHV = Mindestpreis und damit dreimonatiger Durchschnittskurs vor der Hauptversammlung; MP Bekanntgabe = Mindestpreis und damit Durchschnittskurs vor der ersten öffentlichen Bekanntgabe des Squeeze-out; * vom Hauptaktionär angebotene Abfindung in der Hauptversammlung; ** Abfindung nach freiwilligen, gerichtlichen oder vergleichsweisen Erhöhungen)

DUEWAG AG	175,00 €	182,25 €	101,00 €	
E.ON Bayern AG (Aktien 1. Gattung)	30,08 €	33,67 €	30,15 €	
E.ON Bayern AG (Aktien 2. Gattung)				
Edelstahlwerk Witten AG	16,66 €	17,18 €	16,58 €	17,37 €
Edscha AG	27,15 €	34,20 €	32,50 €	
eff-eff Fritz Fuss GmbH & Co. KgaA (Aktien 1. Gattung)	42,95 €	45,10 €	42,15 €	61,00 €
eff-eff Fritz Fuss GmbH & Co. KgaA (Aktien 2. Gattung)				
Elektra Beckum AG	25,22 €	25,43 €	25,52 €	
Entrium Direct Bankers AG			9,30 €	15,00 €
equitrust AG	3,65 €	3,94 €	3,59 €	3,93 €
EURAG Holding-AG			230,08 €	238,68 €
Eurohypo AG	25,23 €	27,81 €	24,32 €	
FAG Kugelfischer Georg Schäfer AG	39,76 €		12,00 €	13,80 €
Felten & Guilleaume Aktiengesellschaft	178,37 €	290,48 €	283,36 €	337,77 €

Tabelle 9: Quellen: BAFin hinsichtlich der Mindestpreise; Bundesanzeiger, Rspr., WISO hinsichtlich der angebotenen und der Schlussabfindung (DatumHV = Datum der Hauptversammlung; MP DatumHV = Mindestpreis und damit dreimonatiger Durchschnittskurs vor der Hauptversammlung; MP Bekanntgabe = Mindestpreis und damit Durchschnittskurs vor der ersten öffentlichen Bekanntgabe des Squeeze-out; * vom Hauptaktionär angebotene Abfindung in der Hauptversammlung; ** Abfindung nach freiwilligen, gerichtlichen oder vergleichsweisen Erhöhungen)

Ford-Werke AG	393,49 €	552,24 €	640,00 €	738,00 €
Fränkisches Überlandwerk AG (Inhaber-Stammaktien)	173,34 €	176,20 €	165,00 €	191,30 €
Fränkisches Überlandwerk AG (Inhaber-Vorzugsaktien)				
Friatec AG	21,70 €	22,12 €	20,64 €	
G. Kromschröder AG	32,24 €	32,76 €	28,67 €	34,50 €
Gardena Holding AG	25,76 €	25,97 €	26,00 €	
GEA AG (Aktien 1. Gattung)	45,79 €	49,07 €	48,15 €	
GEA AG (Aktien 2. Gattung)	41,53 €	44,61 €	43,33 €	
Gerresheimer Glas AG	16,46 €	17,17 €	16,12 €	
Gilde-Brauerei AG	1.129,39 €	1.136,49 €	1.171,34 €	
Glunz AG (Aktien 1. Gattung)	21,98 €	21,97 €	19,13 €	24,00 €
Glunz AG (Aktien 2. Gattung)	19,19 €	20,71 €	16,57 €	24,00 €
Goldschmidt AG	27,10 €	26,85 €	25,23 €	31,55 €

Tabelle 9: Quellen: BAFin hinsichtlich der Mindestpreise; Bundesanzeiger, Rspr., WISO hinsichtlich der angebotenen und der Schlussabfindung (DatumHV = Datum der Hauptversammlung; MP DatumHV = Mindestpreis und damit dreimonatiger Durchschnittskurs vor der Hauptversammlung; MP Bekanntgabe = Mindestpreis und damit Durchschnittskurs vor der ersten öffentlichen Bekanntgabe des Squeeze-out; * vom Hauptaktionär angebotene Abfindung in der Hauptversammlung; ** Abfindung nach freiwilligen, gerichtlichen oder vergleichsweisen Erhöhungen)

Grundstücks- und Baugesellschaft AG Heidenheim	61,40 €	61,36 €	58,50 €	
H.I.S. sportswear AG	9,99 €	10,75 €	9,96 €	12,75 €
Hageda AG	1.378,10 €	2.288,37 €	2.231,00 €	
Hagen Batterie AG	605,39 €	773,10 €	611,07 €	769,00 €
Hamburger Hochbahn AG (Aktien 1. Gattung)	54,27 €	65,06 €	63,00 €	78,00 €
Hamburger Hochbahn AG (Aktien 2. Gattung)				
Hamburger Hochbahn AG (Aktien 3. Gattung)				
Hamburger Hochbahn AG (Aktien 4. Gattung)				
Hapag Lloyd AG	896,21 €	1.841,66 €	2.178,57 €	2.197,57 €
Harpen AG			19,50 €	
Heinrich Industrie AG	27,95 €	31,93 €	24,69 €	32,50 €
Hermes Kreditversicherungs- AG	351,89 €	366,02 €	355,00 €	

Tabelle 9: Quellen: BAFin hinsichtlich der Mindestpreise; Bundesanzeiger, Rspr., WISO hinsichtlich der angebotenen und der Schlussabfindung (DatumHV = Datum der Hauptversammlung; MP DatumHV = Mindestpreis und damit dreimonatiger Durchschnittskurs vor der Hauptversammlung; MP Bekanntgabe = Mindestpreis und damit Durchschnittskurs vor der ersten öffentlichen Bekanntgabe des Squeeze-out; * vom Hauptaktionär angebotene Abfindung in der Hauptversammlung; ** Abfindung nach freiwilligen, gerichtlichen oder vergleichsweisen Erhöhungen)

Hilgers AG	139,28 €	208,50 €	192,00 €	270,00 €
Hoechst AG	51,95 €	54,99 €	56,50 €	65,00 €
Holsten-Brauerei AG	36,07 €	39,10 €	38,00 €	39,10 €
Horten AG	9,21 €	9,76 €	9,50 €	
Hüttenwerke Kayser AG	99,43 €	93,37 €	57,68 €	61,00 €
HVB RealEstate Bank AG	20,77 €	20,58 €	21,00 €	
ICN Immobilien Consult Nürnberg	123,98 €	126,93 €	125,27 €	126,33 €
IKON AG Präzisionstechnik	136,12 €	191,54 €	250,25 €	352,00 €
INKA Aktiengesellschaft für Beteiligungen	66,54 €	127,86 €	117,10 €	150,00 €
JADO AG	1,68 €	1,78 €	1,90 €	2,20 €
Jil Sander AG (Aktien 1. Gattung)			256,83 €	
Jil Sander AG (Aktien 2. Gattung)	359,24 €	371,03 €	347,94 €	371,03 €
Jobpilot AG	4,98 €	5,00 €	5,30 €	
Joseph Vögele AG (Inhaber- Stammaktien)	171,07 €	158,02 €	126,25 €	160,00 €
Joseph Vögele AG (Namens- Vorzugsaktien)				

Tabelle 9: Quellen: BAFin hinsichtlich der Mindestpreise; Bundesanzeiger, Rspr., WISO hinsichtlich der angebotenen und der Schlussabfindung (DatumHV = Datum der Hauptversammlung; MP DatumHV = Mindestpreis und damit dreimonatiger Durchschnittskurs vor der Hauptversammlung; MP Bekanntgabe = Mindestpreis und damit Durchschnittskurs vor der ersten öffentlichen Bekanntgabe des Squeeze-out; * vom Hauptaktionär angebotene Abfindung in der Hauptversammlung; ** Abfindung nach freiwilligen, gerichtlichen oder vergleichsweisen Erhöhungen)

Kamps AG	12,00 €	12,20 €	12,14 €	
Kaufhalle AG	133,14 €	137,55 €	133,45 €	159,00 €
KBC Bank Deutschland AG	514,58 €	504,26 €	355,03 €	
Kempinski AG	385,71 €	385,19 €	363,70 €	
Kennametal Hertel AG Werkzeuge + Hartstoffe (Aktien 1. Gattung)	316,07 €	337,81 €	316,07 €	336,07 €
Kennametal Hertel AG Werkzeuge + Hartstoffe (Aktien 2. Gattung)	301,76 €	337,45 €	301,76 €	321,76 €
Kiekert AG	50,12 €	61,29 €	64,45 €	74,45 €
Knürr AG (Aktien 1. Gattung)	86,22 €	93,86 €	82,00 €	
Knürr AG (Aktien 2. Gattung)	53,19 €	69,65 €	55,00 €	
Kolbenschmidt Pierburg AG	36,44 €	40,21 €	36,76 €	
Konrad Hornschuch AG	4,88 €	6,04 €	5,45 €	
Kötitzer Ledertuch- und Wachstuch-Werke AG (Aktien 1. Gattung)	10.102,00 €	15.030,65 €	14.520,00 €	

Tabelle 9: Quellen: BAFin hinsichtlich der Mindestpreise; Bundesanzeiger, Rspr., WISO hinsichtlich der angebotenen und der Schlussabfindung (DatumHV = Datum der Hauptversammlung; MP DatumHV = Mindestpreis und damit dreimonatiger Durchschnittskurs vor der Hauptversammlung; MP Bekanntgabe = Mindestpreis und damit Durchschnittskurs vor der ersten öffentlichen Bekanntgabe des Squeeze-out; * vom Hauptaktionär angebotene Abfindung in der Hauptversammlung; ** Abfindung nach freiwilligen, gerichtlichen oder vergleichsweisen Erhöhungen)

Kötitzer Ledertuch- und Wachstuch-Werke AG (Aktien 2. Gattung)			14.520,00 €	
Kühnle, Kopp & Kausch AG bzw. AG Kühnle, Kopp & Kausch (Aktien 1. Gattung)	23,02 €	29,63 €	24,66 €	34,00 €
Kühnle, Kopp & Kausch AG bzw. AG Kühnle, Kopp & Kausch (Aktien 2. Gattung)	21,61 €	28,33 €	24,87 €	34,00 €
Lambda Physik AG	9,56 €	10,02 €	10,02 €	14,80 €
Leica Camera AG (Aktien 1. Gattung)	12,15 €	12,34 €	12,15 €	
Leica Camera AG (Aktien 2. Gattung)				
Lindner Holding KgaA (Aktien 1. Gattung)	30,38 €	31,68 €	28,52 €	
Lindner Holding KgaA (Aktien 2. Gattung)				
Lindner Holding KgaA (Aktien 3. Gattung)				
Mainzer Aktien-Bierbrauerei AG (Inhaber-Stammaktien)	218,64 €	414,69 €	403,93 €	
Mainzer Aktien-Bierbrauerei AG (Inhaber-Vorzugsaktien)	422,00 €	422,73 €	403,93 €	
MAN Roland Druckmaschinen AG	31,79 €	33,15 €	31,79 €	

Tabelle 9: Quellen: BAFin hinsichtlich der Mindestpreise; Bundesanzeiger, Rspr., WISO hinsichtlich der angebotenen und der Schlussabfindung (DatumHV = Datum der Hauptversammlung; MP DatumHV = Mindestpreis und damit dreimonatiger Durchschnittskurs vor der Hauptversammlung; MP Bekanntgabe = Mindestpreis und damit Durchschnittskurs vor der ersten öffentlichen Bekanntgabe des Squeeze-out; * vom Hauptaktionär angebotene Abfindung in der Hauptversammlung; ** Abfindung nach freiwilligen, gerichtlichen oder vergleichsweisen Erhöhungen)

Maschinenfabrik Esslingen AG	415,35 €	462,56 €	415,00 €	
Massa AG	74,23 €	75,97 €	76,00 €	82,00 €
mg vermögensverwaltungs-ag	32,68 €	38,76 €	33,00 €	
MHM Mode Holding AG	241,69 €	318,18 €	266,86 €	
Microlog Logistics AG	13,88 €	12,80 €	10,60 €	15,00 €
MIS AG	10,09 €	10,41 €	10,11 €	12,50 €
Möbel Walther AG (Aktien 1. Gattung)			18,08 €	
Möbel Walther AG (Aktien 2. Gattung)	10,62 €	17,06 €	18,08 €	
Monachia Grundstücks-AG	2.813,69 €	2.880,63 €	2.823,00 €	3.500,00 €
MSH International Service AG	12,75 €	15,40 €	16,44 €	
Neckarwerke Stuttgart AG	355,52 €	427,59 €	396,50 €	
Novasoft AG	3,71 €	4,13 €	3,89 €	
O & K Orenstein & Koppel AG		15,38 €	15,80 €	
Otavi Minen AG	100,66 €	100,59 €	89,24 €	
Otto Reichelt AG	6,85 €	6,75 €	5,63 €	6,95 €

Tabelle 9: Quellen: BAFin hinsichtlich der Mindestpreise; Bundesanzeiger, Rspr., WISO hinsichtlich der angebotenen und der Schlussabfindung (DatumHV = Datum der Hauptversammlung; MP DatumHV = Mindestpreis und damit dreimonatiger Durchschnittskurs vor der Hauptversammlung; MP Bekanntgabe = Mindestpreis und damit Durchschnittskurs vor der ersten öffentlichen Bekanntgabe des Squeeze-out; * vom Hauptaktionär angebotene Abfindung in der Hauptversammlung; ** Abfindung nach freiwilligen, gerichtlichen oder vergleichsweisen Erhöhungen)

Otto Stumpf AG (Aktien 1. Gattung)	104,96 €	142,86 €	156,00 €
Otto Stumpf AG (Aktien 2. Gattung)	162,10 €	163,76 €	156,00 €
P-D Interglas Technologies AG (Aktien 1. Gattung)			3,37 €
P-D Interglas Technologies AG (Aktien 2. Gattung)			
P-D Interglas Technologies AG (Aktien 3. Gattung)			
P-D Interglas Technologies AG (Aktien 4. Gattung)			
P-D Interglas Technologies AG (Aktien 5. Gattung)			
Pirelli Deutschland AG	202,03 €	207,43 €	205,00 €
PKV Vermögensverwaltung AG	88,34 €	103,14 €	89,00 €
Praktiker Bau- und Heimwerkermärkte AG (Aktien 1. Gattung)	16,52 €	16,57 €	16,52 €

Tabelle 9: Quellen: BAFin hinsichtlich der Mindestpreise; Bundesanzeiger, Rspr., WISO hinsichtlich der angebotenen und der Schlussabfindung (DatumHV = Datum der Hauptversammlung; MP DatumHV = Mindestpreis und damit dreimonatiger Durchschnittskurs vor der Hauptversammlung; MP Bekanntgabe = Mindestpreis und damit Durchschnittskurs vor der ersten öffentlichen Bekanntgabe des Squeeze-out; * vom Hauptaktionär angebotene Abfindung in der Hauptversammlung; ** Abfindung nach freiwilligen, gerichtlichen oder vergleichsweisen Erhöhungen)

Praktiker Bau- und Heimwerkermärkte AG (Aktien 2. Gattung)				
PSB AG für Programmierung und Syst	9,97 €	10,09 €	9,28 €	
Quante AG	22,25 €	25,08 €	21,17 €	23,50 €
Radeberger Gruppe AG (Aktien 1. Gattung)	697,87 €	858,31 €	945,32 €	1.113,32 €
Radeberger Gruppe AG (Aktien 2. Gattung)	673,23 €	835,08 €	945,32 €	1.113,32 €
Real Garant Versicherung AG (Aktien 1. Gruppe)				
Real Garant Versicherung AG (Aktien 2. Gruppe)	10,08 €	11,90 €	12,00 €	
Reckitt Benckiser Deutschland AG	34,21 €	58,19 €	52,97 €	72,50 €
Rheinhold & Mahla AG	13,00 €	14,09 €	13,00 €	
Rieter Ingolstadt Spinnereimaschinenbau AG	118,61 €	138,18 €	141,81 €	
Rütgers AG	312,13 €	322,13 €	310,00 €	
RWE DEA AG	273,27 €	310,74 €	296,00 €	
SAI Automotive Aktiengesellschaft	11,68 €	13,03 €	13,50 €	18,00 €

Tabelle 9: Quellen: BAFin hinsichtlich der Mindestpreise; Bundesanzeiger, Rspr., WISO hinsichtlich der angebotenen und der Schlussabfindung (DatumHV = Datum der Hauptversammlung; MP DatumHV = Mindestpreis und damit dreimonatiger Durchschnittskurs vor der Hauptversammlung; MP Bekanntgabe = Mindestpreis und damit Durchschnittskurs vor der ersten öffentlichen Bekanntgabe des Squeeze-out; * vom Hauptaktionär angebotene Abfindung in der Hauptversammlung; ** Abfindung nach freiwilligen, gerichtlichen oder vergleichsweisen Erhöhungen)

Salamander AG	11,48 €	21,66 €	22,71 €	26,00 €
SAP Systems Integration AG	38,88 €	39,69 €	38,83 €	
Sappi Ehingen AG	5,00 €	5,87 €	5,61 €	
Schering AG	92,44 €	96,39 €	98,98 €	
Schleicher & Co. International AG	4,46 €	4,73 €	4,54 €	6,85 €
Schmalbach-Lubeca AG	14,45 €	14,45 €	17,78 €	
Scholz & friends AG	1,69 €	2,86 €	2,20 €	4,50 €
Schott DESAG AG	179,81 €	198,30 €	196,37 €	233,04 €
Sinn Leffers AG	5,30 €	6,42 €	6,30 €	7,50 €
SPAR Handels AG (Aktien 3. Gattung?)				
SPAR Handels AG (Stammaktien)	4,23 €	4,56 €	4,28 €	7,00 €
SPAR Handels AG (Vorzugsaktien)	8,20 €	8,53 €	8,75 €	9,50 €
Stahlwerke Bochum AG	19,18 €	19,39 €	20,11 €	22,00 €
Stelcon AG	79,00 €	66,90 €	50,00 €	62,50 €
Stinnes AG	32,33 €	38,34 €	39,85 €	

Stollwerck AG	291,37 €	309,30 €	295,00 €	395,00 €
Systematics AG	29,10 €	29,33 €	29,40 €	
Tarkett AG	16,35 €	19,02 €	16,35 €	19,50 €
tecis Holding AG	31,09 €	31,75 €	31,50 €	32,50 €
Tempelhofer Feld AG für Grundstücksverwertung	1.590,00 €	2.012,96 €	1.750,00 €	2.000,00 €
Terrain-Gesellschaft am Teltow-Kanal Rudow-Johanni			8.200,00 €	
Texas Instruments Berlin AG (vormals Condat AG)	10,77 €	11,79 €	12,00 €	
Thüga AG		68,27 €	63,36 €	79,50 €
Thuringia Versicherungs-AG	332,51 €	340,57 €	323,00 €	372,00 €
TIAG TABBERT-Industrie Aktiengesellschaft	7,01 €	11,91 €	11,50 €	
Universitätsdruckerei H. Stürtz AG	19,63 €	25,54 €	25,00 €	35,00 €
USU AG	6,39 €	6,56 €	6,35 €	

Tabelle 9: Quellen: BAFin hinsichtlich der Mindestpreise; Bundesanzeiger, Rspr., WISO hinsichtlich der angebotenen und der Schlussabfindung (DatumHV = Datum der Hauptversammlung; MP DatumHV = Mindestpreis und damit dreimonatiger Durchschnittskurs vor der Hauptversammlung; MP Bekanntgabe = Mindestpreis und damit Durchschnittskurs vor der ersten öffentlichen Bekanntgabe des Squeeze-out; * vom Hauptaktionär angebotene Abfindung in der Hauptversammlung; ** Abfindung nach freiwilligen, gerichtlichen oder vergleichsweisen Erhöhungen)

Tabelle 9: Quellen: BAFin hinsichtlich der Mindestpreise; Bundesanzeiger, Rspr., WISO hinsichtlich der angebotenen und der Schlussabfindung (DatumHV = Datum der Hauptversammlung; MP DatumHV = Mindestpreis und damit dreimonatiger Durchschnittskurs vor der Hauptversammlung; MP Bekanntgabe = Mindestpreis und damit Durchschnittskurs vor der ersten öffentlichen Bekanntgabe des Squeeze-out; * vom Hauptaktionär angebotene Abfindung in der Hauptversammlung; ** Abfindung nach freiwilligen, gerichtlichen oder vergleichsweisen Erhöhungen)

Vattenfall Europe AG	39,16 €	42,58 €	42,77 €	57,00 €
Vereins- und Westbank	21,65 €	25,13 €	25,00 €	26,65 €
Verseidag AG	21,65 €	24,03 €	23,50 €	
Victoria Versicherung AG	1.836,51 €	1.850,12 €	1.762,81 €	
VIVA Media AG	12,60 €	12,77 €	12,65 €	14,00 €
Vodafone AG (vormals Mannesmann AG)	214,17 €	216,28 €	217,91 €	228,51 €
Volksfürsorge Holding AG	558,66 €	583,36 €	554,00 €	
VTG-Lehnkering AG	12,88 €	13,61 €	13,16 €	
W. Jacobsen AG	1.278,81 €	1.234,78 €	962,00 €	1.400,00 €
Walter AG	45,06 €	70,22 €	75,50 €	
Wedeco (Aktien 1. Gattung)	18,07 €	18,32 €	18,00 €	
Wedeco (Aktien 2. Gattung)	18,00 €			
Weinig, Michael AG	32,95 €	33,73 €	33,50 €	
Wella AG (Stammaktien)	83,32 €	87,22 €	80,37 €	
Wella AG (Vorzugsaktien)	81,18 €	84,81 €	80,37 €	

Weru AG	253,00 €	279,65 €	253,48 €	263,48 €
Württembergische Hypothekenbank AG	57,86 €	60,97 €	56,50 €	58,50 €
Württembergische und Badische Versicherungs-Aktien	22,87 €	28,10 €	26,00 €	
Würzburger Hofbräu AG	497,25 €	514,31 €	495,96 €	
Zanders Feinpapiere (Inhaber- Stammaktien)	79,97 €	82,26 €	80,00 €	97,50 €
Zanders Feinpapiere (Inhaber- Vorzugsaktien)	75,71 €	82,89 €	85,94 €	102,94 €

Tabelle 9: Quellen: BAFin hinsichtlich der Mindestpreise; Bundesanzeiger, Rspr., WISO hinsichtlich der angebotenen und der Schlussabfindung (DatumHV = Datum der Hauptversammlung; MP DatumHV = Mindestpreis und damit dreimonatiger Durchschnittskurs vor der Hauptversammlung; MP Bekanntgabe = Mindestpreis und damit Durchschnittskurs vor der ersten öffentlichen Bekanntgabe des Squeeze-out; * vom Hauptaktionär angebotene Abfindung in der Hauptversammlung; ** Abfindung nach freiwilligen, gerichtlichen oder vergleichsweisen Erhöhungen)

IX. Vergleich Squeeze-out-Abfindung mit früheren Angeboten

Tabelle 10:

Aktiengesellschaft	U-Vertr.	Kauf-Angebot	Datum Angebot/Vertrag	Altes Angebot	S.O.-Abf.
Aachener und Münchener Lebensversicherung AG	Ja	Nein	01.01.2001	528,00 €	528,00 €
Aachener und Münchener Versicherung AG	Ja	Nein	01.12.2001	352,00 €	352,00 €
Alcatel SEL AG	Ja	Nein	05.07.1996	132,94 €	150,00 €
Allweiler AG	Ja	Nein	01.01.2000	485,22 €	698,00 €
Apcoa Parking AG	Ja	Nein	21.12.2001	95,50 €	147,50 €
Apcoa Parking AG	Nein	Ja	08.11.2002	95,50 €	147,50 €
Autania AG für Industriebeteiligungen	Nein	Ja	12.07.2006	28,13 €	42,32 €
AXA Konzern AG	Nein	Ja	09.01.2006	129,30 €	134,54 €
Bayerische Immobilien AG	Ja	Nein	07.11.2002	22,16 €	22,16 €
BHF-Bank AG	Ja	Nein	15.11.2001	48,00 €	48,92 €
BHW Holding AG	Nein	Ja	26.01.2006	15,05 €	15,11 €
Blaue Quellen Mineral- und Heilbrunnen AG	Ja	Nein	30.05.2001	751,79 €	743,52 €
Brau & Brunnen AG	Nein	Ja	24.03.2004	80,00 €	86,38 €
Buderus AG	Nein	Ja	08.05.2003	29,15 €	34,00 €
Celanese AG	Ja	Nein	02.02.2004	32,50 €	66,99 €
Celanese AG	Ja	Nein	30.07.2004	51,00 €	66,99 €
Consors Discount-Broker AG	Nein	Ja	12.06.2002	12,40 €	11,75 €

Tabelle 10:

CONTIGAS Deutsche Energie-Aktiengesellschaft	Ja	Nein	08.09.1998	67,00 €	55,00 €
debitel AG	Nein	Ja	01.06.2004	11,00 €	11,79 €
Degussa AG	Nein	Ja	24.06.2002	38,00 €	42,66 €
DIS Deutscher Industrie Service AG	Nein	Ja	06.02.2006	58,50 €	113,00 €
Dortmunder Actien Brauerei AG	Ja	Nein	10.05.2002	6,35 €	6,51 €
E.ON Bayern AG	Ja	Nein	16.04.1999	691,10 €	30,15 €
Energiedienst AG (vormals Kraftübertragungswerke Rheinfelden)	Nein	Ja	02.07.2002	305,00 €	300,00 €
EURAG Holding-AG	Ja	Nein	21.03.1995	230,08 €	230,08 €
FAG Kugelfischer Georg Schäfer AG	Nein	Ja	17.09.2001	12,00 €	12,00 €
Felten & Guilleaume Aktiengesellschaft	Nein	Ja	16.01.2004	154,00 €	283,36 €
Fränkisches Überlandwerk AG	Ja	Nein	01.01.2002	165,00 €	165,00 €
Friatec AG	Ja	Nein	01.03.1999	20,64 €	20,64 €
G. Kromschröder AG	Nein	Ja	26.06.2003	12,00 €	28,67 €
Gardena Holding AG	Ja	Nein	12.09.2002	26,00 €	26,00 €
Gauss Interprise AG	Nein	Ja	22.09.2003	1,06 €	1,20 €
Gauss Interprise AG	Ja	Nein	23.12.2003	1,06 €	1,20 €
Gauss Interprise AG	Nein	Ja	06.07.2004	1,10 €	1,20 €
Gilde-Brauerei AG	Nein	Ja	12.02.2003	1.148,78 €	1.171,34 €
Gilde-Brauerei AG	Ja	Nein	23.10.2003	1.171,34 €	1.171,34 €

Tabelle 10:

Goldschmidt AG	Ja	Nein	02.06.1999	24,70 €	25,23 €
H.I.S. sportswear AG	Nein	Ja	12.06.2001	9,25 €	9,96 €
Heinrich Industrie AG	Nein	Ja	08.06.2004	24,00 €	24,69 €
Hoechst AG	Nein	Ja	01.10.2004	51,23 €	56,50 €
Holsten-Brauerei AG	Nein	Ja	12.02.2004	38,00 €	38,00 €
Horten AG	Ja	Nein	01.01.1995	102,26 €	9,50 €
HVB RealEstate Bank AG	Nein	Ja	19.09.2002	21,00 €	21,00 €
Ingram Macrotron AG	Ja	Nein	05.06.1999	601,00 €	816,80 €
INKA Aktiengesellschaft für Beteiligungen	Nein	Ja	29.11.2002	60,00 €	117,10 €
Invensys Metering Systems AG	Nein	Ja	01.12.2000	1.250,00 €	1.250,00 €
Kamps AG	Nein	Ja	25.05.2002	12,50 €	12,14 €
Kaufhalle AG	Nein	Ja	03.06.2003	133,45 €	133,45 €
Kennametal Hertel AG Werkzeuge + Hartstoffe	Ja	Nein	17.03.2001	293,14 €	316,07 €
Knürr AG	Nein	Ja	02.02.2006	82,00 €	82,00 €
Kolbenschmidt Pierburg AG	Nein	Ja	23.05.2003	15,00 €	36,76 €
Konrad Hornschuch AG	Ja	Nein	22.02.2002	3,08 €	5,45 €
Kühnle, Kopp & Kausch AG bzw. AG Kühnle, Kopp & Kausch	Nein	Ja	01.12.2003	14,40 €	24,66 €
Lambda Physik AG	Nein	Ja	04.06.2003	9,25 €	10,02 €
Microlog Logistics AG	Nein	Ja	01.11.2002	16,50 €	10,60 €
MIS AG	Nein	Ja	01.11.2003	10,00 €	10,11 €
Möbel Walther AG	Nein	Ja	17.11.2005	13,80 €	18,08 €

Tabelle 10:

Monachia Grundstücks-AG	Nein	Ja	05.11.2001	2.767,00 €	2.823,00 €
Neckarwerke Stuttgart AG	Ja	Nein	18.04.2001	338,19 €	396,50 €
Nestle Deutschland AG	Ja	Nein	30.05.2001	285,64 €	281,98 €
Novasoft AG	Nein	Ja	20.10.2004	3,52 €	3,89 €
Otavi Minen AG	Nein	Ja	04.09.2000	100,00 €	89,24 €
Praktiker Bau- und Heimwerkermärkte AG	Ja	Nein	04.11.1999	16,50 €	16,52 €
PSB Aktiengesellschaft für Programmierung und Systemberatung	Nein	Ja	19.04.2003	6,40 €	9,28 €
Rheinhold & Mahla AG	Nein	Ja	12.07.2002	13,00 €	13,00 €
Rütgers AG	Ja	Nein	25.05.1999	281,21 €	310,00 €
RWE DEA AG	Ja	Nein	08.04.1989	196,85 €	296,00 €
Salamander AG	Nein	Ja	04.05.2000	14,00 €	22,71 €
SAP Systems Integration AG	Nein	Ja	28.04.2004	20,40 €	38,83 €
Sappi Ehingen AG	Ja	Nein		98,68 €	5,61 €
Schering AG	Ja	Nein	13.09.2006	89,00 €	98,98 €
Schering AG	Nein	Ja	13.04.2006	86,00 €	98,98 €
Scholz & friends AG	Nein	Ja	18.07.2003	1,75 €	2,20 €
Schott DESAG AG	Ja	Nein	28.04.1999	180,00 €	196,37 €
Stinnes AG	Nein	Ja	07.08.2002	32,75 €	39,85 €
Stollwerck AG	Nein	Ja	17.09.2002	295,00 €	295,00 €
Tarkett AG	Nein	Ja	28.11.2002	6,50 €	16,35 €
tecis Holding AG	Nein	Ja	06.06.2002	31,50 €	31,50 €

Tabelle 10:

Tempelhofer Feld AG für Grundstücksverwertung	Ja	Nein	29.06.1995	1.585,01 €	1.750,00 €
Thuringia Versicherungs-AG	Ja	Nein	01.01.2001	323,00 €	323,00 €
VIVA Media AG	Nein	Ja	24.08.2004	12,61 €	12,65 €
Volksfürsorge Holding AG	Ja	Nein	01.01.2001	554,00 €	554,00 €
VTG-Lehnkering AG	Nein	Ja	05.07.2002	13,16 €	13,16 €
Walter AG	Nein	Ja	29.10.2002	32,50 €	75,50 €
Wedeco	Nein	Ja	09.12.2003	18,00 €	18,00 €
Wedeco	Ja	Nein	30.08.2004	18,00 €	18,00 €
Weinig, Michael AG	Ja	Nein	15.02.2000	24,00 €	33,50 €
Wella AG	Ja	Nein	28.04.2003	92,25 €	80,37 €
Wella AG	Ja	Nein	08.06.2004	72,86 €	80,37 €
Weru AG	Ja	Nein	08.05.2001	240,00 €	253,48 €
Württembergische Hypothekenbank AG	Ja	Nein	20.02.2004	48,50 €	56,50 €
Würzburger Hofbräu AG	Nein	Ja	23.04.2005	425,00 €	495,96 €

X. Angebotene Abfindung und Schlussabfindung

Tabelle 11: * Stadium: 16.9.2008

Aktiengesellschaft	U-Vertr.	Kauf-Angebot	Datum Angebot/Vertrag	Altes Angebot	S.O.-Abf.
Aachener und Münchener Lebensversicherung AG	Ja	Nein	01.01.2001	528,00 €	528,00 €
Aachener und Münchener Versicherung AG	Ja	Nein	01.12.2001	352,00 €	352,00 €
Alcatel SEL AG	Ja	Nein	05.07.1996	132,94 €	150,00 €
Allweiler AG	Ja	Nein	01.01.2000	485,22 €	698,00 €
Apcoa Parking AG	Ja	Nein	21.12.2001	95,50 €	147,50 €
Apcoa Parking AG	Nein	Ja	08.11.2002	95,50 €	147,50 €
Autania AG für Industriebeteiligungen	Nein	Ja	12.07.2006	28,13 €	42,32 €
AXA Konzern AG	Nein	Ja	09.01.2006	129,30 €	134,54 €
Bayerische Immobilien AG	Ja	Nein	07.11.2002	22,16 €	22,16 €
BHF-Bank AG	Ja	Nein	15.11.2001	48,00 €	48,92 €
BHW Holding AG	Nein	Ja	26.01.2006	15,05 €	15,11 €
Blaue Quellen Mineral- und Heilbrunnen AG	Ja	Nein	30.05.2001	751,79 €	743,52 €
Brau & Brunnen AG	Nein	Ja	24.03.2004	80,00 €	86,38 €
Buderus AG	Nein	Ja	08.05.2003	29,15 €	34,00 €
Celanese AG	Ja	Nein	02.02.2004	32,50 €	66,99 €
Celanese AG	Ja	Nein	30.07.2004	51,00 €	66,99 €
Consors Discount-Broker AG	Nein	Ja	12.06.2002	12,40 €	11,75 €

Tabelle 11: * Stadium: 16.9.2008

CONTIGAS Deutsche Energie-Aktiengesellschaft	Ja	Nein	08.09.1998	67,00 €	55,00 €
debitel AG	Nein	Ja	01.06.2004	11,00 €	11,79 €
Degussa AG	Nein	Ja	24.06.2002	38,00 €	42,66 €
DIS Deutscher Industrie Service AG	Nein	Ja	06.02.2006	58,50 €	113,00 €
Dortmunder Actien Brauerei AG	Ja	Nein	10.05.2002	6,35 €	6,51 €
E.ON Bayern AG	Ja	Nein	16.04.1999	691,10 €	30,15 €
Energiedienst AG (vormals Kraftübertragungswerke Rheinfelden)	Nein	Ja	02.07.2002	305,00 €	300,00 €
EURAG Holding-AG	Ja	Nein	21.03.1995	230,08 €	230,08 €
FAG Kugelfischer Georg Schäfer AG	Nein	Ja	17.09.2001	12,00 €	12,00 €
Felten & Guilleaume Aktiengesellschaft	Nein	Ja	16.01.2004	154,00 €	283,36 €
Fränkisches Überlandwerk AG	Ja	Nein	01.01.2002	165,00 €	165,00 €
Friatec AG	Ja	Nein	01.03.1999	20,64 €	20,64 €
G. Kromschröder AG	Nein	Ja	26.06.2003	12,00 €	28,67 €
Gardena Holding AG	Ja	Nein	12.09.2002	26,00 €	26,00 €
Gauss Interprise AG	Nein	Ja	22.09.2003	1,06 €	1,20 €
Gauss Interprise AG	Ja	Nein	23.12.2003	1,06 €	1,20 €
Gauss Interprise AG	Nein	Ja	06.07.2004	1,10 €	1,20 €
Gilde-Brauerei AG	Nein	Ja	12.02.2003	1.148,78 €	1.171,34 €
Gilde-Brauerei AG	Ja	Nein	23.10.2003	1.171,34 €	1.171,34 €

Tabelle 11: * Stadium: 16.9.2008

Goldschmidt AG	Ja	Nein	02.06.1999	24,70 €	25,23 €
H.I.S. sportswear AG	Nein	Ja	12.06.2001	9,25 €	9,96 €
Heinrich Industrie AG	Nein	Ja	08.06.2004	24,00 €	24,69 €
Hoechst AG	Nein	Ja	01.10.2004	51,23 €	56,50 €
Holsten-Brauerei AG	Nein	Ja	12.02.2004	38,00 €	38,00 €
Horten AG	Ja	Nein	01.01.1995	102,26 €	9,50 €
HVB RealEstate Bank AG	Nein	Ja	19.09.2002	21,00 €	21,00 €
Ingram Macrotron AG	Ja	Nein	05.06.1999	601,00 €	816,80 €
INKA Aktiengesellschaft für Beteiligungen	Nein	Ja	29.11.2002	60,00 €	117,10 €
Invensys Metering Systems AG	Nein	Ja	01.12.2000	1.250,00 €	1.250,00 €
Kamps AG	Nein	Ja	25.05.2002	12,50 €	12,14 €
Kaufhalle AG	Nein	Ja	03.06.2003	133,45 €	133,45 €
Kennametal Hertel AG Werkzeuge + Hartstoffe	Ja	Nein	17.03.2001	293,14 €	316,07 €
Knürr AG	Nein	Ja	02.02.2006	82,00 €	82,00 €
Kolbenschmidt Pierburg AG	Nein	Ja	23.05.2003	15,00 €	36,76 €
Konrad Hornschuch AG	Ja	Nein	22.02.2002	3,08 €	5,45 €
Kühnle, Kopp & Kausch AG bzw. AG Kühnle, Kopp & Kausch	Nein	Ja	01.12.2003	14,40 €	24,66 €
Lambda Physik AG	Nein	Ja	04.06.2003	9,25 €	10,02 €
Microlog Logistics AG	Nein	Ja	01.11.2002	16,50 €	10,60 €
MIS AG	Nein	Ja	01.11.2003	10,00 €	10,11 €
Möbel Walther AG	Nein	Ja	17.11.2005	13,80 €	18,08 €

Tabelle 11: * Stadium: 16.9.2008

Monachia Grundstücks-AG	Nein	Ja	05.11.2001	2.767,00 €	2.823,00 €
Neckarwerke Stuttgart AG	Ja	Nein	18.04.2001	338,19 €	396,50 €
Nestle Deutschland AG	Ja	Nein	30.05.2001	285,64 €	281,98 €
Novasoft AG	Nein	Ja	20.10.2004	3,52 €	3,89 €
Otavi Minen AG	Nein	Ja	04.09.2000	100,00 €	89,24 €
Praktiker Bau- und Heimwerkermärkte AG	Ja	Nein	04.11.1999	16,50 €	16,52 €
PSB Aktiengesellschaft für Programmierung und Systemberatung	Nein	Ja	19.04.2003	6,40 €	9,28 €
Rheinhold & Mahla AG	Nein	Ja	12.07.2002	13,00 €	13,00 €
Rütgers AG	Ja	Nein	25.05.1999	281,21 €	310,00 €
RWE DEA AG	Ja	Nein	08.04.1989	196,85 €	296,00 €
Salamander AG	Nein	Ja	04.05.2000	14,00 €	22,71 €
SAP Systems Integration AG	Nein	Ja	28.04.2004	20,40 €	38,83 €
Sappi Ehingen AG	Ja	Nein		98,68 €	5,61 €
Schering AG	Ja	Nein	13.09.2006	89,00 €	98,98 €
Schering AG	Nein	Ja	13.04.2006	86,00 €	98,98 €
Scholz & friends AG	Nein	Ja	18.07.2003	1,75 €	2,20 €
Schott DESAG AG	Ja	Nein	28.04.1999	180,00 €	196,37 €
Stinnes AG	Nein	Ja	07.08.2002	32,75 €	39,85 €
Stollwerck AG	Nein	Ja	17.09.2002	295,00 €	295,00 €
Tarkett AG	Nein	Ja	28.11.2002	6,50 €	16,35 €
tecis Holding AG	Nein	Ja	06.06.2002	31,50 €	31,50 €

Tabelle 11: * Stadium: 16.9.2008

Tempelhofer Feld AG für Grundstücksverwertung	Ja	Nein	29.06.1995	1.585,01 €	1.750,00 €
Thuringia Versicherungs-AG	Ja	Nein	01.01.2001	323,00 €	323,00 €
VIVA Media AG	Nein	Ja	24.08.2004	12,61 €	12,65 €
Volksfürsorge Holding AG	Ja	Nein	01.01.2001	554,00 €	554,00 €
VTG-Lehnkering AG	Nein	Ja	05.07.2002	13,16 €	13,16 €
Walter AG	Nein	Ja	29.10.2002	32,50 €	75,50 €
Wedeco	Nein	Ja	09.12.2003	18,00 €	18,00 €
Wedeco	Ja	Nein	30.08.2004	18,00 €	18,00 €
Weinig, Michael AG	Ja	Nein	15.02.2000	24,00 €	33,50 €
Wella AG	Ja	Nein	28.04.2003	92,25 €	80,37 €
Wella AG	Ja	Nein	08.06.2004	72,86 €	80,37 €
Weru AG	Ja	Nein	08.05.2001	240,00 €	253,48 €
Württembergische Hypothekenbank AG	Ja	Nein	20.02.2004	48,50 €	56,50 €
Würzburger Hofbräu AG	Nein	Ja	23.04.2005	425,00 €	495,96 €

XI. Eintragung und Bekanntmachung der Eintragung

Tabelle 12: Quelle: eigene Erhebung; * Zeitraum zwischen der Hauptversammlung und der Bekanntmachung der Eintragung des Squeeze-out-Beschlusses in das Handelsregister in Tagen

Aktiengesellschaft	Hauptv.	HaReg.E.	Bek.HaReg.E.	A.-Kl.	Zeitraum*
A. Friedr. Flender AG	03.02.2006	12.12.2006	30.12.2006	ja	330
Aachener Straßenbahn und Energieversorgungs-AG	27.08.2004		26.08.2005		364
Aachener und Münchener Lebensversicherung AG	24.06.2002	02.08.2002	07.09.2002		75
Aachener und Münchener Versicherung AG	25.06.2002	02.08.2002	07.09.2002		74
ABB AG	29.08.2002	15.11.2002	12.12.2002		105
ABN AMRO Holding (Deutschland) AG	19.06.2002	02.08.2002	31.08.2002		73
Aditron AG	15.05.2003	24.06.2003	21.08.2003		98
AGAB AG für Anlagen und Beteiligungen	20.06.2002	10.07.2002	07.08.2002		48
AGIMA AG für Immobilien-Anlagen	19.08.2002	18.11.2002	12.12.2002		115
Aktiengesellschaft für Haus- und Grundbesitz	19.01.2004	17.05.2004	25.05.2004		127
Alcatel SEL AG	05.06.2003	16.12.2003	31.12.2003	ja	209
Allgemeine Privatkundenbank AG	25.08.2003	15.12.2003	24.01.2004	ja	152
Allweiler AG	28.08.2003	13.10.2003	20.11.2003		84
Alte Leipziger Versicherung AG	27.06.2002	16.08.2002	19.09.2002		84
Anneliese Zementwerke AG	08.12.2004	18.02.2005	12.03.2005		94
Apcoa Parking AG	13.12.2004	20.05.2005	22.06.2005	ja	191
Aqua Signal AG	13.11.2002	18.12.2002	25.01.2003		73

Tabelle 12: Quelle: eigene Erhebung; * Zeitraum zwischen der Hauptversammlung und der Bekanntmachung der Eintragung des Squeeze-out-Beschlusses in das Handelsregister in Tagen

Armstrong DLW AG bzw. DLW AG	02.12.2005	23.01.2006	22.02.2006	ja	82
ATB Antriebstechnik AG	22.08.2002	14.10.2002	26.11.2002		96
AVA Allgemeine Handelsgesellschaft der Verbraucher AG	13.07.2005		02.03.2006	ja	232
AVECS Corporation AG	19.12.2006	27.03.2007	04.04.2007		106
Avinci AG	29.01.2007	08.05.2007	15.05.2007		106
AXA Konzern AG	20.07.2006	05.07.2007	12.07.2007	ja	357
AXA Lebensversicherung AG	18.07.2006	05.07.2007	12.07.2007	ja	359
AXA Versicherung AG	12.07.2005	09.12.2005	21.12.2005	ja	162
Baden-Württembergische Bank AG	30.07.2003	10.05.2005	21.05.2005	ja	661
Barmag AG	02.06.2003	31.07.2003	18.09.2003		108
Bayerische BrauHolding AG	03.07.2002	30.07.2002	06.08.2002		34
Bayerische Immobilien AG	15.12.2004	12.04.2005	19.04.2005	ja	125
Bayerische Warenhandelsgesellschaft der Verbraucher, AG	28.08.2002	23.10.2002	06.12.2002		100
BBG Beteiligungs AG	04.06.2002	26.08.2002	21.09.2002		109
Bekaert Deutsche Holding AG	27.08.2002	09.10.2002	09.11.2002	ja	74
Berliner Kindl Brauerei AG	27.06.2002	23.12.2002	04.01.2003	ja	191
BHF-Bank AG	17.06.2002	16.08.2002	17.09.2002		92
BHW Bank AG	29.12.2004		14.10.2006	ja	654
Blaue Quellen Mineral- und Heilbrunnen AG	04.07.2002	06.08.2002	09.10.2002		97
Blohm + Voss Holding AG	20.05.2003		16.07.2003		57

Tabelle 12: Quelle: eigene Erhebung; * Zeitraum zwischen der Hauptversammlung und der Bekanntmachung der Eintragung des Squeeze-out-Beschlusses in das Handelsregister in Tagen

Brain Force Financial Solutions AG	23.02.2006	17.07.2006	25.07.2006	ja	152
Brainpool TV AG	31.05.2002	28.06.2002	29.11.2002		182
Brau & Brunnen AG	19.11.2004	23.09.2005	08.10.2005	ja	323
Brauereigesellschaft vorm. Meyer & Söhne AG	04.07.2003	19.09.2003	24.10.2003		112
Brauhaus zur Garde AG	23.05.2002	17.07.2002	23.08.2002		92
Braunschweigische Kohlenbergwerke AG	08.11.2002	13.12.2002	18.01.2003		71
Braunschweigische Maschinenbauanstalt AG	15.07.2002	04.09.2002	28.09.2002		75
Bremer Woll-Kämmerei AG	15.08.2006	16.03.2007	27.03.2007	ja	224
Bristol-Myers Squibb GmbH & Co. KGaA	18.09.2006		21.11.2006		64
Buckau-Walther AG	23.04.2002	31.05.2002	29.06.2002		67
Buderus AG	13.05.2004	23.07.2004	05.08.2004		84
Bürgerverein 1864 AG	19.08.2002	11.08.2005	15.09.2005		1123
CAA AG	15.08.2002	01.10.2002	12.11.2002		89
Carl Schenck AG	09.07.2004	15.09.2004	08.10.2004		91
Central Krankenversicherung AG	03.07.2002	29.08.2002	05.10.2002		94
Christian Adalbert Kupferberg & Cie. KGaA	19.09.2002	02.12.2002	26.02.2003		160
Citicorp Deutschland AG	05.11.2002	04.06.2003	24.07.2003	ja	261
Cluss-Wulle AG	30.04.2002	17.06.2002	16.07.2002		77
Concept! AG	27.08.2002	16.10.2002	28.11.2002		93
Consors Discount-Broker AG	14.11.2002	19.12.2002	22.02.2003		100
CONTIGAS Deutsche Energie-Aktiengesellschaft	17.06.2005		22.11.2005	ja	158

Tabelle 12: Quelle: eigene Erhebung; * Zeitraum zwischen der Hauptversammlung und der Bekanntmachung der Eintragung des Squeeze-out-Beschlusses in das Handelsregister in Tagen

Converium Rückversicherung AG (vormals Zürich Rückversicherung (Köln) AG)	21.11.2002	08.01.2003	18.01.2003		58
Dachziegelwerke Idunahall AG	17.07.2002		29.10.2002		104
debitel AG	30.08.2004	12.05.2005	21.05.2005		264
Degussa AG	29.05.2006		23.09.2006	ja	117
Depfa Deutsche Pfandbriefbank AG	12.05.2004	07.02.2005	18.02.2005	ja	282
Der Grüne Punkt – Duales System Deutschland	30.08.2005	14.11.2005	23.11.2005		85
Deutsche Annington Heimbau AG	25.08.2005	30.09.2005	27.10.2005		63
Deutsche Ärzteversicherung AG	17.07.2006	05.07.2007	12.07.2007	ja	360
Deutsche Bank Lübeck AG (vormals Handelsbank)	16.08.2002	11.10.2002	13.11.2002		89
Deutsche Bank Saar AG	14.08.2002	18.10.2002	04.12.2002		112
Deutsche Bausparkasse Badenia AG	17.06.2002	02.08.2002	07.09.2002		82
Deutscher Eisenhandel AG	15.11.2005	18.04.2007	23.04.2007	ja	524
Deutscher Ring Lebensversicherung AG	19.06.2002	28.08.2002	24.09.2002		97
DGAG Deutsche Grundvermögen AG	16.05.2007	28.09.2007	02.10.2007	ja	139
Dortmunder Actien Brauerei AG	20.11.2002	07.01.2003	11.02.2003		83
Dr. Neuhaus Computer KGaA	28.11.2003	13.07.2005	20.07.2005	ja	600
Dresdner Bank AG	24.05.2002	11.07.2002	07.08.2002		75
DSL Holding AG i.L.	31.07.2003	04.10.2004	15.10.2004	ja	442
DUEWAG AG i.A.	18.03.2003	18.07.2003	27.08.2003		162

Tabelle 12: Quelle: eigene Erhebung; * Zeitraum zwischen der Hauptversammlung und der Bekanntmachung der Eintragung des Squeeze-out-Beschlusses in das Handelsregister in Tagen

E.ON Bayern AG	24.06.2003	01.07.2004	21.07.2004	ja	393
EBV AG	20.06.2002	11.07.2002	03.08.2002		44
Edelstahlwerk Witten AG	29.05.2002	26.07.2002	20.08.2002		83
Edscha AG	23.05.2003	29.01.2004	08.03.2004	ja	290
eff-eff Fritz Fuss GmbH & Co. KgaA	29.07.2004	11.10.2004	28.10.2004	ja	91
Elektra Beckum AG	28.06.2002	31.07.2002	05.09.2002		69
Energiedienst AG (vormals Kraftübertragungswerke Rheinfelden)	10.12.2002	16.01.2003	11.03.2003	vermieden durch vorherige Vereinbarung	91
Entrium Direct Bankers AG	15.04.2003	16.07.2003	28.08.2003	ja	135
ERFAG Aktiengesellschaft zur Errichtung und Finanzierung von Anlagegütern Schwelm	02.12.2003		25.02.2004		85
Erlau AG	04.06.2002	12.09.2002	16.10.2002		134
Eternit AG	23.07.2002	28.05.2004	01.07.2004	ja	709
EURAG Holding-AG	18.12.2003	03.02.2004	27.02.2004		71
FAG Kugelfischer Georg Schäfer AG	30.10.2002	12.02.2003	04.04.2003	ja	156
Felten & Guilleaume Aktiengesellschaft	23.12.2004	23.11.2005	03.12.2005	ja	345
FMH Facility Management Hessisches Handwerk AG	17.12.2003	06.05.2004	08.06.2004		174
Ford-Werke AG	12.07.2002	05.09.2002	09.10.2002		89
Frankenluk AG	13.06.2002	29.08.2002	05.10.2002		114
Frankfurter Sparkasse AG	21.12.2005	08.02.2006	17.02.2006		58

Tabelle 12: Quelle: eigene Erhebung; * Zeitraum zwischen der Hauptversammlung und der Bekanntmachung der Eintragung des Squeeze-out-Beschlusses in das Handelsregister in Tagen

Fränkisches Überlandwerk AG	17.05.2002	27.06.2002	06.08.2002		81
Friatec AG	23.06.2003	13.10.2005	19.11.2005	ja	880
G. Kromschröder AG	16.12.2005	03.07.2006	22.07.2006	ja	218
GAH Beteiligungs AG	26.06.2003	07.08.2003	17.09.2003		83
Gardena Holding AG	12.09.2002	14.01.2003	28.02.2003	ja	169
Gauss Interprise AG	25.08.2005	27.10.2006	04.11.2006	ja	436
GE Frankona Rückversicherungs-Beteiligungs AG	18.12.2003	15.07.2004	27.07.2004	ja	222
GEA AG	13.08.2004	28.04.2005	21.05.2005	ja	281
Gebrüder Bernard AG	07.09.2007	25.10.2007	08.12.2007		92
Gerling Konzern Allgemeine Versicherungs AG	20.09.2006	14.05.2007	19.05.2007	ja	241
Gerresheimer Glas AG	13.05.2003	04.06.2003	24.07.2003	ja	72
Gilde-Brauerei AG	23.10.2003	08.12.2003	14.01.2004		83
Glunz AG	31.05.2005	24.03.2006	04.04.2006	ja	308
Goldschmidt AG	26.06.2002	11.11.2003	26.11.2003	ja	518
H.I.S. sportswear AG	10.06.2002	26.07.2002	06.08.2002		57
HAG GF AG	23.08.2002	22.10.2002	21.11.2002		90
Hagen Batterie AG	28.11.2003	10.12.2003	30.12.2003	ja	32
Hamburger Hochbahn AG	14.08.2003	22.10.2003	29.10.2003		76
Hamburg-Mannheimer Sachversicherungs AG	10.06.2002	08.10.2002	06.11.2002		149
Hannoversche Portland-Cementfabrik	20.12.2006	31.01.2007	06.02.2007		48
Hapag Lloyd AG	21.06.2002	05.08.2002	30.08.2002		70

Tabelle 12: Quelle: eigene Erhebung; * Zeitraum zwischen der Hauptversammlung und der Bekanntmachung der Eintragung des Squeeze-out-Beschlusses in das Handelsregister in Tagen

Harpen AG	15.10.2004	24.08.2005	31.08.2005	ja	320
Heinrich Industrie AG	12.05.2005	06.10.2005	14.10.2005	ja	155
Hermes Kreditversicherungs- AG	27.06.2002	09.08.2002	04.09.2002		69
Hilgers AG	22.08.2002	16.09.2002	09.10.2002		48
Hirschbrauerei AG	15.07.2002	06.11.2002	13.12.2002		151
Hoechst AG	20.12.2004	12.07.2005	22.07.2005	ja	214
Holsten-Brauerei AG	27.01.2005	05.07.2006	12.07.2006	ja	531
Horten AG	27.08.2002	29.10.2002	07.12.2002		102
Hüttenwerke Kayser AG	03.04.2003	04.08.2003	10.09.2003		160
HVB RealEstate Bank AG	26.05.2003	03.09.2003	16.09.2003	ja	113
ICN Immobilien Consult Nürnberg	27.06.2002	01.08.2002	28.08.2002		62
IHB Investitions- und Handels AG	29.07.2002	18.10.2002	16.11.2002		110
IKON AG Präzisionstechnik	28.05.2002	10.07.2002	17.07.2002		50
Industriebaugesellschaft Centrum am Bülowplatz AG	11.12.2006	01.02.2007	20.03.2007		99
Ingram Macrotron AG	12.12.2002	24.01.2003	04.02.2003		54
INKA Aktiengesellschaft für Beteiligungen	20.12.2004	01.12.2005	13.12.2005	ja	358
Invensys Metering Systems AG	19.09.2002	17.07.2003	13.08.2003	ja	328
JADO AG	08.06.2004	30.08.2004	10.09.2004		94
Jobpilot AG	22.08.2002	18.10.2002	16.11.2002		86
Joseph Vögele AG	18.06.2002	21.08.2002	20.09.2002		94
Kamps AG	25.07.2003	02.04.2004	15.04.2004	ja	265

Kaufhalle AG	18.12.2003	25.11.2005	06.12.2005	ja	719
Kempinski AG	23.08.2002	18.10.2002	25.10.2002		63
Kennametal Hertel AG Werkzeuge + Hartstoffe	15.12.2004	28.04.2005	07.05.2005	ja	143
Kiekert AG	25.04.2002	09.07.2002	07.08.2002		104
Klinik Rose AG	17.02.2005	10.05.2005	12.07.2005		145
KM Europa Metal AG	28.02.2002	30.10.2002	14.12.2002	ja	289
Koepp AG	16.05.2002	15.07.2002	08.08.2002		84
Kolbenschmidt Pierburg AG	26.06.2007	28.09.2007	02.10.2007	ja	98
Kölnische Verwaltungs-AG für Versicherungswerte	21.07.2006		12.07.2007	ja	356
Komatsu Hanomag AG	24.07.2002	12.09.2002	10.10.2002		78
Königsbacher Brauerei AG	29.11.2002	21.05.2004	22.07.2004	ja	601
Konrad Hornschuch AG	09.09.2004	01.12.2005	07.01.2006		485
Kühnle, Kopp & Kausch AG bzw. AG Kühnle, Kopp & Kausch	14.09.2005	26.06.2006	08.07.2006	ja	297
Lambda Physik AG	05.05.2004	14.01.2005	15.02.2005	ja	286
Lindenmaier Präzision AG	06.08.2002	30.09.2002	14.11.2002		100
lohndirekt/ aktiengesellschaft	30.04.2007	25.06.2007	29.06.2007		60
Löwenbräu AG	03.05.2002	12.06.2002	25.06.2002		53
Mainzer Aktien-Bierbrauerei AG	19.06.2002	26.08.2002	01.10.2002		104
MAN Roland Druckmaschinen AG	22.05.2003	17.07.2003	13.09.2003		114
manager-lounge AG	24.05.2006		25.07.2006		62

Tabelle 12: Quelle: eigene Erhebung; * Zeitraum zwischen der Hauptversammlung und der Bekanntmachung der Eintragung des Squeeze-out-Beschlusses in das Handelsregister in Tagen

Tabelle 12: Quelle: eigene Erhebung; * Zeitraum zwischen der Hauptversammlung und der Bekanntmachung der Eintragung des Squeeze-out-Beschlusses in das Handelsregister in Tagen

Marner GZG Saaten AG	12.05.2005	25.07.2005	02.09.2005		113
Maschinenfabrik Esslingen AG	18.12.2002	28.01.2003	13.03.2003		85
Massa AG	26.08.2002	24.01.2003	27.02.2003	ja	185
MEZ AG	11.07.2002	15.10.2002	23.11.2002		135
mg vermögensverwaltungs-ag	21.11.2003	02.07.2004	17.07.2004		239
MHM Mode Holding AG	25.03.2002	17.05.2002	19.06.2002		86
Microlog Logistics AG	23.11.2006		15.08.2007	ja	265
Minick (Germany) AG	22.12.2004		15.02.2005		55
MIS AG	24.01.2005	30.01.2006	28.02.2006	ja	400
Monachia Grundstücks-AG	30.04.2002	06.08.2002	13.08.2002	ja	105
Morphochem AG für kombinatorische Chemie	27.04.2006		20.06.2006		54
MSH International Service AG	22.08.2002	17.10.2002	14.11.2002		84
Mummert Consulting AG	22.08.2005		27.09.2005		36
N.T.W.H. Immobilieninvest, vor. Krefelder Hotel AG	22.01.2007	27.03.2007	30.03.2007		67
NB Beteiligungs AG	11.11.2003	18.12.2003	30.01.2004		80
Neckarwerke Stuttgart AG	15.04.2003	23.05.2003	31.05.2003		46
Nestle Deutschland AG	05.07.2002	17.09.2002	10.10.2002		97
Nexans Deutschland AG	04.07.2002	22.08.2002	21.09.2002		79
NFZ Norddeutsche Fleischzentrale AG	24.08.2005		07.03.2007	ja	560
Novasoft AG	15.07.2005	04.08.2006	12.08.2006	ja	393
O & K Orenstein & Koppel AG	23.12.2002	24.02.2003	01.03.2003		68

Tabelle 12: Quelle: eigene Erhebung; * Zeitraum zwischen der Hauptversammlung und der Bekanntmachung der Eintragung des Squeeze-out-Beschlusses in das Handelsregister in Tagen

OSSACUR AG	30.12.2003	31.03.2004	05.05.2004		127
Otavi Minen AG	04.07.2002	20.08.2002	18.09.2002		76
Otto Reichelt AG	22.05.2002	18.10.2002	25.10.2002	ja	156
P/S Kunststoffwerke AG	30.04.2003		13.08.2003		105
Patria Versicherung AG	20.06.2002	31.07.2002	31.08.2002		72
P-D Interglas Technologies AG	25.08.2006	16.11.2006	05.12.2006		102
Phonet Telecom AG	30.08.2002	25.11.2002	09.01.2003		132
PICNIC Grundstücksverwaltung AG	29.08.2002	04.11.2002	29.11.2002		92
Pirelli Deutschland AG	12.11.2002	18.12.2002	23.01.2003		72
PKV Vermögensverwaltung AG	01.03.2002		18.05.2004	ja	809
Praktiker Bau- und Heimwerkermärkte AG	20.08.2002	23.10.2002	30.11.2002		102
PressWatch AG	28.02.2007	05.06.2007	08.06.2007		100
primion Technology AG	05.08.2005	22.08.2005	27.09.2005		53
Quante AG	29.08.2003	21.03.2006	29.03.2006	ja	943
Radeberger Gruppe AG	25.09.2003	06.08.2004	14.08.2004	ja	324
Real Garant Versicherung AG	24.07.2003	19.09.2003	13.11.2003		112
Reckitt Benckiser Deutschland AG	28.08.2002	16.10.2002	16.11.2002		80
Regentalbahn AG	20.10.2005	29.05.2006	13.06.2006	ja	236
Revell AG	24.06.2003	07.07.2003	10.09.2003		78
Rheinhold & Mahla AG	12.05.2003	17.06.2003	01.07.2003		50
Rheinisch- Westf. Kalkwerke AG	30.08.2002	11.11.2002	03.01.2003		126
rhenag Rheinische Energie AG	20.12.2004	14.02.2005	23.02.2005		65

Tabelle 12: Quelle: eigene Erhebung; * Zeitraum zwischen der Hauptversammlung und der Bekanntmachung der Eintragung des Squeeze-out-Beschlusses in das Handelsregister in Tagen

Rieter Ingolstadt Spinnereimaschinenbau AG	15.07.2002	13.12.2002	22.01.2003	ja	191
Rütgers AG	26.05.2003	08.07.2003	15.07.2003		50
RWE DEA AG	07.04.2004		26.10.2004	ja	202
SAI Automotive Aktiengesellschaft	19.11.2002	16.07.2004	23.07.2004	ja	612
Salamander AG	11.09.2002	22.01.2003	07.02.2003	ja	149
SAP Systems Integration AG	28.04.2006	18.06.2007	22.06.2007	ja	420
Sappi Alfeld AG	08.05.2003	26.06.2003	29.07.2003		82
Sappi Ehingen AG	09.05.2003	01.07.2003	21.08.2003		104
Schleicher & Co. International AG	26.08.2003	17.10.2003	28.11.2003		94
Schmalbach-Lubeca AG	30.08.2002	19.11.2002	11.01.2003	ja	134
SchmidtBank AG	16.12.2003	22.01.2004	24.02.2004		70
Schoeller Eitorf AG	25.02.2003	03.11.2003	14.11.2003	ja	262
Scholz & friends AG	06.05.2004	17.11.2005	25.11.2005	ja	568
Schott DESAG AG	25.04.2002	10.06.2002	03.07.2002		69
Schott Zwiesel AG	28.06.2002	29.07.2002	24.08.2002		57
Scor DEUTSCHLAND Rückversicherungs-AG	16.05.2002	27.06.2002	30.07.2002		75
Sinn Leffers AG	20.12.2004	03.05.2005	12.05.2005		143
Softlution AG	15.11.2002	27.12.2007	02.01.2008		1874
Solenhofer Aktien-Verein AG	27.09.2002	09.12.2002	22.01.2003		117
SPAR Handels AG	26.01.2005		21.04.2005	ja	85
Stahlwerke Bochum AG	07.05.2003	16.07.2003	26.08.2003		111
StattAuto CarSharing AG	28.12.2005	28.02.2006	08.03.2006		70

Tabelle 12: Quelle: eigene Erhebung; * Zeitraum zwischen der Hauptversammlung und der Bekanntmachung der Eintragung des Squeeze-out-Beschlusses in das Handelsregister in Tagen

Steffen AG	15.08.2003	08.10.2003	18.11.2003		95
StepStone Deutschland AG	24.06.2004	02.08.2004	14.08.2004		51
Stinnes AG	17.02.2003	09.05.2003	17.07.2003	ja	150
Stollwerck AG	30.04.2003	06.04.2005	16.04.2005	ja	717
Stuttgart Consult Unternehmens- und Finanzberatungs AG	06.08.2003	17.09.2003	26.09.2003		51
Stuttgarter Baugesellschaft von 1872 AG	22.10.2003	11.12.2003	19.12.2003		58
SuSE Linux AG	12.07.2004	19.08.2004	26.08.2004		45
Systematics AG	23.08.2002	15.10.2002	08.11.2002		77
Tarkett AG	20.06.2005	20.07.2006	08.08.2006	ja	414
Tech Data Germany AG	09.08.2002	04.09.2002	17.09.2002		39
tecis Holding AG	26.11.2002	24.01.2003	31.01.2003		66
Tempelhofer Feld AG für Grundstücksverwertung	19.01.2005	14.03.2005	19.03.2005	ja	59
Terrain-Gesellschaft am Teltow-Kanal Rudow-Johannisthal, AG	10.07.2002	18.10.2002	25.10.2002		107
Texas Instruments Berlin AG (vormals Condat AG)	19.12.2002	01.10.2003	10.10.2003	ja	295
Thüga AG	28.11.2003	07.05.2004	18.05.2004	ja	172
Thüga Beteiligungen AG	17.11.2003	30.12.2003	10.01.2004		54
Thuringia Versicherungs-AG	18.06.2002	24.07.2002	06.08.2002		49
TIAG TABBERT-Industrie Aktiengesellschaft	31.03.2006	21.03.2007	27.03.2007	ja	361

Tabelle 12: Quelle: eigene Erhebung; * Zeitraum zwischen der Hauptversammlung und der Bekanntmachung der Eintragung des Squeeze-out-Beschlusses in das Handelsregister in Tagen

Tradition Wertpapierhandelsbank AG	18.08.2004	14.10.2004	22.10.2004		65
Unilog Integrata AG	19.12.2002	29.04.2003	07.06.2003		170
Universitätsdruckerei H. Stürtz AG	26.06.2002	31.07.2002	05.09.2002		71
USU AG	13.06.2003	30.12.2003	04.02.2004	ja	236
Vattenfall Europe AG	01.03.2006	21.04.2008	22.04.2008	ja	783
Vereins- und Westbank AG	24.06.2004		06.11.2004	ja	135
Vereinte Versicherung AG	05.04.2002	31.05.2002	13.06.2002		69
Verlag u. Druckerei G.J.Manz AG	17.06.2002	08.08.2002	22.08.2002		66
Verseidag AG	05.06.2002	02.08.2002	29.08.2002		85
Vfw AG	14.09.2005	08.11.2005	19.11.2005		66
Victoria Versicherung AG	05.06.2002	18.07.2002	23.08.2002		79
VIVA Media AG	14.01.2005	14.06.2005	25.06.2005	ja	162
Vodafone AG (vormals Mannesmann AG)	11.06.2002	21.08.2002	27.09.2002	ja	108
Volksfürsorge Holding AG	20.06.2002	29.08.2003	05.09.2003	ja	442
VTG-Lehnkering AG	30.10.2002	04.12.2002	11.12.2002		42
W. Jacobsen AG	26.11.2004	28.06.2005	02.08.2005	ja	249
Walter AG	15.06.2005	22.12.2005	26.01.2006	ja	225
Wayss & Freytag AG	28.05.2002	12.07.2002	08.08.2002		72
Wayss & Freytag Ingenieurbau AG	28.05.2002	12.07.2002	08.08.2002		72
Wayss & Freytag Schlüsselfertigbau AG	28.05.2002	12.07.2002	08.08.2002		72
Wedeco	30.08.2004		09.07.2005	ja	313
Weinig, Michael AG	30.08.2002	18.10.2002	27.11.2002		89

Wella AG	13.12.2005		14.11.2007	ja	701
WERBAS AG	25.07.2005	09.08.2005	22.09.2005		59
Westfalenbank AG	04.11.2002	21.01.2003	28.02.2003		116
Wohnbau Rhein-Main AG	15.05.2002	08.07.2002	02.08.2002		79
Wupper AG i.L.	06.05.2003	03.09.2003	02.10.2003		149
Württembergische Hypothekenbank AG	12.05.2005	21.07.2005	29.07.2005	ja	78
Württembergische und Badische Versicherungs-Aktien	25.05.2005	14.12.2005	20.01.2006	ja	240
Würzburger Hofbräu AG	18.05.2006	24.11.2006	15.12.2006		211
Wüstenrot Bausparkasse AG	17.07.2007	25.09.2007	02.10.2007		77
YTONG Deutschland AG	03.09.2002	16.10.2002	30.10.2002		57
Zanders Feinpapiere AG	27.06.2002	08.08.2002	30.08.2002		64
ZKZ Verwaltungsaktiengesellschaft	15.06.2004		11.08.2004		57
Zürich Agrippina Lebensversicherung AG	13.06.2002	02.09.2002	28.09.2002		107
Zürich Agrippina Versicherung AG	12.06.2002	02.10.2002	31.10.2002		141

Tabelle 12: Quelle: eigene Erhebung; * Zeitraum zwischen der Hauptversammlung und der Bekanntmachung der Eintragung des Squeeze-out-Beschlusses in das Handelsregister in Tagen

XII. Gerichtliche Verfahren im Anschluss an den Squeeze-out-Beschluss

Tabelle 13: Nichtigkeits- und Anfechtungsklage sowie Spruchverfahren nach Sqeeze-out; Quellen: eigene Erhebung aus elektronischem Bundesanzeiger sowie juristischen Fachzeitschriften; (* Stand: 16.9.2008)

Aktiengesellschaft	Hauptv.	Bö.N.	N/Anf.	Spruchv.	Stadium*
A. Friedr. Flender AG	03.02.2006	Nein	ja	ja	Spruchverfahren
Aachener Straßenbahn und Energieversorgungs-AG	27.08.2004	Ja		ja	Spruchverfahren
Aachener und Münchener Lebensversicherung AG	24.06.2002	Ja		ja	Spruchverfahren
Aachener und Münchener Versicherung AG	25.06.2002	Ja		ja	Spruchverfahren
ABB AG	29.08.2002	Ja		ja	Spruchverfahren
ABN AMRO Holding (Deutschland) AG	19.06.2002	Nein			
Aditron AG	15.05.2003	Ja		ja	Spruchverfahren
AGAB AG für Anlagen und Beteiligungen	20.06.2002	Nein			
AGIMA AG für Immobilien-Anlagen	19.08.2002	Nein		ja	Abgeschlossen
Aktiengesellschaft für Haus- und Grundbesitz	19.01.2004	Nein			
Aktiengesellschaft Kunstmühle Aichach	30.08.2006	Nein			
Alcatel SEL AG	05.06.2003	Ja	ja	ja	Spruchverfahren
Allgemeine Privatkundenbank AG	25.08.2003	Ja	ja		unklar
AlliedSignal Chemical Holding AG	25.06.2002	Nein	ja		Aufgegeben
Allweiler AG	28.08.2003	Ja			

Tabelle 13: Nichtigkeits- und Anfechtungsklage sowie Spruchverfahren nach Sqeeze-out; Quellen: eigene Erhebung aus elektronischem Bundesanzeiger sowie juristischen Fachzeitschriften; (* Stand: 16.9.2008)

Alte Leipziger Versicherung AG	27.06.2002	Ja		ja	Abgeschlossen
Anneliese Zementwerke AG	08.12.2004	Nein		ja	Spruchverfahren
Apcoa Parking AG	13.12.2004	Ja	ja	ja	Spruchverfahren
Aqua Signal AG	13.11.2002	Ja		ja	Abgeschlossen
Armstrong DLW AG bzw. DLW AG	02.12.2005	Ja	ja	ja	Spruchverfahren
ATB Antriebstechnik AG	22.08.2002	Ja		ja	Spruchverfahren
Autania AG für Industriebeteiligungen	28.11.2007	Ja	ja		Anfechtungskalge
AVA Allgemeine Handelsgesellschaft der Verbraucher AG	13.07.2005	Ja	ja	ja	Spruchverfahren
AVECS Corporation AG	19.12.2006	Nein			
Avinci AG	29.01.2007	Nein			
AXA Konzern AG	20.07.2006	Ja	ja		unklar
AXA Lebensversicherung AG	18.07.2006	Ja	ja	ja	Spruchverfahren
AXA Versicherung AG	12.07.2005	Ja	ja	ja	Spruchverfahren
Baden-Württembergische Bank AG	30.07.2003	Ja	ja	ja	Spruchverfahren
Barmag AG	02.06.2003	Ja		ja	Spruchverfahren
Bayerische BrauHolding AG	03.07.2002	Ja		ja	Abgeschlossen
Bayerische Hypo- und Vereinsbank AG	26.06.2007	Ja	ja		Anfechtungsklage
Bayerische Immobilien AG	15.12.2004	Ja	ja		unklar
Bayerische Warenhandelsgesellschaft der Verbraucher, AG	28.08.2002	Nein		ja	Abgeschlossen

Tabelle 13: Nichtigkeits- und Anfechtungsklage sowie Spruchverfahren nach Sqeeze-out; Quellen: eigene Erhebung aus elektronischem Bundesanzeiger sowie juristischen Fachzeitschriften; (* Stand: 16.9.2008)

BBG Beteiligungs AG	04.06.2002	Ja		ja	Abgeschlossen
Bekaert Deutsche Holding AG	27.08.2002	Nein	ja	ja	Abgeschlossen
Berliner Kindl Brauerei AG	27.06.2002	Ja	ja	ja	Spruchverfahren
BHF-Bank AG	17.06.2002	Ja		ja	Spruchverfahren
BHW Bank AG	29.12.2004	Nein	ja		Anfechtungsklage
BHW Holding AG	20.07.2006	Ja	ja		unklar
Blaue Quellen Mineral- und Heilbrunnen AG	04.07.2002	Ja		ja	Spruchverfahren
Blohm + Voss Holding AG	20.05.2003	Nein		ja	Spruchverfahren
Brain Force Financial Solutions AG	23.02.2006	Ja	ja	ja	Abgeschlossen
Brainpool TV AG	31.05.2002	Ja		ja	Spruchverfahren
Brau & Brunnen AG	19.11.2004	Ja	ja	ja	Spruchverfahren
Brauereigesellschaft vorm. Meyer & Söhne AG	04.07.2003	Nein			
Brauhaus zur Garde AG	23.05.2002	Nein		ja	Abgeschlossen
Braunschweigische Kohlenbergwerke AG	08.11.2002	Ja		ja	Abgeschlossen
Braunschweigische Maschinenbauanstalt AG	15.07.2002	Nein		ja	Spruchverfahren
Bremer Woll-Kämmerei AG	15.08.2006	Ja	ja		unklar
Bristol-Myers Squibb GmbH & Co. KGaA	18.09.2006	Nein			
Buckau-Walther AG	23.04.2002	Nein		ja	Abgeschlossen
Buderus AG	13.05.2004	Ja		ja	Abgeschlossen
Bürgerverein 1864 AG	19.08.2002	Nein			

Tabelle 13: Nichtigkeits- und Anfechtungsklage sowie Spruchverfahren nach Sqeeze-out; Quellen: eigene Erhebung aus elektronischem Bundesanzeiger sowie juristischen Fachzeitschriften; (* Stand: 16.9.2008)

CAA AG	15.08.2002	Ja		ja	Abgeschlossen
Carl Schenck AG	09.07.2004	Ja		ja	Spruchverfahren
Celanese AG	30.05.2006	Ja	ja	ja	Spruchverfahren
Central Krankenversicherung AG	03.07.2002	Nein			
Christian Adalbert Kupferberg & Cie. KGaA	19.09.2002	Ja		ja	Abgeschlossen
Citicorp Deutschland AG	05.11.2002	Nein	ja	ja	Spruchverfahren
Cluss-Wulle AG	30.04.2002	Nein			
Concept! AG	27.08.2002	Ja		ja	Spruchverfahren
Consors Discount-Broker AG	14.11.2002	Ja		ja	Spruchverfahren
CONTIGAS Deutsche Energie-Aktiengesellschaft	17.06.2005	Ja	ja	ja	Spruchverfahren
ContiTech AG	22.08.2007	Nein	ja		Anfechtungsklage
Converium Rückversicherung AG (vormals Zürich Rückversicherung (Köln) AG)	21.11.2002	Ja		ja	Abgeschlossen
Dachziegelwerke Idunahall AG	17.07.2002	Nein		ja	Spruchverfahren
debitel AG	30.08.2004	Ja		ja	Abgeschlossen
Degussa AG	29.05.2006	Ja	ja	ja	Spruchverfahren
Depfa Deutsche Pfandbriefbank AG	12.05.2004	Ja	ja	ja	Spruchverfahren
Der Grüne Punkt – Duales System Deutschland	30.08.2005	Nein			
Deutsche Annington Heimbau AG	25.08.2005	Nein		ja	Spruchverfahren
Deutsche Ärzteversicherung AG	17.07.2006	Ja	ja		unklar

Tabelle 13: Nichtigkeits- und Anfechtungsklage sowie Spruchverfahren nach Sqeeze-out; Quellen: eigene Erhebung aus elektronischem Bundesanzeiger sowie juristischen Fachzeitschriften; (* Stand: 16.9.2008)

Deutsche Bank Lübeck AG (vormals Handelsbank)	16.08.2002	Ja		ja	Abgeschlossen
Deutsche Bank Saar AG	14.08.2002	Nein		ja	
Deutsche Bausparkasse Badenia AG	17.06.2002	Nein		ja	Spruchverfahren
Deutscher Eisenhandel AG	15.11.2005	Ja	ja	ja	Spruchverfahren
Deutscher Ring Lebensversicherung AG	19.06.2002	Nein			
DGAG Deutsche Grundvermögen AG	16.05.2007	Nein	ja	ja	Spruchverfahren
DIS Deutscher Industrie Service AG	20.12.2007	Ja	ja		Anfechtungsklage
DMS Deutsche Maklerservice AG	19.11.2007	Nein			
Dortmunder Actien Brauerei AG	20.11.2002	Ja		ja	Spruchverfahren
Dr. Neuhaus Computer KGaA	28.11.2003	Nein	ja		unklar
Dresdner Bank AG	24.05.2002	Ja		ja	Spruchverfahren
DSL Holding AG i.L.	31.07.2003	Ja	ja	ja	Spruchverfahren
DUEWAG AG i.A.	18.03.2003	Ja		ja	Abgeschlossen
E.ON Bayern AG	24.06.2003	Ja	ja	ja	Spruchverfahren
EBV AG	20.06.2002	Ja		ja	Spruchverfahren
Edelstahlwerk Witten AG	29.05.2002	Ja		ja	Abgeschlossen
Edscha AG	23.05.2003	Ja	ja	ja	Spruchverfahren
eff-eff Fritz Fuss GmbH & Co. KgaA	29.07.2004	Ja	ja	ja	Abgeschlossen
Elektra Beckum AG	28.06.2002	Ja		ja	Abgeschlossen
Energiedienst AG	10.12.2002	Ja	vermieden durch	ja	Spruchverfahren

Tabelle 13: Nichtigkeits- und Anfechtungsklage sowie Spruchverfahren nach Sqeeze-out; Quellen: eigene Erhebung aus elektronischem Bundesanzeiger sowie juristischen Fachzeitschriften; (* Stand: 16.9.2008)

(vormals Kraftübertragungs- werke Rheinfelden)			vorherige Vereinbarung		
Entrium Direct Bankers AG	15.04.2003	Ja	ja	ja	Spruchverfahren
equitrust AG	28.09.2006	Ja	ja	ja	Spruchverfahren
ERFAG Aktiengesellschaft zur Errichtung und Finanzierung von Anlagegütern Schwelm	02.12.2003	Nein			
Erlau AG	04.06.2002	Nein		ja	Spruchverfahren
Eternit AG	23.07.2002	Nein	ja	ja	Spruchverfahren
EURAG Holding-AG	18.12.2003	Ja		ja	Abgeschlossen
Eurohypo AG	29.08.2007	Ja	ja		Anfechtungsklage
FAG Kugelfischer Georg Schäfer AG	30.10.2002	Ja	ja	ja	Spruchverfahren
Felten & Guilleaume Aktiengesellschaft	23.12.2004	Ja	ja	ja	Spruchverfahren
FMH Facility Management Hessisches Handwerk AG	17.12.2003	Nein			
Ford-Werke AG	12.07.2002	Ja		ja	Abgeschlossen
Frankenluk AG	13.06.2002	Ja		ja	Abgeschlossen
Frankfurter Sparkasse AG	21.12.2005	Nein			
Fränkisches Überlandwerk AG	17.05.2002	Ja		ja	Abgeschlossen
Friatec AG	23.06.2003	Ja	ja		Anfechtungsklage
G. Kromschröder AG	16.12.2005	Ja	ja		unklar
GAH Beteiligungs AG	26.06.2003	Nein		ja	Spruchverfahren

Tabelle 13: Nichtigkeits- und Anfechtungsklage sowie Spruchverfahren nach Sqeeze-out; Quellen: eigene Erhebung aus elektronischem Bundesanzeiger sowie juristischen Fachzeitschriften; (* Stand: 16.9.2008)

Gardena Holding AG	12.09.2002	Ja	ja	ja	Spruchverfahren
Gauss Interprise AG	25.08.2005	Ja	ja		Spruchverfahren
GE Frankona Rückversicherungs-Beteiligungs AG	18.12.2003	Nein	ja	ja	Spruchverfahren
GEA AG	13.08.2004	Ja	ja	ja	Spruchverfahren
Gebrüder Bernard AG	07.09.2007	Nein		ja	Spuchverfahren
Gerling Konzern Allgemeine Versicherungs AG	20.09.2006	Ja	ja	ja	Spruchverfahren
Gerresheimer Glas AG	13.05.2003	Ja	ja	ja	Spruchverfahren
Gilde-Brauerei AG	23.10.2003	Ja			
Glunz AG	31.05.2005	Ja	ja	ja	Spruchverfahren
Goldschmidt AG	26.06.2002	Ja	ja	ja	Abgeschlossen
Grundstücks- und Baugesellschaft AG Heidenheim	09.10.2007	Ja	ja		Anfechtungsklage
H.I.S. sportswear AG	10.06.2002	Ja		ja	Abgeschlossen
Hacker-Pschorr Beteiligungs-AG	21.05.2003	Nein			
HAG GF AG	23.08.2002	Nein			
Hageda AG	21.12.2007	Ja	ja	ja	Spruchverfahren
Hagen Batterie AG	28.11.2003	Ja	ja	ja	Spruchverfahren
Hamburger Hochbahn AG	14.08.2003	Ja		ja	Spruchverfahren
Hamburg-Mannheimer Sachversicherungs AG	10.06.2002	Nein		ja	Abgeschlossen
Hanfwerke Oberachern AG	18.12.2007	Ja	ja		Anfechtungsklage
Hannoversche Portland-Cementfabrik	20.12.2006	Nein			

Tabelle 13: Nichtigkeits- und Anfechtungsklage sowie Spruchverfahren nach Sqeeze-out; Quellen: eigene Erhebung aus elektronischem Bundesanzeiger sowie juristischen Fachzeitschriften; (* Stand: 16.9.2008)

Hapag Lloyd AG	21.06.2002	Ja		ja	Abgeschlossen
Harpen AG	15.10.2004	Ja	ja	ja	Spruchverfahren
Heinrich Industrie AG	12.05.2005	Ja	ja	ja	Abgeschlossen
Hermes Kreditversicherungs- AG	27.06.2002	Ja		ja	Abgeschlossen
Hilgers AG	22.08.2002	Ja		ja	Abgeschlossen
Hirschbrauerei AG	15.07.2002	Nein		ja	Abgeschlossen
Hoechst AG	20.12.2004	Ja	ja	ja	Spruchverfahren
Holsten-Brauerei AG	27.01.2005	Ja	ja	ja	Spruchverfahren
Horten AG	27.08.2002	Ja		ja	Spruchverfahren
Hüttenwerke Kayser AG	03.04.2003	Ja		ja	Spruchverfahren
HVB RealEstate Bank AG	26.05.2003	Ja	ja	ja	Spruchverfahren
ICN Immobilien Consult Nürnberg	27.06.2002	Ja		ja	Abgeschlossen
IHB Investitions- und Handels AG	29.07.2002	Nein			
IKON AG Präzisionstechnik	28.05.2002	Ja		ja	Abgeschlossen
Industriebaugesellschaft Centrum am Bülowplatz AG	11.12.2006	Nein			
Ingenium Pharmaceuticals AG	05.11.2007	Nein			
Ingram Macrotron AG	12.12.2002	Ja		ja	Spruchverfahren
INKA Aktiengesellschaft für Beteiligungen	20.12.2004	Ja	ja	ja	Abgeschlossen
Interhansa Reederei AG	20.06.2007	Nein			
Invensys Metering Systems AG	19.09.2002	Ja	ja	ja	Spruchverfahren

Tabelle 13: Nichtigkeits- und Anfechtungsklage sowie Spruchverfahren nach Sqeeze-out; Quellen: eigene Erhebung aus elektronischem Bundesanzeiger sowie juristischen Fachzeitschriften; (* Stand: 16.9.2008)

JADO AG	08.06.2004	Ja		ja	Abgeschlossen
Jil Sander AG	05.09.2006	Ja	ja		unklar
Jobpilot AG	22.08.2002	Ja		ja	Spruchverfahren
Joseph Vögele AG	18.06.2002	Ja		ja	Abgeschlossen
Kammgarnspinnerei zu Leipzig Aktiengesellschaft	24.08.2007	Ja	ja		Anfechtungsklage
Kamps AG	25.07.2003	Ja	ja		unklar
Karlsruher Lebensversicherung AG	20.06.2006	Nein	ja	ja	Spruchverfahren
Kaufhalle AG	18.12.2003	Ja	ja	ja	Spruchverfahren
KBC Bank Deutschland AG	05.05.2006	Ja	ja		Anfechtungsklage
Kempinski AG	23.08.2002	Ja		ja	Spruchverfahren
Kennametal Hertel AG Werkzeuge + Hartstoffe	15.12.2004	Ja	ja	ja	Spruchverfahren
Kiekert AG	25.04.2002	Ja		ja	Abgeschlossen
Klinik Rose AG	17.02.2005	Nein			
KM Europa Metal AG	28.02.2002	Nein	ja		unklar
Knürr AG	22.06.2006	Ja	ja		Anfechtungsklage
Koepp AG	16.05.2002	Nein		ja	Abgeschlossen
Kolbenschmidt Pierburg AG	26.06.2007	Ja	ja	ja	Spruchverfahren
Kölnische Rückversicherungs-Gesellschaft AG	26.06.2007	Nein	ja		Anfechtungsklage
Kölnische Verwaltungs-AG für Versicherungswerte	21.07.2006	Ja	ja	ja	Spruchverfahren
Komatsu Hanomag AG	24.07.2002	Nein		ja	Spruchverfahren

Tabelle 13: Nichtigkeits- und Anfechtungsklage sowie Spruchverfahren nach Sqeeze-out; Quellen: eigene Erhebung aus elektronischem Bundesanzeiger sowie juristischen Fachzeitschriften; (* Stand: 16.9.2008)

Königsbacher Brauerei AG	29.11.2002	Nein	ja		unklar
Konrad Hornschuch AG	09.09.2004	Ja		ja	Spruchverfahren
Kötitzer Ledertuch- und Wachstuch-Werke AG	19.12.2007	Ja	ja		Anfechtungsklage
Kühnle, Kopp & Kausch AG bzw. AG Kühnle, Kopp & Kausch	14.09.2005	Ja	ja	ja	Abgeschlossen
Lambda Physik AG	05.05.2004	Ja	ja		unklar
Leica Camera AG	20.11.2007	Ja	ja		Anfechtungsklage
Lindenmaier Präzision AG	06.08.2002	Nein			
Lindner Holding KgaA	25.02.2005	Ja	ja		Anfechtungsklage
lohndirekt/ aktiengesellschaft	30.04.2007	Nein			
Löwenbräu AG	03.05.2002	Ja		ja	Abgeschlossen
Mainzer Aktien-Bierbrauerei AG	19.06.2002	Ja		ja	Spruchverfahren
MAN Roland Druckmaschinen AG	22.05.2003	Ja		ja	Abgeschlossen
manager-lounge AG	24.05.2006	Nein			
Marner GZG Saaten AG	12.05.2005	Nein			
Maschinenfabrik Esslingen AG	18.12.2002	Ja		ja	Spruchverfahren
Massa AG	26.08.2002	Ja	ja	ja	Spruchverfahren
MEZ AG	11.07.2002	Nein			
mg vermögensverwaltungs-ag	21.11.2003	Ja		ja	Spruchverfahren
MHM Mode Holding AG	25.03.2002	Ja		ja	Spruchverfahren
Microlog Logistics AG	23.11.2006	Ja	ja	ja	Spruchverfahren

Tabelle 13: Nichtigkeits- und Anfechtungsklage sowie Spruchverfahren nach Sqeeze-out; Quellen: eigene Erhebung aus elektronischem Bundesanzeiger sowie juristischen Fachzeitschriften; (* Stand: 16.9.2008)

Minick (Germany) AG	22.12.2004	Nein			
MIS AG	24.01.2005	Ja	ja	ja	Spruchverfahren
Möbel Walther AG	31.08.2007	Ja	ja		Anfechtungsklage
Monachia Grundstücks-AG	30.04.2002	Ja	ja	ja	Spruchverfahren
Morphochem AG für kombinatorische Chemie	27.04.2006	Nein			
Motorenwerke Mannheim AG	29.08.2002	Nein		ja	Abgeschlossen
MSH International Service AG	22.08.2002	Ja		ja	Spruchverfahren
Mummert Consulting AG	22.08.2005	Nein			
N.T.W.H. Immobilieninvest, vor. Krefelder Hotel AG	22.01.2007	Ja		ja	Spruchverfahren
NB Beteiligungs AG	11.11.2003	Nein		ja	Spruchverfahren
Neckarwerke Stuttgart AG	15.04.2003	Ja		ja	Spruchverfahren
Nestle Deutschland AG	05.07.2002	Ja		ja	Spruchverfahren
Nexans Deutschland AG	04.07.2002	Nein		ja	Abgeschlossen
NFZ Norddeutsche Fleischzentrale AG	24.08.2005	Nein	ja		Spruchverfahren
Novasoft AG	15.07.2005	Ja	ja	ja	Spruchverfahren
O & K Orenstein & Koppel AG	23.12.2002	Ja		ja	Abgeschlossen
operator Telekommunikation International AG	21.12.2006	Nein	ja		Anfechtungsklage
OSSACUR AG	30.12.2003	Nein			
Otavi Minen AG	04.07.2002	Ja		ja	Spruchverfahren
Otto Reichelt AG	22.05.2002	Ja	ja	ja	Spruchverfahren

Tabelle 13: Nichtigkeits- und Anfechtungsklage sowie Spruchverfahren nach Sqeeze-out; Quellen: eigene Erhebung aus elektronischem Bundesanzeiger sowie juristischen Fachzeitschriften; (* Stand: 16.9.2008)

Otto Stumpf AG	20.12.2007	Ja			
P/S Kunststoffwerke AG	30.04.2003	Nein			
Patria Versicherung AG	20.06.2002	Nein		ja	Abgeschlossen
P-D Interglas Technologies AG	25.08.2006	Ja		ja	Spruchverfahren
Phonet Telecom AG	30.08.2002	Nein			
PICNIC Grundstücksverwaltung AG	29.08.2002	Nein			
Pirelli Deutschland AG	12.11.2002	Ja		ja	Spruchverfahren
PKV Vermögensverwaltung AG	01.03.2002	Ja	ja	ja	Spruchverfahren
Praktiker Bau- und Heimwerkermärkte AG	20.08.2002	Ja		ja	Spruchverfahren
PressWatch AG	28.02.2007	Nein			
primion Technology AG	05.08.2005	Nein			
PSB Aktiengesellschaft für Programmierung und Systemberatung	16.06.2005	Ja	ja		Anfechtungsklage
Quante AG	29.08.2003	Ja	ja	ja	Abgeschlossen
Radeberger Gruppe AG	25.09.2003	Ja	ja	ja	Abgeschlossen
Real Garant Versicherung AG	24.07.2003	Ja		ja	Spruchverfahren
Reckitt Benckiser Deutschland AG	28.08.2002	Ja		ja	Abgeschlossen
Regentalbahn AG	20.10.2005	Ja	ja		unklar
Revell AG	24.06.2003	Nein		ja	Abgeschlossen
Rheinhold & Mahla AG	12.05.2003	Ja		ja	Spruchverfahren
Rheinisch- Westf. Kalkwerke AG	30.08.2002	Ja		ja	Abgeschlossen

Tabelle 13: Nichtigkeits- und Anfechtungsklage sowie Spruchverfahren nach Sqeeze-out; Quellen: eigene Erhebung aus elektronischem Bundesanzeiger sowie juristischen Fachzeitschriften; (* Stand: 16.9.2008)

rhenag Rheinische Energie AG	20.12.2004	Nein		ja	Spruchverfahren
Rieter Ingolstadt Spinnereimaschinenbau AG	15.07.2002	Ja	ja	ja	Spruchverfahren
RSE Grundbesitz und Beteiligungs-AG	20.12.2007	Ja	ja		Anfechtungsklage
Rütgers AG	26.05.2003	Ja		ja	Spruchverfahren
RWE DEA AG	07.04.2004	Ja	ja	ja	Spruchverfahren
SAI Automotive Aktiengesellschaft	19.11.2002	Ja	ja	ja	Spruchverfahren
Salamander AG	11.09.2002	Ja	ja	ja	Spruchverfahren
Sanierungs- und Gewerbebau AG	18.12.2007	Nein	ja		Anfechtungsklage
SAP Systems Integration AG	28.04.2006	Ja	ja		Anfechtungsklage
Sappi Alfeld AG	08.05.2003	Nein		ja	Spruchverfahren
Sappi Ehingen AG	09.05.2003	Ja		ja	Spruchverfahren
Scheidemandel AG	19.07.2002	Nein		ja	Abgeschlossen
Schering AG	17.01.2007	Ja	ja		Anfechtungsklage
Schleicher & Co. International AG	26.08.2003	Ja		ja	Abgeschlossen
Schmalbach-Lubeca AG	30.08.2002	Ja	ja	ja	Spruchverfahren
SchmidtBank AG	16.12.2003	Nein		ja	Spruchverfahren
Schoeller Eitorf AG	25.02.2003	Ja	ja	ja	Spruchverfahren
Scholz & friends AG	06.05.2004	Ja	ja	ja	Spruchverfahren
Schott DESAG AG	25.04.2002	Ja		ja	Abgeschlossen
Schott Zwiesel AG	28.06.2002	Nein		ja	Abgeschlossen

Tabelle 13: Nichtigkeits- und Anfechtungsklage sowie Spruchverfahren nach Sqeeze-out; Quellen: eigene Erhebung aus elektronischem Bundesanzeiger sowie juristischen Fachzeitschriften; (* Stand: 16.9.2008)

Scor DEUTSCHLAND Rückversicherungs-AG	16.05.2002	Nein		ja	Abgeschlossen
Sinn Leffers AG	20.12.2004	Ja		ja	Abgeschlossen
Softlution AG	15.11.2002	Nein		ja	Spruchverfahren
Solenhofer Aktien-Verein AG	27.09.2002	Ja		ja	Spruchverfahren
SPAR Handels AG	26.01.2005	Ja	ja	ja	Spruchverfahren
Stadtwerke Achim AG	15.11.2007	Nein			
Stahlwerke Bochum AG	07.05.2003	Ja		ja	Abgeschlossen
StattAuto CarSharing AG	28.12.2005	Nein			
Steffen AG	15.08.2003	Ja			Abgeschlossen
Stelcon AG	26.08.2003	Ja	ja	ja	Spruchverfahren
StepStone Deutschland AG	24.06.2004	Nein		ja	Abgeschlossen
Stinnes AG	17.02.2003	Ja	ja	ja	Spruchverfahren
Stollwerck AG	30.04.2003	Ja	ja	ja	Spruchverfahren
Stowe Woodward AG	21.08.2006	Nein			
Stuttgart Consult Unternehmens- und Finanzberatungs AG	06.08.2003	Nein			
Stuttgarter Baugesellschaft von 1872 AG	22.10.2003	Nein		ja	Abgeschlossen
SuSE Linux AG	12.07.2004	Nein			
Systematics AG	23.08.2002	Ja		ja	Spruchverfahren
Tarkett AG	20.06.2005	Ja	ja	ja	Spruchverfahren
Tech Data Germany AG	09.08.2002	Nein		ja	Abgeschlossen

Tabelle 13: Nichtigkeits- und Anfechtungsklage sowie Spruchverfahren nach Sqeeze-out; Quellen: eigene Erhebung aus elektronischem Bundesanzeiger sowie juristischen Fachzeitschriften; (* Stand: 16.9.2008)

tecis Holding AG	26.11.2002	Ja		ja	Abgeschlossen
Tempelhofer Feld AG für Grundstücksverwertung	19.01.2005	Ja	ja	ja	Abgeschlossen
Terrain-Gesellschaft am Teltow-Kanal Rudow-Johannisthal, AG	10.07.2002	Ja			
Texas Instruments Berlin AG (vormals Condat AG)	19.12.2002	Ja	ja	ja	Spruchverfahren
Thüga AG	28.11.2003	Ja	ja	ja	Abgeschlossen
Thüga Beteiligungen AG	17.11.2003	Nein		ja	Abgeschlossen
Thuringia Versicherungs-AG	18.06.2002	Ja		ja	Abgeschlossen
TIAG TABBERT-Industrie Aktiengesellschaft	31.03.2006	Ja	ja	ja	Spruchverfahren
Tradition Wertpapierhandelsbank AG	18.08.2004	Nein			
Trierer Bürgerverein 1864 AG	19.08.2002	Nein			
Unilog Integrata AG	19.12.2002	Ja			
Universitätsdruckerei H. Stürtz AG	26.06.2002	Ja		ja	Abgeschlossen
USU AG	13.06.2003	Ja	ja	ja	Spruchverfahren
Vattenfall Europe AG	01.03.2006	Ja	ja		unklar
Vereins- und Westbank AG	24.06.2004	Ja	ja	ja	Spruchverfahren
Vereinte Versicherung AG	05.04.2002	Ja		ja	Abgeschlossen
Verlag u. Druckerei G.J.Manz AG	17.06.2002	Ja		ja	Abgeschlossen
Verseidag AG	05.06.2002	Ja		ja	Spruchverfahren
Vfw AG	14.09.2005	Nein			

Tabelle 13: Nichtigkeits- und Anfechtungsklage sowie Spruchverfahren nach Sqeeze-out; Quellen: eigene Erhebung aus elektronischem Bundesanzeiger sowie juristischen Fachzeitschriften; (* Stand: 16.9.2008)

Victoria Versicherung AG	05.06.2002	Ja		ja	Spruchverfahren
VIVA Media AG	14.01.2005	Ja	ja	ja	Abgeschlossen
Vodafone AG (vormals Mannesmann AG)	11.06.2002	Ja	ja	ja	Spruchverfahren
Volksfürsorge Holding AG	20.06.2002	Ja	ja	ja	Spruchverfahren
VTG-Lehnkering AG	30.10.2002	Ja		ja	Spruchverfahren
W. Jacobsen AG	26.11.2004	Ja	ja	ja	Spruchverfahren
Walter AG	15.06.2005	Ja	ja	ja	Spruchverfahren
Wayss & Freytag AG	28.05.2002	Nein			
Wayss & Freytag Ingenieurbau AG	28.05.2002	Nein			
Wayss & Freytag Schlüsselfertigbau AG	28.05.2002	Nein			
Wedeco	30.08.2004	Ja	ja	ja	Spruchverfahren
Weinig, Michael AG	30.08.2002	Ja		ja	Spruchverfahren
Wella AG	13.12.2005	Ja	ja		Anfechtungsklage
WERBAS AG	25.07.2005	Ja		ja	Spruchverfahren
Weru AG	27.07.2006	Ja	ja	ja	Spruchverfahren
Westfalenbank AG	04.11.2002	Nein		ja	Abgeschlossen
Wickrather Bauelemente AG	29.07.2004	Nein			
Wohnbau Rhein-Main AG	15.05.2002	Nein			
Wupper AG i.L.	06.05.2003	Nein		ja	Spruchverfahren
Württembergische Hypothekenbank AG	12.05.2005	Ja	ja	ja	Spruchverfahren

Tabelle 13: Nichtigkeits- und Anfechtungsklage sowie Spruchverfahren nach Sqeeze-out; Quellen: eigene Erhebung aus elektronischem Bundesanzeiger sowie juristischen Fachzeitschriften; (* Stand: 16.9.2008)

Württembergische und Badische Versicherungs-Aktien	25.05.2005	Ja	ja	ja	Spruchverfahren
Würzburger Hofbräu AG	18.05.2006	Ja		ja	Spruchverfahren
Wüstenrot Bausparkasse AG	17.07.2007	Nein		ja	Spruchverfahren
YTONG Deutschland AG	03.09.2002	Nein		ja	Abgeschlossen
Zanders Feinpapiere AG	27.06.2002	Ja		ja	Abgeschlossen
ZKZ Verwaltungsaktiengesellschaft	15.06.2004	Nein			
Zürich Agrippina Lebensversicherung AG	13.06.2002	Nein			
Zürich Agrippina Versicherung AG	12.06.2002	Nein			

XIII. Verglichene Anfechtungsverfahren

Tabelle 14:

Aktiengesellschaft	Gericht	Az.	Datum
Allgemeine Privatkundenbank AG	LG Hannover	23 O 164/03	27.11.2003
Armstrong DLW AG bzw. DLW AG	LG Heilbronn	21 O 155/05 KfH	
AVA Allgemeine Handelsgesellschaft der Verbraucher AG	LG Bielefeld	15 O 154/05	03.02.2006
AXA Konzern AG	LG Köln	82 O 96/06	18.05.2007
AXA Lebensversicherung AG	LG Köln	82 O 119/06	05.07.2007
AXA Versicherung AG	LG Köln	82 O 147/05	28.10.2005
Baden-Württembergische Bank AG	LG Stuttgart	39 O 49/03 KfH u.a.	10.05.2005
Bayerische Immobilien AG	LG München I	5HK O 1467/05	07.04.2005
Brain Force Financial Solutions AG	LG München I	5 HK O 5312/06	01.07.2006
Bremer Woll-Kämmerei AG	LG Bremen	12 O 334/06	14.12.2006
Citicorp Deutschland AG	LG Düsseldorf	40 O 347/02	
CONTIGAS Deutsche Energie-Aktiengesellschaft	LG München I	5 HK O 13675/05	27.10.2005
Degussa AG	LG Düsseldorf	36 O 63/06	12.09.2006
Depfa Deutsche Pfandbriefbank AG	LG Frankfurt am Main	5 U 248/04	03.02.2005
Deutsche Ärzteversicherung AG	LG Köln	82 O 120/06	05.07.2007
DGAG Deutsche Grundvermögen AG	LG Hamburg	418 O 57/07	
Dr. Neuhaus Computer KGaA	LG Hamburg	321 O 512/03	
E.ON Bayern AG	LG Regensburg	2 HK O 1672/03	
eff-eff Fritz Fuss GmbH & Co. KgaA	LG Hechingen	5 O 94/04 KfH	01.10.2004
Entrium Direct Bankers AG	LG Nürnberg-Fürth	1 HK O 4248/03	01.07.2003

Tabelle 14:

equitrust AG	LG Hamburg	418 O 142/06	21.02.2008
FAG Kugelfischer Georg Schäfer AG	LG Schweinfurt	5HK O 83/02; ua	01.02.2003
Felten & Guilleaume Aktiengesellschaft	OLG Köln	18 U 139/05	15.11.2005
G. Kromschröder AG	LG Osnabrück	13 O 687/05	30.06.2006
Gauss Interprise AG	LG Hamburg	417 O 82/06	
Gauss Interprise AG	OLG Hamburg	11 U 55/06	
GE Frankona Rückversicherungs-Beteiligungs AG	LG München I	5HK O 1017/04	
Gerling Konzern Allgemeine Versicherungs AG	LG Köln	91 O 160/06	
Glunz AG	LG Osnabrück	15 O 85/06	
Goldschmidt AG	LG Essen	43 O 138/02	28.08.2003
Heinrich Industrie AG	LG Bochum	14 O 81/05	22.09.2005
Hoechst AG	LG Frankfurt a.M.	3-5 O 9/05	01.07.2005
Holsten-Brauerei AG	Hanseatisches OLG	11 U 61/06	26.06.2006
INKA Aktiengesellschaft für Beteiligungen	LG München I	5HK O 1840/05	29.11.2005
Jil Sander AG	LG Hamburg	413 O 128/06	
Karlsruher Lebensversicherung AG	OLG Karlsruhe	8 U 3/07	
Kaufhalle AG	Saarländisches Oberlandesgericht	1 U 588/05-204	
Kennametal Hertel AG Werkzeuge + Hartstoffe	Landgericht Nürnberg-Fürth	1 HK O 136/05	01.04.2005
Kolbenschmidt Pierburg AG	LG Stuttgart	40 O 96/07 KfH	28.09.2007
Kölnische Verwaltungs-AG für Versicherungswerte	LG Köln	82 O 104/06	05.07.2007
Königsbacher Brauerei AG	LG Koblenz	3 HOH 1/93	

Tabelle 14:

Kühnle, Kopp & Kausch AG bzw. AG Kühnle, Kopp & Kausch	LG Frankenthal	2 HK.O 147/05	28.11.2005
Lambda Physik AG	LG Göttingen	3 O 66/04	01.11.2004
		3 O 67/04	
		3 O 69/04	
		3 O 70/04	
		3 O 71/04	
		3 O 72/04	
		3 O 73/04	
		3 O 75/04	
Massa AG	n.v.		23.12.2002
Microlog Logistics AG	LG Köln	91 O 209/06	01.08.2007
MIS AG	LG Darmstadt	18 O 86/05	09.01.2006
Monachia Grundstücks-AG	n.v.		25.07.2002
NFZ Norddeutsche Fleischzentrale AG	Hanseatischen OLG Hamburg		26.01.2007
Radeberger Gruppe AG	OLG Frankfurt		01.08.2004
Regentalbahn AG	LG München I	5 HK O 4576/06	04.05.2006
SAI Automotive Aktiengesellschaft	OLG Frankfurt	5 U 243/03	01.07.2004
Salamander AG	LG Stuttgart	40 O 127/02 KfH	01.01.2003
Scholz & friends AG	KG Berlin	23 U 131/05	14.11.2005
SPAR Handels AG	LG Hamburg		14.04.2005
Stelcon AG	LG Essen	44 O 190/03	14.11.2003
Stinnes AG	n.v.		

Tabelle 14:

Stollwerck AG	OLG Köln	18 U 44/04	05.04.2005
Tarkett AG	OLG Zweibrücken	4 U 21/06	13.07.2006
Thüga AG	LG München I	5HK O 23470/03	15.04.2004
Vattenfall Europe AG	KG	23 U 14/07	31.03.2008
VIVA Media AG	LG Köln	82 O 47/05	01.06.2005
W. Jacobsen AG	LG Kiel	15 O 181/04	
Weru AG	LG Stuttgart	34 O 120/2006 KfH	18.12.2006
Württembergische Hypothekenbank AG	LG Stuttgart	36 O 120/05 KfH	
		36 O 121/05 KfH	
		36 O 123/05 KfH	
Württembergische und Badische Versicherungs-Aktien	LG Heilbronn		08.11.2005

Literaturverzeichnis

Adolff, Johannes: Unternehmensbewertung im Recht der börsennotierten Aktiengesellschaft, München 2007; Zitiert: *Adolff*, Unternehmensbewertung

Adolff, Johannes / Tieves, Johannes: Über den rechten Umgang mit einem entschlusslosen Gesetzgeber: Die aktienrechtliche Lösung des BGH für den Rückzug von der Börse, BB 2003, 797 ff.

Aha, Christof: Aktuelle Aspekte der Unternehmensbewertung im Spruchstellenverfahren – Zugleich Anmerkungen zu der Paulaner-Entscheidung des BayObLG, AG 1997, 26 ff.

Aha, Christof: BB-Kommentar zu OLG Köln, Beschluss vom 6.10.2003 – 18 W 35/03, BB 2003, 2307 ff.

Alexandropoulou, Antigoni: Die rechtliche Behandlung von Options- und Umtauschrechten im Rahmen eines Squeeze-out, Baden-Baden 2007; Zitiert: *Alexandropoulou*, Squeeze-out

Althammer, Christoph: Anmerkung zu BGH, Beschluss v. 18.6.2007 – II ZB 23/06, JZ 2008, 255 ff.

Althuber, Franz / Krüger, Astrid: Squeeze-out in Österreich – Grundzüge – Sonderaspekte – Vergleich mit der deutschen Regelung, AG 2007, 194 ff.

Altmeppen, Holger: Neutralitätspflicht und Pflichtangebot nach dem neuen Übernahmerecht, ZIP 2001, 1073 ff.

Amberger, Claus-Peter: Die Missbrauchskontrolle im Rahmen des aktienrechtlichen Squeeze-out, Berlin 2007; Zitiert: *Amberger*, Missbrauchskontrolle

Ammon, Ludwig: Rechtsprechungsübersicht zum aktienrechtlichen Spruchstellenverfahren, FGPrax 1998, 121 ff.

Angerer, Lutz: Der Squeeze-out, BKR 2002, 260 ff.

Anwaltkommentar zum Aktienrecht – Aktiengesetz, Gesellschaftsrecht, Kapitalmarktrecht, Steuerrecht, Europarecht, 2. Aufl., Baden-Baden 2007; Zitiert: *Verfasser*, in: AnwKommAktG

Arnold, Michael: Lässt die Eintragung eines Squeeze-out die Klagebefugnis für laufende Anfechtungsklagen entfallen?, AG-Report 2005, R510 f.

Arnold, Michael: Wegfall der Klagebefugnis für laufende Anfechtungsklagen nach Eintragung eines Squeeze-out, AG-Report 2006, R192 ff.

Arnold, Michael: Übernahmerichlinie-Umsetzungsgesetz: Squeeze-out künftig ohne HV möglich, AG-Report 2006, R224 ff.

Arnold, Michael: Verfassungsmäßigkeit des Squeeze-outs und des Freigabeverfahrens entlastet Hauptversammlungen, AG-Report 2007, R353 f.

Assmann, Heinz-Dieter: Trojaner (vulgo: Räuberische Aktionäre) ohne Ende? Ein Plädoyer für ein neuartiges Antivirenprogramm im Kampf gegen missbräuchliche Anfechtungsklagen, AG 2008, 208 ff.

Assmann, HeinzDieter / Pötzsch, Thorsten / Schneider, Uwe: Wertpapiererwerbs- und Übernahmegesetz, Kommentar, Köln 2005; Zitiert: *Bearbeiter*, in: Assmann/Pötzsch/ Schneider, WpÜG

Assmann, Heinz-Dieter / Schneider, Uwe: Wertpapierhandelsgesetz, Kommentar, 4. Auflage, Köln 2006; Zitiert: *Bearbeiter*, in: Assmann/Schneider, WpHG

Aubel, Stephan / Weber, Christian: Ausgewählte Probleme bei Eingliederung und Squeeze Out während eines laufenden Spruchverfahrens, WM 2004, 857 ff.

Austmann, Andreas / Mennicke, Petra: Übernahmerechtlicher Squeeze-out und Sell-out, NZG 2004, 846 ff.

Bachmann, Gregor: Die Einmann-AG, NZG 2001, 961 ff.

Baßler, Johannes: Die Rüge der fehlerhaften Prüferbestellung im Anfechtungsprozess, AG 2006, 487 ff.

Bauer, Patrick: Anmerkung zu BVerfG, Beschluß vom 23.8.2000 – 1 BvR 68/95 und 147/97, NZG 2000, 1214 f.

Baukelmann, Peter: Kein Verlust der Klagebefugnis bei Entzug der Aktionärsstellung durch sog. Squeeze out, jurisPR-BGH ZivilR 50/2006, Anm. 3

Baumann, Karl-Hermann: Übernahmegesetz schafft Wettbewerbsgleichheit – Fairneß und Transparenz/Regelung zum „Squeeze out" ein Muß – WM 1999, 1968

Baumbach, Adolf / Hopt, Klaus: Handelsgesetzbuch mit GmbH & Co., Handelsklauseln, Bank- und Börsenrecht, Transportrecht (ohne Seerecht), 34. Auflage, München 2010; Zitiert: *Bearbeiter*, in: Baumbach/Hopt, HGB

Baumbach, Adolf / Hueck, Alfred / Hueck, Götz: Aktiengesetz, 13. Auflage, München 1968; Zitiert: *Baumbach/Hueck*, AktG

Baumbach, Adolf / Hueck, Alfred: GmbH-Gesetz – Gesetz betreffend die Gesellschaften mit beschränkter Haftung, 19. Auflage, München 2010; Zitiert: *Bearbeiter*, in: Baumbach/Hueck, GmbHG

Baums, Philipp: Ausschluss von Minderheitsaktionären, Frankfurt am Main 2001; Zitiert: *P. Baums*, Ausschluss

Baums, Philipp: Der Ausschluss von Minderheitsaktionären nach §§ 327a ff. AktG n.F. – Einzelfragen –, WM 2001, 1843 ff.

Baums, Theodor: Notwendigkeit und Grundzüge einer gesetzlichen Übernahmeregelung, in: Rosen/Seifert, Die Übernahme börsennotierter Unternehmen, Frankfurt am Main 1999, S. 165 ff. Zitiert: *Baums*, in: Rosen/Seifert, Übernahme

Baums, Theodor: Reformvorschläge zum Anfechtungsrecht, BB 2007, 2525

Baums, Theodor / Drinhausen, Florian: Weitere Reform des Rechts der Anfechtung von Hauptversammlungsbeschlüssen, ZIP 2008, 145 ff.

Baums, Theodor / Fraune, Christian: Institutionelle Anleger und Publikumsgesellschaft: Eine empirische Untersuchung, AG 1995, 97 ff.

Baums, Theodor / Keinath, Astrid / Gajek, Daniel: Fortschritte bei Klagen gegen Hauptversammlungsbeschlüsse? Eine empirische Studie, ZIP 2007, 1629 ff.

Baums, Theodor / Vogel, Hans-Gert / Tacheva, Maja: Rechtstatsachen zur Beschlusskontrolle im Aktienrecht, ZIP 2000, 1649 ff.

Baums, Wolfgang: Der Ausgleich nach § 304 AktG – Eine ökonomische Analyse, Frankfurt am Main 2007; Zitiert: *W. Baums*, Ausgleich

BAWe: Ad-hoc-Publizität und neues Übernahmerecht, Rundschreiben des Bundesamt für den Wertpapierhandel (jetzt: Teil des BaFin) vom 26.04.2002, NZG 2002, 563 f.

Bayer, Walter: Die Kontrollfunktion der aktienrechtlichen Anfechtungsklage – Rechtsdogmatische Grundlegung, in: VGR (Hrsg.), Gesellschaftsrecht in der Diskussion 1999, Band 2, Köln 2000, S. 35 ff.; Zitiert: *Bayer*, in: VGR, Gesellschaftsrecht in der Diskussion 1999

Bayer, Walter: Aktionärsklagen de lege lata und de lege ferenda, NJW 2000, 2609 ff.

Bayer, Walter: Aktionärsrechte und Anlegerschutz – Kritische Betrachtung der lex lata und Überlegungen de lege ferenda vor dem Hintergrund des Berichts der Regierungskommission Corporate Governance und des Entwurfs eines 4. Finanzmarktförderungsgesetzes, in: Hommelhoff, Peter/Lutter, Marcus/Schmidt, Karsten/Schön, Wolfgang/Ulmer, Peter (Hrsg.), Corporate Governance - Gemeinschaftssymposium der Zeitschriften ZHR/ZGR, Heidelberg 2002, S. 137 ff.; Zitiert: *Bayer*, in: Hommelhoff/Lutter/Schmidt/Schön/Ulmer, Corporate Governance

Bayer, Walter: Aktuelle Entwicklungen im Europäischen Gesellschaftsrecht, BB 2004, 1 ff.

Bayer, Walter: Die Geltendmachung des Abfindungsanspruchs nach beendetem Beherrschungsvertrag – zugleich Besprechung OLG Jena v. 22.12.2004 – 7 U 391/03, ZIP 2005, 1053 ff.

Bayer, Walter: Räuberische Aktionäre – was tun? Status:Recht 2007, 252 f.

Bayer, Walter / Habersack, Mathias: Aktienrecht im Wandel, Band I, Entwicklung des Aktienrechts, Band II, Grundsatzfragen des Aktienrechts, Tübingen 2007; Zitiert: *Bearbeiter*, in: Bayer/Habersack, Aktienrecht im Wandel

Bayer, Walter / Stange, Kristian: Ausschluss von Minderheitsaktionären seit 2002, AG-Report 2007, R320 ff.

Bayer, Walter / Stange, Kristian: Eingeleitete Spruchverfahren nach Squeeze-out-Beschlüssen, AG-Report 2008, R303 f.

Bebchuk, Lucian Arye / Kahan, Marcel: Adverse Selection and Gains to Controllers in Corporate Freezeouts, Discussion Paper No. 248, Harvard 1999, Zitiert: *Bebchuk/Kahan*, Discussion Paper

Becker, Patricia: Der Richtlinienvorschlag betreffend Übernahmeangebote vom 2.10.2002, GmbHR 2003, R185 ff.

Behnke, Thorsten: Anmerkung zu BVerfG, Beschluss v. 27. 4. 1999 – 1 BvR 1613/94, NZG 1999, 634

Beier, Constantin / Bungert, Hartwin: Kommentar zu LG Hamburg, Urt. v. 30.10.2002 – 411 O 34/02 u.a., BB 2002, 2627 ff.

Beyerle, Konrad: Zur Klagebefugnis eines Aktionärs bei Übertragung der Aktien auf Dritte, DB 1982, 837 ff.

Bieder, Marcus: Überprüfung des Gesetzes zur Unternehmensintegrität und Modernisierung des Anfechtungsrechts (UMAG): Zur Verbreitung von Haftungsklagen, Sonderprüfungen und verfahrensbeendenden Vergleichen nach den Angaben des elektronischen Bundesanzeigers, DAI-Kurzstudie 3/2007

Bilda, Klaus: Zur Dauer der Spruchstellenverfahren, NZG 2000, 296 ff.

Binder, Christof: Beteiligungsstrategien in der Konzernpraxis – Eine empirische Untersuchung der Beteiligungshöhen in deutschen Konzernen, AG 1994, 391 ff.

Bischoff, Thomas: Sachliche Voraussetzungen von Mehrheitsbeschlüssen in Kapitalgesellschaften, BB 1987, 1055 ff.

Böckli, Peter: Schweizer Aktienrecht, 3. Auflage, Zürich, Basel, Genf 2005; Zitiert: *Böckli*, Schweizer Aktienrecht

Böhm, Jürgen: Der Einfluß der Banken auf Großunternehmen, Hamburg 1992; Zitiert: *Böhm*, Einfluß der Banken

Bolte, Christian: Squeeze-out: Eröffnung neuer Umgehungstatbestände durch die §§ 327a ff. AktG?, DB 2001, 2587 ff.

Bolte, Christian: Replik auf Halasz/Kloster, DB 2002, 1253 ff., DB 2002, 1256 f.

Boruttau, Ernst Paul: Grunderwerbsteuergesetz, Kommentar, 16. Auflage, München 2007; Zitiert: *Verfasser*, in: Boruttau, GrEStG

Bozicevic, Falko: Übernahmen und Squeeze-outs 2004, AG-Report 2005, R246 ff.

Bredow, Günther / Tribulowsky, Maik: Auswirkungen von Anfechtungsklage und Squeeze-Out auf ein laufendes Spruchstellenverfahren, NZG 2002, 841 ff.

Buchta, Jens / Ott, Kai-Peter: Problembereiche des Squeeze-out, DB 2005, 990 ff.

Buchta, Jens / Sasse, Marc: Freigabeverfahren bei Anfechtungsklagen gegen Squeeze-out-Beschlüsse, DStR 2004, 958 ff.

Büchel, Helmut: Neuordnung des Spruchverfahrens, NZG 2003, 793 ff.

Büchel, Helmut: Vom Unbedenklichkeitsverfahren nach §§ 16 Abs. 3 UmwG, 319 Abs. 6 AktG zum Freigabeverfahren nach dem UMAG, in: Hoffmann-Becking, Michael/Ludwig, Rüdiger (Hrsg.): Liber amicorum Wilhelm Happ zum 70. Geburtstag, Köln, Berlin, München 2006, S. 1 ff.; Zitiert: *Büchel*, in: Liber amicorum Happ

Bürgers, Tobias / Körber, Torsten: Heidelberger Kommentar zum Aktiengesetz, Heidelberg, München, Landsberg, Berlin 2008; Zitiert: *Verfasser*, in: Bürgers/Körber, AktG

Bungert, Hartwin: DAT/Altana: Der BGH gibt der Praxis Rätsel auf – Vorgaben aus Karlsruhe zur Ermittlung des Börsenwerts für Ausgleichzahlungen und Barabfindungsangebot beim Unternehmensvertrag, BB 2001, 1163 ff.

Bungert, Hartwin: Verlust der Klagebefugnis für anhängige Anfechtungsklagen nach Wirksamwerden eines Squeeze Out, BB 2005, 1345 ff.

Bungert, Hartwin: Anmerkung zu BGH, Beschluss vom 25.7.2005 – II ZR 327/03, BB 2005, 2651 ff.

Bungert, Hartwin: Der BGH und der Squeeze Out: Höchstrichterliche Beurteilung der Standardrügen von Anfechtungsklagen – Besprechung des BGH-Urteils vom 18.9.2006 – II ZR 225/04, BB 2006, 2761 ff.

Bungert, Hartwin: Fortbestehen der Anfechtungsbefugnis nach wirksam gewordenem Squeeze Out – Urteilsbesprechung zu BGH, 9.10.2006 – II ZR 46/05, BB 2007, 57 ff.

Burwitz, Gero: Handelsrechtsausschuss des DAV: Gesetzgebungsvorschlag zum Spruchverfahren bei Umwandlung und Sachkapitalerhöhung und zur Erfüllung des Ausgleichsanspruchs durch Aktien, NZG 2007, 497 ff.

Busse von Colbe, Walther: Zur Maßgeblichkeit des Börsenkurses für die Abfindung der bei einer Umwandlung ausscheidenden Aktionäre, AG 1964, 263 ff.

Busse von Colbe, Walther: Berücksichtigung von Synergien versus Stand-alone-Prinzip bei der Unternehmensbewertung, ZGR 1994, 595 ff.

Busse von Colbe, Walther: Der Vernunft eine Gasse: Abfindungen von Minderheitsaktionären nicht unter dem Börsenkurs ihrer Aktien, in: Schneider, Uwe u.a. (Hrsg.), Deutsches und europäisches Gesellschafts-, Konzern- und Kapitalmarktrecht, Festschrift für

Marcus Lutter zum 70. Geburtstag, Köln 2000, S. 1053 ff.; Zitiert: *Busse von Colbe*, in: FS Lutter

Buwert, H.: Das Problem der Abfindung der ausscheidenden Aktionäre bei der erleichterten Umwandlung, Der Wirtschaftstreuhänder 1938, 145 ff.

Cahn, Andreas / Ostler, Nicolas: Eigene Aktien und Wertpapierleihe, AG 2008, 221 ff.

DAI: DAI-Factbook 2004, Statistiken, Analysen und Graphiken zu Aktionären, Aktiengesellschaften und Börsen, Frankfurt am Main 2004

DAI: DAI-Factbook 2007, Statistiken, Analysen und Graphiken zu Aktionären, Aktiengesellschaften und Börsen, Frankfurt am Main 2007

DAI: Squeeze-out – Recht und Praxis: Rosen, Rüdiger von (Hrsg.), Studien des Deutschen Aktieninstituts, Heft 39, Frankfurt am Main, Oktober 2007; Zitiert: *DAI*, Squeeze-out

DAI / BDI: Positionspapier und Stellungnahme zum Entwurf eines Berichts mit Empfehlungen an die Kommission zur Transparenz institutioneller Investoren (2007/2239[INI]) des Rechtsausschusses des Europäischen Parlaments vom 30.04.2008, NZG 2008, 457 ff.

Deilmann, Barbara: Aktienrechtlicher versus übernahmerechtlicher Squeeze-out, NZG 2007, 721 ff.

Diekmann, Hans: Änderungen im Wertpapiererwerbs- und Übernahmegesetz anlässlich der Umsetzung der EU-Übernahmerichtlinie in das deutsche Recht, NJW 2007, 17 ff.

Dielmann, Heinz / König, Andreas: Der Anspruch ausscheidender Minderheitsaktionäre auf angemessene Abfindung, AG 1984, 57 ff.

Diemer, Frank / Hasselbach, Kai: Öffentliche Übernahmeangebote in Italien, NZG 2000, 824 ff.

Dißars, Björn-Axel: Anfechtungsrisiken beim Squeeze-out – zugleich eine Analyse der bisherigen Rechtsprechung, BKR 2004, 389 ff.

Dißars, Björn-Axel / Kocher, Dirk: Der Deckungsumfang der Banksicherheit im Squeeze-out-Verfahren, NZG 2004, 856 ff.

Djankov, Simeon / La Porta, Rafael / Lopez-de-Silanes, Florencio / Shleifer, Andrei: The law and economics of self-dealing, Working paper No. 11883, Cambridge 2005; Zitiert: *Djankov/La Porta/Lopez de Silanes/Shleifer*, Self-Dealing

Dörfler, Wolfgang / Gahler, Wolfgang / Unterstraßer, Stefan / Wirichs, Robert: Probleme bei der Wertermittlung von Abfindungsangeboten – Ergebnisse einer empirischen Untersuchung, BB 1994, 156 ff.

Dreier, Peter: Anmerkung zu LG Mainz vom 17.2.2004 – 10 HKO 79/97, DB 2004, 808

Dreier, Peter: Anmerkung zu BGH-Urteil vom 9.10.2006 – II ZR 46/05, DB 2006, 2569

Drukarczyk, Jochen: Zum Problem der angemessenen Barabfindung bei zwangsweise ausscheidenden Anteilseignern, AG 1973, 357 ff.

Drukarczyk, Jochen: Squeeze-out gemäß §§ 327a ff. AktG – Konzeption und das Problem der Abfindung, in: Göbel, Stefan/Heni, Bernhard (Hrsg.): Unternehmensrechnung – Konzeption und praktische Umsetzung: Festschrift zum 68. Geburtstag von Gerhard Scherrer, München 2004, S. 626 ff.; Zitiert: *Drukarczyk*, in: FS Scherrer

Drygala, Tim: Die Vorschläge der SLIM-Arbeitsgruppe zur Vereinfachung des europäischen Gesellschaftsrechts, AG 2001, 291 ff.

Eckhold, Thomas: Struktur und Probleme des Aktienrechts der Investmentaktiengesellschaft unter Berücksichtigung des Entwurfs des Investmentänderungsgesetzes, ZGR 2007, 654 ff.

Ehmann, Erik: Sanktion gegen missbräuchliche Anfechtungsklagen „räuberischer Aktionäre“: Rückforderung der Rechtsanwaltsgebühren, ZIP 2008, 584 ff.

Ehrhardt, Olaf / Nowak, Eric: Viel Lärm um Nichts? – Zur (Ir)Relevanz der Risikoprämie für die Unternehmensbewertung im Rahmen von Squeeze-outs, AG-Sonderheft 2005, 3 ff.

Ehricke, Ulrich / Roth, Markus: Squeeze-out im geplanten deutschen Übernahmerecht, DStR 2001, 1120 ff.

Eisolt, Dirk: Die Squeeze-out-Prüfung nach § 327c Abs. 2 AktG, DStR 2002, 1145 ff.

Elsland, Silvia: Shareholder and Market Reactions to Tender Offers and Squeeze-outs in Germany, Diss. Mannheim 2006; Zitiert: *Elsland*, Shareholder

Emmerich, Voker / Habersack, Mathias: Aktienkonzernrecht, Kommentar zu den §§ 15-22 und 291-328 AktG, München 1998; Zitiert: *Emmerich/Habersack*, Aktienkonzernrecht, 1998

Emmerich, Volker / Habersack, Mathias: Aktien- und GmbH-Konzernrecht, Kommentar zu den §§ 15-22 und 291-328 AktG, 4. Auflage, München 2005; Zitiert: *Emmerich/Habersack*, Aktien- und GmbH-Konzernrecht

Emmerich, Volker / Habersack, Mathias: Konzernrecht – Das Recht der verbundenen Unternehmen bei Aktiengesellschaft, GmbH, Personengesellschaften, Genossenschaft, Verein und Stiftung, 8. Auflage, München 2005; Zitiert: *Emmerich/Habersack*, Konzernrecht

Engelhardt, Clemens: Convertible Bonds im Squeeze-Out - Wandel- Umtausch- und Optionsrechte im Squeeze-Out – die Analogie zu den §§ 327a ff. AktG für bedingte Aktienbezugsrechte, 1. Auflage, Berlin 2007; Zitiert: *Engelhardt*, Convertible Bonds

Even, Frank / Vera, Antonio: Die Techniken des Going Private in Deutschland, DStR 2002, 1315 ff.

Falkner, Tobias: Anmerkung zu LG Frankfurt a.M., Beschl. v. 5.8.2008 – 3-5 O 15/08, ZIP 2008, 1775 ff.

Faßbender, Karl-Josef: Das Freigabeverfahren nach § 246a AktG – Offene Fragen und Gestaltungsmöglichkeiten, AG 2006, 872 ff.

Fischer, Maximilian / Herold, Manuel: „Berufsopponenten“ – einer Spezies auf der Spur – Deutschlands klagefreudigste Aktionäre im Überblick, Going Public 2007, 50 ff.

Fischer zu Cramburg, Ralf: EU-Kommission bereitet Aktionärsrechte-Empfehlung unter anderem zu Intermediärspflichten, Wertpapierleihe und Sprachenregime vor, NZG 2007, 455

Fleischer, Holger: Die Barabfindung außenstehender Aktionäre nach den §§ 305 und 320b AktG: Stand-alone-Prinzip oder Verbundberücksichtigungsprinzip?, ZGR 1997, 368 ff.

Fleischer, Holger: Anmerkung zu BVerfG, Beschl. v. 23.8.2000 – 1 BvR 68/95 und 147/97 (Moto Meter AG), DNotZ 2000, 868, 876 ff.

Fleischer, Holger: Grundfragen der ökonomischen Theorie im Gesellschafts- und Kapitalmarktrecht, ZGR 2001, 1 ff.

Fleischer, Holger: Das neue Recht des Squeeze out, ZGR 2002, 757 ff.

Fleischer, Holger: Zur ergänzenden Anwendung von Aktienrecht auf die GmbH, GmbHR 2008, 673 ff.

Fleischer, Holger / Kalss, Susanne: Das neue Wertpapiererwerbs- und Übernahmegesetz – Einführende Gesamtdarstellung und Materialien, München 2002; Zitiert: *Fleischer/Kalss*, WpÜG

Fleischer, Holger / Schoppe, Bastian: Squeeze out und Eigentumsgarantie der Europäischen Menschenrechtskonvention, Der Konzern 2006, 329 ff.

Flume, Werner: Die abhängige Aktiengesellschaft und die Aktienrechtsreform, DB 1959, 190 ff.

Forum Europaeum Konzernrecht: Konzernrecht für Europa, ZGR 1998, 672 ff.

Frankfurter Kommentar zum Wertpapiererwerbs- und Übernahmegesetz: Öffentliche Übernahmeangebote (WpÜG) und Ausschluss von Minderheitsaktionären (§§ 327 a-f AktG), 2. Auflage, Frankfurt am Main 2005; Zitiert: *Verfasser*, in: FK, WpÜG

Freitag, Karl-Walter: Der räuberische Konzernherr – Facetten der Rechts- und Bewertungspraxis bei der gesetzlichen Abfindung von Aktionärsminoritäten, in: Kempf, Eberhard u.a. (Hrsg.), Festschrift für Christian Richter II: Verstehen und Widerstehen, Baden-Baden 2006, S. 139 ff.; Zitiert: *Freitag*, in: FS Richter II

Friedl, Markus: Die Rechte von Bezugsrechtsinhabern beim Squeeze-out im Vergleich zu den Rechten der Minderheitsaktionäre, Der Konzern 2004, 309 ff.

Fröde, Christian: Missbräuchlicher Squeeze-out gem. §§ 327a ff. AktG – Zu LG Landshut (NZG 2006, 400) und OLG München (NZG 2007, 192), NZG 2007, 729 ff.

Fuhrmann, Lambertus: Das Freigabeverfahren bei Squeeze out-Beschlüssen – zugleich Besprechung von OLG Hamburg vom 11.8.2003 (Az. 11 W 28/03) und OLG Köln vom 6.10.2003 (Az. 18 W 35/03), Der Konzern 2004, 1 ff.

Fuhrmann, Lambertus / Simon, Stefan: Der Ausschluss von Minderheitsaktionären – Gestaltungsüberlegungen zur neuen Squeeze-out-Gesetzgebung, WM 2002, 1211 ff.

Gall, Mario / Potyka, Matthias / Winner, Martin: Squeeze-out – Der Gesellschafterausschluss bei AG und GmbH, Wien 2006, Zitiert: *Gall/Potyka/Winner*, Squeeze-out

Gall, Mario / Winner, Martin: Die Preisbildung im österreichischen Übernahme- und Squeeze-out-Recht, Recht und Steuern 2007, 213 ff.

Gampenrieder, Peter: Squeeze-out: Die Verbindung von Trennungseffekt und angemessener Abfindung – Überlegungen auch aus empirischer Sicht, WPg 2003, 481 ff.

Gampenrieder, Peter: Squeeze-out: Rechtsvergleich, empirischer Befund und ökonomische Analyse, Frankfurt am Main 2004; Zitiert: *Gampenrieder*, Squeeze-out

Gansweid, Wolfgang: Zur gerichtlichen Überprüfung der angemessenen Barabfindung nach § 305 AktG, AG 1977, 334 ff.

Gayk, Thorsten: Anmerkung zu BGH, Beschluss v. 25.10.2005 – II ZR 327/03, DB 2005, 2568 f.

Gefromm, Erich: Das Eigentum am Kapital der deutschen Aktiengesellschaften, Wista 1966, 94 ff.

Geibel, Stephan / Süßmann, Rainer: Wertpapiererwerbs- und Übernahmegesetz (WpÜG), Kommentar, München 2002; Zitiert: *Verfasser*, in: Geibel/Süßmann, WpÜG

Gesmann-Nuissl, Dagmar: Die neuen Squeeze-out-Regeln im Aktiengesetz, WM 2002, 1205 ff.

Gesmann-Nuissl, Dagmar: Anmerkung zu Hans. OLG Hamburg, Urteil vom 11. April 2003 (11 U 215/02), WuB II A. § 327a AktG 1.03

Gesmann-Nuissl, Dagmar: Anmerkung zu OLG Düsseldorf, Beschluss vom 16. Januar 2004 (I-16 W 63/03), WuB II A. § 327a AktG 1.04

Gesmann-Nuissl, Dagmar: Anmerkung zu OLG Düsseldorf, Urteil vom 14. Januar 2005 (I-16 U 49/04), WuB II A. § 327a AktG 1.05

Gesmann-Nuissl, Dagmar: Anmerkung zu OLG Düsseldorf, Beschluss vom 29. Juni 2005 (I-15 W 38/05), WuB II A. § 327a AktG 1.06

Gesmann-Nuissl, Dagmar: Anmerkung zu OLG Stuttgart, Urteil vom 16. November 2005 (20 U 2/05), WuB II A. § 327a AktG 4.06

Geßler, Ernst / Hefermehl, Wolfgang / Eckardt, Ulrich / Kropff, Bruno: Aktiengesetz, Kommentar, Band I, §§ 1-75, München 1984; Band VI, §§ 291-410, München 1994; Zitiert: *Bearbeiter*, in: Geßler/Hefermehl/Eckardt/Kropff, AktG

Godin, Freiherr von / Wilhelmi, Hans: Aktiengesetz vom 6. September 1965, Kommentar, Band I §§ 1 – 178, 4. Auflage, Berlin, New York 1971; Band II §§ 179 – 410, 4. Auflage, Berlin, New York 1971; Zitiert: *Wilhelmi*, in: Godin/Wilhelmi, AktG

Goette, Wulf: Aktuelle Rechtsprechung des II. Zivilsenats zum Aktienrecht, DStR 2006, 2132 ff.

Goette, Wulf: AG: Kostenerstattungsanspruch des streitgenössischen Nebenintervenienten des Anfechtungsklägers – Anmerkung zu BGH, Beschluss vom 18.6.2007 – II ZB 23/06, DStR 2007, 1265 ff.

Goette, Wulf: Gesellschaftsrechtliche Grundfragen im Spiegel der Rechtsprechung, ZGR 2008, 436 ff.

Görling, Helmut: Die Verbreitung zwei- und mehrstufiger Unternehmensverbindungen – Ergebnisse einer empirischen Untersuchung, AG 1993, 538 ff.

Goslar, Sebastian: Anmerkung zu BGH, Urteil vom 18.9.2006 – II ZR 225/04, EWiR 2006, 673 f.

Goslar, Sebastian / Linden, Klaus von der: Anmerkung zu OLG Frankfurt/M., Beschl. v. 5.11.2007 – 5 W 22/07, EWiR 2007, 767 f.

Gottschalk, Arno: Der Stimmrechtseinfluß der Banken in den Aktionärsversammlungen von Großunternehmen, WSI Mitteilungen 1988, 294 ff.

Grablowitz, Martin: Öffentliche Übernahmeangebote nach niederländischem Recht, RIW 2003, 272 ff.

Greulich, Sven: Der Schutz des Minderheitsaktionärs – Eine kritische Analyse der §§ 327a ff. AktG, Aachen 2004, Zitiert: *Greulich*, Schutz des Minderheitsaktionärs

Großkommentar zum Aktiengesetz

Band 1 Einleitung; §§ 1 – 53, 4. Auflage, Berlin 2004

14. Lieferung: §§ 118 – 120, 4. Auflage, Berlin 1999

4. Lieferung: §§ 121-130, 4. Auflage, Berlin 1993

Band 6 §§ 150-220, 4. Auflage, Berlin 2006

23. Lieferung: §§ 300 – 310, 4. Auflage, Berlin 2005

27. Lieferung: §§ 327a – 328; 396 – 398, 4. Auflage, Berlin 2007

Zitiert: *Verfasser*, in: GroßkommAktG

Großfeld, Bernhard: Unternehmens- und Anteilsbewertung im Gesellschaftsrecht, 4. Auflage, Köln 2002; Zitiert: *Großfeld*, Unternehmensbewertung

Großfeld, Bernhard: Anmerkung zu LG Heidelberg, Beschluss vom 23.1.2004 – 11 AktE 2/02 KfH, EWiR 2004, 265 f.

Großfeld, Bernhard / Merkelbach, Matthias: Wirtschaftsdaten für Juristen: Grundlagen einer disziplinierten Unternehmensbewertung, NZG 2008, 241 ff.

Group of German Experts on Corporate Law (Bayer/Fleischer/Hoffmann-Becking/Lutter/Noack/Röhricht/K. Schmidt/Ulmer/Wiedemann/Winter/Zöllner): Zur Entwicklung des Europäischen Gesellschaftsrechts: Stellungnahme zum Konsultationsdokument der High Level Group of Experts on Corporate Law, ZIP 2002, 1310 ff.

Grüger, Tobias: Kurspflegemaßnahmen durch Banken - Zulässige Marktpraxis oder Verstoß gegen das Verbot der Marktmanipulation nach § 20a Abs. 1 WpHG?, BKR 2007, 437 ff.

Grunewald, Barbara: Der Ausschluß aus Gesellschaft und Verein, Köln, Berlin, Bonn, München 1987; Zitiert: *Grunewald*, Ausschluß

Grunewald, Barbara: Die neue Squeeze-out-Regelung, ZIP 2002, 18 ff.

Grunewald, Barbara: Die Auswirkungen der Macrotron-Entscheidung auf das kalte Delisting, ZIP 2004, 542 ff.

Gutachten zu den Verhandlungen des dreiundsechzigsten Deutschen Juristentages, 1. Band, Gutachten F, München 2000; Zitiert: *Baums*, in: Gutachten 63. DJT

Gutachten zu den Verhandlungen des vierundsechzigsten Deutschen Juristentages, 1. Band, Gutachten G, München 2002; Zitiert: *Merkt*, in: Gutachten, 64 DJT

Gutachten zu den Verhandlungen des siebenundsechzigsten Deutschen Juristentages, 1. Band, Gutachten E, München 2008; Zitiert: *Bayer*, in: Gutachten, 67. DJT

Habersack, Mathias: Der Finanzplatz Deutschland und die Rechte der Aktionäre, ZIP 2001, 1230 ff.

Hachenburg: Gesetz betreffend die Gesellschaften mit beschränkter Haftung (GmbHG), Großkommentar, 8. Auflage, Erster Band, Allgemeine Einleitung; §§ 1-34, Berlin, New York 1992; Zitiert: *Bearbeiter*, in: Hachenburg, GmbHG

Hansen, Herbert: Beteiligungen an Industrie-Aktiengesellschaften, AG 1976, 295 ff.

Halasz, Christian / Kloster, Lars: Nochmals: Squeeze-out - Eröffnung neuer Umgehungstatbestände durch die §§ 327a ff. AktG?, DB 2002, 1253 ff.

Halberkamp, Thomas / Greve, Martin: Squeeze-out und Barabfindung, FB 2002, 580 ff.

Halm, Dirk: „Squeeze-Out" heute und morgen: Eine Bestandsaufnahme nach dem künftigen Übernahmerecht, NZG 2000, 1162 ff.

Hamann, Axel: Minderheitenschutz beim Squeeze-out-Beschluss – Materielle Rechtmäßigkeitskontrolle des gemäß § 327a Abs. 1 S. 1 AktG zu fassenden Hauptversammlungsbeschlusses, Köln 2003; Zitiert: *Hamann*, Minderheitenschutz

Hanau, Hans: Der Bestandsschutz der Mitgliedschaft anlässlich der Einführung des „Squeeze Out" im Aktienrecht, NZG 2002, 1040 ff.

Handelsrechtsausschuss des DAV: Stellungnahme zur Ergänzung des AktG durch einen Titel „Aktienerwerb durch den Hauptaktionär", NZG 1999, 850 ff.

Handelsrechtsausschuss des DAV: Stellungnahme zum RefE des BMF für ein Gesetz zur Regelung von öffentlichen Angeboten zum Erwerb von Wertpapieren und von Unternehmensübernahmen (WÜG), NZG 2001, 420 ff.

Handelsrechtsausschuss des DAV: Stellungnahme zum RegE für ein Gesetz zur Regelung von öffentlichen Angeboten zum Erwerb von Wertpapieren und von Unternehmensübernahmen (WpÜG), NZG 2001, 1003 ff.

Handelsrechtsausschuss des DAV: Stellungnahme zum Diskussionsentwurf eines Gesetzes zur Umsetzung der Übernahmerichtlinie, NZG 2006, 177 ff.

Handelsrechtsausschuss des DAV: Stellungnahme zum Referentenentwurf eines Gesetzes zur Umsetzung der Aktionärsrechte-Richtlinie (ARUG), NZG 2008, 534 ff.

Happ, Wilhelm: Aktienrecht, Handbuch – Mustertexte - Kommentar, 2. Auflage, Köln, Berlin, Bonn, München 2004; Zitiert: *Bearbeiter*, in: Happ, AktienR

Harrer, Friedrich: Gestaltungsspielräume im Gesellschaftsrecht, in: Coester, Michael/Martiny, Dieter/Prinz von Sachsen Gessaphe, Karl August (Hrsg.): Privatrecht in Europa – Vielfalt, Kollision, Kooperation: Festschrift für Hans Jürgen Sonnenberger zum 70. Geburtstag, München 2004, S. 235 ff.; Zitiert: *Harrer*, in: FS Sonnenberger

Harrer, Herbert / Wilsing, Hans-Ulrich: Aktuelle Aspekte des Rückzugs von der Wertpapierbörse (sog. Delisting), DZWIR 2002, 485 ff.

Hasselbach, Kai: Das Andienungsrecht von Minderheitsaktionären nach der EU-Übernahmerichtlinie, ZGR 2005, 387 ff.

Hasselbach, Kai: Anmerkung zu BGH, Beschluss vom 25. Juli 2005 (II ZR 327/03), WuB II A. § 327a AktG 2.06

Hasselbach, Kai / Förster, Philipp: Anmerkung zu OLG Düsseldorf, Beschluss vom 4. Oktober 2006 (I-26 W 7/06 AktE), WuB II A. § 327a AktG 1.07

Hecker, Renate: Regulierung von Unternehmensübernahmen, Teil I: Empirische Analyse des aktienrechtlichen Minderheitenschutzes im Vertragskonzern, 1. Auflage, Wiesbaden 2000; Zitiert: *Hecker*, Regulierung, Teil I;

Teil II: Modelltheoretische Analyse alternativer Übernahme- und Abfindungsregeln, 1. Auflage, Wiesbaden 2000; Zitiert: *Hecker*, Regulierung, Teil II

Hecker, Renate / Kaserer, Christoph: Going Private im Wege des Minderheitenausschlusses: Eine empirisch orientierte Bestandsaufnahme, BFuP 2003, 137 ff.

Heidel, Thomas: Aktienrecht nicht nur für Multimillionäre und Hedge Fonds, BB 2007, 2526 f.

Heidel, Thomas / Lochner, Daniel: Squeeze-out ohne hinreichenden Eigentumsschutz, DB 2001, 2031 ff.

Heidel, Thomas / Lochner, Daniel: Verfassungswidrigkeit der Squeeze-out-Regelungen der umzusetzenden EU-Übernahmerichtlinie, DB 2005, 2364 ff.

Heidel, Thomas / Lochner, Daniel: Der übernahmerechtliche Squeeze- und Sell-out gemäß §§ 39a ff. WpÜG, Der Konzern 2006, 653 ff.

Heintzen, Markus / Kruschwitz, Lutz / Löffler, Andreas / Maiterth, Ralf: Die typisierende Berücksichtigung der persönlichen Steuerbelastung des Anteilseigners beim squeeze-out, ZfB 2008, 275 ff.

Heise, Carsten / Dreier, Peter: Wegfall der Klagebefugnis bei Verlust der Aktionärseigenschaft im Anfechtungsprozess, BB 2004, 1126 ff.

Helmis, Sven: Der Ausschluss von Minderheitsaktionären - Empirische Erfahrungen der ersten zehn Monate nach Inkrafttreten der neuen Regelung, ZBB 2003, 161 ff.

Helmis, Sven / Kemper, Oliver: Squeeze-out in Deutschland – Ökonomische Analyse der Squeeze-out-Option im neuen Übernahmerecht, DBW 62 (2002), 512 ff.

Hennrichs, Joachim: Vorbelastungshaftung und Unternehmensbewertung nach der Ertragswertmethode, ZGR 1999, 837 ff.

Henze, Hartwig: Die Treupflicht im Aktienrecht – Gedanken zur Rechtsprechung des Bundesgerichtshofes von „Kali und Salz“ über „Linotype“ und „Kochs Adler“ bis zu „Girmes“, BB 1996, 489 ff.

Henze, Hartwig: Die Berücksichtigung des Börsenkurse bei der Bemessung von Abfindung und variablem Ausgleich im Unternehmensvertragsrecht, in: Schneider, Uwe u.a. (Hrsg.), Deutsches und europäisches Gesellschafts-, Konzern- und Kapitalmarktrecht, Festschrift für Marcus Lutter zum 70. Geburtstag, Köln 2000, S. 1053 ff.; Zitiert: *Henze*, in: FS Lutter

Henze, Hartwig: Der Schlußpunkt des Bundesverfassungsgerichts unter den Streit um die „übertragende Auflösung“, in: Lutter, Marcus/Scholz, Manfred/Sigle, Walter (Hrsg.): Festschrift für Martin Peltzer zum 70. Geburtstag, Köln 2001, S. 181 ff.; Zitiert: *Henze*, in: FS Peltzer

Henze, Hartwig: Erscheinungsformen des squeeze-out von Minderheitsaktionären, in: Wank, Rolf/Hirte, Heribert/Frey, Kaspar/Fleischer, Holger/Thüsing, Gregor (Hrsg.): Festschrift für Heribert Wiedemann zum 70. Geburtstag, München 2002, S. 935 ff.; Zitiert: *Henze*, in: FS Wiedemann

Henze, Hartwig: Aspekte und Entwicklungstendenzen der aktienrechtlichen Anfechtungsklage in der Rechtsprechung des BGH, ZIP 2002, 97 ff.

Herkenroth, Klaus: Konzernierungsprozesse im Schnittfeld von Konzernrecht und Übernahmerecht, Berlin 1994; Zitiert: *Herkenroth*, Konzernierungsprozesse

Herring, Rod Alexander: Die neuen belgischen Vorschriften zum Ausschluß und Austritt von Gesellschaftern, RIW 1996, 644 ff.

Hettlage, Manfred: Die AG als Aktionär – Ein vermögenspolitischer Beitrag zur steuerlichen Konsolidierung des Aktienwesens, AG 1981, 92 ff.

Hirte, Heribert: Bezugsrechtsausschluß und Konzernbildung – Minderheitenschutz bei Eingriffen in die Beteiligungsstruktur der Aktiengesellschaft, Köln, Berlin , Bonn, München 1986; Zitiert: *Hirte*, Bezugsrechtsausschluß

Hirte, Heribert: WpÜG – Wertpapiererwerbs- und Übernahmegesetz mit Übernahmekodex und City Code – Gesetzestexte, Quellen, Materialien, Köln, Berlin, Bon, München 2002; Zitiert: *Verf.*, in: Hirte, WpÜG

Hirte, Heribert: Informationsmängel und Spruchverfahren - Anmerkung zu den Urteilen des BGH vom 18.12.2000 – II ZR 1/99 – (MEZ) und vom 29.1.2001 – II ZR 368/98 – (Aqua Butzke-Werke), ZHR 167 (2003), 8 ff.

Hirte, Heribert: Kapitalgesellschaftsrecht, 5. Auflage, Köln 2006; Zitiert: *Hirte*, Kapitalgesellschaftsrecht

Hörmann, Jens / Feldhaus, Heiner: Die Angemessenheitsvermutung des übernahmerechtlichen Squeeze-out – Zugleich Anmerkung zu LG Frankfurt a.M., Beschluss vom 5.8.2008 – 3-5 O 15/08, BB 2008, 2134 ff.

Holzborn, Timo / Peschke, Thomas: Europäische Neutralitätspflicht und Übernahme Squeeze-Out – die Implementierung der Übernahmerichtlinie im WpÜG, BKR 2007, 101 ff.

Hommelhoff, Peter / Kleindiek, Detlef: Takeover-Richtlinie und europäisches Konzernrecht, AG 1990, 106 ff.

Hoppenstedt-Aktienführer 2002, 95. Ausgabe, Darmstadt 2001; 2003, 96. Ausgabe, Darmstadt 2002; 2004, 97. Ausgabe, Darmstadt 2003; 2005, 98. Ausgabe, Darmstadt 2004; 2006, 99. Ausgabe, Darmstadt 2005; 2007, 100. Ausgabe, Darmstadt 2006

Hopt, Klaus: Europäisches Konzernrecht – Thesen und Vorschläge, in: Reichert, Klaus/Schiedermair, Manfred/Stockburger, Albrecht/Weber, Dolf (Hrsg.): Recht, Geist und Kunst, liber amicorum für Rüdiger Volhard, Baden-Baden 1996, S. 74 ff.; Zitiert: *Hopt*, in: liber amicorum Volhard

Hopt, Klaus: Europäisches und deutsches Übernahmerecht, ZHR 161 (1997), 368 ff.

Hopt, Klaus: Konzernrecht und Kapitalmarktrecht: Rechtsvergleichende Synthese, in: Hommelhoff, Peter/Hopt, Klaus/Lutter, Markus (Hrsg.): Konzernrecht für Europa, München 2001, S. 279 ff.; Zitiert: *Hopt*, in: Hommelhoff/Hopt/Lutter, Konzernrecht

Hopt, Klaus: Grundsatz- und Praxisprobleme nach dem Wertpapiererwerbs- und Übernahmegesetz, ZHR 166 (2002), 383 ff.

Hopt, Klaus / Mülbert, Peter / Kumpan, Christoph: Reformbedarf im Übernahmerecht, AG 2005, 109 ff.

Horn, Christian: Änderungen bei der Vorbereitung und Durchführung der Hauptversammlung nach dem Referentenentwurf zum ARUG, ZIP 2008, 1558 ff.

Huber, Verena: Squeeze-out – Rechtslage, Praxis, Bewertung, Saarbrücken 2005; Zitiert: *Huber*, Squeeze-out

Hüffer, Uwe: Aktiengesetz – Kommentar, 4. Auflage, München 1999; Zitiert: *Hüffer*, AktG, 4. Aufl.

Hüffer, Uwe: Aktiengesetz – Kommentar, 8. Auflage, München 2008; Zitiert: *Hüffer*, AktG

Hüffer, Uwe / Schmidt-Assmann, Eberhard / Weber, Martin: Anteilseigentum, Unternehmenswert und Börsenkurs, München 2005; Zitiert: *Hüffer/Schmidt-Assmann/Weber*, Anteilseigentum

Hüttemann, Rainer: Unternehmensbewertung als Rechtsproblem, ZHR 162 (1998), 563 ff.

Hüttemann, Rainer: Börsenkurs und Unternehmensbewertung, ZGR 2001, 454 ff.

Iber, Bernhard: Entwicklung der Aktionärsstruktur börsennotierter deutscher Aktiengesellschaften – Eine theoretische und empirische Analyse für den Zeitraum 1963 – 1983, Kiel 1987; Zitiert: *Iber*, Aktionärsstruktur

IDW: IDW Standard: Grundsätze zur Durchfürhung von Unternehmensbewertungen (IDW S1), Stand: 18.10.2005, WPg 2005, 1303 ff.

Jäger, Axel: Die Entwicklung der Judikatur zur AG im Jahr 2006, NZG 2007, 286 ff.

Jahn, Joachim: Fast alle Zwangsausschlüsse landen vor Gericht, AG-Report 2007, R486

Jahn, Joachim: Gericht stoppt übernahmerechtlichen Squeeze-out bei Deutscher Hypo, AG-Report 2008, R379

Jakobi, Marco: Aktienrechtliches und übernahmerechtliches Squeeze-out – Ein Vergleich mit der übertragenden Auflösung und der Eingliederung durch Mehrheitsbeschluss, Köln 2008; Zitiert: *Jakobi*, Squeeze-out

Jakobs, Angela: Die Rechte des Minderheitsaktionärs beim aktienrechtlichen Squeeze-out, Hamburg 2007; Zitiert: *Jakobs*, Squeeze-out

Johannsen-Roth, Tim / Illert, Staffan: Paketerwerbe und öffentliche Übernahmeangebote im Lichte des neuen übernahmerechtlichen Squeeze out nach § 39a WpÜG - Praxisprobleme bei der zukünftigen Strukturierung von Übernahmetransaktionen, ZIP 2006, 2157 ff.

Jonas, Martin: Unternehmensbewertung: Methodenkonsistenz bei unvollkommenen Märkten und unvollkommenen Rechtssystemen, WPg 2007, 835 ff.

Just, Clemens / Lieth, Oliver: Der Referenzzeitraum für die Bestimmung der Barabfindung beim Ausschluss von Minderheitsaktionären nach §§ 327a ff. AktG, NZG 2007, 444 ff.

Kaindl, Claudia / Rieder, Bernhard: Neuerung für das Pflichtangebot und Gesellschafterausschluss, GesRZ 2006, 247 ff.

Kallmeyer, Harald: Ausschluß von Minderheitsaktionären, AG 2000, 59 ff.

Van Kann, Jürgen / Just, Clemens: Der Regierungsentwurf zur Umsetzung der europäischen Übernahmerichtlinie, DStR 2006, 328 ff.

Kiem, Roger: Das neue Übernahmegesetz: „Squeeze-out", in: Henze, Hartwig/Hoffmann-Becking, Michael (Hrsg.): Gesellschaftsrecht 2001, Tagungsband zum RWS-Forum, Köln 2001, S. 329 ff.; Zitiert: *Kiem*, in: RWS-Forum

Kießling, Arne: Übernahmerechtlicher Squeeze-out: Erster Praxistest, Status:Recht 2007, 295

Kindler, Peter / Horstmann, Hendrik: Die EU-Übernahmerichtlinie – Ein „europäischer" Kompromiss, DStR 2004, 866 ff.

Knoll, Leonhard: Gesetzliche Verzinsung von Spruchverfahrensansprüchen: Legislativer Wille und verfassungswidrige Wirklichkeit, BB 2004, 1727 ff.

Knoll, Leonhard: Unternehmensbewertung auf der Basis von IFRS-Zahlen: ein Problem für die Abfindung von Minderheitsaktionären?, in: BB 2006, 369 ff.

Knoll, Leonhard: Der objektivierte Unternehmenswert und das IDW – Theoretische Anmerkungen zum neuen IDW S 1 und praktische Erfahrungen mit seiner Entwurfsversion IDW ES 1 n.F., ZBB 2007, 169 ff.

Knoll, Leonhard: Wider die Gefahr einer höheren Kompensation von Minderheitsaktionären? Anmerkung zu Wittgens/Redeke, Zu aktuellen Fragen der Unternehmensbewertung im Spruchverfahren, ZIP 2008, 538 ff.

Kölner Kommentar zum Aktiengesetz

Band 6, §§ 291-338 AktG, §§ 290-315 HGB, 2. Auflage, Köln, Berlin, München 1987

Zitiert: *Verfasser*, in: KK, AktG, 2. Aufl.

Kölner Kommentar zum Aktiengesetz

Band 1, §§ 1-75 AktG, 2. Auflage, Köln, Berlin, Bonn, München 1988

Band 5/1, §§ 179-240 AktG, 2. Auflage, Köln, Berlin, Bonn, München 1995

Band 5/3, §§ 262-290 AktG, 2. Auflage, Köln, Berlin, München 2004

Band 6, §§ 15-22 AktG, §§ 291-328 AktG und Meldepflichten nach §§ 21 ff. WpHG, SpruchG, 3. Auflage, Köln 2004

Zitiert: *Verfasser*, in: KK, AktG

Kölner Kommentar zum WpÜG

mit AngebVO und §§ 327a – 327f AktG

Köln 2003

Zitiert: *Verfasser*, in: KK, WpÜG

König, Jochen: Kraftloserklärung nicht eingereichter Aktien von Minderheitsaktionären nach einem Squeeze-out, NZG 2006, 606 ff.

König, Jochen / Römer, Hans-Jürgen: Reichweite aktien- und kapitalmarktrechtlicher Rechtsausübungshindernisse – Nach § 20 VII AktG und § 28 S. 1 WpHG ruhende Beteiligungsrechte, NZG 2004, 944 ff.

Köpfli, Christian: Der Ausschluss der Minderheitsaktionäre nach einem öffentlichen Übernahmeangebot, SJZ 1998, 53 ff.

Körber, Torsten: Bericht über die Diskussion, ZGR 2002, 791 ff.

Komp, Ralf: Zweifelsfragen des aktienrechtlichen Abfindungsanspruchs nach §§ 305, 320b AktG, Berlin 2002; Zitiert: *Komp*, Zweifelsfragen

Koppensteiner, Hans-Georg: Abfindung bei Aktiengesellschaften und Verfassungsrecht, JBl 2003, 707 ff.

Kort, Michael: Anmerkung zu LG Frankfurt am Main, Urt. v. 9.3.2004 – 3/5 O 107/03, EWiR 2004, 625 f.

Kort, Michael: Kein Erfordernis der Aufstellung und Auslegung eines Konzernabschlusses beim Squeeze-out (§ 327c III Nr. 2 AktG), NZG 2006, 604 ff.

Kort, Michael: Hauptaktionär nach § 327a Abs. 1 Satz 1 AktG mittels Wertpapierdarlehen – Zugleich Anmerkung zu LG Landshut v. 1.2.2006 – 1HK O 766/05, AG 2006, 557 ff.

Kort, Michael: Squeeze-out-Beschlüsse: Kein Erfordernis sachlicher Rechtfertigung und bloß eingeschränkte Rechtsmissbrauchkontrolle, ZIP 2006, 1519 ff.

Kort, Michael: Anwendbarkeit von § 405 AktG auf Wertpapierdarlehen?, DB 2006, 1546 f.

Kort, Michael: Das rechtliche und wirtschaftliche Aktieneigentum beim Wertpapierdarlehen, WM 2006, 2149 ff.

Kossmann, Alfred: Ausschluß („Freeze-out") von Aktionären gegen Barabfindung, NZG 1999, 1198 ff.

Korsten, Mathias: Vermögensrechtliche Ansprüche der Minderheitsaktionäre beim Squeeze-out und bei der Übernahme, Frankfurt am Main 2006; Zitiert: *Korsten*, Vermögensrechtliche Ansprüche

Krämer, Robert / Theiß, Simone: Delisting nach der Macrotron-Entscheidung des BGH, AG 2003, 225 ff.

Krause, Hartmut: Das neue Übernahmerecht, NJW 2002, 705 ff.

Krause, Hartmut: Der Kommissionsvorschlag für die Revitalisierung der EU-Übernahmerichtlinie, BB 2002, 2341 ff.

Krause, Hartmut: BB-Europareport: Die EU-Übernahmerichtlinie – Anpassungsbedarf im Wertpapiererwerbs- und Übernahmegesetz, BB 2004, 113 ff.

Krieger, Gerd: Squeeze-Out nach neuem Recht: Überblick und Zweifelsfragen, BB 2002, 53 ff.

Krohn, Mads: Minority Squeeze-Outs and teh European Convention on Human Rights, EBLR 2004, 159 ff.

Kruse, Tobias: Das „kalte" Delisting börsennotierter Aktiengesellschaften, Frankfurt am Main 2003; Zitiert: *Kruse*, Delisting

Kübler, Friedrich / Assmann, Heinz-Dieter: Gesellschaftsrecht – Die privatrechtlichen Ordnungsstrukturen und Regelungsprobleme von Verbänden und Unternehmen, 6. Auflage, Heidelberg 2006; Zitiert: *Kübler/Assmann*, Gesellschaftsrecht

Kühn, Wolfgang: Probleme mit Minderheitsaktionären in der Aktiengesellschaft, BB 1992, 291 ff.

Kümpel, Siegfried: Bank- und Kapitalmarktrecht, 3. Auflage, Köln 2004; Zitiert: *Kümpel*, Bank- und Kapitalmarktrecht

Küting, Karlheinz: Der Ausschluss von Minderheiten nach altem und neuem Recht – unter besonderer Berücksichtigung des „Squeeze Out", DStR 2003, 838 ff.

Kuhn, Norbert: DAI: In turbulenten Zeiten – Aktionärszahlen rückläufig, AG-Report 2008, R403 ff.

Lamb, Jochen / Schluck-Amend, Alexandra: Die Neuregelung des Spruchverfahrens durch das Spruchverfahrensneuordnungsgesetz, DB 2003, 1259 ff.

Lampenius, Niklas / Obermaier, Robert / Schüler, Andreas: Der Einfluss stichtags- und laufzeitäquivalenter Basiszinssätze auf den Unternehmenswert: eine empirische Untersuchung, ZBB 2008, 245 ff.

Land, Volker / Hasselbach, Kai: „Going Private" und „Squeeze-out" nach deutschem Aktien-, Börsen- und Übernahmerecht, DB 2000, 557 ff.

Land, Volker / Hennings, Frank: Aktuelle Probleme von Spruchverfahren nach gesellschaftsrechtlichen Strukturmaßnahmen, AG 2005, 380 ff.

Lehmann, Heinrich: Gesellschaftsrecht, 2. Auflage, Berlin, Frankfurt am Main 1959; Zitiert: *Lehmann*, Gesellschaftsrecht, 2. Aufl.

Lehmann, Heinrich / Dietz, Rolf: Gesellschaftsrecht, 3. Auflage, Berlin, Frankfurt am Main 1970; Zitiert: Lehmann/*Dietz*, Gesellschaftsrecht, 3. Aufl.

Lehmann, Matthias: Zum Verhältnis von Beschlussmängelklage und Squeeze out, NZG 2007, 295 ff.

Lenz, Christofer / Leinekugel, Rolf: Eigentumsschutz beim Squeeze out, Köln 2004; Zitiert: *Lenz/Leinekugel*, Squeeze out

Leuering, Dieter: Anmerkung zu LG Osnabrück, Urt. V. 5.7.2002 – 13 O 177/02, EWiR 2002, 981 f.

Leuering, Dieter: Die parallele Angemessenheitsprüfung durch den gerichtlich bestellten Prüfer, NZG 2004, 606 ff.

Leuering, Dieter: Buchbesprechung Hüffer, AktG, 8. Auflage 2008, NJW 2008, 2012

Leuschner, Lars: Gibt es das Anteilseigentum wirklich?, NJW 2007, 3248 ff.

Leven, Franz-Josef: Direktanlage in Aktien wieder rückläufig, AG-Report 2008, R59 ff.

Lieder, Jan / Stange, Kristian: Squeeze-out: Aktuelle Streit- und Zweifelsfragen, Der Konzern 2008, 617 ff.

Linden, Klaus von der / Ogorek, Markus: Anmerkung zu BVerfG, Beschl. V. 30.5.2007 – 1 BvR 390/04, EWiR 2007, 449 f.

Linnerz, Markus: Anmerkung zu BGH, Beschl. V. 25.10.2005 – II ZR 327/03, EWiR 2005, 845 f.

Linnhoff, Ulrich / Pellens, Bernhard: Ausschüttungspolitik deutscher Konzerne – Eine empirische Untersuchung zum Ausschüttungsverhalten deutscher Konzernobergesellschaften, zfbf 39 (11/1987), 987 ff.

Lörcher, Torsten: Aktienoptionen bei Strukturveränderungen der Arbeitgebergesellschaft – Der Schutz der Arbeitnehmeraktienoption bei Eingliederung, Squeeze-out, Umwandlung, Delisting, Betriebsübergang und Insolvenz, Hamburg 2004; Zitiert: *Lörcher*, Aktienoptionen

Lutter, Marcus: Zur inhaltlichen Begründung von Mehrheitsentscheidungen – Besprechung der Entscheidung BGH WM 1980, 378, ZGR 1981, 171 ff.

Lutter, Marcus: Stand und Entwicklung des Konzernrechts in Europa, ZGR 1987, 324 ff.

Lutter, Marcus: Europäisches Unternehmensrecht – Grundlagen, Stand und Entwicklung nebst Texten und Materialien zur Rechtsangleichung, 4. Auflage, Berlin, New York 1996; Zitiert: *Lutter*, Europäisches Unternehmensrecht, 4. Aufl.

Lutter, Marcus: Umwandlungsgesetz, Kommentar, 2. Auflage, Köln 2000, Band I, §§ 1 – 151; Zitiert: *Bearbeiter*, in: Lutter, UmwG, 2. Auflage

Lutter, Marcus: Umwandlungsgesetz, Kommentar, 4. Auflage, Köln 2009, Band I, §§ 1 – 134; Zitiert: *Bearbeiter*, in: Lutter, UmwG

Lutter, Marcus / Drygala, Tim: Die Übertragende Auflösung: Liquidation der Aktiengesellschaft oder Liquidation des Minderheitenschutzes?, in: Forster, Karl-Heinz (Hrsg.): Aktien- und Bilanzrecht: Festschrift für Bruno Kropff, Düsseldorf 1997, S. 191 ff.; Zitiert: *Lutter/Drygala*, in: FS Kropff

Lutter, Marcus / Hommelhoff, Peter: GmbH-Gesetz – Kommentar, 17. Auflage, Köln 2009; Zitiert: *Bearbeiter*, in: Lutter/Hommelhoff, GmbHG

Lutter, Marcus / Hommelhoff, Peter: SE-Kommentar, SE-VO – SEAG – SEBG – Steuerrecht, Köln 2008; Zitiert: *Bearbeiter*, in: Lutter/Hommelhoff, SE

Lutter, Marcus / Leinekugel, Rolf: Planmäßige Unterschiede im umwandlungsrechtlichen Minderheitenschutz? Eine Besprechung des Beschlusses des Bayerischen Obersten Landesgerichts vom 17. September 1998 – Magna Media, ZIP 1999, 261 ff.

Luttermann, Claus: Unternehmen, Kapital und Genussrechte – Eine Studie über Grundlagen der Unternehmensfinanzierung und zum internationalen Kapitalmarktrecht, Tübingen, 1998; Zitiert: *Luttermann*, Unternehmen

Luttermann, Claus: Zum Börsenkurs als gesellschaftsrechtliche Bewertungsgrundlage – Die Maßgeblichkeit des Marktpreises im Zivil- und Steuerrecht, ZIP 1999, 45 ff.

Luttermann, Claus: Der „durchschnittliche" Börsenkurs bei Barabfindung von Aktionären und Verschmelzungswertrelation, ZIP 2001, 869 ff.

Luttermann, Claus: Anmerkung zu OLG München, Beschl. v. 26.10.2006 – 31 Wx 12/06, EWiR 2007, 33 f.

Luttermann, Claus: Anmerkung zu OLG München, Beschl. v. 10.5.2007 – 31 Wx 119/06, EWiR 2007, 613 f.

Luttermann, Claus: Zur Rechtspraxis internationaler Unternehmensbewertung bei der Publikums-Aktiengesellschaft, NZG 2007, 611 ff.

Luttermann, Claus: Anmerkung zu OLG Zweibrücken, Beschl. v. 18.9.2007 – 3 W 189/07, EWiR 2008, 69 f.

Mallmann, Roman: Anmerkung zu LG Hamburg, Urt. v. 30.10.2002 – 411 O 34/02, EWiR 2003, 1 f.

Markwardt, Karsten: Squeeze-out: Anfechtungsrisiken in „Missbrauchsfällen", BB 2004, 277 ff.

Marsch-Barner, Reinhard / Schäfer, Frank: Handbuch börsennotierte AG – Aktien- und Kapitalmarktrecht, Köln 2005; Zitiert: *Verfasser*, in: Marsch-Barner/Schäfer, Hdb börsennotierte AG

Marten, Kai-Uwe / Müller, Stefan: Squeeze-out-Prüfung, in: Crezelius, Georg/Hirte, Heribert/Vieweg, Claus (Hrsg.): Gesellschaftsrecht, Rechnungslegung, Sportrecht, Festschrift für Volker Röhricht zum 65. Geburtstag, Köln 2005, S. 963 ff.; Zitiert: *Marten/Müller*, in: FS Röhricht

Martens, Klaus-Peter: Der Ausschluß des Bezugsrechts: BGHZ 33, S. 175 – Zum Interesse an wirtschaftlicher Selbstständigkeit, in: Lutter, Marcus u.a. (Hrsg.), Festschrift für Robert Fischer, Berlin, New York 1979, S. 437 ff.; Zitiert: *Martens*, in: FS Fischer

Martens, Klaus-Peter: Die GmbH und der Minderheitsschutz, GmbHR 1984, 265 ff.

Martens, Klaus-Peter: Die rechtliche Behandlung von Options- und Wandlungsrechten anlässlich der Eingliederung der verpflichteten Gesellschaft, AG 1992, 209 ff.

Maslo, Armin: Zurechnungstatbestände und Gestaltungsmöglichkeiten zur Bildung eines Hauptaktionärs beim Ausschluss von Minderheitsaktionären (Squeeze-out), NZG 2004, 163 ff.

Mattes, Sabine / Maldeghem, Maximilian Graf von: Unternehmensbewertung beim Squeeze-out, BKR 2003, 531 ff.

Maul, Silja: Die EU-Übernahmerichtlinie – ausgewählte Fragen, NZG 2005, 151 ff.

Maul, Silja / Muffat-Jeandet, Daniéle: Die EU-Übernahmerichtlinie – Inhalt und Umsetzung in nationales Recht (Teil I), AG 2004, 221 ff.

Maul, Silja / Muffat-Jeandet, Daniéle: Die EU-Übernahmerichtlinie – Inhalt und Umsetzung in nationales Recht (Teil II), AG 2004, 306 ff.

Meilicke, Wienand: Insolvenzsicherung für die Abfindung außenstehender Aktionäre?, DB 2001, 2387.

Meilicke, Wienand: Zur Verfassungsmäßigkeit der Squeeze-out-Regelungen – inbesondere in der Insolvenz des Hauptaktionärs, AG 2007, 261 ff.

Meilicke, Wienand / Heidel, Thomas: Anmerkung zu BGH, Beschluss vom 12.3.2001 – II ZB 15/00, DB 2001, 973 ff.

Meilicke, Wienand / Heidel, Thomas: Verweigerung des Rechtsschutzes für außenstehende Aktionäre verstößt gegen Europäische Menschenrechtskonvention, BB 2003, 1805 f.

Meilicke, Wienand / Heidel, Thomas: Das neue Spruchverfahren in der gerichtlichen Praxis, DB 2003, 2267 ff.

Merkt, Hanno: Zum Verhältnis von Kapitalmarktrecht und Gesellschaftsrecht in der Diskussion um die Corporate Governance, AG 2003, 126 ff.

Merkt, Hanno / Binder, Jens-Hinrich: Änderungen im Übernahmerecht nach Umsetzung der EG-Übernahmerichtlinie: Das deutsche Umsetzungsgesetz und verbleibende Problemfelder, BB 2006, 1285 ff.

Mertens, Hans-Joachim: Zur Berücksichtigung von Treuhandverhältnissen und Stimmbindungsverträgen bei der Feststellung von Mehrheitsbeteiligung und Abhängigkeit, in: Beisse, Heinrich u.a. (Hrsg.), Festschrift für Karl Beusch zum 68. Geburtstag am 31. Oktober 1993, Berlin 1993, S. 583 ff.; Zitiert: *Mertens*, in: FS Beusch

Mertens, Kai: Der Auskauf von Minderheitsaktionären im gemeinschaftlich beherrschten Unternehmen, AG 2002, 377 ff.

Meyer, Andreas: Änderungen im WpÜG durch die Umsetzung der EU-Übernahmerichtlinie, WM 2006, 1135 ff.

Meyer, Justus: Die GmbH und andere Handelsgesellschaften im Spiegel empirischer Forschung (I), GmbHR 2002, 177 ff.; (II), GmbHR 2002, 242 ff.

Möller, Andreas / Pötsch, Thorsten: Das neue Übernahmerecht – Der Regierungsentwurf vom 11. Juli 2001, ZIP 2001, 1256 ff.

Morgen, Carl-Christian von: Das Squeeze-Out und seine Folgen für AG und GmbH, WM 2003, 1553 ff.

Moritz, Hans: „Squeeze Out“: Der Ausschluss von Minderheitsaktionären nach §§ 327 a ff AktG, Lausanne 2004; Zitiert: *Moritz*, Squeeze Out

Moser, Ulrich / Prüher, Markus: Vorteilhaftigkeit von Squeeze-outs am deutschen Markt, FB 2002, 361 ff.

Moxter, Adolf: Grundsätze ordnungsgemäßer Unternehmensbewertung, 2. Auflage, Wiesbaden 1983; Zitiert: *Moxter*, Unternehmensbewertung

Mülbert, Peter: Aktiengesellschaft, Unternehmensgruppe und Kapitalmarkt – Die Aktionärsrechte bei Bildung und Umbildung einer Unternehmensgruppe zwischen Verbands- und Anlegerschutzrecht, München 1995; Zitiert: *Mülbert*, Aktiengesellschaft

Mülbert, Peter: Abschwächung des mitgliedschaftlichen Bestandsschutzes im Aktienrecht, in: Habersack, Mathias/Hommelhoff, Peter/Hüffer, Uwe/Schmidt, Karsten (Hrsg.): Festschrift für Peter Ulmer zum 70. Geburtstag, Berlin 2003, S. 433 ff.; Zitiert: *Mülbert*, in: FS Ulmer

Mülbert, Peter: Umsetzungsfragen der Übernahmerichtlinie – erheblicher Änderungsbedarf bei den heutigen Vorschriften des WpÜG, NZG 2004, 633 ff.

Mülbert, Peter / Leuschner, Lars: Die verfassungsrechtlichen Vorgaben der Art. 14 GG und Art. 2 Abs. 1 GG für die Gesellschafterstellung – wo bleibt die Privatautonomie? Zu den objektiv-rechtlichen Gestaltungsvorgaben der Art. 2 Abs. 1, 14 GG nach den Entscheidungen des BVerfG zur Kapitallebensversicherung, ZHR 170 (2006), 615 ff.

Münchener Handbuch des Gesellschaftsrechts, Band 4, Aktiengesellschaft, 3. Auflage, München 2007, zitiert: MüHdbAG/*Verfasser*

Münchener Kommentar zum Aktiengesetz, 2. Auflage des Geßler/Hefermehl/Eckardt/Kropff, Aktiengesetz

Band 1 §§ 1 – 75 AktG, München 2008

Band 4 §§ 118 – 147 AktG, München 2004

Band 6 §§ 179 – 221 AktG, München 2005

Band 7 §§ 222 – 277 AktG, München 2001

Band 8 §§ 278 – 328 AktG, München 2000

Band 9,1 §§ 327a – 327f AktG, WpÜG, SpruchG, München 2004

Zitiert: MüKoAktG/*Verfasser*

Münchener Kommentar zum Bürgerlichen Gesetzbuch

Band 9, Erbrecht, §§ 1922 – 2385; §§ 27 – 35 BeurkG, 4. Auflage, München 2004

Zitiert: MüKoBGB/*Verfasser*

Mutter, Stefan: Erstinstanzliche Zuständigkeit des OLG in aktienrechtlichen Streitigkeiten, AG-Report 2008, R3

Neumann, Kay-Uwe: Anmerkung zu OLG Düsseldorf, Beschl. v. 29.6.2005 – I-15 W 38/05, EWiR 2005, 847 f.

Neye, Hans-Werner: Anmerkung zu BVerfG, Beschl. v. 23.8.2000 – 1 BvR 68/95, EWiR 2000, 913 f.

Neye, Hans-Werner: Die EU-Übernahmerichtlinie auf der Zielgeraden, ZIP 2001, 1120 ff.

Neye, Hans-Werner: Der Vorschlag 2002 einer Takeover-Richtlinie, NZG 2002, 1144 f.

Niemeier, Wilhelm: Im zweiten Anlauf ein Ende der missbräuchlichen Aktionärsklagen?, ZIP 2008, 1148 ff.

Nietsch, Michael: Anfechtungsbefugnis und Prozessführungsbefugnis beim Verlust der Aktionärsstellung durch Ausschluss nach § 327 a AktG, NZG 2007, 451 ff.

Noack, Ulrich / Zetzsche, Dirk: Die Informationsanfechtung nach der Neufassung des § 243 Abs. 4 AktG, ZHR 170 (2006), 218 ff.

Ogorek, Markus: Anmerkung zu BVerfG, Beschl. v. 28.8.2007 – 1 BvR 861/06, EWiR 2007, 673 f.

Ordelheide, Dieter: Der Konzern als Gegenstand betriebswirtschaftlicher Forschung, BFuP 1986, 293 ff.

Ott, Kai-Peter: Reichweite der Angemessenheitsprüfung beim Squeeze-out, DB 2003, 1615 ff.

Ott, Nicolas: Der übernahmerechtliche Squeeze-out gemäß §§ 39a f. WpÜG, WM 2008, 384 ff.

o. V.: Die Aktienkultur und das Squeeze-out, AG-Report 2001, R274 ff.

Paefgen, Walter: Zum Zwangsausschluss im neuen Übernahmerecht, WM 2007, 765 ff.

Paefgen, Walter: Rezension: Johannes Adolff, Unternehmensbewertung im Recht der börsennotierten Aktiengesellschaft, (SR: Münchener Universitätsschriften, Bd. 201), ZHR 2008, 358 ff.

Paefgen, Walter: Der neue übernahmerechtliche Squeeze-out – die bessere Alternative?, in: Aderhold, Lutz u.a. (Hrsg.), Festschrift für Harm Peter Westermann zum 70. Geburtstag, Köln 2008, S. 1221 ff.; Zitiert: *Paefgen*, in: FS Westermann

Paschos, Nikolaos / Goslar, Sebastian: Der Referentenentwurf des Gesetzes zur Umsetzung der Aktionärsrechterichtlinie (ARUG) aus Sicht der Praxis, AG 2008, 605 ff.

Paschos, Nikolaos / Johannsen-Roth, Tim: Freigabeverfahren und Bestandsschutz bei aktien- und umwandlungsrechtlichen Strukturmaßnahmen – Kritische Bestandsaufnahme aus Anlass der Einführung eines allgemeinen aktienrechtlichen Freigabeverfahrens (§ 246a AktG) durch das UMAG, NZG 2006, 327 ff.

Piltz, Detlev: Die Unternehmensbewertung in der Rechtsprechung, 3. Auflage, Düsseldorf 1994; Zitiert: *Piltz*, Unternehmensbewertung

Piltz, Detlev: Unternehmensbewertung und Börsenkurs im aktienrechtlichen Spruchstellenverfahren – zugleich Besprechung der Entscheidung BVerfGE 100, 289, ZGR 2001, 185 ff.

Pluskat, Sorika: „Das kalte Delisting“, BKR 2007, 54 ff.

Pluskat, Sorika: Nicht missbräuchliche Gestaltungen zur Erlangung der Beteiligungshöhe beim Squeeze-out, NZG 2007, 725 ff.

Pluskat, Sorika: Endlich Klärung hinsichtlich der Lage des Referenzzeitraums bei Relevanz des Durchschnittsbörsenkurses für die Abfindungshöhe?, NZG 2008, 365 ff.

Poelzig, Dörte / Meixner, Philipp: Die Bekämpfung missbräuchlicher Anfechtungsklagen gegen börsennotierte Gesellschaften – Anregungen zu einem UMAG II, AG 2008, 196 ff.

Pötsch, Thorsten / Möller, Andreas: Das künftige Übernehmerecht – Der Diskussionsentwurf des Bundesministeriums der Finanzen zu einem Gesetz zur Regelung von Unternehmensübernahmen und der Gemeinsame Standpunkt des Rates zur europäischen Übernahmerichtlinie, WM 2000 Sonderbeilage Nr. 2

Polte, Marcel / Weber, Robert / Kaisershot-Abdmoulah, Heidi: Verjährung des Barabfindungs- und des Zinsanspruchs beim Squeeze-out, AG 2007, 690 ff.

Posegga, Sandra: Squeeze-out – Unter besonderer Berücksichtigung möglicher Missbrauchsfälle sowie der Besonderheiten der Bemessung der Barabfindung, Frankfurt am Main 2006; Zitiert: *Posegga*, Squeeze-out

Püttmann, Gregor: Squeeze Out – Der Zwangsausschluss von Minderheiten nach deutschem Aktienrecht in Theorie und Praxis, Bremen 2006; Zitiert: *Püttmann*, Squeeze Out

Puszkajler, Karl Peter: Diagnose und Therapie von aktienrechtlichen Spruchverfahren – Einige Anmerkungen aus der richterlichen Praxis zum geplanten Spruchverfahrensneuordnungsgesetz, ZIP 2003, 518 ff.

Quandt, Christopher: Squeeze-out in Deutschland – Eine Diskussion der §§ 327a-f AktG unter besonderer Berücksichtigung der Barabfindung ausgeschlossener Minderheitsaktionäre, Frankfurt am Main 2004; Zitiert: *Quandt*, Squeeze-out

Ränsch, Ulrich: Die Bewertung von Unternehmen als Problem der Rechtswissenschaften – Zur Bestimmung der angemessenen Abfindung für ausscheidende Kapitalgesellschafter, AG 1984, 202 ff.

Raiser, Thomas / Veil, Rüdiger: Recht der Kapitalgesellschaften – Ein Handbuch für Praxis und Wissenschaft, 4. Auflage, München 2006; Zitiert: *Raiser/Veil*, Kapitalgesellschaften

Rathausky, Uwe: Squeeze-out in Deutschland: Eine Empirische Untersuchung zu Anfechtungsklagen und Spruchverfahren, AG-Report 2004, R24 ff.

Rathausky, Uwe: Empirische Untersuchung zur Frage der ökonomischen Vorteilhaftigkeit des Squeeze-out in Deutschland, FB 2004, 107 ff.

Rathausky, Uwe: Die Berücksichtigung von Vorerwerbspreisen und Synergieeffekten bei der Abfindung von Minderheitsaktionären, FB 2008, 114 ff.

Rathausky, Uwe: Squeeze-out in Deutschland – Empirisch-ökonomische Analyse im Spannungsfeld zwischen Unternehmenswert und Minderheitsaktionärspartizipation, 1. Auflage, Baden-Baden 2008; Zitiert: *Rathausky*, Squeeze-out

Reuter, Alexander: Nationale und internationale Unternehmensbewertung mit CAPM und Steuer-CAPM im Spiegel der Rechtsprechung, AG 2007, 1 ff.

Rieder, Markus: (Kein) Rechtsmissbrauch beim Squeeze-out, ZGR 2009, 981 ff.

Rieger, Wilhelm: Zur Frage der angemessenen Abfindung der bei der Umwandlung ausscheidenden Aktionäre, JW 1938, 3016 ff.

Rieger, Wilhelm: Zur Frage der angemessenen Abfindung der bei der Umwandlung ausscheidenden Minderheitsaktionäre, Der Wirtschaftstreuhänder 1938, 256 ff.

Riegger, Bodo: Das Schicksal eigener Aktien beim Squeeze-out, DB 2003, 541 ff.

Riegger, Bodo / Rieg, Jürgen: Änderungen bei den Veröffentlichungspflichten nach Abschluss eines Spruchverfahrens durch das TUG, ZIP 2007, 1148 ff.

Riegger, Bodo / Schockenhoff, Martin: Das Unbedenklichkeitsverfahren zur Eintragung der Umwandlung ins Handelsregister, ZIP 1997, 2105 ff.

Riehmer, Klaus / Schröder, Oliver: Der Entwurf des Übernahmegesetzes im Lichte von Vodafone/Mannesmann, NZG 2000, 820 ff.

Ritzer-Angerer, Petra: Angemessenheit von Barabfindungen beim Squeeze-out, FB 2004, 285 ff.

Röhricht, Volker: Die aktuelle höchstrichterliche Rechtsprechung zum Gesellschaftsrecht, in: VGR (Hrsg.), Gesellschaftsrecht in der Diskussion 2001, Band 5, Köln 2002, S. 3 ff.; Zitiert: *Röhricht*, in: VGR, Gesellschaftsrecht in der Diskussion 2001

Rößler, Gernot: Squeeze Out – Rechtsfragen und Probleme einer Neuerung des deutschen Aktienrechts mit Ausblick ins Übernahmerecht, Frankfurt am Main 2006; Zitiert: *Rößler*, Squeeze Out

Roth, Markus: Die übertragende Auflösung nach Einführung des Squeeze-out, NZG 2003, 998 ff.

Rottnauer, Achim: Anmerkung zu OLG Hamburg, Urt. v. 11.4.2003 – 11 U 215/02, EWiR 2003, 739 f.

Rowedder, Heinz / Schmidt-Leithoff, Christian: Gesetz betreffend die Gesellschaften mit beschränkter Haftung (GmbHG) – Kommentar, 4. Auflage, München 2002; Zitiert: Rowedder/Schmidt-Leithoff/*Bearbeiter*, GmbHG

Rühland, Philipp: Die Abfindung von aus der Aktiengesellschaft ausgeschossenen Minderheitsaktionären – Ein Diskussionsbeitrag zum Entwurf eines Übernahmegesetzes vom Bundesministerium der Finanzen vom 29.6.2000, WM 2000, 1884 ff.

Rühland, Philipp: Der squeezeout nach dem RefE zum Wertpapiererbwerbs- und Übernahmegesetz vom 12.3.2001, NZG 2001, 448 ff.

Rühland, Philipp: Die Zukunft der übertragenden Auflösung (§ 179a AktG) – Die Konsequenzen des gesetzlichen Ausschlussrechts, der geplanten Reform des Spruchverfahrens und der MotoMeter-Entscheidung des BVerfG für die übertragende Auflösung, WM 2002, 1957 ff.

Rühland, Philipp: Der Ausschluß von Minderheitsaktionären aus der Aktiengesellschaft (Squeeze-out) – Eine rechtsdogmatische, rechtsvergleichende und ökonomische Untersuchung zur Ausgestaltung des Ausschlussrechts der §§ 327a ff. AktG de lege lata und de lege ferenda, Baden-Baden 2004; Zitiert: *Rühland*, Squeeze-out

Rühland, Philipp: Der übernahmerechtliche Squeeze-out im Regierungsentwurf des Übernahmerichtlinie-Umsetzungsgesetzes, NZG 2006, 401 ff.

Sauter, Maike: Offene Fragen zum Referentenentwurf eines Gesetzes zur Umsetzung der Aktionärsrechterichtlinie (ARUG), ZIP 2008, 1706 ff.

Scharpf, Thomas: Chancen und Risiken beim Ausschluss von Minderheitsaktionären, Baden-Baden 2004; Zitiert: *Scharpf*, Chancen und Risiken

Schautes, Dirk: Anmerkung zu OLG Düsseldorf, Beschluss v. 16.1.2004 – I-16 W 63/03, DB 2004, 590 ff.

Schautes, Dirk: Anmerkung zu KG, Urteil v. 25.11.2004 – 2 U 44/03, BB 2004, 2774 ff.

Schiessl, Maximilian: Ist das deutsche Aktienrecht kapitalmarkttauglich?, AG 1999, 442 ff.

Schiessl, Maximilian: Die Kontrollfunktion der aktienrechtlichen Anfechtungsklage – Erwiderung aus der Sicht der Praxis, in: VGR (Hrsg.), Gesellschaftsrecht in der Diskussion 1999, Band 2, Köln 2000, S. 57 ff.; Zitiert: *Schiessl*, in: VGR, Gesellschaftsrecht in der Diskussion 1999

Schiessl, Maximilian: ECLR Fairness Opinions im Übernahme- und Gesellschaftsrecht – Zugleich ein Beitrag zur Organverantwortung in der AG, ZGR 2003, 814 ff.

Schiffer, Jack / Rossmeier, Daniela: Auswirkungen des Squeeze-out auf rechtshängige Spruchverfahren, DB 2002, 1359 ff.

Schilling, Dirk: Der Ausschluss von Minderheitsaktionären – Eine sozialökonomische und rechtswissenschaftliche Analyse, Wiesbaden 2006; Zitiert: *Schilling*, Ausschluss

Schlegelberger: Handelsgesetzbuch, Kommentar, Band IV, §§ 343-372, 5. Auflage, München 1976; Zitiert: *Bearbeiter*, in: Schlegelberger, HGB

Schlitt, Michael / Seiler, Oliver / Singhof, Bernd: Aktuelle Rechtsfragen und Gestaltungsmöglichkeiten im Zusammenhang mit Wandelschuldverschreibungen, AG 2003, 254 ff.

Schmallowsky, Thomas: Squeeze out im normativen Umfeld – Ein Leitfaden zur Rechtsanwendung, Marburg 2004; Zitiert: *Schmallowsky*, Squeeze out

Schmid, Hubert / Mühlhäuser, Felix: Wirtschaftliches Eigentum und Gewinnrealisierung bei der Wertpapierleihe, BB 2001, 2609 ff.

Schmidt, Harry: Ausschluss der Anfechtung des Squeeze-out-Beschlusses bei abfindungswertbezogenen Informationsmängeln, in: Habersack, Mathias u.a. (Hrsg.), Festschrift für Peter Ulmer zum 70. Geburtstag am 2. Januar 2003, Berlin 2003, S. 543 ff.; Zitiert: *H. Schmidt*, in: FS Ulmer

Schmidt, Harry: Schadensersatz nach § 327e Abs. 2 i.V.m. § 319 Abs. 6 Satz 6 AktG im Wege der Naturalrestitution beim fehlerhaften Squeeze-out?, AG 2004, 299 ff.

Schmidt, Jessica: „Deutsche“ vs. „britische“ Societas Europaea (SE) – Gründung, Verfassung, Kapitalstruktur, Jena 2006; Zitiert: *J. Schmidt*, SE

Schmidt, Karsten: Gesellschaftsrecht, 4. Auflage, Köln, Berlin, Bonn, München 2002; Zitiert: *K. Schmidt*, Gesellschaftsrecht

Schmidt, Karsten: Drittbeteiligung und Drittschutz im Freigabeverfahren – Überlegungen zum Verständnis der §§ 16 Abs. 3 UmwG, 246a, 319 Abs. 6 AktG, in: Hoffmann-Becking, Michael/Ludwig, Rüdiger (Hrsg.): Liber amicorum Wilhelm Happ zum 70. Geburtstag, Köln, Berlin, München 2006, S. 259 ff.; Zitiert: *K. Schmidt*, in: Liber amicorum Happ

Schmidt, Karsten / Lutter, Marcus: Aktiengesetz Kommentar, Band 1 §§ 1 – 149; Band 2 §§ 150 – 410, Köln 2008; Zitiert: *Verfasser*, in: K. Schmidt/Lutter, AktG

Schmidt-Aßmann, Eberhard: Der Schutz des Aktieneigentums durch Art. 14 GG, in: Brenner, Michael u.a. (Hrsg.): Der Staat des Grundgesetzes – Kontinuität und Wandel, Festschrift für Peter Badura zum siebzigsten Geburtstag, Tübingen 2004; Zitiert: *Schmidt-Aßmann*, in: FS Badura

Schneider, Uwe / Gilfrich, Stephanie Uta: Die Entscheidung des Emittenten über die Befreiung von der Ad-hoc-Publizitätspflicht, BB 2007, 53 ff.

Schnurbein, Caspar Frhr. v.: Anfechtung von Squeeze-out-Beschlüssen und Registersperre, AG 2005, 725 ff.

Schön, Wolfgang: Der Aktionär im Verfassungsrecht, in: Habersack, Mathias u.a. (Hrsg.), Festschrift für Peter Ulmer zum 70. Geburtstag am 2. Januar 2003, Berlin 2003, S. 1359 ff.; Zitiert: *Schön*, in: FS Ulmer

Schöpper, Silke: Ausschluss von Minderheitsaktionären in Deutschland und den USA, Berlin 2007; Zitiert: *Schöpper*, Ausschluss

Scholz, Franz: Kommentar zum GmbH-Gesetz mit Nebengesetzen und dem Anhang Konzernrecht,

II. Band (§§ 45-85), 8. Auflage, Köln 1995; Zitiert: Scholz/*Bearbeiter*, GmbHG

Schüppen, Matthias: Übernahmegesetz ante portas! – Zum Regierungsentwurf eines „Gesetzes zur Regelung von öffentlichen Angeboten zum Erwerb von Wertpapieren und von Unternehmensübernahmen" – WPg 2001, 958 ff.

Schüppen, Matthias: WpÜG-Reform: Alles Europa, oder was? Der Referentenentwurf eines ÜbernahmeRL-UmsetzungsG lässt viele Fragen und Wünsche offen, BB 2006, 165 ff.

Schwark, Eberhard: Kapitalmarktrechtskommentar – Börsengesetz mit Börsenzulassungsverordnung, Verkaufsprospektgesetz mit Verkaufsprospektverordnung, Wertpapierhandelsgesetz, Wertpapiererwerbs- und Übernahmegesetz, Müchen 2004; Zitiert: *Bearbeiter*, in: Schwark, Kapitalmarktrechtskommentar

Schwichtenberg, Jörg: Going Private und Squeezeouts in Deutschland, DStR 2001, 2075 ff.

Schwichtenberg, Jörg: Going Private und Freezeouts – Der Rückzug von der Börse und der Ausschluss von Minderheitsaktionären nach deutschem und US-amerikanischem Recht, Hamburg 2003; Zitiert: *Schwichtenberg*, Going Private

Schwintowski, David: Räuberische Aktionäre: Konsequenzen der empirischen Forschung, DB 2007, 2695 ff.

Seibert, Ulrich: Berufsopponenten – Anfechtungsklage – Freigabeverfahren – Haftungsklage: Das UMAG, eine Rechtsfolgenanalyse, NZG 2007, 841 ff.

Seibert, Ulrich: Der Referentenentwurf eines Gesetzes zur Umsetzung der Aktionärsrechterichtlinie (ARUG), ZIP 2008, 906 ff.

Seibt, Christoph / Heiser, Kristian: Der neue Vorschlag einer EU-Übernahmerichtlinie und das deutsche Übernahmerecht, ZIP 2002, 2193 ff.

Seibt, Christoph / Heiser, Kristian: Analyse der EU-Übernahmerichtlinie und Hinweise für eine Reform des deutschen Übernahmerechts, ZGR 2005, 200 ff.

Seibt, Christoph / Heiser, Kristian: Analyse des Übernahmerichtlinie-Umsetzungsgesetzes (Regierungsentwurf), AG 2006, 301 ff.

Seiler, Oliver / Wittgens, Jonas: Anmerkung zu OLG Stuttgart, Beschluss v. 5.5.2009 - 20 W 13/08, ZIP 2009, 1059.

Sellmann, Christian: Ausgleichs- und Verfahrensregelungen des Squeeze-out auf dem Prüfstand des Verfassungsrechts, WM 2003, 1545 ff.

Semler, Johannes / Stengel, Arndt: Umwandlungsgesetz, München 2003; Zitiert: *Bearbeiter*, in: Semler/Stengel, UmwG

Seuffert, Gabriel: Der Schutz des Aktieneigentums nach Art. 14 GG und seine Auswirkungen im Zusammenhang mit dem Ausschluss von Minderheitsaktionären gemäß §§ 327a ff. AktG unter Berücksichtigung schweizerischen und US-amerikanischen Rechts, Würzburg 2005; Zitiert: *Seuffert*, Schutz des Aktieneigentums

Sieger, Jürgen / Hasselbach, Kai: Ausschluss von Minderheitsaktionären (Squeeze-out) im ausländischen Recht, NZG 2001, 926 ff.

Sieger, Jürgen / Hasselbach, Kai: Der Ausschluss von Minderheitsaktionären nach den neuen §§ 327a ff AktG, ZGR 2002, 120 ff.

Sieger, Jürgen / Hasselbach, Kai: Wertpapierdarlehen - Zurechnungsfragen im Aktien-, Wertpapierhandels- und Übernahmerecht, WM 2004, 1370 ff.

Siller, Christian: Kapitalmarktrecht, München 2006; Zitiert: *Siller*, Kapitalmarktrecht

Simon, Stefan: Entwicklungen im WpÜG, Der Konzern 2006, 12 ff.

Simon, Stefan: Spruchverfahrensgesetz – Gesetz über das gesellschaftsrechtliche Spruchverfahren, Kommentar, München 2007; Zitiert: *Bearbeiter*, in: Simon, SpruchG

Singhof, Bernd / Weber, Christian: Bestätigung der Finanzierungsmaßnahmen und Barabfindungsgewährleistung nach dem Wertpapiererwerbs- und Übernahmegesetz, WM 2002, 1158 ff.

Spindler, Gerald: Regeln für börsennotierte vs. Regeln für geschlossene Gesellschaften – Vollendung des Begonnenen?, AG 2008, 598 ff.

Spindler, Gerald / Stilz, Eberhard: Kommentar zum Aktiengesetz, Band 1 §§ 1 – 178; Band 2 §§ 179 – 410, IntGesR, SpruchG, SE-VO, München 2007; Zitiert: *Bearbeiter*, in: Spindler/Stilz, AktG

Spindler, Helga: Von der Genossenschaft zur Betriebsgemeinschaft – Kritische Darstellung der Sozialrechtslehre Otto von Gierkes, Frankfurt am Main, Bern 1982; Zitiert: *Spindler*, Genossenschaft

Steinhauer, Carsten: Der Börsenpreis als Bewertungsgrundlage für den Abfindungsanspruch von Aktionären - Finanztheoretischer Hintergrund einer möglichen Trendwende in der gesellschaftsrechtlichen Praxis, AG 1999, 299 ff.

Steinmeyer, Roland / Häger, Michael: WpÜG Kommentar zum Wertpapiererwerbs- und Übernahmegesetz mit Erläuterungen zum Minderheitenausschluss nach §§ 327a ff. AktG, 1. Auflage, Berlin 2002; Zitiert: *Steinmeyer/Häger*, WpÜG

Steinmeyer, Roland / Häger, Michael: WpÜG, Wertpapiererwerbs- und Übernahmegesetz, Kommentar, 2. Auflage, Berlin 2007; Zitiert: *Bearbeiter*, in: Steinmeyer/Häger, WpÜG, 2. Auflage

Stilz, Eberhard: Börsenkurs und Verkehrswert – Besprechung der Entscheidung BGH ZIP 2001, 734 – DAT/Altana, ZGR 2001, 875 ff.

Stöwe, Sören: Der übernahmerechtliche Squeeze-out, Frankfurt am Main 2007; Zitiert: *Stöwe*, Squeeze-out

Stumpf, Christoph: Grundrechtsschutz im Aktienrecht, NJW 2003, 9 ff.

Sustmann, Marco: Anmerkung zu OLG Düsseldorf, Beschl. v. 16.1.2004 – I-16 W 63/03, EWiR 2004, 467 f.

Tebben, Joachim: Ausgleichszahlungen bei Aktienübergang, AG 2003, 600 ff.

Teichmann, Christoph: Anmerkung zu OLG München, Urteil vom 16. November 2005 (23 W 2384/05), WuB II A. § 327a AktG 2.06, S. 285 f.

Thaeter, Ralf / Barth, Daniel: RefE eines Wertpapiererwerbs- und Übernahmegesetzes, NZG 2001, 545 ff.

Thaeter, Ralf / Brandi, Oliver: Öffentliche Übernahmen – Recht und Praxis der Übernahme börsennotierter Unternehmen, München 2003; Zitiert: *Bearbeiter*, in: Thaeter/Brandi, Übernahmen

Than, Jürgen: Zwangsweises Ausscheiden von Minderheitsaktionären nach Übernahmeangebot?, in: Martens, Klaus-Peter / Westermann, Harm Peter / Zöllner, Wolfgang (Hrsg.): Festschrift für Carsten Peter Claussen zum 70. Geburtstag, Köln, Berlin, Bonn, München 1997, S. 405 ff.; Zitiert: *Than*, in: FS Claussen

Theisen, Manuel / Raßhofer, Martin: Anfechtungsklagen unter der Lupe: Räuber oder Wohltäter?, Der Aufsichtsrat 2007, 107 ff.

Thierack, Stefanie: Der Squeeze-Out unter besonderer Berücksichtigung der Richtlinie 2004/25/EG des Europäischen Parlaments und des Rates vom 21. April 2004 betreffend Übernahmeangebote und des Spruchverfahrensneuordnungsgesetzes vom 01. September 2003, Diss. Kaiserslautern 2006; Zitiert: *Thierack*, Squeeze-Out

Tielmann, Jörgen: Die Anfechtungsklage – ein Gesamtüberblick unter Berücksichtigung des UMAG, WM 2007, 1686 ff.

Timm, Wolfram: Zur Sachkontrolle von Mehrheitsentscheidungen im Kapitalgesellschaftsrecht – dargestellt am Beispiel „strukturverändernder Entscheidungen“, ZGR 1987, 403 ff.

Tretzmüller-Szauer, Christine: Squeeze-out-Regelungen im Entwurf zum Übernahmerichtlinie-Umsetzungsgesetz, AG-Report 2006, R83 f.

Tröger, Tobias: Unternehmensübernahmen im deutschen Recht (II) – Übernahmeangebote, Pflichtangebot, Squeeze Out, DZWiR 2002, 397 ff.

Ullrich, Volker: Abfindung und Börsenkurs – Möglichkeiten zur Bemessung aktienrechtlicher Abfindungs- und Ausgleichsansprüche (§§ 304, 305, 320b AktG) nach dem Börsenkurs, Frankfurt am Main 2003; Zitiert: *Ullrich*, Abfindung

Ulmer, Peter: Die Anfechtbarkeit von Umwandlungsbeschlüssen wegen Missbrauchs des Mehrheitsgesellschafters, BB 1964, 665 ff.

Veil, Rüdiger: Klagemöglichkeiten bei Beschlussmängeln der Hauptversammlung nach dem UMAG, AG 2005, 567 ff.

Vetter, Eberhard: Anmerkung zu BVerfG, Beschluß v. 27.4.1999 – 1 BvR 1613/94, AG 1999, 566, 569 ff.

Vetter, Eberhard: Squeeze-out in Deutschland – Anmerkungen zum Diskussionsentwurf eines gesetzlichen Ausschlusses von Minderheitsaktionären, ZIP 2000, 1817 ff.

Vetter, Eberhard: Squeeze-out nur durch Hauptversammlungsbeschluss?, DB 2001, 743 ff.

Vetter, Eberhard: Börsenkurs und Unternehmensbewertung – Anmerkung zum Beschluss des BGH vom 12.3.2001 (DAT/Altana), DB 2001, 1347 ff.

Vetter, Eberhard: Squeeze-out – Der Ausschluß der Minderheitsaktionäre aus der Aktiengesellschaft nach den §§ 327a-327f AktG, AG 2002, 176 ff.

Vetter, Eberhard: Abfindungswertbezogene Informationsmängel und Rechtsschutz – Anmerkung zu den Urteilen des BGH vom 18.12.2000 – MEZ und vom 29.1.2001 – Aqua Butzke, in: Wank, Rolf u.a. (Hrsg.), Festschrift für Herbert Wiedemann zum 70. Geburtstag, München 2002, S. 1323 ff.; Zitiert: *Vetter*, in: FS Wiedemann

Vetter, Eberhard: Buchbesprechung: Aktien- und GmbH-Konzernrecht von Volker Emmerich und Mathias Habersack, AG 2004, 219

Vetter, Jochen: Auslegung der Jahresabschlüsse für das letzte Geschäftsjahr zur Vorbereitung von Strukturbeschlüssen der Gesellschafter, NZG 1999, 925 ff.

Vetter, Jochen: Modifikationen der aktienrechtlichen Anfechtungsklage, AG 2008, 177 ff.

Vogel, Wolfgang: Aktienrecht und Aktienwirklichkeit - Organisation und Aufgabenteilung von Vorstand und Aufsichtsrat, Baden-Baden 1980; Zitiert: Vogel, Aktienrecht und Aktienwirklichkeit

Vossius, Oliver: Squeeze-out – Checklisten für Beschlussfassung und Durchführung, ZIP 2002, 511 ff.

Wackerbarth, Ulrich: Grenzen der Leitungsmacht in der internationalen Unternehmensgruppe, München 2001; Zitiert: *Wackerbarth*, Unternehmensgruppe

Waclawik, Erich: Zur höchstrichterlichen Freigabe der aktien- und umwandlungsrechtlichen Freigabeverfahren – Zugleich Besprechung BGH v. 29.5.2006 – II ZB 5/06 (T-Online/Deutsche Telekom), ZIP 2006, 1428 ff.

Waclawik, Erich: Die Fortführung des aktienrechtlichen Anfechtungsprozesses durch den ausgeschlossenen Aktionär – Zugleich Besprechung BGH v. 9.10.2006 – II ZR 46/05 (Massa), ZIP 2007, 1 ff.

Waclawik, Erich: Das ARUG und die klagefreudigen Aktionäre: Licht am Ende des Tunnels?, ZIP 2008, 1141 ff.

Wartenberg, Konrad: Die Auslage von Jahresabschlüssen für das letzte Geschäftsjahr beim Squeeze-out, AG 2004, 539 ff.

Weber, Martin: Die Entwicklung des Kapitalmarktrechts 1998-2000: Publizität, Insiderrecht und Kapitalmarktaufsicht, NJW 2000, 3461 ff.

Weber, Martin: Börsenkursbestimmung aus ökonomischer Perspektive, ZGR 2004, 280 ff.

Weber, Martin: Die Entwicklung des Kapitalmarktrechts im Jahre 2006, NJW 2006, 3685 ff.

Weiser, Felix / Brodbeck, Dirk: Aktienrechtlicher vs. übernahmerechtlicher Squeeze-out – Synoptische Gegenüberstellung und Vorteilhaftigkeitsanalyse, FB 2007, 12 ff.

Weißhaupt, Frank / Özdemir, Hannibal: Gutglaubenserwerb von (Inhaber-)Aktien nach Squeeze out? - Wertpapierrechtssystematische Überlegungen zu § 327e Abs. 3 AktG, ZIP 2007, 2110 ff.

Weitnauer, Wolfgang: Handbuch Venture Capital – Von der Innovation zum Börsengang, 3. Auflage, München 2007; Zitiert: *Bearbeiter*, in: Weitnauer, Hdb Venture Capital

Wendt, Fred: Die Auslegung des letzten Jahresabschlusses zur Vorbereitung der Hauptversammlung – Strukturmaßnahmen als „Saisongeschäft"?, DB 2003, 191 ff.

Wenger, Ekkehard: Anmerkung zu BGH, Beschl. v. 12.3.2001 – II ZB 15/00, EWiR 2001, 605 f.

Wenger, Ekkehard: Der unerwünscht niedrige Basiszins als Störfaktor bei der Ausbootung von Minderheiten, in: Richter, Frank/Schüler, Andreas/Schwetzler, Bernhard (Hrsg.): Kapitalgeberansprüche, Marktwertorientierung und Unternehmenswert, Festschrift für Prof. Dr. Dr. h.c. Jochen Drukarczyk zum 65. Geburtstag, München 2003, S. 475 ff.; Zitiert: *Wenger*, in: FS Drukarczyk

Wenger, Ekkehard / Hecker, Renate: Übernahme- und Abfindungsregeln am deutschen Aktienmarkt – Eine kritische Bestandsaufnahme im internationalen Vergleich, IFO-Studien 1995, 51 ff.

Wenger, Ekkehard / Kaserer, Christoph / Hecker, Renate: Konzernbildung und Ausschluss von Minderheiten im neuen Übernahmerecht: Eine verpasste Chance für einen marktorientierten Minderheitenschutz, ZBB 2001, 317 ff.

Widmann, Siegfried / Mayer, Robert: Umwandlungsrecht – Kommentar, Loseblatt, Bonn; Zitiert: *Widmann/Mayer*, UmwG, Lieferung

Wiedemann, Herbert: Rechtsethische Maßstäbe im Unternehmens- und Gesellschaftsrecht, ZGR 1980, 147 ff.

Wiedemann, Herbert: Gesellschaftsrecht – Ein Lehrbuch des Unternehmens- und Verbandsrechts, Band 1 – Grundlagen, München 1980; Zitiert: *Wiedemann*, Gesellschaftsrecht I

Wiedemann, Herbert: Gesellschaftsrecht – Ein Lehrbuch des Unternehmens- und Verbandsrechts, Band 2 – Recht der Personengesellschaften, München 2004; Zitiert: *Wiedemann*, Gesellschaftsrecht II

Wiedemann, Herbert: Minderheitsrechte ernstgenommen - Gedanken aus Anlaß der Magna Media-Entscheidung, ZGR 1999, 857 ff.

Wiesner, Peter: Protektionismus oder Marktöffnung? – Zur Übernahmerichtlinie zeichnet sich ein Paradigmenwechsel ab, ZIP 2002, 208 ff.

Wiesner, Peter: Die neue Übernahmerichtlinie und die Folgen, ZIP 2004, 343 ff.

Wiethölter, Rudolf: Interessen und Organisation der Aktiengesellschaft im amerikanischen und deutschen Recht, Karlsruhe 1961; Zitiert: *Wiethölter*, Interessen

Wilhelm, Jan: Treuepflicht und Privatautonomie im Kapitalgesellschaftsrecht, in: Baums, Theodor/Wertenbruch, Johannes (Hrsg.), Festschrift für Ulrich Huber zum siebzigsten Geburtstag, Tübingen 2006, S. 1019 ff.; Zitiert: *Wilhelm*, in: FS Huber

Wilhelm, Jan / Dreier, Nils: Beseitigung von Minderheitsbeteiligungen auch durch übertragende Auflösung einer AG?, ZIP 2003, 1369 ff.

Wilm, Daniel: Abfindung zum Börsenkurs – Konsequenzen der Entscheidung des BVerfG, NZG 2000, 234 ff.

Wilsing, Hans-Ulrich: Anmerkung zu LG Hamburg, Urt. v. 13.1.2003 – 415 O 140/02, EWiR 2003, 553 f.

Wilsing, Hans-Ulrich: Der Regierungsentwurf des Gesetzes zur Unternehmensintegrität und Modernisierung des Anfechtungsrechts – Neuerungen für die aktienrechtliche Beratungspraxis, DB 2005, 35 ff.

Wilsing, Hans-Ulrich: Anmerkung zu OLG Düsseldorf, Urt. v. 14.1.2005 – I-16 U 59/04, EWiR 2005, 495 f.

Wilsing, Hans-Ulrich / Goslar, Sebastian: Anmerkung zu OLG Stuttgart, Beschl. v. 16.2.2007 – 20 W 6/06, EWiR 2007, 225 f.

Wilsing, Hans-Ulrich / Kruse, Tobias: Zur Behandlung bedingter Aktienbezugsrechte beim Squeeze-out, ZIP 2002, 1465 ff.

Wilsing, Hans-Ulrich / Ogorek, Markus: Anmerkung zu LG Frankfurt a.M, Beschl. v. 5.8.2008 – 3-5 O 15/08, BB 2008, 2038 ff.

Wilsing, Hans-Ulrich / Ogorek, Markus: Anmerkung zu OLG Hamburg, Urteil vom 1.2.2008 – 11 U 288/05, BB 2008, 2203 f.

Wilsing, Hans-Ulrich / Ogorek, Markus: Anmerkung zu OLG Frankfurt a.M., Beschluss v. 9.12.2008 - WpüG 2/08, BB 2009, 122.

Wilsing, Hans-Ulrich / Siebmann, Silja: Anmerkung zu BGH-Urteil vom 18.9.2006 – II ZR 225/04, DB 2006, 2509 f.

Winner, Martin: Wert und Preis im neuen Recht des Squeeze-out, JBl 2007, 434 ff.

Winter, Martin: Mitgliedschaftliche Treubindungen im GmbH-Recht, München 1988; Zitiert: *Winter*, Treubindungen

Winter, Michael: Anmerkung zu LG München I, Urt. v. 16.3.2006 – 5 HKO 18005/05, EWiR 2006, 417 f.

Winter, Michael: Anmerkung zu OLG Düsseldorf, Beschl. v. 4.10.2006 – I-26 W 7/06, EWiR 2006, 737 f.

Winter, Michael: Anmerkung zu BVerfG, Beschl. v. 29.11.2006 – 1 BvR 704/03, EWiR 2007, 235 f.

Winter-Bericht: Bericht der Hochrangigen Gruppe von Experten auf dem Gebiete des Gesellschaftsrechts über die Abwicklung von Übernahmeangeboten, Brüssel, 10.1.2002, `http://ec.europa.eu/internal_market/company/docs/takeoverbids/2002-01-hlg-report_de.pdf`; Zitiert: Winter-Bericht

Wirth, Gerhard / Arnold, Michael: Anfechtungsklagen gegen Squeeze-out-Hauptversammlungsbeschlüsse wegen angeblicher Verfassungswidrigkeit – Zugleich Anmerkung zu dem Urteil und dem Beschluss des LG Osnabrück, jeweils vom 5.7.2002, AG 2002, 503 ff.

Wittgens, Jonas: Der gerichtliche Sachverständige im Spruchverfahren – Bedeutung, Bestellung und Vergütung, AG 2007, 106 ff.

Wittgens, Jonas: Begründung des Antrags auf Einleitung eines Spruchverfahrens – Anmerkung zu den Beschlüssen des OLG Frankfurt a.M. vom 4.1.2006, 11.1.2007 und 6.3.2007, NZG 2007, 853 ff.

Wittgens, Jonas / Redeke, Julian: Zu aktuellen Fragen der Unternehmensbewertung im Spruchverfahren – Zugleich Besprechung LG Dortmund v. 19.3.2007 – 18 AktE 5/03, ZIP 2007, 2015 ff.

Wittgens, Jonas / Redeke, Julian: Gegen Überkompensation und Marktverwerfung – für eine angemessene Entschädigung der Minderheitsaktionäre – Replik auf Knoll, Wider die Gefahr einer höheren Kompensation von Minderheitsaktionären?, ZIP 2008, 542 ff.

Wittuhn, Georg / Giermann, Heiko: Herausdrängen von Minderheitsaktionären einer Aktiengesellschaft - Gestaltungsmöglichkeiten beim squeeze out, MDR 2003, 372 ff.

Wolf, Martin: Der Minderheitenausschluss qua „übertragender Auflösung“ nach Einführung des Squeeze-Out gemäß §§ 327a-f AktG, ZIP 2002, 153 ff.

Wowerka, Arkadiusz: Zwangsaufkauf von Aktien nach polnischem Recht – Squeeze-out von Minderheitsaktionären aus der Aktiengesellschaft nach dem polnischen Gesetzbuch über die Handelsgesellschaften, RIW 2004, 89 ff.

Zetzsche, Dirk: Anmerkung zu BVerfG, Beschl. v. 19.9.2007 – 1 BvR 2984/06, EWiR 2008, 163 f.

Zinser, Alexander: Das neue Gesetz zur Regelung von öffentlichen Angeboten zum Erwerb von Wertpapieren und von Unternehmensübernahmen vom 1. Januar 2002, WM 2002, 15 ff.

Zöllner, Wolfgang: Gerechtigkeit bei der Kapitalerhöhung, AG 2002, 585 ff.

Zschocke, Christian: Europapolitische Mission: Das neue Wertpapiererwerbs- und Übernahmegesetz, DB 2002, 79 ff.

Stichwortverzeichnis

Die Zahlen beziehen sich auf die jeweiligen Seiten.